走遍全球
RAVEL GUIDEBOOK

罗 马

日本大宝石出版社 编著

中国旅游出版社

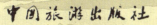

使用本书之前

本书中使用的标记、记号

在正文和地图中的 ❶ 表示旅游咨询中心。其他的标记如下。

景点名称

标题名称由中文与意大利文表示。名称旁边的★表示本书对该景点的推荐度。“Map”表示地图所在的位置。

景点线路

记录着通往景点的线路说明，以及在线路中需要注意的旅游和历史景点。

小栏目

介绍一些罗马历史、建筑、美术方面的小知识，能够帮助各位读者更好地了解罗马，时而也会夹杂一些购物与寻找洗手间的小窍门等。

世界遗产

罗马的“罗马历史中心、罗马教廷建筑、圣保罗教堂”已经被收录在《世界遗产名录》之中（1980年、1990年）。罗马近郊被收录在《世界遗产名录》中的城镇、建筑将会标上 标记。

高级面包店兼咖啡店
Panella
帕内拉

位于大圣母教堂附近的高级面包店。虽然价格稍微有点贵，但是味道绝对棒。店内有着种类丰富的面包和点心。整家店的气氛虽然非常不错。14:00 左右关门。
Via Merulana 54
06-4872344
周四、周日午后
Map p.37 C3

●圣普拉塞德教堂
Via S.Prassede 9/a
06-4882456
7:30~12:00
16:00~18:30
周日、节假日 8:00~12:00
16:00~18:30

圣普拉塞德教堂 Santa Preassede　Map p.77、p.37 C3
美德的“天上的乐园”　★★

传说在尼禄大帝时代，匿藏基督教徒的普拉塞德（元老议员普迪提的女儿。和 p.81 的普丹茨阿纳是姐妹）和这些信徒一起殉教，遗体被葬于井中。在这口井的周围，奉教皇帕斯卡利斯一世之命于 9 世纪建造出的便是这座教堂。在身廊的地板上，最接近入口处的圆形斑岩石板标示的便是当时井的位置。在这座教堂最不能错过的便是残存在这的罗马中数一数二的马赛克画。残留在后半部分中 9 世纪的马赛克画受到拜占庭式风格的影响，在颜色和构图上可以说达到了顶峰，从而可以看出当时罗马的马赛克技术。另外在右侧廊的 S. 泽诺娜礼拜堂 Cappella di S.Zenone 中还有更加漂亮的马赛克，从耶稣到使徒、圣母、圣女普拉塞德还有圣女普丹茨阿纳等，那种就像是融入黄金背景中一般神一样的祥和，被中世纪的人们称为“天上的乐园”。这是 9 世纪初，帕斯卡利斯命令制造的，罗马最重要的拜占庭式艺术的典例。

装饰在后半部分中的罗马时代的马赛克

简朴的圣普拉塞德教堂的外观

景点 NAVIGATOR

如果时间允许的话，那就去看看罗马最古老的圣普丹茨阿纳教堂吧。从普丹茨阿纳教堂前的 Via Urbana 返回向左拐，穿过 Via Depretis 后右侧便是。

如果时间很紧的话，就从来时的路返回特米尼车站吧。

神圣星期六的圣普拉塞德教堂　column

复活节前的周六，在圣普拉塞德教堂举行的仪式给人留下很深的印象。在凌晨零点到来时，祭司从摆放在教堂入口前庭的炉膛中点亮复活节用的大蜡烛，聚集在一起的信徒们一个接一个地在大蜡烛上点亮自己手中的小蜡烛，然后以祭司为首的烛光队伍开始静静地动起来。在黑暗中前进的肃静晃动的烛光队伍为的是让内心肃静。最后，当队伍抵达主祭坛的同时，堂内的灯光一齐被点亮，在黑暗中一下子被马赛克那黄金融化般的光辉包围着，就如同亲眼见到“复活”一般，随后带着喜悦的赞美歌慢慢地流淌出来，人们便是以这样的仪式祝福主耶稣的复活和春天的到来。

圣普拉塞德教堂内部

80

关于景点名称叫法

原则上说，在景点等中出现的专有名词将会以英语或者意大利语来表示，同时也会出现以中文来记述的地方，比如假设在国内存在着被广泛接受的用语时，就会以国内的普遍叫法为准。

地图范例

H YH 酒店、青年旅舍等　R 餐厅　S 商店　❶ 旅游咨询中心　教堂　公交站　“FS”= 意大利火车站　飞机场　M 地铁站　出租车　P 停车场　邮局　电信局　B 银行　医院　●景点设施　●其他设施　WC 厕所　公园、草坪　城墙　比萨饼店　咖啡、酒吧、小吃　冰激凌店　红酒吧、啤酒吧

本书中使用的意大利语略称

V.	=Via	街	C.po	=Campo	广场	Lungo~ =		沿～的路
V.le	=Viale	大道	P.te	=Ponte	桥	Staz	=Stazione	车站
C.so	=Corso	大道	P.te	=Porta	门	Ferr.	=Ferrovia	铁路
P.za	=Piazza	广场	Pal.	=Palazzo	宫殿	Funic.	=Funicolare	缆车
P.le	=Piazzale	广场	Fond.	=Fondamenta	运河沿路	Gall.	=Galleria	美术馆、绘画馆
P.tta	=Piazzetta	小广场				Naz.	=Nazionale	国立

区域向导

圣泽诺娜礼拜堂中墙壁的一面装饰着马赛克

被称为"天上的乐园"的圣泽诺娜礼拜堂天花板中的马赛克

靠着圣女普拉塞德的井遗迹

●区域 2 特米尼车站周边、奎里纳莱山和许愿池周边

圣普丹茨阿纳教堂 Santa Pudenziana

Map p.77、p.36 B2

必看，代表罗马的马赛克画 ★

13 世纪的钟楼、19 世纪的建筑正面，外观上虽然略欠调和，但是这是 4 世纪创建的罗马最古老的教堂之一。值得注目的是内部后半部分在创建时留下的《基督与使徒》的马赛克画。虽然由于 16 世纪修复时，下半部分被剥落了，但还是初期基督时代中非常优秀的作品。左侧廊中的卡尔塔尼礼拜堂 Cappella Caetani 由 16 世纪设计的喷漆装饰和大理石产生的色彩效果非常漂亮。人口正面柱廊上用于装饰的 11 世纪的喷漆装饰也非常值得一看。

罗马最古老的教堂之一

马西莫宫 Palazzo Massimo alle Terme

Map p.77、p.37 A3

罗马国立博物馆新馆 ★★★

建造在特米尼车站背后的一级博物馆，是要深入了解罗马美术不可不看的场所。

这里主要展示的是公元前 2 世纪到公元 4 世纪的雕像、马赛克、壁画等。特别是三楼部分绝对不能错过。

三楼第二室的《利维亚家的壁画（Villa di Livia）》是公元前 20~ 前 10 年的作品，在弗拉米尼亚街道旁奥古斯都大帝与利维亚皇妃的家中发现。这是一幅以蓝色为背景，布满了花草与小鸟，绿色的庭院充满了画面，是一幅让人感到生活感十足的魅力作品。

马西莫宫外观

沉睡中的赫尔墨斯·阿芙罗狄蒂

✉ 在圣普拉塞德教堂中

能够近距离欣赏圣泽诺娜礼拜堂的天花板马赛克画。另外，在灯光照射下显得格外美丽。商店的大叔非常亲切。

●圣普丹茨阿纳教堂

住 Via Urbana 160

☎ 06-4814622

开 8:30~12:00
15:00~18:00

●马西莫宫

住 Largo di Villa Peretti 1

☎ 06-39967700（预约）

开 9:00~19:45
（12/24、12/31 9:00~17:00）

休 周一、1/1、12/25

费 通票 €7（+€3 特别展会）

※人馆时间到 19:00 为止

※参观请从三楼开始。仅限三楼有导游陪同参观服务（间隔约 30 分钟）

※语音向导（英语）€4

请注意入馆时间

罗马国立博物馆的人馆时间为闭馆的前 1 小时。其他的景点也会在闭馆前的 30 分钟 ~1 小时 30 分钟停止售票。另外，像古罗马斗兽场等在日落前 1 小时关闭的场所一般 1 月份的 15:30、2 月份的 16:00 左右停止售票。

语音向导需要证明书

如今很多美术馆、博物馆都实施了语音向导服务，让人能够很简单地就可以了解世界。在使用时，除了费用外，还需提供护照等证明身份的证件。原则上，在使用语音向导期间需要将身份证件寄放在工作人员处。一

81

✉

读者或者《走遍全球》编辑真实的声音"是经过调查验证过的"，在此作为最新的信息提供给读者。

DATA

住 地址

☎ 电话

开 开放时间

休 休息日

费 费用

罗马各区域解说

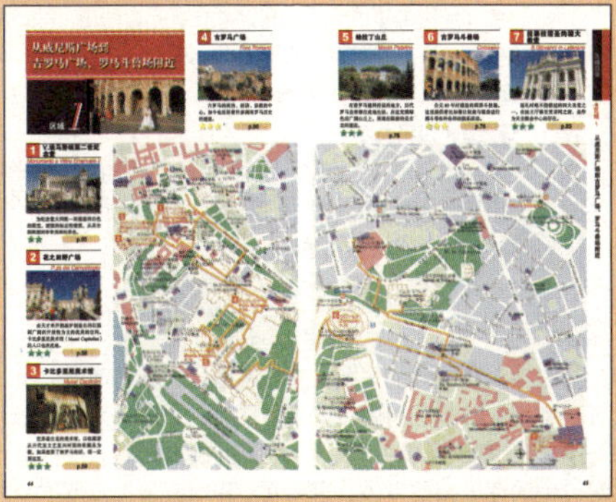

本书面向希望通过步行在罗马游览的旅客，把罗马城区分为八大区域（包含郊外的话共十大区域）来进行说明。

景点

各区域内，为旅客精心挑选出了 4~7 个无论如何都要前去游玩的景点。其中，★越多的景点，表示其在历史、文化上越重要。推荐度特别高的景点将会以★★★来表示。

地图

在地图内，主要的景点将会与解说一样标上数字，只要顺着线路中的 1 ~ 7 来进行参观，就如同制定了旅游线路一般。景点旁边的页码是比本文更加详细的解说文章的页码。

餐厅
Restaurant

Map p.39 A4

吉杰特阿尔珀尔提科
Gigetto al Portico d'Ottavia

◆位于旧犹太人街，有 1923 年创业已经延续三代的家庭经营的餐厅。罗马风格犹太料理的老铺。前菜为炸的很脆的犹太风味油炸拌剪 Carciofi alla Giudia，请一定要品尝一下。

住 Via del Portico d'Ottavia 21/A
☎ 06-6861105
營 12:30～15:00、19:30～23:00
休 星期一、7月的第 3、4 周
€ €40～70（坐席费 1.50）、套餐 € 50
C/C A D M V
交通 = 奥塔维亚列柱劳

购物
Shopping Guide

Map p.47 A2

普拉达【品牌】
Prada

◆人气品牌的新店
店内展示着令时下热门话题的商品为中心的商品。库存相当全面。尼龙面料服装的种类也很丰富。全天都有懂日语的店员上班。除了手提包外，女装、男装的上衣的种类也很丰富。

住 Via Condotti 92/95
☎ 06-6790897
營 星期日 10:00～19:30
休 星期日 10:00～19:00
交通 从地铁 A 线 Spagna 车站徒步 3 分钟

酒店
Hotel Guide

Map p.32 B2

☆☆☆ 切里奥
Hotel Celio

◆位于古罗马斗兽场东面的小旅馆。古典与现代风格融合，室内非常时髦和舒适，同时也有具备俯瞰罗马斗兽场的阳台和水龙头所在的阁楼的套房。

URL www.hotelcelio.com
住 Via dei Santi Quattro 35/C
☎ 06-70495333   FAX 06-23328754
€ € 100/180   € 120/230
€ € 230/450（阁楼）
室 19 间 附带早餐
C/C J M V
交通 从 B 线 Colosseo 站徒步 3 分钟。从特米尼车站乘坐 87 路巴士

读者优惠 淡季优惠 10%，旺季优惠 5%。
休 1/2～3/15、7/1～8/31、11/3～12/26

●**主要省略记号**
住 地址
☎ 电话
FAX 传真
營 营业时间
休 休息日
C/C 可以使用的信用卡
A = 美国运通卡（AMEX）
D = 大莱卡（Diners Card）
J = JCB 卡
M = 万事达卡（Master Card）
V = 维萨卡（VISA）

　　咖啡店、酒吧、冰激凌店等商店即便有着信用卡标记，有时在吧台等小额付费的时候，也可能出现无法使用信用卡埋单的情况。

交通 = 去往最近景点及车站的步行或乘坐公交、地铁、出租车的方法。

●**餐厅的省略记号**
预算 = 餐厅的平均消费。在不点昂贵的料理，只进行普通用餐时可以参考。（）内的 ~% 指的是服务费。Coperto 指的是座位费，Pane 指的是面包的费用。这些虽然都是意大利独有的费用，但是近年来另外收取这些费用的店已经越来越少了。一般都将这些费用包含在了套餐费用之中。套餐指的是 menu turistico、menu complete，各家餐厅的数量会有所不同。

要预约 = 需要预订   尽量预订 = 推荐预订

●**酒店的省略记号**
YH = 青年旅舍
读者优惠 是酒店提供的服务。请在预订或者登记时注意确认。(p.5)
※各个费用中出现的 € 40/60 指的是淡季 / 旺季，或者因为房间不同导致的价格上的差异。€为欧元。
URL = 酒店网址
E-mail = 电子邮箱地址

D = 多人间
S = 淋浴公用，单人间
T = 淋浴公用，标准间或者大床房
3 = 淋浴公用，三人间
4 = 淋浴公用，四人间
SB = 带淋浴或者浴缸的单人间
TB = 带淋浴或浴缸的标准间或者大床房
3B = 带淋浴的三人间
4B = 带淋浴的四人间
SU = 套房
JS = 标准套房

※带有 T 与 TB 字样的标准间，部分酒店能够根据旅客的需求更改为大床房。如果有需要的话，推荐在预订时提出或询问一下。

费 青年旅舍等的价格费用
房间数 = 客房总数

※在本书中，在酒店名称前用 ☆ 将酒店进行了分类。关于酒店分类的说明，请参考旅行的准备和技术篇"住在罗马"一章 p.354。

关于读者来信
　　有一小部分读者来信反映，有时候会遇到折扣券无法使用的情况。对这些酒店，编辑部今后会尽量避免这种情况的发生。在此，希望各位读者在利用本书刊登的酒店或者餐厅时，如果遇到让人难以接受的高额账单或者服务费时，请一定要来信让我们编辑部知晓。为了以后的旅行者能更好地旅行，编辑部衷心希望各位利用过本书刊登的旅馆等设施的读者来信发表感言。在投稿时，请一定要附带地图。当然，我们也非常欢迎附带照片。（编辑部）

■本书的特征

本书面向所有前去罗马旅行的读者，为能让其感受到在罗马旅行的魅力，刊登了罗马各个区域说明、各个区域的旅游线路、景点解说、餐厅、商店、酒店等信息。其次，还对每年的数据进行了追踪调查，在修订时对稿件内容进行了更新。

关于刊登信息的使用

编辑部尽可能地刊登最新、最准确的信息资料，但由于当地的规则或手续等经常发生变更，或对某些条款的具体解释有认识上的分歧，因此，若非本社出现的重大过失，因使用本书而产生的损失或不便，本社将不承担责任，敬请谅解。另外，使用本书之前，对于书中所刊登的信息或建议是否符合自身的情况或立场，请读者根据切身情况自己做出正确的判断。

当地取材与调查时期

本书是以 2013 年取得的数据来进行编辑的。本书的宗旨是"提供详细、具体、能立刻派上用途的信息"，但是随着时间的推移，在内容上难免会出现偏差。其中也包含酒店每年 1~2 次的费用修改，本书所刊登的资料请仅作参考。

关于投稿

对于读者的投稿，我们会尽可能地忠于原文来进行刊登，以方便其他读者根据来稿者的主观印象和评价来对酒店进行选择。酒店等场所的费用每年都会随着追踪调查来进行更新。

关于酒店的读者折扣

编辑部为各位读者着想，和刊登的酒店进行商议，希望他们能为携带本书前来的旅客给予一部分折扣。获得同意的酒店我们会在酒店的介绍中加上 读者优惠 的标记。

请各位读者在预订时确认，并在登记前展示本文下方的意大利语文字和本书的相应页面。"Globe-Trootter Travel Guide"是本书在海外的名称。不过，由于这些都是在本书调查时获得同意的项目，有可能遇到没有预先声明就废止的情况。所以请各位旅客在使用前直接向酒店确认。还有，该折扣由旅行社等第三方中介进行预约时无效。最后，该折扣与酒店独有的其他折扣无法并用，请注意。

为了能保证读者折扣的正常使用，建议各位读者在预订时先利用传真或者 E-mail 进行确认，在登记时再度进行确认。

酒店的价格以单人间（€ 40/50）来表示淡季和旺季时房间价格的差异。

基本上说，淡季为 7~8 月、11 月~次年 3 月左右（年末年初、复活节除外），旺季一般为 3 月中旬~6 月、9~10 月、年末年初、复活节等，不过淡季、旺季会根据各个酒店城镇的不同而有所差异，具体请参见各个酒店的详细记录。

贸易展期间无论什么季节都为旺季。

Spettabile; Il Direttore
Indica 读者优惠 nella Pagina accanto a nome del Vs. Hotel che significato riduzione della camera ecc.come Vs.risposta. Per piacere,darebbe qualche riduzione al presentatore di Ns.guida o carta di Globe-Trotter Travel Guide.Grazie.

走遍全球 第1版

罗马
—— Contents

※带有 🏛 标记的，是登录在《世界遗产名录》中的建筑

罗马
Roma

国旗

绿、白、红竖条三色旗

正式国名

意大利共和国（Repubblica Italiana）

国歌

《马梅利之歌（Inno di Mameli）》

面积

30.1 万平方公里

人口

6074 万人（2012 年）

首都

罗马（Roma）

元首

乔治·纳波利塔诺总统

政体

共和制

民族构成

拉丁系意大利人

宗教

天主教（95%）

语言

意大利语
存在地方言，靠近国境的居民会使用2
个国家的语言

→旅行用意大利语 p.380

货币和汇率

　　意大利使用的是欧盟的统一货币欧元。货币单位是欧元€（euro）与欧分¢（意大利语为 centesimo/ 复数形式为 centesimi）1 € =100¢、1€≈¥8.5046（2014 年 6 月汇率）。纸币有€500、€200、€100、€50、€20、€10、€5。硬币有€2、€ 1、¢50、¢20、¢10、¢5、¢2、¢1。

　　正面印有数字和欧洲地图，为欧盟货币共同标志，背面印有古罗马竞技场等图案为意大利独有标志。

€1 硬币

€2 硬币

€5 纸币

€10 纸币　　　　€20 纸币

€50 纸币　　　　€100 纸币

€200 纸币　　　　€500 纸币

¢1 硬币　　　¢2 硬币　　　¢5 硬币

¢10 硬币　　　¢20 硬币　　　¢50 硬币

→关于货币兑换 p.344
→旅行的预算和货币 p.314

打电话的方法

从中国往罗马拨打电话的方法

| 国际
电话识别码
00 | + | 意大利的
国家代码
39 | + | 地区号码
（去掉前面第一个0）
×× | + | 对方的
电话号码
×××××× |

从罗马往中国拨打电话的方法

| 国际
电话识别码
00 | + | 中国的
国家代码
86 | + | 地区号码
（去掉前面第一个0）
×× | + | 对方的
电话号码
×××××× |

→如何打电话 p.348

出入境

中国出境时每人携带超过 20000 元人民币现钞，或超过折合 5000 美元的外币现钞，海关按现行有关规定办理。携带需复带进境单价超过人民币 5000 元的照相机、摄像机、手提电脑等旅行自用物品，旅客应填写两份申报单，海关检验盖章后将其中一份申报单退还旅客，旅客可以凭此单据办理有关物品带进中国国境的手续。进出意大利可携带无须申报的价值不超过 10000 欧元的货币，超过则需填写报关单。禁止带入意大利境内的物品有：麻醉剂、毒品、武器、假冒名牌等。此外，欧洲海关严禁携带话梅、牛肉干、果脯类、肉类、蛋类、蔬菜类、水果等入境，但是可以接受采用真空包装的物品托运。关于出入境的规定，有时会有变化，请在出发前仔细确认。

→海关可以携带的物品 p.320

从中国飞往罗马

欧洲各航空公司，均能转机前往意大利。目前，我国的北京、上海、广州、深圳、成都、台湾、香港等省市和地区都有班机直飞罗马。各航空公司的票价不一，建议提前比较，以获得比较实惠的价格。

气候

意大利国土南北狭长，四季分明。早晚温差较大，冬季寒冷，西西里岛还会下雪。夏季干燥，冬季多降水。由于纬度较高，夏天到很晚才会天黑。

→旅行的服装 p.313

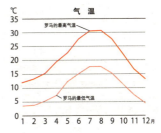

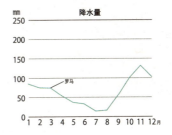

罗马的气温和降水量

时差

意大利实行夏时制。夏时制开始于每年 3 月的最后一个周日，结束于 10 月的最后一个周日。非夏时制期间，和中国的时差为 7 小时。

意大利上午 10 点是中国下午的 5 点。实行夏时制期间，时差为 6 小时。

营业时间

以下为一般营业时间。各个城市的商店及餐厅的营业时间各有不同。品牌店及部分商店和百货商厦没有午休，星期日照常营业的商店也在逐渐增多。

[银行] 周一到周五的 8:30~13:30、15:00~16:00，节假日的前一天营业到中午。银行外面或车站等地方都设有 24 小时自动提款机。

[百货公司和商店] 10:00~13:00、16:00~20:00，夏季和冬季的营业时间会稍有差异。除周日和节假日以外，夏季周六下午、冬季周一下午休息。

[餐厅] 午餐 12:00~15:00、晚餐 19:00~24:00
→食在罗马 p.362

主要节日

在意大利的节日中，和基督教有关的节日比较多。需要注意的是各个城市的守护圣人节（★记号）与每年日期都不固定的节日（※记号）。

节日名称	时间	
元旦 Capodanno	1/1	1 月
主显节 Epifania	1/6	
※复活节 Pasqua	4/5（2015）	4 月
※复活节后的周一 Pasquetta	4/6（2015）	
全国解放日 Anniversario della Liberazione d'Italia	4/25	
★威尼斯	4/25	
国际劳动节 Festa del Lavoro	5/1	5 月
国庆日 Festa della Repubblica	6/2	6 月
★佛罗伦萨、热那亚、都灵	6/24	
★罗马	6/29	
★巴勒莫	7/15	7 月
圣母升天日 Ferragosto	8/15	8 月
★那不勒斯	9/19	9 月
★博洛尼亚	10/4	10 月
万圣节 Tutti Santi	11/1	11 月
★巴里	12/6	12 月
★米兰	12/7	
圣母无原罪始胎节 Immacolata Concecione	12/8	
圣诞节 Natale	12/25	
圣礼节 Santo Stefano	12/26	

电压与插座

意大利使用的是 220 伏电压，频率为 50 赫兹。少数地方也会使用 125 伏电压。插座是圆孔的 C 型插座。

视频制式

意大利的电视、视频采用的是 PAL 制式，与中国相同。

小费

在意大利，像餐厅与旅馆等场所的费用中，基本上已经包含了服务费，所以并不是一定要给小费。在遇到令你满意的服务或者感到劳烦人家时，可以参考一下说明给予一定额度的小费。

出租车

费用的 10% 左右。

餐厅

基本上包含在用餐费用中。即使遇到小费另算的餐厅，也会在账单中写明。根据餐厅的档次收取 7%~15% 的小费。

酒店

对于行李搬运与房间打扫的人员可以给予 €1~5 的小费。

厕所

分人工收费和自动投币两种。也有在门口处投入指定金额的厕所。一般为 €0.7~1.0。

饮用水

意大利的自来水是含有多量碳酸钙成分的硬水。虽然也可以直接食用，但是对于害怕身体不适的旅客，我们还是推荐饮用矿泉水。一般在餐厅或者酒吧点矿泉水的情况比较普遍。矿泉水分为带碳酸的 Con gass 与不带碳酸的 Senza gass。500ml 的矿泉水在超市卖 €0.30~0.80，在酒吧卖 €0.50~2。

※书中的数据是基于意大利政府旅游局、外交部、气象厅等的资料编辑而成的。

邮政

邮筒

意大利的邮局分中央邮局和小型邮局两种，两者的营业时间与包裹等业务方面都有所不同。邮票除了在邮局外，还可以在带有 T 符号的 Tabacchi（香烟店）中购买。邮筒和中国一样，在全国各地都有设置。

中央邮局的营业时间为周一～周五 8:00～19:00，周六 8:00～13:15。其他邮政局为周一～周五 8:25～14:45、周六休息。

在品牌店中可以很简单地办理免税手续

→邮局 p.347

邮递费用

从意大利寄往中国的航空快递（posta prioritaria）为明信片与20g以下的信件收费 €1.60。

税金

意大利大多数商品都收取 10%~20% 名为

IVA 的附加价值税。如果是欧盟以外的居民，只要在同一店铺购物满 €154.94 以上的话，就可以办理免税手续，返还除手续费外的税金。

→免税的手续 p.373

安全与突发事件

据报告显示，在意大利的地铁与巴士等公共交通工具中的盗窃行为、城镇中带着小孩或者婴儿的盗窃集团有很多，使用暴力抢夺财物的犯罪较少。旅客们应该要小心保管好自己的财物，防患于未然。

[警察局]113
[消防局]115

→为了安全舒适地旅行 p.387
→如果遭遇纠纷的话 p.393

年龄限制

意大利的汽车出租公司有些会设有 21~25 岁以上、60~65 岁以下，有 1 年驾龄的年龄限制。

还有极少数的博物馆、美术馆会对学生或者 26 岁以下、60~65 岁以上的人给予一定优惠。

→租车 p.351

计量单位

意大利的计量单位与中国一样，长度单位采用厘米、米，重量单位采用克、千克。在食品杂货店中表示的 etto 是 100 克的意思。

其他

禁烟法的施行

自 2005 年 1 月 10 日起，意大利实施"禁烟法"，禁止在美术馆、博物馆、电影院、列车还有餐厅、酒店等所有室内公共场所吸烟。违者罚款。

征收停留税

自 2011 年 1 月 1 日起，面对在罗马市住宿的旅行者开始征收停留税（Contributo di Soggiorno a Roma/Accmodation Tax in Rome）。

1~3 星的酒店每晚收取 €2，4~5 星的酒店收取 €3，最多停留 10 天。直接由酒店收取现金。还有罗马市立的美术馆、博物馆除门票外额外收取 €1，100 路等旅游巴士、台伯河的游览船、海水浴设施等都将额外收取 €1~3 的费用。（→ p.286）

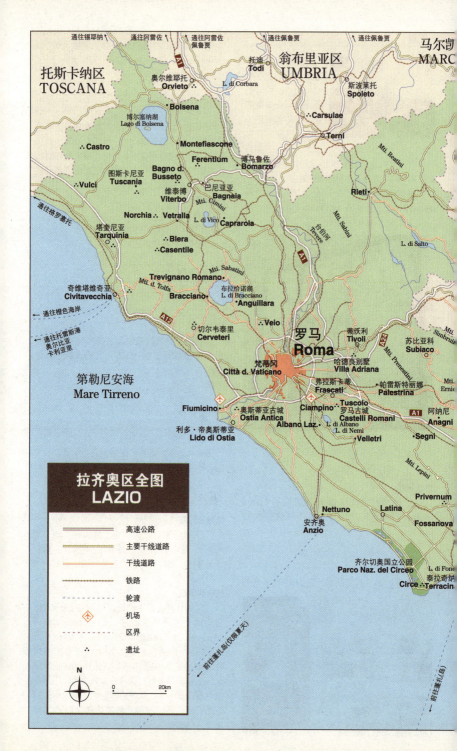

通往锡耶纳　通往阿雷佐　通往阿雷佐　通往佩鲁贾　通往佩鲁贾　马尔凯
　　　　　　　　　　　佩鲁贾　　　　　　　　　　　　　MARC

托斯卡纳区
TOSCANA

翁布里亚区
UMBRIA

托迪
Todi

A1

奥尔维耶托
Orvieto

L. di Corbara

斯波莱托
Spoleto

Bolsena

Carsulae

博尔塞纳湖
Lago di Bolsena

Terni

Castro

Montefiascone

Mti. Reatini

Ferentium

图斯卡尼亚
Tuscania

Bagno d.
Busseto

博马鲁佐
Bomarzo

Vulci

维泰博
Viterbo

巴尼亚亚
Bagnaia

Rieti

Mti. Cimini

Norchia

Vetralla

L. di Vico

Caprarola

Mti. Sabini

L. di Salto

塔奎尼亚
Tarquinia

Blera

Casentile

Mti. Sabatini

Trevignano Romano

L. di Bracciano

奇维塔维奇亚
Civitavecchia

Mti. di Tolfa

布拉恰诺湖

Bracciano

蒂沃利
Tivoli

A1

通往格罗塞托

A12

切尔韦泰里
Cerveteri

Anguillara

Veio

罗马
Roma

苏比亚科
Subiaco

Mti. Simbrui

通往托斯卡港
奥尔比亚
卡利亚里

梵蒂冈
Città d. Vaticano

哈德良别墅
Villa Adriana

A24

Mti. Prenestini

第勒尼安海
Mare Tirreno

Fiumicino

奥斯蒂亚古城
Ostia Antica

Ciampino

弗拉斯卡蒂
Frascati

帕雷斯特丽娜
Palestrina

Mti.
Ernic

利多·帝奥斯蒂亚
Lido di Ostia

Albano Laz.

Tuscolo
罗马古城
Castelli Romani

L. di Albano

L. di Nemi

A1

阿纳尼
Anagni

Velletri

Segni

Mti. Lepini

Nettuno

安齐奥
Anzio

Latina

Privernum

Fossanova

齐尔切奥国立公园
Parco Naz. del Circeo

L. di Fone

泰拉奇纳
Terracin

Circe

通往塞扎礼岛(仅限夏天)

通往蓬扎儿(S岛)

6

关于地图

本书所记载的景点、酒店、餐厅等原则上可以按照各地区线路地图还有卷首的罗马区分图查找位置。比如说，如果写着Map p.38，便是在第38页的内容中，如果是Map p.34 A1的话，便表示在第34～35页的地图中页码34侧的A-1（左上）范围内。另外，购物区域记载在购物地图之中。

地图目录

罗马八大景点

越是深入了解，越是让人感觉其深不可测的城市——罗马。

就如"永恒之城，罗马"这个别称一样，这座城市经历了漫长的岁月，给人展现出了各种各样的风貌。所以希望您可以逗留尽可能长的时间，充分体验罗马的魅力。

下面为您介绍罗马的八大景点，但是真正能够触动您内心的，很有可能只是在石板路拐角处遇到的喷泉，或者守护着城镇的女神雕像，又或者是夕阳西下时令人思乡的风景，也可能只是一尊雕像或者一幅绘画。

所以让我们走在罗马的大街上，寻找只属于我们自己的罗马吧。

7 梵蒂冈博物馆
p.132

不管是内容还是收藏数量上都可以称得上是世界上屈指可数的博物馆之一。各个时代的教皇仿佛争权夺势般收集美术、艺术作品，让我们能够一饱眼福。

6 圣彼得大教堂
p.146

教堂前为贝尔尼尼设计的大广场，对天主教信徒来说，这里是最神圣的大教堂。广场与教堂内部都出自一流艺术家之手，在世界上也是出类拔萃的。

4 纳沃纳广场
p.110

古罗马竞技场所在的广场。3座喷泉被周围的旅客、杂耍艺人还有商人所包围着，整座广场呈现出一片热闹的景象。

8 博盖塞美术馆
p.158

位于博盖塞公园内的白色建筑。博盖塞枢机主教倾其所有资产收集的物品与宅邸非常华丽。在此能够接触到代表罗马的艺术——巴洛克艺术的精髓。

5 西班牙广场
p.100

登上137级台阶的西班牙阶梯后，映入眼帘的便是方尖碑，而在阶梯下方，小船喷泉正喷着水，展现出一幕罗马独有的风景。

3 许愿池
p.94

巴洛克艺术的杰作，让人们见识到只有在这座城市中才能见到的光与水的美景。这是继承了罗马皇帝的荣光，各个时代的教皇为了显现自己的权力而建造的喷泉之一。

1 古罗马斗兽场
p.68

"永恒之城，罗马"的标志性建筑物。于72年建设的巨大圆形竞技场。在这里不断上演着猛兽与角斗士之间充满血腥的战斗，5万观众为之疯狂。

2 坎皮多里奥广场
p.49/56

位于罗马的7座山之一，罗马的发祥地所在的坎皮多里奥山上，充分体现出米开朗琪罗才能的广场。从它的背后能够望见古罗马广场和古罗马斗兽场美丽的风景。

塔奎尼亚（→ p.235）的世界遗产

拜访伊特鲁里亚的墓地遗迹群

（ Necropoli ）

旅行的乐趣，便是穿越过悠久的时空，见证最美的一刻

伊特鲁里亚文明是以古罗马为先驱，自公元前9世纪开始，经过1个世纪在意大利中部发展形成的文明。伊特鲁里亚文明深受贸易繁荣的希腊的影响，从而踏上了繁荣之道。虽说伊特鲁里亚文明的痕迹以托斯卡纳州与拉齐奥区为中心零零星星地存在着，但是残留在塔奎尼亚地下墓地中的色彩斑斓的壁画却只有在这附近才能见到。尊敬死者的伊特鲁里亚人深信死后也能在冥界继续生存，所以才会为了已故之人着想，在墓地内部描绘上鲜艳的壁画。这些透露出当时的生活风貌的壁画体现着他们当时幸福的生死观。这些展现在人们眼前的栩栩如生的壁画，让所有看到它们的人都不由得被它们深深吸引。

描绘着幸福感四溢的人们生活场景的绘画，不管看多久都不会厌

旧街道中建造着陈列从伊特鲁里亚遗迹中挖掘出的文物的国立考古学博物馆。想要了解伊特鲁里亚文明的旅客请一定要前去参观一下。残留有中世纪城镇气息的旧街道也充满着美丽，随心所欲地走在街道上也是很享受的一件事情。

现在，伊特鲁里亚的墓地遗迹群已经和切尔韦泰里（→ p.236）一起于2004年入选联合国教科文组织《世界遗产名录》。

建造于11世纪，随后以巴洛克风格重建的市政厅。在此建筑的后方便是一片中世纪的城镇

有与市政厅相调和的教皇厅纹章的喷泉

帕罗蒂诺之墓
PALLOTTINO
⑦

⑧
少女之墓
PULCELLA

狩猎之墓
CACCIATORE/
PADIGLIONE DELLA CACCIA
④

莲花之墓
FIORE DI LOTTO
⑤ ⑥ 雌狮之墓
LEONESSE

古埃里埃洛之墓
GUERRIERO
② ③

狩与猎之墓
CACCIA EPESCA
⑨

克里斯法尼之墓
CRISTOFANI

⑩
卡隆提之墓
CARONTI

⑪
多埃特提
(5636)之墓
DUE TETTI/563

厕所

书店

售票处

酒吧

① 杂耍师之墓
GIOCOLIERI

[入 口]

来到遍布在高台处的
"死者的城镇" 墓地遗迹群

从城镇徒步行走约 10 分钟，便能来到遍布在小山丘的墓地遗迹群。登上少女之墓（La Tombola di Pulcinella）附近的高台，展现在眼前的便是周围的城镇与放牧的草地。眼底下的平野地区便是伊特鲁里亚的城镇曾经所在的场所，墓地遗迹群便建造在这高台上。

墓地存在于小屋的地下，经过一段短而陡的楼梯后，便能自己打开照明开关进行参观。内部的温度与湿度都保持着一定的数值，为了保护绘画不被损坏，只能透过玻璃进行参观。仅在这山丘上便对外开放大约有 20 座古墓，如果要一座座参观的话，大约需要耗时 2 小时。虽然从大范围来说，大约有着 600 座或者更多的墓地沉睡在这里，但是对外开放的基本上只有这处遗迹。并且，为了保护壁画，每年对外开放的墓地可能会

"死者的城镇"墓地遗迹群建在距离城镇中心远处的高台上。从这里俯瞰被绿色包围的城镇时，古人也同样会有种清新的感觉

在墓地台阶的下面有用于照明的设施开关，自己按按钮打开，过一段时间会自动关闭

透过墓地门上的玻璃进行参观。眼前的壁画比想象中要清晰鲜明得多

覆盖在墓地上的建筑物。在建筑物前的导游牌（意大利语、英语）上有着详细的说明

塔奎尼亚　蒙特罗兹的墓地遗迹群　卡尔瓦里奥地区
Tarquinia -Necropoli dei Monterozzi "Area del Calvario"

※黑字之墓为在本书调查时非公开

莫勒提之墓
MORETTI

猎鹿之墓
CACCIAAL CERVO

BARTOCCINI

巴卡斯的巫女之墓
BACCANTI

卡尔达雷利之墓
CARDARELLI

5512之墓

横卧食桌之墓
TRICLINIO

鞭打之墓
FUSTIGAZIONE

二重之墓
DOPPIO

⑭ ⑬ ⑮ ⑱ ⑲ ⑳ ㉓ ㉔ ㉒ ㉑

络内伊翁之墓
GONEION

栅栏

小花之墓
FIORELLINI

⑯ ⑰

葬礼寝台之墓
LETTO FUNEBRE

贝提妮（5513）之墓
BETTINI/5513

斑豹之墓
LEOPARDI

11

让人感到伊特鲁里亚人的
生死观发生改变的公元前
3～前2世纪左右的绘画

有所变更。

这些埋葬着身份高贵之人的墓基本上都是由一个房间构成，房间正面、左右的墙壁天花板上都描绘着壁画。壁画大多是以"宴会"、"舞会"、"运动竞技"、"杂技"为题材。这些都是将死者送去黄泉之国的葬礼仪式之一。随着时代的变迁，绘画的题材渐渐演变成了狩猎的场景、希腊神话。再随着时间的推移，在死者之门前开始画上了可怕的看门人，让人不由得感到伊特鲁里亚人生死观的改变。

各种伊特鲁里亚人原本充满欢乐的绘画。上面描绘着热衷于以投掷圆盘等各种运动的人们与手拿弹弓或石头打鸟的各种日常生活场景

如果有时间的话，推荐各位旅客按照顺序逐一进行参观。如果当日要返回罗马，还想参观考古学博物馆的话，那么请计算好时间。与考古学博物馆的通票仅限当日有效。

下面介绍一下绝对要去参观的地方（带★的为特别重要）。

❶ 杂耍师之墓 公元前6世纪

三角形山墙顶部檐板两旁描绘着红色的狮子与绿色的豹。下方杂耍师们正在表演。右侧腰间挂着长杖望着这一切的便是这座墓的主人。画中的一名男子正打算以转圈女子头上顶着的烛台为目标，投掷圆盘。

让人仿佛真的看到了眼前正在转圈的女性和杂耍热闹的场景

❻ 雌狮之墓 公元前6世纪 ★

三角形山墙顶部檐板两旁描绘着两只红色的雌狮。下方是以装满葡萄酒的大壶为中心跳舞的舞者们。再下方画着栩栩如生的鸟与海豚。画在左侧墙壁上的平躺男子手中握着象征"生命"的蛋。

画在墓左侧墙上的男子像。手持着象征着"命与再生"的蛋。在海中自由自在游泳的海豚象征着"自由"

⑨ 狩与猎之墓　　公元前6世纪　★★

设置在各个地方的解说板。上面用英语解说着时代、坟墓的构造、绘画的内容等

　　这里就如它的名字一般，是一座描绘着狩猎与捕鱼场景的墓。墓地由两个房间构成，面前的第一个房间讲述的是狩猎归来，在树林之间开心跳舞玩耍的人们。这里内部的模样

由于分为了两个房间，所以实际内部的房间有一些看不清。但是可以通过设置在门口的液晶屏，我们还是能见到临场感十足的栩栩如生的美丽壁画。从高处跳入海中的"跳水男"图

可以通过墓地入口处设置的液晶屏来详细观看。里面的第二个房间的三角形山墙顶部檐板上描绘着居住在这墓地的夫妇举办宴会的场景，在他们下方描绘的是乘坐在船上捕鱼和在陆地上狩猎的人们的姿态。船的四周飞舞着的鸟和鱼就如同一幅风景画一般。左边的墙壁上绘画着正在跳水的男子的身姿。明亮的色调使壁画动感与幸福感十足。

㉑ 斑豹之墓　公元前5世纪　★★

　　顶部三角墙上描绘着2头斑豹，下方是横卧在3张宴会沙发边进行宴会的3组情侣（男女2组与男性1组）和仆人。在左、右侧的壁画中，乐师们正在演奏着乐曲。右侧墙壁中以男性的舞者为首，后面跟着长笛奏者、竖琴奏者的画非常具有真实感。

充满着鲜明色彩和动感的杰作。当时的人们所穿戴的衣服和首饰也是一大亮点

位于墓地遗迹群东面，穿过栅栏（有通道）后抵达的区域中的"斑豹之墓"

⑩ 卡隆提之墓　公元前3~前2世纪

　　这里的绘画与迄今为止看到的洋溢着幸福感的绘画不同，都是一些色调贫乏，略带些卡通风格、昏暗带有邪恶感觉的图画。在通往黄泉之国的两扇门门旁，站着似乎要抓捕灵魂一般长着钥匙形状鼻子的恶魔。这可以说是预示着伊特鲁里亚时代结束的坟墓，同样的画在 Due Tetti 之墓中也能见到。

左／壁画的上方，被两名恶魔围住的打算前往黄泉之国的人们

右／壁画右侧，前往黄泉之国的大门与站立在门左右侧的恶魔 Charun

❶ 旁边两处广阔的瞭望阳台

前往旧城区的
国立考古学博物馆

从巴士下车的广场沿着坡道向上走，右手边上便是❶。左右是高出一段的用于眺望风景的阳台，能够看到远处的大海。在通路的左侧，便是坐落在雄伟的文艺复兴风格建筑 Palazzo Vitelleschi 中的国立考古学博物馆。门票在中庭深处的书店中有售。

一楼为葬礼雕刻，特别是石棺 Sarcofago 和墓碑的展示。石棺的四周刻有浮雕，上方设立着墓主的雕像。这些都是在贵族

古典与文艺复兴风格完美融合的精美柱廊一直通往考古学博物馆内部

之中也属于特别高贵的人的石棺。"法官的石棺" SarcoFago del Magistrato（di Laris Pulenas）为公元前 3 世纪左右的产物，雕像手中握着的是记载着他在宗教、政治方面功绩的卷纸。

二楼陈列着的是伊特鲁里亚艺术中著名的"大马" Cavalli Alati。这是曾经装饰在神殿顶端的物品，长有翅膀的马就像是要立刻飞往天际一般。除此之外，这里还展示着青铜制武器、金币、陶器等物品。陶器类上写实的纹路诉说着当时人们的生活方式。特别是《黑绘竞技葡萄酒罐（Anfora a figure nere con scena di atleti）》和《赫拉克勒斯与海卫之战的黑绘大杯（Kylix a figure nere con la lotta fra Ercole e Tritone）》的绝妙的动感和高超的设计让人感受到伊特鲁里亚人高度的文明。

上／从入口附近开始的石棺、墓碑展示区域。请注意上面的雕刻与雕塑。请体会一下当时高度的技术和艺术性。下／特别让人感到存在感的"法官的石棺"

三楼陈列的是利用原画将墓地遗迹群中的坟墓复原后的样子，能够详细参观。其中有描绘着投掷圆盘

再现实际陵墓的展示室。修复、保存的样貌都采用立体显示，让人很感兴趣

等运动的人的《古代奥林匹克竞技之墓（Tomba delle Olimpiadi）》（公元前 5 世纪）。躺着享受宴会的情侣与跳着舞、弹奏着乐器的人的《宴会沙发之墓（Tomba del Triclinio）》（公元前 4 世纪后半期）等。

"黑绘竞技葡萄酒罐"，受到希腊文化强烈影响的黑绘的蝶子与盘子。它的巨大和美丽请各位旅客一定要亲眼见证一下

随着季节的变换而在口味与口感上略微产生差异的前菜让人充满期待（玻璃餐厅→p.253）

前菜先点一份意大利面，随后再点主食。两盘料理＋甜点似乎是最近人们的点菜倾向

上／在食材品店中围着桌子就餐也是一种奇妙的体验（洛休莉Roscioli→p.244）
下／在咖啡厅喝一杯餐前酒是意大利人的习惯。如果酒量不好的话，可以试试无醇酒（酒精成分几乎为0）或者用新鲜水果制成的（鲜榨果汁）

Class Restaurant

～在罗马一流的～
餐厅中品尝最美味的
食品

　　罗马作为意大利的首都，也是全球数一数二的旅游胜地。无数的餐厅每天都要迎来众多客人，从而演绎出一个又一个的故事。在喧闹的广场一角或者在舒适的露天座位上，也或者在铺着石子路的小巷子中，到处都充满了美食的气息。

　　其中也不乏被称为"高级餐厅"的餐厅，虽然市民对此的利用率不高，却是全球美食家最憧憬的地方。今天要介绍的，便是这些高级餐厅。顺便一提，说到意大利的餐厅、酒店导游手册，全球闻名的《米其林指南》、《意大利大红虾美食杂志》等都是其代表（→p.247）。

　　在这个每天都要接待成千上万游客的都市中，要维持★的等级与较高的评价不是一件容易的事情。与其他城市相比，这里的竞争要激烈得多。

能够享受被雄伟的雕像围绕着喝茶与用餐的场所——卡诺瓦塔多里尼→p.248

高级餐厅中的享受，与浓咖啡一同赠送的迷你茶点

高级餐厅近年的倾向

高级餐厅中的意大利面分量很少。一星级餐厅玻璃餐厅的意大利面

从食材开始，在菜品中加入了亚洲风味的元素、使用真空调理和泡泡调理等新颖的调理法已经是厨师中理所当然的事情。在对香味、口感等的追求中能够感受到厨师们不同的个性。也有许多提供在当地菜品的基础上进行创造、升华成的厨师创意餐厅，其独特的想法让人充满了期待。那些罗马独有的季节食材组合而成的菜品，让人感到充满了对当地乡土的热爱。曾经在意大利，生鱼片是非常罕见的菜品，但是如今在高级餐厅中，生食鱼贝类已经理所当然。提供利用精致的调味酱制作的崭新的菜品的场所越来越多。

最近高级餐厅中正流行着亚洲风。利用荞麦面和春卷皮制作的前菜

PICK UP Restaurant 1

伊尔帕利亚乔
Il Pagliaccio

店内被分为 3 个风格不同的餐厅。图为中庭明媚的阳光照耀着的古典风格餐厅的一角

在距离纳沃纳广场不远处，一条小路上的一角，客人按下磨砂玻璃门上的门铃后走入店中。门口附近摆放的是现代风格的家具，但店内就仿佛是走进了一座经过了悠久的历史、高雅幽静的别墅中一般。

上菜前赠送的开胃小菜非常精致

这里的厨师出生在法国，但其父母是意大利人。其本人在法国开始学厨，也有在亚洲工作过的经历。

那些使用茶碗件汤盆的做法，以及在炸云吞中加入罗马元素的菜品等，让人感到亚洲风格无处不在。

菜单会随着季节的改变而变更。招牌菜也会随着季节的改变更换使用的材料，为使口味进一步进化，所以在换季时尝尝不同的口味也是一种乐趣。

厨师的招牌菜之一。浓厚的黄油与苹果、黄春菊细腻的口味，及让人能感受到温差的泡泡共同形成了极致的协调口味

生牡蛎和布拉塔起士、蘑菇、苹果以及黄春菊的浓汤
Ostrica 2012 Zuppa di burrata, fungbi, granita di mela verde e fiore di camomilla

16

牛尾巴、鹅肝配黑巧克力酱和硬壳花生
Coda di Bue e fegato grasso,
arachidi caramellati Melissa e cioccolato nero

牛尾巴是意大利菜品中经常使用的材料，一般的调理方式为炖煮，有一道在将其煮烂后，在软骨部分塞入鹅肝的菜

在罗马的春天到初夏时最令人垂涎欲滴的便是小羊。火候非常到位，分量十分充足

香草烤小羊配茄子和鹰嘴豆
Agnello Speziato e bruciato melanzane e ceci

油炸的蝠鲼与意大利春天到初夏的名产蚕豆豆相搭配的，充满了季节感的一道菜

黄油煎蝠鲼，配菊芋和蚕豆
Razza al burro nero,topinambur e fave

塔唐风格菠萝派加小豆蔻，黑胡椒风味
La mia tatin,sorbetto all' Ananas,cardamon e pepe nero

白巧克力摩丝配芭菲、基尔希风味的樱桃
Mousse al cioeeolato bianco,
parfait al cappuccino ciliegie al kirscb

安东内利·
科隆纳

Antonello Colonna

氛围、口味、菜品和葡萄酒的完美搭配……像刚玩耍回来般开心地围着桌子的绅士，给人留下很深印象的餐厅

安东内利·科隆纳（Antonello Colonna）是位于民族大街最引人注目的市立展览馆最上层，装饰着能够俯瞰整个罗马城的玻璃窗的餐厅。走上市立展览馆旁边小路中的楼梯便能来到前台，乘坐专用的电梯便能到达，展现在眼前的便是拥有未来风格、五彩缤纷的餐饮区域。这里就是安东内利·科隆纳的连锁店，只有在白天进行用餐的 Open Colonna。经常有时髦的女性与商业人士前来用餐。

安东内利·科隆纳就位于一扇红色大门的前方走上楼梯的顶层。四周是开放式的绿色阳台，店内设置着吧台与沙发，组成现代而成熟的空间。

厨师在罗马经营了将近 100 年餐厅行业的家族出生，在意大利无人不知，就连在美国也是耳熟能详的美食界名门之一。受到众多名人的青睐，也有许多的著作。几乎全族的人都在这种厨师的环境中培养出优越的感性和技术，他们创造出的新颖菜品让人无时不感到惊讶并赞美。

左／面包和棍形面包都为自家制　右／口感非常好的一口酥。小小的惊喜往往能够增加对料理的期待和食欲

意大利面下藏着生虾，腌过的蛋黄有着浓厚且新鲜的口味。名字非常有趣的厨师的招牌菜 Negativo Carbonara（夹着炭烤食材的意大利面）请一定要试试

生虾肉饼配蛋黄糊
Hamburger di Gamberi,Spagbetti e uove marinato

※休闲餐厅的 OPEN COLONNA 仅限午餐。周二～周四的 🕐12:00~15:00，可以选择两种料理加上自助餐共 €16。周六、周日为兼早午餐的自助餐，🕐12:30~15:30 价格为 €30。自助餐多为有很多蔬菜的健康菜品。

贝壳浓厚的汁给人留下很深印象的菜品

炭烤鹌鹑加上新鲜的番茄酱，再加上罗马春天的名产菊苣成为了一道菜

玛丽风格的鹌鹑配菊苣
Quaglia alla diavola,bloody mary e puntarelle

比目鱼肉配贝壳
Rombo ficbe brood di molluscbi

烤小羊肉配薄荷风味米饼
Carre d' Agnello e suppli alla menta

将春天的罗马浓缩成了一盘菜。
意大利特产的菜花和薄荷给菜
品带来了春天的味道。米饼则
为罗马市民的口味

厨师代表性的点心。服务员会一边说着
"请将派弄碎后和奶油一起品尝"，一边在
你眼前用叉将其捣烂。牛奶蛋糊、巧克力
以及盐融为一体的口感很好

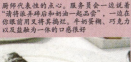

奶油派，巧克力和盐牛奶糖风味
Diplomatico crema e cioccolato,caramello al sale

甜点前的小圆碟和
种类丰富的茶点。
即使吃饱了也会禁
不住它的诱惑

罗马的高级餐厅
各种导游向导手册与评价

　　闪烁着米其林三颗星光辉的，便是罗马卡瓦列酒店（旧罗马希尔顿酒店）（→ p.301）的主餐厅拉贝尔格拉 La Pergola。虽然在整个意大利中也只有 7 家三星餐厅，但此家作为这些餐厅中的其中一家，在这几年内都维持着这个星级。餐厅与市中心略有一段距离。

　　二星有伊尔帕利亚乔 Il Pagliaccio，一星有安东内利·科隆纳 Antonello Colonna、阿加塔埃罗梅欧 Agata e Romeo（→ p.245）、伊鲁科维维欧图拉艾尼 Il Convivio-Troiani（→ p.249）、玻璃餐厅 Glass Hostaria（→ p.253）等 8 家。

　　在《大红虾》杂志中，餐厅以叉子和点数、饭馆以虾的数量，葡萄酒吧以瓶子的数量（都为 3 最高）进行评价，同时给出价格和质量的满足程度评价，即使不懂意大利语也能理解。

　　3 叉子 94 分为拉贝尔格拉 La Pergola

　　2 叉子 89 分为伊尔帕利亚乔 Il Pagliaccio，同样 84 分的塞特姆布里尼 Settembrini（→ p.251 等）。

　　3 瓶子为洛休莉（→ p.244）等。

　　Touring Editore 公司的向导手册中，用刀叉的数量表示餐厅的档次。评价特别高的餐厅会打上奖牌标记并给予点数评价。最高为 3 块奖牌，在罗马一共有 3 家 2 块奖牌的餐厅，分别是 86 分的拉贝尔格拉 La Pergola、83 分的伊尔帕利亚乔 Il Pagliaccio，80 分的玻璃餐厅 Glass Hostaria。

拉贝尔格拉	伊尔帕利亚乔	安东内利 · 科隆纳
La Pergola ☆☆☆	**Il Pagliaccio** ☆☆	**Antonello Colonna** ☆
⌂ Via Cadlolo 101	⌂ Via dei Banchi Vecchie 129a	⌂ Scalinata di Via Milano 9a
☎ 06-35092152	☎ 06-68809595	（Palazzo delle Esposizioni）
⌚ 12:45~14:15、19:30~22:15	⌚ 13:00~14:30、20:00~22:30	☎ 06-47822641
休 周日、一、7/1~9/15 中午、	休 周日、周一、周二中午、	⌚ 20:00~23:00
1/22~2/2 左右、8/5~8/20	1/9~1/17、8/8~8/31	休 中午、周日、周一、8 月
费 €120~200、套餐€120、€140、	费 €130~160、套餐€100、€140	费 €100~130
€160、€75（仅限中午）	URL www.ristoranteilpagliaccio.it	URL www.antonellocolonna.it
URL www.romecavalieri.com	Map p.29 C3	Map p.36 B1
更新 Map p.28 A1 外		

永恒之城
罗马

La Città Eterna, Roma

众多皇帝大步走过的罗马城，传说是由一对被母狼养育成人的双胞胎建造的，其历史要追溯到公元前8世纪。如今，那些残存在城市中刻有历史印迹的遗迹还在不断迎接着游客的到来。像夕阳中的万神殿、从坎皮多里奥眺望的罗马广场和古罗马斗兽场等，到处都充满了浪漫，让人不禁想穿越到过去。

罗马是这样的都市

历史与文化的万花筒

拥有大约3000年悠久历史的"永恒之城，罗马"，如今仍能在这里的各个地方嗅到古代历史与传说的气息。并且，天主教会大本营梵蒂冈所在的这座城市，从早期基督教开始经历了2000年的圣年，与教皇的兴隆一起走到今天。在历代教皇的脚下，各种广场、喷泉、教堂就连都市景观都不断更新换代，在文艺复兴时期有拉斐尔与米朗琪罗的活跃，在随后的时代中有波洛米尼与贝尔尼尼建立了罗马巴洛克的黄金时代。这里就是随着时代的变迁，政治家的变更以及艺术界天才们的活跃而不停变化发展的罗马城。

世界各地的神职人员前来朝圣

漫游罗马

在城市中漫游之前
先来看看
埃马努埃莱二世纪念馆吧

罗马城的中心是威尼斯广场。以该广场为中心直径5公里范围内便是旧城区了，大多数值得参观的景点都在这范围之内。北面是平乔山与人民广场，东面是特米尼车站，南面是卡拉卡拉浴场，西面是台伯河与贾尼科洛山。然后，建立在这威尼斯广场中心的，便是埃马努埃莱二世纪念馆。顶部装饰着4匹马的马车，白色巨大的纪念馆无论在城镇的任何地方都能够看到，是在城市中漫游时非常不错的标志。

埃马努埃莱二世纪念堂是罗马的"肚脐"

到拥有罗马建国历史的"七座山丘"
上来眺望城市吧

罗马也被称为"七座山丘的城市"。位于西班牙阶梯附近俯瞰着人民广场与城镇的平乔山，眼下便是古代遗迹的民族大街山，能够眺望弯曲的台伯河与城镇全景的贾尼科洛山，残留着古罗马居住痕迹的帕拉丁山，能够望见远处圣彼得大教堂的奎里纳莱山……罗马的城市可以说是建造在山丘之上的。此起彼伏的地形为城镇带来了不同的面貌，你在上坡时或者在下坡时所见到的罗马与一般印象中的罗马是完全不同的。

从高处眺望罗马，会给人产生一种整个城市都能握入手中的错觉，让人感觉到这个经历过悠久的时间的广阔城市，在人们不断的努力经营发展下有多么伟大。

从坎皮多里奥山上看到的风景

罗马的四季

　　如果要问罗马的哪个季节最美丽，那么只能说这个问题很难回答。如果说想要好好地了解一个地方，那么就必须要体验这个地方的各个季节，看看这里各种各样的表情才行。特别是罗马这个城市会随着季节、天气的变化而发生改变，所以每次前来游玩都一定能够发现新的乐趣。在这里，简单介绍一下罗马的一年四季，因为即使在不同的季节前来游玩，"都能找到相应的乐趣"。这就是罗马。

1月　虽然晴天相对较多，但是气温较低。新年会有很多的促销活动，所以推荐希望能与罗马人一起购物的游客在这时前往。

2月　罗马最宁静的时刻。虽然天气可能有些变化无常，但是对希望能悠闲地参观美术馆的旅客来说是个不错的时间。

3月　虽然天气不断在春天与冬天之间交接，但是由于城市中即将迎来复活节，所以气氛会很高涨。能够比别人早一步观赏到含羞草。

4月　百花齐放的季节，商店的展示橱窗也面向夏更换上了颜色鲜艳的商品。不过有时也会遇上突如其来的大雨，所以在服装方面需要好好计划一下。

5月　温暖的日子较多。白天的时间也变长了，适合计划去郊外进行一次小旅行等，但是到了晚上还是非常寒冷的。

6月　由于即将步入夏季，所以后半月的气温会有所上升。在露天进行用餐的人开始慢慢变多。

罗马的郊外

7月　完全步入夏季，有时候天气无风且非常闷热。阳光很强，能够清楚地看到遗迹还有纪念碑。

8月　人们开始外出度假，街上的游客开始变得显眼。白天会非常炎热，商店与餐厅休息的日子也会比较多。晚上会以古代遗迹等为舞台，上演名为"罗马之夏"的节目。

9月　度假结束的人们开始返回罗马，街上再次恢复生机。夏季虽然要到月末才会将近结束，但是时而吹过来的风中已经夹杂着秋天的气息。

罗马旧城区中突然展现在你眼前的大空间，纳沃纳广场的喷泉是罗马巴洛克艺术的代表作品

10月　来罗马旅游的话，这是最好的季节。夏季刚去，阳光与透明度增加，夕阳也非常美丽。

11月　降雨量开始增多，气温也徐徐下降，但距离真正的寒冬还有一段日子。街角开始贩卖特产的烤栗子，展览会等也陆续开始举办。

12月　从山的那边开始刮来寒冷的北风，天气也开始变化无常，城市开始做起迎接圣诞节的准备，商店和大街也开始挂起美丽的装饰。

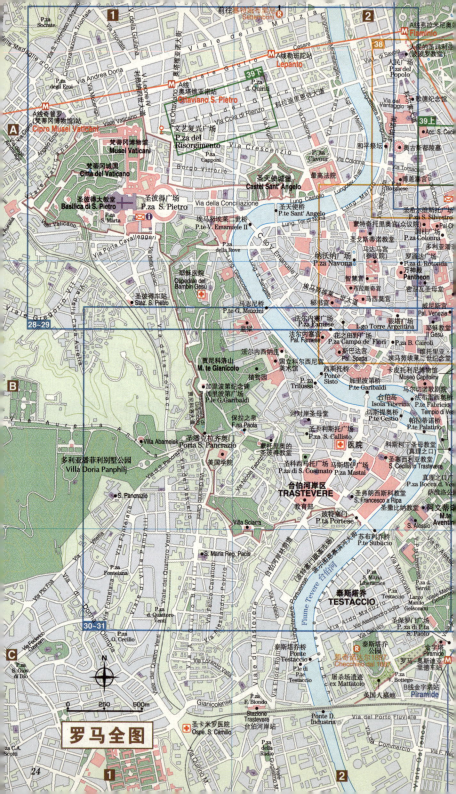

罗马全图

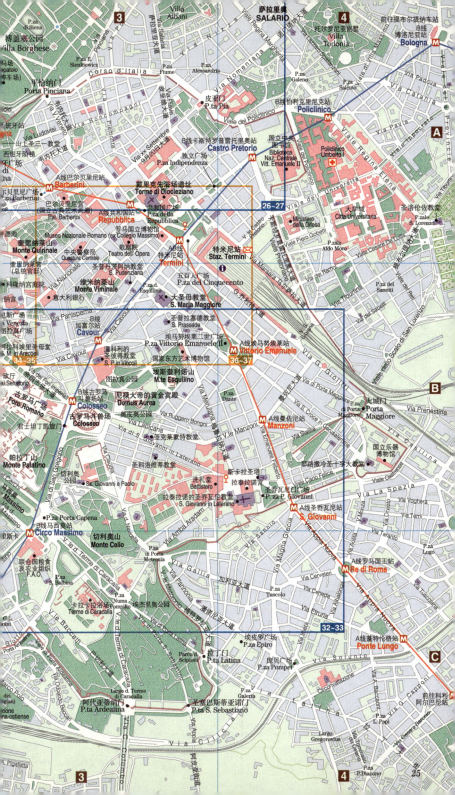

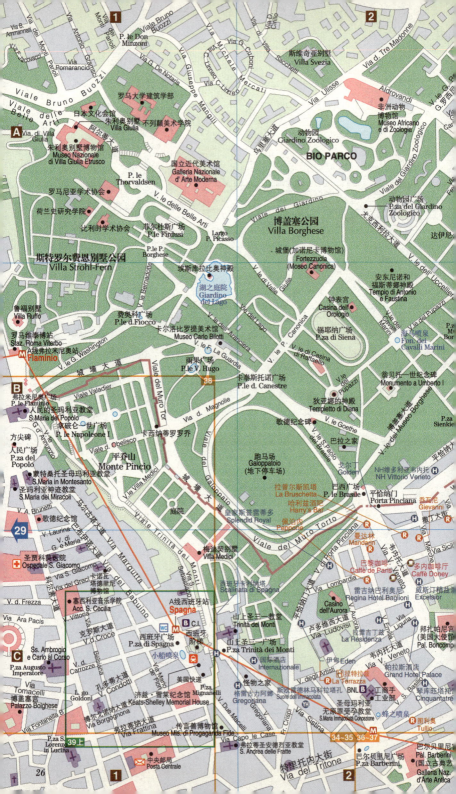

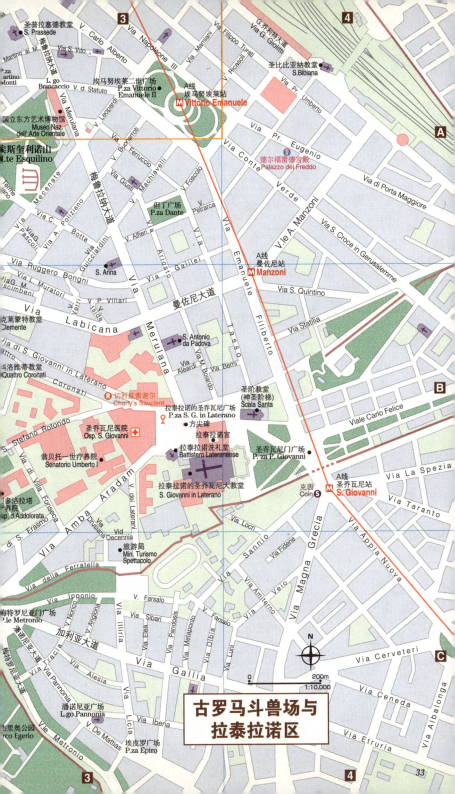

圣普拉塞德教堂
S. Prassede

V. Carlo Alberto

3

Via Napoleone III

Via Filippo Turati

G.乔瓦特大道
Via G. Giolitti

4

梅鲁拉纳大道

Martino al M.
Via S. Vito

Via Mariani

Via Ricasoli

圣比比亚纳教堂
S.Bibiana

P.za
Martino
Monti

L.go
Brancaccio
V. d. Statuto

埃马努埃莱二世广场
P.za Vittorio
Emanuele II

A线
埃马努埃莱站

Via Pr. Umberto

Via Merulana

M Vittorio Emanuele

A

国立东方艺术博物馆
Museo Naz.
dell' Arte Orientale

Via Leopardi

Via Pr. Eugenio

埃斯奎利诺山
M.te Esquilino

Mecenate

Via Ferruccio

德尔福雷德德宫馆
Palazzo del Freddo

Verde

Via di Porta Maggiore

Terme
faro

Via A. Poliziano

Via Machiavelli

Via Giusti

但丁广场
P.za Dante

Via Petrarca

Via Foscolo

Via Conte

Via S. Croce in Gerusalemme

Via C. Botta

Via ViaG.
Pascoli

Guicciardini

S. Anna

Via Alfieri

Via Ariosto

Via Galilei

Emanuele

A线
曼佐尼站

M Manzoni

Via Ruggero Bongni

ViaG. M.
scimbeni

Via L. Muratori

V. P. Villari

曼佐尼大道

Tasso

Via S. Quintino

Via
Labicana

Merulana

S. Antonio
da Padova

Via
Aleardi
Via M. Boiardo

Via Berni

Via Statilia

Filiberto

克莱蒙特教堂
Clemente

斗洛维蒂教堂
Quattro Coronati

Coronati

切利教素谢尔
Charly's Sauciere

圣阶教堂
(神圣阶梯)
Scala Santa

Viale Carlo Felice

B

S. Stefano Rotondo

拉泰拉诺的圣乔瓦尼广场
P.za S. G. in Laterano

方尖碑

Via di S. Giovanni in Laterano

圣乔尼医院
Osp. S. Giovanni

拉泰拉诺宫

圣乔瓦尼门广场
P.za P. Giovanni

Via La Spezia

翁贝托一世疗养院
Senatorio Umberto I

拉泰拉诺洗礼堂
Battistero Lateranense

A线
圣乔瓦尼站

多洛拉塔
养院
sp. d.Addolorata

Aradam

V. dei Laterani

拉泰拉诺的圣乔瓦尼大教堂
S. Giovanni in Laterano

克因
Coin S

M 圣乔瓦尼站
S. Giovanni

Via Taranto

di S. Erasmo

Via Amba

Via Drusiana

Vid
Decennia

Via Locri

Via Magna Grecia

Via Appia Nuova

Via Cerveteri

C

Via della Ferratella

旅游局
Min. Turismo
Spettacolo

Sannio

Via Fidene

Veio

Via Ipponio

V. Farsalo

Via Amiterno

梅特罗尼亚门广场
P.le Metronio

加利亚大道

V. Norico

V. Illiria

Via Elea

Via Sibari

Via Metapontio

V. Farsalo

Via Olbia

Via Luni

0   200m

N

Via Ceneda

Via Traiana

Via Anglona

Via Alesia

V. Pandosia

Via Iberia

Gallia

1:10,000

Via Etruria

Via Pannonia

潘诺尼亚广场
L.go Pannonia

Via Licia

Via Epiro

古罗马斗兽场与
拉泰拉诺区

Via Albalonga

ri Oegerio

V. Metronio

V. De Mattias

皮埃罗广场
P.za Epiro

购物地图

西班牙广场(Piazza di Spagna)周边

科拉迪里恩佐大道(Via Cola di Rienzo)周边

区域导览

AREA INDEX

本书为了让各位读者在旅游时能够便利地查阅，将罗马城市中交通比较方便的地区在历史与文化背景的基础上分为 10 个区域，并对其进行解说。其中特别是区域 1~6 中汇集了罗马主要的景点，是绝对要前去游览的地区。不过各个地区的距离与所需时间有较大的差异，所以请有效利用边栏记载的巴士和地铁等交通工具。

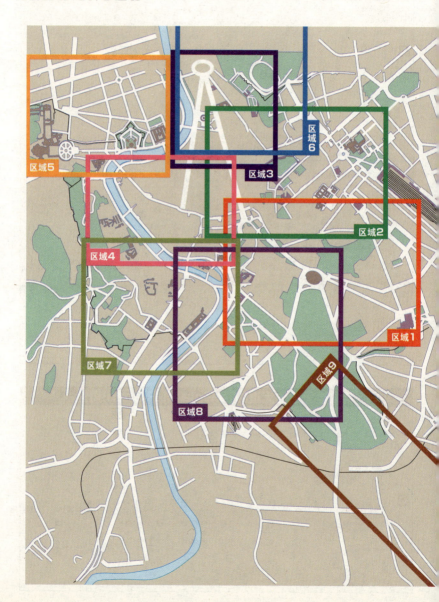

罗 马 卡

交通工具的优惠票

乘坐市内公交、地铁还有近郊铁路使用的都是共通车票。分为1次票€1（75分钟内有效）、1日票€4、3日票€11和7日票€16，请根据停留日期还有乘车次数来进行选择。（→p.328）

交通工具和景点的套票

❶ 最适合用于市内旅游的
罗马卡
ROMA PASS

包含罗马市内的公共交通以及市内前两处景点的门票的卡。€30，3天内有效。

主要景点

古罗马斗兽场／古罗马广场／帕拉丁山、博盖塞美术馆、巴尔贝里尼宫（国立古典绘画馆）、斯巴达宫、和平祭坛、圣天使城、罗马国立博物馆（马西莫宫、阿尔滕普斯宫、戴克里先浴场遗迹、巴尔比宫）、奥斯蒂亚古城等。

❷ 如果要前往罗马近郊的话
加强版罗马卡

ROMA&PIU PASS
罗马卡的加强版。

在❶原有基础上，加上COTRAL公司的巴士和近郊景点的套票。

主要的景点

除了❶以外，还包括蒂沃利的埃斯特别墅、哈德良别墅、切尔韦泰里的国立切里特博物馆、墓地遗迹群、塔奎尼亚的国立考古学博物馆、墓地遗迹群等。

购买场所

在各景点和罗马各处的❶中都有售卖。加强版罗马卡除了共通票外，还记载有地图、加盟景点导游手册、活动新闻等。在有效期限内的话，只需出示加强版罗马卡，就能在景点的门票、剧场还有交通工具中获得折扣。

※❶❷都在第三天24:00失效。

咨询

www.romapass.it ☎ 06-0608

※卡中如果包含1/1、5/1、12/25的话请确认开馆时间。

如果要仔细参观古代罗马的话

Ⓐ 罗马国立博物馆通票
Museo Nazionale Romano Intero

在世界中以收藏着考古学上重要收藏品为傲的罗马国立博物馆。现在为分馆。这是4座馆的共通票。价格为€7，3天内有效。

景点

罗马国立博物馆的4座馆（马西莫宫、阿尔滕普斯宫、戴克里先浴场遗迹、巴尔比宫）

Ⓑ 如果要参观阿皮亚街道和古代罗马的话
罗马考古卡 *Archeologia Card*

€23，7天内有效

景点

在Ⓐ的基础上加上古罗马斗兽场、古罗马广场、帕拉丁山、卡拉卡拉浴场、塞西利亚梅特拉之墓、昆蒂利尼别墅。

购买场所

各景点（塞西利亚梅特拉之墓和昆蒂利尼别墅除外）的窗口和特米尼车站的❶以及各❶处。

✉ 使用罗马卡

罗马卡在特米尼车站的❶处能够使用信用卡进行购买。

在特米尼车站的❶处会排着很长的队伍。如果不想在特米尼车站购买罗马卡的话，在很多香烟店或报刊亭用现金购买比较快。城市中的❶中也有罗马卡。

3天用下来绝对值了。我利用的有免费的古罗马斗兽场（帕拉丁与古罗马广场共通）和卡皮托利尼美术馆，半价的卡拉卡拉浴场（€3），巴尔贝里尼绘画馆同样也只需€2.5，这样就已经超过罗马卡的售价€25了。在乘坐地铁时，只要将卡片像切西瓜一样插入黄色的约5厘米的圆球中便OK，乘坐巴士只需在第一次时插卡（绿灯会点亮），第二次以后就什么也不必做了。和以前不同，现在只需1张罗马卡就能兼作为交通工具和景点设施的免费、优惠票来使用。我是在特米尼车站的报刊亭购买的。卡没摆在货架上，收银员一般从收银台下面拿出来。附赠可以利用的景点向导手册。（游客一）

省去了购买门票和车票的时间，非常方便。在进入古罗马广场和古罗马斗兽场时不需要排队，能直接从"罗马卡"专用的入口进入。（游客二）

由于前两个景点的门票可以免费，所以从门票价格较高，比较想前去的景点开始游览会比较好。在罗马最不能错过的景点古罗马斗兽场／帕拉丁山／古罗马广场为使用的通票共€12，加上罗马国立博物馆4处通门票€7。卡片为磁卡型，由于入场次数会写入磁卡中，所以只要在有效期限内，即使是通票也能在不同的日子中使用。卡能够多次使用，省去了买门票的时间，非常方便。（游客三）

使用罗马卡购买了罗马国立博物馆的共通门票。虽然这张共通门票本来只在3天内有效，但是由于使用了罗马卡，所以有效期限和罗马卡一样。也就是说，如果在罗马卡有效期的最后一天购买的话，就只能在1天内使用了。如果剩下的有效时间不多的话，可能没法逛完。（游客四）

从威尼斯广场到
古罗马广场、古罗马斗兽场周边

Da Piazza Venezia al Foro Romano, Colosseo

区域 *1*

该地区的游玩线路

从位于城市中心的威尼斯广场附近开始，游览古罗马广场、帕拉丁山、古罗马斗兽场、拉泰拉诺圣乔瓦尼大圣堂的区域。线路基本上为直线，所以不用担心会迷路，不过由于整条线路较长，并且景点较多，所以建议分两天进行游览。首先，先从坎皮多里奥山或者埃马努埃莱二世纪念馆等高处来俯瞰一下宏大的古罗马广场还有罗马斗兽场，感受一下"永恒之城，罗马"吧。

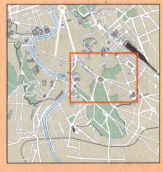

从威尼斯广场到
古罗马广场、罗马斗兽场周边

区域 *1*

4 古罗马广场
Foro Romano

古罗马的政治、经济、宗教的中心。如今还留着许多刻有罗马历史的遗迹。

★★★　　　　p.56

1 V. 埃马努埃莱二世纪念堂
Monumento a Vittrio Emanuele II

为纪念意大利统一而建造的白色的殿堂。城镇的标志性建筑，从高台能眺望到非常美丽的景色。

★★　　　　p.47

2 坎皮多里奥广场
P.za del Campidoglio

由天才米开朗琪罗创造出的以强调广阔的开放性为主的优美的空间。卡皮托利尼美术馆（Musei Capitolini）的入口也在此地。

★★★　　　　p.49

3 卡皮托利尼美术馆
Musei Capitolini

世界最古老的美术馆。以收藏着从古代至文艺复兴时期的收藏品为傲，如果想要了解罗马的话，请一定要来这里。

★★★　　　　p.50

5 帕拉丁山
Monte Palatino

有着罗马建国传说的地方，历代罗马皇帝都在此地生活。在这充满绿色的广阔山丘上，展现在眼前的是古老的遗迹。

⭐⭐⭐ p.66

6 古罗马斗兽场
Colosseo

公元80年建造的圆形竞技场。这里提供着比如让奴隶与猛兽进行搏斗等各种各样的娱乐活动。

⭐⭐⭐ p.68

7 拉泰拉诺的圣乔瓦尼大教堂
S.Giovanni in Laterano

朝圣时绝不能错过的四大圣堂之一。在教皇厅移至梵蒂冈之前，作为天主教会中心。

⭐⭐⭐ p.73

从威尼斯广场到古罗马广场、古罗马斗兽场周边

ACCESS

如果要乘坐巴士前去
威尼斯广场的话
40（特快）**64 170**
H（特快）
从特米尼车站出发
70从大圣母教堂、特米
尼车站西侧出发
60（特快）从 Ostiense、
马西莫竞技场、古罗马
斗兽场出发。从皮亚门
（Porta Pia）、共和国广场、
民族大街出发
85从拉泰拉诺的圣乔瓦
尼大教堂广场、古罗马斗
兽场出发
87从加富尔广场出发

"特别展会"的门票价格变动
当美术馆、博物馆举
办特别展会 Mostra Speciale
期间，门票价格会有 €1.50～
4.50 的涨幅。在大多数情况
下，会与常设展会门票一起
搭售。

2011 年开始实施的停留税
从 2011 年 1 月 1 日征
收停留税开始，罗马的市美
术馆、博物馆将会加收 €1
的停留税。本书中所标记的
价格为加上停留税之后的价
格。（→ p.286）

● 威尼斯宫博物馆
住 Via del Plebiscito 118
☎ 06-6780131
开 8:30～19:30
休 周一、1/1、12/25
料 €4

● V. 埃马努埃莱二世纪念堂
住 Piazza Venezia
☎ 06-6780664
开 夏季 9:30～17:30
　　冬季 9:30～16:30
料 免费
※在特定的季节和日子里将
会延长开馆时间

✉ 知道吗？！
V. 埃马努埃莱二世纪念
堂有多么巨大？！由于周围
的建筑物也都十分庞大，所
以可能一下子感觉不到，但
是在建筑物的右侧有一张 10
个成人围绕在建筑物上部中
央骑马雕像前的桌子进行用
餐的照片，其庞大程度让人
十分惊讶。

威尼斯广场 Piazza Venezia

罗马的中心

Map p.44、p.35 C3 ★★

正面是巨大的 V. 埃马
努埃莱二世纪念堂，右方正
对着威尼斯宫殿的，便是位
于罗马旧城区市中心的威尼
斯广场。纵横交错通往各个
方向的道路都交接于此，所
以每天这里的交通量非常
大。在这里，过马路是一件
比较辛苦的事情。

罗马旧城区的中心，从 V. 埃马努埃莱二世纪念堂眺望
到的威尼斯广场

威尼斯宫（博物馆）
Palazzo Venezia（Museo di Palazzo Venezia）

墨索里尼曾在此演说

Map p.44、p.35 C3 ★

雄伟的威尼斯宫建造在
广阔的威尼斯广场的西侧，
是由威尼斯出生的枢机主教
彼得罗·巴尔博 Pietro Barbo
在 1455 年兴建的。巴尔博
在 1464 年成为教皇保罗二
世 Paolo II，定居在此宫殿，
在随后的 1 个世纪中，历代
的教皇居住在这里。1564 年，

威尼斯宫（博物馆位于北侧的一角）

教皇决定将宫殿让渡给威
尼斯共和国，以后直到 1797 年为止，这里都作为威尼斯大使馆在使用。
但是，拿破仑与澳大利亚之间缔结了条约，如果威尼斯共和国被澳大利
亚支配的话，威尼斯宫也将归澳大利亚所有。1916 年，当时与澳大利亚
交战的意大利夺回威尼斯宫，数年后，墨索里尼开始将其作为法西斯政
权的迎宾馆使用。墨索里尼最有名的"演说"便是在宫殿入口处上方的
阳台进行的。

宫殿内的威尼斯宫博物馆由于正在进行修复而关闭，所以现在能
看到的只有其中的一部分。最初的 4 个房间展示的是从罗马时代到巴
洛克时代的陶瓷收藏品，在第四个房间里，摆放着 13 世纪的作品——
阿诺尔夫·迪坎比奥 Arnolfo Di Cambio 的《教皇之像（Statua di
Pontefice）》。接下来的两间房间陈列的是银与景泰蓝的作品。14 世纪的

"阿尔巴富森斯"的
三幅祭坛画 Trittico di
Alba Fucense 制作得非
常精巧。在最后的房间
中，和装饰在墙壁上
部的曼рути尼亚派的壁
画一同，展示着被称
为"海格力斯的受难沙
龙"（Sala delle fatiche
di Ercole）的中世纪
到 16 世纪为止的木质
雕刻。

与历史一同走过的雄伟宫殿

维托里亚·埃马努埃莱二世纪念堂
Monumento a Vittorio Emanuele II

罗马的标志

Map p.44、p.35 C3·4

★★

历经30年才对外开放，人气高到需要设置入场限制

建立在威尼斯广场深处的白色建筑物便是维多利亚·埃马努埃莱二世纪念堂，俗称"维托里亚诺"。是为了纪念统一意大利的功臣、登位成为意大利国王的维多利亚·埃马努埃莱二世的丰功伟业而建造的。通过竞选，最终从223份竞选作品中选取了朱塞佩·萨科尼的设计，于1885年开始建造，1911年完工。但是建立在罗马最有趣也最富有历史意义的重要区域的这座纪念碑，无法完全融入遗迹和古代建筑物的氛围中去，被戏称为"墨水瓶"、"婚礼蛋糕"，甚至是"假牙"等，在完成当时便受尽了当地人的恶评。

耸立在中央的骑马雕像便是V.埃马努埃莱二世、台座上雕刻着寓意意大利各个主要都市的雕像，其下方举起右臂的是"罗马之像"，左侧为"劳动的胜利"、右侧为"祖国爱"的群像。在"罗马之像"的脚边是1921年建造的"祖国祭坛"Altare della Patria，纪念着在第一次世界大战中牺牲的无名战士，无论何时都有仪仗兵看守着这里。顶部由16根巨大的石柱构成的柱廊中陈列着代表意大利各个州的标志性雕像，柱廊上方两侧的胜利女神驾驭着由4匹马牵引着的青铜制马车。

中间为将罗马拟人化后的"罗马之像"

景点 NAVIGATOR

从纪念堂正面向右拐，沿着墙壁走，就能看到在左侧有着约在2世纪的罗马时代的房子遗址。通过这里便能在左侧看到通往阿拉科埃里圣母堂的楼梯。

眺望罗马的场所

登上宏伟的维托里亚诺的大理石石级，在顶部的天花板上描绘着美丽的壁画。从这里可以将整个罗马城的风景尽收眼底，无论是古罗马斗兽场，还是古罗马广场，抑或帕拉丁山，还有那以盛开着五彩缤纷花朵的威尼斯广场延伸出的科尔索大道。来罗马旅游时，如果最先前来这里的话，便能够大致地把握罗马的地形大小与地理位置。内部为复兴运动博物馆，要前去博物馆的话可以通过正门右侧的入口进入。进入博物馆后，只能来到咖啡店和洗手间所在的途中阶层（在这里眺望的风景也很美）。要前往顶层的话只能通过正门处的室外楼梯，所以如果参观博物馆，需要先下楼回到正门后再前往顶层。

V.埃马努埃莱二世纪念堂的室外观景电梯

虽然说咖啡店从所在的阶层眺望的风景很美丽，但是在这阶层（咖啡店旁边）还有着能通往比顶层更高的到达屋顶的室外观景电梯。

🕐 周一～周四 9:30~17:45
周五、周六、周日
9:30~18:45

💰 € 7

✉ 读者感言
利用室外电梯

电梯位于纪念堂的背面和阿拉科埃里圣母堂之间的位置。从屋顶上眺望到的风景实在是非常美丽！由于这里基本上可以说是罗马的中心，所以东、南、西、北都能够看见罗马的名胜古迹。在游览罗马城之前，可以先俯瞰整个城市，随后就会产生一种"一定要加油逛遍所有景点"的感情，在游玩过后也会再次在此进行回味。

最上层柱廊部分的装饰非常
美丽

如果想要眺望风景就往上走吧

能够一望古罗马广场和古罗马斗兽场

● 阿拉科埃里圣母堂

☎ 06-67763839
开 9:00~12:30
　 14:30~17:50

阿拉科埃里圣母堂
Santa Maria in Aracoeli

Map p.44、p.35 C3

供奉着"圣人幼子"

★★

　　根据基督教传说，奥古斯都帝某日在这里看到了怀抱幼子的圣母，随后又接到基督来临的预告，接着又听见这里今后必定会建造"圣人幼子的祭坛"的巫女口述。这座教堂便是根据这个传说建造的，在7世纪时便已经存在于此，14世纪进行了首次重建。这座教堂至今还保留着当时哥特风格的正面。

　　内部为3廊式结构，由从罗马时代建筑中借用的22根柱子组成。美丽的柯斯马蒂风格的地板是8世纪末期时的产物，格子天花板是为纪念1571年勒班陀海战战胜土耳其而建造的。从中央处的入口进入后，在右侧的墙壁上能见到多纳泰罗的作品《克里韦利之墓》。位于右侧走廊的第一个房间是"布法里尼礼拜堂"Cappella Bufalini，被誉为平图里乔代表作之一的壁画《圣伯纳丁的一生（Vita di S.Bernardino）》便装饰在此。巴洛克风格的

✉ 受人爱戴的
"圣人幼子像"

　　经常收到来自世界各地祈求奇迹发生的信件，"圣人幼子"的眼睛非常可爱，稚嫩的脸孔加上身上穿着的白色衣服，再配上了十字架、珍珠、黄金以及珠宝的装饰。将来自远方的拜访产生的感动和感谢化为信件放入了箱子之中。

外观一般，但拥有众多传说的阿拉科埃里圣母堂

罗马的7座山

column

　　根据传说，罗马是在公元前753年，在7座山上建国的。但是实际上，由拉丁、萨比诺、伊特鲁里亚3个种族混合组成最初的国家在帕拉丁山上出现，已经是很久很久以后的事了。这座最初的国家由于身处军事上有利的地理位置，同时也是适合商业活动的地方（靠近大海，邻近台伯河），所以迅速得到发展，直到覆盖台伯河左岸的7座山区域。这7座山分别是坎皮多里奥山、帕拉丁山、维米纳莱山、埃斯奎利诺山、切利奥山、阿文蒂诺山、奎里纳莱山。天气好的日子可以登上帕拉丁山看看，随后可以在欣赏脚下的古罗马广场的同时，注意一下它背后的那些小山丘。从右侧开始便是切利奥山、埃斯奎利诺山、维米纳莱山、奎里纳莱山，左侧便是坎皮多里奥山。从这里就可以看出古罗马广场在军事方面的防御能力，能明白为什么这里会成为古罗马的政治和生活的中心。帕拉丁山后方第七座阿文蒂诺山一直延续到台伯河河畔，形成了一座自然的城塞。

拱墙上美丽的石柱和柯斯马蒂风格的地板非常独特

主祭坛处摆放的是 10 世纪的"圣母"画像。另一边左侧翼廊的正中存在着由 8 根小柱子组成的"圣艾琳娜礼拜堂"Cappella di S.Elena，内部摆放着棺木。在这棺木的下方，比地板还要低的地方就能看到"在奥古斯都帝国前显灵的圣母"（13 世纪后半期）所在的柯斯马蒂风格的祭坛。同样，在左翼廊端门的右侧，也残留着皮埃特罗·卡维里尼的柯斯马蒂风格的壁画《马提欧·答库阿斯巴枢机主教之墓》。

在这坟墓旁边的是有名的"圣人幼子的礼拜堂"Cappella del S. Bambino 的入口。古代的人们深信，据说这个使用客西马尼（基督被捕前独自祈祷的地方）的橄榄枝制作的这个"圣人幼子像"具有着带来奇迹的力量。在祭坛上摆放着从世界各国寄来的祈祷奇迹发生的信件。只要在信封上注明"罗马的圣人幼子大人"的话，信件就能准确地寄到这里。

教堂内部参观完毕后，便可从右侧走廊出的门离开。来到外面后，在前去坎皮多里奥广场之前，可以先欣赏一下门上精美的马赛克图样。描绘着圣母子二人与天使的这幅马赛克图案也是出自卡维里尼之手。

罗马时代的遗址和阿拉科埃里圣母堂

读法注意

正式为阿拉科埃里圣母堂，现在也有人将其称作天坛圣母堂。

卡皮托利尼最古老的遗迹

卡皮托利尼（现在的坎皮多里奥）上拥有着被称为卡皮托利姆和阿尔克斯的两座山顶。较低的卡皮托利姆（现在的保守宫背后）上建造着祀奉朱庇特、尤诺、密涅瓦三神的雄伟神殿。这座神殿是古罗马进行宗教仪式的最重要场所，于公元前 6 世纪左右由塔克文帝建造，当时的规模据说有 53 米 × 63 米。今天在这里虽然已经什么也没有了，但是在保守美术馆的新馆内部能够见到当时神殿墙壁的一部分。另外，在神殿前有被称作"卡皮托利尼区域"的广阔广场，装饰着众多纪念碑和雕刻，但是现在这些残存下来的雕刻等都位于美术馆旁朱庇特神殿大道（V.del Tempio di Giove）中的公园里。

平图里乔创作的《圣伯纳丁的一生》

坎皮多里奥广场
Piazza del Campidoglio

Map p.44、p.32 A1

天才米开朗琪罗建造

★★★

位于罗马的中心地，在古罗马时代常安置神殿的坎皮多里奥山上的广场。

这里是天才米开朗琪罗在接受了教皇保罗三世的"在坎皮多里奥建造一座与罗马还有神圣的山丘相配的纪念碑吧"的请求后诞生出的美妙空间。

登上缓和的楼梯，在入口处的左右边有着卡斯托尔和波吕克斯的两

从世界各地寄来信希望奇迹发生的"圣人幼子"之像

坎皮多里奥山 column

根据调查显示，在坎皮多里奥山上开始有人居住是从铁器时代（公元前 1300 年左右）开始的，比传说中罗马建国（公元前 753 年）还要早很多年。由于身处有利的地形，所以首先它是一座非常好的自然要塞，6 世纪左右，这里建造起了祭奉“坎皮多里奥的三神”（朱庇特、尤诺、密涅瓦）的神殿 Tempio della Triade Capitolina，成为信仰之地。尔后，随着时间的推移，在这周围开始兴建了国家的重要设施，还有国家文书馆、国库、造币局等神殿的附属建筑物。虽然历经了多次的火灾与改造，但是神殿直到帝政后期还是散发着它那宏伟的光芒，不过在“蛮族入侵”时，它还是逃脱不了与其他古代遗迹一样被破坏的命运。与化为废墟的神殿一同，坎皮多里奥也丧失了原有的光芒，在中世纪时期一同成为羊吃草的地方。但是到了 11 世纪，这里再次成为聚集市民决议的场所，1143 年后，坎皮多里奥成为罗马市民生活的中心地。

从古罗马发祥到今天为止，恺撒与奥古斯都的胜利、诗人彼特拉克的月桂冠戴冠、护民官柯拉上任、罗马共和国诞生、维托里亚·埃马努埃莱二世抵达罗马等，坎皮多里奥山一直见证着这座城市漫长的历史。

广场的正面为罗马市政厅。中央的台座上安放着奥勒留大帝的骑马雕像（仿造品）

座帝政时代的巨像，耸立在广场中央的是马可·奥勒留大帝的骑马像（仿造品，真品收藏在美术馆内部），与铺在地面上的石板一起组成了一片让人印象深刻富有动感的空间。为了使有限的空间能够得到活用，米开朗琪罗考虑将楼梯方面的宽度变窄，将里面（市政厅方面）做成一片广阔的台形广场来衬托出广场的广阔度，并且将椭圆形的边界设计得比周围的建筑物要略微低一些，来强调骑马雕像的高度。由米开朗琪罗着手设计的这座建筑物于 17 世纪完工，铺在地面上的石板是在他死后经过了 400 年，于 1940 年增建的。

广场正面的建筑物便是市政厅，左、右两侧便是坎皮多里奥美术馆。

广场的骑马像

这是帝政时代的青铜雕像，也是唯一流传至今的贵重艺术品。乘坐在马上的，是历史学家兼哲学家的马可·奥勒留大帝，他优秀的治国之道流芳百世。一段时期内，它被错认为公认基督教的君士坦丁帝，很长一段时间被装饰在拉泰拉诺的 S.G. 大圣堂中。1537 年再次迁移到这个场所，1981 年进行修复工作而暂时撤走，最近几年中又再次在此安设了它的仿制品，让广场的格调上升了一个档次。

帝政时代的巨像守卫着广场的入口

米开朗琪罗创造的美丽的空间，坎皮多里奥广场

卡皮托利尼美术馆 Musei Capitolini e Pinacoteca

Map p.44、p.32 A1

从美术馆中了解罗马

★★★

以 1471 年希斯特四世赠送给罗马市民的青铜作品为基础建立的美术馆，同时也是全球最古老的美术馆。

参观时可以从广场右侧的保守宫中入场，在参观完卡皮托利尼美术馆后，可以通过眺望古罗马广场的地下通路（塔布拉利姆）前往新宫。

新宫 Palazzo Nuovo

“会说话的雕像”之一的“马尔弗利奥”

在由入口进入不久后的中庭处，摆放着一座巨大的雕刻。在罗马被称为“马尔弗利奥” Marforio 的这座雕像便是在罗马市内残留下的“会说话的雕像”之一，从前，那些谩骂、批判教皇宫的书文便是贴在这座雕像上面，是平民的“告发”场所。透过中

庭的玻璃看到的骑马雕像便是广场上那座雕像的真品"马可·奥勒留大帝的骑马像"Statua Equestre dell' Imperatore Marco Aurelio。另外，在走廊上摆放的是关于埃及还有东方宗教信仰的作品。

面朝正面市政厅的左侧（新宫）成为出口专用

走上楼梯后的正面便是安放着"濒死的加利亚人"Galata Morente 的同名房间。虽然这是公元前3世纪左右罗马时代的青铜雕刻的仿造品，但是这个受了重伤即将倒下的士兵的身姿让所有看到它的人叹为观止。接下来穿过"法姆斯之间"抵达"大广间"Salone 后，便能见到"幼年海格力斯"之像、"年轻的半人马"、"老年的半人

濒死的加利亚人

卡皮托利尼美术馆
- Piazza del Campidoglio 1
- 06-67102071
  06-0608（预约）
- 9:00~20:00
  12/24、12/31　9:00~14:00
- 周一 1/1、5/1、12/25
- €8.5 学生价（需要国际学生证）€6.50
※售票处在闭馆前1小时关门

玻璃橱窗内的马可·奥勒留大帝的骑马雕像

卡皮托利尼美术馆
　包括建造在坎皮多里奥广场的左、右两侧的新宫、市政厅—塔布拉利姆、卡皮托利尼美馆、克莱蒙特保守宫、卡法雷利宫 Palazzo Caffarelli 在内的地下1层、地上4层的建筑的总称便是卡皮托利尼美术馆。建筑物和地下相连。

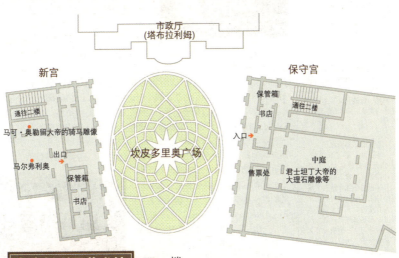

市政厅
(塔布拉利姆)

新宫
- 通往二楼
- 马可·奥勒留大帝的骑马雕像
- 出口
- 马尔弗利奥
- 保管箱
- 书店

坎皮多里奥广场

保守宫
- 保管箱
- 书店
- 通往二楼
- 入口
- 中庭　君士坦丁大帝的大理石雕像等
- 售票处

卡皮托利尼美术馆　■一楼

受伤的亚马孙女战士

描绘着 4 只鸽子的美丽马赛克

从位于高处的坎皮多里奥广场眺望到的风景，能够让人切实感受到古时候的这里便是罗马的中心。广场上站着雄伟的骑马雕像，背后则是广阔的古罗马广场。

将卡皮托利尼美术馆和地下相连的塔布拉利姆为古罗马的公文书馆曾经所在的场所，现在成为能够俯瞰古罗马广场的展望台，从这里看到的风景会给人留下很深的印象。

在参观美术馆感到疲惫时，可以在咖啡厅中休息片刻（不可以外带食物进入）。从饮料到正餐都非常齐全，从露天咖啡厅广阔的阳台中看到的风景也很美。雄伟的维托里耶诺的背影、马尔切诺剧场、远处梵蒂冈的塔尖还有马里奥山都尽收眼底。

✉ **圣诞节和婴儿车**

圣诞节时去了梵蒂冈。16:00 前往地铁站时，地铁已经停运了。没有办法，我就只好推着婴儿车回到了留宿的特米尼车站附近。由于当天非常冷，又下着雨，道路又有着很多高低斜坡，所以一边行走，一边推着婴儿车非常辛苦。圣诞节还是在酒店附近度过或者在交通设施还在运行时尽早返回酒店比较好。

马"（哈德良帝时代），还有现存罗马时代的仿造品中最优秀的"受伤的亚马孙女战士"Amazzone ferita。在"皇帝之间"Sala degli Imperatori 中聚集着 65 位罗马皇帝的胸像，在"哲学家之间"Sala dei Filosofi 中展示着 79 位哲学家与诗人的雕像。

来到走廊后，在右斜方有一间"维纳斯的小房间"，在这里有着"卡皮托利尼的维纳斯"Venere Capitolina 的优美雕像。利用巴罗斯岛产的大理石制作的这座维纳斯虽然是原作普拉克西特列斯的"尼多斯的阿芙洛蒂忒"的仿造品，但它自身也是一件完美的作品。沿着走廊继续行走，在楼梯前左手边有着

甜美的雕像"卡皮托利尼的维纳斯"

哈德良别墅中的装饰着由 4 只鸽子组成的美丽马赛克的"鸽子之间"Sala della colombe.

地下　市政厅—塔布拉利姆 Palazzo Senatorio–Tabularium

是从地下连接两座建筑物的地下通路。罗马公文书馆（塔布拉利姆）于公元前 78 年建造，市政厅便建造在这上方。塔布拉利姆在之后也是作为牢狱与仓库使用的场所，现在也能见到它过去的构造。同时，这里也是能够望见遗迹群以及古罗马广场的场所。

▌克莱蒙特保守宫 Palazzo del Conservatori–Clementino

保守宫的中庭很美

穿过地下，广场右侧便是曾经的保守美术馆。参观完摆放在中庭处的君士坦丁帝的大理石雕像等巨大的雕像后，就可以前往二楼了。

在楼梯途中遇到的安茹家族的查尔斯的雕像出自阿诺尔夫·迪坎比奥（13 世纪）之手。楼梯尽头处的"奥莱兹与科里亚兹之间"Sala degli Orazi e Curiazi 中装饰着描绘罗马诞生故事的 16 世纪的壁画，角落里陈列的是贝尔尼尼与他的弟子们制作的大理石的"乌尔班八世之像"Statua di Urbano VIII 与阿尔加迪（Alessandro Algandi）制作的青铜像"英诺森十世之像"Sataua di Innocenzo X 等杰作。这华丽的房间直到现在也作为城市的迎宾场所使用。"胜利之间"Sala dei Trionfi 中的"将刺拔出的少年"Spinario 的青铜像是非常有名的作品。"雌狼之间"Sala della Lupa 中摆放着的是罗马建国之祖罗慕路斯与他的双胞胎弟弟一起在吃狼的母乳的非常有名的青铜雕刻"卡皮托利尼的雌狼"Lupa Capitolina。狼是公元前 6 世纪末期诞生的，而双胞胎的雕像是在 15 世纪末，借由安东尼奥（Antonio del Pollaiolo）之手制造的。"司法官之间"Sala dei Magistrati 的壁画上记载着授予彼特拉克、米开朗琪罗、提香、贝尔尼尼市民权的记录。

描绘着罗马诞生的物语的"奥莱兹与科里亚兹之间"

罗马的历史 column

根据传说，罗马的建设要追溯到公元前753年，最初的都市是建造在被7座山包围的区域（现在的古罗马广场附近）。当时，伊特鲁里亚人已经居住在这片土地上，建筑土木工程几乎全部出自他们之手，从填埋湿地到公众物的建设都达到了一定的程度。随后，与发展成为罗马的政治与商业中心的古罗马广场相比，背后的帕拉丁山就变成了当时一部分人建造别馆进行居住的居住区域。

在罗马发展的同时，城镇也得到了迅速的发展，公元前4世纪中期建造起了赛尔维亚城墙（全长11公里）。在奥古斯都帝的时代，都市进行了大规模的改造，在广阔的直线道路两侧配置了大理石的建筑物、神殿、浴场、公园等设施。公元2世纪，罗马的人口达到了约100万人，3世纪末期，建造了全长19公里的奥里利厄斯城墙来防御蛮族的入侵。之后，由于罗马帝国的分裂（395年）与哥特族的进入，罗马的人口减少到了5万人以下，步入自治都市时代（1144年）之后，随着坎皮多里奥山的修复与多所教会的努力，城镇又再次恢复了活力。在1527年，虽然由于"罗马掠夺"人口降到了3万人以下，但是经过文艺复兴时代，罗马又再次整顿出都市必须具备的体制。1870年被意大利统一，翌年罗马被选为意大利的首都进行了显著的城市改造，得到了显著的发展。

■ 卡皮托利尼美术馆 Pinacoteca Capitolina

三楼为展示欧洲16~18世纪的绘画的卡皮托利尼美术馆主要的作品有第三室的丁托列托的《基督的洗礼（Battesimo di Cristo）》（1512年左右）、《马达雷纳（Maddalena）》、维罗纳的《欧洲掠夺（Ratto d'Europa）》，第六室的博洛尼亚绘画、圭多雷尼的《圣塞巴斯蒂亚诺（San Sebastiano）》，第七室的卡拉瓦乔的《洗礼者约翰（San Giovanni Battista）》及其早期的作品《女占卜师（La Buona Ventura）》，鲁本斯的《罗慕路斯与雷穆斯（Romolo e Remo）》等，都是不可错过的经典

卡拉瓦乔的《洗礼者约翰》

作品。第八室为彼特罗·达·科尔托纳的房间，展示着《萨比尼族的掠夺（Ratto dell Sabine）》、《珀利库赛纳的牺牲（Sacricigio di Polissena）》等。第九室为"奇尼的展示室"Galleria Cini，主要展示着18世纪的陶瓷器。

卡皮托利尼美术馆的分馆蒙泰马提尼美术馆
（参照 p.218）

在这里展示着卡皮托利尼美术馆由于空间关系未能对外展示的雕像。

✉ 美术、博物馆的行李寄存

在进入美术馆、博物馆时，包括女性的手提包在内，全部都需要寄存。如果担心护照和金钱遗失的话，可以在出门时便将其放入衣服的口袋中。这时如果衣服上有大口袋的话很方便。顺便一提的是，卡皮托利尼美术馆能够将小包带进去。

鲁本斯作《罗慕路斯与雷穆斯》

卡拉瓦乔作《女占卜师》

✉ 推荐坎皮多里奥广场

在罗马散心时，强烈推荐的地方便是坎皮多里奥广场周边。在楼梯上盛开着藤蔓和鲜花，在其前方迎接着我们的便是古代雕像。另外，在广场背面可以望见古罗马斗兽场和古罗马广场的古代遗迹，能够加深我们对古代罗马的情怀。

✉ **卡皮托利尼美术馆的两处绝佳景点**

虽然想将包含美术馆在内的所有地方都参观一遍，但是无从下手，对这广阔的地方感到万分迷惘。从美术馆的阳台处能够非常近地望见古罗马广场的古代遗迹。非常适合拍照。

从地下通道（塔布拉利姆）中望见的古罗马广场真的是太美了。虽然从市政厅背面的展望台中望见的风景也不错，但是由于这里位置较低，所以以更有临场感。而且由于在室内，所以不会受到阳光的直射，即使下雨天也能毫无顾虑地欣赏这座古代遗迹。很多人在从新宫移动到保守宫时便匆匆从这走过，错过了这一景点，非常可惜。

● **马梅尔蒂诺监狱**

🏛 Clivo Argentario 1
☎ 06-698961
Map p.44、p.32 A1
※参观需要致电
☎ 800-917430 预约

位于马梅尔蒂诺监狱中的
S.G.法雷尼亚教堂

注意！
和古代战士的纪念摄影

在古罗马斗兽场附近，有身穿战士装扮和人们合影的人出没。价格一般为€1，也有收取€50的人，所以在拍照前一定要先确认价格。

ACCESS

📍 **从威尼斯广场乘坐巴士**
⑩（特快）⑭
Ⓗ（特快）
前往特米尼火车站
㉝●前往古罗马斗兽场、拉泰拉诺的圣乔瓦尼广场、前往特米尼火车站

景点 NAVIGATOR

参观完卡皮托利尼美术馆后，沿着市政厅右方的坎皮多里奥大道 V.del Campidoglio 向下走，便能来到眺望用的阳台。在这里，不管是宽阔的古罗马广场还是对面高大的古罗马斗兽场，抑或是绿树成荫的帕拉丁山都能够尽收眼底，是最适合把握古代罗马中心地理位置的场所。

还有，从这里眺望的话，能很清楚地明白市政厅是如何建造在被称为塔布拉利姆 Tabularium 的古罗马公文书馆遗迹上方的了。等在阳台上眺望够了之后，我们可以再次回到坎皮多里奥广场，从市政厅的左方绕过去的话，就能来到通往古罗马广场的楼梯。虽然楼梯是出口专用的，但是这里的风景很好，能够看到位于坎皮多里奥山正下方的古罗马广场最外层的几处遗迹。

市政厅下的遗迹群 Map p.44、p.32 A1

从高台处眺望遗迹

从坎皮多里奥山上望见的遗迹　　　　　　　眼前的塞维鲁大帝的凯旋门

在坎皮多里奥山的山脚处与古罗马广场之间的遗迹。排列有序的列柱是镀上金箔用来祭奉 12 位神明的"众神的柱廊"Portico degli Dei Consenti，1 世纪左右在这里建有神殿。在靠近塔布拉利姆的地方会留下 3 根科林斯式的柱子是因为这里曾经是多米提安帝祭奉提图斯帝的神殿 Tempio di Vespasiano。在这神殿右边深处的是仅存些许痕迹的公元前 4 世纪的孔科尔迪亚神殿 Tempio della Concordia 的遗迹，经常作为元老院集会的地方。

楼梯下，在 17 世纪的教堂 S.Giuseppe dei Falegnani 的地下有着马梅尔蒂诺监狱 Carcere Mamertino。这是古罗马的监狱，地板下方是牢房，罪犯被扔进地下牢后，最终等待着他们的便是处刑。

帝国广场 Fori Imperiali Map p.44、p.32 A1 ★★

皇帝们建造的公共广场

Fori Imperiali 为"众皇帝的公共广场"的意思。实际上，帝国广场大道的左面通往几处广场（右侧为古罗马广场）。

由于人口的增加，古罗马广场也开始变得拥挤，公元前 54 年，恺撒

景点 NAVIGATOR

一边从右侧欣赏着 17 世纪由彼得罗·达·科尔托纳建造的 Ss. 卢卡埃马尔提那教堂 Ss.Luca e Martina 一边沿着 Via Tulliano 走的话，就能来到帝国广场大道 Via dei Fori Imperiali。

大帝投入私人财产建造的"恺撒广场"便是帝国广场的开始。紧接着，以奥古斯都为首的历代皇帝都开始以建造广场来作为权力的证明，于是便诞生了帝国广场，城市也开始朝着外部发展。

帝国广场大道地下沉睡着广大的遗迹

在中世纪被尘土覆盖的广场，从19世纪初开始陆续被挖掘出来，但是由于1936年墨索里尼为了建设"与帝国的首都相衬"的大道开始着手帝国广场大道的建设，于是其大部分再次被泥土掩埋。但是随着从1995年开始到2003年为止的挖掘作业，现在已经能够见到遗迹的约50%的样貌。

恺撒广场

■ **恺撒广场 Foro di Cesare** 从托里阿诺大道来到帝国广场后，左面就残留着恺撒广场的遗迹。历经公元前54~前46年建造而成的这个75米×160米的广场被列柱所包围着，中央安置着恺撒的骑马雕像。广场的北侧便是维纳斯的神殿 Tempio di Venere，现在可以看到它后方半圆形城壁的一角。帝国广场的另一边可以看见图拉真广场

■ **图拉真广场 Foro Traiano** 的遗迹。当时，皇帝命令宫廷建筑师阿波罗德洛·迪·达马斯克将斜面（当时这附近刚好碰到奎里纳莱山的边角）削减，建造大规模的广场（300米×185米）与市场。两侧用列柱进行装饰，在外侧还有一面半圆形的墙壁。中央为皇帝的雕像，里面是壮丽的乌尔皮亚教堂 Basilica Ulpia。

图拉真广场

■ **图拉真纪念柱 Colonna Traiana** 建造在乌尔皮亚教堂后方的图拉真纪念柱当时奇迹般地逃离了被破坏的命运，直到现在还保留着。在这用19块巨大的大理石堆积而成的高40米的纪念柱上，描绘着图拉真率远征

达契亚（现在罗马尼亚特兰西瓦尼亚地区）胜利的场面，顶部安置着皇帝的雕像（中世纪时被替换为了 S. 彼得的雕像）。纪念柱于113年作为皇帝的坟墓而建造，皇帝死后（117年）便葬在此地。内部为挑空构造，有着螺旋形的楼梯。

雕刻着达契亚远征场面的纪念柱

⊠ **古罗马斗兽场的预约**
事先在 📱 www.pierreci.it 上购买门票，自己打印出来后便不用再在售票处排队买票了。手续费€1.50，但是考虑到不用排队，那就完全值了。我是在1月份的周六10:00左右前去的，当时的队伍大概有30米那么长。
🔤 仅为英语和意大利语。

● **帝国广场游客中心**
🏠 Via dei Fori Imperiali
Ss. 柯斯马埃达米亚诺圣堂前
☎ 06-6797786

在从威尼斯广场前往古罗马斗兽场途中的帝国广场大道的左侧，靠近古罗马斗兽场处有帝国广场的游客中心。

建造于公元前，在中世纪时被埋没的这座帝国广场，于19世纪初开始被挖掘作业，在1812年，由法国政府着手进行图拉真纪念柱周围的挖掘。之后，虽然也有建筑学方面的问题存在，还是继续进行着广大遗迹的挖掘作业，1995年，再次开展了涅尔瓦广场的调查研究。以2000年世纪年为契机，再次进行了挖掘和研究调查，如今整个遗迹的50%已经从地下现形。

游客中心，除了展示这里挖掘作业的样子外，还展示着各广场名字的由来和皇帝的胸像。

中庭右侧有厕所。

图拉真纪念柱

● **图拉真纪念柱**
Map p.44、p.32 A1
● **图拉真市场与帝国广场博物馆**
🏠 Via IV Novembre 94
☎ 06-0608
🕐 9:00~18:00
　　12/24、12/31
　　　　　　　9:00~14:00
🚫 周一、1/1、5/1、12/25
💰 €10
Map p.44、p.32 A1
※参观可以从图拉真纪念柱旁入场

在帝国广场博物馆展示着古代广场的全景。另外，在博物馆的毕贝拉提卡通道的石板上至今还雕刻着出自罗马人之手的"古罗马的游戏盘"。在很短的毕贝拉提卡通道的正中央行走的话，就能看见像车轮一样的东西，让人联想到遥远的古罗马，令人非常感动。

马尔斯神殿遗迹和广场

俯览遗迹

连接交通的中心威尼斯广场和古罗马斗兽场的帝国广场大道。从宽阔的道路前方能够见到古罗马斗兽场的巨大身影，让人能够沉浸在古罗马的风情之中。2012年，在帝国广场大道的左、右侧发现了古罗马广场和帝国广场的巨大遗迹，周围也进行了整顿，在道路的各处都设置着瞭望台和长椅，一边眺望着遗迹、一边散步，能够更添一层乐趣。

⊠ 从古罗马广场到古罗马斗兽场

由于古罗马广场实在是太美了，所以我玩得很开心。在经过通往古罗马斗兽场的近道"神圣之路"时，我穿过了旋转门，通过了一扇非常厚的门。由于不知道旋转门该怎么走，心想万一门上锁了怎么办，十分紧张……附近虽然有工作人员，但是他们都在看着报纸，没人搭理我。在找不到路时，如果语言不通的话就不好了。

由于门票是共通的，所以在古罗马斗兽场等待了10分钟左右，之后便去了威尼斯广场。由于当时是周日，所以在步行者天国的道路正中央拍摄了许多照片。

●**古罗马广场**
🏛 Via dei Fori Imperiali/
　　Largo Salara Vecchia 5/6
☎ 06-39967700
🕗 8:30～太阳下山前1小时
　　（详细请参考P.70）
❌ 1/1、5/1、12/25
💶 与古罗马斗兽场、帕拉丁山一起的通票€12

半圆形的图拉真集市

■ **图拉真市场 Mercati Traianei** 同样由阿波罗德洛·迪·达马斯克于2世纪初建造。正面沿用图拉真广场的半圆形墙壁，一楼总共区分为11间，二楼为带有屋顶的回廊，三楼为阳台，里面有着商店与售卖食品的小店。

■ **奥古斯都广场 Foro di Augusto** 完成于公元前2世纪，广场的内部设有复仇之神马尔斯（奥古斯都曾誓要对暗杀义父恺撒的暗杀者复仇）的神殿 Tempio di Matre Ultore。两侧被带有半圆形的柱廊包围着，装饰着大理石的石像。在左侧柱廊的顶端，至今还残留着奥古斯都帝之像的台座。

神殿的圆柱

■ **涅尔瓦广场 Foro di Nerva** 涅尔瓦是于97年完成的细长形的广场（120米×45米），广场西侧的涅尔瓦神殿 Tempio di Minerva 曾经一直保留到了17世纪，后来为了在贾尼科洛山建造保拉喷水池而被毁坏。曾经神殿右侧所在的部分如今只能看到两根圆柱。

景点 NAVIGATOR

古罗马广场的入口位于帝国广场大道朝古罗马斗兽场方向行走的右侧中间位置。如果时间允许的话，可以前往入口左侧的圣科斯马和达米亚诺教堂 Ss. Cosuma e Damiani 来观看一下马赛克作品，其在拜占庭式的马赛克艺术作品中是首屈一指的精品。

古罗马广场 Foro Romano
古代罗马民主政治的中心地
Map p.44、p.32 A1 ★★★

古罗马广场的"Foro"与我们现今经常使用的"Forum"同源。它是作为古罗马时代进行市民集会、法庭、商业活动以及政治讨论的场所而设立的公开广场，也是古代罗马发展的核心。

在铁器时代，已经在台伯河南边的山上零零碎碎出现了许多小部落，但是山谷间的沼泽地不适合居住，所以将其作为埋葬死者的场所来进行使用。最终，在传说中罗慕路斯建立罗马国之后，周围的小共同体开始聚集在一起，以卡皮托利尼（现在的坎皮多里奥）与帕拉丁山下的山谷为中心向四周发展。塔奎尼亚时代（公元前6世纪）建造了大下水道 Cloaca Maxima，将沼泽地中的水排入到台伯河中去，如此便不用再担心谷底的毒气，地面也被整平，慢慢便形成了政治商业活动中心的古罗马广场。

夏天参观时需要戴上帽子和太阳镜

共和政时代初期，广场成为市民公共生活的中心，与罗马一同繁荣发展。但是，随着帝政的到来，众皇帝建造起各自的广场后，古罗马广场便失去了其原本的作用（民主政治的中心），演变为了体现罗马伟大荣光的标记。随后，由于多次的蛮族入侵而被毁坏，直到19世纪进行考古挖掘为止，曾经伟大的罗马中心已经被人们遗忘了。

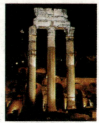

被灯光照射的遗迹非常美丽

新系统请注意

从2008年起，古罗马广场、帕拉丁山、古罗马斗兽场开始使用通票（2天内有效），出入口也开始严格化。特别是和古罗马广场免费时比，出入口少了许多。

售卖门票兼出入口的场所连古罗马斗兽场在内一共有3处。第二处为帝国广场大道中几乎和加富尔大道交叉的罗莫洛艾雷默广场Largo Romolo e Remo。第三处为帕拉丁山东侧（从古罗马斗兽场向南走）的圣戈雷格里奥大道Via di S.Gregorio。由于古罗马广场和帕拉丁山相连着，所以在同一天参观比较好。古罗马广场入口为罗莫洛艾雷默广场和坎皮多里奥广场下塞维鲁凯旋门附近的楼梯。

如果要首先参观古罗马斗兽场的话，那么圣戈雷格里奥大道处的出入口会比较近。这样的话就会从帕拉丁山开始参观。古罗马斗兽场旁的"神圣之道"为出口专用。

圣戈雷格里奥大道处的入口

夏天参观时要做好防暑工作

由于古罗马广场非常广阔，树荫也非常少。所以夏天的阳光会非常强烈，有时还会吹起地上的尘沙，所以戴上帽子和太阳镜会比较舒适。如果想要仔细参观的话，那就一定要带好饮用水。

塞维鲁斯凯旋门
演讲台
黑色大理石
元老院
出口
安托尼努斯和法乌斯缇娜神殿
塔布拉里姆
艾米利亚大会堂
入口
加富尔大道
塔布拉利姆下的遗迹群
售票处
Via dei Fori
萨图尔诺农神庙
罗慕路斯神殿
朱利亚大会堂
雷吉亚
神圣之道
马森齐奥大教堂
弗卡纪念碑
维斯塔神殿
努奥博教堂
Imperiali
拉库斯库尔提乌斯
恺撒神殿
维斯塔巫女之家
卡斯托尔和波吕克斯的神殿
S.M.安提库亚教堂
考古学博物馆
法尔内塞花园
提图斯凯旋门
神圣之道
提庇留神殿遗址
Clius Palatinus
利维亚住宅
弗拉比亚宫殿
帕拉丁博物馆
奥古斯都神殿
场房
售票处
出口
马西莫
N
塞维利亚诺宫殿
Via dei Cerchi
圣戈雷格里奥大道
Via di S.Gregorio
出口

0   100   200m

古罗马广场和帕拉丁山

→ p.58前往复原图

古罗马广场的复原图

古罗马广场的入口

马森齐奥大教堂
p.63

占地 600 平方米的巨大集会所。拥有着大理石和青铜制造的屋顶，内部装饰着华丽的有色大理石。

恺撒神殿
p.62

建造在恺撒被暗杀后火葬的场所。祀奉名将恺撒的神殿。建筑物正面装饰着爱奥尼亚式的石柱。

安托尼乌斯和法乌斯缇娜神殿
p.62

装饰着高达 17 米的科林斯式石柱的神殿。由于现在作为教堂使用，所以还是很容易便能想象出当时的样子。

艾米利亚大会堂
p.60

用于集会和商业活动。内部（70 米 ×29 米）被分割为 4 个区域，设置着银行等的柜台。

古罗马斗兽场

塞维鲁凯旋门
p.60

如今依旧能一睹它雄姿的高达 21 米的凯旋门。上面刻着罗马军的远征、皇帝的演讲等二次战争的记录。

罗马的肚脐
p.60

利用直径 4 米的石砖建造而成的"罗马的肚脐"。

演讲台
p.61

从下面仰望感觉非常好。演说者在这里与市民进行激烈的辩论。

作为罗马市民集会、法庭、商业活动以及政治活动使用的古罗马广场。这里也是古代罗马发展的核心，是象征着罗马伟大荣光的标志性建筑物。如果来到古罗马广场，就请手持复原图享受一次时光旅行吧。

提图斯凯旋门 `p.63`

为了纪念在耶路撒冷取得胜利而于 81 年建造。拱门内部雕刻着战利品（祭坛、喇叭、金制的烛台等）。

卡斯托尔与波吕克斯神殿 `p.61`

祀奉将罗马引导向胜利的双胞胎神的神殿。现在虽然只剩 3 根石柱，但是从建造在高台上端正的样子很容易想象出它曾经美丽的形象。

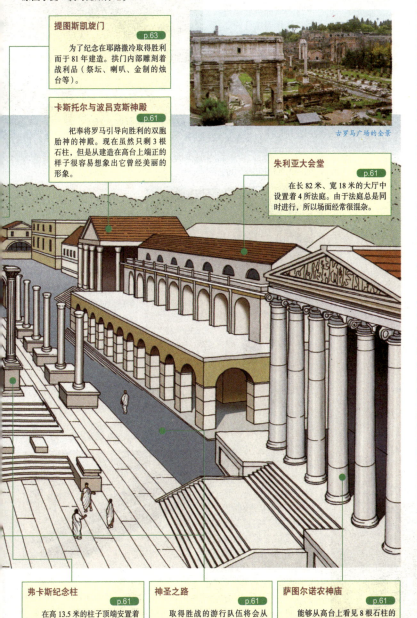

古罗马广场的全景

朱利亚大会堂 `p.61`

在长 82 米、宽 18 米的大厅中设置着 4 所法庭。由于法庭总是同时进行，所以场面经常很混杂。

弗卡斯纪念柱 `p.61`

在高 13.5 米的柱子顶端安置着东罗马帝国弗卡斯帝的石像。608 年建造，在遗迹内最为新颖。

神圣之路 `p.61`

取得胜战的游行队伍将会从"神圣之路"穿过凯旋门，经过元老院前来到祀奉战神的神殿。

萨图尔诺农神庙 `p.61`

能够从高台上看见 8 根石柱的神殿。从其位置上就能看出它的重要性，里面收纳着国家的财宝。

✉ **古罗马广场的入口**
由于找不到入口，所以问了许多人，走了不少路。入口的标志实在是太小了，让人找不到。在连接古罗马斗兽场和威尼斯广场的Via dei Fori Imperiali的信号灯处便是入口。

✉ **从古罗马广场前往坎皮多里奥广场**
从塞维鲁凯旋门附近的专用出口走上楼梯便能来到坎皮多里奥广场的背后。只要顺着道路走上坡道便能很便利地来到坎皮多里奥广场。

■ **艾米利亚大会堂 Basilica Emilia** Basilica是会堂的意思，是在天气恶劣时无法在室外进行集会和交易时使用的公共建筑。这样的建筑风格应该是在公元前3世纪末期由东方传至罗马的。艾米利亚大会堂是在公元前179年由艾米利亚一族建造的，随后由于遭遇火灾，于奥古斯都帝时代得到重建。这也是古罗马广场的4座会

艾米利亚大会堂

堂建筑中唯一的幸存者。在它的地板上，还残留着410年西哥特族侵入时被火熔化掉的铜币的痕迹。

复原后的元老院

■ **元老院 Curia** 共和政时代，这里是被称为"科密兹欧"Comizio的特别区域，是罗马政治的中心。科密兹欧包含着市民集中的"广场"、演讲者的"演讲台"，还有元老下达决定的"元老院"的意思。元老院在被火烧毁后由恺撒开始重建，在奥古斯都帝时重建完成。随后，由戴克里先帝再次进行重建，中世纪时期，在其上方修建了S.安东雷亚教堂。现在我们所见到的建筑物，是根据戴克里先帝时代残留下的遗迹于现代复原而成的。

■ **黑色大理石 Niger Lapis** 方形区域。在它的地下（通过楼梯走下去）现在还残留着当时的祭坛、圆柱还有石碑。石碑上的碑文是于公元前6世纪帝政时代，用拉丁文书写的目前已知的最古老的文献。这里同时也被称为罗慕路斯之墓，虽然不知其真伪，但这是最古老的遗迹之一。

在元老院面前，有一块铺着黑色大理石的四

最古老的遗迹黑色大理石

塞维鲁凯旋门

■ **塞维鲁凯旋门 Arco di Settimio Severo** 凯旋门是在203年为了纪念塞维鲁而修建的，拥有着3处拱形门。门上装饰着丰富的大理石装饰石板，特别是描绘着皇帝两次与帕提亚作战的石板非常有观赏意义。在凯旋门的左侧后方，是被称作"罗马的肚脐"Umbilicus Urbis的直径4米的圆形石砖地，就如文字所描述的一样，这里是罗马的中心。

■ **演讲台 Rostri** 曾经处在科密兹欧的这座演讲台，在公元前44年，恺撒进行的改建中被移到现在的场所。它高约为3米，长为12米，材料使用的是罗马近郊特产的凝灰岩，演说者就站在这里面对着集中在广场上的人们进行发言。在演讲台的左后方，于萨图尔诺农神庙之间的遗迹便是"金制米数表示石" Miliario d'oro，是奥古斯都大帝为了标示干线道路的起点而建造的，当时在这上面还刻有罗马与其他主要城市之间的距离。

凝灰石建造而成的演讲台

■ **萨图尔诺农神庙 Tempio di Saturno** 现在留下的，只有装饰着神庙入口的8根圆柱与爱奥尼亚风格的柱头，还有连接柱头的顶栏。于公元前42年得到重建，用石灰岩建造的祭坛便是那个时代的产物。这里也是古代罗马最神圣的场所之一，实际上，这里也曾经建造过通往神域坎皮多里奥的道路。别名"古罗马国库" Aerarium，国家的财宝都收纳于此地。

萨图尔诺农神庙

■ **朱利亚大会堂 Basilica Giulia** 占据广场西北方向的巨大遗迹，是恺撒在Sempron神殿曾经所在的场所建造的会堂，在奥古斯都手中完成。主要用于司法行政方面，内部共有4所法庭。在遗迹的旁侧，有通往广场的俗称"神圣之路"的道路，宗教祭祀队伍还有军队凯旋时都会从这里通过。

神圣之路

■ **弗卡斯纪念柱 Colonna di Foca** 在位于靠近广场的演讲台处的地方，有着带有楼梯状基部的弗卡斯纪念柱。弗卡斯是东罗马帝国的皇帝，将万神殿献给教皇波尼法提乌斯四世（608年）的人。柱子本身虽然是1~2世纪的产物，但是直到这个时代才在柱子的顶端安置上皇帝的雕像并雕刻上碑文。

■ **拉库斯库尔提乌斯 Lacus Curtius** Foro原意是最后的沼泽地的意思。传说中，在罗马身处险境的时候，这里出现了一道深渊，身穿铠甲的英雄库尔提乌斯和他的爱马一同投身于这深渊之中拯救了罗马。

■ **卡斯托尔和波吕克斯神殿 Tempio di Castore e Polluce** 在"雷吉尔斯湖畔之战"中，战胜拉丁与泰基尼的独裁官奥卢斯·波斯图米乌斯

朱利亚大会堂

弗卡斯纪念柱

斯·图贝尔图斯在战斗中帮助了罗马军，让他们的马在尤特尔娜泉边饮水，人们为了报答给罗马带来胜利报告的双子神献上了这所神殿。如今还残存在这里的是利用帕罗斯岛产的大理石建造的3根美丽的科林斯式的柱子，是

传说中的深渊拉库斯尔库尔提乌斯

公元前6年奥古斯都帝在修复遗迹时留下的产物。还有，尤特尔娜之泉 Fonte di Giuturna 被道路与现存的3根柱子隔开，位于神殿的后面，现在仅存的也只剩下一部分墙壁而已了。

引导罗马取得胜利的双子神的神殿

■ **S.M. 安提库亚教堂 S.M.Antiqua** 在通往帕拉丁山的楼梯旁的是利用帝政时代的遗迹建造而成的，是在广场中最重要的教堂建筑。这座教堂兴建于6世纪，8世纪初时约翰七世为壁画装饰于此。在这座罗马最古老的教堂中，能够见到6~9世纪的贵重壁画。

■ **恺撒神殿 Tempio di Cesare** 恺撒于公元前44年遭到暗杀，在恺撒的遗体被火葬后，这个由安东尼乌斯进行有名的追悼演讲的地方，由奥古斯都于公元前29年建立起"神恺撒"的神殿。拥有由6根石柱组成的爱奥尼亚风格的前柱廊，设置在前面标志着火葬场所的祭坛，如今基本上已经荡然无存。

■ **维斯塔神殿 Tempio di Vesta** 由4名（后来为6名）巫女守护"神圣之火"的神殿，祭奉着女神维斯塔。虽然说巫女的任期为30年，但是如果其间失去了纯洁之身的话，就会以将给罗马带来灾害而遭遇活埋之刑。圆形的神殿被20根科林斯式的石柱围成一列，中间点亮圣火。最后一次修复是塞维鲁在191年进行的，于394年关闭。

巫女们守护的维斯塔神殿

■ **维斯塔巫女之家 Casa delle Vestali** 在神殿的旁边便是巫女们居住的家。二层楼高的长方形大房子，被柱廊包围的中庭中装饰着巫女们的石像和各种壶等。其中有一尊没有头部的石像估计是巫女中的一人（库拉乌蒂娅）改宗到基督教的缘故。这里除了有巫女们的卧室外，

维斯塔巫女之家美丽的中庭

还有厨房、浴室等房间，在一楼，至今还能看到可能是在招待政府的高官时用来磨面包粉的碗。

■ **王宫 Regia** 耸立在维斯塔神殿之旁，恺撒神殿背后的这座建筑物便是推定为努玛·庞庇里乌斯建造的王宫。在共和政时代，用来作为大神官的居所来使用。

■ **安托尼乌斯和法乌斯缇娜神殿 Tempio di Antonino e Faustina** 隔着神圣之路，在王宫对面的便是安托尼乌斯·皮乌斯帝在皇后法乌斯缇娜死后（141年），为了她而建造的神殿。随后皇帝自己死后也葬于此。这里也是有着6根科林斯式的石柱装饰着的前柱廊式的神殿，祭坛基本上完

维斯塔的巫女

后世作为教堂使用的安托尼乌斯和法乌斯堤娜的神殿

整地保留了下来。包围着前室的石柱高达17米，非常壮观。11世纪时利用这神殿修建了教堂，现在的建筑物正面是在17世纪时才修建的。1902年在神殿入口处右侧发现了公元前9~6世纪的Necropoli（共同墓地），现在也能从花坛的位置联想沉睡在地下的墓地的位置。

王宫遗迹

■ **罗慕路斯神殿 Tempio di Romolo**　马森齐奥帝为了年幼夭折的儿子罗慕路斯建造的神殿。由于皇帝在米尔维欧桥之战中战死，所以没有完成。

● 罗慕路斯神殿
开 周六 8:30~

罗慕路斯神殿

巨大的马森齐奥大教堂

■ **马森齐奥大教堂 Basilica di Massenzio**　306年由马森齐奥帝开始建造，在君士坦丁手中修建完成。由3条长廊组成的教堂屋顶上装饰着大理石，内部则覆盖着泥灰建造的格子天花板。拱点处安置着君士坦丁帝的巨大雕像（现在能在保守宫看到其中的一部分）。

■ **考古学博物馆 Antiquarium del Foro**　入口位于S.M.Nuova教堂右侧附近，展示着从古罗马广场中发掘出的重要文物。

■ **提图斯凯旋门 Arco di Tito**

　建造在神圣之路终点的这座凯旋门是维斯帕西亚努斯与他的儿子提图斯为了纪念在耶路撒冷的胜利（70年）而建造的（81年）。中央雕刻着的骑着狮鹫的提图斯帝的浮雕，有着将皇帝死后神化的意思。

提图斯凯旋门

区域导览

● 区域 1

从威尼斯广场到古罗马广场、古罗马斗兽场周边

古罗马广场

A 出入口

1. 古罗马广场风景→ p.56
2. 元老院、塞维鲁凯旋门→ p.60
3. 萨图尔诺农神庙、坎皮多里奥斜面→ p.61
4. 广场中央、朱利亚大会堂→ p.61
5. 恺撒神殿→ p.62
6. 艾米利亚大会堂→ p.60
7. 维斯塔神殿附近→ p.62
8. 卡斯托尔和波吕克斯神殿→ p.61
9. 安托尼乌斯和法乌斯缇娜神殿与古代墓地（圣遗物安置所）→ p.62
10. 罗慕路斯神殿→ p.63
11. 马森齐奥大教堂→ p.63
12. 提图斯凯旋门→ p.63

关于参观线路

　　编号是按照线路的顺序，表示从编号处能够看到遗迹等。除了一部分外，这些并不是表示景点的实际位置。

　　"🔆"标记的 view point 为风景良好的场所

※在古罗马遗迹和帕拉丁山内有相通的道路，非常适合在1天内游览。如果要仔细观看的话将会花费许多时间，所以还是按照当时的时间和天气来决定吧。通票只要在有效期限内可以在不同的日子中使用。

塞维鲁凯旋门
艾米利亚大会堂
萨图尔诺农神庙
罗慕路斯神殿
安托尼乌斯和法乌斯缇娜神殿
朱利亚大会堂
维斯塔神殿
维斯塔巫女之家
眺望古罗马广场和罗马市内的地点
法尔内塞庭院
眺望贾尼科洛山和圣彼得的地点
罗慕路斯神殿
弗拉比亚宫殿
奥古斯都之家
阿波罗神殿
弗拉比亚宫殿的八角形喷泉
奥古斯都神
帕拉丁博物馆
眺望马西莫的地点
工作室
塞维鲁大帝宫殿的土台
马西莫

从威尼斯广场到古罗马广场、古罗马斗兽场周边

帕拉丁山

B 出入口

帕拉丁山 Monte Palatino

★★★

共和政时代的高级住宅地

从帕拉丁山看到的古罗马广场

帕拉丁山位于古罗马广场南侧，是罗马中在政治、经济方面手握权力或者名门贵族居住的住宅地。进入帝政时代后，皇帝们也相继在这座山上建造了宅邸。现在山上四季柔美，野猫悠闲地生活。在观赏完古罗马广场后，可以从凯旋门登上 Clius Palatinus 的坡道，在法尔内塞庭院中眺望美丽的风景。

提庇留神殿遗迹

■ 法尔内塞庭院 Orti Farnesiani

沿着道路向前走就会发现途中利用悬崖建造的罗马式建筑，从这里登上楼梯后就能来到阳台。在曾经提庇留帝的宫殿的土地上，从16世纪法尔内塞家建造的庭院一角中所看到的古罗马广场的全景给人留下很深的印象。

亚历山德罗法尔内塞建造的庭院是世界上最早的植物园，当时的氛围很好地保持到了现在。从植物园后面的小路走下去，不远处便是提庇留神殿遗迹。

■ 利维亚住宅 Casa di Livia

现在由于文化财产保护的原因，整个屋子被建筑物所包围着，这里就是奥古斯都的皇妃利维亚的家。我们虽然知道里面的壁画非常美妙，但是由于褪色严重，如今已经无法参观了。整个家中由中庭与几个房间简单有序地摆列组成，内部装饰着精挑细选出的壁画，能够从中窥探出皇帝与皇妃质朴却又充满了趣味的生活。沿着利维亚住宅前的标识走下坡道便能来到奥古斯都之家。

正面为利维亚住宅

● 帕拉丁山
Via di S.Gregorio 30 Piazza S.Maria Nova 53（古罗马广场内）
06-0608
8:30~太阳下山前1小时
1/1、5/1、12/25
€12［古罗马斗兽场、古罗马广场（通票）

由于和古罗马广场相连，所以可以一起通行参观。从背部由古罗马斗兽场至马西莫竞技场的圣戈雷格里奥，通往凯旋门前的道路（右侧）处的出入口进入会比较方便。

✉ 古罗马斗兽场的排队队伍回避法

如果队伍排得很长的话，工作人员会引导租借"视频向导（€6）和语音向导（€5.5）的游客不用排队优先进入"。在询问他们得到"排队大概要40分钟"的答案后，我毫不犹豫地租借了视频向导，从专用窗口几乎不用排队便入场了。视频向导可以通过iPhone使用，非常方便，除了内部图像外还有电影的情节等，非常有趣。

全世界第一座植物园法尔内塞庭院

✉ 通往奥古斯都之家

走下坡道后，在入口处将会有导游带领队伍等候着。等人数满了后便会出发。虽然没有任何说明，但是在遭遇到意料之外的美丽景色后，让人深感罗马人的美感之高。

● 帕拉丁博物馆
帕拉丁山
06-39967700
9:00~太阳下山前2小时
€12（包含在帕拉丁山、古罗马广场、古罗马斗兽场的通票内）
Map p.44、p.32 B1

景点 NAVIGATOR

接下来的目的地弗拉比亚宫殿与奥古斯都宫殿由于位于比利维亚住宅高出一段的土地上，所以需要登上利维亚住宅前方不远处陡峭的楼梯，穿过隧道状的一段后，弗拉比亚宫殿巨大的遗迹便会展现在眼前。

■ **弗拉比亚宫殿 Domus Flavia** 81 年登上帝位后，多米提安便命令拉比乌斯在帕拉丁山上兴建一座宫殿。弗拉比亚宫殿作为官邸使用，中央有着被列柱围绕的中庭，装饰着八角形的喷水池与大理石的石柱。中庭的两端分别是"皇帝大厅"与被称为"托里库里尼奥"的正餐厅。中央的八角形喷水池直到现在也还能看到。

■ **奥古斯都之家 Casa di Augusto** 奥古斯都之家分为以"朴素和坚实"为风格建造出的皇帝私邸部分与官邸部分。二楼的书斋（通过窗户）还有一楼部分的房间能够从近处好好参观。墙壁上装饰着庞贝风格的色彩鲜艳的壁画。

弗拉比亚宫殿的八角形喷泉遗迹

书斋。以红、黑、黄为基调，描绘着奥古斯都大帝喜爱的"摩登"图样

■ **场房 Stadio** 位于奥古斯都宫殿旁边的这个场房，猜测可能是作

■ **奥古斯都宫殿 Domus Augustana** 奥古斯都宫殿是多米提安帝的私邸，建造时邻接着弗拉比亚宫殿。由于残存下来的部分很少，所以想了解宫殿的构造还是比较困难的，但是能够确定的是，这里作为私邸来说规模的确空前庞大。不过可笑的是，在经过 15 年漫长的岁月后，这些宫殿终于要完工的那年，多米提安帝却遭遇刺客的暗杀。

为马场使用的。周围由二层的柱廊包围着，内侧则残留着被称为"特欧德里克的围栏"的椭圆形的墙壁。

■ **帕拉丁博物馆 Museo Palatino** 这里展示着从帕拉丁山上发掘而出的文物。

椭圆形的场房

景点 NAVIGATOR

从帕拉丁山上可以通过场房南面的坡道向下走，从圣格列里奥大道 Via di S.Gregorio 处的出口走出，非常方便。来到圣格列里奥大道后，道路的左侧前方便是提图斯凯旋门。

充满绿色的帕拉丁山

和古罗马广场相比，帕拉丁山绿树成荫，还连着帕皮尔斯的湖水。在精心整顿的庭院中，以橙子花为主，在各个季节中都盛开着色彩缤纷的鲜花，让人能够深刻地感受到这里曾经是古罗马高贵的人们居住的场所。虽然从真理之口广场方向的高台处也能眺望到这里的景色，不过还是请一定要到内部来看看。在入口附近，靠近法尔内塞庭院旁设有厕所。

在帕拉丁博物馆内也设有厕所。

春天的帕拉丁山上开满了鲜花

中央喷泉的遗址

考古学博物馆的出土文物

Piazza del Colosseo

☎ 06-39967700（预约）
06-7740091

🕐 8:30~日落前1小时
（→ p.70）

休 1/1、5/1、12/25

💶 €12（帕拉丁山、古罗马
广场、古罗马斗兽场共通）
如果遇到特别展览的话，价
格可能会有所变动。

售票处位于从道路通往
凯旋门方向的古罗马斗兽场
内部。

有租借英语语音向导
€5.50（约70分钟）的向导
服务。

✉ **罗马卡的有效利用**

在进入古罗马斗兽场
时，如果持有罗马卡的话，
便能够缩短入场时间。入口
处最初的安全检查虽然是所
有人共通的，但是完成安检
后便能够从罗马卡持有者专
用的入口处进入。罗马卡持
有者的入口处有着灰色的标
记，性质和团体游客相同。
如果以个人入场的话将会排
上很长的队伍。

由于罗马卡的最初两个
景点是免费的，所以先游玩
自己最想去（或者价格较
高）的景点比较明智。

售票处的长队回避法

很多时候，在古罗马斗
兽场的售票处都会排上长
队。这时，可以从古罗马广
场的售票处购买。入场的队
伍很短。

另外也可以通过📶 www.
pierreci.it 进行预约。预约费
为€1.50。

ACCESS

Ⓜ 乘坐地铁前往古罗马
斗兽场的话

B线在古罗马斗兽场
Colosseo 下车

🚏 乘坐巴士前去的话

⑦⑤ 从特米尼车站

⑧① 从文艺复兴广场、加
富尔广场、银塔广场、威
尼斯广场

⑧⑤ 从圣希尔维斯托广场、
科尔索大道、威尼斯广场

⑪⑦ 从西班牙广场、科
尔索大道、威尼斯广场

● 从拉泰拉诺的圣乔瓦尼
广场

⑰⑤ 从特米尼车站、科隆
纳广场、威尼斯广场

古罗马斗兽场 Colosseo

"只要罗马还在……"巨大圆形斗兽场就在

从帝国广场大道靠近古罗马斗兽场

在12世纪末，对于罗马的评
价有一句非常有名的话叫作"只
要罗马斗兽场还存在，罗马就一
定会存在的。当斗兽场崩溃时，
罗马大概也灭亡吧。不过，当罗
马走到终点的同时，世界也走到
了终点"。经过了800多年，罗
马斗兽场 Colosseo 现在也还一如
既往地耸立在那里，罗马与世界也都还健在着。

分为4层的外侧从下到上分别装饰着多利斯、爱奥尼亚、科林斯式
风格的石柱，内部的观众席会依据身份与性别将观众区分开来。由于斗
兽场的地板部分已经遗失，所以现在能够很清楚地看见地下的构造。地
下除了猛兽的牢笼、器材、放置道具的场所以外，还有用于人物移动的
大型舞台装置。另外，由于罗马斗兽场在后来成为了祭奉在迫害时代中
殉教的基督教徒的场所，所以每逢复活节前的圣周，为殉教者祈祷在罗
马斗兽场与教皇所在的帕拉丁山之间排成"基督教13场景"的行列已经
成为了一种传统。

罗马斗兽场是于72年在维斯帕西亚努斯的命令下开始建造的，在
其儿子提图斯帝的时代修建完成。当时被称为弗拉维欧的圆形剧场
Anfiteatro Flavio，长径188米，短径156米，周长527米，高57米，能
够一次性收容5万人，是名副其实的巨大建筑物。不过，有一种说法即其
名字的由来是因为在这里安置着尼禄帝的巨像。在罗马斗兽场建成之前，
这里原本是尼禄帝的黄金宫殿的一部分。

据说罗马斗兽场建成之后，持续上演了100天角斗士或者猛兽之间
的殊死搏斗。像这样利用提供娱乐演出在平民间博取人气，从而让他们
从堆积如山的社会问题上移开视线，是当时为政者的重要政策之一。在
基督教得到公认后，这些血腥的竞技便紧接着下台，在6世纪中期时被
废止。古罗马斗兽场也成为了提供建筑材料的场所，装饰在外侧的大理
石和顶层部分的石材都逃不过被拿走的命运。

地下曾是猛兽的牢笼

古罗马斗兽场复原图

是连日都举行着角斗士和猛兽或者角斗士之间激烈战斗，让罗马市民疯狂的古罗马斗兽场。现在就让我们来探索下这座巨大的遗迹吧。

遮挡阳光的天幕
屋顶上利用外侧的石柱和风，以海军的水兵们扬帆的要领设置了广阔的遮阳天幕。

皇帝之座
比其他座位高出一等的阳台坐席便是皇帝和上流阶层的人们的坐席。一般座位上至今还留着当时书写的名字和号码。

客席的顺序
第一列为元老院议员专用，接下来为身份较高的男性、平民男性、女性、再下来便是奴隶的站席。

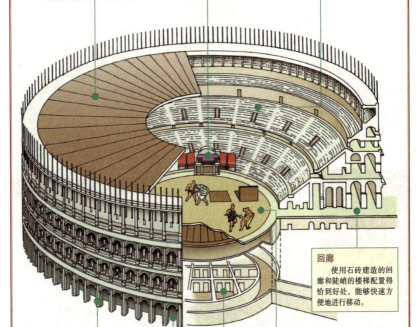

回廊
使用石砖建造的回廊和陡峭的楼梯配置得恰到好处，能够快速方便地进行移动。

外侧墙壁的装饰
充满异国风情的外侧墙壁由3种古典建筑的风格（从下往上分别是多利斯、爱奥尼亚、科林斯风格）叠加，各拱门部分都装饰着雕像。建造古罗马斗兽场大约使用了10万立方米的石灰岩。

80个入口
出入口和座席的号码相关联，根据门票决定从哪个入口进入，能够很方便地找到座席。

地下构造
通道的左右设置了无数动物的笼子，笼子会通过缆绳被拉上斗技场。

角斗士的战斗
角斗士多为奴隶、俘虏以及死囚。除了角斗士之间外，他们还需和大象、狮子、鳄鱼等搏斗。80年的落成典礼上，大约有5000头猛兽成为了活祭品，从非洲北部调来了许多猛兽。角斗士们需要搏斗到一方死亡才算结束，重伤的角斗士的性命将会交由观众和皇帝处置。大拇指向上则表示"生"，大拇指向下则表示"死"。

古罗马广场、帕拉丁山以及古罗马斗兽场的闭馆时间"太阳下山前1小时"指的是什么时候？

夏季为18:00左右，冬季为15:00左右。即使排了很久的队伍，但时间一到售票处就会关门。所以冬季请在午后尽早前来参观。

可以参考下述入场时间
2/16~3/15　　　8:30~17:00
3/16~3月最后周六 8:30~17:00
3月最后的周六~8/31 8:30~19:15
9月　　　　　8:30~19:00
10/1~10月最后的周六 8:30~18:30
10月最后的周日 ~2/15 8:30~16:30
圣期六　　　　8:30~14:00
※售票处也会在闭馆前1小时关门

✉ **在古罗马斗兽场拍照、摄影**

在古罗马斗兽场附近，有着身穿角斗士的服装，遇到人就问"Photo"、"照相"之类，询问是否要支付一些费用与其合影。当时我正好在附近看见旁边有人在交易，居然要求付了€10，不过每个人报的价格不一样，请一定要注意。

圣母子像

● **圣科洛维蒂教堂**
🏠 Via dei Ss.Quattro 20
☎ 06-70475427
🕐 6:40~12:35
　15:30~19:30
　回廊
　10:00~11:45
　16:00~17:45
　周日 9:30~10:30
　16:00~17:45

回廊的入口

从教堂内左边的侧门就能够来到回廊。一般都会有作为工作人员的修女站在门前，但是万一没人的话，可以摇响旁边的门铃。圣巴尔巴拉的礼拜堂位于中庭内，在入口的左侧。入口的正面处描绘着"圣母子像"。圣希尔维斯托的祈祷堂也需要摇响祈祷堂前的铃让其打开。在参观完回廊和祈祷堂后，别忘了布施。

君士坦丁凯旋门 Arco di Constantino　Map p.45、p.32 B2 ★★

罗马最大的凯旋门

罗马最大的凯旋门

　　315年，罗马的元老院与市民为了庆祝在米尔维欧桥取得的胜利而建造了君士坦丁凯旋门 Arco di Constantino。高约28米的凯旋门堪称罗马最大的凯旋门，保存状态相对也比较好。表面残留下的装饰中，较多是从图拉真、哈德良、马尔克斯、奥勒留等建筑物中拿来的。另外，在凯旋门内侧还发掘出法西斯时代的都市改造中被埋没的圆锥形喷泉遗迹 Meta Sudante。由提图斯帝建造、君士坦丁帝再建的这座喷泉，水就如同汗水一般从顶端流下来，所以便得到了这个名字（Sudante 为汗水的意思）。

景点 NAVIGATOR

在参观完古罗马斗兽场后，可以利用地铁B线的罗马斗兽场地铁站或者ATAC的巴士进行移动。
参观完古罗马斗兽场后，可以沿着朝东南方向延伸的Via.di SS.Quattro Coronati 大道行走。登上坡道后再走一小段路，右面便是圣科洛维蒂教堂。

圣科洛维蒂教堂 Ss.Quattro Coronati　Map p.45、p.33 B3 ★

留有贵重的拜占庭式的壁画

　　圣科洛维蒂教堂建立于4世纪，于9世纪重建，在日耳曼入侵时遭到破坏，到12世纪时大半部分得以修复。教堂的规模也是在这个时候被缩小的，由于原本的身廊变成了3条走廊与中庭，所以没得到修复的后半部分便变成了环抱这3条走廊的形式。通过左边的侧廊能够来到13世纪时建造的美丽的回廊，在安置在此处的巴尔巴拉礼拜堂

圣希尔维斯托的一生

Cappella di S.Barbara 中还残存着贵重的拜占庭式的壁画《圣母子像》。另外，入口处右手方的圣希尔维斯托祈祷堂 Oratorio di S.Silvestro 中留着1246年描绘的色彩鲜艳的《圣希尔维斯托的一生》与《最后的审判》的壁画。

景点 NAVIGATOR

沿着来时的路返回，在最初的 Via dei Querceti 大道向右拐不远处便是圣克莱蒙特广场 Piazza di S.Clemente，并有同名的教堂。教堂的入口在左侧，面朝拉泰拉诺的圣乔瓦尼大道 Via di S.Giovanni in Laterano 处有着大门。

圣克莱蒙特教堂 San Clemente

Map p.45、p.32 B2

后半部分马赛克很美　★★

圣克莱蒙特教堂

●圣克莱蒙特教堂
Via Labicana 95
06-7740021
9:00~12:30
15:00~18:00
周日、节假日午前
10:00~12:30
地下遗迹 €5
入口位于 Via S.Giovannni in Laterano。

圣克莱蒙特教堂 San Clemente 祭奉着的是让圣人都为之尊敬的克莱蒙特一世，最初是在 4 世纪时建造在帝政罗马时代的造币局与太阳神的神殿上。1084 年日耳曼人侵后，帕斯卡尔二世在最初的教堂上建造了新的教堂，在同一座教堂中出现了 3 个不同时代风格的建筑物。虽然在 18 世纪时借由卡罗·马德诺之手对建筑物正面进行加工，但是教堂内部几乎还是保留着 12 世纪的模样，特别是后半部分中装饰着天花板的马赛克作品《十字架的胜利（Trionfo della Croce）》非常精美。这座教堂的另一件宝物便是靠近入口处左侧走廊处 S.卡特里娜礼拜堂 Cappella di S.Caterina 中描绘着的 15 世纪马索利诺的壁画。

《十字架的胜利》

太阳神的神殿

奥皮奥公园

> ### 景点 NAVIGATOR
> 圣克莱蒙特广场的北侧是市内电车通过的拉比卡纳大道 Via Labicana，从这里向左走的话便能来到古罗马广场 Piazza del colosseo 前，右侧则是 Viale della Domus Aurea 路。从这里能够进入奥皮奥公园 Parco Oppio。

响彻于地下的水声

在地下有着广阔的遗迹。而巨大的水声则是由建设于公元前，在罗马发展的过程中不可或缺的大下水道发出的。激烈的水流完全出乎人们的意料之外。

✉ **鉴赏圣克莱蒙特教堂中闪闪发光的马赛克**

马赛克作品《十字架的胜利》绝对要看。虽然一开始由于光线很昏暗，很难看清，但是当阳光照射进来后便闪闪发亮，非常美丽。

尼禄大帝黄金宫殿 Domus Aurea

Map p.45、p.32 A2

尼禄大帝的黄金宫殿　★★

尼禄大帝黄金宫殿的遗迹。在广阔的内部的墙壁和天花板上，有着精细而又色彩鲜艳的装饰。另外，罗马式建筑（利用喷水池和雕刻装饰的建筑物）也保存得比较良好，还残留着一部分色调美丽的马赛克。黄金宫殿内有几个房间是在 15 世纪被发现

黄金宫殿的"八角形房间"

的，那些美丽的彩色浮雕给当时以拉斐尔为首的文艺复兴画家们造成了巨大的影响。1506 年发现的"拉奥孔像"（梵蒂冈博物馆收藏）也是出自这里。

●尼禄大帝黄金宫殿
Via della Domus Aurea 1, Giardini di Colle Oppio
※ 2012 年 5 月至今，正在进行修复工作中。

给文艺复兴时期的画家造成很大影响的装饰样式

> ### 景点 NAVIGATOR
> 从尼禄大帝黄金宫殿向北行，便能来到奥皮奥山大道 Viale dei Monte Oppio。从这里朝左行走，在道路直角拐弯处还折回右侧的波尔威里拉广场，再通过一条小路便能来到邻接罗马大学的圣彼得大教堂。

推荐参观时间

基本上在古罗马斗兽场的售票处都会排很长的队伍。但是，在 8:30 刚开门时，客人不用等候很久，马上就能够入场。团体客人开始增多的一般是在 9:00 以后，所以稍微早起一点会比较好。

在拉泰拉诺的圣乔瓦尼教堂中参观圣遗物

拉泰拉诺的圣乔瓦尼大教堂的圣遗物位于收纳圣彼得和圣保罗头部的主祭坛中。天花板中教皇的头冠和钥匙的纹章、散发出金黄色光芒的圣人像以及马赛克都让人感到无比庄严。

拉泰拉诺大教堂的商店和圣诞市场

12 月在大教堂前将会搭建起巨大的帐篷，开设售卖从圣诞节用品、面包、乳酪等的食品到首饰等各种各样商品的商店。在大教堂一共有两处商店，比其他的大教堂要便宜得多。另外，厕所位于正面的左手边，位于教堂内部非常罕见。虽然没有标示，但是在点亮着灯光的道路尽头。

● **圣彼得大教堂**

Piazza S.Pietro in Vincoli
4/A
☎ 06-4882865
🕐 8:00～12:30
　　15:30～18:00

ACCESS

📍 **从加富尔乘坐巴士的话**

🚌 75 ●前往古罗马斗兽场、马西莫竞技场、泰斯塔乔
　●前往特米尼车站
🚌 70 ●梵蒂冈方向
　●前往威尼斯广场
Ⓜ **乘坐地铁的话**
B 线加富尔 Cavour

米开朗琪罗的代表作《摩西像》

尼禄帝于 54 年登上帝位后，便开始扩张位于帕拉丁山的宫殿，建造邻接的宫殿，一直将领地扩充到埃斯奎利诺山。但是由于 64 年的一场大火将一切都烧毁了，所以皇帝决定命令塞维鲁与盖雷思建造新的宫殿。横跨 3 座山，占地 80 公顷，拥有各种各样的建筑物和庭院的奢侈住所——"黄金宫殿" Domus Aurea 便是这样诞生的。在宫殿完成之际，尼禄表示"终于完成配得上作为一名人类居住的家了"。但是，尼禄皇帝这样的浪费与颓废倾向受到

拉奥孔像在尼禄大帝的黄金宫殿中被发现

了元老院与一般市民的反感，于 68 年下台。

圣彼得大教堂 San Pietro in Vincoli　Map p.45、p.32 A2 ★★

米开朗琪罗有名的《摩西像》

5 世纪时，为了祭奉圣彼得被关在耶路撒冷牢中时使用的锁 Vincoli 而建造了圣彼得大教堂，随后在 15 世纪时重建。圣遗物——"锁"收藏在主祭坛下方，聚集了信徒们的注目与信仰。但是，这座教堂之所以有名，是因为这里有着 16 世纪的巨匠米开朗琪罗的代表作之一——《摩西像》Mosè。

1505 年，米开朗琪罗在受到教皇尤里乌斯二世的委托建造坟墓后，计划要建造一座建筑与雕刻相融合的巨大纪念碑。但是，不久教皇就对坟墓的建设失去了兴趣，计划在不久后也中断了。8 年后，摩西像与两座奴隶之像（收藏于鲁普鲁美术馆）雕刻完毕，但是 1545 年完成的坟墓与米开朗琪罗最初的构思大相径庭。从单手持有记载着法律的石板、全身散发出的那种克服一切困难、引导以色列人民前往"约束之地"的不屈意志的摩西像中，可以看出米开朗琪罗在墓地制作中的思路。《摩西像》两侧的蕾亚（Lia）与拉凯尔（Rachele）的雕像是由米开朗琪罗设计，在弟子拉斐尔·达蒙特卢波菲手中完成的。

收纳着圣遗物"锁"的教堂

圣彼得大教堂距离拉泰拉诺的圣乔尼大教堂还有少许距离。如果徒步前去的话，可以先回到圣克莱蒙特教堂，然后沿着教堂旁的拉泰拉诺的圣乔瓦尼大道一直走就能来到大教堂。

如果是在圣彼得大教堂附近的加富尔大道（教堂前右侧陡峭的楼梯下去）乘坐巴士的话，可以乘坐迷你巴士117路（乘车前请先确认前进方向）。在巴士频繁经过的古罗马广场前的，可以乘坐85路、87路、117路。

从特米尼前往拉泰拉诺的圣乔瓦尼大教堂的话，可以乘坐地铁A线在圣乔瓦尼站 S.Giovanni 下车。

拉泰拉诺的圣乔瓦尼大教堂
San Giovanni in Laterano

Map p.45、p.33 B3

以悠久的传统和格调为傲的大教堂

★★★

由 A. 伽利略建造的新古典样式的建筑物正面

● 拉泰拉诺的圣乔瓦尼大教堂

🏛 Piazza S.Giovanni in Laterano 4

☎ 06-69886433

🕐 7:00~18:30

从古罗马广场搬运而来的"元老院的青铜门"

在教皇宫移至梵蒂冈之前的很长一段时间，这座大教堂都是天主教会中心的所在。它的历史可以追溯到1700年前，在君士坦丁帝承认基督教后，当时的教皇将拉泰拉诺一族的土地和兵营一起赐予用来建造教堂。随后，教堂和其周边地区渐渐地形成了一个城镇，直到1309年教皇宫移至阿维尼翁前一直保持着繁荣。

之后，被舍弃的教堂相继遭到两次火灾，在教皇宫迁至阿维尼翁时，附属的建筑物（圣职者们日常生活的场所和迎接贵宾用的宫殿等）用来显现出的"权威和荣光"已经略显古老，宽广程度也远远不够了。就这样，教皇宫移到了 S.彼得，而教堂则在1646年英诺森十世决定修复之前，基本上无人问津。

教皇专用祭坛。上部银色的箱子中收纳着身为圣遗物的圣彼得和圣保罗的头部

以1650年圣年为目标的大型修复工事由弗兰切斯科·波洛米尼全权负责。在教皇的活用那些时代与样式完全不同部分的要求下，将身廊的列柱加入到了崭新的构造中，在笼子中安置上使徒的雕像，在周围石块的颜色间加入白、绿、灰的色调等。身廊尽头16世纪的翼廊非常吸引人们的眼睛，上部装饰着的散发着银色光芒的 Tabernacolo 是教皇专用的祭坛。1367年，由乔瓦尼·迪·斯特法诺制作的这个尖塔形的 Tabernacolo 中收纳着圣遗物的圣彼得与圣保罗的头部。另外，内部和后半部虽然在19世纪得到修建，但是后半部的马赛克作品是出自13世纪的 Jacopo Torriti 与 Jacopo da Camerino（修复得很厉害）之手。

另一方面，4条侧廊也经由波洛米尼之手进行了很大的修整。即使在这里，建筑师们也很尊重初期基督教时代的教堂形象，将内侧的侧廊建高，外侧的侧廊建低，成功地让整体建筑产生了动感。用于装饰走廊的数个波洛米尼笼子作为巴洛克建筑装饰的一种让人深

种类不同的回廊的石柱趣味无穷

2000年圣年开启的"神圣之门"

拉泰拉诺宫和拉泰拉诺条约

在拉泰拉诺的圣乔瓦尼大教堂的北侧，内部现在为

梵蒂冈博物馆的拉泰拉诺宫。在1309年之前，为历代教皇的居馆的场所。虽然历代教皇都热烈希望这里能够成为和大教堂相符的空间，但是和大教堂一样，这里还是逃脱不了荒废的命运，16世纪后期，在教皇西斯托斯五世的命令下，由多梅尼克丰塔纳进行了重建。拉泰拉诺条约则是1929年，在这里缔结的，诞生了以教皇为君主的梵蒂冈城国，获得了治外法权。但是，由于法西斯政权墨索里尼和这个条约的缔结，导致这里受到了不少的批判。

●梵蒂冈历史博物馆
Museo Storico Vaticano
🏠Pza di S.Giovanni in Later- ano Palazzo Apostolico Lateranese
☎06-69884947
🕐导游陪同参观周一～周六 9:00、10:00、11:00、12:00
🈺周日、节假日
💶€5

位于拉泰拉诺广场的一角，能够参观教皇的寝室和礼拜堂。同时这里也展示着武器、教皇的肖像画以及教皇的仪式用品等。

●回廊
🕐9:00～18:00
💶€2
●神圣的楼梯
🕐7:00～12:00
　15:30～18:00
Map p.33 B4
●拉泰拉诺洗礼堂
🕐7:00～12:30
　16:00～19:00
Map p.33 B3

ACCESS

🚹从圣乔瓦尼广场Piazza Porta S. Giovanni 乘坐巴士的话

🚌16 🚌360 前往特米尼车站

🚌81 前往古罗马斗兽场、威尼斯广场、科尔索大道、T.银塔广场、加富尔广场、文艺复兴广场

🚌85 前往古罗马斗兽场、威尼斯广场、科尔索大道、巴尔贝里尼广场、特米尼车站

🚌117 前往古罗马斗兽场、西班牙广场、人民广场、威尼斯广场、民族大道

Ⓜ乘坐地铁的话

A线S.乔瓦尼站S.Giovanni（车站位于S.乔瓦尼门外，奥皮奥广场之中）

感兴趣。在右边侧廊离入口处最近的壁画中，现在也还可以看到乔托在1300年圣年之际创作的壁画断片。

1735年教皇克莱蒙特十二世委托亚历山德罗·伽利略修建新的建筑物正面。新的建筑物正面已经远离巴洛克样式，朝着新古典风靠拢，由此可见当时建筑物风格的变化。入口的柱廊也是由伽利略设计的，中央的"元老院的青铜门"是从古罗马广场中的元老院（Curia：元老院的建筑物）中迁移过来的。另外，右侧的门被称为"神圣之门"Porta Santa，只有在圣年之际才会开启。在离开圣堂之前，别忘了最后前去参观一下回廊。

■ 回廊 Chiostro 在左边的侧廊靠近内侧处有通往回廊的道路。在13世纪前期由瓦萨雷特父子建造的这条回廊中，有美丽的柯斯马风格的地板装饰，利用不同种类的石柱建造的柱廊，小拱门上色彩鲜艳的马赛克群等。在罗马，这里和圣保罗大教堂的回廊不相上下，被称为最美丽的回廊之一。

一边下跪一边爬上"神圣的楼梯"

殿中迁移过来的。宫殿的重建是由西库斯托斯五世委托多梅尼克丰塔纳进行的。可以通过"神圣的楼梯"来到迁移至此的教皇专用的圣洛伦佐礼拜堂 Cappella di S.Lorenzo。（虽然礼拜堂没有对外开放，不过可以通过玻璃看到）。

■ 拉泰拉诺洗礼堂巴提斯特罗 Battistero Lateraness 沿着邻接教堂本堂右侧的拉泰拉诺宫往里走就能来到洗礼堂。洗礼堂建于公元4世纪，在1637年在教皇乌尔班八世的命令下进行了大规模的改建。这座八角形的洗礼堂在之后也成为了洗礼堂建筑的模板，内部排列着8根斑岩的石柱，在石柱的上方再安置上大理石的小石柱，中央放置着曾经用来进行洗礼仪式的玄武岩的棺木。周围的墙壁上配置着"洗礼者"、"圣露菲娜"、"圣维南兹"、"福音世家约翰"四座礼拜堂，里面装饰着5～7世纪的马赛克作品。

■ 神圣的楼梯圣斯卡拉 Scala Santa 隔着教堂前的广场，斜对面便是"神圣的楼梯"所在的建筑物。如今也还有许多信徒一边下跪一边爬上这楼梯。据说这条楼梯原本位于耶路撒冷的皮托拉宫殿中，是基督在审判之日登上的楼梯，不过其实这是在15世纪，和教皇专用的礼拜堂一起，从曾经位于此地的宫

圣斯卡拉中的某座建筑物

八角形的洗礼堂

特米尼车站周边、
奎里纳莱山和许愿池周边

Da Termini al Monte Quirinale,Fontana di Trevi

区域 2

该地区的游玩线路

从交通中心地特米尼车站开始到总理官邸所在的奎里纳莱山为止的区域。距离虽然略长，但是从平民街到官府街拥有各种氛围，历史背景也不同，可以说看点非常多，是一条能够看到罗马各种风貌的线路。即便在美术馆和教堂中花费很少的时间，要在1天内全部参观完也是很难的。马赛克、巴洛克、文艺复兴、喷泉等，推荐各位旅客根据自己的兴趣来确定独自的参观线路。不过教堂和一部分美术馆的开馆时间较短，在出门前请务必确认一下。

1 大圣母教堂

S.Maria Maggiore

罗马四大圣堂之一。根据出现在
教皇梦中圣母的启示而建造的圣母
教堂。

★★★ p.78

2 马西莫宫、戴克里先浴场遗迹

Palazzo Massimo, Terme di Diocreziano

展示着美术史上最重要的罗马艺术的罗马国立博物馆的分馆。马西莫宫也非常优秀。

★★　　p.81、p.82

3 共和国广场

P.za della Repubblica

被回廊包围的广场中心有着女神像喷泉。这是只有在罗马才能见到的美丽风景。

★★　　p.84

4 巴尔贝里尼宫（国立古典美术馆）

Palazzo Barberini

在出自贝尔尼尼和波洛米尼这两位巴洛克巨匠之手的宫殿中装饰着拉斐尔等的杰作的古典美术馆。

★★　　p.85

5 奎里纳莱宫

Palazzo del Quirinale

教皇曾经居住过，如今为总统府的建筑。从广场眺望到的风景和卫兵的交班仪式很有趣。

★★　　p.90

6 科隆纳广场

P.za Colonna

刻着战争故事的2世纪时的圆柱高达30米。喷泉和基吉宫也十分美丽。

★　　p.93

7 许愿池

Fontana di Trevi

罗马代表性的景点之一。巴洛克艺术的杰作。富有动感的雕像和水的艺术让人感动不已。

★★★　　p.94

特米尼车站 Stazione Termini

Map p.77、p.37 A·B4

罗马交通的中心地

从旅行者最熟悉的特米尼车站出发吧。特米尼车站是罗马国际线路、国内线路中车次众多的最大车站，站前有巴士站，是交通的中心地。车站是利用玻璃与大理石建造的广阔的近代建筑。

因为屋顶的形状而被称为"恐龙"的特米尼车站

罗马铺设铁路的时间相对较晚，在1846年教皇庇护九世即位之后，在教皇的提案下，于1870年建造。之后，随着铁路网急速的发展与罗马成为了统一意大利的首都，在1938年被摧毁，在墨索里尼的命令下开始了建造"跟得上20世纪时代的脚步"的新车站。由于其间经历了第二次世界大战，所以到完成一共花费了13年的时间。特米尼车站名字的由来，是来自附近罗马时代的浴场（terme）。站前的五百人广场Piazza dei Cinquecento 纪念的是在曾经身为意大利殖民地的埃塞俄比亚倒下的500名战士。

特米尼车站的大厅

景点 NAVIGATOR

沿着特米尼站西侧（车站左手边）的 Via Gioberti 大道向前行走约400米，右侧便是巨大的大圣母教堂。

✉ **大圣母教堂圣遗物——马槽碎木片**
在地下祭坛，如果仔细观看装饰着豪华银饰的玻璃容器的话，就能看到长40厘米左右，宽4厘米到30厘米的木片被2到3块金具固定着。这便是耶稣沉睡过的那个著名的马槽碎木片。

✉ **洗手间**
虽然大多数教堂都不设有洗手间，但是在大圣母教堂大圣堂和拉泰拉诺的圣乔瓦尼大圣堂中有洗手间。

● **大圣母教堂**
🏠 Via C.Alberto 47
☎ 06-483195
🕐 7:00~18:45

✉ **推荐的线路**
如果时间充裕的话，可以先在大圣母教堂参观马赛克，随后在附近的圣普拉塞德教堂参观被称为"天井之园"的庄严的金色马赛克。由于两座教堂都很早开放，所以可以参观一下弥撒，感受一下进行祈祷的人们深刻的信仰。
※圣普拉塞德教堂在弥撒时有时会禁止参观。

✉ **土特产非常充实**
在大圣母教堂内部的土特产商店中，商品非常充实。非常漂亮的玛利亚项坠只需要€1。种类非常多，可以买回去送给朋友。

大圣母教堂 Santa Maria Maggiore

Map p.77、p.37 B3

祭奉"圣母玛利亚"的圣堂之一
★★★

圣堂的创建传闻是在356年的夏天，教皇里贝里乌斯听闻"在数日后降雪的地方建造起一座圣堂吧"的天启，于是在这盛夏中降雪的奇迹之地建造了祭奉圣母玛利亚的大圣母教堂。也有传闻说，实际上圣堂是位于埃斯奎利诺山的反方向，在每年8月5日，保利纳礼拜堂附近的屋顶就会被白色的花瓣覆盖，再现出"盛夏之雪"的情形。

大圣母教堂与圣彼得、拉泰拉诺的圣乔瓦尼、圣保罗一起，被称为罗马的四大圣堂，所处地属于梵蒂冈城国。

431年，为了纪念在艾菲索斯的公众会议上

非常美丽的大圣母教堂正面

从埃斯奎利诺广场能够望见教堂的后半部分

"圣母信仰"得到公认，教皇西库斯托斯三世下达了建设的命令。

■ 内部

残留着古典教堂风格的内部，充满了祥和与庄严。中央走廊摆放着 36 根大理石的石柱，列柱上部 5 世纪的马赛克画和身廊前方祭坛上方描绘在拱墙上的马赛克画一起，是这座教堂的宝物。另外后半部分的马赛克，《玛利亚的戴冠（Incoronazione di Maria）》是在 13 世纪后期，由当时罗马有名的 Jacopo Torriti 创作的。这是远离拜占庭式风格，充满了更加优美色彩的罗马马赛克画的代表作。

《玛利亚的戴冠》

主祭坛被 F·弗迦制作的天盖覆盖着，祭坛下面收藏着这座教堂最宝贵的圣遗物，耶稣在伯利恒（以色列）诞生之时沉睡的马槽碎木片。主祭坛的右侧，扶栏外侧的地板上，有着在罗马活跃过的巴洛克巨匠贝尔尼尼的坟墓。朴素设计的大理石墓碑，墓碑名上用拉丁语雕刻着 JOANNES LAVRENTIVS BERNINI。在靠近主祭坛的右侧走廊上，有着为了

西斯廷礼拜堂特别豪华

多梅尼克丰塔纳为教皇西库斯托斯于 1585 年建造的西斯廷礼拜堂。祭坛下方的"圣灵降诞的小礼拜"是 13 世纪，坎皮奥从别处找来，由丰塔纳迁移至此的。在西斯廷礼拜堂的对面，左侧侧廊中有着保利纳礼拜堂。1606 年，弗拉米尼奥彭兹根据保罗·V.博盖塞的委托建造的。和用贵石装饰的祭坛一起，16 世纪的圭多雷尼的壁画也请千万不要错过。中间廊处的斯福尔扎礼拜堂虽然是由雅各柏·德拉·波尔塔建造的，但是据说原本的设计是出自米开朗琪罗之手。

正面二楼入口上凉廊的 13 世纪的马赛克

景点 NAVIGATOR

走出大圣母教堂来到大圣母广场后能看到两条大道。右侧是直通拉泰拉诺的圣乔瓦尼大圣堂的梅鲁拉纳大道 Via Merulana。在这条道的第一个路口向右拐进入 S.Martino ai Montil 路后，右侧便是圣普拉塞德教堂。

教堂正面上方的雕刻

● **大圣母教堂博物馆**
Museo di Santa Maria Maggiore

🏠 Piazza S.M.Maggiore
☎ 06-69886802
🕐 9:30~18:30
💰 € 4

展示着从圣母传说时便已建立的大圣堂的贵重祭具、描绘着圣母传说的绘画、2000 年的圣年的神圣之门等。地下有罗马时代的遗迹，如果事先预约的话便可以参观。

如果要参观凉廊的话，可以向内部右侧廊处的土特产商店进行申请。

装饰着 13 世纪的马赛克的 Loggia delle Benedizione、阿尔夫·坎比奥的婴儿床（13 世 纪）II（Presepe di Arnolfo Cambio）可以在导游陪同下进行参观。
💰 € 3
✉ 参观凉廊需要事先预约。

2000 年打开的"神圣之门"

■Panella
帕内拉

位于大圣母教堂附近的高级面包店。虽然价格稍微有点贵，但是味道绝对棒。店内有着种类丰富的面包和点心。整家店的气氛非常不错。14:00左右关门。

- Via Merulana 54
- ☎ 06-4872344
- 休 周四、周日午后
- Map p.37 C3

●圣普拉塞德教堂
- Via S.Prassede 9/a
- ☎ 06-4882456
- 开 7:30~12:00
  16:00~18:30
  周日、节假日 8:00~12:00
  16:00~18:30

简朴的圣普拉塞德教堂的外观

圣普拉塞德教堂 Santa Preassede
美丽的 "天上的乐园"　　★★

装饰在后半部分中的罗马时代的马赛克

传说在尼禄大帝时代，匿藏基督教徒的普拉塞德（元老议员普迪提的女儿。和p.81的普丹茨阿纳是姐妹）和这些信徒一起殉教，遗体被葬于井中。在这口井的周围，奉教皇帕斯卡尔一世之命于9世纪建造出的便是这座教堂。在身廊的地板上，最接近入口处的圆形斑岩石板标示的便是当时井的位置。在这座教堂最不能错过的便是残存在这的罗马中数一数二的马赛克画。残留在后半部分中9世纪的马赛克画受到拜占庭式风格的影响，在颜色和构图上可以说达到了顶峰，从而可以看出当时罗马的马赛克技术。另外在右侧廊的 S.泽诺娜礼拜堂 Cappella di S.Zenone 中还有更加璀璨的马赛克，从耶稣到使徒、圣母、圣女普拉塞德还有圣女普丹茨阿纳等，那种就像是融入黄金背景中一般神一样的祥和，被中世纪的人们称为 "天上的乐园"。这是9世纪初，帕斯卡尔命令制造的，罗马最重要的拜占庭式艺术的典范。

景点 NAVIGATOR

如果时间允许的话，那就去看看罗马最古老的圣普拉茨阿纳教堂吧。从普丹茨阿纳教堂前的 Via Urbana 向左拐，穿过 Via Depretis 后右侧便是。

如果时间很紧的话，就从来时的路返回特米尼车站吧。

神圣星期六的圣普拉塞德教堂　　*column*

复活节前的周六，在圣普拉塞德教堂举行的仪式给人留下很深的印象。在凌晨零点到来时，祭司以摆放在教堂入口前庭的炉膛中点亮复活节用的大蜡烛，聚集在一起的信徒们一个接一个地在大蜡烛上点亮自己手中的小蜡烛，然后以祭司为首的烛光队伍开始静静地动起来。在黑暗中前进的肃静晃动的烛光队伍为的是让内心肃静。最后，当队伍抵达主祭坛的同时，堂内的灯光一起被点亮，在黑暗中一下子被马赛克那黄金融化般的光辉包围着，就如同亲眼见到 "复活" 一般，随后带着喜悦的赞美歌慢慢地流淌出来，人们便是以这样的仪式祝福主耶稣的复活和春天的到来。

圣普拉塞德教堂内部

圣泽诺娜礼拜堂中墙壁的一面装饰着马赛克

被称为"天上的乐园"的圣泽诺娜礼拜堂天花板中的马赛克

葬着圣女普拉塞德的井遗迹

圣普丹茨阿纳教堂 Santa Pudenziana
Map p.77、p.36 B2

必看，代表罗马的马赛克画 ☆

罗马最古老的教堂之一

13世纪的钟楼、19世纪的建筑正面，外观上虽然略欠调和，但是这是4世纪创建的罗马最古老的教堂之一。值得注目的是内部后半部分在创建时留下的《基督与使徒》的马赛克画。虽然由于16世纪修复时，下半部分被剥落了，但还是初期基督时代中非常优秀的作品。左侧廊中的卡尔塔尼礼拜堂 Cappella Caetani 由16世纪设计的喷漆装饰和大理石产生的色彩效果非常漂亮。入口正面柱廊上用于装饰的11世纪的喷漆装饰也非常值得一看。

马西莫宫 Palazzo Massimo alle Terme
Map p.77、p.37 A3

罗马国立博物馆新馆 ★★★

建造在特米尼车站背后的一级博物馆，是要深入了解罗马美术不可不看的场所。

这里主要展示的是公元前2世纪到公元4世纪的雕像、马赛克、壁画等。特别是三楼部分绝对不能错过。

三楼第二室的《利维亚家的壁画（Villa di Livia）》是公元前20~前10年的作品，在奥古斯都大帝与利维亚皇妃的家中发现。这是一幅以蓝色为背景的画作，布满了花草与小鸟，绿色的庭院充满了画面，是一幅让人感到生活感十足的魅力作品。

马西莫宫外观

沉睡中的赫尔墨斯·阿芙罗狄蒂

☒ 在圣普拉塞德教堂中能够近距离欣赏圣泽诺娜礼拜堂的天花板马赛克画。另外，在灯光照射下显得格外美丽。商店的大叔非常亲切。

● 圣普丹茨阿纳教堂
🏠 Via Urbana 160
☎ 06-4814622
🕐 8:30~12:00
　 15:00~18:00

● 马西莫宫
🏠 Largo di Villa Peretti 1
☎ 06-39967700（预约）
🕐 9:00~19:45
　（12/24、12/31 9:00~17:00）
休 周一、1/1、12/25
💶 通票€7（+€3特别展会）
※入场时间到19:00为止
※参观请从三楼开始。仅限三楼有导游陪同参观服务（间隔约30分钟）
※语音向导（英语）€4

请注意入馆时间
　罗马国立博物馆的入馆时间为闭馆的前1小时。其他的景点也会在闭馆前的30分钟~1小时30分钟停止售票。另外，像古罗马斗兽场等在日落前1小时关闭的场所一般1月份的15:30、2月份的16:00左右停止售票。

语音向导
需要证明书
　如今很多美术馆、博物馆都实施了语音向导服务，让人能够很简单地就可以了解世界。在使用时，除了费用外，还需提供护照等证明身份的证件。原则上，在使

用语音向导期间需要将身份证件寄放在工作人员处。一部分设施不接受护照的复印件。如果忘记携带护照的话，有些地方可以出示信用卡。如果对将护照或信用卡的原件寄存感到不安的话，可以提供国际驾照，学生可以提供国际学生证。

大部分的美术馆、博物馆在1周中都会有1天休馆。节假日的休馆因各个博物馆而异。特别是重要的节日，比如1/1、5/1、12/25几乎所有地方都休馆。一些小美术馆、博物馆的话，在复活节的周日和8/15、12/8、12/26等时候也会休馆。2012年至今，古罗马斗兽场、古罗马广场、帕拉丁山在1/1、5/1、12/25休息，目前人气较高的景点都有着减少休息日的倾向。

主要的教堂在1年内几乎每天都对外开放，所以如果遇上节假日的话可以去教堂看看。但是，在进行弥撒和宗教仪式时请不要随意参观，或者请注意不要妨碍别人。

✉ 前往马西莫宫

在进行过安检后，除了贵重物品和必要的物品外都需要寄存在保管柜中。照相机的话，如果不开闪光的是可以拍照的。馆内的地图可以从 ❶ 处租借，使用后请别忘记归还。非常推荐喜爱马赛克画的人前来参观。《利维亚家的壁画》大得出乎人的想象。

● 戴克里先浴场遗迹
🏠 Viale E. De Nicola 78
📞 06-39967700（预约）
🕐 9:00～19:45
　　12/24、12/31
　　9:00～17:00
🚫 周一、1/1、12/25
🎫 通票€7
　（+€3特别展会）(p.50)
※戴克里先浴场遗迹由于进行了多次的改建，所以如今已经看不到昔日古代浴场的样貌了。但是，明亮光线射入的回廊和各处残留的遗迹还是让人能够联想到昔日的影子。

《利维亚家的壁画》中的蓝色非常美丽　　在罗马郊外发现的使用大理石的马赛克

三～五室是在台伯河护岸工程中发现的《法尔内西纳庄的壁画（Villa della Farnesina）》，浅浅的浮雕中复杂的表现展现出了当时高超的技术，利用远近法和埃及风格的两种表现。另外，这里还展示着像《波尔兹阿诺城的马赛克》等当时像绘画一般完成度非常高的马赛克画。

二楼展示的是雕像、浮雕还有石棺。特别在第五～十室中展示着非常重要的作品。第五室中希腊文化初期的《安奇奥的少女（Fanciulla di Anzio）》、原作为希腊米隆创作的罗马时代最优秀的雕刻《掷铁饼者（Discobolo）》、《沉睡的赫尔墨斯阿芙罗狄蒂（Ermafrodito addormentato）》、正打算狩猎的栩栩如生的少女《身穿阿耳特弥斯神装束的少女（Giovanetta in vesti di Aremide）》等请绝对不要错过。

一楼中庭的中心展示着历代皇帝的雕像、壁画还有马赛克画。收藏着《蒂沃利的将军（Generale di Tivoli）》、《拉比卡纳大道的奥古斯都帝（Augusto dalla via Labicana）》、《受伤的尼欧贝女孩（Niobide Ferita）》、《梅尔珀梅娜的女神（Musa Melpomene）》等许多作品。

戴克里先浴场遗迹
Terme di Diocleziano
Map p.77、p.37 A3

一次性能收容3000人的罗马时代巨大浴场
★★

在特米尼车站正前方，充满绿色的一角便是戴克里先浴场遗迹。在有着公园情趣的这一带，从现在的博物馆建筑与回廊到安杰利圣母堂教堂，包括奥塔格纳的这一片广阔的场所，在罗马时代都是浴场与它的附属庭院。

浴场是在298～309年，由戴克里先国王下令建造的，能够让3000人同时使用。内部以会堂（集会堂）为中心，具备着各种澡堂与

曾经的浴场如今是知晓罗马人生活的博物馆

运动室等设施，周围是一片宽广的庭院，是罗马的居民休养生息的场所。

浴场在中世纪以后，被作为教堂还有修道院使用，现在作为罗马国立博物馆的一部分，分为展示公元前 1 世纪以来石碑的部分 Dipartimento Epigrafico 和拉齐奥大区古代罗马人的部分 Il Lazio dei Popoli Latini，成为了了解古代罗马人生活的博物馆。浴场的遗址可以从一楼铺着玻璃的地板看到其中的一部分。

米开朗琪罗的回廊

从博物馆里面的入口开始延续的"米开朗琪罗的回廊"Chiostro di Micherangelo 是一条包围着广阔中庭的回廊。100 根石柱与拱墙上的方形与圆形的窗户相互交错着，与周围的自然与雕像一起形成了一片清新的空间。不过和它的名字无关，这是在米开朗琪罗死后，由他的弟子设计的。

景点 NAVIGATOR

戴克里先的浴场遗迹、安杰利圣母堂、奥塔格纳虽然在同一地区，但是入口却不同。另外浴场遗迹靠近教堂的出入口由于警备关系，全天都会上锁。请从可以进入浴场遗迹的出入口处来到道路上后，沿着庭院朝教堂前进吧。

安杰利圣母堂
Santa Maria degli Angeli
Map p.77、p.37 A3
古代大浴场遗迹处处宏大的教堂　★★

从罗马国立博物馆向左拐，面向广场的便是米开朗琪罗设计的安杰利圣母堂。那犹如废墟一般的外观，是深受古代文明影响的米开朗琪罗为表现出最大的敬意，重视原作品设计的。1561 年，教皇庇护四世 Pio IV 为了奉献给众天使和在浴场建设中殉教的人们，而命令将曾经在浴场中心位置的会堂重建为教堂。米开朗琪罗的设计便是活用了罗马时代的会堂后的产物。在活用了浴场遗迹的半圆形部分（刻在墙壁等场所上的半圆形的沟槽）的入口处，还残留着他的原创设计。在随后的 18 世纪的大幅度改建中，多处浴场的遗址都被隐藏起来了。但是，

优美的安杰利圣母堂

● 罗马国立博物馆的展示室
Aula Ottagona
🏠 Via G.Romita 8
Map p.31 A3

位于戴克里先浴场遗迹的一角，原星象馆之内。在有着球形屋顶的广阔展示室中展示着来自戴克里先、卡拉卡拉等浴场遗迹中的重要古代雕像。从一部分铺设着玻璃的地板上能够看到浴场的遗址。

✉ 推荐的上网场所
🏠 Via Marghera 21
（从特米尼车站徒步 1 分钟）
☎ 06-44703302
🕐 9:00~20:00
💰 30 分钟 € 0.50

这里大概是罗马最便宜、舒适的地方了。30 分钟只需 €0.50，非常便宜，速度很快，也有打印服务，可以进行酒店预约等，非常方便。使用前需要先将护照等身份证件寄存给工作人员，在离开时会还给你。至今为止在这里还没发生过什么争执。厕所也非常干净。

曾为星象馆的奥塔格纳

● 安杰利圣母堂
🏠 Piazza della Repubblica
☎ 06-4880812
🕐 7:00~18:30
周日、节假日 7:00~19:30

由米开朗罗重新构建的教堂

L. 罗特创作的《天使麦当娜》

女神像喷泉

● 圣玛利亚维多利亚教堂
🏠 Via XX Settembre 17
☎ 06-42740571
🕐 7:00~12:00
　　15:30~19:00
　　周日、节假日 8:00~8:45
　　　　　　　　9:45~10:15
　　　　　　　　11:15~11:45
　　　　　　　　15:30~18:00

✉ 我力荐的景点
　　圣玛利亚维多利亚教堂
　　最大的景点便是《圣泰蕾莎的欣喜》。右手握黄金箭的天使，左手拉着即将从云中坠下的圣泰蕾莎的衣角，仿佛就是弓箭即将射穿她心脏的瞬间。由于她的面部表情实在是非常恍惚，所以因为"圣女不该有的表情"也受到了众多的议论。但是，这种表现是完全忠实于圣泰蕾莎自传的。
　　鉴赏的最佳时间
　　午后前去的话，太阳光将会从雕像正上方的窗中射入房间，作品全体仿佛被天之光芒所吸引，非常美丽。
　　推荐的土特产商店
　　在右侧翼廊深处的房门对面有一家小商店，里面售卖绘画明信片、手工制作的蜂蜜以及沐浴液等商品，非常适合作为礼物购买。

从横跨教堂内部身廊的大小和拱顶的高低中，还是能够看到残留的罗马时代的面貌。

共和国广场 Piazza della Repubblica　Map p.77、p.36 A2·3
女神像喷泉所在的广场　★★

在安杰利圣母堂教堂前，来往车辆络绎不绝，中央所设的巨大喷水池处便是共和国广场。由 4 名喷水的少女组成的优美喷泉便是"女神像喷泉"Fontana delle Naiadi，由雕刻师马力欧特里在 1901 年完成。几乎全裸的女性雕像使当局在公开当时也有所踌躇。广场周围的

这里也被称为半圆形广场

大半部分被有着回廊的两座建筑物包围着。由于这座建筑物利用了围绕浴场的墙壁的半圆部分，所以别名也叫作埃塞德拉广场 Piazza Esedra。

圣贝纳尔多广场 Piazza San Bernardo　Map p.77、p.36 A2
被教会包围的坡道上的广场

摩西喷泉

从共和国广场上的安杰利圣母堂朝右边直走就能看到由巨大的摩西像装饰着的摩西喷泉。"摩西喷泉"Fontana del Mose 出自多梅尼克丰塔纳之手，是在教皇西库斯托斯五世时开通的水道末端建造的，如今也还能听到清晰的水声。面朝广场，中间夹杂着圣苏珊娜大道处建造着两座教堂。道路的右侧是圣玛利亚维多利亚教堂，左侧是圣苏珊娜教堂。

圣玛利亚维多利亚教堂
Santa Maria della Vittoria　Map p.77、p.27 C3
巴洛克建筑装饰的经典　★

这里是卡鲁诺·马堤鲁诺马德尔诺受到博盖塞红衣主教的委托，于 17 世纪初建造的教堂。建筑物的正面是在之后不久，于 1626 年由 G.B. 索里亚 G.B.Soria 完成的。教堂在当初虽然是用来献给圣保罗的，但是由于哈布斯堡家族的费尔迪南多二世在战争前，在皮尔泽城的堆积物中发现了圣母的肖像从而取得了战争的胜利，所以便将教堂献给了圣母玛利亚。内部为单廊

贝尔尼尼的《圣泰蕾莎的欣喜》

式，左右各有 3 间礼拜堂，具备翼廊、圆盖以及半圆形的后部。虽然不大，但是这是巴洛克建筑装饰中的范本。其中不能错过的便是左侧翼廊的科尔纳罗礼拜堂 La Cappella Cornaro 中装饰在祭坛上的贝尔尼尼的《圣泰蕾莎的欣喜 S.Teresa trafitta dall'amor di Dio》。这是 17 世纪 40 年代末期，贝尔尼尼全盛期的作品之一，建筑和雕刻再次得到了完美的结合，成为了一体。

景点 NAVIGATOR

从教堂出来后，朝着向右方延续的坡道 9 月 20 日大道 Via XX Settembre 前进。在来到夸特罗丰塔纳大道 Via Delle Quattro Fontane 后朝右拐，再沿着坡道行走些许，右侧便是称为国立古典美术馆的巴尔贝里尼宫。

巴尔贝里尼宫（国立古典美术馆）
Palazzo Barberini(Galleria Nazionale d'Arte Antica in Palazzo Barberini)   Map p.76、p.36 A1
出自巴洛克巨匠之手的建筑与名画之馆 ★★

出自巴洛克两大巨匠之手的建筑物

1949 年，巴尔贝里尼家将这座宫殿让给了政府，将科尔西尼宫和科隆纳宫的作品加上巴尔贝里尼家族和基吉家族所有的作品，开设了这家国立美术馆。同馆收藏的有名作品有据说是拉斐尔之作的《福尔娜利纳（La Fornarina）》，荷尔拜因的《亨利八世之像（Ritratto di Enrico VIII）》，菲利普利比的《圣母与圣子（Madonna col Bambino）》、《告知受胎（Annunciazione e due devoti）》等，其他还有佩尔基诺、洛伦佐洛特、索多玛、格列柯、丁托列托、卡拉瓦乔的《砍下荷赫罗弗尼斯的头颅的朱迪特（Giuditta che taglia la testa a Oloferne）》和《纳尔西斯（Narciso）》等，展示着许多 13~16 世纪间的作品。

菲利普利比的杰作《圣母与圣子》

✉ **土特产以及明信片**
虽然内部很昏暗，可能有点难购，但是在正面右侧有一处通往内部的入口，里面售卖着贝尔尼尼的写真集以及十字架等商品。作为旅途的回忆，购买了《圣泰蕾莎的欣喜》的绘画明信片（€1）。

巴洛克装饰的圣玛利亚维多利亚教堂

● **巴尔贝里尼宫（国立古典美术馆）**
🏛 Via Barberinl 18/Via delle Quattro Fontani 13
☎ 06-4824184
🕐 8:30~19:00
　12/24、12/31
　8:30~17:30
休 周一、1/1、12/25
💶 €5
※售票处 17:00 关门

入馆信息
售票处和书店位于从建筑物正面略微左侧进入的一楼中。售票处前左侧有洗手间。

✉ **巴尔贝里尼宫的参观方法**
我在 2010 年 9 月访问时正在临时休馆中，由于旅程的关系，在从佛罗伦萨归来后我又再次拜访了这里。在修复期间没有对外开放的一楼中展示着利比的《圣母与圣子》和《告知受胎》，二楼的荷尔拜因和科尔托纳的天花板画也非常漂亮，不枉我来了两次。售票处位于一楼，从这里经过书店入馆的话，就能看见一楼的中世纪绘画区域。由于从这里没有通往二楼的楼梯，所以需要乘坐电梯。电梯就位于储物柜的旁边，有点难找。
购买好门票，参观完一楼后可以乘坐电梯抵达二楼，最后走楼梯下来会比较好。

将行李寄存到投币式储物箱中时需要 €1。虽然之后会返还，但是需要事先做好准备。

✉ 久违的巴尔贝里尼宫

在一楼内部有售票处和书店，位于其前方的洗手间非常有现代风格。虽然只能从天花板画和楼梯让人感觉到大宅邸的氛围，但是由于汇集了很多杰作，所以能够很有效率地进行参观。参观结束后，推荐穿过建筑物正面，走上坡道前往一座小庭院。虽然那里什么都没有，但是充满了绿色，在参观美术馆累了后能够很好地休息。

福尔娜利纳

"福尔娜利纳"是据说为拉斐尔恋人的女性，画中的腕轮上写着"乌尔比诺的拉斐尔"。

✉ 知道吗？

在卡拉瓦乔绘画的旁边，是圭多雷尼的《佩尔特里切切奇》。这是名门贵族的女儿由于杀父的罪名而被处刑前的肖像画。据说是费尔梅尔的《蓝色头巾的少女》的原型。

4 座喷水池之一

据说为拉斐尔恋人的《福尔娜利纳》

二楼大沙龙天花板上的《神之意志的胜利》中，带巴尔贝里尼宫的 3 只蜜蜂的章

巴尔贝里尼宫是由巴洛克的两大巨匠贝尔尼尼和波洛米尼联手建造的，尽管当时两人在意见上存在着很大的分歧，但还是掩盖不了这是巴洛克时代代表性的建筑之一。最早的设计是在 1625 年由马德尔诺进行的，在他死后由贝尔尼尼接手完成。波洛米尼虽然是马德尔诺的弟子，却是以贝尔尼尼助手的身份参加建设的。虽然当时贝尔尼尼正处于全盛时期，但是由于前任马德尔诺设计的建设工程已经进行了大半，所以应该没有进行大规模的修整。其中，建筑物的正面估计是出自贝尔尼尼之手，一楼、二楼、三楼分别使用了多利斯、爱奥尼亚、科林斯式的石柱，给人一种向内延伸的感觉，配置在石柱间空隙处的窗子搭配得非常完美。另外，装饰着彼得罗·达·科尔托纳的壁画《神之意志的胜利（Trionfo della Divina Provvidenza）》的二楼大沙龙也是贝尔尼尼的主意。这幅壁画是科尔托纳的代表作，他和贝尔尼尼、波洛米尼一样，都是巴洛克的代表性建筑家。除了用于装饰的美术作品外，建筑物本体和室内装饰品也非常值得一看。

景点 NAVIGATOR

在参观完国立古典美术馆后，可以沿着夸特罗丰塔纳大道回到 9 月 20 日大道的拐角。由于这个交叉路口对拜访教堂的朝圣者来说是能一览大圣母教堂的方尖碑与皮亚门的重要地点之一，所以西库斯托五世在 4 个角上，总共建造了 4 座喷水池。喷水池分别代表台伯河、阿鲁诺河、戴安娜、尤诺。道路名字中的"夸特罗丰塔纳"代表的便是"4 座喷水池"的意思。

看得懂的话就很有趣的罗马数字　　　　　　　　　　　*column*

从教堂到宫殿的建筑物正面，在罗马街角经常能见到罗马数字。由于这些数字基本上都用于表示年号，所以只要会读的话就能切身体会到罗马的历史。只要记住罗马数字中的 1~4、10、50、100、500、1000 后，再记住摆放在左右的数字代表的加减方式就可以了。

以 V 为例，在左边摆放上 I（Ⅳ）的话就代表 -1，为 4。在右边的的话 Ⅵ 就代表 +1，

为 6。MCCCXLVIII 的话，M（1000）、CCC（300）、XL（40）、VIII（8），所以为 1348。

以后如果在街角处看到的话，就试着解读一下吧。

Ⅰ=1、Ⅱ=2、Ⅲ=3、Ⅳ=4、Ⅴ=5、Ⅵ=6、Ⅶ=7、Ⅷ=8、Ⅸ=9、Ⅹ=10、XL=40、L=50、LX=60、C=100、CC=200、CD=400、D=500、M=1000、MD=1500

圣卡罗夸特罗丰塔纳教堂
San Carlino alle Quattro Fontane

Map p.76、p.36 A1

完美利用了空间的波洛米尼杰作

Map p.76、p.36 A1

建造在 4 座喷水池角上的教堂，是波洛米尼独立完成的最初作品。由于当时给予的土地非常狭窄，而且地形也不是对称的，所以在设计上必须要花费一番功夫才行。工程在 1638 年开始，其间由于资金问题中断，1667 年，在建筑物正面下部完成之际，波洛米尼去世，工程由和他具有血缘关系的贝尔纳尔多接手，在 1675 年终于完成，不过在钟楼以及其他一些地方的设计得到了修改。柔滑的墙壁与和其相衬的石柱位置都无一不显示着他的才华。从椭圆形的屋顶和塔顶采光点进来的光，给缺乏色彩的内部带来了温暖。

回廊和中庭调和得非常美丽

虽然这是非常小的建筑物，但是进入内部后，与其相符并且充满动感的设计让人一点也不感到内部的狭窄，所以这座教堂才会被称为是波洛米尼的杰作。另外右侧以两列多利斯样式的列柱组成的回廊与中庭虽小，但是非常美丽。

沿着 Via del Quirinale 向前走不久，在左边就能看到另一座小教堂。

活用椭圆形塔顶的采光点非常引人注目

一片壮观的波洛米尼空间

奎里纳莱圣安德烈亚教堂
Sant' Andrea al Quirinale

Map p.76、p.36 A1

巴洛克巨匠贝尔尼尼的杰作

Map p.76、p.36 A1

这座教堂是由贝尔尼尼建造的（1658~1671 年），是连他自己也认可为代表作的自信的作品。由于建筑物所占的土地非常狭窄，所以突破了普通教堂建筑的常识，在设计时，比起深度，它的横幅更长。而且建造在其两侧的礼拜堂，可以说在设计时完美地保持了内部的平衡，与精致的巴洛克装饰一起组成了一个饱满的空间。另外，有色大理石、泥灰还有金色等颜色可以看出在颜色效果上也做过深入的考虑。最值得观赏的便是在后部用红色的大理石组成的墙笼上安置的"圣安东尼奥"石像。用美丽的塔顶装饰着的天使像也是安东尼奥拉吉的作品。再沿着奎里纳莱大道行走，就能来到拥有喷水池的巨大广场。

● 圣卡罗夸特罗丰塔纳教堂

Via del Quirinale 23

06-4883109

10:00~13:00
15:00~18:00
周六、周日、节假日
10:00~13:00

波洛米尼最初的建筑

● 奎里纳莱圣安德烈亚教堂

Via del Quirinale 29

06-4740807

8:30~12:00
15:30~19:00
周日、节假日 9:00~12:00
16:00~19:00

周二

奎里纳莱圣安德烈亚教堂

充满了巴洛克装饰的教堂内部

1949年,巴尔贝里尼宫被国家收购,成为了国立古典美术馆。里面收藏着从12世纪的绘画到乔托派的十字架像、15世纪的祭坛画、16世纪的绘画等。里面收藏最多的便是16世纪的绘画。

皮耶罗·迪·科西莫的《读书的玛德蕾娜》

首先,在靠着一楼售票处的展示室中参观完菲利普利比的《圣母与圣子(Madonna col Bambino)》后,就朝二楼移动吧。

在天花板上描绘着凝聚着每个房间趣向的美丽图画,请在欣赏展示品的同时,也别忘了观赏一下。

二楼: 第一室 拉斐尔与拉斐尔派作品

Sala di Rafaello e dei Raffaelleschi

这里展示着这座美术馆中最有名的拉斐尔的《福尔娜利纳(La Fornarina)》❶ 和拉斐尔弟子朱利奥·罗马诺的作品等。

第二室 拉斐尔派作品 Sala dei Raffaelleschi

第三室 佛罗伦萨派作品 Sala dei Fiorentini

皮耶罗·迪·科西莫的《读书的玛德蕾娜(Santa Maria Maddalena che legge)》❷、安德烈亚德尔萨尔托《圣家族(Sacra Famiglia)》❸ 等。

第四室 锡耶纳派与莱昂纳多派作品

Sala dei Senesi e Leonardeschi

D.贝卡弗米的《圣母子与幼子约翰(Madonna con Bambino

荷尔拜因的《亨利八世肖像》

e San Giovannino)》❹、索多玛的《圣卡特里娜的婚礼(Matrimonio Mistico di S. Caterina d'Alessandria)》❺、《强掳萨宾妇女(Ratto delle Sabine)》❻ 等。

第五室 加罗法洛作品

Sala di Garofalo

展示着加罗法洛的其他作品。

第六室 威尼斯派作品

Sala dei Veneti

丁托列托的《圣基罗拉莫(San Girolamo Pentiente)》❼、《基督与淫妇(Cristo e l'adultela)》❽。提香的《前去狩猎的维纳斯与阿多尼斯(Venere e Adoredall'andare a

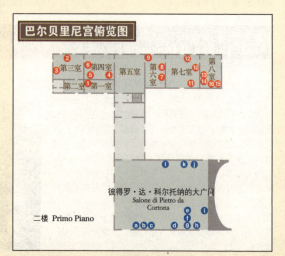

巴尔贝里尼宫俯览图

彼得罗·达·科尔托纳的大广间
Salone di Pietro da Cortona

二楼 Primo Piano

Caccia》》  等。

第七室 肖像作品 Sala dei Ritratto

荷尔拜因《亨利八世肖像（Ritratto di Enrico VIII）》⑩、布隆兹诺的《科隆纳家族的斯提法诺四世的肖像（Ritratto di Stefano IV Colonna）》⑪ 等。萨基的《知识之神的讽喻》⑫，天花板也描绘着与萨基相同题材的画。

第八室 矫情主义 Sala dei Manieristi

贞梅兹伊斯《手持赫罗弗尼斯的头颅的朱迪特（Guidetta con la Testa di Oloferne）》⑬、兹基的《入浴中的巴特西巴（Batsabea al Bagno）》⑭、格列柯的《牧者礼拜（Adorazione dei Pastori）》⑮、《基督的洗礼（Battesimo di Cristo）》⑯ 等。

彼得罗·达·科尔托纳大广间
Salone di Pietro da Cortona

大概是因为室内非常宽敞吧，这里与其他的展示室有所不同，集中着绘画馆中的杰作。

奎多雷尼《比阿特丽斯·辛姬像》

卡拉瓦乔的《纳尔西斯（Narciso）》ⓐ、《手持赫罗弗尼斯头颅的朱迪特（Giuditta che taglia la Testa a Oloferne）》ⓑ、《圣弗兰切斯科（San Francesco）》ⓒ。奎多雷尼的《比阿特丽斯·辛姬像（Beatrice Cenci）》ⓓ，贝尔尼尼的《克莱蒙特三世肖像（Papa Clemente）》ⓔ、《乌尔班八世肖像（Urbano VIII）》ⓕ、《自画像（Autoritatto）》、《手提歌利亚头的大卫（David con la Testa di Golia）》ⓖ，还有雕像《克莱蒙特十世的胸像（Busto di Papa Clemente X）》ⓗ、《枢机主教弗

卡拉瓦乔的《砍下赫罗弗尼斯的头颅的朱迪特》

兰切斯科巴尔贝里尼的胸像（Busto del Cardinale Francesco Barberini）》ⓙ 等。科尔托纳的《守护天使（L' Angelo Custode）》ⓘ。乔尔达诺的《自画像（Autoritatto）》ⓚ、马蒂亚普雷蒂的《圣拉扎罗的复活（Resurrezione di Lazzaro）》ⓛ 等。

彼得罗·达·科尔托纳描绘在大广间天花板上的《神之意志的胜利（Trionfo della Divina Provvidenza）》非常壮观。可以说是除教堂外，规模最大（15 米×25 米）的绘画。躺在参观椅上悠闲地眺望着这幅画的人绝不在少数。这将雕刻与绘画交织成为一个世界的创意来自乌尔班八世的弟弟，身为教皇的哥哥对此也非常喜欢。中央由"神之意志（＝女性像）"制御着时间，身为巴尔贝里尼家族章的"蜂"则表示着不死的含义。在鉴赏这高高在天花板的画时，利用望远镜或者小望远镜的话会得到更好的效果。

艳丽的女性像和巨大的蜜蜂引人注目的《神之意志的胜利》（部分）

卫兵交班和眺望

每天 15:15（周日、节日为 16:00）在奎里纳莱广场中都会进行卫兵的交换。从广场的一角能够望见远处的圣彼得大教堂的塔尖。由于大统领官邸也在这里，所以广场上非常安静，推荐在傍晚时前来。

便利的特米尼车站

在特米尼车站的地下以及 1 号线站台旁都有着超市。地下的超市由于旅客很多，一直都很混杂。超市内售卖水果、熟菜、点心、葡萄酒、杂货等各种各样的商品，不管是想进行简单的用餐还是购买礼物都能一一满足。虽然收银台前会排起很长的队伍，但是只需稍等一会儿就会轮到你的。如果使用信用卡结账的话，会要求输入密码和签名。站台旁的超市感觉意大利人较多，比地下要空旷得多。不管在哪个超市，如果要买散装的水果，需要将水果装进附近的口袋中后拿去称，随后将记载着价格的标签贴在口袋上后再结账。

●奎里纳莱宫

- Piazza del Quirinale
- 06-46991
- 仅限周日 8:30~12:00
- 1/1、4/8、5/27、6/3、11/4、12/16、12/23、12/30、6/24~9/9 的周日
- €5

现在仍在使用的大统领官邸。只在周日对外开放。不需要预约，可以直接前去。奎里纳莱宫前的卫兵平时在 15:15，周日和节假日在 16:00 进行交班。

推荐的景点

由于我是在周日中午前访问的奎里纳莱宫，所以也进入了内部。在行李接受完检查后，从二楼入场。由于入场人数有所限制，所以可能要等上一会儿，但是绝对推荐。这里不愧是现役的大统领馆，在内部有着在其他美术馆中见不到的枝形灯和东洋风味的房间，非常豪华。卫兵的制服也是在其他地方见不到的。

奎里纳莱山 Monte Quirinale

Map p.76、p.36 A1

历史悠久的罗马 7 座山之一

奎里纳莱山是罗马 7 座山中最高的一座山，它的历史要追溯到公元前 1200 年左右（铁器时代），在罗马时代是市民的居住区，在帝政时代还建造了大型的浴场（君士坦丁浴场）。虽然在中世纪时被人们忘记，开始长满了树木与杂

从小高山奎里纳莱山眺望到的风景很漂亮

草，但是在 16 世纪中期，开始了建设奎里纳莱宫的工程，在历代的教皇开始入住这里后，这里又再次成为了重要的场所。

奎里纳莱广场 Piazza del Quirinale

Map p.76、p.35 B4 ★★

风景绝佳，山上的广场

广场的三个方向被建筑物所包围，左侧空旷的地方可以看到圣彼得教堂的圆屋顶。广场上有着奥古斯都的庙与君士坦丁浴场超过 5 米的帝政罗马时期的雕像"迪欧斯库里"Dioscuri（＝卡斯托尔与波吕克斯）。双方都是在 18 世纪后半叶由庇护六世 Pio VI 搬运到现在的位置。1818 年庇护七世 Pio VII 将古罗马广场卡斯托尔与波吕克斯神殿中饮用水用的巨大御影石的水盘安置在此。

装饰在奎里纳莱广场的"迪欧斯库里"和御影石

奎里纳莱宫 Palazzo del Quirinale

Map p.76、p.35 B4 ★★

历代教皇居住过，如今是总理官邸

卫兵守卫着的建筑物便是奎里纳莱宫，1550 年枢机主教伊波利特·迪斯特 Ippolito D' Este 在山丘的顶端建设的公馆便是这里的雏形。随后，这里成为了教皇夏天的避暑地，1592 年，克莱蒙特八世 Clemente VIII 完全移居到了这里。整个工

在周日，前来参观的人非常热闹

程由丰塔纳、马德尔诺、贝尔尼尼、F.弗迦等代表性的建筑师们相继负责，于克莱蒙特十二世（Clemente XII：1730~1740）的时代完成。直到 1870 年前，这里一直是历代教皇停留的地方，在意大利统一后，这

里便成为了王宫，1947 年开始实行共和政后这里便作为总统府来使用。内部可以看到美洛佐·达·弗利的壁画，还有马德尔诺建造的保利纳礼拜堂等。

国立意大利面类博物馆
Museo Nazionale delle Paste Alimentari
Map p.76、p.35 A4
意大利的主食意大利面的历史博物馆
★★

在拥有众多博物馆的罗马，有一所于 1993 年开馆的新颖博物馆，展示解说着意大利人的主食意大利面制造的历史、手法、种类、工艺等。在参观完学术性的博物馆后，可以来这里放松一下。

景点 NAVIGATOR

离开奎里纳莱广场后，来到 5 月 24 日大道 Via XXIV Maggio 后，便能看到左侧被高墙围住的建筑物。

这是在 17 世纪前期，建造在君士坦丁浴场遗迹中的帕拉维奇尼宫 Casino dell'urora Pallacivini。每月 1 日会公开内部的帕拉维奇尼小馆，能够见到圭多雷尼的杰作《晓》Aurora。

继续沿着 5 月 24 日大道行走，走下右侧楼梯状的 Via della Cordonata 街后便自然而然地来到了 11 月 4 日大道 Via IV Novembre。向右拐就能来到 Via della Pilotta 路。左侧巨大的建筑物便是科隆纳宫，架在道路上的 4 座小桥与右侧的庭院相连。

科隆纳宫（美术馆）
Palazzo Colonna（Galleria Colonna）
Map p.76、p.35 B4
电影《罗马假日》的舞台
★

动工于 15 世纪，于 18 世纪完全重建的这座宫殿，内部是科隆纳美术馆，每周周日对外开放。收藏品以 16~17 世纪文艺复兴时期的绘画为主，卡拉契的《食豆男（Il mangia fagioli）》、维罗纳的《贵族的肖像（Ritratto di gentiluomo）》、美洛佐·达·弗利的《乌尔比诺公爵的肖像（Ritratto del Duca di Urbino）》等都是不可错过的作品。

11 月 4 日大道 Via IV Novembre 转角处的别馆中有蜡像博物馆 Museo delle Cere。

左／美术馆的宝物，卡拉契的《食豆男》
右／科隆纳宫内部（《罗马假日》的舞台）

现在的总统府

区域导览

●区域 2

特米尼车站周边、奎里纳莱山和许愿池周边

✉ 前去科隆纳宫看看吧
在入口处，有展示作品照片的面板，非常一目了然。购买门票时会给你一张写着作品的名称和作者名字的纸与明信片。如果不参加导游陪同参观的话，就有点太贵了。

科隆纳宫的
导游陪同参观
英语 11:45、意大利语 11:00 出发。导游费用包含在门票费用中。

●国立意大利面类博物馆
🏠 Piazza Scanderbeg 117
☎ 06-6991119
🕐 9:30~17:30
🚫 1/1、12/25
💰 € 10（有家庭折扣）
※正在进行修复工程闭馆中。

●帕拉维奇尼宫
🏠 Via XXIV Maggio 43
☎ 06-83467000
🕐 除 1/1 外，仅限每月 1 日
　 10:00~12:00
　 15:00~17:00
💰 免费
Map p.76、p.36 B1

●科隆纳宫
🏠 Via della Pilotta 17
☎ 06-6784350
🕐 仅限周六 9:00~13:15
🚫 8 月、12/25
💰 € 10
10 人以上的话，只要事先提出书面入馆申请，即使在开馆日以外的日子也能进去参观。详细请参照
🌐 www.galleriacolonna.it
※ 3~10 月面向庭院的阳台中将会开设咖啡厅。

科隆纳宫的入口

从民族大道通往威尼斯广场方向，在广场前右侧道路处有着石桥的小路便是入口。需要注意的是，这里没有特别的标识，入口紧闭的时候也比较多。

绕道科隆纳宫后侧便能来到圣阿伯斯特里广场 Piazza Ss.Apostoli，建有同名的教堂与宫殿。

圣阿伯斯特里教堂 Ss.Apostoli
历史悠久的新古典风格教堂

Map p.76、p.35 B4

脱下衣服的少女们

在科隆纳宫的墙壁上装饰着许多绘画，当你的脚踏入内部后就会被这些名画所震撼。由于作品上只写着编号，所以需要对照着在售票处拿到的绘画列表进行观赏。

进入后不久，在左、右墙壁处的基尔兰约与布隆兹诺的维纳斯雕像从1840年在真品上加上了面纱，经过2000年和2002年的修复后恢复了原状。脱掉了不自然的衣服后面的维纳斯的雕像实在是非常美丽。

教堂的创建要追溯到6世纪，虽然这是一所拥有悠久历史的教堂，但是在15世纪以及18世纪时进行了改建。建筑物正面是由巴拉迪埃 Giuseppe Valadier 建造的19世纪首座新古典风格建筑。内部装饰

圣阿伯斯特里教堂的建筑物正面

在身廊天花板上的壁画《圣弗兰切斯科的秩序的胜利（Il trionfo dell'ordine di S.Francesco）》是巴奇恰晚年的作品，其明媚的色彩和轻松的风格宣告着18世纪的到来。左侧廊的末端，地下纳骨堂的左侧有着卡诺瓦在罗马最初的作品《克莱蒙特十四世之墓》（1789年），请千万不要错过。

●圣阿伯斯特里教堂

🏠 Piazza Ss.Apostoli 51
☎ 06-6794085
🕐 8:30~11:30

从圣阿伯斯特里广场来到 Via Battisti 大街后，威尼斯广场便在眼前。背朝耸立在交通繁忙的广场正面白色的埃马努埃莱二世纪念堂沿着 Via del Corso 大道行走不久，就能看到左侧雄壮的宫殿。

●多利亚潘菲利宫（美术馆）

🏠 Via del Corso 305
☎ 06-6797323
🕐 10:00~18:00
🚫 1/1、12/25、复活节的星期日
💶 € 10.50（附带语音向导）
※售票处 17:00 关门。

多利亚潘菲利宫（美术馆）
Palazzo Doria Pamphilj（Galleria Doria Pamphilj）
罗马最广阔的贵族之馆

Map p.76、p.35 B3 ★★

多利亚潘菲利宫建于15世纪，之后经由博基亚家族 Della Rovere、阿尔多布兰迪尼家族 Aldobrandini，现在为多利亚潘菲利家所有。面朝科尔索大道的建筑物正面是18世纪建造的，从入口处的大门处能够看到有着16世纪布拉曼特风格柱廊的中庭。宫殿中

多利亚潘菲利宫

虽然有着1000间以上的房间、5个中庭、4座大楼梯、3个玄关广间，现在只有其中一部分作为美术馆开放。另外，潘菲利家用来居住的区域的一部分和迎宾间可以在导游的陪同下进行参观。

从2008年秋天开始，多利亚潘菲利美术馆的入口从科雷乔罗马诺广场更改到了科尔索大道侧。美术馆中不容错过的有卡拉瓦乔早期的作品《马古达拉的玛利亚（La Maddalena）》、《年轻的洗礼者约翰（S.Giovanni

潘菲利家的卧室值得一观

卡拉瓦乔的抒情表现《逃往埃及途中的休息》

只有在罗马才可以同时享受巴洛克美术和巴洛克音乐的线路

在导游的陪同下（有英语）参观一座美术馆或者教堂的同时，享受音乐会的观光旅行 ROMA OPERA OMNIA。举行场所有多利亚潘菲利宫（每周周六11:00~）、法尔内西纳庄、圣阿格内教堂等，日期会有所不同。内容和时间详细可以参照 🌐 www.romaoperaomnia.com。另外，在举办当天各美术馆的售票处10:30~可以购买。

💰 €30

罗马卡持有者€27，有家长陪同的16岁以下的儿童€8，6岁以下免费。

☎ 3881975179

维拉斯凯斯作《英诺森十世的肖像》

Battista giovinetto）》（仿造品，真品在卡皮托利尼绘画馆展示）、《逃亡埃及途中的休息（Il riposo nella fuga Egitto）》。其他还有维拉斯凯斯的《英诺森十世的肖像（Ritratto di Innocenzo X Pamphilj）》、提香的《拯救信仰的西班牙（La Spagna soccorre la religione）》、《赫罗迪斯（Erodiade）》、丁托列托的《主教的肖像（Ritratto di Prelato）》等都是首屈一指的作品。A. 阿尔加迪创作的大理石的《奥林匹亚麦达尔基尼潘菲利（Olimpia Maidalchini Pamphilj）》与利用青铜和斑岩制作的《英诺森十世》这两部作品也都是杰作。其他的《英诺森十世的胸像》是贝尔尼尼的作品。

要参观潘菲利家的私人区域的话需要另外收费，并且在导游的陪同下参观。利用18世纪的家具与装饰品装饰的房间，还有为路易十五世编制的葛布兰式花壁毯、舞蹈间以及礼拜堂等非常值得一看（私人区域暂时不对外开放）。

景点 NAVIGATOR

离开宫殿再次回到科尔索大道向北行走，左边便是科隆纳广场，右边是科隆纳的商店街。

科隆纳广场 Piazza Colonna　　Map p.76、p.35 A3
罗马孩子的休息广场 ★

科隆纳广场在16世纪初还只是存在于布满小平房的庶民生活区的中心，马可·奥勒留大帝的纪念柱也这样被房子包围着。1575年，格列高利十三世 Gregorio XIII 命令 G. 德拉·波尔塔建造喷水池，1580年由德拉·波尔塔着手开始建设基吉宫。步入

以世纪年为契机整修得非常美丽的广场与喷泉

✉ **许愿池**

任何人都会背朝泉水投掷硬币的许愿池。泉水中的硬币不会溢出来。这是因为会定期停止喷泉，放光水后对硬币进行回收。硬币全部都捐赠给慈善设施。
推荐的时间段

早晨的许愿池非常空旷。但是，每天8:00~9:00将会停止喷泉进行打扫。这期间无法靠近喷泉。如果想

科隆纳广场的商店

在空旷的时间段投掷硬币的话，可以考虑在打扫前后这段时间。

我也为了选择人少的时间段，在8:00便出门了。但是，由于当时正值9月，建筑物的影子导致我没能拍到很好的照片。早上由于清扫没法靠近，推荐在中午或者夜晚前去。9月中20:00周围已经一片漆黑了，行走在有灯光且行人较多的路上比较安全。打上灯光后的喷泉非常漂亮。如果担心小偷的话，可以就带上巴士的车票、零钱和照相机出门。我是乘坐巴士40路在威尼斯广场下的车，再从科尔索大道步行至此的。在旅游咨询中心右拐立刻就能够看到，再顺着人流前进就能抵达。后来，酒店的人告诉我，由于早晨人很少，所以还是不要前去比较好。

表面上刻满了战争场景的浮雕

内部安置着内阁总理府的基吉宫

前往许愿池的方法

由于许愿池位于细长小路的前方，所以无法乘坐巴士等交通工具抵达。虽然需要在附近的地铁站或者巴士站下车，但是沿路都有路标，所以不用担心迷路。

乘坐地铁的话，可以在A线的巴尔贝里尼下车，走下托里托纳大道，在圣西尔维斯特广场前的小广场（经常停着很多摩托车的地方）向左走。

德拉·波尔塔建造的喷泉很有格调

18世纪后，广场成了咖啡的大烘焙所（咖啡是在16世纪末期由阿拉伯人带入欧洲的），也因此出现了小型的市场。其间，周围也开始出现各种建筑物，但是到了1870年，罗马成为首都后，烘焙所也被迁移到了别处，广场一带变成了政治和商业的中心。

马可·奥勒留大帝纪念柱 Colonna di Marco Aurelio
Map p.76、p.35 A3

刻着历史的巨大纪念柱 ★★

为了纪念马可·奥勒留大帝在与日尔曼尼亚的战斗中取得胜利而在当时坎坡马尔兹奥（Campo Marzio= 马尔斯练兵场）北端的此地，于193年建造了这座纪念柱。在模仿图拉真纪念柱建造的这座纪念柱高达30米的石柱表面，用浮雕刻着当时战斗的场景。

基吉宫 Palazzo Chigi
Map p.76、p.35 A3

时时刻刻都有警官看守

当初虽然归阿尔多布兰迪尼家族所有，但是在1659年被交给了基吉家族。宫殿的正门入口面朝科尔索大道。现在内阁总理府便安置于此宫殿中。

> **景点 NAVIGATOR**
>
> 沿着科尔索大道略向南面返回，沿着朝东面（左）延伸的 Via delle Muratte 街向前走便能来到许愿池。

许愿池 Fontana di Trevi
Map p.76、p.35 A4

气派的巴洛克艺术的杰作 ★★★

"如果想要再一次回到罗马的话，就背对着喷泉投出硬币吧"，由于这种罗曼蒂克的传说，所以世界各国前来旅行的游客都必然会到这许愿池来。海神像背朝雕刻在泊利宫 Palazzo Poli 墙壁中央的胜利拱门站立着，

建筑和雕刻相协调、许愿池

左右侧是两匹海马与操控它们的托里顿。此建筑物是与水完美地融为一体的巴洛克艺术杰作，是于1762年由年轻的建筑师克拉尔比完成的。当你刚来到这喷泉时，你会觉得广场比想象中要小，但是立刻，你就会被这从脚边

来到侧面便会发现喷泉大得惊人

扩散开的水面与周围建筑物组成的光与音的二重奏深深地吸引。如今成为罗马代表性纪念碑之一的这座许愿池，在它完成之前其实有一段非常曲折的故事。

帝政罗马时代，在从距离城镇很远的地方引来水的水管末端建造精致的喷泉是当时的习俗之一。从精美的喷泉中喷出的气势磅礴的泉水是出资的富裕阶级的人们和工程人员名誉和荣耀的象征。许愿池的起源可以追溯到公元前19年，奥古斯都的养子阿格里帕Agrippa建造水道，水道一直延伸到20公里外的"阿库阿贝尔吉内"（处女之泉）、最初的许愿池是由3块水盘来接住流下来的水，不过这里也和罗马城其他的喷泉一样，在"蛮族入侵"时遭到了破坏。喷泉于1453年，在尼古拉五世Nicolo V的命令下，由阿尔伯蒂进行重建，整个工程只是将水盘减少为1个，在后面的墙壁上添加了些装饰便结束了。之后大约过了300年，在更换了13代教皇后，1623年，教皇乌尔班八世Urbano VIII在起用了贝尔尼尼后，终于开始正式的工程，在教皇和贝尔尼尼死后更是将其抬上了一个层次。1730年，克莱蒙特十二世Clemente XII为了募集建筑师来完成工程召开了竞选会，而最终获得荣耀的，是当时几乎没有名气的年轻建筑师尼克拉·萨尔维。所以现在还有部分人强烈地认为，许愿池是萨尔维基于贝尔尼尼的设计而建造出来的。

男女老少，所有人都扔着硬币祈求能够再次来访

景点 NAVIGATOR

离开许愿池后行走也许便能来到特里托内大道 Via del Tritone。这里有巴士站与出租车乘坐处。跨过特里托内大道，绕过建筑物便能来到圣西尔维斯特广场，穿过圣西尔维斯特广场继续前进的话，孔多蒂大道与西班牙广场就在面前。

另外，沿着特里托内大道朝东（右）行走，走上坡道后离地铁A线的巴尔贝里尼站 Barberini 就只有500米左右了。

乘坐巴士的话，可以从特米尼车站乘坐175路等，在经过巴尔贝里尼广场后在托里托纳大道下车，然后和上述地铁下车的线路一样的进入。

从科尔索大道前往的话，可以从科隆纳广场旁的 Intesa BCI银行（有着旧意大利商业银行 Banca Commerciale Italiana 的标识）的旁边进入 Via di Muratte 会比较近。

✉ **警备很森严？！**
许愿池

许愿池每天都人来人往，非常混杂。周围一直有警官在巡逻，如果做了让别人困扰的事的话，警官就会鸣笛警告。我当时看到的是，青少年的团体几乎身穿泳装在喷泉的阴影处享受着日光浴，随后登场的警官非常强势地将他们赶走了。如果想体验安静的喷泉的话，可以在早晨前来。混杂时可以在前方教堂的楼梯上进行观看。

要小心小偷和手工串珠贩卖者

在游客集中，任何人都想度过悠闲一刻的许愿池附近，请事先准备好零钱，不要在人前拿出装了大量钱财的钱包。另外，也请注意和你套近乎的手工串珠贩卖者。他们会在你手上卷上绳子要求你付钱。在打开钱包的瞬间偷走你的大额硬币。

✉ **白天和晚上都想前来**
的许愿池

推荐大家在白天和晚上前来两次。特别是夜晚非常浪漫，是个让人想一直待着的场所。

→ p.106

喷泉的小城罗马

据说在罗马城镇中总共遍布着 700 到 1000 座的喷泉池，在明媚的阳光下，从水池中喷出来的水就如同水晶般闪烁着耀眼的光辉，与周围的雕像一起形成了一道格外美丽的风景。

52 年由克劳狄大帝完成的大城门广场的水道桥。水使是从这里分配到城镇的各个角落

罗马会拥有这么多喷泉，与自古以来这城镇的统治者都深爱着水有着密切的关系。由罗马的皇帝们建造的水道桥总共有 11 处之多。由于蛮族的入侵而遭到断水的罗马，到了 15 世纪才终于恢复成了水之城。时间正好是以复兴古代文化为目标的文艺复兴时期。当时掌权的教皇复原了罗马皇帝建造的水道桥，并在终点建造了被称为"墨斯特拉"的、有着特别华丽装饰的喷泉来显示自己的权势。具有代表性的有许愿池（p.94）、摩西喷泉（p.84）等。在

墨斯特拉之一，一直有着热闹的游客的许愿池。细长的三盆路内部底下一段的喷泉产生出一种戏剧般的视觉效果，给看到的人带来极大的震撼，不愧为"水之剧场"

紧接着的巴洛克时代，以纳沃纳广场喷泉（p.110）、特里托内喷泉（p.156）为首开始建设更富有动感、华丽的喷水池。

摩西喷泉。将摩西率领沙漠的以色列人的故事表现出来的雕刻和巨大的摩西雕像给人留下了很深的印象

墨斯特拉之一，纳沃纳广场、穆尔人喷泉（面前）和四大河喷泉。广场和喷泉的构成实在是非常巧妙

特里托内喷泉，从雕像和贝壳中喷出的水给人留下很深的印象

龟之喷泉。位于犹太人居住的被包围起来的旧犹太地区。现在也有着纤细的道路，能够从中看到昔日的风貌

位于韦内托大道，有着罗马名门巴尔贝里尼家族章的蜂之喷泉。曾经这一带为其一族所有，周围有着同名的广场和喷泉

西班牙广场与
人民广场周边

Da P.za di Spagna a P.za del Popolo

该地区的游玩线路

　　从地铁 A 线的西班牙 Spagna 站出来，左边便是西班牙广场。穿过人群走上楼梯，便能在平乔山上享受眺望的乐趣，在参观完人民广场周边后，可以在台伯河畔参观景点，之后再次回到西班牙广场的"购物与历史赏析"线路。线路中包含坡道和楼梯，距离并不是很长。虽然只需半天就足够了，但是途中会经过豪华的大型展示橱窗商店，所以如何保证自己不被诱惑非常关键。在途中还会经过许多咖啡厅和酒吧，能让你更加悠闲地享受散步的乐趣。

西班牙广场与
人民广场周边

区域 **3**

1 西班牙广场
Piazza di Spagna

作为电影《罗马假日》的舞台非常有名。这里人流量非常大，推荐在清静的早晨前来。

★★★　　p.100

2 孔多蒂大道
Via Condotti

排列着众多品牌商店，是罗马有名的商店街，可以在西班牙阶梯处看到这里。

★★　　p.100

3 平乔山
Monte Pincio

位于博盖塞公园一角处的展望台。能够看到美丽的全景。推荐傍晚时来这里散步。

★★　　p.102

4 人民广场
Piazza del Popolo

装饰着公元前3世纪的巨大方尖碑与喷泉的历史悠久的广场，是罗马人的休息场所。

★★★　　p.102

5 人民的圣玛利亚教堂
S. Maria del Popolo

由市民（波波罗）献给圣母的教堂。是拉斐尔、卡拉瓦乔的艺术作品宝库。

★★　　p.103

6 和平祭坛
Ara Pacis

为了庆祝地中海全域取得和平而建造的"和平祭坛"，是罗马重要的里程碑。

★★　　p.105

罗马维泰博站
Staz. Roma Viterbo

城墙大道 Viale del Muro Torto

Viale Valadier

弗拉米尼奥广场
P. le Flaminio
Flaminio
A线弗拉米尼奥广场站

雨果广场
P.le V. Hugo

卡纳斯托诺广场
P.le d. Canestre

门
P. le
lo

5 人民的圣玛利亚教堂
S.Maria del Popolo

3 平乔山
Monte Pincio

V. le della
Aranciera

V. le F. La Guardia

P. Canonica

广场
a del Popolo

拿破仑一世广场
P. le
Napoleone I

奥倍利斯科大道 Viale d. Obelisco

卡西纳蒂罗罗桥

Via di Magnolie

城墙大道
Viale del Galoppato

跑马场
Galoppatoio
(地下停车场)

区域导览

● 区域 **3**

西班牙广场与人民广场周边

罗萨提
Rosati

方尖碑

卡诺瓦
Canova

蒙特桑托圣母玛利亚教堂
S.Maria in Montesanto

V. A. Brunetti

歌德纪念馆

V. d. Vantaggio

贾科莫医院
spedale S. Giacomo

美术学院
cademia di Belle Arti
Via A. Canova

V. d. Frezza

Via Ara Pacis

奥古斯都帝陵墓
Mausoleo di Augsto

P.za Augusto
Imperatore

圣安博洛乔
Ss. Ambrogio
e Carlo al Corso

V. Tomacelli

V. d'Arancio

博盖塞宫
azzo Bolghese

ghes

entino Via della Lupa

V. d. Vittorio

V. di
G. e Maria

Via S. Giacomo

Via dei Greci

马尔古塔大道

Via del Babuino

巴布伊诺大道

卡诺瓦塔多里尼
Museo Canova-Tadolini

圣切奇丽亚音乐院

Via Margutta

梅迪契别墅
Villa Medici

V.le Villa Medici

庭院

V.le
d.

Via S. Sebastiano

Trinità dei Monti

城墙大道
Viale del Muro Torto

科尔索大道 Via del Corso

克罗齐大道

V. d. Croce

V. d. Vittoria

A线西班牙站
Spagna

WC B

M

山上圣三一教堂
Trinità dei Monti

1 西班牙广场
P.za di Spagna

古勒克咖啡厅
Caffè Greco

小船喷泉

西班牙
阶梯

山上圣三一广场
P.za Trinità dei Monti

V. Belsiana

Carrozze

V. d. Mario
de' Fiori

济兹·雪莱纪念馆
Keats-Shelley Memorial House

怪物之家

V. d. Gregoriana

茜斯蒂娜大道
Via Sistina

2 孔多蒂大道
Via Condotti

L.go
Goldoni

Via Fontanella B.

Via Borgognona

Via Frattina

美国快递

P.za
Mignanelli

V. d. Macelli

Via Capo le Case

V. Fr. Crispi

弗拉蒂纳大道

传信善博物馆
Museo Mis. di Propaganda Fide

P.za S. Loremzo
in Lucina

V. d. Gambero

Via della Vite

中央邮局
Posta Centrale

弗拉蒂圣安德烈亚教堂
S. Andrea delle Fratte

V. d.
Convertite

V. d. Mercede

WC

圣希尔维斯托广场
P.za di S. Silvestro

Via del Tritone

V. d.
Pareteria

v. d. Traforo

V. dei Prefetti

Via Cam po Marzio

Vic. Valdina

sio

V. d. Vicario

P.za d. Coppelle

ll Coppelle

P.za d.
Parlamento

蒙特奇托里奥宫(众议院)
Pal. di Montecitorio
(Camera dei Deputati)

基吉宫
Pal. Chigi

P.za
Montecitorio

科隆纳广场
P.za Colonna

特里托内大道

Via Poli

马克思纪念碑

许愿池
F.na di Trevi

V.Stamperia

圣卢卡学院
Accademia di S. Luca

国立意大利面博物馆
Museo Nazionalei
delle Paste
Alimentari

西班牙广场 Piazza di Spagna

Map p.99、p.38 B2

300 年来，深受旅客喜爱 ★★★

深受罗马人和游客喜爱的西班牙广场

在"小船喷泉"处取水饮用

西班牙广场与山上的教堂在西班牙阶梯 Scalinata di Trintà dei Monti 完成之前是被陡峭的悬崖给分开来的，往来于两处并不是一件容易的事情。楼梯建设于 1723 年，是由建筑师弗兰切斯科·德·桑科提斯 Francesco De Sanctis 着手开始的。于巴洛克中期完成的这座楼梯，与巴洛克初期及全盛期那充满紧张感的风格不同，给人一种安稳的感觉。这座楼梯的完成不仅使得广场附近慢慢成了我们现在看到的样子，还使得山下与山上的通行得到了很大的改善。每年 4 月末 5 月初，楼梯上都会装饰起杜鹃的花盆，非常美丽。

广场被称作山上圣三一广场，原本楼梯的右侧被称为西班牙广场（西班牙大使馆便在这里），从楼梯到孔多蒂之间被称为法国广场（山上圣三一教堂是路易十二世建造的），随后便被统一称为西班牙广场。

楼梯的正下方是洛伦佐·贝尔尼尼的"小船喷泉"Fontana della Barcaccia，原型据说是台伯河上运送红酒用的小舟。作者贝尔尼尼是罗马巴洛克时代的名家，也是有名的雕刻家、建筑家。

在"小船喷泉"前方，延伸着罗马最高级的商店街——孔多蒂大道 Via Condotti ★★。

从山上圣三一广场看到的西班牙广场

济慈·雪莱纪念馆
Keats-Shelley Memorial House

年轻的天才诗人的纪念馆

Map p.99、p.38 B2

位于西班牙阶梯右侧的玫瑰色建筑物。在建造在西班牙广场 26 号地的这座房子中，1821 年，意大利诗人济慈因为结核而在这里结束了他仅仅 25 年的年轻生命。现在这里作为收集他与他的友人雪莱的资料的济慈、雪莱纪念馆对外开放。从济慈当时居住的原为公寓的房间中眺望被耀眼的阳光照亮的西班牙阶梯，就能明白居住在阿尔卑斯以北的人们为何会对罗马产生如此大的憧憬了。

济慈居住过的玫瑰色房子

山上圣三一广场
Piazza della Trinità dei Monti

由法国的国王开始建造的

Map p.99、p.26 C1

走上西班牙阶梯后，就能来到山上圣三一广场。正面建造着拥有两座钟楼的同名教会 Trinità dei Monti。1502 年，在法国国王路易十二世的命令下开始建造，由建筑师卡罗·马德诺之手完成。建造在广场前的方尖碑

清晨的圣三一教堂和西班牙阶梯

是于 1789 年，由教皇庇护六世 Pio VI 下令建造的，从这里可以看到 Via Sistina 另一边大圣母教堂的方尖碑。

这是为了给朝圣者指示行走的道路顺序而设立在此的。

● 济慈·雪莱纪念馆

Piazza di Spagna 26

06-6784235

10:00~13:00
14:00~18:00
周六 11:00~14:00
15:00~18:00

休 周日、1/1、8/15、12/8、12/24~12/31

€ 4.50

西班牙广场和许愿池
我在 2 月份的周日下午两点左右去了西班牙广场和许愿池，当时人实在很多，照片不怎么好拍。在西班牙阶梯上坐满了人，导致连楼梯都看不到了。所以如果想悠闲地观光的话，推荐提早出发。

西班牙阶梯附近的公共厕所
走出地铁站后在广场右侧便设有厕所。

西班牙广场的过去与现在

column

西班牙广场周边如今已经是集中了各种高级商店的商店区域，全年都充满了人气。在小船喷泉附近，在 19 世纪时，是集中了画家、诗人、历史学家还有文学家们的文化地区。为此，这里到处存在着文艺青年们聚集时使用的咖啡厅和沙龙。

在西班牙广场 26 号地，于 1725 年建设在西班牙阶梯旁的"玫瑰色的房子"是意大利诗人济慈在 25 岁得结核去世前最后 3 个月居住过的地方。根据记录，在诗人去世后，当时的家主安杰雷提夫人（根据法律）将他的家具和所有物拿到广场进行焚烧。济慈直到无法行动前，一直在平乔山散步，在古勒克咖啡厅用餐。这座济慈迎来人生终点的房子，目前也为纪念在罗马滞留的雪莱"济慈·雪莱纪念馆"对外公开，在这能够查阅到意大利罗马文学动向的重要资料。1797 年乔瑟夫·伯纳帕尔特作为法国大使在左馆停留，有名的卡萨诺瓦也留下了以西班牙广场为舞台的恋爱冒险故事。

巴尔卡乔喷泉和玫瑰色房子

平乔山

能够望见眼底下方尖碑和喷泉、给人留下很深印象的人民广场和远处梵蒂冈塔顶的绝佳展望点。傍晚时的风景异常美丽。

厕所

由于从西班牙阶梯附近到人民广场之间有许多的咖啡店和酒店，所以可以点上一杯咖啡再顺便借用一下厕所。另外，在西班牙广场地下，从人民广场前往平乔山瞭望台的楼梯途中也有公共厕所。

✉ **厕所**

听当地导游说，根据规定不能向饮食店借用厕所。如果想借用厕所的话可以先点一些东西。

✉ **如果想在人民广场好好玩的话**

人民广场虽然非常有名，但是夏天时没有树荫，非常炎热。这时候推荐大家前去附近的平乔山。那里微风拂面，也有着树荫和长椅，能够好好地休息。另外，从这里眺望到的罗马城区的景色非常特别。

卡诺瓦塔多里尼
工坊兼咖啡餐厅
Canova–Tadolini
🏠 Via del Babuino 150A/B
☎ 06-32110702
⏰ 8:00～23:30
🚫 8月
Map p.99、p.38 B2

以在罗马活跃的雕刻家卡诺瓦为首的艺术家的工坊。位于从西班牙广场前往人民广场途中的巴布伊诺大道，是品牌店中混杂着古董店的独具风情的地方。
※作为咖啡厅、餐厅进行营业中。

一楼的工坊作为咖啡厅营业中

从山上圣三一广场再次走下西班牙阶梯。广场上向右延伸的巴布伊诺大道一直通向商业街。与之平行的马尔古达路是一条排列着古董店和工坊的怀旧风格的小道，电影《罗马假日》中布拉托雷的公寓也在此。请任意选择一条道路出发前往人民广场吧。

抵达人民广场后，可以通过右侧的楼梯和坡道走上平乔山。

平乔山 Monte Pincio
能够眺望整个城市的瞭望台　　Map p.99、p.38 A2　★★

在能够眺望整个罗马的平乔山上，从绿色阳台看到的风景非常美丽。眼底下的人民广场上耸立着方尖碑，喷泉也正喷着水。抬头远望，在那些褐色屋顶的对面，由米开朗琪罗建造的梵蒂冈的塔顶显得格外的高。这里是个能让人感受到罗马宏大的地方。

视野良好的平乔山阳台

人民广场 Piazza del Popolo
迎接来自北方的旅人　　Map p.99、p.38 A1　★★★

从平乔山俯瞰到的人民广场全景

人民门、方尖碑和喷水互相调和而成的美丽广场

自从将1300年定为"圣年"以来，它便成了从北方前来罗马朝圣者的必经之路弗拉米尼奥门（现在的人民门）内侧的广场。朝圣者在此接受身份检查，在纳税完毕后才能被允许进入广场。

位于广场中央的是包含台座在内高达36.5米的方尖碑。方尖碑于1200年左右建于埃及，由马西莫竞技场迁移于此，1589年西库斯托斯五世将其设置为朝圣者的"路标"。人民门则由贝尔尼尼进行装饰，堂堂地耸立在此。

在广场旁有3条小路通往坎皮多里奥。在从前这里只有拉塔大道（现在的科尔索）一条道路，但是为了确保日渐增多的朝圣者们有路可走，所以在16世纪时，在这条道路的两侧又新建造了Via di Ripetta与Via del Babuino两条道路。17世纪时，就像是为了装饰这些道路的起点一般，建造了双子教会。

这座广场19世纪时才成为现在的样子。根据朱塞佩·瓦拉迪埃

Giuseppe Valadier 的都市计划，在平乔山与它下方的人民广场之间的范围中配置了喷泉与雕像。在近几年的改修工程中，对广场上的喷泉重新进行了装饰，道路也从柏油更换成了石板，显得更有魅力。

人民的圣玛利亚教堂 Santa Maria del Popolo
优秀的艺术作品宝库　　　　　　　　　Map p.99、p.38 A1　★★

人民的圣玛利亚教堂的正面

1099 年，教皇帕斯卡尔二世 Pasquale II 下令在当时弗拉米尼奥门的旁边建造一座献给圣母玛利亚的小教堂。由于建设的出资者为罗马的市民 popolo（波波罗），所以教堂为了纪念他被命名为人民的圣玛利亚教堂（波波罗圣母堂）。之后，1472 年在教皇西库斯托四世 Sisto IV 的命令下重建成了现在的样子，在 16 世纪初，由布拉曼特增加了后半部分。

教堂的内部与其说是做礼拜的场所，不如说是一个小小的绘画、雕刻、建筑的博物馆，里面留下许多各个时代中的优秀作品。在正门入口处右侧，首先看到的是罗贝雷礼拜堂 Cappella della Rovere，里面装饰着 15 世纪后期出自平图里乔与其弟子们之手的壁画。祭坛上的《幼年基督的礼拜（L'adorazione del Bambino）》特别美丽。

教堂内部

接下来的奇波礼拜堂 Cappella Cybo 是于 17 世纪后期由卡尔洛·丰塔纳 Carlo Fontana 设计的。接着向前走可以看到改建工程中由贝尔尼尼负责的翼廊，在风琴下方的天使像一眼就能看出是出自贝尔尼尼之手。巴洛克样式的主祭坛上装饰着让人感觉像重回了 13 世纪的拜占庭式的板绘《人民圣母像（Madonna del Popolo）》。中心部向后延伸的是布拉曼特制作的后半部分，里面有两位枢机主教的坟墓。这是 16

✉ **人民广场周边正处于工程中**
本书调查时，人民广场附近的几处地方都在进行着修缮工作。以电影《天使与恶魔》而出名的人民圣玛利亚教堂中的"基吉家族礼拜堂"由于在修复中，所以被幕布覆盖着完全看不见。广场双子教堂的左侧也在幕布中。另外，从广场登上的平乔山的眺望台处也围着铁栅栏。但是，爬上去后还是能够看到风景的。
《圣保罗之改宗》也在修复中。

●**人民的圣玛利亚教堂**
🏠 Piazza del Popolo 12
☎ 06-3610836
🕐 7:00~12:00
　16:00~19:00
　周日、节假日 8:00~13:30
　　　　　　 16:30~19:15

祀奉在主祭坛的《人民圣母像》

卡拉瓦乔作《圣保罗之改宗》

卡拉瓦乔作《圣彼得的十字架》

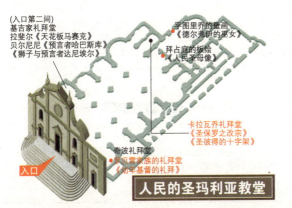
（入口第二间）
基吉家族礼拜堂
拉斐尔《天花板马赛克》
贝尔尼尼《预言者哈巴斯库》
《狮子与预言者达尼埃尔》

平图里乔的壁画
《德尔弗伊的巫女》

拜占庭的板绘
《人民圣母像》

卡拉瓦乔礼拜堂
《圣保罗之改宗》
《圣彼得的十字架》

奇波礼拜堂

基吉家族的礼拜堂
《幼年基督的礼拜》

入口

人民的圣玛利亚教堂

● Anticaglie a Ponte Milvio
位于从米尔维奥桥广场 Piazzale Ponte Milvio 到多卡达奥斯塔桥 Ponte Duca d' Aosta 的台伯河沿岸，主要以家具为主。

🏠 Piazza di Ponte Milvio
☎ 06-8541461
🕐 第1、2个周日 9:00~20:00
Map p.24 A2 外

● La Soffitta Sotto i Portici
位于罗马城内，科尔索大道和奥古斯都大帝陵墓附近的奥古斯都广场中的带有屋顶的回廊下方。主要售卖照相机、旧衣服、版画和旧书等。

🏠 Piazza Augusto Imperatore
🕐 第1、3个周日的 9:00~日落
Map p.34 C1

● Garage Sale-Rigattieriper Hobby
从地铁 A 线的弗拉米尼奥车站朝北前进。在 Borghtto Flaminio 中有着 200 以上的摊位。售卖着小物件和旧衣服、旧书等。

🏠 Via Flaminia 60/Piazza della Marina 32
☎ 06-5880517
🕐 周日 10:00~19:00
💰 € 1.60
Map p.29 A4 外
※根据季节和气候，也会有不举办的情况。请事先确认。

由拉斐尔描绘底稿的基吉家礼拜堂的马赛克

世纪初桑索维诺的代表作，他脱离了当时那坚硬且毫无表情的传统墓地雕刻，让墓地的主人们以非常自然的姿势横躺在那里。另外，中央天花板上的壁画是平图里乔之作。

另一方，在主祭坛的左侧，有着有名的卡拉瓦乔礼拜堂 Cappella del Caravaggio，装饰在左右墙壁上的是卡拉瓦乔的两幅作品——《圣保罗之改宗（Conversione di S.Paolo）》与《圣彼得的十字架（Crocifissione di S.Pietro）》，两幅作品都是在 1601~1602 年间，画家成熟期绘制的作品，所以评价非常高。同样在左侧的墙壁处，入口处第二间便是拉斐尔设计的基吉家族礼拜堂 Cappella Chigi。拉斐尔除了设计礼拜堂外，还描绘了天花板上的马赛克画的底稿。同礼拜堂中，还安置着贝尔尼尼的《预言者哈巴库库（Abacuc）》与《狮子与预言者达尼埃尔（Daniele col leone）》的雕像。

蒙特森托圣母玛利亚教堂
圣米拉科里玛利亚教堂
Santa Maria in Montesanto / Santa Maria dei Miracoli

Map p.99、p.38 A1

被称为双子教堂

仔细观察的话，两座教堂还是有些区别的

好好地观察一下位于人民广场，方尖碑处的双子教堂吧。这两座建筑虽然被称为"双子"，但其实只要你仔细观察就能发现左侧的蒙特森托圣母玛利亚教堂 S.Maria in Montesanto 比起右侧的圣米拉科里玛利亚教堂 Santa Maria dei Miracoli 在占地面积上要大许多。

设计者卡尔罗·莱纳尔迪找到的解决方法便是较大的教堂使用圆形的屋顶，而较小的教堂使用椭圆形的屋顶来造成视觉上的错觉。如此一来，这两座教堂便变成了"一模一样"。另外，在这教堂左右的两座咖啡厅"卡诺瓦" Canova 与"罗萨提" Rosati 是在巴拉丁对人民广场进行改造时建造的，提高了广场的对称性。

✉ 歌德纪念馆
歌德的素描画真的是非常美丽。

歌德家内部成为了博物馆

景点 NAVIGATOR

进入科尔索大道后行走不久，在左侧科尔索大道18号地（二楼）便是歌德于 1786~1788 年居住过的房子（歌德纪念馆）。从科尔索大道返回卡诺瓦大道后继续行走便能来到里佩塔大道。从这里向左拐的话正面便是奥古斯都帝陵墓，右侧深处铺着时髦的玻璃的建筑物便是和平祭坛（和平祭坛）。从里佩塔大道再向南面行走，穿过 Tomacelli 大道后，左侧便是博盖塞宫。

奥古斯都帝陵墓 Mausoleo di Augusto

Map p.99、p.38 B1

模仿亚历山大帝之墓而建

被草覆盖的圆形的陵墓

　　奥古斯都帝陵墓是于公元 29 年模仿亚历山大帝之墓建造的，整个建筑几乎呈正圆形，当时下半部分是坟墓，在坟墓上面安置着葬祭殿，入口处由两根方尖碑守着。随着时代的变迁，入口处的方尖碑被人搬走，神殿也遭到破坏，由于墓地周围遍布着民房和狭窄的道路，所以在墨索里尼的法西斯政权下，为了显现古代罗马的荣耀，周围遭到了破坏。从此，墓地周围便成了空壕，成为了与市民生活毫无联系的"纪念物"。

和平祭坛 Ara Pacis Augustae/Museo dell'Ara Pacis

Map p.98、p.38 B1

和平祭坛　★★

　　和平祭坛同样是由奥古斯都帝为了纪念市民战争的终结而建造的，于公元前 9 世纪公开。当时虽然取得了和平，罗马的传统精神也再次得到了评价，社会的秩序再次回归，但同时皇帝的权力也成为了无可动摇的东西。

和平祭坛的正面

　　这座祭坛便映射出了当时的社会背景，为了实现市民重新获得的"和平"与对皇帝的"礼赞"这两个目的而建造。虽然这是将已经作为收藏品散落在各地的碎片，通过挖掘回收的部分，以及对不足的部分进行补修后于 1970 年复原后的产物，但这是帝政罗马时代最重要的遗迹之一。

博盖塞宫 Palazzo Borghese

Map p.99、p.38 C1

被称为博盖塞的洋琴

被称为洋琴的博盖塞宫

　　19 世纪 80 年代初，由弗拉米尼奥·庞兹奥 Flaminio Ponzio 等人为了枢机主教卡米罗·博盖塞 Camillo Borghese（之后的教皇保罗五世）而建造了这座博盖塞宫 Palazzo Borghese，由于庞兹奥在宫殿面向台伯河的一面上实施了洋琴键盘一般的装饰，所以罗马的人们称之为"博盖塞的洋琴" Cembalo Borghese。

● 奥古斯都帝陵墓
🏠 Piazza Augusto Imperatore
☎ 06-57250410

重生的和平祭坛

　　因为修复工作而关闭了很长时间的和平祭坛，现在被理查德梅亚计划中建造的现代建筑物所包围着，作为博物馆对外公开。虽然是博物馆，但是内部主要展示的还是和平祭坛和修复过程中的面板。

　　拥有喷泉的大厅，利用白石和玻璃装饰的内部在太阳的照射下非常明亮，夜晚配合着灯光也非常美丽，正犹如"和平"的象征。

● 和平祭坛
🏠 Lungotevere in Augusta
☎ 06-0608
🕐 9:00～19:00
　 12/24、12/31
　 9:00～14:00
休 周一、1/1、5/1、12/25
€ € 7.50
※售票处 18:00 关门。

● 博盖塞宫
🏠 Largo delle Fontanelle di Borghese 22
※内部非对外开放，只能参观外部。

博盖塞广场附近的青空市场

● 中央邮局
住 Piazza S.Silvestro 19
电 06-69737205
开 周一～周五 8:00～19:00
　　周六 8:00～13:15
休 周日、节假日
Map p.99、p.38 C2

重生的圣西尔维斯特广场

2012 年春天，这里变成了车辆无法进入的休息用的广场。设置了休息用的长椅，在走累了的时候能够坐下来小憩片刻。周围设有邮电局和咖啡店，地下也设有公用厕所，非常方便。以前的巴士车站移到了前方的道路上。

ACCESS
♀ 如果要在圣希尔维斯托广场附近乘坐巴士的话
71 ● 前往大圣母教堂、特米尼车站西侧
85 ● 前往威尼斯广场、古罗马斗兽场、圣乔凡尼广场
160 ● 前往威尼斯广场、马西莫竞技场 ● 前往韦内托大道、博盖塞公园、弗拉米尼奥火车站
♀ 如果在广场旁的特里托内大道乘坐巴士的话
116 ● 前往巴尔贝里尼广场、韦内托大道、平恰纳门 ● 前往花之田野广场、法尔内塞广场
119 ● 前往人民广场
Ⓜ 乘坐地铁的话
　　线路出发点的 A 线西班牙站 Spagna 或者位于特里托内大道坡道上方的 A 线巴尔贝里尼车站（Barberini）为最近的车站

● 弗拉蒂圣安德烈亚教堂
住 Via S.Andrea delle Fratte 1
电 06-6793191
开 6:30～12:30
　　16:00～19:00
　　周日、节假日 16:00～20:00

● 传信善博物馆
住 Via di Propaganda 1
电 06-69880162
开 周一、周三、周五
　　14:30～18:00
费 € 8
※有导游陪同参观服务。

沿着里佩塔大道继续行走，来到 Via Tomacelli 大道后向左拐便来到孔多蒂大道。开始地点的西班牙广场还有地铁站就在不远处。如果有时间的话，就沿着刚贝罗大道 Via d. Gambero 向前走，经过圣希尔维斯托和 Via della Mercede 大道来到弗拉蒂圣安德烈亚教堂，到教堂前左手处的传信善博物馆去看看吧。从博物馆沿着路走就能来到西班牙广场。如果要使用巴士的话，在圣尔维斯托广场附近使用比较方便。

弗拉蒂圣安德烈亚教堂
Sant' Andrea delle Fratte
留有贝尔尼尼天使像

Map p.99、p.26 C1 ★

通过圣西尔维斯特广场后，右方出现的便是波洛米尼从 1653 年开始到去世为止建设的弗拉蒂圣安德烈亚教堂。内部保存着由贝尔尼尼设计的圣天使桥的天使像中的两座真品。前来祈祷的罗马人很多，是一座很温馨美丽的教堂。教堂背面，走下坡道后便是贝尔尼尼的家。

出自波洛米尼之手的教堂

《INRI 的天使》（右）与《手持荆刺王冠的天使》（左）都为贝尔尼尼所作

传信善博物馆
Museo Missionario di Propaganda Fide
巴洛克建筑

Map p.99、p.26 C1

只有巴洛克艺术才拥有的曲线外观

记录着梵蒂冈在世界各国进行布教、传道活动的博物馆。世界各地的样子都可以通过多媒体来进行观看。

建筑物由巴洛克的巨匠贝尔尼尼（西班牙阶梯侧）与波洛米尼（建筑物正面）进行改装，两边都是大量使用曲线的巴洛克样式。端正的贝尔尼尼的设计与充满幻惑的波洛米尼的手法形成的对比非常有趣。暗门处螺旋状楼梯非常漂亮的图书馆 Biblioteca Bernini 是由贝尔尼尼所设计。一楼的东方三博士的礼拜堂 Cappella dei Magi 是出自波洛米尼之手。

走出博物馆右方便是这座建筑物的设计者贝尔尼尼的家

纳沃纳广场与
花之田野广场周边

Da Piazza Navona a Campo de'Fiori

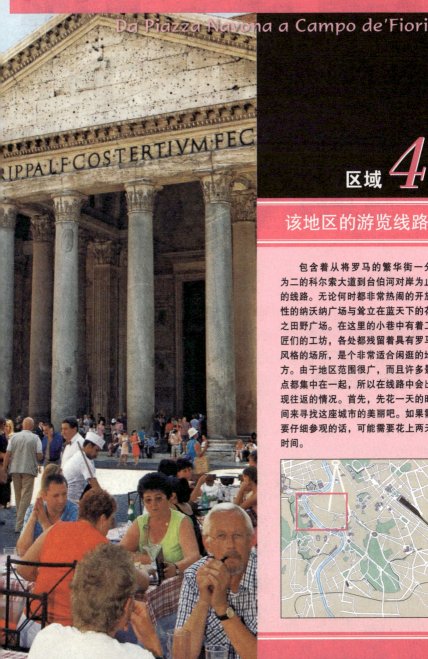

区域 **4**

该地区的游览线路

包含着从将罗马的繁华街一分为二的科尔索大道到台伯河对岸为止的线路。无论何时都非常热闹的开放性的纳沃纳广场与耸立在蓝天下的花之田野广场。在这里的小巷中有着工匠们的工坊，各处都残留着具有罗马风格的场所，是个非常适合闲逛的地方。由于地区范围很广，而且许多景点都集中在一起，所以在线路中会出现往返的情况。首先，先花一天的时间来寻找这座城市的美丽吧。如果需要仔细参观的话，可能需要花上两天时间。

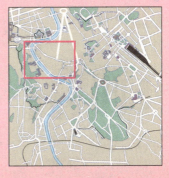

纳沃纳广场与
花之田野广场周边

区域 **4**

4 密涅瓦圣母堂

S.M.Sopra Minerva

以方尖碑上方的雕像为标记的教堂。外观虽然简朴，但是内部非常丰富。

★★　　　p.117

1 纳沃纳广场

Piazza Navona

巴洛克样式的3座喷泉不断传出水声，是罗马极具代表性的广场。其实这里是古代竞技场的遗迹。

★★★　　　p.110

2 阿尔滕普斯宫

Palazzo Altemps

罗马国立博物馆之一。在15世纪的枢机主教之馆中陈列着他收藏的古代雕刻。

★★★　　　p.112

3 万神殿

Pantheon

被誉为米开朗琪罗"天使的设计"的万神殿。于118年建造，经历了约1900年的风雨。

★★★　　　p.115

S. Spirito

圣斯皮里托医院
Ospedale S. Spirito

Lung. in Sas

P.za
della Rovere

P.te
Pr. Amedeo

Vicolo di
Vicolo di S. Onofrio
Salita di S. Onofrio
Via di S. Onofrio

萨尔维亚蒂宫
Palazzo Salviati

Via d. Orti d'Alibert

Via delle Mantellate

监狱

Lungotevere Gianicolense

Via d.

S. Francesco
di Sales

Via d. Penitenza

Via d. Riari

罗马大学附属植物园
Orto Botanico

Via della Lungara

加里波第纪念碑
Mon. A. G. Garibaldi

加里波第广场
Piazzale Garibaldi

埃马努埃莱一世桥
P.te V. Emanuele II

V. Paola

V. Banco S. Spirito

埃马努埃莱一世大道

Lungotev. Tor di N

P.za
Corc
科索纳里大道

Monte Gior

P.za
P. Paoli

Via Acciaioli

L.go d.
Fiorentini

Via Giulia

**Pal.
Sacchetti**

Vic. del Cefalo

**Pal.
Sforza
Casarini**

P.za
Orol

Lungotevere del Sangallo

V. d.
Pav
one

V. d.
Banchi Vecchi

Vic. d.
Breshiana

V. d.
Can

Vic. d. Malpasso

V. d. Moetta
Vic. d Mo

Lango L. Perosi

马志尼桥
P.te G. Mazzini

未利亚大道

V. S.
Eligio

S.E. 奥雷大
dei Teb

7 法尔内西那庄
Villa della Farnes

Lung
d. Faru

国立科尔西尼宫美术馆
Pal. Corsini

国立绘画馆
Galleria Naz. d. Palazzo Corsini

Via Corsini

Via
V. S.
Dorote

P.ta Settimiana

N

0　　100　　200m

5 耶稣教堂
Il Gesù

祀奉着弗朗西斯泽维尔。内部的巴洛克样式非常漂亮。

★★　　p.120

6 花之田野广场
Campo de'Fiori

每天在这里都会开办充满活力的集市。周围有很多咖啡厅和酒吧，是罗马人的休息场所。

★★　　p.125

7 法尔内西纳庄
Villa Farnesina

文艺复兴建筑的杰作。沙龙中汇集了众多艺术家，出自拉斐尔之手的内部非常华丽。

★★　　p.127

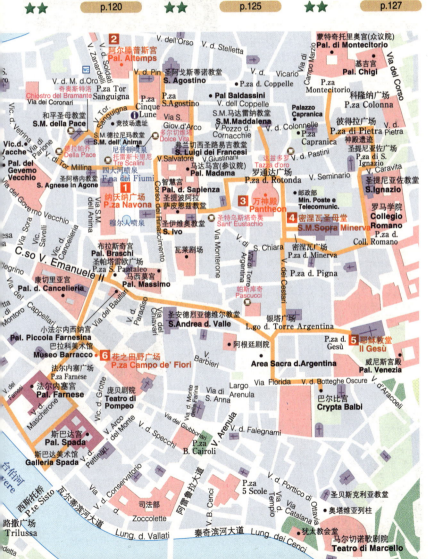

可以从维多利亚埃马努埃莱二世大道的圣帕塔雷欧广场 Piazza S.Pantaleo 进入北侧（朝着梵蒂冈方向向右）

64 在银塔广场的下一站下车。穿过库卡尼亚大道 Via Cuccagna 便能来到广场南侧。

如果是特快 **40** 的话，那只要在特雷阿杰提耶下车，徒步约 5 分钟。

46 从威尼斯广场

64 从特米尼车站

40 从特米尼车站

70 从特米尼车站西侧、民族大道、威尼斯广场

81 从圣乔瓦尼、古罗马斗兽场、威尼斯广场 ●从文艺复兴广场、科拉迪里恩在大道

492 ●从普拉普纳车站、特米尼车站、●巴尔贝里尼广场、威尼斯广场、加富尔广场

116 ●从平恰纳门、巴尔贝里里广场 ●从朱利亚大道、花之田野广场

✉ **厕所**

在从纳沃纳广场徒步前往许愿池的途中的加勒里亚科隆纳中有着任何人都能够利用的厕所。由于在加勒里亚也能避开强烈的阳光，所以也能在此休息片刻。内部设有咖啡厅。

中央装饰着罗马时代的方尖碑

纳沃纳广场 Piazza Navona

装饰着巴洛克风格的喷泉

Map p.109、p.34 B1 ★★★

深受罗马人喜爱的广场

代表着罗马的广场之一，纳沃纳广场。广场中汽车无法进入，充满了喷泉的水声，它的开放性和平民性深受罗马人和旅客的喜爱，无论何时广场上都非常热闹。广场的形成是从罗马时代 1 世纪后期，多米提安帝在此建造竞技场时开始的。楼梯座位能容纳 3 万人，275 米 ×106 米的南北呈细长状的广阔竞技场遗迹被组合进了沿着多尔森古伊尼亚广场建造起来的房子和圣阿格内内教堂的地下室中。由于竞技原因，所以这里慢慢被称作为纳沃纳。1477 年，西库斯托斯四世将市场迁移到这里，使这里成为了平民生活的中心地。之后，英诺森十世开始扩张面向广场的宅邸，在将旁边的教堂翻新的同时，他开始考虑要给广场一个崭新的样貌，所以广场便在当时有名的建筑家手中变成了现在的模样。

作为平民休息场所的这座广场直到 19 世纪为止，一直都是夏天在广场上洒上水、让马车在上面奔跑、进行名为"湖" Lago 的戏水游戏，还有在磨光滑的棒前系上口袋进行攀爬竞赛的场所。

■ 穆尔人喷泉　Fontana del Moro

广场南面，埃马努埃莱二世大道后正前方便是穆尔人喷泉。以 1654 年以前就存在着的水盘中央贝尔尼尼绘制的草图为基础，由 G.A. 玛丽建造的与海豚战斗的穆尔人雕像。周围的 4 座"胜利"雕像和假面的雕刻是 19 世纪的仿制品，正品位于博盖塞公园的"湖之庭院"中。外侧的积水盘是由波洛米尼设计、贝尔尼尼建造的。

■ 四大河喷泉
Fontana dei Fiumi

广场中央，高举着方尖碑的巨大的喷泉便是贝尔尼尼的代表作

穆尔人喷泉

"四大河喷泉"。这个作品使得贝尔尼尼得到了之前一直不把他放在眼中的英诺森十世的青睐。圆形的大型水盘中央堆满了岩石，在岩石的空洞处呈现出各种动物饮水时的姿态。在这上面安置着的是代表奈尔、刚吉斯、多纳尔、拉普拉塔 4 条河流的雕像。

这暗示着基督教已经君临世界，多纳尔雕像的手触摸着教皇的纹章表示着欧洲也在教皇的影响之下。顺便一提，这座雕像是由 4 名弟子所作，并非贝尔尼尼的作品。中央的方尖碑是罗马时代的作品，从马森齐奥帝的竞技场迁移至此。

巴洛克艺术的
精华"四大河
喷泉"

■特里托内喷泉　Fontana del Nettuno

位于最北边的是"特里托内喷泉"。和穆尔人喷泉一样，最早只有德拉·波尔塔建造的水池。1878 年举行了竞选会，添加上了海神、海之精灵、丘比特等。喷泉后面建筑物会有缓缓的曲线是因为那是罗马时代竞技场留下的曲线。

特里托内喷泉

■圣阿格纳斯教堂　S.Agnese in Agone

信仰基督教的圣阿格纳斯被处刑的场所，于 8 世纪在此建造了教堂。随后，1652 年，英诺森十世考虑将其重建为宫殿的附属教堂，便命令 G. 莱纳尔迪和波洛米尼着手此事。建筑物正面中央向内侧弯曲，装饰着圆柱和附属柱。高大的顶端和左右的钟楼也是波洛米尼所设计的。教堂的左侧是英诺森十世命令 G. 莱纳尔迪建造的潘菲利宫 Palazzo Pamphilj。现在这里是巴西大使馆和文化中心。

和平圣母教堂 Santa Maria della Pace　Map p.109、p.34 B1
残留着拉斐尔的壁画　★★

传说中"画上的圣母被石头砸到后流下了血"的圣母绘画便在祭坛处。教皇西库斯托斯四世对着这幅圣母画祈愿希望土耳其战能够早日终结，作为和平到来的谢礼于 1482 年建立了这座教堂，并命名为和平教堂

冬季的纳沃纳广场

能够让平时也非常热闹的纳沃纳广场更添一层热闹的景象，便是在从 12 月初开始到次年 1 月 6 日为止的主题节期间举办的"贝法娜市"Fiera della Befana。贝法娜指的是在 1 月 5 日的夜晚，乘坐扫把给孩子们送来礼物的老婆婆。广场中将会有贝法娜和圣诞老人登场，设置着只有意大利才有的圣诞装饰的圣诞树与售卖零食的露天商店。贝法娜不会给坏孩子送上礼物，而是会送来炭＝carbone 一般的东西，就像太妃糖一样的味道。

●圣阿格纳斯教堂

住 Via S.Maria dell'Anima 30/A（Piazza Navona）
☎ 06-68192134
开 9:30~12:30
　　15:30~19:00
　　周日、节假日 9:00~13:00
　　　　　　　　16:00~20:00
休 周一
Map p.109、p.34 B1

圣女阿格纳斯

3 世纪时，信仰基督教的阿格纳斯由于拒绝了和异教徒执政官的儿子结婚，而遭到了他们的仇恨。为此，遭到了赤身裸体接受火刑的刑罚。但这时，奇迹发生了，长长的头发挡住了她的身体，火焰也分了开来。刑罚便因此以失败告终。最后，他们只好砍下了阿格纳斯的头颅。在她去世的场所建造出的，便是圣阿格纳斯教堂。遗骸则埋葬在 S. 阿尔泽教堂的地下墓地中。教堂中她的马赛克睁着大大的眼睛，看上去非常美丽聪明。

●和平圣母教堂

住 Via della Pace 5
☎ 06-6861156
开 周二～周五 10:30~12:30

半圆形的建筑物正面为科尔托纳设计

⊠ 寻找卡拉瓦乔
　　在弗兰切西圣路易吉教堂左侧通路最深处的礼拜堂中有着卡拉瓦乔的 3 幅作品。虽然附近光线很暗，但是只要在礼拜堂旁像邮箱一样的机械中投入 € 0.20、€ 0.50、€ 1 的硬币后，周围就会亮起相应金额的灯光。当然，除了你之外，其他人也会因此有机会在灯光下欣赏名画，这时候就不要太小气了。在绘画之中还有着卡拉瓦乔的自画像。

● 阿尔滕普斯宫（罗马国立博物馆）
📍 Piazza Sant'Apollinare 46
☎ 06-39967700（预约）
🕐 9:00~19:45
🚫 周一、1/1、12/25
🎫 共通票 €7（+€3 特别展）p.42）

拉斐尔的《巫女》

Pace。当时由庞泰利着手建造，1656 年在亚力山大七世的委托下由 P. 达科尔托纳进行改建，添加了被两根相对的多利斯风格柱子围绕的半圆形的前室。

　　内部的天花板至今还残留着 15 世纪创建时的交叉式拱顶。右侧礼拜堂的拱墙上有着拉斐尔为了 A. 基吉于 1514 年描绘的壁画《巫女（Sibille）》。上面的 4 名预言家是以拉斐尔的草图为基础绘画的。邻接的切基礼拜堂 Cappella Ceci 为 A. 桑戈洛之作，文艺复兴样式的装饰非常美丽。顶端八角形部分中央深处的主祭坛和内阵的座席是由 C. 马德尔诺设计的。从教堂左侧延续的回廊 Chiostro 为 1500~1504 年布拉曼特初到罗马时着手建造的。设置在拱门上的石柱支撑着漫长的回廊，营造出一种戏剧性的效果。

景点 NAVIGATOR
　　沿着前来纳沃纳广场时的道路返回 S.M. 德拉尼玛教堂的拐角处，向左拐沿着 Via Torre Sanguigna 大道前进。道路向右弯曲，右侧的半地下处能够窥视到纳沃纳广场的前身，罗马时代的竞技场 Agone 遗迹的一部分。穿过正面小型的托尔桑古尼亚广场 Piazza Tor Sanguigna，道路尽头右侧便是阿尔滕普斯宫。

阿尔滕普斯宫（罗马国立博物馆）
Palazzo Altemps（Muzeo Nazionale Romano）
Map p.109、p.34 A1
古代艺术之馆　　　★★★

　　罗马国立博物馆之一，经过约 10 年的修复后，开始对外开放。这里主要展示着以 16 世纪这座馆的所有者阿尔滕普斯枢机主教的阿尔滕普斯收藏品、路德维希收藏品、罗马国立博物馆埃及收藏品等著名的古代雕刻收藏品为主。

　　在 18、19 世纪经过大幅度改建的这座 15 世纪的馆，还残留着当时的壁画、暖炉、礼拜堂、带有喷泉的二楼彩色凉廊，是个给人留下很深印象的博物馆。

　　这座美术馆中最不容错过的，

装饰着《沐浴中的阿芙罗狄蒂》的第 34 室

带有眺望楼的阿尔滕普斯宫

便是公元前 460 年的希腊作品，雕刻着两名少女将阿芙罗狄蒂从海中拉上来的《路德维希的王座（Trono Ludovisi）》（二楼 21 室）。从侧面吹着长笛的少女与烧香的少女也非常值得一看。除此之外，一楼的《弹奏竖琴的阿波罗（Apollo Citaredo）》（7 室）。二楼的《赫尔墨斯（Hermes Loghios）》（21 室）、《（杀妻后）自杀的加利亚人（Galata suicida）》（26 室）、《沐浴中的阿芙罗狄蒂（Afrodite al bagno）》（34 室）、立体精密地雕刻着罗马人与满足战斗的样子的《路德维希的石棺（Grande Ludovisi）》等。

雕刻着被从海中拉上来的阿芙罗狄蒂的《路德维希的王座》

圣阿戈斯蒂诺教堂 Sant' Agostino

罗马人信仰所在

Map p.109、p.34 A2 ★★

初期文艺复兴教堂的典型，圣阿戈斯蒂诺教堂。这里祭奉着圣奥古斯都，于 1483 年历时 4 年完工。建筑物正面是呈几何学笔直有力的下半部分与旋涡形的三角顶端组成的，简洁而有力。

内部为呈拉丁十字架形的平面，利用列柱将其分为 3 廊。经过 18~19 世纪的改修后，内部结构几乎已经没有了文艺复兴的痕迹。

初期文艺复兴样式的建筑物正面很有力道

内部不容错过的地方有 3 处。在靠近入口处，从左边数第三根柱子上有着雅各布·桑索维诺的《生产的圣母（Madonna del Parto）》的雕像。这是于 1521 年建造的，从它那多数的附属物中可以感到它受到的身后的信仰。其上方是拉斐尔在 1512 年描绘的壁画《预言者依萨亚（Isaia Profeta）》。从中能够深深地感受到其受到梵蒂冈的西斯廷礼拜堂的米开朗琪罗的影响。左右各排列着 5 间礼拜堂，左侧最靠近入口处的礼拜堂中有着卡拉瓦乔重要的作品《巡礼的圣母（Madonna dei Pellegrini）》。这是 1605 年的作品，作品中卡拉瓦乔利用强烈的明暗对比使绘画产生的紧张感和戏剧性的效果让人叹为观止。

拉斐尔的《预言者依萨亚》

卡拉瓦乔的杰作《巡礼的圣母》

● 圣阿戈斯蒂诺教堂

Piazza S.Agostino 80
06-68801962
7:30~12:30
16:00~18:30

✉ **教堂的参拜时间**
当时我是在傍晚弗兰切西的圣路易吉教堂开馆时间前去的，但是抵达时却已经关闭了。其他教堂有时也会在开馆时间内便早早闭馆。特别是 12 月份期间宗教活动比较多，会产生很多时间更改，所以还是尽早前去比较好。

景点 NAVIGATOR

顺着圣阿戈斯蒂诺教堂前的圣阿戈斯蒂诺大道 Via di S.Agostino 向前走，在第一个拐弯处的斯科夫拉街向右拐便是弗兰切西圣路易吉教堂所在的广场 Piazza di S.Luigi dei Francesi。

区域导览

区域 4

纳沃纳广场与花之田野广场周边

弗兰切西圣路易吉教堂
San luigi dei francesi

卡拉瓦乔画迷必到的法国教堂

Map p.109、p.34 B2

★★

📍 Piazza di S.Luigi dei Francesi 5
☎ 06-688271
🕐 10:00～12:30
16:00～19:00
休 周四午后

文艺复兴后期的建筑正面

　　祭奉法国的守护圣人圣路易（指挥第七次十字军的路易九世）的教堂，也是埋葬了诸多法国名人的国民教堂。同时，也以卡拉瓦乔的绘画著名。据说这是于16世纪，由克里门七世命令D.丰塔纳建造，建筑物的正面是文艺复兴后期由D.戴拉伯达建造的。

　　内部为3廊式，左右共有5个礼拜堂。左侧走廊第五间礼拜堂的祭坛周围是卡拉瓦乔的名作《圣马太和天使（S.Matten e l'angelo）》、《圣马太蒙召（Vocazione di S.Matten）》、《圣马太殉难（Martirion di S.Matten）》。这三幅从几乎没有颜色的黑暗背景上描绘出的人物画像中，分别强烈地涌现出了"神圣"、"惊讶"、"恐怖"的三种情感，是16世纪末期，画家成熟期的杰作。右侧第二间礼拜堂中有多梅尼基诺的壁画《圣塞西莉亚的生活（Vita di S.Cecilia）》。

卡拉瓦乔的3部曲，圣马太列传。从左到右分别为《圣马太和天使》、《圣马太蒙召》、《圣马太殉难》

画家卡拉瓦乔

column

　　卡拉瓦乔预测着光与影，戏剧般的画面构成，逼真的写实风格，必然会将迄今为止的风格主义引向终点。在说까将访问巴洛克城市罗马时，他已经没有人能够忽视。

　　卡拉瓦乔原名米开朗琪罗·梅里西。于1571年出生在米兰的近郊，在米兰进行了短时间的学习后，年纪轻轻便移居到了罗马。在加入教皇克里门的友人——画家达尔皮诺所开的工坊不久后，便在静画方面初露锋芒，1595年，在当时的红衣主教德尔·蒙泰的安排下，成为了罗马艺术家的一员。以弗兰切西圣路易吉教堂的"圣马太3部曲"为开始，他后续为人民的圣玛利亚教堂、圣阿戈斯蒂诺教堂所绘制的作品，因其崭新的诠释与表现手法，引发了强烈的反响。但对雇主天主教来说，很难接受用如此现实的风格来表现这些神圣的画题。在画面中，所有情节都在非常普通的日常生活中展开，其中身为主人公的耶稣基督或者圣人也没有任何用于区分于普通人的装饰。但是，人物复杂的动作与表情似乎在暗示着"什么"特别的事情正在发生着，强烈的明暗对比与突出的色彩产生出了一种吸引住所有观看这幅画的人目光的不可思议的力量。这种被同时代的人贴上"放纵"标签的画风，同时也能用来诠释卡拉瓦乔的一生。1606年，卡拉瓦乔犯下杀人罪后逃到了罗马，随后又在马耳他、西西里岛持续着逃亡的生活，到最后也没能实现回到罗马的心愿，在波尔图埃尔科莱结束了短暂的一生。

　　尽管卡拉瓦乔的作品在当时让人有点难以接受，但是他那利用精湛的技术展现出的革新光彩的使用方式与其直截了当地表现出感人主题的风格对后来绘画产生了极大的影响。

马达马宫（参议院）Palazzo Madama

Map p.109、p.34 B2

现在的意大利参议院

16 世纪，为了嫁至美第奇家族的神圣罗马皇帝查理五世的女儿玛格丽塔女王建造的宫殿。Madama 为夫人的意思。成为法国王妃的凯瑟琳·德·美第奇、美第奇家族出生的教皇利奥十世以及克里门七世都在这里居住过。正面的精致巴洛克样式，是在 1649 年改建时借由 P. 马尔切利之手建造的。1871 年开始作为意大利的国会参议院。

意大利宪兵看守的马达马宫

圣伊维奥教堂 Sant'Ivo alla Sapienza

Map p.109、p.34 B2 ★★

奇才波洛米尼的真面目

圣伊维奥教堂位于智慧宫中庭深处，是由 1632 年任命为大学建筑师的波洛米尼历经 17 年（1643~1660 年）建造的教堂。内侧以曲线描绘的双层建筑物正面与建造在这上方的螺旋形的顶塔非常独特。内部也拥有好似将两个正三角形经过 180 度旋转后重叠在一起般的平面与中央的六角形周围的 6 个

波洛米尼的美学——圣伊维奥教堂

凸出部分的独特造型，令人惊讶万分。波洛米尼理想中的新颖、充满动感"空间"的创造在这里已经毫无遗憾地实现出来了。

景点 NAVIGATOR

顺着智慧宫与马达马宫之间的 Via degli Staderari 小巷向前走的话，就能来到 Via della Dogana Vecchia 路。从这里向左拐，沿着马达马宫后面的 Salita dei Crescenzio 大道走就能到达通达广场 Piazza della Rotonda。

万神殿
Pantheon（Chiesa di S.M.ad Martyres）

Map p.109、p.34 B2 ★★★

完整的古代罗马建筑遗迹

罗马现存建筑中最完整的遗迹，是世界最大的石造建筑。它的宽广性、巨大性、高超的建筑技术还有经历了 1900 年的时间，无一不给人带来无与伦比的震撼。万神殿是"所有神灵"的意思，是奉献给所有神灵的神殿。列柱上原本曾刻着阿格里帕建造的印记，公元前 27 年阿格里帕建造的东西在 80 年的一场大火中全部消失了。之后 118 年由哈德良

万神殿和罗通达广场

●马达马宫（参议院）

住 Piazza Madama 11/
Corso del Rinascimento
☎ 06-67061
开 第一个星期六为 10:00~18:00
休 8 月
费 免费
※参观需要预约，有导游陪同参观。
ℝ www.senato.it

●圣伊维奥教堂

住 Corso Rinascimento 40 萨皮恩扎宫内
☎ 06-3612562
开 9:00~12:00
休 7、8 月的周日

智慧宫中的圣伊维奥教堂

万神殿

●万神殿

- 🏛 Piazza della Rotonda
- ☎ 06-68300230
- 🕐 8:30~19:30
  - 周日 9:00~18:00
  - 节假日 9:00~13:00
- 🚫 1/1、5/1、12/25
- 💰 免费

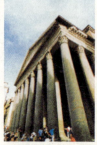

万神殿的柱廊

迷你巴士 116 路很方便

通往花之田野广场或者万神殿附近的话可以利用 116 路迷你巴士。在西班牙阶梯附近或者巴尔贝里尼广场等地都能够乘车。如果不知道该在哪里下车的话，可以询问下附近的乘客。由于巴士发车非常频繁，利用起来非常方便。车票可以事先购买好。

拉斐尔之墓

✉ 迷你巴士车内的自动售票机

在 116 路迷你巴士的车内，设有贩卖普通车票的自动售票机。即使事先没有买票，也能在上车后在这里买好票再检票。当地人经常利用。对突然想乘坐巴士的人来说非常方便。

帝重建。哈德良帝在重建时运用了新的方案，正面的位置也被 180 度反转。万神殿与其他罗马时代的遗迹不同，没有遭到破坏和掠夺，是因为这是 7 世纪时拜占庭的皇帝弗卡斯帝献给当时的教皇波尼法提乌斯四世的，用来祭奉圣母和殉教者的教堂。前室（巨大入口处的前方部分）横幅 33.1 米，纵深 15.5 米，摆列着 16 根粗 4.5 米的科林斯式风格的花岗岩柱子，支撑着三角形房顶。房顶处曾经还覆盖着青铜制的浮雕，但是现在已经看不见了。入口处青铜制的大门据说是建造当时的物品。门内侧圆形的本殿上覆盖着无论直径还是高度都为 43.3 米的凌驾于圣彼得大教堂之上的顶端。为了分散这庞大的石材的重量，在周围的墙壁中埋入了拱墙，墙壁的厚度也达到了 6.2 米。

万神殿

天窗
拉斐尔之墓
"圣母子"
洛伦佐佐特作
雕刻《石之圣母》
维多利亚·埃马努埃莱二世之墓
翁贝利特一世之墓
梅洛兹达佛鲁里作壁画《受胎告知》
画家同信会的碑文
入口
罗通达广场

在塔顶的顶部开着一扇直径为 9 米的天窗，这是内部唯一的光源。与时间的推移相呼应进行移动的光带给人留下很深的印象。内部的墙壁上配置着 7 个大型的壁笼和 8 座小型的祭坛，是曾经祭奉神灵的场所。现在是纪念国家功臣的地方。

从左边数第三座小祭坛便是拉斐尔之墓 Tomba di Raffaello。年仅 37 岁便去世的拉斐尔临死前留下遗言要埋葬在此，并委托洛伦佐佐特制

作坟墓上的圣母子像。石棺上刻着彼得本波枢机主教用拉丁语写的两行诗："拉斐尔在此处安息。在他生前，大自然感到了败北的恐惧；而当他一旦溘然长逝，大自然又唯恐他死去。"左侧的壁笼是意大利国王翁贝尔特一世 Umberto I 之墓，与他相对面的壁笼是意大利统一的功臣，初代国王 V. 埃马努埃莱二世 V.Emanuele II 之墓。

被从塔顶的天窗中射入的阳光照射的万神殿内部

景点 NAVIGATOR

如果时间和体力充盈的话，从罗通达广场向北行走少许就能来到 V.delle Colonnelle 街。

S.M. 马达雷纳教堂
Santa Maria Maddalena

Map p.109、p.34 B2

具有巴洛克与洛可可样式

建造在拐角处的 S.M. 马达雷纳教堂 S.M.Maddalena 是在 17 世纪，根据 C. 丰塔纳的设计重建而成的，具有巴洛克末期时洛可可风格的建筑

物正面。它减少了巴洛克特征的跃动感，取而代之的是非常重视细节处和个体上的装饰。内部是在步入 18 世纪后才完成的。

景点 NAVIGATOR

返回罗通达广场后，穿过万神殿的左侧就能来到密涅瓦广场。

密涅瓦广场 Piazza di Minerva　Map p.109、p.34 B2
方尖碑上的大象非常引人注目　★

朝着万神殿左侧前进便能来到密涅瓦广场。广场中央建造着安置着大象雕像的方尖碑。公元前 6 世纪时在建造的方尖碑上安置大象的人是贝尔尼尼，为了纪念教皇亚力山大七世的在位。台座上刻着教皇自身的碑文"为了保持坚固的聪明，需要有顽强的理性才行"。大象的雕像由贝尔尼尼的弟子 E. 菲拉塔制造。在纪念碑的身后，建造着密涅瓦教堂。

请注意建筑物正面的样式

密涅瓦圣母堂 Santa Maria Sopra Minerva　Map p.109、p.34 B2
收藏着众多美术品的教堂　★★

罗马诺的《受胎告知》

罗马唯一拥有歌德风格内部构造的圣索普拉密涅瓦教堂中收藏着众多的美术品，可以称得上是小美术馆。索普拉为"上方"的意思，直译过来便是密涅瓦上的圣母教堂。在恺撒的对手庞培建造的密涅瓦神殿上，于 13 世纪开始着手建造教堂，于 15 世纪时大致完成。17 世纪的建筑物正面非常简朴，只有附属的石柱和水平的线条是唯一的亮点。大理石的 3 个入口是 15 世纪的产物，有弧形顶饰。内部为拉丁十字架形的 3 廊式，内部右侧廊第五间为受胎告知礼拜堂（Cappella dell' Annunziata），里面有着 15 世纪后期活跃的安东尼奥·罗马诺美丽的《受胎告知（Annunziata）》。画面中牵着孩子们的，便是委托画这幅画的托尔凯马达枢机主教，在这座教堂中有着给予贫困的女孩子礼金的习惯，这幅画正是表达了这个习俗。

右翼廊深处的"卡拉法礼拜堂"Cappella Carafa 是这座教堂最值得一看的地方。被大理石的拱墙围绕着的礼拜堂中有菲利普利比的壁画，左侧墙壁处安置着卡拉法家出生的保罗四世的坟墓。壁画的主题是 13 世纪时书写了"神学大全"，被称为"如同天使般的博士"，集中世纪教堂的荣耀于一身的人物圣托马斯奎纳斯 S.Tommaso d' Aquino，圣者的遗骸到 16 世纪初为止一直安置在

● S.M. 马达雷纳教堂

🏠 Piazza della Maddalena 53
☎ 06-6797796
🕐 8:00~12:00
　　17:00~19:30
　　周日　　　　9:00~12:30
　　　　　　　16:00~20:00

大象纪念碑

● 密涅瓦圣母堂

🏠 Via Beato Angelico 35
☎ 06-6793926
🕐 8:00~19:00

拥有着朴素的建筑物正面的密涅瓦圣母堂与方尖碑

清静的教堂内部

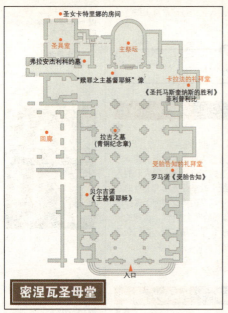

圣女卡特里娜的房间

圣具室　主祭坛

弗拉安杰利科的墓

"赎罪之主基督耶稣"像　卡拉法的礼拜堂

《圣托马斯奎纳斯的胜利》
菲利普利比

回廊　拉吉之墓
（青铜纪念章）

受胎告知的礼拜堂

罗马诺《受胎告知》

贝尔吉诺
《主基督耶稣》

入口

密涅瓦圣母堂

菲利普利比作《圣托马斯奎纳斯》

✉ 力荐！
密涅瓦教堂
即使在盛夏的旅游盛季中，游客也非常少，非常幽静。"蓝色的天井"非常美丽，让人不禁想一直看下去。这里也是这趟旅途中我最喜欢的场所。距离纳沃纳广场和万神殿非常近，所以请一定要前来看一下。

✉ **前往教堂的话**
请多带一些硬币
在教堂内部的重要作品附近都设有投币式的灯。如果投入€1或者€0.50硬币的话，在一定时间内灯光就会亮起，能够仔细鉴赏绘画的细节部分。另外，在教堂中也会贩卖绘画明信片等简单的投币式自动贩卖机。所以前往教堂的话，推荐大家多带一些硬币。特别是密涅瓦圣母堂、残留着卡拉瓦乔杰作的弗兰兹圣路吉教堂、有着米开朗琪罗的摩西像的圣彼得大教堂等。

●回廊
开 9:00～12:30
　　16:00～18:30
休 周日
教堂正面左侧，摇响42号地的铃铛让其开门。

佩尔基诺作《主耶稣基督》

此。装饰在右侧壁面下部的《圣托马斯奎纳斯的胜利（Trionfo di S.Tommaso d'Aquino）》的画面右下方描绘着的两位年轻人便是后来登上教皇之位的美第奇家族的乔瓦尼（雷欧十世）与朱利奥（克莱蒙特七世）。

主祭坛下葬着意大利的守护圣人卡特里娜。据说她为了使教皇座从阿维尼恩归还到罗马鞠躬尽瘁，是锡耶纳出身的修女，1380年在这附近的教堂中去世。圣具室中保存着后来雷欧十世迁移至此的《卡特里娜停止呼吸时的房子的墙壁》。

主祭坛的左面，内阵的石柱上有着米开朗琪罗的《赎罪之主耶稣基督（Redentore）》（1519～1521年）。左邻礼拜堂中有多梅尼克派的修道僧画家弗拉安杰利科的坟墓，旁边礼拜堂中的壁画经过最近的研究证明，可能是戈佐利创作的《圣母子》。内阵的第二根石柱处有着玛利亚拉吉的坟墓，上面装饰着贝尔尼尼的青铜纪念章。左侧廊入口第三间礼拜堂的祭坛上有着佩尔基诺的《主耶稣基督（Redentore）》的胶画。

通过最近的研究表明，这可能是贝诺佐戈佐利的作品《圣母子》

参观完内部后可以来到外面，穿过建筑物正面左侧延续的建筑物的门，便可以参观到16世纪的回廊Chiostro。曾经在附属修道院中设有异端审判所，17世纪时伽利略对地动说提出异议，因为说了"即使如此，地球还是在旋转着的"而遭到的有名的伽利略审判，便是在这里进行的。

景点 NAVIGATOR

沿着密涅瓦圣母堂的右侧行走，穿过 Via di Pie di Marmo 大道来到广场 Piazza di Collegio Romano。右侧大型的建筑便是多利亚潘菲利宫，左侧是罗马学院。沿着广场前的 Via di S.lgnazio 大道行走，右侧便是教堂前的小广场 Piazza di S.lgnazio。

如果赶时间的话，可以沿着密涅瓦圣母堂南侧的 Via del Gesu 大道前行，在大道前方便是耶稣广场，左侧是耶稣教堂。

米开朗琪罗作《赎罪之主耶稣基督》

圣提尼亚佐广场 Piazza Sant' Ignazio
Map p.109、p.35 B3

让人印象深刻的小广场

于 18 世纪时建造的小广场。广场配备着对称的两条小路，中央耸立着双层的圣提尼亚佐广场建筑物，其正面连接着洛可可样式的馆。整体上对视觉效果比较重视，是一个如同舞台装置般的广场。

极具独创性的小广场

圣提尼亚佐教堂 Sant' Ignazio
Map p.109、p.35 B3

错觉画的圆顶非常引人注目

17 世纪时，由格列高利十五世献给基督教创始人伊格那提乌斯的教堂。以耶稣教堂为蓝本建造的广阔的内部装饰着大理石、泥灰装饰还有豪华的祭坛。拱顶上绘制着安德烈·波佐的壁画《圣伊格那迪罗尤拉的荣光（Trionfo di S.Ignazio）》。顶端根据安德烈·波佐的方案，绘制了错觉画。由于资金不足而导致顶端无法继续建设，精通错觉画的波佐只好采取苦肉计，绘制了和真正的顶端几乎没有区别的顶端。站在地板上黄色大理石的圆上往上看便能最深切地感受到它的效果。内阵、身廊的天花板还有翼廊的壁画也都是出自波佐之手。

堂堂正正的巴洛克样式的正面

这座教堂的后面是罗马学院 Collegio Romano（现在是高中）。这是基督教于 16 世纪时建设的学校，为了在世界各地进行传教活动而学习当地语言和习惯的学校。

错视画法的塔顶与《圣伊格那迪罗尤拉的荣光》的一部分

泥灰装饰的祭坛非常漂亮

景点 NAVIGATOR

从圣提尼亚佐教堂前的广场向北沿着布罗大道 Via de Burro 行走不久就能来到彼得广场。

● 圣提尼亚佐教堂

⊞ Piazza Sant'lgnazio

☎ 06-6794406

⊞ 7:30～12:30
　15:00～19:00

✉ **罗马的水与饮水处**
在景点的各个地方都有饮水的场所。虽然水略硬，但是我并没有吃坏肚子。城里的居民平时也经常喝，应该没有什么问题。在万神殿前也设置着饮水处，只要将手按住洞口，水就会从上方喷出，喝起来非常方便。

在"龟之喷泉"处，我看到还有人特意前来取水。这里的水似乎味道非常好，不过我并没有喝……另外，有的地方也会有着"NonPotabile 不可饮用"的标识。看到这个就请不要饮用了。

✉ **愉快的散步道**
从纳沃纳广场到圣提尼亚佐广场的途中，有一条铺着石砖的小路，非常有罗马风情。但是，有很多游客也是事实。圣提尼亚佐教堂内的正面有一条通往彼得广场的小路，在这附近游客比较少，很安静。在看到蒙特奇托里奥广场的方尖碑后，在广场前向左拐便有着冰激凌店乔利特。手持冰激凌走在街上也是罗马的风情之一。

我所推荐的
马力奥·普拉茨博物馆
Museo Mario Praz

位于意大利著名英文学家、大学教授马里奥·普拉茨度过晚年的纳沃纳广场附近的普里莫里馆的博物馆，里面展示着他手制的绘画、陶瓷器、银饰、机械制列具以及乐器等1400多件收藏品。参观（免费）需要在导游的陪同下才可以，需要时间35~45分钟，是一处让人能够联想到18~19世纪时贵族生活的博物馆。

- 🏠 Via Giuseppe Zanrardelli1, Palazzo Primoli
- ☎ 06-6861089
- 🕐 9:00~14:00 14:30~18:30
- 🚫 周一、1/1、5/1、12/25
- 💰 免费 Map p.34 A1

知道吗？
方尖碑的秘密

蒙特奇托里奥广场和密涅瓦教堂的方尖碑为26王朝父子的所有物。前者为作为父亲的26王朝奈菲尔伊布拉王（布扎梅提科斯二世）、后者为身为后继皇帝的儿子哈阿尔布拉（阿普利埃斯王）的所有物。人民广场的则是19王朝赛提一世与拉梅塞斯二世父子联名所有的，非常罕见。在城镇中到处都有着方尖碑，无论是哪一座都是在埃及没有，只有在罗马才能看到的贵重东西。

- ● **蒙特奇托里奥宫（众议院）**
- 🏠 Piazza Montecitorio
- ☎ 06-67601
- 🕐 第一个周日的 10:00~17:30
- 💰 免费

ACCESS

🚏 乘坐巴士的话
从圣希尔维斯托广场附近的巴士车站。参照 p.106

彼得拉广场 Piazza di Pietra
排列罗马神殿的石柱
Map p.109、p.35 B3

大理石制的科林斯式列柱

广场的一角处排列着似乎能将建筑物包围住一般巨大的列柱，这是只有从古代罗马开始一直将历史延续到现在的这座城市中才会有的建筑物。大理石制的11根科林斯式列柱是145年建造阿德利安帝神殿 Tempio di Adriano 时，其养子所建造的。现在列柱的位置便是当时神殿的左侧面。之后，在17世纪结束时，在英诺森七世的命令下，C.丰塔纳和他的儿子利用神殿建造了建筑物，之后便作为海关使用。现在这里是证券交易所 Borsa。

景点 NAVIGATOR

从彼得拉广场沿着 Via dei Pastini 大道前进，在第一个路口向右拐就能来到建有方尖碑的倾斜的广场——蒙特奇托里奥广场 Piazza di Montecitorio。

蒙特奇托里奥宫（众议院）
Palazzo di Montecitorio
现在的意大利众议院
Map p.109、p.35 A3

广场上装饰着的方尖碑

现在成为意大利众议院的蒙特奇托里奥宫。这里是1605年，英诺森十世委托贝尔尼尼设计的。工程中断后，接到希望将这里作为法庭使用的英诺森十二世的意向，由C.丰塔纳于1694年完成。适当低调的装饰与略微向前方突出的中央部分与后退的两翼，钟楼兼最上部那很有品位的曲线等，虽然这是贝尔尼尼着手的第一座一般建筑物，但还是发挥出了"天才"的光芒。丰塔纳在工程中除了在阳台处略微进行了修改外，其他都忠实地再现了他的设计。

建造在广场中央的方尖碑 Obelisco 是公元前6世纪初的产物，是奥古斯都帝为了将它作为巨大的太阳钟指针而特意从埃及搬运过来的。随后，西库斯托斯五世因为恐怕是遭到火灾或者地震而损坏被土掩埋的部分挖掘并进行了复原。

从蒙特奇托里奥广场朝着宫殿向右前进的话，科隆纳广场、科尔索大道便就在眼前了。

耶稣教堂 Il Gesù
泽维尔沉睡在此的基督教堂
Map p.109、p.35 C3
★★

16世纪，由教皇承认基督教后，为了体现推崇"反宗教改革运动"

的基督修道院的荣光而被改建作为母教堂。由法尔内塞枢机主教出资，维尼尤拉进行设计，最后在德拉·波尔塔的手中完成。当初由于受到“反宗教改革运动”的影响，采用了简朴庄严的设计，但是德拉·波尔塔对建筑物正面进行了加工，将教堂区分为了两层，并添加了附属石柱与弧形顶饰，给建筑物整体增加了动感与量感。

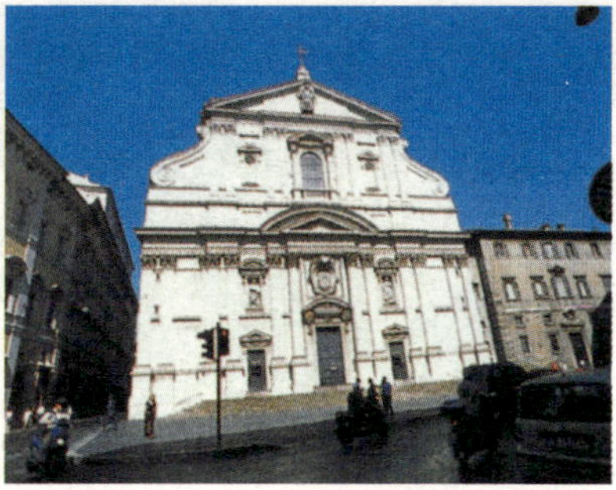
耶稣会的母教堂

内部为拉丁十字架形，两侧为并排着礼拜堂的单廊式，给人非常广阔的印象。这样设计全是因为无论在哪里都可以将注意力集中在祭坛，清楚地听到基督教的方针。

壁画和天花板采用了随后巴洛克时代的绘画、雕刻，还有泥灰装饰，一反当初的宗旨，成为了罗马中屈指可数的拥有华丽装饰的教堂。利用远近法描绘的，装饰在身廊天花板上的巴奇恰的壁画《基督圣名的胜利（Trionfo del Nome di Gesu）》配置着超过“边框”的利用泥灰制作的天使（安东尼奥·德拉吉作）和云彩。顶端的圆形天花板与三角穹圆顶上的壁画也是巴奇恰之作。另一个不容

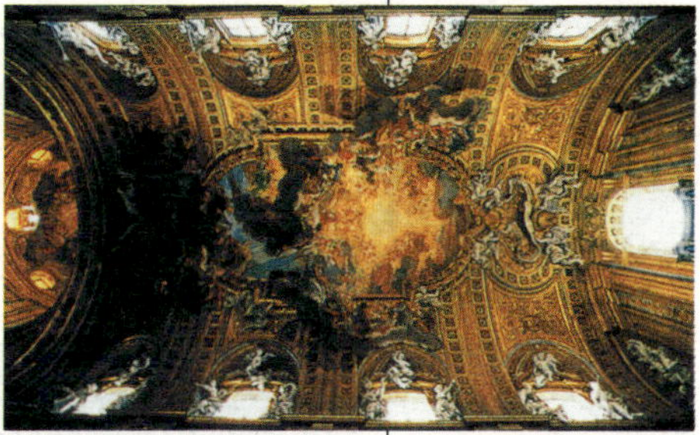
巴奇恰的《基督圣名的胜利》

耶稣教堂

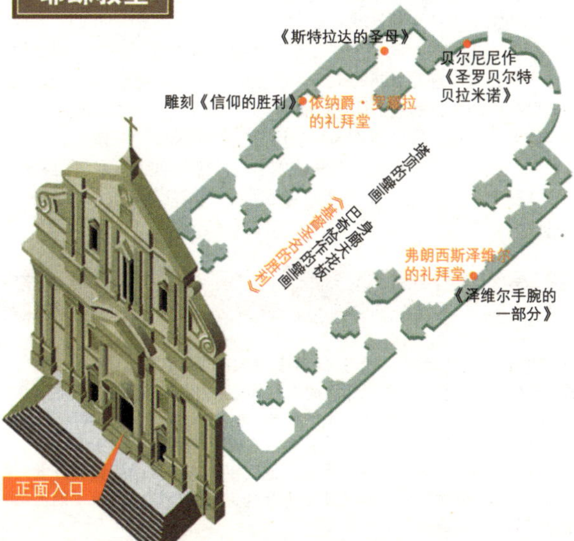

《斯特拉达的圣母》
贝尔尼尼作
《圣罗贝尔特贝拉米诺》
雕刻《信仰的胜利》
依纳爵·罗耀拉
的礼拜堂
穹顶的壁画
身廊天花板
巴奇恰作的壁画
《基督圣名的胜利》
弗朗西斯泽维尔
的礼拜堂
《泽维尔手腕的一部分》
正面入口

●耶稣教堂

住 Piazza del Gesù

☎ 06-697001

开 7:00~12:30　16:00~19:45

※ 16:30~19:00 为最佳时刻

ACCESS

如果乘坐巴士前往耶稣教堂的话

64 从特米尼车站

492 从提布尔提纳站经由特米尼车站

在经过威尼斯广场后的下一站下车

从威尼斯广场步行而来，可以沿着朝西面延伸的普雷比西托大道 Via del Prebiscito 行走，左侧便是威尼斯宫殿，接着便是耶稣教堂。

依纳爵·罗耀拉的房间

走出耶稣教堂，从正面右侧的建筑物便能来到依纳爵·罗耀拉居住过的房间。通往礼拜堂的廊下，在正面深处有圣人、墙壁，天花板上有波佐利用远近法描绘的壁画。别室中展示着圣人的遗物等。如果要参观的话，可以告诉入口处的守卫后进入，经过长廊走上二楼。参观后不要忘记布施。

开 16:00~18:00
周日、节假日 10:00~12:00

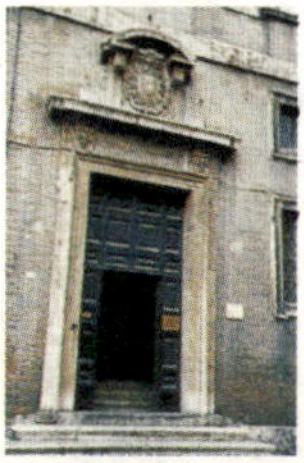
耶稣教堂右侧有着通往依纳爵·罗耀拉房间的入口

弗朗西斯泽维尔的礼拜堂。
里面有在异国之地给众多的
人们洗礼的右手

耶稣会的创始人罗耀拉的礼拜堂非常豪华

错过的便是左侧廊中耶稣会的创始人依纳爵·罗耀拉的礼拜堂 Capella di S.Ignazio di Loyola。安置在圣人的遗骸上的祭坛中，有着用金箔装饰的描绘了依纳爵·罗耀拉一生的浮雕，灿烂的巴洛克艺术深深地吸引着人们的眼球。这是安德烈亚·波佐动员了当时优秀的创作者和工匠一同制作而成的。

　　这座礼拜堂对面是最后死于中国的弗朗西斯泽维尔的礼拜堂 Cappella di S.Francesco Saverio。出自彼得罗·达·科尔托纳之手的散发着光芒的祭坛中央，天使守护着的黄金的圣遗物是弗朗西斯泽维尔的手腕的一部分。

景点 NAVIGATOR

　　从耶稣教堂徒步向西面行走，沿 Coroso Vittorio Emanuele II 大道行走不久后，右侧便能来到被栅栏围住比其他建筑物略低一些的罗马遗迹所在的银塔广场。广场上络绎不绝的巴士非常热闹。从这广场向左走便是台伯河岸区，右边则是纳沃纳广场。

● 巴尔比宫
Museo Nazionale
Romano Crypta Balbi

🏠 Via delle Botteghe Oscure 31
☎ 06-39967700
🕐 9:00~19:45
🚫 周一、1/1、12/25
💶 通票 €7（+€3 特别展会）
参观地下遗迹需要导游陪同，大概需要 20 分钟。

巴尔比宫
Museo Nazionale Romano Crypta Balbi

Map p.109、p.34 C2

展示罗马 2000 年历史的博物馆

　　2000 年开馆，展示"永恒之都"罗马 2000 年历史的博物馆。

　　博物馆位于被称为圣域的银塔广场的东南面，罗马时代时，这里建造了 3 座小剧院，随后到了中世纪，这里建造起了教堂、修道院、制作石灰还有衣物的工匠的工坊，17 世纪时在这里建造了女子寮。从这里挖掘出的文物阐述了从古代到现代的生活方式、经济活动、建筑、都市景观的变化，所以被称为知晓历史变迁的博物馆。馆内分为地下遗迹与一楼、二楼，从再现图和挖掘出的日常品与交易品中能够知晓从古代到 20 世纪为止，罗马是如何变迁的，能够鲜明地感受到远古时代的生活。

反宗教改革运动的旗手"耶稣会"　　　　　*column*

　　依纳爵·罗耀拉（1491~1556）出生于西班牙。在他 30 岁时因为战争负伤后，便前往耶路撒冷进行朝圣，之后便来到罗马创立了"耶稣会"。在宣誓了永远的贞洁和作为使徒的清贫后，教皇保罗三世承认了耶稣会。耶稣会在教育和布教方面非常重视，它的布教活动一直从非洲延伸到亚洲，范围非常广阔。通过学习各地的语言和历史，对当地人们的理解是布教成功的最大原因，也因此人们开始遵从天主的引导。他们标榜着"反宗教改革"的想法，通过耶稣教堂的绘画和壁画中表现了出来。他们相信，即使是新教徒或者异教徒被火焚烧，只要相信天主教便能上天堂。

银塔广场
Largo di Torre Argentina
Area Sacra di Largo Argentina

Map p.109、p.34 C2

耸立在现今交通要地中的罗马时代遗迹

★★

在罗马时代，被坎皮多里奥山与台伯河还有平乔山围绕着的区域是被称为坎坡马尔兹奥 Campo Marzio（军神马尔斯）的原野练兵场，银塔广场便是它的中心地。在到1930年为止的挖掘工作中发现的4座神殿都建设于共和政时代，形成了萨库拉拉地区即圣域。这些神殿祭奉着哪些神灵目前还不明。在"圣域"的周围建造着"庞贝的剧场"、"阿格里帕的浴场"、"庞贝的元老院"等各种各样的设施。公元前44年3月15日恺撒便是在这座元老院中被暗杀的。现在这座遗迹看上去似乎成为了野猫栖息的场所，但是内部还是不能参观。由于整座遗迹低下去了一段，所以从外部也能很好地参观。

银塔广场

圣安德烈亚德维尔教堂
Sant' Andrea della Valle

Map p.109、p.34 C1·2

留有多梅尼奇诺的杰作

沿着 V. 埃马努埃莱二世大道再朝西走，左面能看到的便是继圣彼得外拥有第二高塔顶的圣安德烈亚德维尔教堂。1591年由 G.F. 格里马尔迪与 G. 德拉·波尔塔设计，由 G. 马德尔诺完成了受到之前耶稣教堂影响的巴洛克样式的塔顶。内部给人感觉也深受耶稣教堂的影响。

请注意建筑物正面右侧缺少的天使像，据说这是作者 E. 菲拉塔在完成了第一座天使像后，由于获得的报酬太少，或者说是委

教堂内部有着广阔的空间

区域导览

区域 4

●区域

纳沃纳广场与花之田野广场周边

✉ **罗马国立博物馆通票**
用票可以将罗马国立博物馆的4个地方都参观过来。充实的景点只需要€7，非常划算。由于博物馆内免费的厕所很多，非常方便。在巴尔比宫中虽然能参观挖掘的地下遗迹，但是即使在4月还是非常寒冷。如果带一件衣服披披会比较好。

✉ **自选观光旅行在当地申请比较划算！！**
虽然当时是跟团队前去的，但是自选观光旅行在当地申请会比较划算。

罗马的各个景点虽然个人也能前去，但是梵蒂冈博物馆个人认为还是随团队前去比较好。只要排上一会儿队就能够入场，可以一边听着详细的说明，一边参观重要的景点。在广阔混杂的馆内，要一件一件细细欣赏是一件非常困难的事，不过途中可以随时离队，自由地进行参观。

● **圣安德烈亚德维尔教堂**

🏛 Piazza Sant' Andrea della Valle / Piazza Vidoni 6

☎ 06-6861339

🕐 7:30~12:30
16:30~19:30

右边欠缺了天使像的建筑物正面

多梅尼奇诺代表作《圣安德烈亚传》

●**布拉斯奇宫（罗马博物馆）**

🏠 Via di S.Pantaleo 10
☎ 06-0608
🕐 10:00~20:00
　 12/24、12/31
　 10:00~14:00
❌ 周一、1/1、12/25
💰 €7.50（特别展会时€9）

能知晓罗马历史和生活的罗马博物馆

●**小法尔内西纳宫**
　（**巴拉科美术馆**）

🏠 Corso V. Emanuele II 166A
☎ 06-0608
🕐 10:00~20:00
　 12/24、12/31 9:00~14:00
❌ 周一、1/1、5/1、12/25
💰 €5.50
※售票处在闭馆前30分钟前关门

●**康切里亚宫**

🏠 Piazza della Cancelleria
☎ 06-0608
🕐 7:30~14:00
　 16:00~20:00
❌ 周日、7月中旬~8月
※只能参观回廊部分。内部参观需要提前1周拨打上述
☎ 进行预约。
💰 €7（内部）

托人教皇亚历山大二世太小气了，所以空缺着。

内部塔顶三角穹圆顶的壁画《福音史家（Evangelisti）》是多梅尼奇诺的杰作之一。后阵的半圆形天花板上的《圣安德烈亚传（Storia di S.Andrea）》也是出自他手。后阵曲线同主题的《圣安德烈亚传》是马蒂亚普雷蒂的作品。另外，在入口左侧的礼拜堂中有出自 P. 贝尔尼尼（G.L. 贝尔尼尼的父亲）之手的《洗礼者约翰之像（Battista）》。左右墙壁的丘比特为贝尔尼尼父子之作。身廊左右的入口有着15~16世纪时建造的教皇庇护三世和教皇庇护二世的坟墓。

布拉斯奇宫（罗马博物馆）
Palazzo Braschi（Museo di Roma）　Map p.109、p.34 B1

罗马的生活史博物馆

为教皇的家族而建造的众多宫殿中的最后一座。1791年由教皇庇护六世的侄子建造，由 Cosimo Morelli 设计。利用古老的圆柱组成的华丽大广间、出自巴拉迪埃之手的描绘着美丽弧线的楼梯等非常有特点。另外，在后部的建筑物正面中还有"说话雕像"Pasquino，据说人们曾经对着这座石像诉说着生活中的喜怒哀乐。

现在内部为罗马博物馆，展示着从中世纪到近代的罗马历史及反映生活的绘画、设计、出版物、日用品等。还有19世纪时在巴黎建造、献给教皇庇护九世、行驶到弗拉斯卡蒂夏季离宫的列车也展示在此。另外，楼上还收藏了描绘着曾经罗马镇上人们日常生活的写生和水彩画等作品，可从中了解到当时的情况。

小法尔内西纳宫（巴拉科美术馆）
Palazzo Piccolo Farnesina（Museo Barracco）　Map p.109、p.34 B1

古代雕刻的收藏地　　　　　　　　　　★

能够见到一部分文艺复兴样式的16世纪的馆。馆主为布列塔尼出生的司教托马鲁罗瓦，虽然在自己的家族章中加入法国章的百合纹样一事得到认可，但是因为法尔内塞家族的章也为百合，所以为了避免混淆便将法尔内西纳称为小法尔内塞。

拥有着古代雕刻收藏品的巴拉科美术馆

现在内部安置着巴拉科美术馆。这是因为巴拉科男爵给罗马市捐赠了古代雕刻的收藏品一事而来，里面展示着公元前1504~前1450年埃及女王哈特谢普苏特（Hatshepsut）的狮身人面像等埃及、亚述、希腊、罗马等地雕刻的杰作，让人能了解到古代艺术的精彩之处。

康切里亚宫 Palazzo della Cancelleria　Map p.109、p.34 B·C1

罗马文艺复兴建筑的代表作　　　　　　★

罗马文艺复兴建筑的杰作。于1485年开始施工，1513年完成，据说建造这座建筑物时并没有得到拉菲尔·利拉奥枢机主教资金方面的赞助。面向广场的建筑物正面利用凝灰岩建造，两端略微向前突出。向水平方向延伸的带状的装饰和窗户将附属柱的台座和建筑物一起分割为了3部分，给建筑物画上了简洁却带有平衡感的表情。

罗马最美丽的回廊 Cortile 由44根花岗岩的多利斯样式圆柱包围

罗马为数不多的美丽回廊　　　　代表性的罗马文艺复兴建筑物

而成，充满轻松和调和的空间。这些圆柱是从现在已经融合进这座宫殿的圣洛伦佐教堂中拿来的，回廊则是出自布拉曼特之手。现在，这里是梵蒂冈的教皇宫尚书院。朝着南面走的话，就能来到花之田野广场。

花之田野广场 Campo de' Fiori　　`Map p.109、p.34 C1`
热闹的市场所在的广场　　★★

　　Campo de' Fiori（花之田野）就如同它的名字一样，曾经是一片开满野花的田野。在之后15世纪时，由于教皇宫被迁移至了梵蒂冈，这里成为了朝圣者的通路，所以得到了迅速的发展。如今这里还被古旧的房子包围着，是一座有着独特氛围的广场，除了周日与节假日外，每天中

卖罗马特产的蔬菜

午前这里举行的集市 Mercato 非常有名。五彩缤纷的花朵、新鲜的野菜、肉、鱼等摊位紧凑地排列在一起，买家与卖家的活力充斥着整个广场。这热闹的广场在以前曾经是处刑场，在广场的中央，有着1600年2月17日由于异端罪而被处于火刑的哲学家布鲁诺的雕像（1887年建立）。

> **景点 NAVIGATOR**
>
> 　　在教皇宫迁移后，在这商业繁荣的花之田野广场附近留下了"帽子店大道" Via dei Cappellari、"锁店大道" Via dei Chiavi 等名字。
> 　　接下来就朝着法尔内塞宫前进吧，与广场上的布鲁诺的雕像面朝同一方向（西南）向左行走。前进一个街区后就能来到法尔内塞广场 Piazza Famese。广场上两座喷泉的水槽是从卡拉卡拉浴场运来的。

法尔内塞宫 Palazzo Farnese　　`Map p.109、p.34 C1`
壮丽的文艺复兴建筑　　★★

　　1543年，亚历山大·法尔内塞当选为教皇保罗三世时加以扩建的法尔内塞家的宫殿。始建于1517年，时任枢机主教的亚历山大·法尔内塞命令 A.达桑戈洛伊尔乔瓦纳建造。在他死

拥有喷泉的法尔内塞广场和法尔内塞宫

前往花之田野广场的方法
　　在特米尼车站乘坐特快巴士40路在银塔广场下车。如果乘坐64路巴士的话，可以在银塔广场的下一站下车，穿过马路走过小法尔内西纳宫前方的道路后就能到达了。从韦内托大道、西班牙广场出发的话，可以乘坐迷你巴士116路在广场旁下车。

✉ **有趣的广场**
　　平时在14:00之前，整个广场上会开设售卖鲜花、水果、野菜、杂货的各种各样的摊位，非常热闹。周围也设置着咖啡店的桌椅，能够一边喝着饮料，一边欣赏广场的风景。周日市场虽然休市，但是会有杂耍演员出没，他们上演的节目非常有趣，让人不经意间便停下了脚步。广场周围也有很多美味的面包店和比萨店，虽然有点不符合礼仪，但是一边吃着东西，一边看着广场上的节目，也是一种享受。

● 法尔内塞宫
🏠 P.za Farnese
☎ 06-68892818
※这里安置着法国大使馆。虽然在某些时期也会对外开放。不过详细的情况会在网站中告知。需要预约。
🖥 www.france-italia.it/

Map p.109、p.34 C1

Map p.108、p.29 C3

●斯巴达宫（斯巴达美术馆）
- P.za Capo di Ferro 13
- 06-6832409 8:30~19:30
- 周一、1/1、12/25
- € 5 入口位于 Vicolo del Polverone 15B
※售票处 19:00 关门。

美术馆的售票处位于进入建筑物后，穿过玄关的右手方向。左边有书店。导游陪同参观服务可以在书店申请。9:30~18:30 之间大约每隔 1 小时出发。

✉ 推荐导游陪同参观

远近法之间虽然能透过玄关的玻璃看见，但是如果参加导游陪同参观服务的话，就能在导游的带领下实际进入其中，能够很清楚地了解到实际的大小和眼睛造成的错觉，非常有趣。

美术馆的入口很难找

波洛米尼作的"远近法之间"

开心的散步

在朱利亚大道和法尔内西纳庄以及国立科尔西尼宫美术馆附近，如今还铺设着石砖路，留有古代罗马的身影。法尔内西纳庄周围虽然车流量非常激烈，但是游客很少，这两座拥有着幽静的展示空间的馆，可以在混杂的景点时刻来小憩片刻。另外，附近也有着罗马大学附属植物园，能够在那里稍作休息。

后由米开朗琪罗接手，在建筑物正面添加了美丽的飞檐，还在中央入口处上方添加了阳台。之后，由维尼拉、G. 德拉·波尔塔接手，于 1589 年完成。飞檐中有着法尔内塞家的纹章百合，是一座雄伟壮丽的宫殿，随后成为了多数宫殿的样本。柱廊所在的中庭非常美丽。

斯巴达宫（斯巴达美术馆）
Palazzo Spada（Galleria Spada）

拥有美丽泥灰装饰的宫殿

有着装饰着美丽的泥灰装饰的壮丽宫殿。这是由受法尔内塞家的保罗喜爱的枢机主教卡波蒂菲洛建造的宫殿，在 G.M. 卡拉瓦乔手中完

成。枢机主教死后，由于某种原因宫殿落入了斯巴达枢机主教的手中，为此这里被称为斯巴达宫。1927 年国务院被设置在此，如今只能参观中庭和美术馆。

以泥灰装饰为标记的斯巴达宫

■ 中庭 Cortile

喜爱远近法的斯巴达枢机主教命令波洛米尼将这庭院改造成"远近法之间"Galleria prospettica。透过玻璃所见到的这个房间虽然看起来有实际的 4 倍之广，实际上纵深只有 9 米。使地板逐渐增高，使天花板逐渐降低，利用视觉上的错觉而产生了这样的效果。在这里也装饰着马佐尼的泥灰装饰。

■ 斯巴达美术馆 Galleria Spada

这里展示着斯巴达枢机主教的收藏品。穿过中庭，朝着左面前进便能来到入口。室内的装饰、家具还有收藏品都维持着 17 世纪的原貌，从中能够窥视到当时贵族生活的风貌。从第四室开始主

G. 多梅尼克·切里尼所作《手提歌利亚头的大卫》

要集中着 G. 雷尼、多梅尼奇诺、提香、巴奇恰等 17 世纪的绘画。

朱利亚大道 Via Giulia

漂流着昔日影子的

16 世纪由布拉曼特设计的风情小街。为了朝圣者方便着想的尤里乌斯二世建立的连接梵蒂冈和坎皮多里奥的小路，同时也对中世纪以来贫民窟化的地区进行了整顿。在这约 1 公里的小路两侧排列着 16~18 世纪的贵族之馆与教堂。另外，加在小路顶上的拱墙本是建造连接法尔内塞家与对岸法尔内西纳庄的桥的壮大计划中的一环，但结果没能完工。

沿着朱利亚大道朝着梵蒂冈方向行走500米左右，左侧便是通往面朝台伯河的小广场的通路。在车辆来往的道路前方能够看到铁质的小桥Ponte Mazzini。越过这座桥便能来到河的右岸。再沿着桥继续走穿过台伯河岸边小道，走下楼梯来到伦加拉大道 Via della Lungara 后向左走，左面便是法尔内西纳庄，右面便是科尔西尼宫。

也叫"法尔内塞的拱门"

法尔内西纳庄 Villa Farnesina

Map p.108、p.31 A3

残留着拉斐尔的杰作　★★

● 法尔内西纳庄林琴科学院
Accademia dei Lincei

Via della Lungara 230
06-68027267
9:00~13:00
周日、节假日（第二天除外）
€ 5

初期文艺复兴样式的法尔内西纳庄

历经10年的岁月而完成。锡耶纳出身的阿戈斯蒂诺·基吉委托同乡巴达萨尔·佩鲁齐设计的这座庄园，在当时的罗马以艺术家、知识分子、美丽的贵妇间聚会的场所而闻名。阿戈斯蒂诺死后，在16世纪末期交由法尔内塞家族。

之后也经过了多人之手，最后于1927年被政府收购，现在作为大本营位于科尔西尼宫的林琴科学院的迎宾馆使用。另外，国立素描版画展示室 Gabinetto Nazionale dei Disegni e delle Stampe 也安置在此，集合了15世纪以后国内外的各种作品。

从购票处向前走，首先来到的是"格拉蒂亚之间" Sala di Galatea。拉斐尔于1511~1512年描绘的《格拉迪亚》非常引人注目。格拉迪亚是美丽的大海精灵。壁面、天花板上也进行过了美丽的装饰，圆盖上描绘着占星学方面的场景。拉斐尔设计的文艺复兴时代特有的庭院的充满光芒的回廊的前方，便是《普西克的画廊》Galleria di Psiche。天花板上为 F. 佩妮与朱利奥·罗马诺的壁画作品《众神聚集（Concilio degli）》与《普西克和阿莫雷（Nozze di Amore e Pische）》。包围着这些画的花的装饰出自乔瓦尼乌迪内之手。

二楼有着佩鲁齐的壁画所在的"远近法之间" Sala delle Prospettive。壁画创作于1515年前后，是从圆柱的对面能够看见到16世纪罗马城镇的一种错觉画。旁边为曾经是基吉寝室的房间，由于这里有着索多玛的《亚历山大大帝与罗克萨努的婚礼（Nozze di Alessandro e di Rossana）》的壁画，所以被称为"婚礼之间" Sala delle Nozze。

在特米尼车站乘坐40路巴士在托雷阿尔杰提那下车，换乘8号旅游车在渡过加里波第桥后下车步行。从银塔广场步行渡过西斯托桥的线路也非常适合散步。

在罗马各处都留有着罗马最具有代表性的家族法尔内塞家族的建筑。法尔内西纳为小法尔内塞的意思。在罗马其他地方也有冠有这个名字的建筑，所以在乘坐出租车等交通工具时一定要向司机确认清楚。

拉斐尔作《格拉迪亚》

请注意天花板画《普西克的画廊》

索多玛作《亚历山大大帝与罗克萨努的婚礼》

● 国立科尔西尼宫美术馆

🏠 Via della Lungara 10
☎ 06-68802323
🕐 8:30～19:30
休 周一、1/1、12/25
💴 €4

※参观预约可以通过
🖥 www.ticketeria.it 或者 06-32810。预约费€1。

保留、展示着当时风貌的内部，让人可以看出这里是一座优雅的宅邸。除了鉴赏美术品外，光是待在这里也非常有趣。展示品会根据季节进行更换。

✉ **入馆前请做好准备**

由于馆内保护的原因，所以入馆时间没有限制。我们当时等了10分钟左右。如果时间没到的话，可以先在附近的法尔内西纳庄或者罗马大学附属植物园中游玩一会儿。美术馆周围虽然车流量非常激烈，但能让人感受到这里便是古代罗马曾经所在的场地。

鲁本斯作《圣塞巴斯蒂亚诺》（部分）

国立科尔西尼宫美术馆
Galleria Nazionale d'Arte Antica in Palazzo Corsini

Map p.108、p.30 A2

展示着外国作家和17世纪以后的作品 ★★

科尔西尼宫为7座小画廊

建造在法尔内西纳庄的背面对侧的便是科尔西尼宫，现在是国立美术馆。15世纪时由里亚里奥枢机主教建造，17世纪时成为瑞典克里斯汀娜女王的住所。在这期间，这里诞生了文化人的沙龙，是阿卡迪亚派的创设地。1736年交给了科尔西尼枢机主教并委托建筑师 F. 弗迦进行了重建。之后，这里成为了拿破仑的大哥、法国大使约瑟夫·波拿巴的住所，但是在1883年，科尔西尼将其卖给了国家。内部的国立科尔西尼宫美术馆 Galleria Nazionale di Palazzo Corsini 中展示着科尔西尼家收藏品的一部分和17~18世纪意大利内外的绘画。

主要的展示作品有卡纳雷特的《威尼斯的风景（Vedute Veneziane）》、卡拉瓦乔的《洗礼者约翰（S.Giovanni Battista）》、鲁本斯的《圣塞巴斯蒂亚诺（S.Sebastiano）》、范·艾克的《在埃及休息（Riposo in Egitto）》、

卡拉瓦乔作《洗礼者约翰》

小勃鲁盖尔的《冬景（Paesaggio Invernale）》等。另外，创设于1603年，数学、自然科学、哲学的研究机关，伽利略也曾是会员的林琴科学院 Accademia dei Lincei 也在此，是现存最古老的学院。

景点 NAVIGATOR

从科尔西尼宫再次回到伦加拉大道，穿过赛蒂米亚纳门，在最初的 Via di S.Dorotea 大道向左拐。在这个拐角处20号建筑物三楼，有着据说是拉斐尔的恋人福尔娜利纳的住所的窗子。横穿过小广场再往前走便是托里路撒广场 Piazza Trilussa。托里路撒是出生于罗马的诗人。

巨大的"西斯托桥之泉"Fontana di Ponte Sisto 是19世纪时从对面的朱利亚大道中迁移过来的。接着，让我们越过西斯托桥 Ponte Sisto。这是利用古代罗马的奥勒留帝建造的桥的根基，由教皇西库斯托斯四世于1473~1475年建造的文艺复兴样式的优美的桥。大家应该都注意到桥中央桥桁上部开着一个被称为"大眼镜"的大洞了吧。这以前是用于警戒台伯河水位而建造的。

越过桥继续向前行走，来到尽头的 Via dei Giubbonari 大道后向左拐，便能回到花之田野广场。

ACCESS

🚶 在花之田野广场乘坐巴士的话
🚌 116 前往圣希尔维斯托广场、巴尔贝里尼广场、韦内托大道
🚶 在维多利亚·埃马努埃莱二世大道乘坐巴士的话
🚌 81 ● 前往威尼斯广场、马尔切诺剧院、古罗马斗兽场
● 前往科拉迪里恩佐大道、文艺复兴广场
🚌 64 前往特米尼车站
🚌 64 46 前往圣彼得方向

梵蒂冈与
圣天使堡地区

Della Città del Vaticano a S.Angelo

区域 **5**

该地区的游玩线路

　　是景点都被浓缩在一片狭窄地区的线路。梵蒂冈博物馆中充实的展品是其他线路中所没有的。时间可以说基本上都用在参观上。根据个人的兴趣，在事前先拟定一条自己的线路比较好。另外，在人流拥挤的美术馆中参观，花费的体力会比平时在街上散步时花费得要多，所以如果以参观美术馆为主要目的的旅客在美术馆开门时便入馆比较好。梵蒂冈博物馆与圣彼得大教堂根据季节和时间的不同，可能会排上很长的队伍，请注意。

区域 **5**

1 比奥·克莱蒙特诺美术馆
（梵蒂冈博物馆内）

Museo Pio-Clementino

世界有名的历代教皇的古代雕刻。极具跃动感的作品群非常引人注目。

★★　　　p.135

2 拉斐尔之间
（梵蒂冈博物馆内）

Stanze di Raffaello

装饰着描绘人气画家拉斐尔从25岁到死的壁画，以"宗教与哲学思想"为主题。

★★★　　　p.138

3 西斯廷礼拜堂
（梵蒂冈博物馆内）

Cappella Sistina

教皇公用的礼拜堂，绘画史上的大杰作。米开朗琪罗的《最后的审判》非常有名。

★★★　　　p.140

4 美术馆
（梵蒂冈博物馆内）

Pinacoteca

展示着从拜占庭风格到现代风格的宗教绘画，特别是文艺复兴的绘画非常充实。

★★　　　p.144

5 圣彼得广场

P.za S.Pietro

圣彼得大教堂前广阔的广场。半圆形的回廊中摆放着140座圣人雕像，气氛非常庄严。

★★★　　　p.145

6 圣彼得大教堂

Basilica di S.Pietro

天主教的圣地，由众多艺术家为其添彩的壮大华丽的大教堂可以登上塔顶看看。

★★★　　　p.146

7 圣天使堡

Castel S.Angelo

城上有着手持剑的天使，和周围风景的调和可以说在罗马首屈一指。

★★　　　p.150

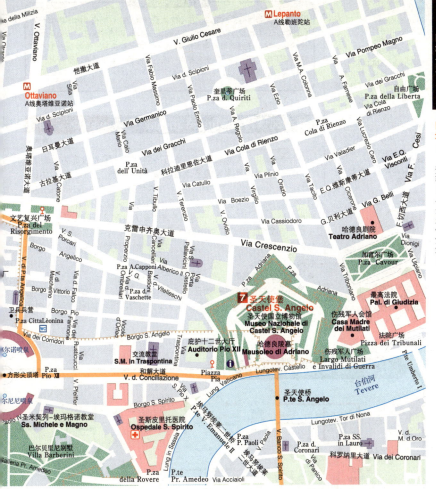

不用在梵蒂冈博物馆前排队！在网上购买门票和进行预约

梵蒂冈博物馆每天都会沿着城墙排上很长的队伍。自 2008 年开馆时间延长后，虽然排队现象有所缓和，但是在旺季中还是不可避免的。如果想要有效利用时间的话，还是进行入馆预约比较好。

预约方法

URL biglietteriamusei.vatican.va

另外，从 URL mv.vatican.va 进入 Biglietteria online 也能购买梵蒂冈博物馆以及各种旅行（→p.150）的票。在参观日前的 60 天可以进行预约，最多 10 人。

付款可以使用信用卡（仅限 VISA、MASTER CARD），除了通常费用外，还需要支付预约费每人 €1，可以购买儿童、学生的折扣票。在信用卡支付被确认后，会将附有预约号码的预约确认函发送至你的电子邮箱。参观当天需要携带预约确认函和身份证件（购买折扣票的话）。参观日的预约虽然也可以进行更改（72 小时以前，网上 1 小时以前），不过这是在预约名额很充裕的情况下，无法保证你能够一定预约到自己希望的日期。不能进行人数变更或者退款。如果购买的是学生票的话，需要在专用窗口出示有效的证件。如果没有学生证的话，需要购买新的普通票才行，一定要注意。

●梵蒂冈博物馆
Viale dei Vaticano
☎ 06-69884947
开 9:00~18:00
（入馆 16:00 为止）
最后的周日、9/27
9:00~14:00(入馆 12:30 为止）
休 9 周日（但是，每月最后的周日为免费入馆的开馆日。1/1、1/6、2/11、3/19、复活节当天、复活节后的周一、5/1、6/29、8/15、8/16、11/1、12/8、12/25、12/26）
※复活节为每年日期都不同的节日
费 €15
学生以及 25 岁以下（需要提供证件）€8
6 岁以下免费
mv.vatican.va

学生优惠
折扣票只在专用窗口（一般在最右侧）售卖，如果要使用学生优惠（提供国际学生证）的话，在排队前请一定要确认。

✉ **使用信用卡**
在售票处右侧的的 7、8 号窗口可以使用信用卡购买门票。

前往梵蒂冈博物馆的话，在地铁 A 线的终点奇普罗梵蒂冈博物馆下车（参照 p.133）比较方便。走出车站后就沿着路标和城壁前进。如果乘坐巴士的话，除了在博物馆前停车的 49 路外，在有着众多巴士停靠的文艺复兴广场下车比较方便。从文艺复兴广场前往的话，只要沿着城壁行走，登上坡道后左侧便是入口。（→ p.133）

梵蒂冈博物馆 Musei Vaticani
Map p.130、p.28 B1·2
历代教皇建造的世界少见的博物馆
★★★

世界屈指可数的博物馆，是历代教皇倾注了大量财力收集的、那个时代最棒的私人收藏品之集大成者。博物馆位于教皇的住所、例行公事所使用的广间和礼拜堂所在的梵蒂冈宫殿 Palazzo Vaticano 之中。另外，由于这里随时会受到教皇随心所欲的改造，所以内部就像迷宫一样。另外，由于这里收藏着私人收藏品，所以展示室位于小房间和狭窄的走廊中的比较多。迷宫一般的参观线路总长 7 公里，总面积达到 4.2 万平方米。为此，需要仔细参观的话将会花费大量的时间。

◆ **"决定参观线路吧"**
馆内真的非常宽广。而且由于单向通道较多，所以首先要决定好参观的东西，再有效率地参观。如果累了，可以在馆内的咖啡厅和有着碧绿草地的皮尼亚的中庭休息。

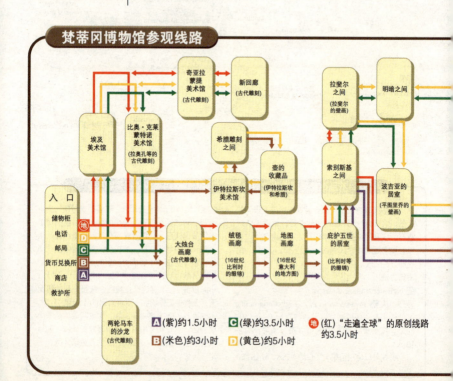

梵蒂冈博物馆参观线路样例

A（紫色）所需时间：约 1.5 小时 主要展示室

B（米色）所需时间：3 小时
　　　　　线路 A 以及绘画、历史、民族（不包括拉斐尔之间）

C（绿色）所需时间：约 3.5 小时
　　　　　线路 A 以及雕刻壁画（不包括美术馆）

D（黄色）所需时间：约 5 小时 所有公开中的展示室

地（红色）"走遍全球"原创线路

　　有好有坏的线路样例，网罗了在这里不能错过的作品且重视效率的原创线路。按照一般参观速度约 3.5 小时，快的话约 2 小时。

　　首先，先沿着 C 线路来到拉斐尔之间，拉斐尔之间的后半部由 B 线路代替，在参观完美术馆后就从出口离开。下面，来为大家介绍一下具体的参观线路。

■ 参观线路

　　入口→埃及美术馆→奇亚拉蒙提美术馆→新回廊→比奥·克莱蒙特诺美术馆→大烛台画廊→绒毯画廊→地图画廊→庇护五世的居室→索别斯基王之间→拉斐尔之间→西斯廷礼拜堂→基督教美术馆→"阿尔多布兰迪尼的婚礼"之间→绘画馆→出口。

ACCESS

如果乘坐巴士前往梵蒂冈博物馆的话

492 从特米尼车站

49 990 从加富尔广场

81 从科拉迪里恩佐大道、威尼斯广场、圣乔瓦尼门方向

M 如果乘坐地铁的话
在 A 线奇普罗梵蒂冈博物馆 Cipro-Musei Vaticani 或者奥塔维亚诺 Ottaviano 站下车

哪边的地铁站?!

　　A 线在奥塔维亚诺车站或者下一站的奇普罗梵蒂冈博物馆车站下车。从奇普罗梵蒂冈博物馆车站下车后，可以遵照 Musei 的箭头走上楼梯后向右拐，再走上一段楼梯后，沿着城墙走下坡道，在右手边就是入口。从奥塔维亚诺车站下车的话，可以从奥塔维亚诺大道向圣彼得方向行走，在文艺复兴广场向右拐沿着城墙行走。

　　由于入馆的队列会从入口处一直排到文艺复兴广场附近，所以要排队的话，在奥塔维亚诺车站下车比较好。

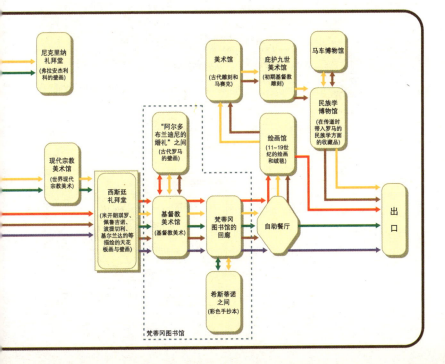

梵蒂冈图书馆

梵蒂冈俯瞰图

- ⊠ 邮局
- ✚ 医务室
- 货币兑换所
- ⫿ 咖啡厅
- 厕所
- ⓘ 咨询处

N

大学

铁路站
马赛克工厂

梵蒂冈市政厅

梵蒂冈庭院

法院

莺之喷泉

教皇科学院

民族学博物馆

庇护九世美术馆

美术馆

庇护四世之馆

马车博物馆

绘画馆

埃及美术馆

梵蒂冈宫殿

圣彼得大教堂

伊特拉斯坎美术馆(2F)

出口
入口

珍宝馆

西斯廷礼拜堂

大烛台画廊

毕迦之间

地图画廊(2F)

绒毯画廊(2F)

梵蒂冈图书馆

奥塔格内的中庭

教皇的会客厅

拉斐尔之间(2F)
波吉亚的居室
明暗法之间
尼克里纳礼拜堂

贝尔维德勒的中庭

新回廊

皮尼亚的中庭

书店

拉斐尔的回廊

希腊雕刻之间

奇亚拉蒙提美术馆

比奥·克莱蒙特诺美术馆
伊特拉斯坎美术馆(2F)

圣彼得广场

梵蒂冈印刷厂

瑞士卫兵兵舍

入口附近扩大图

美术馆

绘画馆

储物柜

商店

出口

咨询处

售票处(2F)

入口

咖啡厅

米开朗琪罗的楼梯
(朝上楼梯)

比奥·克莱蒙特诺美术馆

■ 埃及美术馆★　Museo Gregoriano Egizio

　　1839 年由格列高利十六世创设。规模不大，但是就如他的名字所写的，展示着以古代埃及为中心挖掘出的埋葬品。廊下展示着美丽的蒙特托荷特普王（Montuhotep）头部的雕刻（公元前 200 年）、拉姆塞斯二世的母亲托伊亚的巨像（公元前 800 年）。这些能够从中窥探出古代罗马对埃及的作品很感兴趣。展现出哈德良帝的东方趣味的女神伊西斯的胸部与奥西利斯神的巨像建造于罗马时代（1~2 世纪），曾装饰在蒂沃利帝的住处。

■ 奇亚拉蒙提美术馆　Museo Chiaramonti

　　这里摆放着庇护七世收集的约 1000 座古代雕刻的真品和仿制品。它们的配置从当时到现在一直没有改变过。回廊右侧雅典娜女神的巨大头部是哈德良帝时代的物品，是罗马时代按照希腊雕刻家菲狄亚斯的原作仿制而成的。在从前，还镶嵌着其他材质的身体。

■ 新回廊　Braccio Nuovo

第一门的奥古斯都大帝

　　同样，根据庇护七世的计划，于 1817 年，在拿破仑将带去法国的雕刻返还之际创设的收藏馆。在新古典主义样式的回廊中摆放着美丽的雕刻。回廊右侧第四座壁龛中安置着《第一门的奥古斯都大帝（Augusto di Prima Porta）》。身穿华丽装饰的铠甲与士兵说话的这尊雕像是在皇帝死后（公元前 14 年），由皇妃利维亚建造的。1863 年，在弗拉米尼亚街道旁她的别墅中发现。右侧中央的一对青铜的孔雀像，大概是哈德良帝灵庙（圣天使城）中的物品，中世纪时安置在圣彼得大教堂的中庭。回廊的尽头有着卡诺瓦建造的庇护七世 Pio VII 的雕像。画廊左侧深处第三间中有着希腊雕刻的摹刻《受伤的亚马逊女战士（Amazzone ferita）》。中央的《奈尔河》的大型雕刻（1 世纪）是 1513 年在密涅瓦圣母堂附近挖掘而出的。左侧，入口处第三间的壁龛中有着希腊波利克里托斯的青铜像《手持长枪的士兵》Doriforo 的摹刻。动与静完美结合的这个作品，忠实地再现了原作所追求的规范，虽然是仿造品，但却也是罗马时代的优秀作品。

■ 比奥·克莱蒙特诺美术馆★★　Museo Pio–Clementino

　　陈列着克莱蒙特十四世与庇护六世收藏的古代雕刻杰作的美术馆。18 世纪后期，由庇护六世创设。由于这里人流量很大，所以推荐倒过来按照第八室到第一室的顺序进行参观。

在当地申请梵蒂冈博物馆观光

　　如果要在当地直接申请的话，可以在圣彼得广场前（面朝广场的左侧）的 O.R.P/Opera Romana Pellegrinaggi 的窗口。优先入馆。英、意、德、法语的语音向导为€7。

●梵蒂冈博物馆与西斯廷礼拜堂

🎫 € 26.50、6~18 岁€ 19.50 非休馆日 10:00、11:00、12:00、13:00、14:00 出发

●窗口以及集合场所

🏠 Piazza Pio VII 9（Via di Conciliazione）

☎ 800-917430（意大利国内免费电话）

📠 06-69885673

🕐 4~10 月　　9:00~19:00
　　周六　　　9:00~13:00
　　11 月~3 月 9:00~18:00

🚫 4 月~10 月的周日、节假日、1~3 月的周六、周日、节假日

🌐 www.operaromanapellegrinaggi.org

新回廊

新回廊

庇护七世的胸像
受伤的亚马逊女战士像
皮尼亚的中庭
青铜的孔雀
奈尔河的雕刻群
第一门的奥古斯都大帝像
皮尼亚的中庭
手持长枪的士兵像
奇亚拉蒙提美术馆

● 比奥·克莱蒙特诺美术馆

Map p.130、p.134、p.136

入口和售票处

入口位于梵蒂卡诺大道 Viale Vaticano 中。入口右侧便是预约者入口。左侧（沿着城塞的坡道）为没有预约的入口。售票处在二楼。在楼梯口写有当时的开馆时间以及各区划的开馆情况，请好好查看一下。

走上楼梯后，有进行安全检查的地方以及售票处、商店和邮局。进入内部后，有储物柜，需要将大型行李寄存。可以使用照相机，但是闪光灯和三脚架需要得到许可才能使用。商店中有导游手册，也有对以西斯廷礼拜堂和拉斐尔之间为中心的景点进行解说的语音向导（€7）。

✉ **梵蒂冈博物馆的入口与出口**

从地铁奥塔维亚诺车站虽然能够来到梵蒂冈的城壁旁，但是途中步行道被分为左右两条。左边为预约，右边为有预约和团体客用的通道。当时我由于在网上预约过，所以很快便抵达了入口。入馆后，我把预约函换取门票后便开始了参观。如果想从西斯廷礼拜堂附近过道（内部通道）前往塔内的话，需要先回一次出口等耳麦返还（因为租借耳麦向导时将护照押在了那里……）。另外，返还处前方出口处的螺旋楼梯真的是非常漂亮，不亲眼目睹一下就太亏了。

在螺旋楼梯附近有着邮局，比意大利国内的邮局能够更加准确迅速地送到。独特的邮票很漂亮，明信片也比附近的土特产商店和邮局要便宜。

✉ **梵蒂冈博物馆的队列信息**

西斯廷礼拜堂的人也很少，能够按照自己的节奏一直参观到傍晚。

最终"日"

每月的最终"日"，梵蒂冈博物馆可以免费入场。在众多的美术、博物馆中梵蒂冈博物馆的价格是特别高的，所以可以有效利用。只是当天的人流量会很大。

第十室中的希腊雕刻家留希普斯 Lysippos 的《竞技者（Apoxyomenos）》是罗马时代的摹刻。第十一室可以从玻璃门中窥探到尤里乌斯二世命令布拉曼特设计的斜面。在设计时就像是考虑到能够骑着马爬上来一样，非常有趣。

现在我们稍稍返回一下，从第九室前往八角形的中庭 Cortile Ottagono（别名贝尔维德勒的中庭）。曾经为长满橘子树的庭院，它成为现在的模样是从运来了尤里乌斯二世所有的雕像后开始的。之后，克莱蒙特十四世委托米开朗琪罗进行设计，从而成为了现在的八角形的形状。它的左侧是有名的《贝尔维德勒的阿波罗（Apollo del Belvedere）》，带着均整的美丽和气质站在那里。这是帝政罗马时代的作品，是位于雅典娜市场中的青铜雕像的摹刻。按照顺时针方向转一圈吧，《拉奥孔》Laocoonte 以他那动感的构造震惊了所有人。这是于 1506 年在罗马斗兽场附近的埃斯奎利诺山上发现的，因为它非常美丽，所以在发现后就被尤里乌斯二世收进了他的收藏品中。根据记录，这是于公元前 1 世纪后期，根据提图斯帝的要求，由罗德的希腊人前来罗马雕刻的。题材是基于"由于对希腊人当作'献给女神雅典娜的祭品'的木马用枪进行了一击，被激怒的雅典娜用蛇杀死了拉奥孔与他两个孩子"的故事。苦恼、绝望还有最后的抵抗，感情就如同被冰冻住了一般留在了雕像上，极具震撼力。这尊雕像对以复兴罗马、希腊

比奥·克莱蒙特诺美术馆

N

通往大烛台的画廊
君士坦提娅的石棺
I.希腊十字之间
II.圆形之间
圣海蕾娜之间
奥托立科里的朱庇特
III.缪兹之间
贝尔维德勒的躯干雕像
埃及美术馆
皮尼亚的中庭
松树(皮尼亚)的雕刻
火鸡像
IV.动物之间
大烛台
拉奥孔群像
赫尔墨斯像
雕像的画廊
VII
VIII.八角形的中庭
喷泉
V.库尼多斯的维纳斯
阿波罗与斯蜴
贝尔维德勒的阿波罗
珀尔修斯像
VI
希皮欧内的石棺
奇亚拉蒙提美术馆
XII
IX
X
XI
竞技者
布拉门托的螺旋阶段

文化的文艺复兴时期的艺术家，特别是米开朗琪罗造成了重大的影响。再继续前进，能够看到哈德良帝时代的摹刻，在圣天使城附近发现的"赫尔墨斯像"Hermes。左肩和腕部的披风象征着旅行，暗示着赫尔墨斯是众神的使者。为此，曾有段时间在坟墓上也安置着赫尔墨斯像，传说它能将灵魂带到彼岸。最后是卡诺瓦的"珀尔修斯"Perseo，这是庇护二世在拿破仑将美术品带离罗马后，委托卡诺瓦制作的。制作时期在 1800 年左右，很明显深受旁边的《贝尔维德勒的阿波罗》的影响。

《贝尔维德勒的阿波罗》

顺着道路再次返回房内，左右为"动物之间"Sala degli animali，左侧房间最深处的《火鸡像（Meleagro）》，据说是公元前 4 世纪左右希腊斯克帕斯原作的仿造品，值得一看。

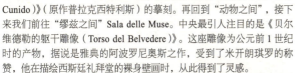

《拉奥孔》

从右侧的房间能够通往"雕像的画廊"Galleria delle statue，里面收藏了在帕拉丁山中发现的、正在杀蜥蜴的《阿波罗与蜥蜴（Apollo Sauroktonos）》等优秀的作品。从画廊中能够通往"假面的小房间"Gabinetto delle Maschere，里面有着《库尼多斯的维纳斯（Venere di Cunido）》（原作普拉克西特利斯）的摹刻。再回到"动物之间"，接下来我们前往"缪兹之间"Sala delle Muse。中央最引人注目的是《贝尔维德勒的躯干雕像（Torso del Belvedere）》。这座雕像为公元前 1 世纪时的产物，据说是雅典的阿波罗尼奥斯之作，受到了米开朗琪罗的称赞，他在描绘西斯廷礼拜堂的裸身壁画时，从此得到了灵感。

再继续前进便是"圆形之间"Sala Rotonda。由米开朗琪罗设计（1780 年），以万神殿为参考，安置了一个直径 22 米的圆形天花板，这里最引人注目的便是进入后右侧的《奥特里科利（Giove di Otricoli）》的胸部。

接着最后便是"希腊十字架之间"Sala a Croce Greca，这里有着基督教公认的君士坦丁帝之母圣海蕾娜的石棺Sacrofago di S.Elena 和皇帝的女儿君士坦提娅 Costanza 的石棺。

参观完毕后，登上正面米开朗琪罗的楼梯，一直往前走。

圆形之间

《贝尔维德勒的躯干雕像》

天花板画非常美丽的大烛台画廊

两侧的墙壁上描绘着意大利
各地地图的地图画廊

✉ 梵蒂冈博物馆的安全
检查

在网上预约 9:30 前往博物馆。在 Ottaviano 车站顺着人流前进不久，在文艺复兴广场处人流便分为前往圣彼得教堂的人群与前往博物馆的人群，博物馆方面沿着城壁已经排起了长队。随后我发现有出示打印出的预约函相继入场的人群，便从那里入场。入场后，设有和机场一样的安全检查设施，通过 X 射线和金属探知器进行检查。顺便一提的是，在这里我的三脚架触犯了规定，只好寄存了起来。在这前方有很多团体客人在等人，场面非常混乱。我在这旁边的团体用窗口用预约票换取了门票后便朝入场大门走去。在这里也有很多的团体客人非常混杂。穿过这里，乘坐电梯或者走楼梯上楼后，参观的人才终于得以分散，场面也没那么混杂了。当我在 14:00 走出博物馆时，队列已经消失得无影无踪了。如果要在中午前入场的话最好进行预约，午后的话可以在 14:00 以后入场，这样的话便不会浪费太多时间。

■ 大烛台画廊　Galleria dei Candelabri

就如同它的名字一样，各个房间的拱墙下有着两个大型的烛台。烛台为 S. 康斯坦萨教堂和圣阿格纳斯教堂中的物品。展示空间为 19 世纪时重新修建的部分，大理石的圆柱和天花板画非常美丽。展示品以 2~3 世纪时罗马为中心制作的雕像和石棺为主。

■ 绒毯画廊　Galleria degli Arazzi

五彩缤纷的绒毯画廊

这里曾经装饰以拉斐尔的草图为基础编制出的绒毯。现在被替换成克莱蒙特七世时代拉斐尔的弟子们根据草图在同一工坊中编制的物品。绒毯的主题是"基督的一生"。

■ 地图画廊　Galleria delle Carte Geografiche

在地图画廊中

16 世纪后半叶，格列高利十三世委托埃尼亚齐奥·当蒂（数学家、宇宙学家、建筑家）描绘了意大利各个地方和教会所有土地的地图共 40 幅，排列在宽 6 米、长 120 米的回廊左右。与地图的准确性一同，也显示了罗马扩大势力的历史，让人很有兴趣。

■ 庇护五世的起居室　Appartamento di S.PioV

庇护一族曾经使用的房间，现在展示着绒毯与陶器。

■ 索别斯基王之间　Sala Sobieski

墙壁上挂着巨大的绒毯。描述的是在 1683 年战胜土耳其的波兰王索别斯基。

景点 NAVIGATOR

穿过索别斯基王之间邻接的"无原罪的玛利亚之间"Sala dell' Immacolata 后，便能来到"拉斐尔之间"的第四室。每年有很多时间都是从这里立刻进入外面的通道，从通道尽头的第四室开始，按照从后往前的顺序进行参观。只有在参观人数不多的时间里，才能够在 1~4 室之间自由进行参观。

■ 拉斐尔之间 ★★★　Stanze di Raffaello

由于尤里乌斯二世曾让拉斐尔在自己的起居室中描绘了壁画，所以便得来了这个名字。房间总共分为 4 室。

尤里乌斯二世于 1508 年，委托当时 25 岁的拉斐尔进行制作，在他死后（1520 年），由他的弟子们接手在 1524 年完成。据说第一室和第四室是由工坊所画，拉斐尔真正发挥实力的是第二室和第三室。

第一室"君士坦丁之间（Sala di Constantino）"中描绘着《君士

坦丁帝的洗礼（Battesimo di Constantino）》、《米尔维欧桥之战（Vittoria di Constantino su Massenzio a ponte Milvio）》、《十字架的出现（Apparazione della Croce a Constantino）》等。这些都是拉斐尔死后由他的弟子们，特别是朱利奥·罗马诺按照老师的构思描绘而成的。

第二室"埃里奥多罗之间"Stanze di Eliodoro 是尤里乌斯二世的书斋和寝室，于1514年完成。其中《埃里奥多罗被逐出圣殿（Cacciata di Eliodoro）》、《教皇雷欧击退匈奴王阿提拉（Leone Magno ferma l'invasione di Attila）》的大部分都是出自弟子们之手。拉斐尔亲自执笔的是1263年的奇迹代表作《博尔塞纳的弥赛奇迹（Messa di Bolsena）》和描绘了在拉文纳之战中成为俘虏的雷欧十世的《圣彼得的解放（Liberazione di S.Pietro）》。特别是后者的光彩效果十分华丽，可以称得上是其代表作。

出自拉斐尔之手的"署名之间"。右边为《圣体的议论》

第三室"署名之间"Stanza della Segnatura 是拉斐尔在1508年最先着手的房间，大约在3年后完成。这些都是由拉斐尔亲自执笔，可以称得上是文艺复兴艺术的主要作品之一，分别代表着人类精神中最崇高的3个方面"真""善""美"的《圣体的议论（Disputa del Santissimo Sacramento）》（神的真理）、《雅典娜的学堂（Scuola di Atene）》（理性的真理）、《权要德与对神德（Virtu Cardinali e Teologali）》（善）、《帕尔纳索斯（Parnaso）》（美）。《圣体的议论》的画面右侧并排

拉斐尔的《雅典娜的学堂》

拉斐尔之间

十字架的出现
明暗法之间
君士坦丁之间
米尔维欧桥之战
前往尼克里纳礼拜堂
君士坦丁的洗礼
埃里奥多罗被逐出圣殿
埃里奥多罗之间
教皇雷欧击退匈奴王河提拉
圣彼得的解放
博尔塞纳的弥赛奇迹
雅典娜的学堂
中庭
署名之间
权要德与对神德
帕尔纳索斯
圣体的议论
奥斯提亚之战
雷欧三世的信仰义认
火灾之间
波尔克的火灾
卡尔大帝的加冕式
乌尔班八世的礼拜堂
无原罪的玛利亚之间
中庭
通往博尔吉亚的居室（C、D线路）
通往西斯廷礼拜堂
索别斯基王之间

● 拉斐尔之间
Map p.134 p.138

✉ 夜晚的梵蒂冈博物馆
在9~10月每周的周六会特别在19:00~23:00的夜间开馆。门票是事先在网上利用信用卡购买，将邮件寄来的预约函打印出来后携带在身上。当天的手续只需出示这个便可以了。参观线路和白天不同，前进方向都被限制为单向通道，不过，打上灯光的"地图之间"是非常梦幻的空间。

梵蒂冈博物馆
2012年的夜间开馆
5/4~7/13、9/7~10/26的周六
19:00~23:00（入馆到21:30为止）
需要在网上进行预约。夜间开馆无法更改预约（→p.131、p.135）

据说是由朱利奥·罗马诺完成的《波尔哥的火灾》

着的圣职者中描绘了但丁、萨沃纳罗拉、弗拉安杰利科等的脸孔，其中还混杂了尤里乌斯二世和西库斯托斯四世。

《雅典娜的学堂》描绘的是古代的科学家还有人文学家汇聚一堂的学问理想乡。画中古代希腊的哲学家与当时代表文艺复兴画家的肖像重叠在一起，让人很感兴趣。以下（）内便是当时的人物。中央左方，指着天空的柏拉图（莱昂纳多·达·芬奇）、右侧为亚里士多德，楼梯下头戴葡萄叶的是伊壁鸠鲁，面朝黑板的毕达哥拉斯，离开人群有一些距离的赫拉克利特（米开朗琪罗），右侧手持圆规跪着的欧几里得（布拉曼特），右端身穿白色斗篷的人物（索多玛），其身后拉斐尔自身也有登场。《权要德与对神德》中描绘着代表"勇气"、"贤明"、"节制"的权要德的女性寓意像与代表"信仰"、"希望"、"慈悲"的对神德的丘比特。《帕尔纳索斯》中演奏着竖琴的阿波罗周围，描绘着荷马、但丁、维吉尔、萨福、阿里奥斯托、薄伽丘等。

最后的第四室"火灾之间"Stanze dell' Incendio di Borgo 中，大部分的作业都是在工坊中进行的。其中《波尔哥的火灾（Incendio di Borgo）》有人说是拉斐尔亲自描绘的，也有人说是由拉斐尔的爱徒朱利奥·罗马诺在拉斐尔描绘的草图基础上完成的。其他还有《卡尔大帝的加冕式》、《奥斯提亚之战》、《雷欧三世的信仰义认》都是在拉斐尔草图的基础上由他的弟子们完成的。

景点 NAVIGATOR

"走遍全球"原创线路
　　参观完拉斐尔之间后，沿着道路穿过"乌尔班八世的礼拜堂" Capella di Urbano VIII。左右的通路和楼梯都能通往西斯廷礼拜堂。C线路只要走下楼梯，就能前往其他的展示室。

■ 西斯廷礼拜堂★★★
Cappella Sistina

出自天才米开朗琪罗之手的西斯廷礼拜堂

梵蒂冈美术馆的最高杰作。在1994年完成了长期的修复工作，文艺复兴时期的色彩以当时的样貌再次复活在人们的眼前。礼拜堂是在15世纪后半段，在西库斯托斯四世的命令下建造的。也是进行教皇选举 Conclave 的场所。礼拜堂长40.23米，宽13.41米，高20.7米，封闭式的天花板还有墙壁都无一不显示出它那强烈的画面构成。不管怎样，米开朗琪罗的才能、技术无一不让我们深受感动。

侧壁则由当时具有人气的波提切利、基尔兰达约等有名的画家担任，描绘了《摩西传》、《基督传》。1508年，尤里乌斯二世决定在天花板上装饰壁画，并委托米开朗琪罗进行这一工作。但是，受教皇委托正在建设灵庙的米开朗琪罗并不想接受这一工作。这时，教皇中断了灵庙

✉ **在西斯廷礼拜堂中禁止大声喧哗和戴帽子**
　　相隔十年，馆内的混杂程度和过去相比有过之而无不及，与其说是博物馆，不如说是一大景点。特别是拉斐尔之间与西斯廷礼拜堂在某些时间段中可能会混杂到连路都不能走。西斯廷礼拜堂中的保安如果看到帽子、大声喧哗、坐在地板上以及拍照摄影的话，就会严厉地请你注意，所以请一定要注意。当时我因为二处大规模的行程以及混杂的人群而导致疲惫不堪，所以推荐在感到疲劳前离开。另外，为了能够体验其宏大的魅力，推荐携带小型望远镜等。

✉ **如果预约迟到的话**
　　我虽然已经实现预约，但是由于乘错巴士，导致晚了30分钟到达。但是在时间方面其实并没有那么严格，在确认预约时回信中的 QR code 后便 OK 了。所以即使晚了一点也绝对不要放弃。

出口为"uscita"
　　离开美术馆后。可以按照"出口"uscita 的指示前进，便能来到设置着储物柜和洗手间的出口大厅。

✉ **拉斐尔之间从9:00开始**
　　博物馆虽然8:30开馆，在9:00之前只能直接通往西斯廷礼拜堂，拉斐尔之间等场所需要在9:00以后才能参观。

的建设，执意说服他。终于，在教皇强硬的说教下，米开朗琪罗只好接受，在4年后的1512年完成。据说米开朗琪罗在33岁到37岁的这4年中，连助手都不使用，把自己关在礼拜堂中，连教皇在内没有任何人看到他途中的建设经过。之后，米开朗琪罗60岁时，受到克莱蒙特七世和保罗三世的委托，再次被传唤到罗马，绘制了西侧大画面的《最后的审判》。

■ 米开朗琪罗的天花板画　Affreschi di Michelangelo

这是一幅让人感到米开朗琪罗以面朝天花板的姿势维持了4年，面临种种困难绘制着自己不擅长的壁画。优秀的雕刻家所具备的立体感与质感在这幅二次元的绘画中毫无遗憾地表现了出来。

另外，通过近年来的修复、洗净工作使得米开朗琪罗天才般的用色更好地表现了出来。被称为文艺复兴艺术的最高杰作。

当初尤里乌斯二世的计划是将基督的12信徒配置在天花板上，但是米开朗琪罗却考虑描绘从天地创造到人类再生的历史，并将其实行。天花板的核心，中央巨大的9个画面是从《圣经·旧约》中得到的题材。从西侧（《最后的审判》所在的方向）开始分别是《划分光暗（Divisione della luce dalla tenebre）》、《创造日月（Creazione degli astir）》、《划分水陆（Separazione delle acque dalla terra）》、《创造亚当（Creazione di Adamo）》、《创造夏娃（Creazione di Eva）》、《逐出乐园（Peccato originale）》、《诺亚方舟（Sacrificio di Noe）》、《大洪水（Diluvio universale）》、《诺亚醉酒（Ebbrezza di Noe）》。将这些大画面包围着的左右各5个、东西两端各1个的12个矩形中描绘着《圣经·旧约》中的预言者和巫女。从《最后的审判》上方的《预言者乔纳（Giona）》开始，按照顺时针方向分别是《利比亚巫女（di Libia）》、《预言者达尼埃尔（Daniele）》、《库玛巫女（di Cuma）》、《预言者依萨亚（Isaia）》、《德弗伊巫女（di Delfi）》、

● 西斯廷礼拜堂
Map p.134、p.141

✉ 免费开放日
由于周日馆内免费开放，所以在8:00便抵达了。这时候，沿着城壁的队伍已经排到道路中央了。等到开馆的9:00，队列开始慢慢前进，终于在9:40入馆了。虽然需要进行安检，但由于不用买票的缘故，所以队列前进非常快。在我12:00来到外面时，已经没有任何队列了。免费开放日的入馆时间到12:30为止，闭馆时间为14:00，所以对只想大致看看的人来说即使晚点来也没有关系。

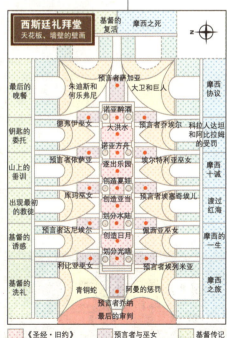

米开朗琪罗的天花板画。注：由于照片为仰望时的构图，所以图样和右侧配置图左右相反

《创造亚当》

《逐出乐园》

✉ 从梵蒂冈博物馆前往大教堂的近道

只要沿着随处可见的"西斯廷礼拜堂"的箭头前进，便能够一边慢慢地欣赏，一边不用怕迷路地前进了。

在西斯廷礼拜堂背朝着《最后的审判》右边的门前有写着 STOP 的看板和保安，不过只要和他说想前去圣彼得大教堂的话，会让你从这通过。穿过门后，能够看到出口的标识，能够来到前往塔顶的电梯乘坐处。不用沿着那很长的城壁行走了。

背朝《最后的审判》的右前方向的出口是作为"导游陪同的参观者专用出口"开放的。我混在其他旅游团中通过了这里，但是要进入大教堂还是需要排队。感觉这已经不能算是近道了。

※通往大教堂的近道的出口在原则上说，只有在获得许可的导游同行时才能使用。

《预言者萨加亚（Zaccaria）》、《预言者乔埃尔（Gioele）》、《埃尔特利亚巫女（Eritrea）》、《预言者埃塞奇埃尔（Ezechiele）》、《佩西亚巫女（di Persia）》、《预言者埃列米亚（Geremia）》。展区三角形的拱肩和下方的弧面窗中描绘着《圣经·旧约》中的登场人物。

■《最后的审判（Giudizio Universale）》

祭坛内部墙壁上有着米开朗琪罗的杰作《最后的审判》。从"天花板画"后经过了 24 年，年过 60 岁的米开朗琪罗将这幅宽 13 米、长 14.5 米的画面分割为 450 个小块区域，决定每天完成 1 个区域，总共花费 450 天全部完成。当时，在画面中描绘了包括基督在内几个裸体像，也因此成为了当时的丑闻，在庇护四世的命令下，在腰部添加了腰布，近年来通过修复移除了一部分后几乎已经可以看到当时完成时的全貌了。

当时，罗马由于遭到卡尔五世的"罗马的掠夺"Sacco di Roma 而受到破坏，宗教改革的风暴席卷了整个罗马。米开朗琪罗怀着对日渐腐败堕落的教会权威的愤怒描绘了这幅《最后的审判》。这幅描绘着在"地上最后一天"、愤怒的基督进行制裁时的壁画中包含了对这个不值得受到神恩惠的现实世界的苦恼与批判。戏剧般

米开朗琪罗作的《最后的审判》

的构图、扭曲的人体，强烈的明暗刻画出的画面中央玛利亚和圣人追随基督进行审判，右侧被选中的人可以升天，左侧罪孽深重的人则落入地狱。基督脚旁的是巴尔托洛梅奥。这位圣人是被剥下皮后而殉教的。他手中的人类的皮据说便是米开朗琪罗描绘的自画像。

南北的墙壁

礼拜堂的窗下排列着当时有名的画家绘制的壁画。背面、祭坛右侧以《基督传》Storie di Cristo 为题材，描绘了 6 幅壁画。从靠近祭坛的方向开始，分别是佩尔基诺的《基督的洗礼》、波提切利的《基督的诱惑》、基尔兰达约的《出现最初的教徒》、柯西莫·罗塞利的《山上的垂训》、佩鲁基诺的《钥匙的委托》、罗塞利的《最后的晚餐》。南面，祭坛左侧

佩鲁基诺作《钥匙的委托》

分别是《摩西传》、佩尔基诺的《摩西之旅》、波提切利的《摩西的一生》、罗塞利的《渡过红海》、《摩西十诫》、波提切利的《科拉人和阿比拉姆的受罚》、卢卡·西尼奥雷利的《摩西协议》。

基尔兰达约的《出现最初教徒》

■ 梵蒂冈图书馆　Biblioteca Apostolica Vaticana

从西斯廷礼拜堂沿着通路往前走，便会来到梵蒂冈图书馆。这座图书馆由包含着"基督教美术馆"、"图书馆的回廊"、"希斯蒂诺之间"组成的长廊和附属的数间展示室组成，展示着与基督教堂史有关的资料和古书、教堂曾经使用过的古旧道具、金属制品及象牙工艺品等。

沿着走廊行走不久后，左侧便是"阿尔多布兰迪尼的婚礼"之间。这是由保罗五世于1611年创设，曾经归阿尔多布兰迪尼枢机主教所有，所以便起了这个名字。房间内部挂着的是奥古斯都帝时代的壁画《阿尔多布兰迪尼的婚礼（Nozze Aldobrandine）》，自然描绘着当时富裕阶层婚礼准备时的样子。其他还有从《奥德赛》中取材的公元前1世纪前后的几幅壁画。另一方，走廊中央右侧的是西库斯托斯五世为了阅览图书而建造的"希斯蒂诺之间"Salone Sistino。现在，多数的写本、手写的装饰文字本还有教会发行的古代货币等都陈列在玻璃橱柜中。漫长的走廊走完了，我们从西莫内蒂楼梯前前往左侧美术馆的中庭吧。

梵蒂冈图书馆的回廊

✉ 前往预约的梵蒂冈博物馆

在网上进行预约后，首先会寄来支付成功的邮件。之后不久便会寄来添加了预约确认函（PDF文件）附件的邮件，只需将它打印下来携带便可以了。

我虽然预约的是9:00，但是在8:30就入场了。在来到预约者入口，将预约确认函出示给工作人员看后，工作人员当场便对条形码进行了扫描。在来到内部的售票处时，没有出示预约确认函便得到了门票。由于事先进行了预约，所以很快便进入了馆内，由于时间还很早，所以几乎没有其他客人，能够很仔细地进行鉴赏。我觉得预约非常方便。

小憩片刻

有能够进行简单的用餐的自助服务的休息所。

设施非常健全的馆内

馆内除了厕所和储物柜外，设有休息所、自助餐厅（有比萨）、咖啡厅、邮局、货币兑换所、图书中心等设施，推荐大家慢慢参观。

米开朗琪罗和尤里乌斯二世　*column*

如果说要讨论包括梵蒂冈在内，罗马有名的艺术品、美术品、都市景观的话，那么不能不提米开朗琪罗和尤里乌斯二世。

尤里乌斯二世登位后不久，便委托米开朗琪罗在圣彼得大教堂中建造自己的墓地。干劲十足的米开朗琪罗当时便亲自前往卡拉拉采石场挑选大理石等，进行了细致的准备工作。但是，由于教皇专注于圣彼得大教堂的再建，完全对坟墓失去了兴趣，结果连大理石的钱也没有付。对于这样的尤里乌斯二世，自尊心强烈的米开朗琪罗十分愤怒，便返回了故乡托斯卡纳。之后不久，想要在西斯廷礼拜堂装饰壁画的教皇便委托米开朗琪罗进行这项工作。由于

之前的事而一直拒绝的米开朗琪罗也因为教皇多次的游说，在3年后的1508年极不情愿地回到了罗马，以他的才华和技术，仅在4年后的1512年10月便以《圣经·旧约》为题材完成了800平方米的天大花板画。在制作期间，米开朗琪罗一直紧锁大门进行着孤独的作业，即便是教皇也被拒绝入室。当天花板画完成时，踏入礼拜堂的人们无一不因它那壮大的规模而被震撼。

他们两人的关系绝对称不上友好。但是，拥有强硬性格和强大意志的尤里乌斯二世和天才米开朗琪罗能够诞生在同一个时代，对人类来说绝对是一件非常幸运的事情。

佛鲁里的《奏乐的天使》

■ 美术馆 ★★　Pinacoteca

　　1932 年庇护十一世创设的，收藏着 11~19 世纪的绘画和绒毯。它的母体，是 18 世纪后期由庇护六世创设的，梵蒂冈大多数的作品都被拿破仑军队拿走。随后的庇护七世在 1815 年维也纳会议后，命令卡诺瓦取回了被拿走的多数名作。

　　下面我们按照参观顺序来介绍这座极具人气的绘画馆中必看的作品吧。第二室的《斯特凡大公三折板画像（Trittico Stefaneschi）》是 13 世纪的乔托和他弟子的作品，曾经装饰在圣彼得大教堂前身的君士坦丁教堂的主祭坛中。第四室的梅洛兹·达·佛鲁里描绘的壁画《奏乐的天使》是一幅非常优美的作品。

乔托和弟子们制作的《斯特凡大公三折板画像》

　　第八室主要由拉斐尔的作品占据。正面的 3 幅作品最右侧的是《圣母戴冠（Incoronazione della Vergine）》，是 1503 年拉斐尔 20 岁时描绘的，还能较强烈地感受到他受其老师佩鲁基诺的影响。另一边左侧的《福利尼奥的圣母（Madonna di Foligno）》使他名声大噪，是其已经确立了自己风格时期的作品，整幅画充满了优雅的调和，能够从中看到拉斐尔独特的对"人性"的表现。中央的大作为绝笔之作《基督显圣（Trasfigurazione）》。被高贵和荣耀的光芒包围着升天的基督与残

卡拉瓦乔的《基督降架》

达·芬奇的《圣吉罗拉莫》

留在地上的人们的惊讶和混乱，两个场面的对比所产生的戏剧性的形象可以说已经拉开了 17 世纪绘画的序幕。另外，这里还装饰着以拉斐尔描绘的草图为蓝本、由普留赛尔的工坊编织而成的绒毯、将"神、望、爱"的神学方面的德拟人化后的板绘小品等。第九室中展示着莱昂纳多·达·芬奇在 1480 年前后未完成的杰作《圣吉耶拉莫（San Girolamo）》，第十室展示着提兹亚诺的《弗拉提的圣母（Madonna di Frati）》，1528 年前后，第一室有着卡拉瓦乔于 1604 年前后绘制的《基督降架（Deposizione）》等优秀的作品。

可以仔细鉴赏《福利尼奥的圣母》（左）与《基督显圣》（右）

景点 NAVIGATOR

梵蒂冈博物馆距离下一个目的地圣彼得大教堂大约 1 公里，徒步约 10 分钟。走出博物馆的大门后向右走，沿着梵蒂冈的墙壁前进就能来到圣彼得大教堂。

圣彼得广场 Piazza San Pietro
众多圣人像守护着的优美广场
Map p.130、p.28 B2
★★★

是左右共 2 列，排列着 284 根石柱的椭圆形的大型广场。在长 240 米的回廊上的雕像高达 3.2 米。用于装饰天主教大本营的这个空间，庄严且优美，就像是用双手在迎接或者守护着一般。这座有着宏大的规模、功能、美丽却又带有亲近感的广场是由巴洛克巨匠贝尔尼尼设计的。在圣彼得大教堂重建后经过 40 年，在教皇亚历山大四世的命令下，于 1656 年着手修建，在 1667 年完成。中心设置的纪念碑是 1 世纪时从埃及运来，由圣彼得设置在了逆十字架所在的场所。它曾经位于圣堂南面，是在 1586 年由多梅尼克·丰塔纳迁移至此的。不管是纪念碑还是左右侧的喷水

安置在圣彼得殉教地点的方尖碑

☒ **关于小型望远镜**

我为了鉴赏天花板上的画，所以准备了精度很高的望远镜。虽然在野外的效果非常好，但是在教堂等比较昏暗的场所便感觉亮度不够，在西斯廷教堂中使用起来看到的画像比肉眼看到的还要昏暗，没有派上特别大的用处。所以在购买时，比起精度还是选择能在昏暗的室内看得清的比较好。

如果迷路的话……

在馆内广阔的地方一般都有指示，不过万一迷路的话，可以在最初的景点处寻找西斯廷礼拜堂 Sistina 或者出口 Uscita 的看板。西斯廷礼拜堂根据混杂程度，有时在参观时将会是单向通道，所以请一定要认真参观。

ACCESS

♀ **如果乘坐巴士前往圣彼得广场的话**

40（特快）**64** 从特米尼车站、民族大道、威尼斯广场、V. 埃马努埃莱二世
115 从台伯河岸地区
116 从韦内托大道、巴尔贝里尼广场、西班牙广场、花之田野广场

40 路巴士很方便

从特米尼车站可以乘坐特快巴士 40 路，非常方便。在特米尼车站前广场的巴士总站 I 乘坐（2012 年 5 月至今由于正在进行工事，可能会有所更改），这里也是巴士的终点站和始发站。巴士

从塔顶眺望到的圣彼得广场

在威尼斯广场、银塔广场等地停车，终点站正面能够见到圣彼得大教堂。在这里所有人都必须下车。如果要再乘坐巴士返回特米尼车站的话，可以从大教堂正面直线延伸的和解大道返回圣天使堡前，在皮亚广场 Piazza Pia 乘坐。从下车的场所到皮亚广场途中无法乘坐巴士。

巴士 64 路也同样是在特米尼车站，40 路站台旁的巴士总站 L 为始发站和终点站。由于巴士经过圣彼得广场，一直驶向圣彼得站，所以可以在越过河川，穿过隧道后的圣彼得广场南侧的 Porta Cavallegeri 的停留所下车。朝着巴士行进方向走，右侧便是广场。

64 路巴士下车的停留所略微有点难找，很多情况下也会很拥挤。而 40 路巴士只需在终点下车便可，车内也比较空旷。

✉ **地下遗迹**
保罗二世的坟墓被迁移到了大教堂内部。位于距离《圣殇》很近，用窗帘区分开的一角处。虽然也设有用于祈祷的椅子，但是如果不是信徒的话将会被工作人员制止。

宝物馆的入口右侧为书店，左侧为售票处。即使进入不了珍宝馆，但是可以前去书店。这里虽小，但是廉价售卖着斯瓦罗夫斯基的十字架项坠。

圣彼得大教堂在中午前虽然会排起很长的队伍，但是到了傍晚队伍便会消失得无影无踪。12 月的 17:00 左右周围虽然已经一片漆黑，但是被灯光照亮的大教堂非常美丽，和白天的感觉完全不同。

● **圣彼得大教堂**
🏠 Città del Vaticano
☎ 06-69883712
🕐 夏季 7:00~19:00
　　冬季 7:00~18:00
（星期日弥撒以及宗教节日时可能会禁止进入）

梵蒂冈 ℹ️
🏠 Piazza S.Pietro
☎ 06-69882019
🕐 8:30~18:15
✖ 周日、节假日
Map p.130

广场的喷泉为马德鲁诺（右）和丰塔纳（左）制作

池或者是回廊上排列着的 140 位历代教皇和圣人的雕像都没有改变。能够容纳 30 万人的这座广场，每年从世界各地前来的游客和朝圣者络绎不绝，在周日和圣日，前来参拜、接受教皇的弥撒的人非常多。

圣彼得大教堂 Basilica di San Pietro　Map p.130、p.28 B1·2
庄严的天主教大本营　★★★

作为天主教的大本营，不管在规模、装饰上都是世界屈指可数的庄严的宗教建筑。现在圣彼得所在的场所，在罗马时代曾经是公共墓地，64 年左右在这里，圣彼得因为异教之罪被尼禄帝架于了逆十字架上。之后，公认了基督教的君士坦丁帝在圣彼得殉教之地建造了大教堂，将安置在阿皮亚街道旁的地下墓地中的圣彼得遗体重新埋葬在了教堂地下。就这样，圣彼得大教堂的前身君士坦丁帝的圣堂 Basilica du Constantino 于 315 年开工了。

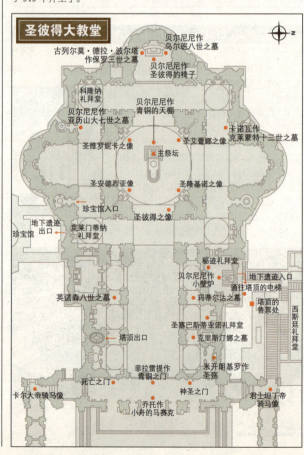
圣彼得大教堂

古列尔莫·德拉·波尔塔作保罗三世之墓
贝尔尼尼作乌尔班八世之墓
贝尔尼尼作圣彼得的椅子
科隆纳礼拜堂
贝尔尼尼作亚历山大七世之墓
贝尔尼尼作青铜的天棚
卡诺瓦作克莱蒙特十三世之墓
圣维罗妮卡之像
圣艾蕾娜之像
主祭坛
圣安德烈亚像
圣隆基诺之像
珍宝馆入口
圣彼得之像
地下遗迹出口
珍宝馆
克莱门蒂纳礼拜堂
秘迹礼拜堂
贝尔尼尼作小壁炉
地下遗迹入口
通往塔顶的电梯
英诺森八世之墓
玛蒂尔达之墓
塔顶的售票处
西斯廷礼拜堂
圣塞巴斯蒂亚诺礼拜堂
塔顶出口
克里斯汀娜之墓
米开朗琪罗作圣殇
菲拉雷作青铜之门
死亡之门
神圣之门
卡尔大帝骑马像
乔托作小舟的马赛克
君士坦丁帝骑马像

最初的教堂拥有 5 条走廊，每 1 条都与现在的身廊与侧廊差不多，非常巨大，由于有倒塌的危险，于是尤里乌斯二世 Giulio 便在 1506 年命令建筑家布拉曼特对教堂进行了重建。当时计划为纵横长度相等的希腊十字架造型，但是在完成顶端的 4 根支柱和上方的拱墙后，布拉曼特便去世了。

在布拉曼特死后，拉斐尔、佩鲁奇、圣加罗接手了这个工程，由于他们执着地要求变更计划方案，在 1546 年教皇保罗三世任命米开朗琪罗上任之前，工程一直毫无进展。米开朗琪罗灵活地利用布拉曼特的方案，促成了现在我们所见到的中央安置上巨大的顶端（圆房顶）。在他死后，工程由德拉·波尔塔和卡洛·马代尔洛继续，在 1626 年将教堂献给了乌尔班八世。

庄严的圣彼得大教堂和方尖碑

■ 建筑物正面

通往大教堂正面柱廊的前楼梯为贝尔尼尼之作。柱廊上排列着 9 座阳台。中央的阳台根据传统，被称为祝福的开廊，教皇选举中选出新的教皇后，便要在此宣布。建筑物正面的 8 根圆柱尤为突出。建筑物正面上方站立着除基督、洗礼者约翰、彼得以外的 11 使徒的雕像。入口柱廊的左右两端安置着卡尔大帝与君士坦丁帝的骑马雕像。建筑物正面共有 5 扇门。从左开始分别是"死亡之门"、"善恶之门"由原圣彼得教堂迁移至此的中门"秘迹之门"、"神圣之门" Porta Santa，这是只有在圣年的开始和结束时由教皇之手进行开关的特殊门。中央的入口处镶嵌着 15 世纪菲拉雷提建造的青铜之门。上部的"小舟的马赛克"为乔托的原作，但是在 17 世纪时被重新建造。

在教皇选举选出新教皇时进行发表的祝福的开廊（中央阳台）

■ 内部

在这个纵深 211.5 米，总面积 1.516 万平方米的广阔内部进行参观的话，需要花费大量的时间。想要感受教堂的宽广程度的话，可以站在教皇的祭坛 Altale papale 附近进行眺望。入口右侧为"圣母怜子堂" Cappella della Pieta di Micherangelo，里面有着哀悼基督之死的圣母像《圣殇（Pieta）》。这是 1499 年，米开朗琪罗 25 岁时的杰作。接下来排列着 C. 丰塔纳于 17 世纪建造的"瑞典女王克里斯汀娜之墓"、"圣塞巴斯蒂亚诺礼拜堂"、贝尔尼尼设计的"卡诺萨的玛蒂尔达之墓"，内部为贝尔尼尼建造的小壁笼"秘迹的礼拜堂"、卡

气氛庄严的教堂内部

● 有趣的景点

在广场左右两处的石砖路中埋着圆形的石头。如果站在这里的话，环绕广场的 4 列石柱便会重叠成一列，从而使得广场看起来更加广阔。这是贝尔尼尼的方案。

在圣彼得大教堂中有服装和安全的检查

身穿半袖、无袖衫、迷你裙、短裤等大面积露出肌肤的服装都不能入场。有时凉鞋也不能入场，请一定要注意。另外，如果携带大型行李（旅行包）的话也不能入场。同时在这里也要进行安全检查（使用金属探测器检查身体和打开手提包进行检查），请遵从工作人员的指示。通常会排上 10~20 分钟的队伍。不过，在遇上教皇进行弥撒或者宗教仪式的时候，由于会有很多信徒来访，将会等上 1 小时左右。

无袖衫、迷你裙的话，只需用大面积的围巾等遮住肌肤便 OK 了，所以带上围巾或者羊毛衫为佳。

如果要谒见教皇的话

周日在圣彼得广场，建筑物顶层右侧第二扇窗户（挂着紫红色布的地方）处，从正午时开始，教皇将会露面进行对话。但是，并不是每个周日都会露面，所以请事先确认一下。

教皇谒见 Udienza Pontificie 的门票获得法

在圣彼得大教堂的事务所 Perfettura della Casa Ponteficio（青铜之门 Portone di Bronzo 旁）可以进行预约，也发放门票。

事务所

🕐 周一　　　9:00~13:00
　　周二　　　9:00~18:00

各旅游公司也开设有旅游线路（收费）。

教堂的谒见

每周三年前举行。虽然需要门票，但为免费。本以为会是非常严肃的气氛，但实际参加后感觉就像是偶像的见面会。即使语言不通，但还是玩得很愉快。

8:00过后开始。在接受完安检后便进入了大厅。虽然也有从大厅通往场大门的指示，但是座席是先到先得。

圣年（2000年）打开的"神圣之门"

圣彼得大教堂的安检

在广场的正面右侧，中央附近设有安检门。一般，在广场上都会排起很长的队伍，只要排在队列后面就可以了。届时会通过X射线和金属探测器进行检查。顺便一提的是，饮料可以带入场内。之后将会有服装检查，身穿暴露度较高的服装的话将会被禁止入内。目前看来，无袖衫、背心、短裤都不行。由于这里是宗教的场所，所以为了表示敬意，请尽量穿上符合规定的服装。

前往塔顶

通过售票处和安检处后，登上大教堂的楼梯往有侧内部走。售票处只能使用欧元的现金。6/20的15:00这里排起了很长的队伍，一直等了差不多50分钟。而6/21的10:45这里却只有6人。在参观完博物馆和大堂后将会排起很长的队伍。从塔顶不光能够望见梵蒂冈城国，还能望见整个罗马城，风景非常好。

在参拜教堂等宗教设施时请注意

在圣彼得大教堂中，曾对游客下达过"肃静令"。如今则在入口处站立着工作人员，一切不符合规定的人都将禁止入场。圣彼得大教堂则特别严格，所以在参拜教堂或者地下墓地时，请一定要注意以下几点。

米开朗琪罗的《圣殇》

诺瓦的代表作之一"克莱蒙特十三世之墓"。后部中央安置着"圣彼得的椅子"Cattedra di S.Pietro。由贝尔尼尼建造的这个由青铜与黄金装饰的椅子，其实是9世纪后期皇帝卡尔赠予教皇约翰八世的。椅子右侧为贝尔尼尼之作"乌尔班八世之墓"，左侧为古列尔莫·德拉·波尔塔 Guglielmo Della Porta 的代表作"保罗三世之墓"。另一方，左侧有着"科隆纳礼拜堂"，贝尔尼尼建造的"亚历山大七世之墓"、"克莱蒙特纳礼拜堂"，安东尼奥·波拉约洛建造的"英诺森三世之墓"等。

内部最引人注目的是由贝尔尼尼用高达29米的4根石柱加以变形后建造的"青铜的天棚"Baldacchino di Bronzo。其正下方有着"圣彼得之墓"Tomba di S.Pietro，是最神圣的场所。4根石柱下部的壁笼中，配置着就像包围着主祭坛一般的圣人像。右侧靠近身廊处的是贝尔尼尼建造的"圣隆基诺之像"。角柱的身廊边有"圣彼得之像"，据说只要触碰它的右脚便能带来幸福。靠近右后部有"圣艾蕾娜之像"，靠近左后部有"圣维罗妮卡之像"，靠近左侧廊有"圣安德烈亚之像"。

《圣彼得的椅子》

珍宝馆　Tesoro di S.Pietro

左侧，靠近"克莱蒙特纳礼拜堂"处有通往圣具室 Sagrestia 和珍宝馆的入口。遗憾的是，由于多次的掠夺，很多的宝物被夺走了，但还是能够见到非常多的优秀作品。耶路撒冷神殿中据说是基督带来的"神圣石柱"。其他还展示着以6世纪东罗马皇帝赠予罗马的、装饰着黄金与宝石的美丽"十字架"和石棺、烛台等历代教皇的宝物和宗教仪式的用品。

地下遗迹　Grotte vaticane

在"圣隆基诺之像"下方，有通往地下遗迹的入口。现在对外开放的只有其中一部分，能够见到教皇之墓、基督教时代初期的石棺，以及君士坦丁帝会堂遗址的一部分。

在1940~1957年进行了大规模的调查，发现了旧会堂的地板和圣彼得之墓等场所。另外，最初的圣彼得大教堂并不是建造在尼禄帝的竞技场之上，而是建造在1~4世纪的古墓之上。

圆屋顶★★　Cupola

面向大教堂的右侧，有通往顶端的电梯和购买门票的场所。顶端的高度为地上132.5米，直径42.5米，从顶上能够一览整个罗马的美丽风景。

到顶端下方的阳台处虽然除了楼梯外还有电梯，但是从阳台至顶端的92米只能靠自己的双脚徒步走上去。途中，从通往圆屋顶内侧的道路中可以俯视贝尔尼尼的天顶，能够近距离欣赏天花板上装饰着的马赛克。

塔顶附近的商店

塔顶上的景色非常美

最后道路将通向外侧和内侧中间的夹缝中，由于这里螺旋状的楼梯非常陡峭，只能略微倾斜着身体进行攀登，随后便能来到顶端的阳台。从这里能够眺望到罗马最棒的风景。

■ 庭院与导游陪同的参观

　　一般不对外开放的庭院现在开始开放有导游陪同的参观。在导游陪同下的参观分为①博物馆与西斯廷礼拜堂，②庭院单独，③ 1+2+ 圣彼得大教堂 3 种。需要事先预约。详细可以询问圣彼得广场的 ❶ 和博物馆内

绿色的梵蒂冈

① 尽量不要身穿无袖衫、短裤等暴露度较高的服装，凉鞋也不可；
② 不要携带行李包等大型行李；
③ 不要大声喧哗；
④ 不要奔跑；
⑤ 如果正在举行弥撒的话。如果是大教堂的话，就参观使用中的礼拜堂以外的场所。如果是小教堂的话，有些教堂就请放弃参观，下次再来吧。（一部分教堂在弥撒期间将禁止游客进入）

　　不管怎么说，如果不是信徒却想参观的话，请一定要保持谦逊的态度。

秘迹的礼拜堂
　　只允许前来祈祷的信徒进入。参观者请不要人内。

●珍宝馆
开　夏季　　9:00~18:15
　　冬季　　9:00~17:15
围　€ 6

●地下遗迹
本书调查时闭馆中

塔顶
开　4~9 月
　　电梯　　8:00~18:00
　　楼梯　　8:00~17:00
　　10 月~次年 3 月
　　电梯　　8:00~17:00
　　楼梯　　8:00~16:00
围　电梯　　€ 7
　　楼梯　　€ 5
　　即使身体健康的人要爬到顶端也会很累。所以请高龄游客和心脏不好的人不要挑战了。

圣彼得大教堂　巨大的建筑物与融资方式　　　*column*

　　全球最大的教会建筑圣彼得大教堂，它的巨大程度毋庸置疑，一旦进入了它的内部，就会因为它巨大的规模而无法正确把握尺寸的概念。除去正面的柱廊，全长共 192.76 米，横幅包括 3 个走廊总共 58 米，身廊的天花板最高处有 44.5 米。更令人惊讶的是，支撑顶端的 4 根巨大石柱的任何一根都比圣卡罗教堂（波洛米尼作）的整体大。大家可能够稍微想象出教堂的巨大程度了吧。不过有趣的是，从它的地板上也能看得出它的巨大程度。沿着走廊地板的中心轴，以后部为起点测量出的全球主要教堂的大小都用金属文字标示了出来。

　　由米开朗琪罗一手建造的顶端，直径达 42 米，距离地板的高度大约有 120 米，徒步攀登

的话最快可能也要花上 30 分钟。虽然不能说"大就是好"，但不管怎么说，我们还是对这巨大程度为之震撼。比起虔诚的感情，"真没想到居然真能建造出这么巨大豪华的教堂"的心情更为强烈。

　　为了重建圣彼得大教堂，就必须要有庞大的资金。继尤里乌斯二世之后，雷欧十世为了继续重建的工程，与德国的银行家弗迦缔结了借贷资金的契约。随后，陷入经济危机的教会为了渡过这个难关，考虑售卖免罪符。在决定将收入的一半交给弗迦后，免罪符便以德国为中心贩卖了起来。最终，免罪符导致了有良心的圣职者对天主教会的不信任和造反，成为了宗教改革的导火索。

塔顶的售票处位于圣彼得大教堂正面柱廊的右侧。即使不进入内部，从入口旁乘坐电梯，要爬将近300层的楼梯，一部分楼梯非常狭窄，可以一边欣赏描绘在塔中的壁画和广阔的堂内，一边慢慢地往上爬。青铜的天盖让人非常震撼。塔的顶端虽然并不广阔，但是有着360度的全景，能够仔细地看到梵蒂冈城与梵蒂冈庭院，同时这里也设有商店，能够一边写着明信片，一边悠闲地度过一段时光。下去的电梯和上来的电梯梯所不同，能一直抵达教堂内部。

厕所信息

面朝教堂的左侧，🚻附近。这里人比较多。位于广场东侧，有着列柱和城墙的小广场的地下厕所比较空旷。

避免排队！
导游陪同参观
①梵蒂冈博物馆和西斯廷礼拜堂（大约需要2小时）
🏛 €31，6~18岁，26岁以下的学生 €24（仅包含门票与耳机向导）
②庭院参观（大约需要2小时）
🏛 €31，6~18岁，26岁以下的学生 €24[仅包含耳机向导与梵蒂冈博物馆门票（自由参观）]
③梵蒂冈博物馆与西斯廷礼拜堂、圣彼得大教堂（大约需要3小时）
🕐 周三以外的平日
🏛 €31，6~18岁，26岁以下的学生 €24（仅包含门票与耳机向导）
※无论哪种都需要在1周以前（1个月以内）通过 ☎06-69884019
✉ visiteguidatesingoli.musei@scv.va 进行预约。或者在网上购买门票（→p.131）。随着季节的不同，举行日期和集合时间都会有所不同。参观当天需要提前15分钟将确认函类在博物馆出口旁的Visite Guidate窗口出示后入场。遵照指示购买门票（优惠折扣需要学生证）后在团体等待处等候。
※进行预约申请后，如果没有收到确认函类的话，将不会被视为预约成功。无袖衫、迷你裙、短裤、凉鞋等无法参加。所以当天请不要穿着此类服装。

的 Visite Guide 窗口。如果希望谒见教皇的话，需要得到教皇宫的许可。（→p.147）到圣彼得广场右侧回廊处青铜之门内的办公室中提出。另外，罗马各旅行社的安排中有时也包括谒见教皇。

景点 NAVIGATOR

沿着圣彼得大教堂正面广阔的和解大道 Via della Conciliazione 前行，左方便能见到圣天使堡。这条大道是墨索里尼为了建设"和天主教的大本营相配的参道"而下令铺设的，当时为了建造这条道路毁坏了大量的建筑物，导致约5000人不得不移居到其他地方，在1950年圣年时完工。

圣天使堡 Castel Sant' Angelo　　Map p.131、p.29 B3　★★
大天使守护的圣天使城

位于台伯河右岸的雄伟圣天使堡气势恢宏。2世纪初，哈德良帝将其作为自己和今后罗马皇帝的灵庙而建造。到卡拉卡拉帝之前的皇帝都埋葬在此。灵庙在奥勒留帝时代时，作为改建后的要塞起了很大的

当初本为罗马皇帝灵庙的圣天使堡

作用。天使 Angelo 名字的由来，是在590年罗马疫病横行的某一天，以教皇格列高 Gregorio I 为首的队列偶尔经过此地时，大天使米迦勒出现在空中告知疫病即将结束。最后，疫病终于结束，为了感谢这天使的启示，便在庙中建了礼拜堂。由于当时已经作为要塞在使用，所以后来这里就被称为了圣天使堡。

在中心的塔上，耸立着将剑收入剑鞘的青铜制天使像。这座像为18世纪时的仿造品，真品在内部展示。10世纪时，这里成为了梵蒂冈军事上的要塞，作为教皇的避难场所使用。到了13世纪，在雷欧尼内的城壁 Mura Leonine 上建造起了直通梵蒂冈的避难通道。另外，城的堡垒在15世纪末期得到了增强，为此神圣罗马皇帝卡尔五世 Carlo V 的"罗马的掠

天使们守护的圣天使堡

夺"之间、教皇克莱蒙特七世 Clemente VII 进入了城内。周围五角形的围墙在 16 世纪后期庇护四世建造，现在成为了公园。

■ 内部

　　堡的内部是圣天使国立博物馆 Museo Nazionale di Castel S.Angelo。沿着哈德良帝时代建造的螺旋状坡道往下走吧。途中能见到作为中世纪的牢房使用的残留下来的 4 个通风口。最终，我们来到城堡的中心"天使的中庭"Cortile dell' Angelo。这里安置着到 1753 年为止站立在城上的天使像和曾经作为兵器使用的大理石炮弹。这里能够通往展示从青铜时代到现代为止的武器的武器博物馆 Armeria。另外，这里也通往面朝庭院、有着米开朗琪罗设计的文艺复兴样式雕像的"雷欧十世的礼拜堂"Cappella di Leone X。从邻接的"井户的中庭"Cortile del Pozzo 中能够抵达"历史的牢房"Prigioni storiche。沿着楼梯向上走一小段路就能来到庇护四世的巡回廊，这里内侧的房间曾经是侍奉教皇的圣职者家族使用的，之后作为牢房使用。由于这个巡回廊设置在外侧，所以从这里眺望的风景非常美丽。从回廊能够通往保罗三世和尤里乌斯二世的走廊。从尤里乌斯二世的走廊能够通往 16 世纪前期保罗三世建造的豪华住所 Appartamento di Paolo III，里面有着漂亮的暖炉、15~16 世纪的家具以及保管着教皇宫财宝的金库等设施。继续沿着罗马时代的楼梯向上走便能来到阳台。能够近距离看到屋顶的天使像。在返回的途中，越过吊桥便能来到堡垒，从福音记者的堡垒 Bastione di S.Marco 上可以很清楚地看到连接梵蒂冈的通路 Passetto，再往下走便是出口。

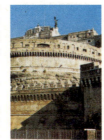
圣天使桥

拥有着作为梵蒂冈的要塞的历史

圣天使桥 Ponte Sant' Angelo
装饰着天使像的桥

Map p.131、p.29 B3 ★★

　　圣天使堡前，架设在台伯河上装饰着天使像的桥。这座桥是与哈德良帝的灵庙同时建造的，曾经被称为埃利奥桥 Ponte Elio。1450 年圣年时，前往圣彼得的朝圣者发生了混乱，导致 200 人死亡的惨剧。在这之后，桥的周围得到了整顿，17 世纪克莱蒙特九世委托贝尔尼尼设计装饰在桥栏杆处的天使像，于是桥便成为了现在的样子。贝尔尼尼一共雕刻了两座雕像，但是教皇不忍心原作受到损坏，于是便将仿制品设置在此。原作摆放在西班牙广场的弗拉蒂·S.安德烈亚教堂 A.Andrea delle Fratte 中。

贝尔尼尼制作的天使像（仿制品）

景点 NAVIGATOR

　　越过桥后直行，就能来到广阔的埃马努埃莱二世大道 Via Vittorio Emanuele II。从这里可以乘坐巴士来到威尼斯广场或者特米尼车站。

在梵蒂冈博物馆也有售卖
　　在梵蒂冈博物馆的售票处购买庭院和博物馆的通票后也能够进行参观。
　　另外在 O.R.P（→ p.135）中也有各种观光旅行。

● **圣天使国立博物馆**
🏠 Lungotevre Castello 50
☎ 06-6896003
🕐 9:00~19:30
休 周一、1/1、12/25
€ € 8.50（特别展时期会有变动）
※售票处 18:30 关门。
※导游陪同参观 +€4。

✉ **梵蒂冈邮局**
　　在圣彼得的两旁都有邮政局。里面售卖明信片和教皇等的原创邮票，可以当场寄出。当然，里面也设有桌椅，能够好好地进行书写。可以购买一张作为旅行纪念。

✉ **夜晚的圣彼得大教堂**
　　白天虽然也很不错，但是夜晚打上灯光的圣彼得大教堂实在是非常美丽。在这里会有很多喜欢女孩子的男性等候，或者不断有游客拜托你帮忙按下快门，所以要沉浸在美好的气氛中很难……

✉ **在圣天使堡中放松一下**
　　屋顶上的感觉非常好，能够度过一段悠闲的时光。一边俯瞰罗马城，一边在阳台上喝上一杯红茶的感觉非常好。

✉ **午后不用排队？！**
　　我于 2012 年 4 月 27 日，11:00 抵达奥塔维亚诺车站。在附近进行了简单的用餐后便前往了梵蒂冈博物馆。没有排队，售票处也空荡荡的。之后我便前往了圣彼得大教堂。虽然在安检排上了很长的队伍，但结果等了 10 分钟左右便进去了，内部也一点都不混杂。在从博物馆前往大教堂的途中找到的冰激凌店的"奥尔德布里吉"排着很长的队伍，不过很好吃！！

ACCESS
♀ 从 V. 埃马努埃莱二世大道乘坐巴士的话
㉒ 前往威尼斯广场、科尔索大道、巴尔贝里尼广场
㊵ ㊿ 前往威尼斯广场、民族广场、特米尼车站

326 年，在圣彼得的殉教之地建造了圣彼得大教堂。之后到了 14 世纪，教皇座被从拉泰拉诺的圣乔瓦尼迁移至此，梵蒂冈成为罗马天主教会的中心已经经过了很长的岁月。但是，梵蒂冈城国作为独立国家却是最近的事情。天主教会常年以罗马为中心，在意大利半岛和欧洲各地都有着称为教皇领的政治势力。19 世纪，意大利统一的趋势高涨，教会势力便将这视为"侵略"而产生对立。当意大利军队打破奥勒留的城壁进入罗马后，教皇庇护六世自称"梵蒂冈的囚人"躲进了宫殿内。另一方，维多利亚·埃马努埃莱二世率领的国王军翌年将罗马定为意大利的首都，将宫廷安置在了奎里纳莱宫。就这样，教皇与统一意大利之间的矛盾虽然日益增长，但是在 1929 年法西斯体制下终于签订了《拉泰拉诺协议》，为两方的对立画上了休止符。

在这协议中诞生的便是梵蒂冈城国。领土为圣彼得广场与圣堂、梵蒂冈宫殿还有环绕着庭院的城壁内侧、拉泰拉诺的圣乔瓦尼大圣堂、大圣母教堂、圣保罗大圣堂、拉泰拉诺宫等建筑物和贾尼科洛山的加布里埃利庄和近郊刚德鲁夫城堡的夏之离宫组成。

城壁内的领地约 0.44 公顷、居民约 1000 人，拥有独立的邮政制度和货币。另外还发行着日刊《欧莱雅罗马观察家报》，通过数国语言的周刊和通过收音机放送的 35 种语言的梵蒂冈电台将罗马天主教的信息传递到全世界。国内的警备则遵照传统由瑞士卫兵负责。

主动退位的前任教皇本笃十六世

3 分钟让你了解罗马
电动巴士 116 路带你发现小路的魅力！(→p.324)

小型电动巴士，非常适合在罗马观光时搭乘

铺着石板的道路向四方延伸，每一个拐角处都会展现出新风景的罗马城。在这如同迷宫般的道路上奔跑着的便是小型电动巴士。

虽然小型电动巴士有很多种线路（参照 p.328），但是在这里特别说明的 116 路，是曾经被称为坎坡马尔兹奥的古镇中最适合游览的线路。虽然有时也会遇到交通堵塞，1 圈大约花费 45 分钟。116 路的运营时间为 7:00～19:00。

线路

让我们手持巴士的车票（€1）出发吧。起点站位于几乎从上方穿过韦内托大道左侧的小路 Via Porta Pinciana（Hotel Eliseo 对面）。这里总有几辆车在等待着发车，所以一眼就能看出来。从韦内托大道向下开，巴士通过巴尔贝里尼广场、特里托内大街后向右拐，穿过热闹的西班牙广场前向着圣希尔维斯托广场 San Silvestro 前进。穿过科尔索大道，沿着台伯河畔行走从纳沃纳广场旁经过，横穿 V. 埃马努埃莱二世大道，从花之田野广场的旁边穿过，前往法尔内塞广场。穿过独具风情的朱利亚大道，终点就位于台伯河左岸的 Largo Fiorentini 广场。

巴士返回时，将再次通过朱利亚大道、法尔内塞广场、纳沃纳广场、万神殿、圣彼得广场、科隆纳广场、特里托内大街，开上韦内托大道，穿过平恰纳门，进入博盖塞公园内后，在锡耶纳广场、海马喷泉、博盖塞美术馆等的前面停车，再次回到起点站。

博盖塞公园与
韦内托大道地区

Da Via V. Veneto a Villa Borghese

该地区的游玩线路

　　从巴尔贝里尼广场开始，参观广阔的博盖塞公园中美术馆和纪念碑的"美术散步"线路。公园内还有移动游乐园、旱冰场和动物园等孩子们乐于去的区域。在时间富裕、天气晴朗的日子来这里散步很不错。公园内的一部分和公园之间也有巴士运营，如果时间不足的话可以利用。利用巴士前往地铁所在的弗拉米尼奥广场，或者来到公园西面的平乔山，再走下坡道便是人民广场。

博盖塞公园与
韦内托大道地区

区域 **6**

1 巴尔贝里尼广场

Piazza Barberini

安徒生的"即兴诗人"登场，装饰着贝尔尼尼建造的"特里托内喷泉"的广场。

★★★   p.156

2 圣母玛利亚无原罪受孕教堂

S.Maria Immacolata Concezione

别名"纳骨堂"。地下将400年前4000名修道僧的遗骨像艺术品一样装饰着。

★   p.157

3 博盖塞公园

Villa Borghese

周长5公里，占地总面积9.5公顷。在森林般的公园中零星点缀着美术馆和动物园。

★★   p.157

4 博盖塞美术馆

Museo e Galleria Borghese

贵族出身的枢机主教倾尽上万财产建造的宅邸美术馆，不愧是"世界个人收藏品"中的女王。

★★★   p.158

5 国立近代美术馆

Galleria Nazionale d'Arte Moderna

展示着从19世纪到现代的绘画和雕刻的美术馆。企划展览也非常优秀。

★   p.163

6 朱利奥别墅博物馆

Museo Nazionale Etrusco di Villa Giulia

展示着公元前9世纪，意大利原住民"伊特鲁里亚人"的历史、文化和出土文物。

★★   p.164

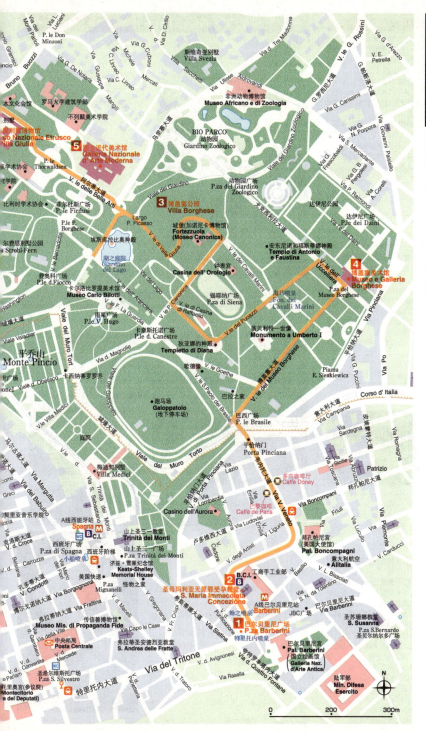

🚶 如果乘坐巴士前往巴
尔贝里尼广场 Piazza
Barberini 的话
175 从特米尼车站
492 从特米尼车站旁
（独立广场、Via Volturno）
62 从威尼斯广场、圣希
尔维斯托广场
116 ● 从平恰纳门 ● 从
花之田野广场
Ⓜ 如果乘坐地铁的话
在地铁 A 线巴尔贝里尼
车站 Barberini 下车

连接韦内托大道与西班牙广场的地下道

入口在韦内托大道位于平恰纳门内侧的哈利兹酒吧的旁边，西班牙广场的入口则位于地铁 A 线的出入口处，根据向前去的方向按照 Piazza di. Spagna 或者 Via Veneto 的标识前进自然就能抵达。途中有一处通往地上的部分，其他则都为自动步道和地下道，所需时间为 12~13 分钟。早晨和深夜由于安全方面的原因会关闭，请注意。

在地下停车场附近有着卡尔弗尔超市 Carrefour（🕐 9:00~20:00　休 周日）。

韦内托大道地下道入口

✉ 我前往博盖塞美术馆的方法

乘坐地铁 A 线在西班牙站下车，穿过站内通道来到韦内托大道后，从平恰纳门进入公园内比较方便。如果距离预约时间还早的话，还可以享受一下这里的森林浴。在博盖塞美术馆内喝上一杯咖啡后便可以开始参观。美术馆入口处也设置着长椅。回去时同样也可以回到地铁站，从美术馆旁乘坐116 路（→ p.152），在始发站换乘后坐着前往下一个目的地也是不错的选择。

巴尔贝里尼广场 Piazza Barberi　Map p.155、p.26 C2、p.36 A1　★★★
强壮的特里托内喷泉

由于巴尔贝里尼广场中集合了夸特罗丰塔内、巴尔贝里尼、韦内托、希斯蒂娜、特里托纳等道路，所以在贝尔尼尼的名作"特里托内喷泉"周围每天都有着络绎不绝的车子。4 只海豚支撑着巨大贝壳，海神便跪在这贝壳上。贝壳下刻有委托建造这座喷泉的巴尔贝里尼家的纹章。

特里托内喷泉

韦内托大道 Via Vittoria Veneto　Map p.155、p.26 C2　★★
罗马最高贵的道路

作为「甜蜜生活」的舞台而有名的韦内托大道

从巴尔贝里尼广场的一角向北延伸的广阔林荫道便是韦内托大道，道路呈 S 形线路一直延伸到平恰纳门。在道路的起点处有着精致的"蜂之喷泉" Fontana delle Api。这也是贝尔尼尼之作，已经经过了大面积的修复。3 只蜜蜂上也有着巴尔贝里尼家的纹章。

林荫道的两侧排列着政府机构、大使馆、银行、高级酒店、商店、咖啡店等设施，是罗马为数不多的高贵华丽的道路。如果走累了的话，可以在路边的咖啡店的桌子旁小憩片刻，观赏路边的行人也是一种乐趣。

蜂之喷泉

圣母玛利亚无原罪受孕教堂
Santa Maria Immacolata Concezione / Cimitero dei Padri Cappuccini
`Map p.155、p.26 C2`

祭奉着嘉布遣会修士的骸骨

纳骨堂

像艺术品一样装饰在内部的嘉布遣会修士的遗骨

从巴尔贝里尼广场沿着道路向上走，不用多久便能在右侧看到拥有两座大楼梯的圣母玛利亚无原罪受孕教堂（通称"纳骨堂"）。这是在 1626 年，由嘉布遣会的枢机主教 A. 巴尔贝里尼委托 A. 卡索尼 Antonio Casoni 建造的，地下大约有 4000 名嘉布遣会修士的骸骨收纳在 5 座堂中。虽然说进门参观不需要费用，但是在入口处的修士会按照规矩收取一些香火钱。

进入布满骸骨的堂内，会给人一种异样的感觉，同时也会感到各个国家宗教和世界观的不同之处。这里对信徒来说是非常神圣的场所，所以希望大家在参观时能够保持安静。

平恰纳门 Porta Pinciana
`Map p.155、p.26 B2`

保存状态良好

白色的拱门为建造当时的产物

沿着韦内托大道向上走到尽头，穿过奥勒留城壁后便能走出平恰纳门。城壁为 3 世纪中期，奥勒留帝为了防备蛮族的入侵而建造的，周长达 19 公里。虽然这座城壁现在在罗马市内各个地方都能见到，但是由于平恰纳门附近保得最好，所以在这里进行观察比较好。穿过平恰纳门及城壁外侧的意大利大道 Corso d'Italia 便能来到博盖塞公园的一角。

博盖塞公园 Villa Borghese
`Map p.155、p.26 A2`

罗马市民的绿洲

在罗马市的中心，旧城区的北面不远处的博盖塞公园中，有一处占地 9.5 公顷的罗马人们的休息场所。由于这是在 17 世纪初，作为枢机主教西皮奥纳·博盖塞 Scipione Borghese 郊外的别墅而开始建造的，所以设计是弗拉米尼奥·庞兹奥 Flaminio

博盖塞公园"湖之庭院"

●圣母玛利亚无原罪受孕教堂

- Via V.Veneto 27
- ☎ 06-4871185
- 开 9:00～12:00
  15:00～18:00
- 休 周四
- 费 虽然不需要参观费用，但是需要布施一些钱财。

从前往教堂的楼梯中央部分朝右走，便能看到纳骨堂的入口。禁止摄影。

纳骨堂

走上耸立在韦内托大道的教堂中左右分叉的楼梯便能看到教堂和纳骨堂的入口。右侧为纳骨堂的入口。入口附近不远处便有僧侣售卖着绘画明信片等。在这里，施舍一些钱财便能够入内。虽然这里被称为纳骨堂，但其实是嘉布遣会的修士之墓 Cimitero dei Padri Cappuccini。内部规模虽小，但是被分为 5 个房间，在天花板的枝形吊灯遗迹或墙壁上装饰着骸骨。

✉ **在纳骨堂中**
布施的金额一般为 €1。照相机需要放入包内。5 座祭坛上使用骸骨进行的设计让人非常惊叹。

●博盖塞公园内的市营动物园
Bioparco Giardino Zoologico

- 住 P.le del Giardino Zoologico 1
- ☎ 06-3608211
- 开 3/24～10/28 9:30～18:00
  10/29～3/23 9:30～17:00
  闭园前 1 小时为止可以入场
  ※夏季的周六、日、节假日将会延长开园至 19:00
- 休 12/25
- 费 €13、儿童 €11
  身高 1 米以下 免费
  不管是孩子还是成人，在这里都能玩得很开心。

动物园入口

●博盖塞美术馆

住 Piazzale del Museo Borghese 5 Villa Borghese

☎ 06-8413979

开 8:30~19:30
（入场时间为 9:00、11:00、13:00、15:00、17:00，每隔两小时）

休 周一、1/1、12/25

费 € 8.50（特别展会时期会有所变更）

预约可以优先入馆。关于预约请参照 p.159。

通往博盖塞美术馆的巴士

前往美术馆乘坐 116 路会比较方便。从韦内托大道走上坡道乘车，能够到达美术馆附近。除此之外，还有绕着公园形式的观光车 3 路，巴士从平恰纳门朝弗拉米尼奥广场方向穿过。在平恰纳门附近下车后，可以在树木丛中一边散步，一边前往美术馆。但是，如果在下雨天或者预约时间很紧迫的时候，推荐利用巴士。在特米尼车站附近和共和国广场乘坐 910 路比较方便。会在距离博盖塞美术馆最近的平恰纳大道 Via Pinciana 的入口附近停车。所需时间为 8~10 分钟。

入馆的注意事项

在指定时间到达前，售票处、行李寄放处将会非常混杂，所以请在参观时间前办理好手续。

在建筑物正面的半地下中，有售票处、行李寄放处、书店以及咖啡厅。如果事先预约的话，可以在售票处告知预约号码和名字，然后购买门票。之后将行李寄放后来到外面，通过正面的楼梯到一楼。在一楼的凉廊中等候一段时间后，等到了时间，工作人员便会将门打开。如果随身只能携带贵重品和导游手册等物品，请事先寄存好。如果想仔细参观的话，2 小时便足够了。

Ponzio 和弗兰德的建筑家乔瓦尼·方·桑丁 Giovanni van Santen 进行的。

当初以几何学进行的种植和设计的篱笆所构成的意大利式庭院，在 18 世纪被更改成了当时流行的英式的、以自然风景为主的风格。同时期别馆也进行了大量的修建，另外还在公园的中心部建造了"湖之庭院"和"希腊风格小神殿"等建筑物。

建造在弗拉米尼奥广场中的"神殿入口"

接着，在 19 世纪初期，在广阔的公园内建造了"安东尼奥与福斯缇娜的神殿"、"时钟之馆"、"神殿入口"（弗拉米尼奥广场）、"狄亚娜的神殿"、"中世纪之城"等小建筑。锡耶纳广场、马场、动物园等建筑是后来整顿时建造的。另外，在锡耶纳广场中，每年 5 月都会进行国际马术竞技会。

景点 NAVIGATOR

进入博盖塞公园内后，沿着最初的博盖塞大道 Viale del Museo Borghese 向右走便是博盖塞美术馆。

博盖塞美术馆 Museo e Galleria Borghese　Map p.155、p.27 B3 ★★★

私人收藏品的女王

博盖塞美术馆总共分为一楼的雕刻馆和二楼的绘画馆。

虽然博盖塞枢机主教在 17 世纪中期便几乎收集完成了现在我们所见到的收藏品，像贝尔尼尼和卡拉瓦乔等当时活跃作家的作品自然不用说，但像拉斐尔、提香等 16 世纪大家的作品已经入手相当困难，所以有种说法是，这些作品都是通过像盗贼般不正当手段获取的。

18 世纪后半叶，M. 博盖塞 Marcantonio Borghese 虽然将馆的内部进行改造用于展示收藏品，但是由于后来 C. 博盖塞 Camillo Borghese 娶了拿破仑的妹妹为妻，所以将一部分收藏品赠给了巴黎的卢浮宫美术馆，如今还有一部分留在法国。

1902 年，意大利政府从博盖塞家手中收购了该馆和收藏品后对公众开放。虽然数量并不多，但是这些精心挑选的作品在罗马自然不用

在意大利也为数不多的美术馆

一楼入口处豪华的大广间非常令人震撼

装饰着历代皇帝胸像的"皇帝的画廊"

博盖塞美术馆通过电话进行预约的手续

1. 门票预约，致电 06-32810（9:00-19:00）。
2. 根据语音提示，选择意大利语（1）或者英语（2）。
3. 在根据选择语言的语音提示，选择个人预约（1）、团体预约（2）或者信息情报（3）。
4. 和受理预约的人直接对话。告知希望的日期和姓名。如果还有名额的话，对方会告知你预约号码。
5. 在预约时间前提前 30 分钟抵达地下的售票处，告知姓名和预约号码后买票。

通过网上预约

从 ████ www.ticketeria.it 也可以进行预约。

博盖塞美术馆的预售票

　　在一部分售票处可以购买。在罗马的话可以在书店、CD 店拉菲特奈利 La Feitrinelli 内的 BOXOFFICE 以及银塔广场的菲特拉奈利购买。

🏠 Largo T.Argentina 11
📞 06-68308596
🕐 10:00～13:30
　 15:00～19:00
🚫 周日、周一午前

※ Galleria Colonna 中也有。

说，在意大利也是数一数二的。

　　让我们就从一楼开始参观吧。

■ **第一室**　卡诺瓦的代表作《帕奥利娜博盖塞的肖像》就在这里。这是 1805~1808 年的作品，虽然样式上属于新古典，但是靠着他独自的感性和技巧，成功地赋予了作品新颖感觉和直接的存在感。

■ **第二、三、四室**　在这里分别展示着 G.L. 贝尔尼尼的《达比德（Davide）》（第二室）、《阿波罗和达芙妮（Apollo e Dafne）》（第三室）、《普鲁托劫持珀耳塞福涅（Pluto e Proserpina）》（第四室）。《达比德》是以深受从古至今多数作家喜爱的主题为题材绘画的。《阿波罗和达芙妮》为阿波罗捕获逃走的达芙妮的瞬间，达芙妮的身体被雕刻成了慢慢变化成月桂树树枝的样子。第四室由于装饰在房内的 18 座罗马皇帝的胸像（全部都为 17 世纪的作品），所以被称为"皇帝的画廊"Galleria degli Imperatori。

■ **第六室**　在这里能够同时见到 G.L. 贝尔尼尼雕刻的《埃内亚与安奇泽（Enea e Anchise）》、G.L. 贝尔尼尼后期的作品《真实（La Verita）》等罗马的作品群。

■ **第八室**　这座房间内充满着卡拉瓦乔的作品，收藏着《马丁的圣母（Madonna dei Palafrenieri）》、《水果篮与青年（Ragazzo con il cesto di frutta）》、《装扮成巴克斯的自画像（Autoritaratto in veste di Bacco）》、《手持柯利亚特（自画像）头颅的达比德（Davide con la testa di Golia）》、《圣吉罗

G. 贝尔尼尼作《普鲁托劫持珀耳塞福涅》

卡拉瓦乔作《手持柯利亚特（自画像）头颅的达比德》

✉ **自动售票机**

　　携带预约确认书来到地下，右边便是售票处。在同一场所中还设置着自动售票机。将确认书给工作人员看后，他们便会熟练地操作机器为你领取门票。这样便不用排队了。也可以自己进行操作。

✉ **前往博盖塞美术馆的方法**

　　推荐乘坐 116 路巴士。穿过韦内托大道，再沿着博盖塞公园内前进，不久便能抵达博盖塞美术馆附近。回程时也能在下车的地方乘坐。但是，在节日等时候巴士可能会停运，所以在乘坐前一定要先确认好线路。

✉ **当日的手续**

　　预约票虽然能够在 1 小时前购买，但是行李寄放只能在入馆前 30 分钟进行。在咖啡厅的内部有厕所，很清洁宽广。参观时间基本上 1 小时 30 分钟左右便足够了。

"走遍全球" 选出的博盖塞美术馆

多梅尼奇诺的《狄亚娜狩猎》

提香的《圣爱与俗爱》

卡拉瓦乔的
《水果篮与青年》

卡拉瓦乔的
《马丁的圣母》

18 17 15
16
兰弗羊
19
20
阳台

6 5
皇帝
7
大厅
8
玄关

必看的 Best10

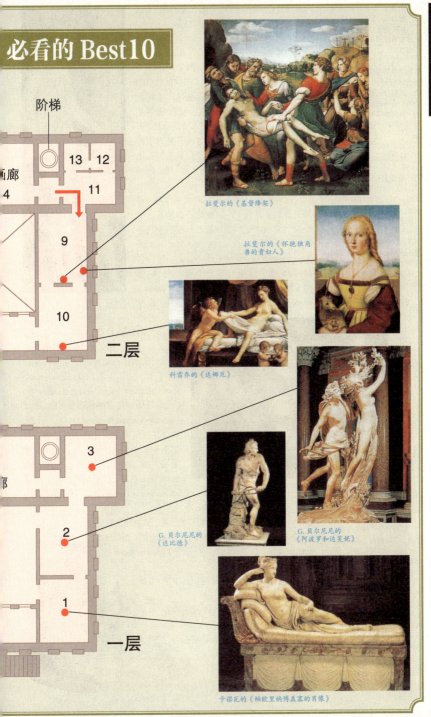

阶梯

13	12
11	
9	
10	

4
画廊

二层

拉斐尔的《基督降架》

拉斐尔的《怀抱独角兽的贵妇人》

科雷乔的《达娜厄》

3

2

1

一层

G. 贝尔尼尼的
《达比德》

G. 贝尔尼尼的
《阿波罗和达芙妮》

卡诺瓦的《帕欧里纳博盖兹的肖像》

拉莫（S.Girolamo）》、《洗礼者约翰（San Giovanni Battista）》等作品。

二楼为绘画馆 Pinacoteca。从皇帝的画廊处有楼梯延续至此。

■ **第九室** 装饰着拉斐尔的《基督降架（Il Trasporto del Cristo）》、《怀抱独角兽的贵妇人（Dama con l'unicorno）》、《某男人的肖像（Ritratto Virile）》（一说为佩鲁基诺之作）三幅画。《基督降架》为 1507 年的作品，这是拉斐尔脱离了米开朗琪罗的影响，风格转换为更接近"自然"的人体表现时期的作品。其他的两幅是 1503~1506 年的作品。

同室还有 15 世纪末期的优秀作品，平图里乔的《基督》、佩鲁基诺的《圣母子像》、佛罗伦萨的画家安德烈·德尔·萨托的《圣母子与年幼的洗礼者约翰（Madonna col Bambino ed S.Giovannino）》等。

■ **第十室** 这里有着卢卡斯·克拉纳赫的《维纳斯和手持蜂巢的丘比特（Venere e Amore che reca il favo di miele）》，科雷乔的代表作《达那厄（Danae）》等。

卢卡斯·克拉纳赫《维纳斯与手持蜂巢的丘比特》

■ **第十四室** 展示着 16 世纪初期的作品，特别是 G.L.贝尔尼尼的作品较多，《饮乳的山羊（Giove e un piccolo fauno allattati della Capra Amaltnea）》、《西皮奥纳枢机主教的雕像（Ritratto di Cardinale Sciopine Borghese）》等。另外，贝尔尼尼自身的肖像画和肖像雕刻也都集中展示在此，让人很感兴趣。里面有《成熟期的自画像（Autoritratto in età matura）》、《青年期的自画像（Autoritratto Giovanile）》、《少年期的自画像（Autoritratto di Fanciullo）》。

洛托作"圣母子与圣人们"

■ **第十五室** 展示着 16 世纪初伦巴第、威尼斯派的绘画。有 J.巴萨诺的《最后的晚餐（Ultima cena）》、《羊和天使（Pecora e angello）》、D.多西的《圣母子（Madonna con bambino）》等。

■ **第十六室** 展示着 16 世纪后半期的作品。

■ **第十七室** 主要展示 17 世纪的生活画。

■ **第十八室** 展示着鲁本斯的《皮埃塔（Pianta sul Cristo Morio）》、有名的《苏珊娜的水浴（Susanna e i vecchioni）》等作品。

G.L.贝尔尼尼作《饮乳的山羊》

■ **第十九室** 展示着巴洛克时期的绘画。除了多梅尼奇诺的2幅代表作《巫女（Sibilla Cumana）》和《狄亚娜狩猎（La caccia di Diana）》外，还有F.巴罗奇、A.卡拉契等的作品。

委罗内塞的《对鱼说教的圣安东尼奥》

■ **第二十室** 主要展示以文艺复兴时期威尼斯派为中心的作品。有提香的《圣爱与俗爱（Amor Sacro Profano）》、《圣多梅尼克（S.Domenico）》、《被丘比特遮住双眼的维纳斯（Venere che benda Amore）》、《基督的鞭刑（Cristo flagellato）》，委罗内塞初期的代表作《洗礼者的说教（La predica del Battista）》，成熟时期的《对鱼说教的圣安东尼奥（S.Antonio che predica ai pesci）》，G.L.贝里尼尼的《圣母子（Madonna col Bambino）》，洛伦佐·洛托的《圣母子与圣人们（Madonna col Bambino San Flaviano e Sant' Onofrio）》、卡尔巴乔的《妇人的肖像（Ritratto di Femminile）》等。

景点 NAVIGATOR

　　参观完博盖塞美术馆之后，根据时间和体力来选择道路吧。如果天气很好，适合在户外活动的话，可以一边参观"海马喷泉"Fontana dei Cavalli marini、"狄亚娜的神殿"Tempietto di Diana、锡耶纳广场Piazza di Siena、"中世纪之城"Castello medioevale、"湖之庭院"Giardino del Lago等场所，一边在国立近代美术馆附近散步。公园内的重要场所都有道路标示牌，只要根据地图行走，绝对不用担心迷路。

国立近代美术馆 Galleria Nazionale d'Arte Moderna e Contemporanea
Map p.155、p.26 A1
意大利近、现代美术的宝库 ★

　　这座雄伟的建筑物是于1911年，作为纪念意大利统一50周年的世博会会场之一而建造的。内部分为一、二楼和右翼、左翼，展示着从19世纪至今的以意大利为中心的绘画和以卡诺瓦的大雕刻《海大力与利卡（Ercole e Lica）》为首的雕刻。除塞冈蒂尼、基里科、杰阿柯莫·曼祖、阿纳尔多·波莫多罗外，还有莫奈、高赫、塞尚等国外名家近代的作品。特别是意大利的绘画以殖民地战争为题，描绘了大战后的街景和移民的身姿，能够了解从19世纪至今的生活风貌。中央的大广间中随时举办的崭新展览让人非常感兴趣。

建筑物正面

景点 NAVIGATOR

　　走出国立近代美术馆，再往右走沿着阿尔蒂 Viale delle Belle Arti 前进，就能在左侧看到朱利奥别墅。

✉ **如果找到观光车的话**
　　在博盖塞美术馆中，不管是建筑物还是展示作品都非常美丽。由于这里是完全预约制，所以我在网上进行了预约。在美术馆前有观光车（观光用汽车型巴士），能够一直乘坐到乎乎山。这里是一座非常广阔的公园，所以还是很方便的。
　　观光车费用为€3，每隔20~25分钟一班。

● **国立近代美术馆**
🏠 V.le delle Belle Arti 131
☎ 06-32298221
　 06-3234000（预约）
🕐 8:30~19:30
休 周一、1/1、5/1、12/25
💰 €10（包括特别展览）
※入馆~18:45

每隔四年举办一次的"艺术节"的标志"Q"

✉ **安宁的国立近代美术馆**
　　虽然在这里也有高赫、莫奈等画家的作品，但是数量很少，根本得不到满足。但是，悠闲的氛围、崭新的特别展览、内部安静的咖啡厅以及展示室旁的沙发都能让人感受到一种亲切感。

被称为罗马文艺复兴样式建筑典型的朱利奥别墅

✉ **在博盖塞公园中踏青**
　　在博盖塞公园内除了美术馆外，在其广阔的范围内还分散着平乔山、湖之庭院等景点。在近代美术馆和平恰纳门附近可以租赁自行车（1小时€4），可以节省一定的时间和体力。

朱利奥别墅 Villa Giulia

Map p.155、p.26 A1 ★

代表罗马文艺复兴的建筑

位于中央的遗迹

　　这是在1550年左右，由教皇尤里乌斯三世 Giulio III 建造的，是想悠闲地休息一下，或者和无话不说的朋友一起用餐时使用的别墅。这也是罗马文艺复兴样式建筑物的典型，由包括瓦萨里在内的3位建筑家建造。沿袭将庭院和建筑物周围的风景也作为建筑一个要素的文艺复兴风格，在这里，庭院由阳台、楼梯、喷泉等构成。

　　包围着潇洒罗马式建筑的回廊为安曼纳提 Ammannati 的作品，为了让喷泉的水能更好地喷出来，罗马式建筑故意造低了一段。与在古代罗马时代的建筑中看到的罗马式建筑相比，经过了更多的洗练的这座庭院在16、17世纪时获得了很大的好评。另外，在罗马式建筑右侧的庭中，能够见到1890年在由考古学家科兹 Cozza 再现的伊特鲁里亚神

由科兹再现的伊特鲁里亚神殿

殿。在尤里乌斯三世死后（1555年），该建筑命运多舛，终于在1889年作为朱利奥别墅博物馆重新开放，展出与拉齐奥地区的 Preroma 文化相关的珍贵资料。

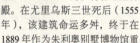

整修得非常整齐的庭院和咖啡厅能够让人度过一段悠闲的时光

朱利奥别墅博物馆
Museo Nazionale Etrusco di Villa Giulia

Map p.155、p.26 A1 ★★

伊特鲁里亚美术的宝库

　　内部数不清的展示品以其出土地区进行分类、展示。

■ **一室～五室** 展示着韦尔奇 Vulci 出土的物品。韦尔奇在古代伊特鲁里亚的都市中是数一数二的大都市，从大约1.5万座墓地（necropoli）的遗迹群中挖掘出了很多青铜工艺品（大多都为公元前9～前8世纪的作品）。最初的房间是两件古代的雕刻——守护坟墓入口的半人马 centauro 与海马

韦尔奇出土的青铜工艺品

朱利奥别墅博物馆
🏠 P.le di Villa Giulia 9
☎ 06-32810
🕐 8:30~19:30
休 周一、1/1、12/25
💰 €8
※入馆~18:30
🚇 从文艺复兴广场或者A线 Ottaviano 附近乘坐19路巴士。从弗拉米尼奥广场乘坐926路巴士。

164

《与海格力斯战斗的阿波罗》

ippocampo。伊特鲁里亚战士的青铜制武器、希腊和爱奥尼亚产的陶器的碎片等都很吸引人。

■ **七室** 展示着古罗马的宿敌伊特鲁里亚的都市贝伊欧 Veio 的出土物。在这里不能错过的便是《抱着孩子的女神像（Una dea con bambino）》（也叫抱着阿波罗的雷托）、《与海格力斯战斗的阿波罗（Apollo che combatte con Eracle）》的特拉克特的雕像群，这些都是韦尔卡 Vulca 的作品，被誉为古代伊特鲁里亚雕刻的杰作。据说建造在罗马坎皮多里奥山上的朱庇特神殿中的雕刻也出自韦尔卡之手（公元前 510 年左右）。贝伊欧在当时有祭奉密涅瓦的圣域，这两座雕刻当时就装饰在神殿的屋顶上。

在咖啡厅中小憩片刻

　在意大利的美术馆、博物馆中，有着咖啡厅和酒吧。博盖塞公园附近的国立近代美术馆中的咖啡厅便有着很高的人气。为了能在户外享用一下假日的早午餐，特意开车或骑摩托车前来的人不在少数。

　在朱利奥别墅博物馆中也有咖啡厅，现在正在慢慢缩小规模。从近代美术馆方向进入后的小庭院中设有长椅，最适合在这休息。在广阔的博盖塞公园中走累了的话，可以在这小憩片刻。

■ **八室~十室**
这里展示着切尔韦泰里 Cerveteri 的出土文物，能够见到有名的《夫妇的寝棺（Sarcofago degli Sposi）》（公元前 6 世纪）。切尔韦泰里为伊特鲁里亚文化的一大中心地，据说这里受到了希腊文化很深的影响。以柔和的表情横卧着的男女充分表现出了当时高度的技术和艺术感性。

伊特鲁里亚艺术的杰作《夫妇的寝棺》

■ **十九~二十二室** 这里由罗马奥古斯托·卡斯特拉尼 Augusto Castellani 在 19 世纪后期挖掘出的希腊陶器和金制品的收藏品构成。摆放在精致的真品旁的是卡斯特拉尼利用自己的技巧再现而成的古代金器仿制品，从中可以看出他对自己这份工作的热情。

■ **二十六~三十一室** 展示着从位于古代伊特鲁里亚东南方向的阿古罗法里斯克地区 Agro Falisco 出土的作品，有两件精致的酒杯（在举办宴会等时，倒上红酒或者水后摆放在桌子上的容器）希望大家能够仔细欣赏一下。描绘着《奥罗拉和鱼（Aurora e Cefalo）》、《特洛伊陷落（Caduta di Troia）》的两个酒杯都是从法雷利贝特雷斯 Farelii Veteres

从帕莱斯特里那出土的女性化妆箱"费罗尼的容器"

165

遗迹中发现的。美丽的多色特拉克特的《战斗中的两名战士（Due guerrieri che lottano）》（公元前6世纪）也曾经是同一遗迹中水星神殿内装饰的物品。

三十二室为展示着从拉提纳 Latina 的普雷内斯特 Preneste 和帕莱斯特里那的坟墓中出土的青铜制物品。其中的"费罗尼的容器"Cista di Ficoroni（公元前4世纪），为当时摆放女性化妆用品的器具，上面有着青铜的雕刻。同室中还展示着同样从普雷内斯特墓、贝尔纳蒂尼 Bernardini 之墓中出土的，有着凸花纹的黄金板，诉说着葬于墓中的人物身份有多么高贵。黄金制的"蛭形针"也是从同一坟墓中出土的。从巴尔贝里尼的坟墓中挖掘出的金板和大量的银制品也展示在此。

从贝尔纳蒂尼之墓中出土的黄金板

景点 NAVIGATOR

在参观完朱利奥别墅博物馆后，再次经过博盖塞公园，来到弗拉米尼奥广场（约1公里）或平乔山都可以。在弗拉米尼奥广场下有着地铁A线（弗拉米尼奥站），从平乔山徒步到西班牙广场非常近。

伊特鲁里亚人 *column*

伊特鲁里亚人到底是怎样的人种，至今还没有一种确切的说法。希腊历史家赫洛德托斯认为："公元前13世纪左右，小亚细亚一带持续了很长一段时间的大规模饥荒，这时，某个种族的人们不得不迁移到别的土地，最终他们抵达了意大利半岛，并在托斯卡纳建造了最初的都市。"在经过语言、宗教、社会制度等各种角度的研究后发现，伊特鲁里亚人便是赫罗多雷斯所记载的东方系民族，于公元前大约1000年出现在意大利半岛。

之后，他们掌握了第勒尼安海的制海权，并在托斯卡纳、拉齐奥、艾米利亚等地接二连三地建造起了都市，这些都市都靠着富饶的土壤和矿物资源得到了急速的发展，通过与腓尼基和希腊的交易在经济上也得到了繁荣。伊特鲁里亚人在金属加工和土木建设方面的技术非常优秀，公元前7世纪末期，在罗马的土地上接二连三地出现了3位伊特鲁里亚的王建立了古代罗马的基盘。但是，由于在与希腊、迦尔基为敌的"库玛海战"（公元前474年）中败北后，失去了第勒尼安海的制海权，从而慢慢走向了没落。但是就像一般人无法相信的那样，伊特鲁里亚文明并不是被罗马人毁灭的，而是紧接着就被罗马文明所吸收，在社会中有着重要地位和任务的伊特鲁里亚出身的罗马市民绝不在少数。

伊特鲁里亚的美术受到了希腊很深的影响，虽然在某种意义上也可以作为一种和希腊象征艺术文化的交流，但是切尔韦泰里的金属细工、塔奎尼亚的绘画、韦尔奇的陶器、贝伊欧的特拉克特雕刻等都有着很高的造诣，很有一观的价值。另外，拉齐奥和托斯卡纳残留着很多这样的伊特鲁里亚的都市，其中一部分（佩尔夏和阿勒兹等）至今还能见到。

台伯河岸区与贾尼科洛山

Da Trastevere al Gianicolo

该地区的游玩线路

这是从马尔切诺剧场西侧的原犹太人地区开始，越过台伯河参观台伯河岸区的景点后，再回到初始地点的线路。不过罗马人的散步地贾尼科洛山在这条线路中只能忍痛割爱，有兴趣的话，结合天气情况来游玩吧。在眺望完蛇形的河流和零星点缀的纪念碑后，下山便是圣彼得大教堂，不过那里没有景点，也有一段距离，推荐按原路返回台伯河岸区。观光在白天进行，到了晚上穿上轻便的衣服来到镇上，还能见到另一番风景。

台伯河岸区与
贾尼科洛山

傍晚时苏醒的台伯河岸区 *column*

　　如果前来观光的话，推荐在白天时前来，不过等到晚上时可以再来一次台伯河岸区。在这里有着许多只在晚上营业的比萨店、餐厅、酒吧以及音乐酒吧，对罗马人来说，这里是要等到晚上才来的地方。以这些人为目标开设在这里的路边摊和杂技艺人也不在少数，走在街上便会有一种节日盛典的气氛。餐厅的灯光照在阴暗的道路上，居民们都搬出椅子和周围的人聊着天。在这里，能够看到即使在罗马城内也非常难见到的景色，让人不禁联想到曾经的美好时代。特别在周末时前来会非常热闹。不过为了避免玩得太晚，在19:00左右来比较好，一边吃东西，一边好好地玩吧。意大利餐厅大概在20:00以后人流量会比较大，在这个时间段，可能会遭遇店内满席需要等候的情况。如果遇到满席的话，可以进行预约，随后在大街上打发一下时间。

　　虽然这里不是危险的地区，但还是不要随便进入没有灯光的小路比较好。最热闹的地方便是台伯河岸区圣母堂前的广场附近。

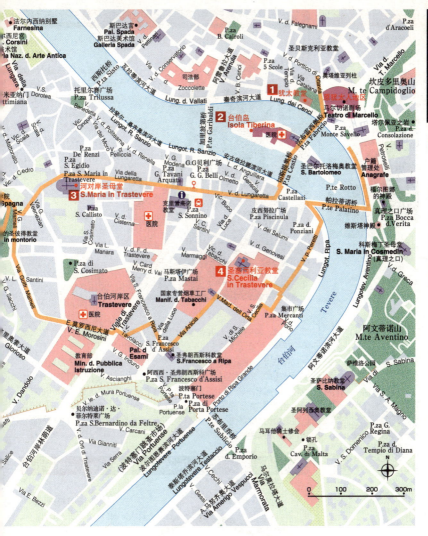

法尔内西纳别墅
•Farnesina
科尔西尼
术馆
ia Naz. d. Arte Antica

斯巴达宫
斯巴达美术馆
Pal. Spada
Galleria Spada

P.za
d'Aracoeli

圣斯克利亚教堂

圣巴拉格里亚别墅
V. d. Falegnami

坎皮多里奥山
M. te Campidoglio

Via d.
T. Marcello

托里尔莎广场
P.za Trilussa

西斯托桥
Ponte Sisto

阿雷纽拉堤河大道
Lung. d. Vallati

犹太教堂
泰奇滨河大道
Lung. dei Cenci

P.za
B. Cairoli

P.za
5 Scole

奥塔维亚列柱

塔尔佩亚之岩
P.za d.
Consolazione

1 犹太教堂

马尔切洛剧场
Teatro di Marcello

2 台伯岛
Isola Tiberina

医院

P.za
Monte Savello

户籍
管理处
Anagrafe

3 河对岸圣母堂
S.Maria in Trastevere

G.G贝利广场
G. G. Belli

圣巴尔托洛梅奥教堂
S. Bartolomeo

P.te Rotto

福吉图娜
的神殿

真理之口广场
P.za Bocca
d.Verita

维斯塔神殿

帕拉蒂诺桥
P.te Palatino

科斯梅丁圣母堂
S. Maria in Cosmedin（真理之口）

P.za d.
Greca

皮西努拉广场
P.za Piscinula

4 圣塞西利亚教堂
S.Cecilia
in Trastevere

集市广场
P.za Mercanti

台伯河岸区
Trastevere

医院

国家专营烟草工厂
Manif. d. Tabacchi

阿文蒂诺山
M.te Aventino

萨维洛公园

教育部
Min. d. Pubblica
istruzione

Pal. d
Esami

圣弗朗西斯科教堂
S.Francesco a Ripa

圣萨比纳教堂
S. Sabina

Via di S. A. Magno

阿西西·圣弗朗西斯科广场
P.za S. Francesco d'Assisi

波特塞门
P.ta Portese

圣阿列西奥教堂

贝尔纳迪诺·达·
菲尔特莱广场
P.za S.Bernardino da Feltre

波特塞门广场
P.la di
Porta Portese

P.za G.
Regina

马耳他骑士修会

镜孔

S. V. S. Domenico Savio

黛安娜神殿广场
P.za d.
Tempio di Diana

马耳他骑士广场
P.za
Cav. di Malta

P.ta Sublicio

d. Emporio

0 100 200 300m

犹太教堂的正面

✉️ **乘坐自行车**

　原本在罗马我想像《罗马假日》的电影中一样乘坐踏板车进行观光。但是当地人说"对罗马人来说，红绿灯是可有可无的东西，所以游客是没法驾驶的"，只好租借了自行车。2006 年的夏天非常炎热，就连当地人都不愿到户外，但是我们却并不这么觉得，反而觉得炎热的日光非常舒适。特别是大清早便来到了梵蒂冈的塔顶，避免了排队，令我非常满足。

原犹太人地区 Ghetto

Map p.169、p.31 A4

至今仍留有犹太人区的影子

原犹太人地区中的龟之喷泉

　夹着波尔提科蒂奥塔维亚诺大道 Via del Portico di Ottavia，在马尔切诺西侧，建造着拥有着铜皮美丽屋顶的犹太教堂。就如大家预想的一样，这一带曾经是犹太人所居住的场所，现在以这里为中心经营着犹太人社区。

　罗马的犹太人地区是从 1555 年保罗四世利用被称为"希伯来人的围墙"的墙壁将这一角（仅 3 公顷左右）包围了起来、强制犹太人在其中居住开始的。之后直到 1848 年，犹太人地区的历史一直经历了 300 年。当时，墙壁上总共有着 5 扇门，这些门在天亮的同时打开，在日落的同时关上，犹太人在夜晚无法到围墙的外面。

　1885 年，围墙被拆除后，一部分地区得到了重建，犹太教堂也是在那时建造的。但是犹太人的悲剧并未在这里打上休止符，第二次世界大战时，在德军占领下的罗马总共有 2091 名犹太人被遣送到了纳粹收容所，1944 年 3 月 24 日的罗马大屠杀中也有多名犹太人遭到了虐杀。记载着这些悲惨历史的石板就位于 P. 奥塔维亚诺大道的起点，镶嵌在萨维洛宫（Savello）的墙壁中。

奥塔维亚诺列柱 Portico di Ottavia

Map p.169、p.31 A4

残留在鱼市场遗迹中的古代列柱

排列着科林斯式石柱的奥塔维亚诺列柱

　在波尔提科蒂奥塔维亚诺大道 Via del Portico di Ottavia 中，能够见到罗马时代的遗迹——以镶嵌在后代建筑物中的形式残留下来的奥塔维亚诺列柱。这里原本为以 2 列石柱围起来的长方形（119 米 ×132 米）的柱廊，是奥古斯都帝为了献给他的姐妹奥塔维亚诺而建造的。内部除了朱庇特和朱诺神殿外还有奥塔维亚诺的图书馆，里面装饰着壁画和希腊的雕刻，市民能够自由出入。至今还残留着的便只有正面中央的入口部分，排列着两排科林斯式石柱。

景点 NAVIGATOR

从奥塔维亚诺列柱廊沿着台伯河岸向前行走，来到伦格特贝雷 Lungotevere de' Cenci 后越过法布雷西奥桥 Ponte Fabricio 后抵达台伯岛。法布雷西奥桥在公元前62年完成，是米尔维奥桥后另一座罗马的古桥，到今天为止还未进行过什么修复。

公元前完成的法布雷西奥桥

台伯岛 Isola Tiberina
残留着昔日身影

Map p.169、p.31 A4 ★★

台伯岛为台伯河中唯一的岛屿，公元前291年，在小岛的东侧建造了希腊医学的守护神埃斯科拉庇俄斯的神殿。神殿的前方充满了祈求病情能够得以康复的人们，岛屿也作为医院运营着，因为这里和生活区域相隔离，在防止感染方面非常有优势。随后16世纪中旬，在岛的中央正式建造起了菲特贝内弗拉特里医院，这座医院至今还很好地运营着。

初夏的台伯岛

10世纪时，奥托三世在这曾经为埃斯科拉庇俄斯的神殿遗迹上建造了教堂，在12世纪时进行了改建，成为了圣巴尔托洛梅奥教堂 S.Bartolomeo。但是由于之后受到了洪水侵害，在17世纪时重建成了带有柱廊拥有双层建筑物的巴洛克样式教堂。左后侧的钟楼为12世纪的古罗马风格样式。

景点 NAVIGATOR

架在台伯河上的另一座桥切斯提奥桥 Ponte Cestio 为公元前1世纪时建造的，370年由瓦伦蒂安帝修复。在1892年利用解体时的材料进行了重建。越过这座桥便是台伯河岸区。

台伯河岸区 Trastevere
拥有新旧两个面貌的罗马街区

Map p.169、p.31 B3 ★

被称为台伯河岸区的这块区域，在罗马时代时应该属于郊区，位于公元前4世纪共和政体时代的城壁之外。公元前2世纪即将结束之时，在阿文蒂诺的山脚下建设了新的港口，随后在对岸便接二连三地建造起了大规模的仓库和原料加工场，在那里劳动的人们又在附近建造起居住区域。这里作为遍布着工作场所和制粉所等的公众区域进行发展，在6世纪时遭到了东哥特族烧杀抢掠，随着罗马帝国的衰退一起走向了没落。步入11世纪后，在古老的建筑物上建造起新的民房与商店，人们渐渐回归，城镇又再次恢复了活力。台伯河岸区和罗马其他的地区不同，曾经的道路和广场都留在了原地。这里作为"能够以符合人类步伐的幅度行走的城镇"深受罗马人的喜爱，道路边有比萨店、电影院还有从过去就存在着的饭馆等建筑物。在这里有很多在白天不营业的饮食店，人们都在路边的桌子上吃着比萨，这就是直到深夜也非常热闹的罗马街市。直

前往台伯河岸区的交通

从市中心去往银塔广场的话，可以乘坐观光车8路，非常方便。运行的数量也很多，在广场剧场前的始发站中一直停有着车辆。等过了桥后便可以下车。由于这班车一直运营到很晚，所以在台伯河岸区进行用餐的场合会非常方便。

从特米尼车站出发的话，乘坐巴士H路会比较方便。但是，由于H路为特快，线路为特米尼车站＞威尼斯广场＞宋尼诺广场（台伯河岸区的话在此下车）＞……途中停留的站非常少，所以一定要注意不要错过站。

另外，迷你巴士115路（参考p.191）在台伯河岸区的小路中运营。

ACCESS

♀ 前往原犹太人地区的话
如乘坐巴士前往台伯河岸区
Ⓗ（特快）从特米尼车站、威尼斯广场
8（观光车）从T.银塔广场

残留着街市风情的台伯河岸区

✉ **台伯河岸区的夜晚**
4月份某天周末的夜晚，我来到了台伯河岸区。大约在20:00开始寻找我想品尝的比萨。但是到处都客满，在比萨店用餐完毕时已经过23:00了。在台伯河岸区圣母广场中，有街头艺人吹奏着爵士乐，周围有很多跳舞的人与观众。打上灯光的教堂马赛克非常美丽，给人留下了很深的印象。路上有很多小贩和杂技演员，就好像夜间盛典一般。虽说是深夜，但在路上还是看到了许多小孩子，让我很吃惊。前往特米尼站的巴士H路和观光车也照旧运行着，所以毫无问题地回到了酒店。在宋尼诺广场的H路巴士站台附近有出租车乘坐处。在出门时带点零钱在身上会比较好。

● **河对岸圣母堂**
🏠 Piazza S.Maria ir Trastevere
☎ 06-5819443
🕐 7:30~21:00
※宗教活动时不能参观

地板上的柯斯马蒂纹样和后半部分的马赛克很引人注目

到1世纪前，以一生都不会前往河对岸为傲的"纯粹的台伯河岸区人"的信念还一直存在着。

景点 NAVIGATOR

越过切斯提奥桥穿过岸边道路后，首先来到的便是简索拉广场 Piazza della Gensola，接着便是皮西努拉广场 Piazza in Piscinula。进入由这里向西延伸的 Lungaretta 大道，途中经过横跨台伯河岸林荫道的宋尼诺广场 Piazza S.Sonnio 后继续向前走，最终，在左侧便能看到河对岸圣母堂所在的同名广场 Piazza di S.Maria in Trastevere。

河对岸圣母堂 Santa Maria in Trastevere Map p.169、p.31 B3
俯视着广场的美丽马赛克   ★★★

由尤里乌斯一世在4世纪中期完成的，估计是罗马最初建造的官方教堂。之后，在12世纪前期，由英诺森二世进行了重建，对后半部分也进行了改建，虽然在18世纪初添加了正面的柱廊，但是建筑物的整体风格在12世纪重建时已经基本定型。

圣堂和喷泉所在的同名广场

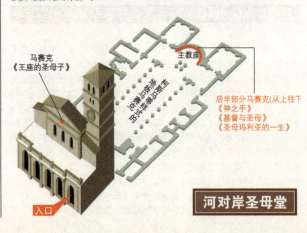

马赛克
《王座的圣母子》

主教座

后半部分马赛克(从上往下)
《神之手》
《基督与圣母》
《圣母玛利亚的一生》

入口

河对岸圣母堂

建筑物正面的三角形屋顶下，有着被称为"王座的圣母子"的美丽马赛克，以抱着基督的圣母玛利亚为中心，左右排列着5名手持灯火的少女。在这下方可以看到3扇窗户与左右描绘着棕榈木与羊的壁画。拥有5处拱墙的柱廊为1702年由C.丰塔纳添加的，上面排列着埋葬在这座教堂中的4名教皇的雕像。另外，建造在后方的古罗马风格样式的钟楼为12世纪的建筑。柱廊下排列着墓石和古旧的唱诗学院的一部分等。

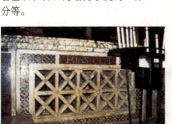

油之泉

内部为3廊室的会堂样式，装饰在后半部分的马赛克非常引人注目。身廊的地板为柯斯马蒂样式，格子天花板上装饰着多梅尼奇诺的华丽的《圣母升天》的绘画。在划分内阵的柯斯马蒂样式的栅栏的一部标记着"FONSOLEI"（油之泉），据说公元前38年从这里喷出了油，这被认为是救世主即将到来的预告，于是便在此建造了礼拜堂。后半部分是有着大理石的司教座。埋藏在后半部分的马赛克非常美丽，半圆球天花板的最上部为《神之手》，下方为《基督与圣母（Redentore e Maria in trono）》（12世纪），基督与戴冠的圣母玛利亚坐在一张椅子上，两侧排列着4名殉教者与圣彼得、圣劳伦斯、英诺森二世（这座圣堂的重建者，抱着圣堂的模型）。再往下为以带状描绘着象征基督与12使徒的圆与12只羊、最下段为13世纪P.卡瓦利尼的《圣母玛利亚的一生（Storie delle Vergine）》。能够从中看到人们对圣母的膜拜。另外，在右侧廊深处的壁笼中，安置着用于拷问基督教徒的锁与锤。

建筑物正面的马赛克《王座的圣母子》

✉ **罗马人的生活市场**
　在台伯河岸区的圣科西马托广场 Piazza di S.Cosimato（地址 p.31 B3）中，平日的中午间会开设贩卖以生鲜食品为中心的市场。推荐喜欢市场的人前来看看。如果在10年前，说到罗马的市场的话肯定会联想到维多利亚广场的生鲜市场与波特赛门（Porta Portese）的集市，但是，如今被外国人占领后，已经看不到曾经的活力了。花之田野广场的市场虽然也不错，但是我觉得这里的市场更加贴近于生活。

后半部分的马赛克《基督与圣母》

柯斯马蒂样式　　　　*column*

　作为罗马教堂建筑的特征要素之一的便是柯斯马蒂样式。柯斯马蒂的名字出自罗马12~13世纪活跃的柯斯马一族，他们利用大理石和有色玻璃独创的装饰样式和技术代代相传，留下了许多装饰在地板、回廊、祭坛等处的优秀作品。地板的装饰主要使用的是大理石与斑岩，白色的大理石和亦红亦绿的斑岩形成了鲜明的对比，组合成了几何学的美丽模样。另外，

用于祭坛等处的装饰主要使用有色玻璃和镶金玻璃，这些在蜡烛和射人房间的太阳光照射下浮现出的图案实在是非常美丽。
　像 S. 萨巴教堂、阿拉科埃里圣母堂、科斯梅丁圣母堂、拉泰拉诺的圣乔瓦尼大圣堂、圣洛伦佐教堂、S.M. 库拉特洛克洛纳提教堂、河对岸圣母堂等，罗马主要的教堂中大多数都装饰着柯斯马蒂样式的装饰。

在欣赏完马赛克后，让我们沿着圣母堂右侧的帕利亚大道 Via della Paglia 朝着下一个目的地圣彼得教堂享受散步的乐趣吧。顺着道路一直行走，最后就会来到帕利亚大道的尽头，在右侧我们能见到写着 Via Luigi Masi 的楼梯。登上楼梯后便是 G. 马梅丽大道 Via Goffredo Mameli，从这里向右走到略微有些弯曲的地方便是加里波第大道 Via Garibardi。再往上走的话，便能抵达教堂所在的蒙特利奥的圣彼得广场 Piazza di S.Pietro in Montorio。

● 蒙特利奥的圣彼得教堂
⌂ Piazza S.Pietoro in Montorio 2
☎ 06-5813940
🕑 8:30～12:00
　　周一～周五 15:00～16:00

端正的建筑物正面

皮翁博的《基督的鞭刑》

蒙特利奥的圣彼得教堂
San Pietro in Montorio
完美协调的"小圣堂"

Map p.169、p.30 B2

★

布拉曼特建造的"小圣堂"

　　广场上的这座教堂建于 9 世纪左右，在 15 世纪后期由西班牙国王费尔迪南多与王妃伊萨贝尔重建，在区分单廊式内部的后阵和外阵的拱墙上，能够见到 B. 佩鲁奇的壁画。另外，在右侧最早的礼拜堂中有着 S. 皮翁博的《基督的鞭刑（Flagellazione）》。另一边，在带有回廊的中庭中有着有名的布拉曼特的"小圣堂"Tempietto di Bramante，它那出人意料的空间利用与文艺复兴建筑音乐般的协调度让人为之惊叹。这座 1500 年由西班牙王室委托建造的小圣堂，在竣工当时便以它那新颖的风格赢得了不少赞赏。

　　如今，也可以从这位于贾尼科洛山 Monte Gianicolo 上的广场中眺望罗马。在教堂的旁边是西班牙学院 Accademia di Spagna，里面进行着文化研究工作。

诺安特里节
column

　　如果于 7 月中旬时在罗马的话，那么有一个绝不能错过的节日，那便是台伯河岸区中属于公众的节日"诺安特里节"。保留着台伯河岸区传统和公众习惯的这个节日于每年 7 月 16 日后第一个周六时举办，以这天为开始的数天中，城镇内部将会变得非常热闹，庆典由步兵部队在加里波第桥上展开的竞走拉开序幕。最终，当身戴信徒作为信仰之证赠予教会的宝石的"诺安特里"圣母行走在城镇中时，庆典也迎来了最高潮。路边开始点起了火把，人也开始越来越多。露天小吃店的桌子紧紧地排放在一起，临时舞台上直到深夜为止一直回响着歌曲以及其他各种音乐，广场成为了一个大宴会的场所。在 7 月的盛夏，无论是居民还是游客都能在这里尽情狂欢，这是诺安特里节的传统。

保拉之泉 Fontana di Paola
白色大理石的喷泉

Map p.168、p.30 B2

从蒙特利奥的圣彼得教堂旁的加里波第大道向上走一会儿，就能来到被称为保拉之泉的巨大喷泉。耸立在此的保拉之泉为 17 世纪初保罗五世为了纪念图拉真水道复原而建造的。

从加里波第广场眺望到的罗马城

在这前方，以顶上的加里波第广场 P.le G. Garibardi 为中心，有从"贾尼科洛散步道"Passeggiata di Gianicolo 和山的东斜面通往下方台伯河方向的几条小路，是罗马人非常喜爱的散步线路。

贾尼科洛山中的"保拉之泉"

周日将会上演人偶戏

景点 NAVIGATOR

从保拉之泉再次返回蒙特利奥的圣彼得广场，从这里可以沿加里波第大道弯道处的奥雷欧山阶梯 Rampa di Monte Aureo 一口气走到下方。来到马梅丽大道 Viale G.Mameli 后向左走，进入向右延伸的 Via Luciano Manara 大道。向前行走一段路程后便能来到和 Via di S.Francesco a Ripa 大道的交叉处，从这里向右拐回走到尽头便是阿西西 - 圣弗朗西斯科广场 Piazza di S.Francesco d'Assisi。这条大道也是最有台伯河岸区风格的道路之一。

通往贾尼科洛山的近道

在台伯河岸区前往蒙特利奥的圣彼得教堂的坡道的途中，右侧有一条书写着 Via di S.Pietro in Montorio 的平缓楼梯。楼梯一直延续到教堂的正下方，可以说是一条近道。另外，在台伯河岸区的 S. 弗兰切斯科阿里帕一大道 Via G.Induno 停车的迷你巴士 115 路圣弗朗西斯科教堂西侧的 Via G.Induno 大道会穿过台伯河岸区，爬上贾尼科洛山，一直抵达圣彼得广场附近。虽然说在贾尼科洛山上运行的巴士 870 路也能来到圣天使堡附近的 V. 埃马努埃莱二世大道，但是 115 路的车次比较多。

在晴朗的周日出发

在晴朗的日子里，从贾尼科洛山上眺望到的罗马风景非常美丽。同时这里也设有咖啡厅，能够悠闲地享受这片美景。另外，在天气晴朗的周日，还能看到罗马人非常热闹的场面。届时会出现人偶戏、五彩缤纷的旋转木马等，仿佛是一场盛典一样。

贾尼科洛的散步道

column

从保拉之泉向西行走，前方便能见到圣潘克拉齐奥门，面前右侧有一条设置着铁门的道路。圣潘克拉齐奥门附近是当时加里波第将军率领的军队和威胁到意大利统一的法国军队进行殊死作战的场所，是留有罗马历史的地方。另外，这扇门的另一面有着罗马最大的公园多利安潘菲利，能够见到公园中的满地绿色。另一方，朝着北方（右面）延伸的是被称为"贾尼科洛散步道"Passeggiata di Gianicolo 的道路，沿着这条道路悠闲地漫步，不用多久就能来到加里波第将军巨大雕像所在的广场。从这里眺望到的罗马风景非常美丽。如果感到累了的话，继续往下走就能来到梵蒂冈地区，可在此休息。

Piazza S.Francescod'Assisi 88

7:00~12:00
16:00~19:00
周日、节假日 7:00~13:00
16:00~19:30

建筑物正面

从圣弗朗西斯科教堂眺望到的
Via di S.Francesco a Ripa 大道

残留着中世纪时建筑物的集
市广场

圣弗朗西斯科教堂
San Francesco a Ripa

装饰着贝尔尼尼晚年杰作

Map p.169、p.31 B3 ★

　　这座教堂建造于 1231 年。根据传说，在这之前的 1210 年，阿西西的主人弗朗西斯科在造访罗马时，曾经在 S. 比亚吉欧的旅馆中投宿。现在的教堂为 17 世纪后半期时，由 M. 德罗西重建后的样子，建筑物本身为非常简洁的构造。

　　这座教堂中最有名的便是贝尔尼尼晚年的杰作《圣女路德维卡阿尔贝尔特尼（Beata Ludovica Albertoni）》，从它的造型、表情到复杂的装饰都可以说是贝尔尼尼样式的极致。在将近 80 岁的高龄时还能雕刻出如此"有魅力"的圣女像实在让人非常惊讶。作品被安置在左侧侧廊入口处第四间礼拜堂中。另外，在设置在曾经的 S. 比亚吉欧旅馆中的圣弗朗西斯科的圣所中，能够见到 13 世纪圣人的肖像画（现在安置在这里的是仿制品）。如果想要参观的话可以向教堂的负责人提出。

贝尔尼尼晚年的杰作《圣女路德维卡阿尔贝尔特尼》

景点 NAVIGATOR

　　朝着从圣弗朗西斯科教堂前的广场向东北（右侧）方向延伸的 Via Anicia 大道，在最初拐角处的 Via della Madonna dell'Orto 大道向右拐的话，不久便能来到 Via di S.Michele 大道。从这里向左走便是集市广场。广场和其身后排列着中世纪的建筑物，让人有种时光倒流般的错觉。集市广场的前方是圣塞西利亚广场 Piazza di S.Cecilla，从教堂面向广场的入口进入后便能看到广阔的庭院。

Piazza S.Cecilia 22

06-5899289

教堂、地下遗迹
9:30~12:30
16:00~18:30
《最后的审判》
10:15~12:15
周六 11:30~12:30

地下遗迹 € 2.50
《最后的审判》€ 2.50

圣塞西利亚教堂
Santa Cecilia in Trastevere

祭奉殉教圣女的教堂

Map p.169、p.31 B4 ★★

　　圣塞西利亚出生于罗马的富裕家庭，与拥有别墅的丈夫都是基督教徒。在马可·奥勒留大帝治世时殉教，当初他们的遗体葬于 S. 卡里斯托的地下墓地（公共墓地）中，但是在 9 世纪前期被帕斯卡尔一世发现，搬运至此。这块曾为其丈夫别墅的土地上虽然在 5 世纪时便已建造起了教堂，不过帕斯卡尔一世将其重建为圣塞西利亚教堂，也就是河对岸的圣塞西利亚教堂。在 12 世纪时又增加了柱廊和钟楼，随后又进行了几次改建。

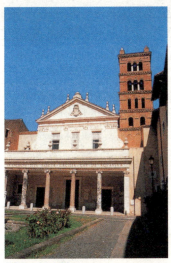
教堂和 12 世纪的种类

内部为三廊式，主祭坛上的天盖 Ciborio 出自阿诺尔夫·迪坎比奥之手（1283年）。祭坛下有坟墓，上面安置着斯特法诺马德尔诺1600 年制作的《圣塞西利亚之像（Statua di S.Cecilia）》。在前年圣女之墓打开时，遗体完全维持着当时的样子，就连脖子上受到的刀伤都能够清楚地看见，当时被誉为"奇迹"在罗马传得沸沸扬扬。马代尔诺的雕刻据说也是按照圣女遗体的动作进行再现的。另外，在后半部分中描绘着基督正在给予追随于其右侧的圣保罗、圣塞西利亚、帕斯卡尔一世，左侧的圣彼得、圣瓦勒瑞安努斯、圣阿加塔祝福场面的马赛克 Mosaico di Pasquale I。如果拜托管理员的话，还能够前去地下的纳骨堂参观，从这里还能前往更深的罗马时代的地下遗迹。旁边的修道院内部留有着 13 世纪末期 P. 卡维里尼的壁画《最后的审判（Giudizio Universale）》，由于壁画破损得很厉害，所以平时不对外开放。

教堂内部

现在，圣塞西利亚为音乐的守护圣人，16 世纪时创设的罗马音乐院也以此冠名。每年 11 月 22 日（圣塞西利亚之日）时便会在该教堂中举办音乐会。

马代尔诺《圣塞西利亚的雕像》

被静寂包围的中庭

给人留下很深印象的教堂入口

阿诺尔夫·迪坎比奥建造的天花板

✉ 《最后的审判》是？
卡维里尼的《最后的审判》与其说是在"邻接的修道院的内部"，不如说是在"教堂玄关的正上方"，是一部非常值得一看的作品。想参观的人可以在教堂内部售卖绘画明信片的地方申请试试。如果 OK 的话，便可以从面向教堂的左侧入口进入，乘坐电梯来到二楼。参观费为 €2.50，禁止拍照。在入口的修女所在之地售卖肥皂和蜂蜜。

177

坏桥彭特洛特

✉ 前往波特塞门（Porta Portese）的集市
这里售卖与绘画到日用品、化妆品、内衣、睡衣等各种各样的商品，一律都只需€5左右。品质虽然一般，但也是种非常难得的体验。在特米尼车站乘坐H路巴士后，可以和司机说让他在波特塞门（Porta Portese）放你下车。仅限周日的午前。

● 波特塞门（Porta Portese）
开 周日 7:00~14:00
♀ 从特米尼车站乘坐巴士H路线。在银塔广场乘坐观光车8路。

✉ 要前往波特塞门跳蚤市场的话请赶早
8:30左右抵达时，广场上非常空旷，能够很悠闲地到处逛逛。等到10:00左右，人便慢慢开始增多，在道路正中央也开始有铺着草席售卖仿冒品牌的商人，场面非常混杂。

ACCESS
♀ 从马尔切诺剧场（蒙特萨维洛广场）乘坐巴士的话
170 ● 前往共和国广场、特米尼车站● 前往台伯河岸区站、EUR
63 ● 前往威尼斯广场、科尔索大道、巴尔贝里尼广场、韦内托大道
280 ● 前往科拉迪里恩佐大道、加富尔广场● 前往金字塔
23 ● 前往文艺复兴广场● 前往金字塔、圣保罗大教堂
※从马尔切诺剧场到威尼斯广场步行的话大约5分钟。从威尼斯广场可以乘坐频繁经过的64路和40路巴士到特米尼车站

离开台伯河岸区的圣塞西利亚教堂后，可以返回集市广场，沿着向左延伸的 Vicolo di S.Maria in Cappella 小路来到 Via P.Peretti 大道后，便能看到皮西努拉广场 Piazza Castellani。广场前方横跨台伯河的便是帕拉蒂诺桥 Ponte Palatino，在这座桥上，车子只能在左车道上行驶，请大家注意。

好了，现在请大家注意在帕拉蒂诺桥上游，靠近台伯岛的那座毁坏了的桥 Ponte Rotto。这是在16世纪后期，格列高利八世利用罗马时代的埃米利奥桥（公元前179年）的一部分重建而成的，但是于1598年再次被毁坏，之后便再也没有重建。由于还残留着桥的一部分，所以被称为彭特洛桥（毁坏了的桥）。

走过桥后向左，沿着台伯河沿岸的 Lungotevere dei Pierleoni 河岸路走，不久便能来到马尔切诺剧场所在的蒙特萨维洛广场 Piazza di Monte Savello。

回到马尔切诺剧场后，便能顺着线路前往区域8。但是，由于区域8距离很长。如果没有时间的话可以先在"真理之口"附近游览，对其他景点有兴趣的话可以改天再去。

波特塞门跳蚤市场
Porta Portese

周日的白天，可以前来

Map p.169、p.31 C3 ☆

台伯河岸区的名地之一便是波特塞门跳蚤市场。每周周日午前，从波特塞门开始一直延伸到波尔图恩赛滨河大道（V.Portuense）的市场，从古董品到最新流行的商品，从古地图到生产者直销的意大利绵羊奶酪都能够在这里找到。一边看着无数的路边摊上的各种日用商品、杂货，一边闲逛，也需要花费差不多半天时间。由于当地人和游客络绎不绝，非常热闹，所以在散步时一定要注意身上的贵重品。

进入波特塞门后就能来到跳蚤市场

也有能够简单用餐的摊位

鞋子等都非常漂亮

推荐有很多罗马人购物的商店

真理之口广场与
阿文蒂诺山附近

Da P.za della Bocca della Verità al Monte Aventino

区域 8

该地区的游玩线路

这条线路以靠近城市中心威尼斯广场的马尔切诺剧场为起点，一边参观神殿遗迹，一边前往真理之口广场，接着还有马西莫竞技场，现在成为高级住宅区的阿文蒂诺山及金字塔、英国人墓地、圣萨巴教堂等，有非常多值得一看的地方。在本书的线路中，这条可以说是步行距离非常长的"参观大家所不知道的罗马"的线路。另外，除了阿文蒂诺山以外，还有许多交通流量大的地方。也可以根据季节和兴趣选择自己想游览的景点，借助地图上来制定最短程的线路，不是只有一种选择。

真理之口广场与
阿文蒂诺山附近

区域 **8**

1 马尔切诺剧场
Teatro di Marcello

以建造于公元前的古罗马斗兽场为蓝本建造的古代剧场。文艺复兴风格和古代建筑相调和。

 p.182

2 真理之口广场
P.za Bocca d.Verità

从罗马时代开始，干线道路便通过此地，家畜市场也在这里，是呈现出一片商业气息的广场。

 p.183

3 科斯梅丁圣母堂
S.Maria in Cosmedin

著名的"真理之口"所在的教堂。美丽的钟楼和8世纪时复原的建筑物内在格局一定要看看。

 p.185

4 马西莫竞技场
Circo Massimo

罗马时代最大的圆形斗技场遗迹。从高台眺望到的风景很美，至今似乎都能听见罗马人的欢呼声。

 p.186

皇帝的梦的遗迹、马西莫竞技场 *column*

　　位于帕拉丁山谷间的马西莫竞技场。从真理之口广场背后的小山上能够望见帕拉丁山和马西莫竞技场，能够非常容易地想象出古代进行战车竞技的情景。在面向马西莫竞技场的帕拉丁山上建造着皇帝的宫殿，皇帝会从高台的座席上，向聚集在圆形竞技场中的观众和竞技者挥手致意。

　　这座竞技场曾经能收纳15万~30万人，如今在这里散步和竞走的人比较多，呈现出一片和谐的景象。再次在这里唤醒当时狂热气氛的是，在意甲联赛中当地的罗马足球队取得冠军的时候，这里成为了举行庆祝胜利的游行集中地，疯狂的年轻人们爆发出了巨大的能量。

P.za
d'Aracoeli

Via Baccina

韦诺斯塔广场
L.go V. Venosta

奥古斯都广场

帝国广场大道
Via M.　d. Monti

加富尔大街　V. Cavour

里亚教堂

马尔切洛剧场广场
马塞洛广场　V. d. T. Marcello

市政厅下的
遗迹群

艾米利亚
大会堂

温克利的圣彼得教堂
S.Pietro in Vincoli

古罗马广场
Foro Romano

贝斯帕西阿努斯广场

Via del
Fori Imperiali

入口

V. d. Teatro di Marcello

坎皮多里奥山
M. te Campidoglio

塞维鲁的
凯旋门

Via degli Annibaldi

诺剧场
atro di Marcello

塔尔佩亚之岩
P.za d.
Consolazione

维斯塔贞女之家

博物馆

古罗马斗兽场广场
P.za Colosseo

B线
古罗马斗兽场站
Colosseo

B线

地区

塔尔佩亚之岩
Vico Jugario

Vico Jugario
P.za d.
Consolazione

Via di S.Teodoro

V.d. Fienili

提图斯凯旋门

圣道之道
Via Sacra

入口

Terme di Tito

管理处
nagrafe

V.S. Giov. Decolloto

阿尔杰塔利拱门

法尔内塞庭院

V. N. Sali

Via del Colosseo

丰塔纳
的神殿

诺桥
atino

亚努斯拱门

贝拉布罗的圣乔治治教堂

君士坦丁凯旋门
Arco di Constantino

古罗马斗兽场
Colosseo

图塔神殿

2●
真理之口广场
P.za Bocca d. Verità

Clius Palatino

利维亚之家

WC

P.za S.
Anastasia

3●
科斯梅丁圣母堂
S. Maria in
Cosmedin
(真理之口)

帕拉丁山
Monte Palatino

Lungotev. Aventino

博物馆

奥古斯都神殿

切利奥公园

V.S. Claudia

洛公园

Greca

阿文蒂诺山
Monte Aventino

4●
马西莫竞技场
Circo Massimo

Via dei Cerchi

克劳迪奥的神殿遗迹
(尼禄的庭院)

圣乔瓦尼和
保罗教堂
Ss. Giovanni e Paolo
Clio di Scauro

Via di
S. Sabina

Via dei
Via del

出入口

V.S. Paolo d. Croce

比纳教堂
abina

Piazzale
Ugo
La Malfa

朱塞佩马志尼
纪念馆
Mon.A Giuseppe
Mazzini

圣格列里奥马尼奥教堂
S. Gregorio Magno

Via di
Valle Murcia

莫列塔

Via di S.Gregorio

圣格列里奥大街

P.za S.
Gregorio

P.za
Porta
Capena

切利奥山
M.te Celio

S. Domenico

Via Terme
Deciane

Via di Valle d. Camena

P.za G.
Regina

P.za d.
Tempio
di Diana

圣普里斯卡教堂

Circo Massimo

B线马西莫站
Circo Massimo
M

L.go V.
Terrorismo

Viale d. Terme di Caracalla

Via di

d. Fonte di Fauno

V. Marco V. S.

P.za
S. Prisca

Via di

Viale Aventino

联合国粮食及农业组织
F.A.O.

S. Melania

S. Alessio

Via Marco S.

S. Prisca

Via di

浴场竞技场
Stadio d. Terme

Icilio

Via dei Deci

阿文蒂诺大道
Via Aventina

V. Antonina

Via

Anselmo

卡佩纳门公园
Parco di
P.ta Capena

Viale G. Baccelli

阿尔巴尼亚广场
P.za Albania

V. B. Peruzzi

V. Ligorio F.

雷穆里亚广场
P.za Remuria

入口

阿里莱奥教堂
Ss. Nereo e Achilleo

Viale di
Manlio Gelsomini

Faustina

V. Ponzio F.

菲奥里托广场
Largo Fioritto

Via di Balbina

卡拉卡拉浴场
Terme di Caracalla

公园

V. zz Rosa

M

金字塔
Piramide

V. Annia

V. Pirandello

圣萨巴教堂
San Saba

G.L. 贝尔尼尼广场
P.za G.L. Bernini
Maderno

雷萨托罗萨
V.d. Salvatore Rosa

拉兹里尼广场
L.go Lazzerini

P.le N.
Pompilio

圣保罗广场
S. Paolo

V. Zuccari

V. L.B. Alberti

Via L B Alberti

Viale Giotto

V. Guerrieri

Viale Guido Baccelli

Via Antoniniana

地铁站

Viale delle Terme di Caracalla

P.za di Porta

M
Piramide

B线金字塔站

N

0　　100　　200　　300

181

ACCESS
如果乘坐巴士前往马尔切诺剧场的话
170 从特米尼车站、威尼斯广场
44 从威尼斯广场
63 从韦内托大道、科隆纳广场、威尼斯广场
81 从文艺复兴广场、加富尔广场、威尼斯广场 ●从古罗马斗兽场、马西莫竞技场
160 ●前往科拉迪尼恩佐大道、加富尔广场 ●前往金字塔
23 ●从马西莫竞技场 ●从弗拉米尼奥、巴尔贝里尼广场、威尼斯广场
※从威尼斯广场徒步5分钟

● 马尔切诺剧场
考古学公园
Parco Archeologico del
Teatro di Marcello

马尔切诺剧场附近虽然依然在进行修复工作，但是在剧场周围的一部分架设起了通路，能够在附近进行参观。而内部依然不能参观。
开 9:00~18:00

✉ 新型的欺诈？!
当我前往真理之口途中，走在马西莫竞技场大道中时，遇到了停下车来从车窗中向我喊话的人。我丈夫以为对方是想问路，所以便靠近了。这时对方向起我们是否是中国人，在得到肯定的回答后，对方便称自己的妻子是中国某地人，一边拿出目录，一边介绍起自己目前在从事的行业。随后便说自己很喜欢中国，从后座席中取出崭新的提包要送给我们。我们虽然连连拒绝，但是对方坚说着"不行、不行"，一边硬是将包塞给了我们。随后我无意间看见从停在路上的车子中走下了2个人，我们觉得奇怪便逃跑了。现在想想这很有可能是一种新型欺诈。对方在确认是中国人后的一些举动非常奇怪。

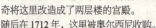
以恺撒外甥的名字冠名的马尔切诺剧场

这是由恺撒开始建设的圆形竞技场，于公元前11年左右奥古斯都帝时完成，以其英年早逝的外甥名字命名为马尔切诺剧场。竣工时高达32米，是拥有41扇拱门的两层楼（有种说法为总共有三楼），总共能够容纳1.5万人。下半部分使用多利斯式石柱、上半部分使用爱奥尼亚式的石柱装饰着，不过在4世纪后期，为了修复架在附近台伯河上的切斯提奥桥，有一部分被破坏后拿走了，在整个中世纪时期，这里都被作为供应建筑材料的场所。12世纪中旬，这里作为要塞使用，紧接着在13世纪末期，萨维利家族得到了这里，16世纪时命令B.佩鲁奇将这里改造成了两层楼的宫殿。随后在1712年，这里被奥尔西尼收购。

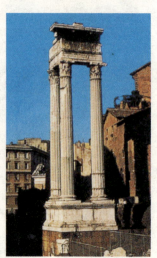
阿波罗神殿的圆柱

剧场附近耸立着的3根优美的科林斯式石柱建造于公元前5世纪，是公元前34年重建的阿波罗神殿 Tempio di Apollo 中的物品。马尔切诺剧场附近历经了1926~1932年的整顿，迄今为止，开在拱门下的商店等已被取缔，这里也从生活区中被区分了开来。

景点 NAVIGATOR
沿着从马尔切诺剧场与坎皮多里奥山间通过的马尔切诺剧场大道 Via del Teatro di Marcello 向南直走，右侧有一座巨大建筑物，左侧则是挖掘保存下来的遗迹一角。这里推定是塞尔维斯帝时代（公元前6世纪）时建造的以丰塔纳和马图塔两座神殿为中心的圣域遗迹。再继续往前走，左侧便是真理之口广场。

真理之口广场
Piazza della Bocca della Verità

罗马时代的商业中心

Map p.181、p.31 B4 ★★

真理之口广场

　　由于附近离台伯河很近，并且在罗马时代时，这里还开通了由北向东走的大道，所以这里早早就成为了繁荣的商业地带。当时这附近一带是名为"Foro Boario"的家畜市场，还有横跨马尔切诺剧场、主要贩卖水果和蔬菜的奥利托里奥广场 Foro Olitorio。另外，附近有一座港口，是台伯河水运的基地。随着时代的变迁，步入共和政体时代后在 Foro Boario 也建造了神殿。现在我们所见到的丰塔纳神殿和马图塔神殿便是那时建造的。后来，又在广场深处建造了亚努斯拱门，在左侧内部建造了阿尔杰塔利拱门。

■ 丰塔纳神殿 Tempio della Fortuna Virile

　　面朝台伯河站在广场上便能看到一座小小的方形神殿。虽然这里以丰塔纳神殿命名，但这里实际上祀奉的是海港之神波图努斯 Portunus。神殿的前面有 4 根石柱，在其他的三面，石柱的一半与外侧墙壁融为一体。石柱等使用的为石灰岩，墙壁则使用的是凝灰岩，这些都是在罗马郊区出产的石材。它是兼具优雅和神圣气质的希腊—罗马建筑中罕见的一例。

丰塔纳神殿是古典科罗曼建筑的典范

■ 马图塔神殿 Tempio di Vesta

　　位于丰塔纳神殿左侧的这座圆形神殿，经过最近的考证被认为是祀奉"胜利者海格力斯"Ercole Vincitore 的神殿。这是罗马残留下来的最古老的大理石神殿，公元前 2 世纪末期的建筑，是利用 20 根科林斯式石柱围成的周柱式神殿。

在马图塔神殿中祀奉着海格力斯

✉ **力荐的场所**

　　从威尼斯广场到真理之口广场徒步 10~15 分钟。只需沿着交通量很大（有步行道）的大道笔直前进即可以，不用担心迷路。经过像政府机构一般的建筑物后，在右手侧便能看见古代罗马时代的神殿。融入现在城市中的这座古代风格的神殿给人一种不可思议的感觉。这便是罗马。

　　在真理之口广场前，喷泉喷着水，走上道路对面停车场旁的坡道便能来到贾诺门。阿尔杰塔利拱门上的雕刻中有着罗马血腥的历史，非常值得一看。在这坡道附近绿色居多，走上坡道后向左走，眼下便是古罗马广场。在这里，游客非常少，四周非常安静，能够沉浸在幽静的古罗马气氛中，非常值得游览。

✉ **值得推荐的散步道**

　　在天气晴朗的日子里，如果时间充裕的话，可以在真理之口广场到纳沃纳广场之间沿着台伯河岸散步。河边的风非常凉爽，能够悠闲地享受散步的乐趣。在从真理之口广场穿过帕拉蒂诺桥后抵达的台伯河岸区中，也能玩得非常尽兴。从加里波第桥向西斯托桥方向望去的话，便能看到桥身后的圣彼得大圣堂，令人印象深刻。

✉ **知道吗？！**

　　在夏天的罗马能够看见很多叶形植物。在 7~9 月能够见到白底紫脉的巨大唇形长穗状花朵。别名叶蓟（由于叶子和蓟相似，所以如此称呼，其实并不属于蓟类），独具光泽的叶子长得几乎有 50 厘米以上，形状非常美丽。叶蓟多用于古代遗迹柱头处的纹样，现在在罗马市内的垃圾箱浮雕等处还依旧能够见到。

乘坐出租摩托车体验罗马人的感觉

在山丘之城罗马租借摩托车的话，虽然可能会有些难走，但是能够在城镇中自由行走。首先第一天，可以徒步看一下城镇的样子。虽然罗马城并不大，徒步行走的距离也并不远，但景点众多，还是很容易劳累的。所以，在接下来的两天中，可以骑上摩托车，体验一下罗马人的感觉。

租赁的摩托车附带6挡变速。即使是陡峭的坡道在变速的协助下也能轻松登上，可以很有效率地逛遍整个罗马城。在租借时，需要先提供护照和信用卡的复印件，在返还（结算）后归还。支付可以使用现金，也可以使用银行卡。

摩托车1小时€4，1天€11，2天€20。

前往真理之口

面朝教堂前的栅栏，站在左边，便能够看见正面的“真理之口”。前方5米左右处会有工作人员，旁边放着写有“每人请捐款€0.50”的箱子，请捐款吧。在拍完照后，可以从右手方向穿过教堂来到外面。出口旁有商店。

●维拉布洛圣乔治教堂

住 Via del Velabro 19

☎ 06-69204534

开 周二、周五、周六
10:00~12:30
16:00~18:30

■ 亚努斯拱门 Arco di Giano

亚努斯拱门

亚努斯是古代罗马门与建筑物入口的守护神，被称为“亚努斯四面门”的这扇门当时建造在此地区最重要的十字入口处，作为商品买卖时等待的场所，或者是挡风遮雨的场所使用。该门建于4世纪左右，推定为君士坦丁帝时代。在这扇门的正下方，是为了建造古罗马广场而事先建造的用于湿地排水的大下水沟 Cloaca Maxima 的一部分。

■ 阿尔杰塔利拱门 Arco degli Argentari

亚努斯拱门左侧是维拉布洛圣乔治教堂。这座教堂的建筑物正面左侧，有着204年富裕的商人（阿尔杰塔利）献给塞维鲁大帝及其家族的拱门。浮雕上雕刻着带着贡品的皇帝和皇妃、还有他们的两个儿子卡拉卡拉与格塔的身姿，但是后来卡拉卡拉杀害了格塔，浮雕的表面也被削去了。

阿尔杰塔利拱门

维拉布洛圣乔治教堂 San Giorgio in Velabro

Map p.181、p.32 B1

“罗马建国”传说之地

建造在沼泽地中的教堂

这座教堂据说创建于6世纪，由雷欧二世于7世纪后期时重建。建筑物正面为12世纪的产物，拥有着由爱奥尼亚的4根石柱与2根角柱支撑的柱廊，建造在左侧的古罗马风格样式的美丽钟楼也是同一时期建造的。内部由各种样式的石柱区分为三廊，带有柯斯马蒂样式装饰的天盖覆盖着祭坛。后半部分中13世纪的壁画据说为卡维里尼所作。根据传说，罗马的建国始祖罗慕路斯和瑞摩斯就是在这里与母狼一同被发现的。

科斯梅丁圣母堂
Santa Maria in Cosmedin

电影《罗马假日》的舞台

Map p.181、p.31 B4

★★

● 科斯梅丁圣母堂
（真理之口）

🏛 Piazza Bocca della Verità 18
☎ 06-6787759
开 9:30~17:50
💰 捐赠（标准大约为€ 0.50）

钟楼极美的科斯梅丁圣母堂和真理之口广场的喷泉

ACCESS

如果乘坐巴士前往
"真理之口"的话

40 从特米尼车站在威尼斯广场下车
170 从特米尼车站、威尼斯广场出发。通过威尼斯广场后，在靠近钟楼的地方下车（离广场倒数第三站）
95 从弗拉米尼奥广场、韦内托大道、科尔索大道、威尼斯广场出发
715 从威尼斯广场西侧的 Via del Teatro Marcello
M 如果乘坐地铁前往的话在地铁 B 线马西莫竞技场 Circo Massimo 下车

前往真理之口广场的信息

地铁最靠近真理之口广场的站точ虽然是 B 线的马西莫竞技场，但是，由于马西莫竞技场及其南面的卡拉卡拉浴场遗迹附近在一些时间内人迹很少，容易遭遇冒牌警察，所以请一定要注意。

从威尼斯广场步行的话，可以沿着道路一边眺望维多利诺和马尔切诺剧场以及残留在各处的神殿，一边散步。即使慢慢散步也不过10分钟左右。

朝着在真理之口广场一端所见到的钟楼一直走，就能来到科斯梅丁圣母堂。教堂是在 6 世纪时为居住在这附近的希腊人而建造的，随后在 8 世纪时得到了扩建。Cosmedin 在希腊语中为"装饰"的意思，在 8 世纪改建时便成为了其名字。在 12 世纪和 18 世纪时也进行了改造，虽然在最后的工程中，建筑物正面进行了全面的翻新，但是在 21 世纪时又恢复成了原来的样子。

入口处的柱廊左侧便是众所周知的"真理之口"Bocca della Verita。"说谎的人如果将手伸入的话，手便会被吃掉"，这个传闻虽然是中世纪时流传下来的，但是现在来这获取"真实"证明的人仍络绎不绝。这块有着河神样貌的圆形石板，据猜测可能是古代的井或者大下水沟 Cloaca Maxima 的盖子。

内部按照 8 世纪（一部分为 12 世纪）创建时期的样子再现而成。通过圆柱和角柱将其区分为 3 廊，身廊靠近祭坛处有唱诗院，其中现在能够看到的教坛、烛台、描绘着圣像的墙壁、柯斯马蒂风格的装饰均为 12 世纪的产物。设置在后半部深处的司教座和主祭坛

简素的教堂内部

的天盖是 13 世纪末时所创作的作品。右侧廊为通往礼拜堂和圣具室的出入口。礼拜堂的祭坛中能够看到 15 世纪末期罗马派的《圣母子像（Madonna col Bambino）》。另外，在圣具室中有售卖明信片等物品的商店，不过在这里还设置着装饰在旧圣彼得大圣堂的约翰七世祈祷所中《东方三博士的礼拜（Epifania）》的马赛克的一部分。另外，古罗马风格样式的钟楼在罗马也屈指可数，和教堂的建筑物协调得非常好。

✉ 在真理之口

2011 年 3 月 14 日的 9:30 便开场了。当我 9:00 抵达时，比我早来的只有来自米拉诺的两位意大利少女。工作人员非常开朗，帮我们一个一个拍照后还拍了一张集合照。在真理之口附近设置着一只箱子，虽然说要放一些钱进去，但是根本无法给人一种庄严的感觉。让人觉得是不是随便放多少都可以。当然，我们每人都给了€0.50。
我们请工作人员帮忙拍了照片。拍得非常好，当然也捐赠了。

从帕拉丁山上望见的马西莫竞技场

马西莫竞技场 Circo Massimo
举行战车竞技的最大竞技场

Map p.181、p.32 B1

★★

从科斯梅丁圣母堂右侧向里望，映入眼帘的便是雄伟的马西莫竞技场。在整个罗马时代，马西莫竞技场作为最大的圆形竞技场聚集了很多观众，在这里经常举行利用马拉的战车进行的竞技。这长 620 米、宽 120 米有余的巨大场馆据说能够容纳 15 万人。正中间设置着被称为"斯皮纳"的分离带，周围有用以计算圈数的青铜制的 7 头海豚和 7 枚蛋的雕像，在中央耸立着高大的方尖碑——如今建造在人民广场上的便是它。

马西莫竞技场有着非常悠久的历史，据说是公元前 7 世纪末期到公元前 6 世纪初时的统治者塔克文·布里斯库王建造的，通过 4 世纪大规模的扩建工程后，这里已经可以容纳 30 万人。但是随着后来罗马的衰退与蛮族的入侵导致了国力的低下，也不再举办使观众为之狂热的大型竞技，在 549 年，马西莫竞技场完成了它最后的使命。

✉ **在马西莫竞技场小憩片刻**

坐在马西莫竞技场南侧，看到的帕拉丁山的风景格外美丽，就好像是时光倒流到古罗马时一样。如果在城市中走累了的话，可以一边吃着三明治，一边稍微休息一下。但是，这附近在一些时间段中会非常危险，所以请在白天来。

市立玫瑰园

景点 NAVIGATOR

从古代竞技场身旁宽阔的马西莫竞技场大道 Via del Circo Massimo 穿过，来到被称为普布利奇坡道 Clivo dei Publicii 的道路。左侧为罗马市立玫瑰园 Roseto di Roma，在 5 月鲜花盛开的季节，以遗迹为背景盛开的鲜花非常美丽。

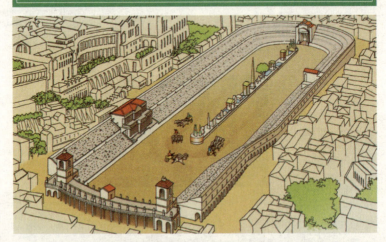

马西莫竞技场的复原图

长 620 米、宽 120 米的巨大竞技场可以容纳 15 万~30 万人。在这里，经常举办乘着由马拉着的战车竞技和运动竞技，人们为之疯狂。分离带的中央耸立着方尖碑（现在在人民广场中），周围设置着击倒后用来计算圈数的雕像。从帕拉丁山对面的高台（真理之口背后）眺望的话，更有身临其境之感。

阿文蒂诺山 Monte Aventino

Map p.181、p.31 B4

罗马人的散步道

阿文蒂诺山为古罗马7座山之一，初期为商人们的住所。之后，自公元前456年的法律允许罗马平民自由拥有土地后，很多人便移居至此，山上也布满了民居。公元前2世纪末期，在阿文蒂诺山脚建造起了新的港口，平民的居住区中心也

从阿文蒂诺山看到的台伯河

因此迁移到了下方，而山顶上则建造起了富人们的宅邸。这些在410年"蛮族入侵"（西哥特族等）时大多都遭到了破坏，在一段时间内，这里只是作为耕作和放牧的场所，建有少许古旧的教堂和修道院。山上再次恢复为现在我们所看到的幽静住宅区是19世纪后期时的事。

景点 NAVIGATOR

横穿 Via di S.Sabina 大道，继续沿着普布利奇坡道行走，不久便能来到小小的 Largo Arrigo VII 广场。在前方左侧能够见到的便是圣普里斯卡教堂。

萨维洛公园 Parco Savello

Map p.181、p.31 B4 ★

橘子公园

沿着来时的道路返回，在 S. 萨比纳大道 Via di S.Sabina 向左拐，不久就能在右侧看到萨维洛公园。12世纪，因为在此有萨维利家族的要塞，所以便冠上了这个名字。周围随处都可见到的墙壁便是当时的残骸。人们都亲切地称这里为"橘子公园"Giardino degli Aranci，实际上这里也的确种植了很多的橘子树，就像童话世界一般，在树下玩耍的孩子们的身影让人觉得非常温馨。这座小公园另外一个魅力，便是从展望台上进行眺望，能够这么近地俯视台伯河流的地方，除此之外别无他处。

生长着橘子树的安静公园

O.R.P. 敞篷巴士观光旅行
Roma Cristiana
1次票 €14（中途不停车，10岁以下免票）
市巴士、地铁的共同票单日票 €20、3日票 €26
附带语音向导，能够自由上下车。
票在巴士内贩卖，ATAC、O.R.P 的售票处在以下 URL 等
Ⓡ www.operaromanapellegrinaggi.org

线路（黄色的巴士）
梵蒂冈⟷康切雷利亚宫⟷万神殿⟷威尼斯广场⟷特米尼车站⟷大圣母教堂⟷古罗马斗兽场⟷古罗马斗兽场（除了周日）圣乔瓦尼大教堂⟷古罗马斗兽场⟷马西莫竞技场⟷台伯岛⟷花之田野广场

✉ **马西莫竞技场的景点**

登上"真理之口"背后的坡道，便能抵达仿佛是俯览马西莫竞技场的展望台一般的广场。在这里设有椅子，可以休息一下。展现在眼前的便是马西莫竞技场和帕拉丁山的美丽景色。一边看着马西莫竞技场，一边朝左走，在穿过马西莫竞技场结束地方的大道后，距离地铁马西莫竞技场站和卡拉卡拉浴场也不远了。马西莫竞技场站根据目的地的不同，出入口也各不相同，在道路的左右侧都有。从特米尼车站出发的话将会抵达卡拉卡拉浴场附近的出口，而如果前往特米尼车站的话，便需要在马西莫竞技场侧的入口进入。

✉ **从萨维洛公园中眺望**

如果打算从马耳他骑士团大门的钥匙孔处观看圣彼得大教堂的话，那么请一定要前往萨维洛公园看看。眼底下便是台伯河与帕拉蒂诺桥。能够从南到北一望从威尼斯广场的维多利亚·埃马努埃莱二世纪念堂到圣彼得大教堂的罗马城区。

内部有着美丽的白大理石圆柱

地板上的马赛克

从锁孔中看到的圣彼得大教堂

圣萨比纳教堂 Santa Sabina　　Map p.181、p.31 B4 ★★
初期基督教堂的代表作

圣萨比纳教堂

　　一部分位于萨维洛公园内的圣萨比纳教堂是被称为初期基督教堂代表作的美丽教堂。这是在5世纪前期，由伊利欧尼亚的教徒彼得建造的，13世纪时，霍诺留斯三世将其交给了圣多梅尼克，成为了修道院的据点。这里曾经是殉教的圣女萨比纳的住所，从前是信徒集合或礼拜时使用的个人教堂，圣萨比纳教堂便建造在这上面。

　　中央入口处的门Battente为建造初期时的作品，应该是流传到今日最古老的木质门了。上面雕刻着《旧约》和《新约》的故事，里面的《十字架上的耶稣（Crocifisso）》为初期的代表作之一。

　　内部为会堂样式，用帕罗斯岛产的白大理石建造的科林斯式石柱将其分为3廊，这些石柱都连接着拱门，支撑着身廊的墙壁。由于墙壁上部的高窗有着很好的采光性，所以堂内非常明亮，和拉文纳的圣阿波里那雷教堂有异曲同工之妙。墙壁上留下了创作于当时的装饰，以中央门上的、蓝底金色的带状文字马赛克最为突出。另外地板中央有多梅尼克派总长之墓（1300年），用马赛克装饰的墓碑在罗马也仅此一座。

马耳他骑士团广场
Piazza dei Cavalieri di Malta　　Map p.180、p.31 C4
充满"娱乐性"的名胜　★

骑士团团长之馆入口

　　沿着萨比纳大道继续行走，在圣雷西奥教堂S.Alessio前方便是马耳他骑士团广场。这是骑士团为看护负伤者而在第一次十字军远征时组织建立的修道院。由于面朝广场处有着修道会总长之馆，于是便以其名冠名。这座18世纪由皮拉内西建造的广场虽小，却趣味十足，另外，从马耳他骑士团团长之馆的门上锁孔中看到的圣彼得大教堂被誉为罗马名胜之一。从被修剪得左右对称的树木深处望见的顶端，这种用尽心思的"娱乐性"让人感到非常有趣。

景点 NAVIGATOR

走下马耳他骑士团广场前延伸的 Via di Porta Lavernale 大道，漫步在阿文蒂诺山幽静的住宅区中。继续向前行走便是马尔莫拉塔大道 Via della Marmorata。从这里向左走不久便能来到圣保罗广场 Piazza Porta S.Paolo，可以看到金字塔的白色身姿。

金字塔 Piramide

Map p.181、p.24 C2 ★

罗马时代的坟墓

身为罗马法务官同时也为平民行政官的盖·凯斯提于公元前12世纪时去世，遵照其遗言建造了这座坟墓。边长22米，高27米，表面覆盖着大理石板，面朝 Ostiense 站的正面，从开工到竣工据说总共花费了330天。

建造于公元前1世纪末期的金字塔。右侧为圣保罗门

英国人墓地 Cimitero degli Inglesi

Map p.180、p.24 C2

济慈、雪莱沉睡之地

金字塔旁，奥雷利安城 Mura Aureliane 内侧有着非天主教徒的墓地 Cimitero Accattolico，别名"英国人墓地"。从18世纪后期开始，在艺术家和文人间流行着一种"罗马朝圣"，有许多没法返回祖国在这里结束了自己生命的人。根据当时的规则，由于天主教徒的墓地中没法埋葬拥有其他信仰的人，所以便建造了这块墓地。在这里除了埋葬有雪莱和济慈等英国人外，还埋葬着歌德的儿子等人。

异国文人长眠的墓地

● **英国人墓地**

🏠 Via Caio Cestino 6
☎ 06-5741900
🕐 9:00~17:00
休 周一
摇响门铃后入口便会打开

歌德居住过的科尔索大道（参考区域3）

景点 NAVIGATOR

要前去下个目的地圣萨巴教堂的话，可以通过圣保罗广场向东北处延伸的广阔的巴士大道 Viale della Piramide Cestia 大道行走，途中来到阿尔帕尼亚广场 Piazza Albania 后，便进入右侧。

● 圣萨巴教堂
🏠 Piazza G.L.Bernini 20
☎ 06-5743352
🕐 10:00~12:00
　　16:00~18:00
🚫 周日、节假日

ACCESS

如果要在圣希尔维斯托广场附近乘坐巴士的话

3 ● 观光车前往台伯河岸区
● 前往马西莫竞技场、古罗马斗兽场、拉泰拉诺的圣乔瓦尼教堂、阿尔蒂大道（宋利亚别墅、国立近代美术馆）
60（特快）前往马西莫竞技场、古罗马斗兽场、威尼斯广场、共和国广场、皮亚门
118 前往马西莫竞技场、卡拉卡拉浴场、S.塞巴斯蒂亚诺门、阿皮亚旧街道
271 前往马西莫竞技场、古罗马竞技场、威尼斯广场、皮亚门、文艺复兴广场、奥塔维亚诺
M 乘坐地铁的话
B线金字塔站
　　距离前往奥斯提亚的奥斯提亚里德线的铁道站非常近

圣萨巴教堂 San Saba

带有优美回廊的古罗马风格样式的教堂

Map p.181、p.32 C1

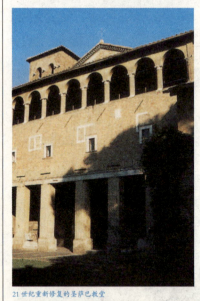

21世纪重新修复的圣萨巴教堂

这是在7世纪时，建造在曾经大教皇格列高利一世之母圣女希尔维亚的礼拜堂处的教堂。祀奉着作为东方修道组织之长的萨巴。于13世纪时重建，之后在15世纪时又进行了重建，在20世纪中叶复原成了原来的样子。

建筑物正面为古罗马风格样式，在粗糙地削成的角柱的前柱廊上，有利用圆柱和拱门构筑的优美回廊。正门的入口为贾科莫·柯斯马所作，其他在地板、唱诗院、祭坛后的司教座中也有许多柯斯马一族经手的地方。最早为3廊式，后来在左侧又增加了一条侧廊成为了4廊。在左端的侧廊中还残留着13世纪壁画的一部分。另外，在后半部分的拱墙处能够见到14世纪的《受胎告知》的壁画。在通往圣具室的走廊上能够看到从地下圣希尔维亚礼拜堂中切取的7世纪时的壁画和11~12世纪的马赛克。

景点 NAVIGATOR

参观完圣萨巴教堂后，让我们回到金字塔。从地铁B线的金字塔站乘坐地铁，站前的总站中也有许多巴士。

特斯塔乔山 *column*

　　沿着英国人墓地前的凯奥切斯提奥大道继续向前行走，最终便能见到一座山，被称为"特斯塔乔山"的这座山和罗马其他山不同，是通过人类活动形成的人工山。

　　2世纪末期，由于在台伯河处新造了港湾，在这附近建造了储备货物的仓库，在港湾附近工作的人们络绎不绝。周长约1公里、高达50米的这座小山，就像被拉丁语称为"陶之山的意义"的山名一样，是由用于输送食品时使用的双耳环细颈等陶器的破片堆积而成的山。现在这座山被绿色所包围，一见之下

实在看不出这是瓦砾之山，但是对研究罗马时代交易的学者来说，这座山便是一座宝山。

特斯塔乔山旁的喷泉

卡拉卡拉浴场与
阿皮亚旧街道

Da Terme di Caracalla alla Via Appia Antica

区域 9

该地区的游玩线路

这条线路走的是石板道上映着柏树和唐笠松的影子、只能听见鸟叫声的阿皮亚旧街道。皇帝们曾带领着许多随从从这条道路上走过。士兵们则为了保卫国家向南面前进，被捕的基督教徒遭受处刑前被驱向北方。曾经沿路有许多壮丽坟墓的街道，在中世纪以后也成为了被人忘却的存在。如果想要体验和感受古代罗马的话，那么这条道路便再适合不过了。在绿色的田园风景中，零星点缀着初期基督教徒的共同地下墓地，还有竞技场。

卡拉卡拉浴场与
阿皮亚旧街道

区域 9

石板铺就的阿皮亚旧街道

　　从罗马北侧通往南意大利的阿皮亚旧街道，就像"条条大路通罗马"中所说的，这就是以罗马为起点，用于扩张罗马帝国领土的道路之一。区域9便是只需1张通票便可以参观时代背景相似的卡拉卡拉浴场到阿皮亚旧街道之间的景点的线路。

　　由于距离略长，所以请利用市营巴士和阿尔凯欧巴士吧。市营巴士在周日和节日中将会减少班次。在周日和节日中，将会对阿皮亚旧街道实施车辆通行限制，在阿皮亚旧街道公园事务所中租借自行车进行参观会非常有趣。由于一部分道路有坑坑洼洼，所以请仔细斟酌。

　　阿皮亚旧街道虽然到处都残留着古代的风情，但是沿路商店很少，在一部分时间段中根本看不到人，所以请尽量避免单独自出行，在太阳下山前请一定要返回城市。

体会到罗马时代的浪漫的水道桥遗留构造

卡拉卡拉浴场和阿皮亚旧街道的景点

1 卡拉卡拉浴场

Terme di Caracalla

由卡拉卡拉帝建造的古罗马豪华浴场遗迹，里面设有剧场、运动场、图书馆等大型休闲娱乐场所，在罗马人中人气很高。

p.194

2 圣塞巴斯蒂亚诺圣堂

Basilica di San Sebastiano

祀奉圣彼得与圣保罗的圣堂。为了悼念在基督教徒迫害的时代中殉教的这两人，现在还有许多朝圣者前来拜访。

p.200

3 圣塞巴斯蒂亚诺地下墓地

Catacombe di San Sebastiano

位于同名圣堂地下的广阔地下墓地。基督教徒和异教徒的墓相邻，峭壁上有不同宗教的主题画。

p.200

4 马森齐奥竞技场

Circo di Massenzio

3世纪初，由马森齐奥帝所建造，地下的别墅和灵庙相连，现在为一片绿色的草原。

p.201

5 塞西利亚梅特拉之墓

Tomba di Cecilla Metella

直径20米，一下子便能吸引人们目光的罗马时代的名门家族之墓。由于位于高冈处，所以在14世纪时也曾作为要塞使用过。

p.201

6 罗马水道桥

Map p.197

Acquedotti

仿佛横断天空般的石造拱桥所展现出的风景，正是古罗马壮大的罗曼史之一。参观请利用地铁。

p.195

通往地下墓地的巴士

在地铁B线马西莫竞技场站旁（从特米尼车站来到地上后的后方马西莫竞技场，向右看在左边的道路前方便是巴士车站）乘坐118路。

乘坐118路巴士在公园事务所（多米涅阔瓦蒂斯教堂）下车后，前方便是三岔路口，正中央的坡道为通往圣卡利斯特地下墓地的专用道路。虽然会有一部分观光巴士和车辆通过，不过左右都是草地、杉树以及橄榄树林，是一条非常不错的散步道。前进约1公里后，便能在右侧看到地下墓地的售票处和商店。

另外乘坐118路在下一站（前进方向右侧会有圣卡利斯特地下墓地和巨大的看板）下车，穿过门走上坡道便能来到地下墓地。这边的步行距离较短。之后，118路巴士在圣塞巴斯蒂亚诺圣堂和地下墓地前也会停车，在塞西利亚梅特拉之墓前向左拐便能来到Via Appia Pignatelli。

118路在B线马西莫竞技场旁的巴士车站或者地铁B线金字塔站前的奥斯提恩赛广场（P.le Ostiense，始发）处乘坐比较方便。每小时约2~3班，周日和节日每小时1~2班。

回程时可以乘坐巴士118路回到乘车时的巴士车站或者乘坐218路返回地铁A线的圣乔瓦尼S.Giovanni车站。

ACCESS

如果乘坐巴士前往卡拉卡拉浴场

118 前往 fs 线奥斯提恩赛车站、地铁 B 线金字塔站、马西莫竞技场

628 前往威尼斯广场

714 前往特米尼、圣乔瓦尼、梅特罗尼亚

阿尔凯欧观光巴士（→p.196）

M 如果乘坐地铁的话

在 B 线马西莫竞技场下车，约 500 米

● **卡拉卡拉浴场**

🏠 Viale delle Terme di Caracalla 52

☎ 06-39967700

🕐 10月最后的周日～次年 2/15
周二～周日 9:00～16:30

2/16～3/15
周二～周日 9:00～17:00

3/16～3 月最后的周六
周二～周日 9:00～17:30

3 月最后的周日～8/31
周二～周日 9:00～19:15

9/1～9/30
周二～周日 9:00～19:00

10/1～10 月最后的周六
周二～周日 9:00～18:00
9:00～14:00

🚫 1/1、12/25

🎫 通票 €6（p.50）

※距离地铁 B 线马西莫竞技场约 500 米。从特米尼车站乘坐巴士 714

※售票处营业到闭馆1小时前。

※卡拉卡拉浴场、塞西利亚梅特拉之墓、昆蒂利尼庄 Villa dei Quintili 仅出售名为阿皮亚旧街道全票 Appia Antica Intero 的通票。通票价格 €6，7 天内有效。在各景点有卖。

卡拉卡拉浴场遗迹，也是歌剧的舞台

以夏天时在此举行大规模的野外歌剧而闻名的浴场。这是由卡拉卡拉帝在 212~217 年间建造的，235 年完成了围墙。主建筑物内部有 3 个温度不同的浴槽和广阔的大厅，两旁用于锻炼的体育设施和用于汗蒸的设施与更衣室左右对称而立。这巨大的建筑物（现在我们见

展示着当时的马赛克

到的宏大遗迹便是）被精心修整的庭院围绕着，周围排列着用于集会和演讲的广间、希腊语与拉丁语的图书馆、运动场等设施，还有商店。为了给这巨大的设施供水，引进了新的水道，在地板和墙壁上也覆盖着大理石和马赛克，在各个地方都设置着雕像。这大规模的构造和如

今仍残留着的美丽地板马赛克，与周围的绿茵相衬，成为了一片让罗马人迷恋的休息场所。

在浴场遗迹中小憩片刻

景点 NAVIGATOR

从卡拉卡拉浴场前往阿皮亚旧街道，可以徒步或者利用巴士 118 路、阿尔凯欧巴士。由于圣塞巴斯蒂亚诺门附近的交通流量较大，如果徒步前去的话一定要多加注意。

阿皮亚旧街道 Via Appia Antica ★★★

长满唐笠松的阿皮亚旧街道。道路两旁残留着教堂和遗迹

残留着罗马人的采用「铺装」技术的阿皮亚街道（使用大型平坦的石板铺装）

ACCESS

如果乘坐巴士前往阿皮亚旧街道 Via Appia Antica 的话

118 从地铁 B 线金字塔站、马西莫竞技场、阿文蒂诺大道、卡拉卡拉浴场、圣塞巴斯蒂亚诺门

218 从拉泰拉诺的圣乔瓦尼广场

660 从地铁 A 线科利阿尔巴尼车站、塞西莉亚梅特拉之墓

●阿尔凯欧巴士（→p.196）

阿皮亚旧街道为公元前312年由执政官阿皮乌斯克劳迪斯铺设，是罗马最初的执政官道。最开始这里建造到卡普亚（那波利以北40公里），之后又延伸到意大利半岛之踵的布林迪西港，成为了连接支配东方的港町和罗马的生命线。虽然古罗马人从伊特鲁里亚人那里学会了优秀的土木技术，但是他们独自设计出了在恶劣气候时也能使用的"铺装"技术，使道路的利用价值得到了飞跃的提升。

阿皮亚旧街道便是集结了罗马人智慧的最早具备排水设备的完全铺装的双车线道路。另外，从起点开始为了标示距离，在每1英里（1609米）都设置着英里柱石 Colonna miliare，现在也能在道路边上见到。

1 英里柱石（表示阿皮亚旧街道的起点）

前往阿皮亚旧街道的方法

巴士需要根据从哪里开始参观来进行选择。如果前去地下基地的话，可以乘坐地铁 B 线在马西莫竞技场下车后再利用 118 路巴士。如果从昆蒂利尼出发的话，可以在地铁 A 线阿尔科迪特拉提诺车站下车再乘坐 664 路巴士。

✉ **前往水道桥的方法**

如果遇到保育院一样的建筑物的话，向右拐 200 米左右再往左走，便能看到铺设好的道路，沿着道路一直走便能来到水道桥。

在参观完水道桥后，可以沿原路返回。

拜访罗马水道桥

水道桥的起源要追溯到公元前4世纪时。是皇帝们为了浴场、罗马式建筑（喷泉与雕像等一体化的建筑物），还有生活用水而建造的。长约90公里，在有些场所建造了高达30米的石造拱门，从上方通过的水路微微倾斜着，有时也从地底进行运送。由于不使用任何动力，所以为了进行长距离运送，动用了当时先进的罗马土木、建筑技术。以罗马松为背景展现出的风景，让人不禁沉浸在古老罗马的梦想之中。如今也依旧能在水道桥公园中看到它的遗迹。

罗马时代的遗迹水道桥，现在为水道桥公园

前往水道桥公园‖ Parco degli Acquedotti 的方法

在地铁 A 线 Subaugusta 车站下车，登上标示着 ViaT.Labieno 的楼梯（背朝改札口左侧），然后直走，在提托拉比艾诺大道 Viale Tito Labieno 徒步约10分钟（看着左侧巴士前进的道路前进）。在道路走到小型保育院的建筑物处后，左侧便是一座广阔的公园，在其内部深处能看见很长的水道桥。从山丘上悠闲地望着水道桥别有一番风味。横穿过绿色地带后，就能近距离看到水道桥。

这里虽然被称为水道桥公园，但是没有任何特别的标识、设施或者照明。城市中的人经常将这里作为锻炼的场所。由于人烟稀少，所以请避开太晚的时间段前来。

阿皮亚旧街道观光和阿尔凯欧巴士

建造于公元前 3 世纪，因为其重要性而被称为"女王之道"的阿皮亚旧街道。残留着车碾过的痕迹的石板路、唐笠松、坟墓以及地下墓地等古代"纪念碑"零星残留在道路沿边，有着很浓的古罗马色彩。但是，到这里的巴士班车很少，只能通过自己的双脚前来这里，虽然是个很有魅力的景点，但有点不方便。

敞篷的大型阿尔凯欧巴士登场

在这里，我们要介绍的便是来往于阿皮亚旧街道的观光巴士，阿尔凯欧巴士。

线路为特米尼车站前➡威尼斯广场➡古罗马斗兽场➡卡拉卡拉浴场➡圣塞巴斯蒂亚诺门（城桥博物馆）➡（进入阿皮亚街道）公园事务所前➡卡法雷拉➡圣卡利斯特与多米提拉的地下墓地➡圣塞巴斯蒂亚诺地下墓地➡塞西利亚梅特拉之墓➡桑托尔诺➡卡波迪博贝别墅➡（返程将从旧城区返回）卡拉卡拉浴场➡真理之口➡特米尼车站

利用骑自行车享受阿皮亚旧街道

让人体验到骑自行车乐趣的阿皮亚旧街道

如果光乘坐巴士感觉还不满足的话，那么可以利用骑自行车来参观街道。不用等待 30 分钟一班的巴士，能够一边听着小鸟清脆的叫声，沐浴着森林浴，一边在街道上前行。

乘坐阿尔凯欧巴士环游 1 周，回程时在阿皮亚旧街道入口附近的公园事务所前（Sede Parco Appia Antica）下车。在建筑物入口处的商店（开 夏季 9:30~17:30，冬季 9:30~16:30）中租借自行车 [费 每小时 €3（出示阿尔凯欧巴士车票的话 €2），需要提供护照等身份证明]。

顺便一提，从公园事务所到旧街道会经过最有风情的卡萨雷罗同德（街道沿路最大的坟墓）。一路上慢慢欣赏地下墓地和周围景色的话大概需要 3 小时。回程可以沿着向下的坡道一口气冲下去，大约耗时 30 分钟。由于旧街道几乎是一条直线，所以不用担心迷路，实在不放心的话，可以在商店购买详细的地图。

在周日，除了旧街道沿边的居民外，禁止车辆通行，因此想要骑自行车的话推荐在周日。由于旧街道上的人很少，离城市中心略远，所以不管是徒步还是骑自行车都请在太阳下山前返回。特别是自行车的返还结束时间很早，所以请一定要注意。女性请避免独自行动。

另外，由于旧街道的道路为石板铺设，所以在有些地方可能会难以控制方向，也会给屁股带来很大的负担。有时候从自行车上下来也不失为明智的选择。另外，在圣塞巴斯蒂亚诺门到圣塞巴斯蒂亚诺地下墓地附近车流量非常大。所以在这附近请一定要小心。

经过圣塞巴斯蒂亚诺门的道路上一直会堵车，很拥挤

阿皮亚旧街道
(阿尔凯欧巴士)
Via Appia Antica

威尼斯广场
Piazza Venezia
Ⓜ Cavour
Ⓜ Vittorio Emanuele
Ⓜ Colosseo
古罗马斗兽场
Ⓜ Manzoni
真理之口
Bocca della Verità
拉泰拉诺的
圣乔瓦尼大圣堂
Ⓜ S.Giovanni
Circo Massimo Ⓜ
卡拉卡拉浴场
Terme di Caracalla
Ⓜ Re di Roma
118
卡拉卡拉浴场
118
Ⓜ Piramide
Ponte Lungo Ⓜ
CENTOCELLE
进入
阿皮亚旧街道
圣塞巴斯蒂亚诺门
P.ta S.Sebastiano
Museo delle Mura
Ⓜ Furio Camillo
迪亚费里欧
Gelateria Diaferio
公园事务所
Sede Parco Appia Antica
库沃巴迪斯教堂
Colli Albani
Ⓜ Garbatella
咖啡厅
Caffarella
前往圣卡利斯特和多米提
拉的地下墓地
Catacombe di San Callisto
e Domitilla
Arco di Travertino
Quadraro-Porta Furba
GARBATELLA
660
Numidio Quadrato
Ⓜ Basilica S.Paolo
Sant'Urbano
Lucio Sestio
菲埃拉迪罗马
圣塞巴斯蒂亚诺地下墓地
Catacombe S.Sebastiano
塞西利亚梅特拉之墓
Cecilia Metella
Villa Capo di Bove
Giulio Agricola
Via Cecilia Metella
Via di II'Almone
Via Appia Nuova
118
罗马水道桥
Acquedotti
TORMARANCIA
QUARTO MIGLIO
Via Appia Pignatelli
664
Forte Appio
Via Appia Antica
Grotta Perfetta
(仅限夏季的星期六、日、节日)
入口
入口
昆蒂利尼别墅
(博物馆)
Villa dei Quintili
Via Appia Nuova
Tor Carbone
卡萨尔罗同德
Casal Rotondo
Casal Rotondo
Via Casal Rotondo

N
0 1 2km

阿尔凯欧巴士去程
阿尔凯欧巴士返程
巴士车站(去程)
巴士车站(返程)
近郊Urbane线
地铁A线
地铁B线
近郊铁道线
巴士路线

阿尔凯欧巴士   **ARCHEOBUS**

　　从特米尼车站前的五百人广场（背朝广场右侧）出发。9:00~12:30，13:30~16:30 每隔 30 分钟发车。票价为 €12（48 小时有效），在特米尼车站、五百人广场旁的 ATAC 的观光旅行售票处以及车内都有售卖。双层敞篷巴士可以自由上下车。上下车需要在标示着 ARCHEOBUS 的专用巴士站处。乘车时拿到的宣传单页中记载着运营时间、巴士车站等信息。如果要下车的话，可以将想要下车的地点事先告诉导游。另外，返程根据路况有时会比预定时间早 10 分钟，所以请尽早在巴士车站中等候。☎800281281 🔝 www. trambusopen.com

前往阿皮亚旧街道的阿尔凯欧巴士

● 城墙博物馆
Via di Porta S.Sebastiano 18
06-0608
开 9:00~14:00
休 周一、1/1、5/1、12/25
费 €4
※本书调查时，城墙上的步
行道封闭中

支撑着给卡拉卡拉浴场供水
的水道桥的多尔佐门

圣塞巴斯蒂亚诺门
Porta San Sebastiano

Map p.192 A

朝圣者穿过的阿皮亚旧街道起点的门

奥里利厄斯城墙中，最壮观的圣塞巴斯蒂亚诺门

阿皮亚旧街道的起点圣塞巴斯蒂亚诺门为3世纪末期与奥里利厄斯城墙同时建造，于5世纪时再建。现在这座门上设置着城墙博物馆Museo delle Mura。展示物本身虽然并不是丰富重要的东西，但是在城墙上行走非常有趣。走上城墙后，眼前的一片绿色让人很难相信这里只是距离罗马中心不远处的场所，完全呈现出一幅郊外的景象。另外，在圣塞巴斯蒂亚诺门内侧便能看见多尔佐之门 Arco di Druso，这是3世纪时建造的用来将水运送到卡拉卡拉浴场的高架遗迹。

景点 NAVIGATOR

走出门大约120米后，就能在右侧看到第一英里石柱。越过线路继续向前走约800米，在左侧便能看见小型的多米涅阔瓦蒂斯教堂。在这附近车辆来往特别多，请一定要注意安全。

● 多米涅阔瓦蒂斯教堂
Via Appia Antica 51
06-5120441
开 8:00~18:00
（夏季~19:00）

残留在教堂的基督足迹

多米涅阔瓦蒂斯教堂
Domine Quo Vadis？

Map p.192 B

残留着基督足迹仿制品

传说，使徒彼特在离开迫害激烈的罗马，恰好来到此地时，基督出现在了他面前。他询问道："主啊，您要前去何方？（Domine quo vadis？）"对于他的提问，基督答道："为了再一次在罗马挂上十字架。"彼特顿时顿悟了一切返回罗马。

14世纪重建的教堂建筑物正面

彼特当时的提问之地便如此成为了从9世纪时便建造在此的多米涅阔瓦蒂斯教堂，现在我们见到的为17世纪重建后的样貌。

景点 NAVIGATOR

教堂前为三岔路，阿皮亚旧街道朝左分叉，沿着这道路继续向前走的话，在右侧的103号地的墙壁中，镶嵌着记载着第二英里石柱所在位置的石板。在这前方的110号路中有着前往圣卡利斯特地下墓地的入口。

圣卡利斯特地下墓地
Catacombe di San Callisto

Map p.192 B

残留着历代教皇之墓的公共埋葬所

● 圣卡利斯特地下墓地
田 Via Appia Antica 110
☎ 06-51301580
开 9:00～12:00
14:00～17:00
休 周四、1/1、复活节的星期日、1月下旬~2月下旬
费 €8
※罗马的地下墓地在11月～次年2月中，会关闭1个月，请注意。

圣卡利斯特地下墓地是建造在名为"tufo"的柔软石层中，地下4层，面积达到12万平方米的初期基督教徒的公共埋葬所。3世纪时，卡利斯特一世 Callisto I 将这里定为罗马司教的墓地，所以这里更成为特别重要的地下墓地。

历代教皇之墓

《圣塞西利亚之墓》。雕像为仿制品。真品位于拉泰拉诺的圣塞西利亚教堂

在"历代教皇之墓" Cripta dei papi，能够见到7~8世纪的壁画和斯特法诺·马德尔诺的著名雕刻（仿制品）《圣塞西利亚之墓（Tomba di S.Cecilia)》，残留着象征洗礼、告解、圣体的秘迹的3世纪贵重壁画的

《秘迹的埋葬所（Cubicoli dei Sacramenti)》的4座坟墓，作为最初期（2世纪前半期）地下墓地的核心部分的《路齐纳的埋葬所（Cripta di Lucina)》等景点可以在导游的陪同下进行参观。

内部需要在导游陪同下参观
可以选择语言（英、法、德、意）进行导游陪同参观。

在多米内克巴迪斯教堂前的地图中确认地下墓地的场所

有着"在神圣场所禁止穿着暴露"的警示牌

景点 NAVIGATOR

从圣卡利斯特地下墓地略微向左便是阿皮亚皮尼亚特里大道 Via Appia Pingatelli。通过这里后不久道路便向两侧分开，右侧的广场中建有圣塞巴斯蒂亚诺圣堂。

地下墓地的名字由来

column

"地下墓地"虽然在今天意味着初期基督教徒的公共地下墓地，但原来为单指圣塞巴斯蒂亚诺地下埋葬所的固有名词。圣塞巴斯蒂亚诺埋葬所由于建造在被称为"tufo"的凝灰石采石场附近，所以命名为"Kata kymbas"，也就是"采石场之旁"的意思，到了后来，其他同类型的地下墓葬所也开始使用起这个名字。

在罗马传来基督教前，已经在柔软的"tufo"层中存在着几座地下墓地。最终，在基督教渗透进罗马后，由于需要将信徒一起埋葬

的场所，所以建造了许多这样的地下墓地，其中有几座随着时间的变迁被建造成了几层，成为了通路纵横交错的大规模建筑物。埋葬的方法非常单纯，将用布包着的遗体安置进墙壁中的洞中，再从外侧用石头封住洞口。如果下去参观的话就能知道，内部非常寒冷且湿气严重，至今还残留着一股异样的臭味，据说这里也是基督教徒藏身之处和秘密集会的场所，不过这个从前让人深信不疑的说法并没有任何的事实根据。

🏠 Via Appia Antica 136
☎ 06-7808847
🕐 7:30~12:00、14:30~18:00

✉ **圣塞巴斯蒂亚诺
地下墓地**
只有导游观光旅行。语言分为意大利语和英语，我参加的便是英语线路。虽然其中的美术用语和建筑用语无法理解，但即使语言不通也还是玩得非常有趣。

✉ **乘坐阿尔凯欧巴士**
特米尼车站在14:00~15:20之间为午休时间，没有巴士发车。
虽然能够在车内购买车票，但是由于"没有零钱可找"，所以在拿到找零前一直没法下车。
虽然阿皮亚旧街道是巴士那么宽的石板路，但是乘客无法看见巴士前方的景象，只能看看从旁边流过的风景，毫无在石板路上行走的感觉。
由于阿尔凯欧巴士为敞篷型车子，没有屋顶，所以阳光很强烈。在下雨天还是不要乘坐比较好。基本不会通过以前那些铺设石板的道路，所以如果想要体验古代风景的话，还是从塞西利亚梅特拉之墓沿着旧街道行走一段路程比较好。

● **圣塞巴斯蒂亚诺地下墓地**
🏠 Via Appia Antica 136
☎ 06-7850350
🕐 9:00~16:30
夏季午后14:00~17:30
🚫 周日、1/1、12/25、11月中旬~12月中旬
💰 €8

ACCESS
📍 如果乘坐巴士前往地下墓地的话
218 从拉泰拉诺圣乔瓦尼广场

地下墓地残留着壁画

圣塞巴斯蒂亚诺圣堂
Basilica di San Sebastiano
Map p.192 C

祀奉使徒彼特和保罗

圣塞巴斯蒂亚诺圣堂内部

圣塞巴斯蒂亚诺Basilica di S.Sebastiano本来为4世纪前半期用于祀奉使徒彼特和保罗的圣堂（两位使徒的遗体埋葬在同一时期的地下墓地中），这里也是罗马7大圣堂之一。之后，在戴克里光大帝时代殉教的圣塞巴斯蒂阿努斯也葬于此，9世纪左右，这座圣堂被冠上了这位米拉诺出生的殉教者的名字。

圣塞巴斯蒂亚诺地下墓地
Catacombe di San Sebastiano
Map p.192 C

位于圣堂的地下

圣堂地下有着包含"圣塞巴斯蒂阿努斯之墓"Cripta di S.Sebastiano在内的巨大圣塞巴斯蒂亚诺地下墓地，在其中一部分处还能看到作为地下墓地名字起源的古代采石场的遗址。

圣塞巴斯蒂亚诺地下墓地的内部

将基督教徒标识化的铭牌

景点 NAVIGATOR

现在，我们虽然远离了阿皮亚旧街道，不过从面前向右分叉的塞特齐爱泽大道 Via delle Sette Chiese 可以抵达三大地下墓地之一的多米提拉地下墓地。途中穿过阿尔迪亚提纳大道 Via Ardeatina，再往前走在左边就能见到了。

多米提拉地下墓地
Catacombe di Santa Domitilla
Map p.192 B

残留着地下遗址

在多米提拉地下墓地中，能够看到建于4世纪、之后在地震中被掩埋的圣聂罗与亚基略教堂 Ss.Nereo e Achilleo 的地下遗迹。另外，由于这座地下墓地是从弗拉比亚家族 Flavia 的私有墓地发展而来，所以在其中一角能够见到这一罗马名门家族的墓地。

沿着圣塞巴斯蒂亚诺圣堂前的阿皮亚旧街道继续行走，不久后就能在左边见到一群遗迹。

马森齐奥竞技场
Circo Villa di Massenzio

Map p.192 C

一次都未使用过的竞技场

306~312 年马森齐奥帝在位期间，沿着阿皮亚街道在此地建造了场馆和竞技场，还有其儿子罗慕路斯的庙。场馆虽然如今已经毫发无存，但是竞技场却以当日的样子保留至今。长 520 米、宽 92 米的这座竞技场能够容纳将近 1 万人，

一次都没使用过的（？！）竞技场

从无法见到铺设在场地中的沙来看，在马森齐奥帝死后，工程便从此中断，恐怕一次都没有使用过。

罗慕路斯之庙
Mausoleo di Romolo

Map p.192 C

万神殿式的设计

于 309 年建造的罗慕路斯之庙由于在后来添加了其他的建筑物，所以从外观上很难辨别出它的原型，进入内部后从圆形的墓室和矩形的前室能看出残留在内的万神殿式设计。虽然墓地当时是为了罗慕路斯建造的，但是由于后来全族都葬于此，所以内部可以看到安置着骨壶等的数个壁笼。

在圆形的墓室上添加了后世的建筑物，走到其侧面便能看到当时的设计

塞西利亚梅特拉之墓
Tomba di Cecilia Metella

Map p.192 C

名门贵族出身的女性之墓

在马森齐奥帝遗迹前方 400 米处，建造在左侧的便是阿皮亚街道保存得最好的、风景很特别的塞西利亚梅特拉之墓。面向道路的外壁上，刻着执政官梅特拉的女儿的名字。墓地为方形

从绿色的田园上脱颖而出的阿皮亚街道上最著名的塞西利亚梅特拉之墓

● 多米提拉地下墓地
- Via delle Sette Chiese 282
- 06-5110342
- 9:00~12:00 14:00~17:00
- 周二、1/1、12/25、12月中旬~次年1月中旬
- € 8

● 马森齐奥竞技场
● 罗慕路斯之庙
- Via Appia Antica 153
- 06-7801324
- 9:00~13:00
- 周一、1/1、5/1、12/25
- € 4

马森齐奥之馆现在还有部分残留在这里

夏季周六周日还有节日限定如果要体验阿皮亚旧街道昔日风貌的话

如果日程来得及的话，可以在从昆蒂利尼别墅到塞西利亚梅特拉之墓之间 3 公里的道路上行走。夏季（复活节~10 月为止的周六周日和节日）时昆蒂利尼别墅的后门（阿皮亚道路侧）将会打开，从这里便可以通往旧街道。往右走的话便是塞西利亚梅特拉之墓（左侧为卡萨雷罗通达），在墓不远处便是阿尔凯欧巴士和 118 路的车站。徒步 1 小时 10 分钟~1 小时 30 分钟的路程。途中 Capo di Bove 的遗迹内部（右侧建筑物内有自动售卖机和厕所），再走 5 分钟的话便可以看见酒吧（可出租自行车），在酒吧附近有 660 路巴士车站。在塞西利亚梅特拉之墓的前方也有酒吧和餐厅，可以在这附近休息。

● 塞西利亚梅特拉之墓
- Via Appia Antica 161
- 06-7800093
- 9:00~ 日落前一小时
- 周一、1/1、12/25
- € 6
- ※与卡拉卡拉浴场、昆蒂利尼别墅为通票。

前往昆蒂利尼别墅的方法

从地铁 A 线的 Colli Al-bani 站乘坐 664 路巴士在 Appia/Squillace（巴士第十一站，大约需要 20～40 分钟）下车。另外，在 118 路的终点 Lagonegro（住宅街中的小广场）换乘 654 路也可以。

的基座上安置着圆筒形建筑，外侧覆盖着被称为"travertino"的白色石头，上部的悬花装饰和牛头模样等美丽的带状装饰至今还残留着。顶部燕尾形的缝隙是将此地作为要塞使用的卡尔塔尼一族于 14 世纪时添加上的。进入内部后右侧，有着被

缝隙中的建筑物（右）为中世纪时添加的

中世纪时建造的墙壁围起来的小庭院，放置着从附近坟墓中收集来的断片。另外，道路另一侧右边已经崩坏了的教堂为歌德式的圣尼古拉教堂 S.Nicola 的残骸。

昆蒂利尼别墅 Villa dei Quintili　　Map p.197
广大的古代别墅

● 昆蒂利尼别墅
🏠 Via Appia Nuova 1092
☎ 06-39967700
🕐 9:00～日落前一小时
🚫 周一、1/1、12/25
🎫 通票€ 6

✉ 前往卡萨雷罗通达
　乘坐 664 路（或者 654 路、C11= 仅限周六、周日和节假日）巴士在 Via Appia Nuova 和 Via delle Capannelle 的十字路口的车站（Capannelle/AppiaNuova）下车，沿着 Via Casal Rotonda 行走 20 分钟左右便能抵达。但是，Via Casal Rotonda 中车流非常密集，请一定要注意。

展示着昆蒂利尼别墅的出土文物的小博物馆

阿皮亚旧街道和新街道之间的广大遗迹。面向阿皮亚新街道的入口处有一座小型的博物馆，里面展示着从遗迹还有新、旧阿皮亚街道中挖掘的雕像、马赛克等。

　昆蒂利尼别墅曾经被称为罗马郊外最广阔的住所，151 年，由贵族昆蒂利尼兄弟建造了根基，随后由康茂德大帝将其扩大。据说当时孔莫多斯帝以意图图谋不轨为由将兄弟暗杀，得到了从很久以前就非常想得到的这块土地。喜好田园生活的他们在场地内建立了广阔的洗浴设施，高冈的遗迹处有着居住部分和有 14 米高天花板的具备温水和冷水的浴室，另外还有井和罗马式建筑零碎地遍布在四周。

✉ 利用市巴士也很方便
　从塞西利亚梅特拉之墓附近可以乘坐巴士 118 路回地铁 B 线的马西莫竞技场车站，或者乘坐巴士 660 路回地铁 A 线的科利阿尔巴尼站等。由于阿皮亚旧街道中，包含阿尔凯欧巴士在内，和市里相比，巴士运行的频度要少很多，所以请一定要记住换乘的巴士号码，等车来了立即上车。

遍地绿色的昆蒂利尼别墅遗迹

ACCESS
📍 从 Via di Cecilia Metella 乘坐巴士的话
⑴⑴⑻ 前往 B 线马西莫竞技场站 Circo Massimo、金字塔站 Piramide
⑵⑴⑻ 前往拉泰拉诺的圣乔瓦尼广场
⑹⑹⓪ ⑹⑹④ 前往 A 线阿尔克迪托拉维尔缇那站 Arco di Traverutina、科利阿尔巴尼站 Colli Albani（终点）

景点 NAVIGATOR
　再往前 1.5 公里左右处，两侧排列着纪念碑和墓地，道路上落有唐笠松的影子，展开了一幅非常有阿皮亚街道风貌的景象，不过由于这里交通不便，所以游客想来这里很不方便。所以，要前往这里参观的话，除了利用出租车、出租自行车、摩托车外，还可以利用途中横跨阿皮亚旧街道的 Via Erode Attico 大道处的地铁 A 线阿尔克迪托拉维尔缇诺 Arco di Travertino 或者连接科利阿尔巴尼站 Colli Albani 的 660 路巴士。不管怎么说，在阿皮亚旧街道上，除了一部分以外，没有商店或者公用电话设备，所以需要充分注意好天气和安排好时间再出门。另外，由于这里人烟稀少，所以请在白天前来比较好，女性游客请尽量避免独自在路上行走。

城墙外的景点
与其他地区

VN POPOLO DI POETI DI ARTISTI DI EROI
DI SANTI DI PENSATORI DI SCIENZIATI
DI NAVIGATORI DI TRASMIGRATORI

区域 *10*

该地区的游玩线路

作为罗马景点中心的老街区主要位于奥里利厄斯城墙内。在区域 1~9 中，考虑了为了读者"旅行"方便，所以将老街区和交通比较方便的城墙外的景点一同进行了介绍。在此，我们会带大家参观城墙外独特的景点，包括罗马五大圣堂之一的圣保罗大教堂，系统展示古代罗马的罗马文明博物馆所在的近代都市 E.U.R，被足球场和巨大的大理石像包围着的意大利广场等。不管哪个景点都希望大家利用好交通工具。

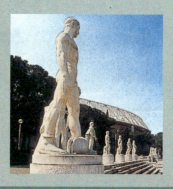

● 耶路撒冷圣十字大教堂

🏠 Piazza S.Croce in
Gerusalemme 12
☎ 06-70613053
🕖 7:00~12:45
15:30~19:30

● 国立乐器博物馆

🏠 Piazza S.Croce in
Gerusalemme 9a
☎ 06-7014796
🕖 8:30~19:30
🚫 周一、1/1、12/25
€ 5
Map p.25 B4

✉ 圣海蕾娜礼拜堂

虽然绝不能称得上是大
礼拜堂，但是还是被展现在
眼前的马赛克所震撼。虽然
没有明亮的照明灯光，但是
从小窗户中射入的灯光给人
一种庄严的感觉。虽然这里
的马赛克并没有很长的历
史，但是我在罗马 9 天的行
程中所见到的最美的，让我
内心得到共鸣的马赛克。这
里游客很少，能够安静地进
行鉴赏。由于这里和拉泰拉
诺的圣乔瓦尼尼教堂为同一条
地铁线路，所以请一定要前
来看看。从地铁车站徒步到
这里只需 10 分钟，行走在
普拉塔纳斯林荫道中的感觉
也非常好。

从耶路撒冷圣十字大教堂来到大学城

景点 NAVIGATOR

从 270 年到 275 年，为了防止南蛮入侵而由奥里利厄斯帝建造的罗马
城墙，至今还残留着很多部分。在 313 年，君士坦丁帝认可基督教之前，
很多基督教徒都被埋葬在了城墙外，所以现在在城墙外还残留着许多圣
堂。我们现在就要朝着其中的一座圣堂耶路撒冷圣十字大教堂出发，根据
个人兴趣，可以在途中利用巴士返回特米尼站。

耶路撒冷圣十字大教堂
Santa Croce in Gerusalemme
Map p.25 B4

★★

祀奉着基督圣遗物

收纳着贵重圣遗物的耶路撒冷圣十字大教堂

为了祀奉君士坦丁帝的
母亲海蕾娜从耶路撒冷拿回
的圣遗物，320 年在君士坦
丁帝的命令下开始了圣堂的
建设。这座圣堂中的圣遗物
为耶稣被处刑时的十字架的
断片和 1 根钉子，还有荆棘
之冠。对于信仰很深的天主
教徒来说，没有比这更贵重
的圣遗物了。因此，这里也
是中世纪时前来罗马的朝圣
者必到的 7 座圣堂之一。但
是，由于圣堂本身在 12、18
世纪时进行了全面的重建，
所以已经不存在古旧的部分
了。要前往收纳着圣遗物的
礼拜堂 Cappella delle Reliquie
的话，从左侧廊靠近内阵处向左走上楼梯就能来到"圣海蕾娜礼拜堂"
Cappella di S.Elena。圣海蕾娜礼拜堂建造在同样由海蕾娜带回的格尔格
塔山的泥土上，周围是 15 世纪末期，大概是由美洛佐·达·弗里设计的
（之后加上了佩鲁奇）拱顶的马赛克，装饰非常美丽。后半部分中的壁画
（15 世纪）和雅各布·桑索维诺建造的库伊诺内斯枢机主教之墓（1536 年）
让人印象深刻。

同广场中还有国立乐器博物馆 Museo degli Strumenti Musicali，展示
着从古代到 18 世纪为止世界各地约 3000 种以上乐器。

收纳着圣遗物十字架断片

17 世纪末期的大钢琴。国立乐器博物馆收藏

景点 NAVIGATOR

从耶路撒冷圣十字架广场朝着 Via Eleniana 大道前进，穿过罗马时代水道的拱门便来到大城门广场 Piazza di Porta Maggiore。在左前方，沿着铁路进入 G. 乔利特大道 Via Giovanni Giolitti 后不久，便能看到右侧被称为"密涅瓦梅迪卡神殿"Tempio di Minerva Medica 的巨大遗迹。这里大约是在 4 世纪左右时建造的罗马式建筑（罗马时代拥有喷泉和庭院的建筑）之一，名字则是来自从这里发现的、在古代象征着医学的密涅瓦与蛇的雕刻。再继续往前走，等右侧线路下的隧道消失在视线内后，就能看到圣比比亚纳小教堂。

圣比比亚纳教堂 Santa Bibiana   Map p.33 A4

贝尔尼尼踏出作为"建筑师"第一步的证明

虽然创建于 5 世纪，但是在 1624 年由贝尔尼尼进行了重建。这是"建筑师"贝尔尼尼的第一个作品，教堂内部的主祭坛中还残留着"圣比比亚纳之像"。

贝尔尼尼最初建造的圣比比亚纳教堂

景点 NAVIGATOR

原路返回穿过隧道，从线路的反对侧走出来到提布尔提纳大道 Via Tiburtina，沿着途中的提布尔提纳街道行走便能来到圣洛伦佐广场 Piazzale S.Lorenzo。

圣洛伦佐教堂
San Lorenzo fuori le Mura   Map p.25 A4

罗马七大圣堂之一   ★★

330 年由君士坦丁帝建造，作为罗马七大圣堂之一聚集了很多朝圣之人。教堂为埋葬圣洛伦佐的场所，于 6 世纪时进行了重建，432 年在另一侧建造了别的教堂，两座教堂的后半部分几乎连在了一起。之后，在 8 世纪时两座教堂合而为一，12 世纪时又添加了钟楼。正面美丽的柱廊为瓦萨雷特的作品（1220 年）。

进入内部后，一眼就能看出这座教堂是由两座独自的建筑物组成的。拥有 3 座走廊的前半部分为曾经的贝尔吉内教堂，有着很高内部的后半部分属于古老的圣洛伦佐教堂。内部构造由于后来在地下建造

曼兹的作品——政治家加斯加佩里里石碑

"行走"的秘诀

前往下一个目的地圣比比亚纳教堂的道路交通非常堵塞，距离下一个景点圣洛伦佐教堂也有 1 公里以上。在此，我们可以放弃途中的景点，从大城门广场乘坐观光车 19 路前往圣洛伦佐也是一种办法。

● 圣比比亚纳教堂
🏠 Via G.Giolitti 154
☎ 06-4465235
🕐 7:30~10:00
　16:30~19:30
　周日、节假日 7:30~12:30
　16:30~19:30

罗马的圣堂是？！

对基督教徒来说，在圣年那年在罗马进行朝圣，参拜 4 大圣堂（拉泰拉诺的圣乔瓦尼教堂、圣彼得大教堂、圣保罗大教堂、大圣母教堂）的话，就能够赦免自己的罪行。到了近代，除了这 4 大圣堂外，又加上了 3 座圣堂（圣洛伦佐教堂、圣塞巴斯蒂亚诺圣堂、耶路撒冷圣十字架教堂）总共需要朝拜 7 座圣堂。

● 圣洛伦佐教堂
🏠 P.le del Verano 3
☎ 06-491511
🕐 夏季 7:30~12:30
　　16:00~20:00
　冬季 7:30~12:30
　　15:30~19:00

古罗马风格的回廊

位于罗马市街东侧的大学城

了墓地，所以位置比起原来要高出很多，所以两侧的列柱给人一种从地面中生长出来的感觉。

柯斯马蒂样式的两座说教坛，复活节用的烛台、地板、司教之座、扶手、安置着罗马时代石棺的壁龛等这些都利用了 12 世纪优秀的大理石装饰。正门前的 2 座狮子像也是于同时期建造的。另外，同样位于入口柱廊处的政治家的石碑是现代雕刻家贾科莫·曼苏的作品。内部前右方有着通往圣具室的通路，从这里能够来到优美的古罗马风格样式的回廊。

大学城
Città Universitaria della Sapienza
法西斯时代的代表建筑

Map p.25 A4

布满法西斯时代建筑物的罗马大学城内

在圣洛伦佐教堂背后向着右前方延伸、电车来往不绝的便是雷吉纳艾蕾娜大道 Viale Regina Elena，道路的左侧便是大学城（罗马大学）。入口位于街道中间位置。总面积约 20 万平方米的这座学术都市是在 1932~1935 年间，以 M. 佩森提尼的项目为基础，由蒂奥·庞蒂和朱塞佩帕加诺等人构成的建筑家团队进行规划并建设的，是法西斯时代意大利建筑的代表作。场地中央设有一块广阔的空间，建造在周围的建筑物都是由不同的建筑家设计的。对近代建筑有兴趣的人一定要前来拜访一下。进入 R. 艾蕾娜大道，横穿过这里后就能来到西恩兹大道 Viale delle Scenze。

正面柱廊非常美丽的圣洛伦佐教堂

✉ **步兵部队历史博物馆**
在参观完乐器博物馆后，在门的右侧看见"步兵部队历史博物馆"的门柱，便前去参观了。来访者似乎不多，按门铃后走出来了一位年轻的貌似是现役军人的人，用英语做了讲解。展示品为第一次世界大战以后的装备和灭火器、勋章以及军旗等，也有意大利统一运动的乔泽马加里波第的军服与血染的纱布。规模虽然很小，但是保存状态很好，讲解也很热心。入场免费。

景点 NAVIGATOR

背朝大学城朝北行走，就能来到 Viale dell'Università 大道。从这十字路口向左拐后，立刻进入右斜方的 Via Monzambano 大道，向前走，不用多久便能来到广阔的卡斯特罗普雷托里奥大道 Viale Castro Pretorio。右侧为 21~23 年由提比略帝建造的近卫兵的阵营，之后被组合进了奥里利厄斯城墙。围着阵营的墙壁反而在反对侧的普里库里尼克大道 Viale del Policlinico 处保存得比较良好。近卫兵的阵营之后曾一时归于耶稣会所有，以当时的书籍为基础建立了国立图书馆。入口位于卡斯特罗普雷托里奥大道右侧中间位置。左侧中间位置有着 S. 玛尔谛诺大道 Via S.Martino della Battaglia，沿着这条路走进并过独立广场 Piazza indipendenza，就能来到特米尼站前的五百人广场。

ACCESS

🔵 **五百人广场乘坐巴士前往下一个地点**
前往诺贝塔纳街道中的下一个景点圣依溺斯堂

诺门塔纳街道附近

景点 NAVIGATOR

皮亚门前向着郊外延伸的诺门琪罗路 Via Nomentana 是一条种植着悬铃木的美丽小道，两边排列着罗马成为首都后建造的、当时有产阶级的大型建筑和被绿色围绕的别墅。

皮亚门 Porta Pia
米开朗琪罗最后的建筑作品

Map p.27 C4

从特米尼站向北，奥里利厄斯城墙上的皮亚门，为庇护四世 Pio IV 于 1564 年委托米开朗琪罗完成的，这也是米开朗琪罗最后的建筑代表作。城墙的内侧，面向 9 月 20 日大道的部分能够见到他的工作成果，从中已经能够看出建筑风格正由后期文艺复兴样式慢慢转变为巴洛克样式。

另外，1870 年 9 月 20 日，为了统一意大利的军队对皮亚门附近的城墙进行攻击，奥里利厄斯城墙也在它漫长的历史中首次被破坏。为了纪念在这些战斗中有功的步兵部队，便在皮亚门内部设置了步兵部队历史博物馆 Museo Storico dei Bersaglieri。

ACCESS

如果乘坐巴士前往皮亚门的话

㊱ ⑨⓪（无轨电车）从特米尼车站

⑥⓪（特快）从马西莫竞技场、古罗马斗兽场、威尼斯广场、民族大道、共和国广场

㊷ 从威尼斯广场、圣希尔维斯托广场、巴尔贝里尼广场

● **步兵部队历史博物馆**
Piazza Porta Pia
☎ 06-486723
开 周一、周二、周五 9:00～13:00
Map p.27 C4（皮亚门内部）

诺门塔纳路

皮亚门为巨匠米开朗琪罗最后的作品

诺门塔纳路周边
Via Nomentana

ACCESS

如果乘坐巴士前往圣依溺斯堂、圣康斯坦萨教堂的话

36 **90**（特快）从特米尼车站

60（特快）从马西莫竞技场、古罗马斗兽场、威尼斯广场、民族大道、共和国广场

62 威尼斯广场、圣希尔维斯托广场、巴尔贝里尼广场

● **圣依溺斯堂**
🏠 Via Nomentana 349
☎ 06-8610840
🕐 9:00~12:00
　 16:00~18:00
休 周日午前、节假日

● **圣涅泽的地下墓地**
🏠 Via Nomentana 349
☎ 06-8610840
🕐 9:00~12:00
　 16:00~18:00
休 宗教的节假日午前、10/23~11/20
💰 € 8
Map p.207
※售票处营业至关门前30分钟。

圣依溺斯堂
Sant'Agnese fuori le Mura

圣阿格纳斯有缘之地

Map p.207

★★

从诺门塔纳大道向前行走约2公里，在树木的尽头处便是圣依溺斯堂。和圣女阿涅泽（阿格纳斯）有关的事我们虽然已经在建造在纳沃纳广场的圣阿格内教堂中涉及了，但是这座位于诺门塔纳街道的教堂为342年，由君士坦丁帝的女儿（或者孙女）建造在圣女之墓上的。7世纪上半期由洪诺留一世进行了重建，之后虽然进行了几次修复，但是教堂中仍旧保留着初期基督教教堂的身影。

面朝诺门塔纳街道的为教堂背后的部分，从15世纪的钟楼和柱廊之间可以看到朴素的后半部分。入口处位于从诺门塔纳进入的圣涅泽

支撑着城镇中人们信仰的教堂

大道 Via di S.Agnese。从铺设着红砖的小前庭进入堂内后，便能看到由圆柱分为的3廊和装饰着拜占庭式马赛克的美丽后阵。从被称为"圣女阿涅泽的荣光" S.Agnese in gloria 的这幅马赛克中可以看出在7世纪罗马中拜占庭式美术所处的位置。从玄关（前室左侧）中可以来到圣涅泽的地下墓地 Catacombe di S.Agnese。

描绘在后阵中的《圣女阿涅泽的荣光》

诺门塔纳街道侧的入口　　地下墓地内部

圣康斯坦萨教堂
Santa Costanza

装饰着美丽的马赛克

Map p.207

★★

圆筒形的上部非常有特色的圣康斯坦萨教堂

● 圣康斯坦萨教堂

住 Via Nomentana 349

☎ 06-8610840

开 9:00~12:00
　 16:00~18:00

※婚礼和宗教仪式时不能参观

圣康斯坦萨教堂中的结婚仪式

　　圣依溺斯堂左邻的圣康斯坦萨教堂也建立于4世纪，最初为君士坦丁帝的女儿（或者孙女）的墓地。不过没多久这里就开始作为洗礼堂使用，最后成为了教堂。环绕墓地周围的两列圆柱和圆筒形建筑墙壁上的窗户非常有独创性，装饰天花板侧面的

精巧又显新的马赛克画

马赛克虽然有着初期基督教特有的标记，但是基本上还是残留着传统的罗马壁面装饰的影响。从白色的背景上浮现出的主题为罗马特有，色彩之间成功地维持着微妙的调和。不过可惜的是，同样覆盖着马赛克的天花板在1620年的修复中被毁坏，无法在今日再次体验这罕见的色彩交响曲。另外，曾经安置在此的君士坦丁的石棺现在展示于梵蒂冈博物馆。

✉ **带上零钱来吧**
　　进入教堂后，在左侧便有用于给马赛克照明的机械。如果投入€0.50的硬币的话，大概可以照明3分钟，其间能够好好地欣赏马赛克。能够使用的只有硬币。

✉ **拜访地下墓地**
　　我前去诺门塔纳街道附近进行了参观。圣涅泽的地下墓地从特米尼车站乘坐巴士约10分钟便可抵达，位于住宅区之中。由于我一直以为地下墓地＝郊外，所以让我很吃惊。随后，只需要在门前等一会，便会从旁边有着美丽马赛克的圣康斯坦萨教堂开始按照地下墓地的顺序进行介绍参观。这里的地下墓地中，骸骨都睡在床上，很有古代坟墓的感觉。
　　另外，这里距离普里西拉的地下墓地仅需徒步走15分钟。这里的壁画非常漂亮。

残留在天花板上的受罗马壁画装饰影响的马赛克

● 普里西拉的地下墓地

Via Salaria Nuova 430
06-86206272
开 8:30~12:00
　 14:30~17:00
休 周一、8/1~8/23
费 € 8

✉ 普里西拉的地下墓地

　虽然这里有块很大的看板，但是入口处并不显眼。打开面朝萨拉利亚街道的大门后，在里面等候。等凑齐一定人数后，便会有导游陪同（只有英语和意大利语）进行参观。如果没有导游陪同的话，便没法进行参观。从这里朝西南方向前进，穿过道路后便能看见一个小人口，从这里可以进入阿达公园。这里的松树都经过精心的修剪，公园内部也非常广阔幽静，埃及大使馆也与公园融为一体。

地下墓地入口的门牌

也可以前往广阔的阿达公园逛逛

ACCESS
如果在库拉提广场（诺门塔纳街道）乘坐巴士的话
86 92 310 前往五百人广场（特米尼车站）
63 前往皮亚门、威尼斯广场、T.银塔广场

普里西拉的地下墓地
Catacombe di Priscilla

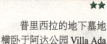
Map p.207

罗马最大的地下墓地

★★

普里西拉的地下墓地横卧于阿达公园 Villa Ada 和萨拉利亚街道的地下，是罗马最广阔也是最古老的地下墓地之一。作为名字的由来的普里西拉可能是被多米提安帝杀害的执政官阿奇雷乌斯·古拉普里奥的子孙。

地下墓地总共为两层，第一层相对而言比较古老，特别是被称为"希腊的礼拜堂"Cappella Greca 的这间由拱门区分为两间的房间中，描绘着《新约》、《旧约》场面的 2 世纪时的壁画让人回味无穷。另外，在附近的埋葬所中能够见到 2 世纪中

残留着 2 世纪壁画的"希腊礼拜堂"

期的壁画《圣母子与依萨亚（Madonna col bambinoe Isaia）》，这也是在地下墓地中描绘的最初的圣母子像，非常贵重。

　在 19 世纪末期的挖掘作业中，发现了有着很多装饰的古拉布里奥一族的埋葬所，从中挖掘出了刻着碑文的石棺。基督教得到公认后，在这些坟墓上建造了圣希尔维斯托教堂 Basilica di S.Silvestro，数名教皇也都埋葬在此。但是现在我们见到的教堂为最近重建的。

描绘在地下墓地中的最初的圣母子像

景点 NAVIGATOR

　参观完毕后，如果天气很好又不赶时间的话，可以前去曾作为狩猎场的、V. 埃马努莱三世曾建馆居住过的、广大的阿达公园 Villa Ada 中进行散步。在高低起伏的地形中，自然与人工相互融合的风景在罗马也非常罕有。另外，在 1943 年 7 月 25 日，墨索里尼在前来这公园内的 V. 埃马努埃莱三世之馆（现在为埃及大使馆）和国王的会谈时被逮捕。

马赛克艺术的看点介绍

1 大圣母教堂 ———— p.78

时刻都因为络绎不绝的旅客和朝圣者非常热闹的大圣堂。装饰着5世纪、13世纪等不同时代的马赛克，能够感受到拜占庭式风格和罗马风格的不同。内部偏暗，由于马赛克都位于较高的位置，所以在鉴赏细部时利用小望远镜比较好。由于在弥撒时会将灯点亮，所以在这前后进行参观比较好。在做弥撒时请注意不要进行参观。

装饰在列柱上的马赛克

2 拉泰拉诺的圣乔瓦尼大教堂—— p.73

来罗马朝圣时绝不能错过的大教堂。虽然在12~13世纪时，罗马马赛克装饰在了许多的教堂和回廊中，不过支撑着马赛克艺术的是瓦萨雷一族与柯斯马一族，回廊上装饰着经由瓦萨雷一族设计的美丽马赛克。另外，在洗礼堂中残留着5~7世纪拜占庭式风格的马赛克。

小拱门上的马赛克非常漂亮

3 圣普拉塞德教堂 ———— p.80

位于小路中的小教堂。外观神圣，内部给人的感觉也非常庄严。中世纪时，这里装饰着被称为"天上的乐园"的拜占庭式杰作。这里比起游客，信徒的数量较多。参观时间较短，由于弥撒时期严格限制游客的入场，所以请在时间充裕时再来参观吧。

拜占庭马赛克的杰作《天上的乐园》

马赛克技术的历史

马赛克技术诞生于希腊，据说已经达到了相当高的层次。传入罗马以后，与地板、墙壁的装饰需求相结合再次得到了发展。4世纪基督教得到公认后，马赛克被用于教会建筑的墙壁、天花板甚至内部的装饰中。虽然这时的背景主要将薄金箔镶嵌在内部形成金色，主题也从世俗的题材变化为表现神的荣光和圣人的德等宗教题材，不过马赛克的表现方式仍旧来源于希腊，其他则继承了罗马的传统。其中最好的例子便是4世纪时建造的圣普兰茨阿纳教堂的内部中的马赛克，可以算是罗马最古老的一例。另外，大圣母教堂身廊上部的墙壁及区分身廊与内部被称为"胜利之门"的拱门中的马赛克为5世纪时的产物，这些马赛克中都残留着立体且自然的表现。6世纪时，由拜占庭式带来其他在样式上以象征主义优先来进行表现的技术后，装饰在教堂中的马赛克便急速变化。场景不再向内延伸，人物也从活生生的人类转变为某种思想象征，这种传统从某种意义上来说也在步入文艺复兴时期后很长时间内支配了西欧的美术。圣普拉塞德教堂的内部（9世纪）的马赛克便受到这拜占庭式美术的影响，在这里圣普拉塞德和她的姐妹普丹茨阿纳一同被描绘成了东方圣女的样子。

● 圣保罗大教堂
住 Via Ostiense 186
开 7:00~18:00
（回廊为 9:00~13:00、
15:00~18:00）

入口的青铜之门

回程的巴士
　23 路返程巴士车站距
离大教堂比较远。从大教堂
正面广场始发的 271 路（仅
限平日）能够回到威尼斯广
场，非常方便。在旁边也有
酒吧，能够在这里休息一下。
这辆巴士也从蒙泰马提尼美
术馆（p.218）前通过。

圣保罗大教堂
San Paolo fuori le Mura

Map p.212

拥有罗马为数不多的美丽回廊　★★

这座大圣堂 S.
Paolo fuori le Mura
是由君士坦丁帝在
圣保罗帝之墓上建
造，386 年进行了
大规模的重建。中
世纪时开始盛行在
圣人和殉教者的有
缘之地进行朝圣后，
这里也成为了其中
之一，前来拜访这
里的人们无一不为

得以重建的建筑物正面

它的宏伟和美丽惊叹。从装饰着彼得卡维里尼的马赛克的建筑物正面穿
过君士坦丁诺普尔建造的青铜之门，内部由 80 根大理石石柱区分为 5 条
走廊，内部的拱门上装饰着拉文纳的美丽壁画。

后阵的马赛克

身为罗马最美
丽的圣堂之一的圣保
罗大教堂，在 1823
年 6 月 15 日 夜晚
因为火灾（因为一
名工匠回去时没有
熄灭篝火，引起了
火灾）而几乎全被
烧毁。现在我们所
见到的，是由贝利、
坎坡雷泽等人重建
后的新建筑。值得庆幸的是，放置在圣保罗墓之上的阿诺尔福·迪坎比奥
的祭坛，还有瓦萨雷特建造的美丽的柯斯马蒂样式的复活节用烛台、威
尼斯派的马赛克装饰着的天花板等都在大火中留了下来，和同样逃过一
劫的青铜之门一起给后世传达了当时圣堂的身影。
　被柱廊包围着的中庭也残留了下来，这是在罗马数一数二美丽
的回廊，亦是作为高
度完成的柯斯马蒂样
式典范的重要存在。

柯斯马蒂风格的美丽回廊

圣保罗大教堂附近

台伯河 Tevere
前往金字塔

修斯塔公园
Parco Ildefonso
Schuster

圣保罗广场
P. le di S. Paolo

Lungot. di S. Paolo

Via Ostiense

圣保罗大道
V. le di S. Paolo

圣保罗大教堂
S. Paolo Fuori le Mura

奥斯提恩塞大道

V. le F. Baldelli

V. Filippi

Via Colossi

L. go
P. Riccardi

L. go L.
da Vinci

M B线圣保罗
S. Paolo

罗马新城 E.U.R.

有意创造的近代都市

Map p.213 A1

位于罗马市南面的罗马新城 E.U.R. 是在 20 世纪 30 年代末期，为了罗马世博会而开始建造的新兴地区。城市的名字 E.U.R. 是采用了 Esposizione Universale di Roma（罗马世博）的开头字母，这次世博会本应该在 1942 年举办，当时的法西斯政权打算将其建造为能显现出其荣光的一大纪念碑，所以将其委托给了以负责设计皮亚秦提尼为中心的建筑师团队来建造。工程虽然于 1938 年开始，但因第二次世界大战而中断，于 1951 年再次开工。目前已经完成，在战争期间放置在那的建筑物得到了修复，周围也接二连三地建造起了新的建筑物，罗马新城仅花费了少许的时间便呈现出了现在的样貌。

以"四方形的古罗马斗兽场"闻名的由圭里尼等人设计的劳动文明

"四方形的古罗马斗兽场"劳动文明馆

ACCESS

🚇 **乘坐地铁前往罗马新城的话**
B 线罗马新城帕拉斯泊兹车站或者罗马新城费尔米车站

🚌 **乘坐巴士的话**
170 从特米尼车站、威尼斯广场、台伯河岸区车站
714 从特米尼车站、拉泰拉诺的圣乔瓦尼广场、卡拉卡拉浴场
671 从蕾蒂罗马广场、卡拉卡拉浴场

● **罗马新城 E.U.R.**
☎ 06-5926166
🕐 7:00~13:00
　 15:00~18:00

✉ **前往罗马新城的话请尽量避开周一**
在罗马新城中，每逢周一美术馆、博物馆都会休馆，商店也休业。所以请尽量避开周一。与其在巴士终点下车，不如在前方的 C.科隆波大道处下车，比较方便。

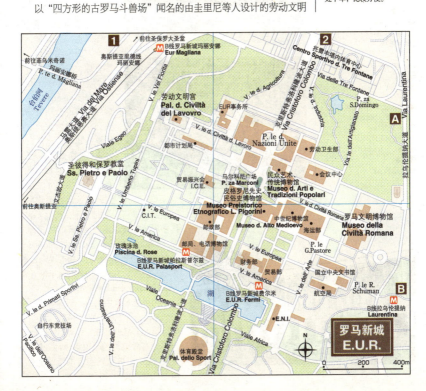

- 皮格罗尼先史、民俗史
  博物馆
  📍 Piazzale G.Marconi 14
  ☎ 06-549521
  🕐 9:00~15:00
  周日、节假日 9:00~13:30
  休 周一
  💰 € 6
  Map p.213 A·B2

- 罗马文明博物馆
  📍 Piazza G.Agnelli 10
  ☎ 06-0608
  🕐 9:00~14:00
  周日、节假日 9:00~13:30
  休 周一、1/1、5/1、12/25
  💰 € 7.50
  与星象馆 Planetario、宇
  宙博物馆 Museo Astronomico
  的通票 € 9.50
  Map p.213 B2

✉ 购买门票时请确认

　　在罗马文明博物馆中，
并设着宇宙博物馆与星象
馆。票也分为通票和单独
票，如果单说"1张票"的
话，是买不到通票的。在购
买时一定要确认。顺便一
提的是，文明博物馆可以从
入口处向右走走。

- 中世纪博物馆
  📍 Viale Lincoln 3
  ☎ 06-54228199
  🕐 9:00~14:00
  周三、周四、周日~19:00
  休 周一、1/1、5/1、12/25
  💰 € 2
  Map p.213 B2

- 民众艺术、传统博物馆
  📍 Piazza G.Marconi 8
  ☎ 06-5926148
  🕐 9:00~19:30
  休 周一、1/1、5/1、12/25
  💰 € 4
  Map p.213 A2

宫 Palazzo della Civiltà del Lavoro，利贝拉建造的会议中心 Palazzo dei Congressi、弗斯奇尼建造的圣彼得和保罗教堂 Ss.Pietro e Paolo 等都是罗马新城的代表性建筑物。另外，罗马新城中还建造了横贯其中心部的人工湖 Laghetto、散步道和小船租借处等设

银白色的圣彼得和保罗教堂

施也非常完善，为让游客能够亲近自然花费了不少功夫。在这座湖的南部，小山丘的顶上建造了体育场 Palazzo dello Sport。被直径 100 米的圆屋顶和高 20 米的玻璃墙壁围绕着的这座建筑物是于 1960 年奥林匹克运动会时由皮埃尔·路易吉·奈尔维设计的，也是他的代表作之一。这里总共能够收纳 1.5 万人，内部进行着拳击、体操竞技、篮球等比赛。

春天里樱花盛开的罗马新城人工湖

罗马的 1:250 的模型（部分）

罗马新城中有几座博物馆，建造在马尔科尼广场的皮格罗尼先史、民俗史博物馆 Museo Nazionale Preistorico Etnografico Luigi Pigorini 除了展示拉齐奥地方的史前时代的展示品外，还展示着非洲、美国、大洋洲地方民族学、宗教学方面的收藏品，非常有趣。另外，罗马文明博物馆 Museo della Civiltà Romana 中用模型展示解说着从罗马起源到 6 世纪为止的发展历史。其中，建筑家伊塔洛·吉斯蒙迪花费 30 年岁月完成的君士坦丁帝时代的罗马 1:250 模型，在参观完遗迹后请一定要前来这里欣赏一下。其他还有皮格罗尼宫内 Palazzo Pigorini 的中世纪博物馆 Museo Nazionale dell'alto Medioevo，还有旁边面向马尔科尼广场的民众艺术、传统博物馆 Museo Nazionale delle Arti e Tradizioni popolari 等博物馆。

　　如果在夏天中的某一天来参观罗马新城的话，带上泳衣是个不错的选择。在平行于人工湖的美国大道 V.le America 的一角处有着被称为"玫瑰泳池"Piscina delle Rose 的被玫瑰园包围着的室外游泳池。

民众艺术、传统博物馆

意大利广场 Foro Italico

纪念罗马奥运会

Map p.215

大理石的运动场

ACCESS

乘坐巴士前往意大利
广场的话

32 从文艺复兴广场

224 从奥古斯都广场（奥
古斯都帝陵墓）、加富尔
广场、地铁 A 线勒班陀车
站旁

280 从加富尔广场、科拉
迪里恩佐大道

　　位于罗马中心街西北处，马里奥山 Monte Mario 脚下的体育中心便是意大利广场 Foro Italico。根据墨索里尼的计划在 1920 年开始动工，在 1960 年的奥林匹克运动会时完成。意大利广场由"大理石像的运动场"Stadio dei Marmi，"奥林匹克竞技场"Stadio Olimpico，"奥林匹克网球场"Stadio Olimpico del Nuoto 3 座建筑组成，附近还有陆上竞技的跑道、国际学生会馆、网球场等建筑，占地面积非常广阔。

　　由 60 座大理石雕像装饰着的"大理石像的运动场"非常耐看。另外，"奥林匹克竞技场"以 1990 年足球世界杯为契机进行了完全的改装，能够容纳的人员数得到了大幅度增加，在周日这里总是挤满了大量的球迷。另一边网球场上，每年 5 月都会举办网球的世界比赛，其热闹程度不输给"奥林匹克竞技场"。

有着美丽的奥林匹克竞技马赛克的意大利广场

215

ACCESS

如果乘坐巴士前往托
洛尼亚别墅的话
90（无轨电车）
36 从特米尼车站
（在 Nomentana/Villa Torionia
或者 Trieste 出发）

● **托洛尼亚别墅美术馆**
住 Via Nomentana 70
☎ 06-0608
开 9:00~19:00
12/24、12/31、9:00~14:00
休 周一、1/1、5/1、12/25
票 卡西诺德雷奇贝特 €4
3 馆通票 €10
售票处位于诺门塔纳街
道侧的入口处（距离巴士车
站最近的入口旁）。
※在特米尼车站前的巴士
站乘坐 90 路在第 4 站 Villa
Torionia，或者乘坐 36 路在第
6 站 Nomentana/Trieste 下车。
庭院免费。各馆的门票
都在入口旁贩卖，可以在庭
院散心时购买。

装饰在猫头鹰亭客用浴室中的
瓷砖

装饰在被列柱包围的浴室墙
壁中的壁画《格拉迪亚》

托洛尼亚别墅 Villa Torlonia Map 地图外
刻有着近代意大利历史的 19 世纪贵族别墅 ★★★

从特米尼站乘坐巴士约 10 分钟，位于市内东北部的托洛尼亚别墅。这些建造在广阔绿色中的白色之馆，除高贵狩猎小屋、亲王狩猎小屋、山小屋风格的猫头鹰亭之外，还有有着剧场、柠檬栽培场、厩舍等设施的庭院总称托洛尼亚

为了庆祝亲成结婚而建造在绿色之中的剧院

别墅，现在作为美术馆对外开放。一般来说，卡西诺 Casino 意为贵族们在郊外建造的用于狩猎的馆，在这里指的是托洛尼亚家的宅邸。

高贵狩猎小屋 Casino Nobile

由朱塞佩于 1802 年着手建造，之后由乔瓦尼·巴蒂斯塔·提埃波罗对建筑物正面进行了大幅度的改修。内部则是由以卡诺瓦为首的艺术家和工匠进行了华丽装饰的空间。踏入玄关后，便来到面向庭院设置着玻璃墙的"舞踏之间" Sala da Ballo，在高达两层楼那么高的墙壁上的

装饰着加富尔雕像的三角形屋顶的建筑物正面

阳台中，设置着管弦乐队的座席，明亮的室内中枝形吊灯散发着光芒。排列有序的白色列柱上有着泥灰装饰，天花板上装饰着帕尔纳索斯的壁画。

由豪华的内部装潢和庭院中的阳光结合而成的华丽空间"舞踏之间"

在这"舞踏之间"的周围，还有几个小房间。各个房间中的装饰也都非常豪华繁奢。

1925~1943 年，这里借给了法西斯政权的墨索里尼，地下设置着防备毒气和爆击的防护壁。墨索里尼女儿的盛大结婚典礼也在这里举行，其豪华的样子可以从馆内的多媒体房间中看到。

猫头鹰亭 Casina delle Civette

1840 年左右，这里由贾贝利设计，作为乳酪农场兼瑞士风格的山小屋，如同藏着一般建造在庭院一角入口之处。被分为一楼和二楼的内部被修建成当时欧洲非常流行的"阿鲁努波"样式（在意大利语种被叫作自由风格 Stile Liberty）。里面装饰着作为标志的彩色玻璃和描绘着如

《夜晚的猫头鹰（Civette nella Notte）》

在宅邸中随处可见身为标志的猫头鹰

客用浴室 Bagno degli Ospiti

同流水般曲线的铸铁、瓷砖、绘画、雕像等。各个房间都有着不同的室内装饰品与自由风格的缜密的细部装饰，其审美意识之高让人惊叹。这是罗马，不，应该是意大利中也非常罕见的自由空间。由于内部收拾得很整洁，所以如果想要体验当时的生活的话，可以好好地进行参观。

在彩色玻璃中，特别不能错过的是《玫瑰与蝴蝶（Rose e Farfalle）》、《葡萄棚（Il Chiodo con Tralci e uva）》、《猫头鹰（Civette）》、《命运的女神（La Fata）》等。

带蜗牛雕刻的优美椅子

▌亲王狩猎小屋 Casino dei Principi

这是当初在别墅建筑物中，作为庭院的中核而建造的建筑物。虽然是一座藏身于绿荫之中的小馆，内部却装饰得非常奢侈华丽。特别是食堂 Sala da Pranzo 的地板上描绘着古代罗马风格美丽马赛克，天花板上描绘着广阔的天空图样，墙壁上描绘以拿波里为首的南意大利风景画。

装饰在入口附近的树荫下的特别雕刻

出口的"四季的楼梯"（Scala delle 4 Stagione）

托洛尼亚别墅庭院图

✉ **近距离感受罗马的近代史**

我在高贵狩猎小屋的多媒体房间中看了录像。通过墨索里尼女儿婚礼上华丽的样子和服装让人感受到时间的穿越。法西斯时代和墨索里尼在其后到底迎来了末日……在二楼的墙壁中还保留着驻留在此的美国士兵留下的，描绘着梦幻般跳舞的女性。这幅画不知为何也让人留下了很深的印象。这是一家就像是浓缩了被近代历史玩弄的人生一般的，美丽且浪漫的美术馆。

ACCESS

Ⓜ 在 B 线加尔巴特拉 Garbatella 下车。从检票口处贩卖报纸的地方往左侧通道走，穿过广阔的旧市场，走过桥后就来到其正面左侧（由于是像工厂一样的出入口，所以请注意）

🚏 乘坐巴士前去的话

㉓ ●从文艺复兴广场、圣彼得广场
●从圣保罗教堂

㉗① ●从威尼斯广场、古罗马斗兽场、金字塔
●从圣保罗大教堂

● **蒙泰马提尼美术馆**

🏠 Via Ostiense 106
（Centrale Montemartini）

☎ 06-82059127

🕐 9:00~19:00
12/24、12/31、9:00~14:00

休 周一、1/1、5/1、12/25

€5.50（与卡比托利欧美术馆的通票为€ 10.50、特别展会时€ 14、7 天内有效）

✉ 前往蒙泰马提尼美术馆的方法

乘坐地铁 B 线在加尔巴特拉下车，沿着报纸贩卖处左侧的通道越过铁路来到车站的对面。现在这里没有市场，沿着工程中的栅栏向右走，在公寓楼拐向左拐穿过道路便到了（横跨过防护栏）。

这里也举办演唱会

也举办演唱会，在春天~初夏以及秋天的周末夜晚，在美术馆的展示室中都会举行演唱会。在独特气氛中举办的演唱会令人印象深刻。有时候也会举办爵士演唱会。

€7，开演 21:00。预售票在美术馆的售票处贩卖。详细请参考🌐 www.centralemontemartini.org 的 Eventi。

容易错过的美术馆入口

218

蒙泰马提尼美术馆
Musei Capitolini Centrale alla Montemartini

Map 地图外 ★★

展示在发电所中的古代雕刻

陈列着历史上的人物的胸像

位于罗马最初的公共发电所中的美术馆。现在发电所已经不再生产，和残留着机械油味的发电机器一起拜访着美丽的雕刻，是一座非常稀有的美术馆。

展示品多为卡比利欧美术馆的收藏品，还有至今为止由于空间原因而无法公开的约 400 件美术品。以极具价值的希腊时代雕刻为中心，标示着罗马时代用于装饰纪念碑和宅邸的雕刻，还有马赛克、装饰品等。在多数的展示品上都标示着其挖掘出的地点，透过它们仿佛能从现代罗马看到古代罗马的风景一般。

《身穿长袍的巴尔贝里尼》，左右为父亲和祖父的头像

下面为大家选出一些绝对不能够错过的作品。在排列着历代皇帝雕像的"柱之间"Sala colonne 中的《身穿长袍的巴尔贝里尼（Togato Barberini）》、《泰赛乌斯（Teseo）》、《小阿古利皮娜和奥兰特（Statua in Basanite di Agrippina raffigura come Orante）》。"博伊拉之间"Sala Caldaie 中主要展示着 19～20 世纪地铁和观光车工程中挖掘出的装饰在罗马时代的宅邸雕刻。装饰在加富尔大道之家 Domus di Via Cavour 中的《悲哀的雕像（Statua di Pathos）》、《休息中的萨提洛斯（Statua di Satiro in Riposo）》，装饰在奥雷利亚城壁中的圣洛伦佐门之家的《和巨人搏斗的萨提洛斯（Satiro in lotta contro I Giganti）》罗曼蒂克的雕像。

拥有着罗马市标章 S.P.Q.R. 的蒙泰马提尼美术馆

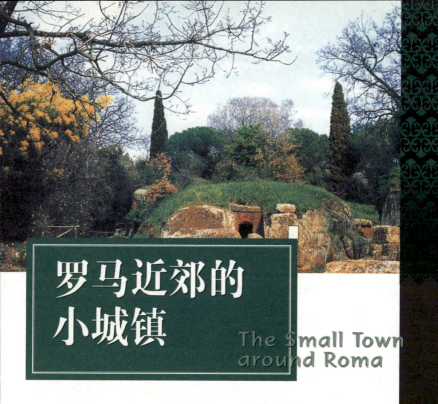

罗马近郊的
小城镇

The Small Town
around Roma

只需稍微乘坐一会儿列车或者巴士就能够来到和罗马风格完全不同的小镇，这便是有着多种风貌的意大利美景。有着蓝色大海的地中海、闪闪发亮的喷泉公园、在绿荫中残留着彩色壁画的地下墓地、如同巨大游泳池一般的温泉等。另外，能够品尝当地引以自豪的红酒和料理也是旅行的一大趣味。在这里列举出的城镇都可以当日返回罗马，所以在时间充足的时候可以前去游玩。

■开展旅行线路的旅行公司
"缪乌"罗马

🏠 Corso d'Italia 39
☎ 06-8414698
🕐 周一～周五 9:00~18:00
🚫 周六、周日、节假日
Map p.26 B3
🌐 www.myushop.net

阿皮亚专线
appian line

🏠 Piazza dell'Esculino 6/7
☎ 06-48786601
🌐 www.appianllne.it

绿色线路
Green Line Tour

🏠 Giovanni Amendola 32
☎ 06-47823713
🌐 www.greenlinetours.com

● COTRAL 服务所

🌐 www.cotralspa.com
📠 800-174471
（意大利国内免费电话）

前往近郊观光很方便
ROMA@PIÙ PASS

　　ROMA PASS 的地域扩大版，能够免费参观两处景点和自由使用市内交通、COTRAL 公司的普尔曼、fs 罗马近郊线路等。如果要前去蒂沃利和切尔韦泰里等地方的话，就省去买错票的烦恼了。

◎ 前往近郊的巴士

　　拉齐奥大区内各地区都由 COTRAL（科特拉尔）公司的蓝色巴士所连接，前往各个目的地的巴士总站不同。

● Terminal Anagnina

　　在地铁 A 线的终点站下车后便能到达。前往阿尔巴诺、刚德鲁夫城堡、弗拉斯卡蒂、古洛塔菲拉塔、简查诺、马力诺、内米等罗马古城景点以及卡西诺、弗洛西诺内等乘坐从罗马开往东南方向的巴士。

● Terminal Tiburtina

　　在罗马 Tiburtina 车站或者在地铁 B 线 Tiburtina 车站下车后便能到达。有前往拉奎拉等的巴士。

● Terminal Ponte Mammolo

　　在地铁 B 线 Mammolo 站下车后便能抵达。有前往蒂沃利等的巴士。

● Terminal Cornelia

　　在地铁 A 线 Cornelia 车站下车后便能抵达。有前往切尔韦泰里、塔奎尼亚、布拉恰诺方面的巴士。

● Terminal Laurentina

　　在地铁 B 线 Laurentina 车站下车后便能抵达。前往拉提纳等乘坐从罗马前往西南方向的巴士。

● Terminal Saxa Rubra

　　乘坐私铁罗马诺尔德线在 Saxa Rubra 车站下车后便能抵达。有前往维泰博、托斯卡尼亚（在奇维塔韦奇亚换乘）的巴士。

在罗马租用汽车　　　　*column*

　　在罗马如果说到兜风的话，在复杂的交通和交通规则下可能有些难度，在罗马市中移动的话利用公共交通和徒步已经足够了。如果前往郊区的话可以考虑租用汽车。能够从沉重的行李、紧迫的巴士和列车的发车时间中解放也是自驾车旅行的一大魅力。

　　如果要在罗马租用汽车的话，一般在机场、特米尼车站进行。从这两个地方的话几乎不用经由城市，能够从环路 GRA 直接进入高速道路 A1（连接意大利南北主要的高速通道）。环路 GRA 就如同它的名字一样，是环绕罗马一大周、拥有 2~3 车道的道路。由于指示牌上都已用号码来表示，所以只要沿着号码和标示行走，要进入普通路和高速路并不会很难。

　　在租用汽车时，可以请工作人员在地图上标上通往目的地最近的环状道路 GRA 的入口和行车线路。工作人员一定会告诉你最简单的线路和方法。在这时也可以确认一下还车时的停车场在哪里。

　　在返回罗马时，一般来说都会配合车辆的返还时间。不过在 GRA 和高速通道出口附近有时会遇到建筑工程或者堵车的情况，所以请做好充足的准备。

加油站是我们找路时的强力伏伴

蒂沃利 Tivoli

Map p.16、p.222

利用华丽喷泉装饰着的城镇

在罗马朝着向东北方向延伸的提布尔提纳街道 V.Tiburtina 的沿线，有着哈德良大建造的拥有美丽别墅、以喷泉而闻名的埃斯特别墅之馆所在的蒂沃利镇。途中经过的蒂沃利矿泉地带是从古代开始出产一种名为"多拉维尔提诺"的石材的产地，从车窗中也能看到露天挖掘的采石场。如果要前去哈德良大帝的别墅餐馆的话，由于途中没有树荫可以遮阳，所以在夏天的话推荐一早就从罗马出发，在变热前参观完返回。

作为古罗马别墅地区的提布尔提纳山中的城镇蒂沃利

埃斯特别墅 Villa d'Este

在 16 世纪中期，因为法国国王弗朗索瓦一世而成为枢机主教的埃斯特 Ippolito d'Este 在下台后隐退至蒂沃利，修道院便委托拿波里出身的建筑家皮罗·利格里奥 Pirro Ligorio 对其进行了改建。馆的内部装饰着 16 世纪罗马派的壁画，走下楼梯参观完装饰着各种喷泉的庭院后，便能来到非常美丽的回廊。

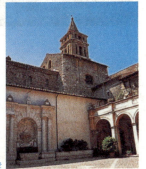

建于 16 世纪的埃斯特家的别墅

从别墅阳台中看到的庭院中的风景非常美丽

前往蒂沃利的方法

从地铁 B 线倒数第二站下车后利用 COTRAL 公司的蓝色巴士会比较方便。该车站的上方便是巴士总站，前往蒂沃利的话，这里也是始发 / 终点站。售票处位于车站内。

前往蒂沃利的巴士每隔 20 分钟发车。拥有两条不同行线路，经由 Via Tiburtina 的话大约需要 1 小时，经由 A24（仅限傍晚）的话大约需要 40 分钟。在某些时间段中可能会被卷入大堵车中，会比想象中花上更多的时间。

前往别墅的话可以在终点前一站的 Largo Nazioni Unite 下车。走下坡道穿过大马路，沿着土特产商店向右走便能来到埃斯特别墅的入口。

✉ 哪辆巴士？

从哈德良别墅返回时，虽然乘坐前往罗马的蓝色巴士的车站和下车时一样，但是车次很少，可以先从反方向的车站回到蒂沃利，再乘坐每 10~20 分钟一班的蓝色巴士返回罗马比较方便。

来到蒂沃利的话，一般都会前去埃斯特别墅和哈德良别墅两处游玩。如果分别购买车票的话将会花费很多钱，在出发前先决定行程线路比较好。

巴士总站位于上层（下层虽然也停着巴士，但这里是车库，有厕所）。巴士的售票处，C.A.T 公司（蒂沃利市营巴士）位于车站内，COTRAL 公司位于内部的酒吧旁。

我是从蒂沃利按照 p.222 中③的方法前往了哈德良别墅。但是这条道路即使有着标识也还是非常难找，道路旁也有前往哈德良别墅的蓝色巴士车站。

🏛 **世界遗产**

埃斯特别墅
2001 年被列入《世界文化遗产名录》

● 埃斯特别墅

🏠 Piazza Trento 5
☎ 0774-312070
🕐 5-8月 8:30~18:45（闭场 19:45）
　9 月 8:30~18:15（19:15）
　10 月 8:30~17:30（18:30）
　11 月 ~ 次年 1 月
　8:30~16:00（17:00）
　2 月 8:30~16:30（17:30）
　3 月 8:30~17:15（18:15）
　4 月 8:30~18:30（19:30）
🚫 周一、1/1、5/1、12/25
💶 €8　Map p.222

从蒂沃利前往哈德良别墅一共有 3 种方法。巴士车站都位于加里波第广场 P.za Garibaldi 前方。

①乘坐橙色的市巴士 C.A.T.4 路，或者乘坐 C.A.T.4X，所需时间约 10 分钟，每 30 分钟发车，周日、节日的话大概 1 小时发 1 次车，末班车为 13:00，请注意。车票能够在巴士车站马路对面的酒吧中购买。

②乘坐 COTRAL 公司的蓝色巴士经由普雷内斯提纳前往罗马，或者经由哈德良别墅前往古伊德尼亚 Villa Adriana-Guidonia。（6:15~20:10 之间，每 35~60 分钟发车）

不管是①还是②都在哈德良别墅下车后，沿着道路走下坡道 700~800 米后便能看到入口。

③乘坐 COTRAL 公司频繁发车的前往罗马的蓝色巴士 在 Via Nazionale Tiburtina 的 Hotel Padovano 前下车，沿着标识行走约 2 公里。但是，这条道路很狭窄，车流量也很大，另外，考虑到参观时还需要在哈德良别墅广阔的领地中行走，所以并不推荐。

✉ 演奏的时间是？

风琴的喷泉演奏于 10:30 开始，约持续 2 小时。

■ 喷泉 Fontane ★★★

从阳台沿着楼梯向下走，经过据说是由贝尔尼尼建造的皮奇埃罗内喷泉 F.na di Bichierone 后便能来到百座喷泉小道 Viale delle 100 Fontane。被苔藓和藤蔓覆盖着的雕刻群和利用水建造出的景象让人印象非常深刻。在这条小路的两端分别配置着被称为椭圆的喷泉 F.na dell' Ovato 和洛梅塔 Rometta 古代建筑物缩小版的喷泉。从中央向下走经过龙之喷泉 F.na dei Draghi 后就能来到 3 座水池处。再往前走一段路程后向右走就能来到豪快的音乐风琴喷泉 F. na dell'Organo Idraulico，至今还利用水力在演奏着风琴。

百座喷泉小道

椭圆的喷泉

庭院中的花朵争相开放

● 大圣母教堂　S.M.Maggiore

在埃斯特别墅的入口所在的托伦托广场 Piazza Trento 中建造着一座于 16 世纪时再建的教堂。内部的右侧廊中有着 15 世纪的基督处刑的雕刻 Crocifisso、身廊处有着由 Jacopo Torriti 创作的 13 世纪圣母的祭坛画，

罗马的喷泉（洛梅塔喷泉）

左侧廊中装饰着巴多罗买·达·西恩纳的 3 对祭坛画。

散发着异彩的喷泉点缀着庭院（丰饶女神喷泉）

● 格列高利教皇的别墅 Villa Gregoriana ★★

有名的风琴喷泉

19 世纪前期由教皇格列高利十六世整顿的庭院，以阿涅内河瀑布为中心构成的。内部以眺望这个瀑布的展望台和西比拉洞窟为首，人工配置着各种瀑布和洞窟，从在对岸出口处能够看到建造在岩石上的维斯塔神殿 Tempio di Vesta。这座圆形的神殿由 10 根科林斯式的石柱围绕着，于公元前 1 世纪左右时建造。在其旁边是正面拥有着 4 根爱奥尼亚式石柱的西比拉神殿 Tempio della Sibilla。〔如果别墅关闭着的话，可以穿过格列高利斯后沿着向右延伸的西比拉路前进，穿过餐厅（西比拉）后便能抵达这两座神殿。〕

● 格列高利教皇的别墅

🏛 Largo S.Angelo/Piazza Tempio di Vesta（入口）

☎ 06-39967701

🕐 3 月、10/16~11/30
　　　　　　　　10:00~14:30
4/1~10/15
　　　　　　　　10:00~18:30
12/1~2/28 只要完成预约便能够参观

休 星期一、1/1、12/25

💰 € 5（家庭票 4 人以内 € 12）

Map p.238

✉ 美丽的埃斯特别墅

当时我便被装饰着喷泉的庭院给深深吸引住了。虽然由于交通不便，前来观光的人较少，但是我觉得我来得非常值得。可以随着罗马的巴士观光旅行车前来。

● 蒂沃利温泉

🕐 周二、周五 9:00~12:00

💰 收费

☎ 0774-453550

乘坐 COTRAL 的巴士在 Bagni di Tivoli 下车，总共有 6 家左右酒店。水温 24℃。

蒂沃利温泉

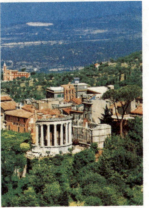

绿色中美丽的西比拉神殿

景点 NAVIGATOR

从罗马前往蒂沃利的途中经过的提布尔提纳街道沿线，蒂沃利温泉的水温是 24℃，含有硫黄成分，虽然作为泳池在夏天有着很高的人气，不过除此之外还具有疗养、皮肤保养、妇科病、呼吸器官保养、治疗肠胃病等疗效，所以前来治疗的人们也非常多。

哈德良别墅 Villa Adriana

寂静的哈德良大帝的别墅是罗马皇帝的别墅中最大的一座

哈德良别墅
1999 年被列入《世界遗产名录》

● 哈德良别墅
住 Via di Villa Adriana 204
☎ 0774-382733
开 5-8月 9:00~18:00（闭场19:30）
　 9 月 9:00~17:30（19:00）
　 10/1~10/29
　　　 9:00~17:00（18:30）
　 10/30~1月
　　　 9:00~15:30（17:00）
　 2 月 9:00~16:30（18:00）
　 3/1~3月的最后周六
　　　 8:30~17:00（18:30）
　 3月的最后周日~4月
　　　 9:00~17:30（19:00）
休 1/1、5/1、12/25
票 €8（特别展会时€10）
Map p.6、p.224　p.225

　　哈德良大帝在其治世期间视察完罗马帝国的领土返回罗马后，打算将在旅途中看到的美丽建筑物和景观再现出来，于是便开始建设这座别墅（118年）。在 130 年大致完成，虽然这里成为了建造着集合了希腊和埃及构思的美丽建筑的疗养地，但是哈德良帝却在 138 年染病过世。在他之后的皇帝虽然也造访过这座别墅，但是没过多久便被众人所遗忘，最终在蛮族的入侵中遭到了破坏。在意大利统一后，终于正式开始了挖掘作业。在 1999 年被指定为联合国教科文组织的世界文化遗产，现在已经开始了大规模的修复作业。到现在这里还是和周围的自然融为一体，让前来拜访的人能够暂时感受到美好的古代之梦。

　　从售票处沿着树林间的小道前进便能来到停车场和酒吧。在酒吧旁边有着展示着别墅全体模型的房间，所以在出发时先把握好整体的线路比较好。

前往学院、阿波罗神殿
橄榄树森林
Roccabruna
遗迹（塞拉皮斯神殿）
Ninfeo
卡诺蓬斯
Canopo
博物馆
Museo
仓库・商店（兵营）
Pretorio
玄关之间
Vestibolo
大浴场
Grandi Terme
小浴场
Piccole Terme
养鱼场
Peshiera
拥有半圆形墙壁的建筑
百间小房
Cento Camerelle
多利斯式附属柱之间
Sala dei Pilastri Dorici
遗迹
消防员宿舍
Caserma dei Vigili
佩奇莱
Pecile
黄金广场
P.za d'Oro
食堂　浴室、厕所等
哲学家之间
Sala dei Filosofi
酒吧
宫殿的遗迹
Ninfeo di Palazzo
专用图书馆
Biblioteca Privata
小岛别墅（海上剧场）
Villa dell'Isola
(Teatro Mariittimo)
停车场
皇帝的宫殿
Palazzo Imperiale
图书馆的中庭
Cortile delle Biblioteche
希腊语图书馆
Biblioteca Greca
赫斯皮塔利亚
Hospitalia
拉丁语图书馆
Biblioteca Latina
提姆佩楼
Padiglione di Tempe
皇帝的食堂
Triclinio Imperiale
距离入口200米
提姆佩阳台
Terazza di Tempe
费提之馆
（管理事务所）
Casino Fede
维纳斯小神殿
Ninfeo ,Tempietto di Venere
希腊剧场
Teatro Greco
距离出口200米
体育馆
Palestra

0　　100　　200m

哈德良别墅

■ 佩奇莱　Pecile　★

在希腊语中，斯托亚佩奇莱指的就是被称为彩色回廊的矩形柱廊（232米×97米）。中央有一片很大的池，在西侧沿着柱廊排列着很多小房间。这些大概是用作仓库、警备人员的寝室场所。另外，位于泊其列一角处带有后阵的正方形房间便是被称为"哲学家之间"Sala dei Filosofi 的读书室。

佩奇莱

■ 小岛别墅（海上剧场）　Villa dell'Isola　★

被称为"海上剧场"的这座别墅是一座被柱廊包围着的圆形建筑物，在它的中心以绕池的形式配置着一些小房子。

大浴场

伊欧妮亚式的圆柱非常美丽

■ 小浴场与大浴场　★★

在佩奇莱东南方有一座大型的罗马式建筑和三方被圆弧形的墙壁围绕着的，可能是用于聚餐的房间。圆柱的柱头非常美丽。再接下来我们能看到大小两座浴室中被半圆形的墙壁围绕着的浴槽和非常美丽的拱顶。

■ 卡诺普斯　Canopo　★★★

在人工造成的山谷间，有着以被称为卡诺普斯的细长形池子和其深处的埃及塞拉皮神殿 Serapeum 构成的遗迹。池子由周围的圆柱和圆柱上优美的拱门围绕着，在它们下面排列着雕像，其中的一部分已经得以复原。另外，在卡诺普斯的前方有一座小型的博物馆 Museo，里面展示着挖掘出土的文物，里面由希腊雕刻家菲狄亚斯创作的《亚马逊女战士（Amazzone）》的摹刻非常值得一看。

✉ **巴士车票 其1**
连接彭特曼莫罗和蒂沃利的 COTRAL 公司的蓝色巴士会在哈德良别墅的附近停车。如果运气好的话，能够一直来到目的地前。车票从彭特曼莫罗到哈德良别墅需要 €2，从哈德良别墅到蒂沃利需要 €1，从蒂沃利到彭特曼莫罗需要 €2。只要在彭特曼莫罗的售票处买1张€1，2张€2的车票的话，就不用担心车票问题了。

✉ **巴士车票 其2**
前往蒂沃利的话，B.I.R.G.（p.231）的 3 ZONE€6 的 1 日票非常方便。能够利用 COTRAL 公司的蓝色巴士、地铁、巴士。只需写上姓名和使用日期便能使用了。

4座代替圆柱的女神雕像给人印象深刻

225

夏天利用大浴场上演歌剧

■ 仓库·商店　Pretorio

被分为 3 层，由狭窄的拱墙区分开的一群建筑物应该是当时的兵营，当时虽然被称为普雷托里奥，不过现在已经变成了储藏库。

返回刚才的大小两座浴场遗迹后，登上东侧的斜坡便能来到广阔的遗迹群中。

■ 黄金广场　Piazza d'Oro

被称为黄金广场的这座广场曾经被 60 根石柱环绕着，内部有一个八角形的房间。

■ 皇帝的宫殿　Palazzo Imperiale

除了几个房间和进行政治活动的广间外，还包括从黄金广场到图书馆为止巨大的建筑群。以中庭为中心，周围配置着多利斯式的附属柱之间 Sala dei Piastri Dorici 和宫殿附属的罗马式建筑 Ninfeo di Palazzo。

● 蒂沃利的 ❶ P.I.T
住 Piazzale Nazioni Unite
☎ 0774-313536
🕐 10:00~13:00
　 16:00~18:00
休 周一
Map p.222

皇帝的宫殿中残存的多利斯式柱门

■ 图书馆　Biblioteche

面向被称为"图书馆的中庭"Cortile delle Biblioteche 的矩形广阔的中庭，排列着希腊语和拉丁语的两座图书馆。沿着中庭东北处边界的是内部被区分为 10 个小房间的被称为赫斯皮塔利亚 Hospitaria 的建筑物，作为客室使用的这些房间的地板上还留有马赛克。

■ 提姆佩阳台
Terrazza di Tempe

在图书馆的东北方向，有一座 3 层的能够眺望到非常美丽风景的揌姆佩楼 Padiglione di Tempe。再往前走，在广阔的绿树丛中的一角处有一座阳台，下面便是提姆佩山谷。

■ 维纳斯小神殿
Tempietto di Venere

在位于提姆佩的阳台一段，残留着一根据说是祀奉维纳斯的神殿的圆柱。管理事务所就在附近。

从维纳斯小神殿中眺望到的风景非常美丽

■ 希腊剧场　Teatro Greco

再往下走，便能够见到左侧利用斜坡建造的希腊式的圆形剧场。经过这里后再走不远就能返回别墅的入口。

奥斯蒂亚古城
Ostia Antica/Ostia Scavi

古代罗马首屈一指的贸易港

Map p.6、p.228~229

能够想象出古代罗马人生活的景象，保留了旧时风貌的奥斯蒂亚古城遗迹

公元前4世纪时，作为罗马的城塞都市而建造的奥斯蒂亚古城。这座拥有5万余人口的繁荣小镇最终被台伯河运来的土沙所埋没，落下了约800年的帷幕。在1909年的挖掘工程开始之前，这被土沙所埋没的城镇还很好地保存着当时的风貌，其知名度之高，可以和庞贝与埃蒂克拉诺齐名。

城镇在罗马发展的同时也是海军的重要据点，另外伴随着领土的扩张，海上贸易也得到了更进一步的发展。军人、政府人员、商人、工匠、伴随贸易而来的外国人和从其他国家带来的奴隶也都居住于此，城镇中也建设着信仰罗马以外神灵的场所和兵营、食堂、居住场所等。在公元前1世纪，这里被城壁包围着形成了一座都市，在帝政时代时，这里建造了广场和剧场等建筑物。但是，在1世纪中期，由于台伯河河口已经堆积了大量的土沙，所以大型船只很难靠岸，于是克劳迪斯帝便在现在的菲乌米奇诺建造了新的港口。随后这里与其说作为港湾都市，更像是作为行政的中心地进行了发展，但是从事货物搬运的劳动者们都迁移到了新的港口，这里的居民便只剩下了政府人员与贵族，城镇从此走向了衰退。4世纪时，这里便完全变成了废墟。

站在能够感受到海风的场所，眺望着眼前广阔的草原和罗马遗迹，绝对能让人感到无与伦比的浪漫。

地板上的马赛克保存得很好

前往奥斯蒂亚古城的方法

经地铁B线换乘奥斯蒂亚古城线（间隔15~30分钟）后在Ostia Antica站下车。总共需要大约40分钟。

从车站沿着前方的道路前进，然后左拐。徒步大约5分钟。

● 奥斯蒂亚古城

🏠 Viale dei Romagnoli 717
☎ 06-56352830
🕐 3月最后周日~8/31
　　　　　　　　8:30~19:15
　　9月　　　　8:30~19:00
　　10/1~10月最后的周六
　　　　　　　　8:30~18:30
　　10月最后的周日~2/15
　　　　　　　　8:30~16:30
　　2/16~3/15　8:30~17:00
　　3/16~3月最后的周六
　　　　　　　　8:30~17:30
　　（入场到关门前1小时为止）
🚫 周一、1/1、12/25
💰 € 6.50

入口处请注意

入口、售票处为罗马门Porta Romano。罗马门为奥斯蒂亚古城的正门，与共和政时代（79年）与城墙一起建设。通往门的两侧排列着公元前3~前2世纪的墓地和墓碑。

✉ 推荐的景点

在奥斯蒂亚古城的遗迹内，奥斯蒂亚博物馆Museo Ostiense旁有着一家咖啡厅。这里也设有自台，能够一边眺望遗迹，一边舒适用餐。旁边的音乐商店内的商品种类非常丰富。

走出车站右前方便能看到城堡。沿着壕沟顺时针行走便能看见附属在城墙上的大门，内部有着小规模的城镇和城堡Castello di Giulio Ⅱ。在城堡中10:00和12:00时有2次导游陪同的参观服务。城内的风景也非常漂亮，非常有趣。如果来到奥斯蒂亚古城的话，不来城堡参观的话就太亏了。

🏠 Piazza della Rocca,Ostia Antica
☎ 06-56358024
🕐 10:00、12:00
🚫 周一、1/1、5/1、12/25

德克马诺马西莫

消防员中庭神殿中"悠久"的马赛克

经过修复过的在夏天上演古典剧的剧场

海水浴

在奥斯蒂亚古城遗迹附近的奥斯蒂亚海对罗马人来说便是一座天然的海水浴场。每逢7/8的周末，车辆会非常混杂，如果在6、9月份的话，便可以悠闲地在海边度过1天。这里更衣室、淋浴、遮阳伞、躺椅等设备也一应俱全。

可以搭乘前往遗迹的电车在 Lido Centro 站下车。

■ 德克马诺马西莫　Decumano Massimo

以罗马门为起点朝直线方向延伸的广阔道路，便是横穿城镇的主要道路德克马诺马西莫。当时这条路上排列着重要的建筑物、商店还有富人们的宅邸等。进入罗马门后，左侧的维多利亚广场 Piazzale Vittoria 中，能够见到密涅瓦神的雕像（1世纪）。

■ 海神浴场　Terme di Nettuno

遗迹会以此命名是因为从阳台中眺望到的特比达里乌斯（温浴场）遗迹中有着海神的美丽的马赛克，在这旁边还能看见由列柱围绕着的运动场。

■ 消防员宿舍　Caserma dei vigili

这里是消防员常驻的宿舍，中庭中现在还残留着柱廊的一部分、皇帝雕像的台座和马赛克等。

离开这里返回浴场的遗迹后，再沿着丰塔纳大道前进就能来到商店的遗址，在到达德克马诺马西莫之前能够见到当时的酒吧 Caupona。

■ 剧场　Teatro　★★

这座圆形的剧场虽然是由奥古斯都帝建造的，不过在塞维鲁帝时代进行了完全的重建。外部的柱廊和座席因为要作为露天剧场使用而得到修复。

■ 同业组合广场　P.le delle Corporazioni　★

位于剧场内部的广阔广场，当时这里周围被2列石柱所围绕着，其下方排列着以售卖武器的商店为主的各种商店和工坊。中央残留着大概是用于祀奉收获之神凯雷斯的神殿祭坛遗迹。

■ 阿普列乌斯之家
Casa di Apuleio

这座房子是当时的宅邸之一，在它旁边是被称为塞特斯费雷 Sette Sfere 的太阳神礼拜堂 Mitreo，里面还残留着集会时使用的小间。在这两座建筑物的南面是在祭坛上有着4座小神殿的公元前2世纪的四神殿 Quattro Tempietti 遗迹。

■ 酒吧　Thermopolium

这座有着大理石的吧台和水果等食物壁画的场所是当时提供热饮的酒吧遗迹。

■ 奥斯蒂亚博物馆　Museo Ostiense　★

这座博物馆中展示着从奥斯蒂亚古城中挖掘出的各种文物，里面包含着以希腊雕刻的贵重摹刻品为主的各种马赛克和壁画等。（9:00~16:00）

■ 卡皮托利姆神殿和公共广场　Capitolium e Foro

城镇中最大的这座神殿是与罗马坎皮多里奥山上的神殿一样祀奉着朱庇特、尤诺、密涅瓦的

皇帝的宫殿

计量食料储存・太阳神殿

塞拉皮斯的公共住宅
Insula di Serapide
七贤者浴场
Terme dei Sette Sapienti
战车随从的公共住宅
Insula d'Aurighi

附有庭院的房子

图拉真帝
双子神之家　Schola del T
泉水之家
海滨门　P. ta Marina
落雷之家
涅普利真科技之墓
距离菲乌米奇诺机场5公里
距离里德公里
古代的海岸线　马尔怡纳浴场

3 神。于 2 世纪中期建造，如今还残留着的只有墙壁的一部分、楼梯、前中廊的石柱和弗利兹的断片等。在德克马诺马西莫对面神殿前的是广阔的公共广场（Foro），能够在此看到柱廊中的几根石柱，在广场一角有着 1 世纪的罗马与奥古斯都帝神殿 Tempio di Roma e Augusto，能够看到《胜利者罗马的雕像（Roma Vincitrice）》。公共广场东侧巨大的遗迹便是浴场的遗址 Terme del Foro，西侧则是会堂 Basilica。

■ 丘比特与普塞克之家　Domus di Amore e Psiche

从共和政时代的神殿前通过后，便能来到被称为"丘比特和普塞克之家"的帝政时代后期（4 世纪）的宅邸遗迹。其中残留着马赛克与大理石的装饰，是体现当时富裕阶层良好居住环境的范例。在这附近还有着太阳神的浴场遗迹，在其地下还残留着集会所。

■ 七贤者浴场　Terme dei 7 Sapienti

这里有装饰着狩猎场景的马赛克的美丽广间。

■ 图拉真帝信徒会　Schola del Traiano

这里可能是船木工的同业者组建的建筑物，中央残留着水池，有着圆柱环绕的庭院。

■ 公共广场浴场　Terme del Foro

这壮大的遗迹被称为公共广场浴场，也是城镇中最大的浴场设施。

■ 五谷丰登女神之家　Casa della Forutuna Annonaria

这里也是帝政后期贵族住宅的范例，内部大理石的地板、马赛克、壁画、雕刻等装饰让人仿佛能够见到当时的样子。

从卡比托利欧眺望到的风景

图拉真信徒会中拥有喷泉的中庭

古代的沿河地区

台伯河 Tevere

丘比特和普塞克之家
Domus di Amore e Psiche

克列斯神殿
Tempio di Cerere

普特克斯克斯的浴场

同业组合广场
P. le d. Corporazioni

停车场

阿普列乌斯之家
Casa di Apuleio

奥斯蒂亚博物馆
Museo Ostiense

太阳神礼拜堂
Mitreo

小市场

艾帕伽纳纳仓库

装饰有绘画的公众住宅
Insule di dipinti

卡皮托利乌姆神殿
（3 神的神殿）
Capitolium

谷物仓库

消防员宿舍
Caserma dei Vigili

守护神之家

洞穴
Thermopolium

四神殿

海神浴场
Terme di Nettuno

粮食仓库

马车棚浴场

元老院

德马诺马西真 Decumano Massimo

剧场
Teatro

罗马门
Porta Romana

大会堂

英雄雕像广场

公共广场
Foro

洗衣所

墓地遗迹群
Via d. Tombe

圆形剧场
Tempio Rotondo

公共厕所

五谷丰登女神之家
Casa della Forutuna Annonaria

赫尔丁希尼斯的
粮食仓库

P. le d. Vittoria
V. Ostiense

圆形神殿之家

公共广场浴场
Terme del Foro

贵丽奇西莫的
阿波罗礼拜堂

罗马与奥斯都帝神殿
empio di Roma e Augusto

圆柱之家

磨粉场

小柱廊/门之家

雷神朱庇特之家

鱼之家

贝罗纳神祀奉者的居住区域

马赛克壁画之家

灯台的浴场

阿提斯神的祠堂

动物的太阳神礼拜堂

罗马礼拜草原

贝罗纳神殿

马古纳马特尔神殿

拉乌莲缇酮门

城地城墙
Cinta Sillana

希拉城墙
Cinta Sillana

全景大道　Strada Panoramica

0　　100　　200m

奥斯蒂亚古城遗迹

距离城市
500 米
距离车站
600 米

229

B.I.R.G. 票在罗马郊外观光时非常方便的车票。除了罗马市内交通（地铁、观光车、巴士）外，还能在1天内自由乘坐区域内COTRAL公司的普鲁曼、fs铁路。区域总共分为7块，前往切尔韦泰里为2区域€4.50、蒂沃利、罗马古城为3区域€6、塔奎尼亚为5区域€9。车票能在COTRAL公司的汽车总站或者特米尼车站地下的地铁通道中的KIOSK（卖报纸处）中购买。

罗马古城 Castelli Romani

Map p.66、p.230

罗马时代的避暑地

距离罗马东南方向约25公里处便是阿尔巴诺的丘陵地带 Colli Albani，从古代开始这里便风光明媚，拥有着舒适的气候，并且利用从附近的斜坡上采取的葡萄制作的红酒远近闻名。罗马古城为这一带

从刚德鲁夫城堡眺望到的阿尔巴诺湖的景色非常美丽

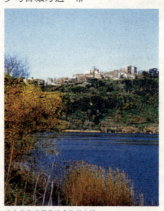

从内米湖畔望见的真扎诺小镇

的总称，遍布在曾经的火山口和斜坡上。位于正中央的阿尔巴诺湖 Lago di Albano 和内米湖 Lago di Nemi 两座湖都是火山口遗迹。罗马古城从古代罗马时代开始便作为避暑胜地深受很多皇帝与贵族们的喜爱，中世纪以后的混乱期，罗马的贵族和游历者移居到此地的人也慢慢开始增多，随后便形成了城镇。所以请一定要前来参观一下至今仍在葡萄和橄榄田间遍布，拥有美丽的别墅和城镇的罗马古城。

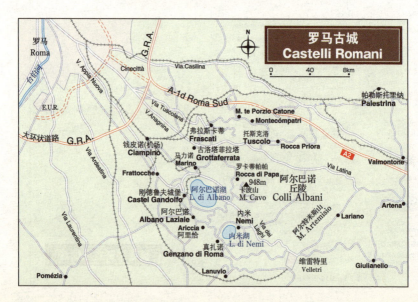

● 弗拉斯卡蒂　Frascati　★

即使在罗马古城中也位于最北方，以其冠名的白葡萄酒和阿尔多布兰迪尼别墅 Villa Aldobrandini 非常有名。从马尔科尼广场 Piazza Marconi 的阳台中能面向罗马享受眺望的乐趣，在这里也存在着旅游咨询中心，所以从这里开始在城镇中游玩比较好。需要注意的是，现在阿尔德布兰迪尼别墅对外开放参观的只有庭院，而且需要在信息中心处取得许可。面向圣彼得广场 Piazza S.Pietro 的教堂建于16~17世纪，其中由丰绰纳建造的建筑物正面非常有名。另外，附近的耶稣教堂 II Gesu 是由彼特达克卢特那设计的（17世纪）。在城镇中存在着售卖特产白葡萄酒的酒吧弗拉斯卡蒂。

阿尔多布兰迪
尼别墅

● 古洛塔菲拉塔　Grottaferrata　★

位于阿尔巴尼丘陵西北斜坡处的古洛塔菲拉塔镇以11世纪时创建的希腊修道院的僧院 Abbazia di Grottaferrata 而闻名。1004年由希腊的修道士圣尼罗 S.Nilo 建造于罗马的遗迹之上。15世纪时由德拉罗贝雷枢机主教添加了城壁与塔。第二座中庭位于圣玛利亚教堂 S.Maria（1024年创建，一部分于18世纪时改建），钟楼也为13世纪时的产物。内部为会堂样式，总共为3廊。在身廊与内阵的交界处的"胜利的拱门"上能够见到13世纪的《圣灵降生（Pentecoste）》的马赛克，而主祭坛处的拜占庭样式的圣母子像则要追溯到12世纪时。另外，在附属的圣尼罗的礼拜堂 Cappella di S.Nilo 中装饰着多梅尼克的壁画（17世纪初）。

● 马力诺　Marino

位于阿尔巴诺湖的北面，每年10月初第一个周日举行的葡萄酒节 Sagra dell'Uva 非常有名。从马提奥提广场的穆尔人喷泉 Fontana dei Mori 中不断涌现出葡萄酒。在城镇中央的圣巴尔巴拉广场 Piazza S.Barbara 中有着视野非常不错的阳台，同名的教堂创建于17世纪。

● 罗卡蒂帕帕　Rocca di Papa

位于卡波山 Monte Cavo 以北由古道和建筑物组成的风景非常有情趣。从中央的共和国广场 Piazza Repubblica 处能够望见被称为拜仁人地区 Quartiere dei Bavaresi 的古老区域。上方的艾森塔教堂 Assunta 中装饰着14世纪锡耶纳派的圣母像。

前往弗拉斯卡蒂的方法

从地铁 A 线的 Anagnina 车站出来后在巴士总站乘坐 COTRAL 的巴士大概需要20分钟。大约每隔30分钟一班车。铁路可以从特米尼车站一直乘到弗拉斯卡蒂，需要30分钟。

巴士在城镇中心的马尔科尼广场停车。从铁道站登上旁边的楼梯，便是马尔科尼广场。

Map p.6

● 弗拉斯卡蒂的
🛈 I.A.T
🏠 Piazza G.Marconi 3
☎ 06-9420331
🕐 8:00~13:00
仅限周二、五 15:00~18:00 也营业
🚫 周日、节假日

● 阿尔德布兰迪尼别墅
（仅限庭院）
开 9:00~13:00
15:00~18:00
冬季午后 15:00~17:00
休 周六、日、节假日
💰 免费
※ 需要先在信息中心取得参观许可。
从城镇中心徒步约15~20分钟

● 希腊修道院
开 夏季 8:00~19:00
冬季 8:00~15:00
休 周一

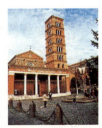

希腊修道院的僧院

古代罗马船博物馆
- Via del Tempio di Diana 15
- ☎ 06-9398040
- 🕐 9:00~19:30
  周日 9:00~13:00
- 休 1/1、5/1、12/25
- 💰 €2

● 内米　Nemi

内米位于耸立在内米湖旁的悬崖之上，残留着古代城镇的气息。面向中央广场的鲁斯泊利官 Pal 是一座文艺复兴样式的建筑，从庭院一角的岩石上能够望见眼下的内米湖。从内米镇附近的森林中采集

内米湖博物馆与罗马时代的船模型

到的野生草莓非常有名，每年 5 月初都会举办草莓节 Sagra delle Fragole。

✉ **真扎诺的名产是面包**
　在真扎诺镇中留有着很浓的古代城镇的风貌。城镇到处飘着烧柴火的香味，给人一种非常怀念的气氛。这里的名产便是用柴火烤出的面包和用猪肉加工的生火腿与马腊肠。道路旁好几家店中都挂着生火腿。这附近到了春季异常美丽。

● 真扎诺　Genzano di Roma　★

位于火山口湖内米湖西面斜坡上的便是真扎诺小镇，城镇的中心为弗拉斯科尼广场 Piazza Frasconi。贝拉鲁迪大道 V.Berardi 是一条略微倾斜的步行道，上面建造着 S.M. 德拉奇马教堂。每年复活节后 60 天的圣体节 Corpus Domini 时，都会在这条道路上铺满花的地毯，举办有名的花节 Infiorata，吸引很多人前来观看。

另外，内米湖在古代被称为"狄安娜的镜子"，至今在湖畔上还留着祀奉女神的圣域遗迹，在古代罗马船博物馆 Museo delle Navi Romane 中，展示着从湖底打捞上来的罗马时代的船的模型（真品于第二次世界大战中被德军放火烧毁）。船推测是卡里裘拉帝时代的产物，用于在湖上进行祭祀狄安娜神的仪式。

● 阿里恰　Ariccia　★

阿里恰镇位于两座湖的中间，至今还能看到古镇的气息。城镇中心

白葡萄酒的名产地——罗马古城　　*column*

罗马古城一带从很久以前开始便以盛产葡萄酒闻名。另外，从海面上吹来的风使得这里即使在夏天也非常凉爽，从罗马时代开始这里便是有名的避暑胜地。

丘陵的斜坡上种植着葡萄，在公元前 5 世纪时，这里便已经在举行祀奉葡萄守护神朱庇特的节日。这个节日虽然在形式上有所改变，但是至今还保持着传统，到了 19 世纪时，人们继承了名为"奥特普拉特"的野餐习惯，在 10 月天气晴朗的日子里，为了庆祝葡萄的收成与新的葡萄酒的生产而整天都在外面度过。

在丘陵斜坡上零星点缀的小镇中，至今还有着被称为"弗拉斯凯特"fraschette 的酒吧。人们带着料理在细长的桌子上就座后，便点单放在酒桶中的自家酿造的葡萄酒，一边吃喝，一边谈天说地，度过一段快乐的时光。弗拉斯凯特的名字，是从以前酿造葡萄酒的家门上都

会挂上一段月桂树的树枝中而来。

另外，每年 10 月第一个周日，在阿尔巴诺湖附近的马力诺中都会举办盛大的葡萄酒节，在马格奥提广场和圣巴尔纳巴广场的喷泉处，当地的年轻人都会身穿民族服装挥舞着"黄金之水"，由于在罗马的各地都有着许多热爱葡萄酒的人，所以节日的场面非常热闹。

在康提纳中，能够品尝到特产葡萄酒的弗拉斯卡蒂

的共和国广场 Piazza Repubblica 是由贝尔尼尼所设计，是一座装饰着两座喷泉、充满魅力的小广场。面向广场处建造着基吉宫 Pal. Chigi 与 S.M. 德拉森兹·奥教堂 S.M.dell' Assunzione，在这座教堂的后阵中有描绘着《圣母升天（Assunzione）》的 17 世纪壁画。另外，城镇入口处的阿里查桥（Ponte di Ariccia）约高 60 米，全长 300 米，是由比奥九世于 19 世纪中期架设的。

● 阿尔巴诺　Albano Laziale　★★

阿尔巴诺中残留着许多罗马时代的遗迹。S.M. 德拉罗通达教堂 S.M.della Rotonda 就如同它的名字一样是一座圆形的法国教堂，是利用罗马时代的罗马式建筑建造的，钟楼为 13 世纪古罗马风格样式的建筑。奇斯特尔诺内

罗马时代的遗迹——普雷托利亚门

Cisternone 为现在仍在使用的地下贮水槽，是塞维鲁帝（2~3 世纪）为了给驻留在此地的罗马军进行水源补给而挖掘的。另外，根据传说，Tomba degli Orazi e Curiazi 的坟墓就在城镇外。要前去以上 3 个地方参观的话需要先前去市立博物馆 Museo Civico Albano Laziale 进行申请才行。市立博物馆位于菲拉莱奥利别墅中，展示着从周边地区挖掘出的先史文明和伊特鲁里亚文明的出土文物。北面的遗迹被称为普雷托利亚门 Porta Pretoria，是于塞维鲁帝时代作为军队驻扎地的正门而建造的。

● 刚德鲁夫城堡　Castel Gandolfo　★★

位于阿尔巴诺湖西面高台处的便是刚德鲁夫城堡，因为里面有着教皇的"夏之离宫" Palazzo Pontificio 而有着很高的人气。教皇宫面朝普雷比西托广场 Piazza del Prebiscito。广场中有着贝尔尼尼所作的喷泉，夏天时咖啡店也会设置出露天的桌椅。圣托马佐教堂 S.Tommaso 是由贝尔尼尼于 17 世纪中期建造的，内部摆设着科尔托纳和拉吉的作品。另外，在教皇宫的右侧有一展望台，能够从高处俯瞰阿尔巴诺湖。每到夏天，就会有很多从罗马来的人前来设有阳台的餐厅。

贝尔尼尼的喷泉为其添彩的普雷比西托广场正面能够望见教皇的"夏之离宫"

如果要取得罗马附近的信息的话
可以到罗马省旅游咨询中心
A.P.T. Provincia di Roma
🏠 Via XX Settembre 26（罗马）
☎ 06-421381
🕐 9:00~13:00
　 15:00~17:00
🚫 周六、周日、节假日
Map p.27 C3

贝尔尼尼设计的喷泉和 S.M. 德拉森兹·奥教堂

市立博物馆
🏠 Viale Risorgimento 3
☎ 06-9323490
🕐 9:00~12:30
　 周三、周四 16:00~19:30
　 每月第 1 个和最后的周日
　 9:00~12:30
💰 € 2.50

切尔韦泰里和塔奎尼亚的伊特鲁里亚遗迹
2004年被列入《世界遗产名录》

前往塔奎尼亚的方法

● 铁路

从罗马特米尼站乘坐 fs 线前往皮萨的列车在塔奎尼亚下车。大约需要1小时20分钟。大约每隔1小时1班车。从车站到城镇乘坐迷你巴士大约只要10分钟（€0.60）。在车站出口处有巴士车站，列车的发车时间基本上和这里相符。

● 蓝色巴士

在地铁A线科尔内利亚站上的巴士总站中乘坐COTRAL公司的蓝色巴士前往奇维塔维奇亚的车辆，在终点站下车，换乘经由塔奎尼亚的蓝色巴士。从罗马乘车需要2小时30分钟～3小时。每隔30分钟～1小时1班车（平日15趟、周日及节日2趟）。

❶ 位于巴士抵达的广场的对面。上面记载着巴士的时间，在利用时需要好好查看。

从罗马出发的车票

B.I.R.G.（→p231）、€9，非常方便且经济实惠。到塔奎尼亚单程 fs 线只需 €4.50（＋迷你巴士€0.60）、蓝色巴士€5.90

● **塔奎尼亚的 ❶**

🏛 Piazza Cavour 23/ Barriera S.Gusto
☎ 0766-849282
🕐 夏季 9:00～13:30
　　　 17:00～21:30
　　冬季 9:00～13:00
　　　 16:00～19:00
Map p.235 B1

海边也非常有趣的塔奎尼亚

国立考古学博物馆由于伊特鲁里亚的关系，在质与量方面在罗马都屈指可数。馆内展示着瓶绘与赤绘的壶与盘，还有各种饰品，也重现了墓地遗迹群的景象。不过墓地遗迹群还是自在一趟比较欣。在欣赏草原地下色彩缤纷的动物与人物的同时，也能够忠实地了解到他们的生死观与丰富的生活。

另外，在火车站前方有着一片海滩，夏天有很多平民前来这里度假。在海边的餐厅中能够品尝到新鲜的海鲜。

● **国立考古学博物馆 ❶**

🏛 Corso V.Emanuele
☎ 0766-856036
🕐 8:30～19:30
🚫 周一、1/1、复活节的周日、5/1、12/25
💰 €6（和墓地遗迹群的通票为€8。当天有效）
Map p.235 B1

伊特鲁里亚镇
残留着墓地遗迹群

塔奎尼亚　Tarquinia ★★★

在奇维塔维奇亚以北，从沿着海岸线的奥雷利亚街道V.Aurelia稍微行走一段路程便能来到塔奎尼亚镇。在山丘上发展的这座小镇有着非常悠久的历史，至今还残留着中世纪时期的身影。另外，在城镇的东面有着伊特鲁里亚时代的墓地遗迹群，对历史和考古学有兴趣的话请一定要前来一看。

国立考古学博物馆所在的维特雷思齐宫

维特雷思齐宫 Pal. Vitelleschi 位于城镇的入口处，是一座总共有3层的文艺复兴初期（15世纪前期）的建筑。在这

在美丽的中庭中也摆放着展示物

里设置着国立考古学博物馆 Museo Archeologico Nazionale，一楼展示着墓石与石棺，二楼展示着弗雷兹的一部分的《飞马（Cavalli Alati）》、希腊还有当地塔奎尼亚的壶，三楼则展示着"战车竞技"及从"托里库尼奥"之墓为首的墓地遗迹群中搬运来的壁画等。

城镇西侧郊外的 S.M 迪卡斯特罗教堂 S.M.di Castello 是历经12~13世纪初建造的古罗马风格样式的教堂，拥有装饰着美丽的柯斯马蒂样式的马赛克的入口（12世纪中期），3廊式的内部也给人一种非常庄严的感觉。祭坛的天盖也是同时期的产物。

另外，在城镇的中心有马提奥提广场 Piazza Matteotti，在其身后便是中世纪的地区。有13世纪的古罗马风格、歌德样式的圣庞库拉齐奥教堂 S.Pancrazio、Ss. 安努恩兹埃塔教堂 Ss.Annunzaiata、古罗马风格样式的圣玛尔提诺教堂 S.Martino（13世纪）、普里奥里宫 Pal. dei Priori（13世

带翅膀的飞马的浮雕显现了伊特鲁里亚艺术的顶点

墓地遗迹群。在小屋的地下保存有残留着壁画的墓

纪）等建筑物，古屋与城镇组成的景观让人印象非常深刻。另外，在小镇东面的圣弗兰切斯教堂 Francesco 也是于 13 世纪末期时建造的。

墓地遗迹群的东面 2 公里处有一座绿色的山丘，公元前 8~ 前 4 世纪时繁荣过的古代塔奎尼亚都市便在这里。这里的墓地遗迹群和切尔韦泰里不同，建造在地下。虽然在这里已经确认了从公元前 7 世纪到罗马共和政时代为止的 600 余座坟墓，但是为了保存，这

描绘着乐器奏者的"斑豹之墓"的壁画

描绘着狩猎和捕鱼情景的墓中壁画

里每年对外公开的坟墓都有所改变。大多数的墓地都装饰着色彩鲜艳的彩色壁画，是能够了解到伊特鲁里亚人世界观的贵重资料。主要的坟墓有"男爵之墓"（公元前 6~ 前 5 世纪），描绘着跳舞的人的"卡尔达雷利之墓"（公元前 6 世纪后期）、"狩猎和捕鱼之墓"（公元前 6 世纪前期）、描绘着乐器奏者的"斑豹之墓"（公元前 5 世纪），描绘着希腊神的"奥尔科之墓"（公元前 4~ 前 3 世纪）等。

🏨 塔奎尼亚的酒店
Hotel Tarconte ★★★
客房的地板上贴着玛由卢卡陶瓷，给人一种温暖的田园感觉。早餐厅中的景色也非常好，也有住宿客专用的沙滩。设备非常现代化，非常舒适。
🌐 www.hoteltarconte.it
📮 Via della Tuscia 19
☎ 0766-856141
📠 0766-856585
💳 Ⓐ Ⓓ Ⓜ Ⓥ
🛏 53 间 含早餐
💰 Ⓢ €55/115 Ⓔ €90/135

前往墓地遗迹群的方法
在 🛈 的前方每隔 20~40 分钟都会有免费的接送车。
如果要徒步前去的话，可以从 🛈 所在广场前的大路 Corso V.Emanuele 爬上坡道，在市政厅前向右拐 Via Porta Tarquinia，穿过城门沿着 Via Ripagaretta 直行后在左侧便能见到。大概需要 10 分钟。

● 墓地遗迹群
🔓 夏季 8:30~19:30
　冬季 8:30~14:00
🚫 周一、1/1、复活节的周日、5/1、12/25
💶 €6（和国立塔奎尼亚博物馆通票€8）
Map p.235 B2 外

✉ 塔奎尼亚信息
国立考古学博物馆二楼的 SALA6 中的绘画器皿很有一观的价值。

距离第勒尼安海不远处，内陆上的切尔韦泰里镇曾经被称为卡埃莱，是拉齐奥为数众多的伊特鲁里亚人的都市中最为繁荣的商业都市之一。由于离海很近，所以得到地理的优势进行海上贸易得到急速发展的这座城镇，在公元前 7 世纪时达到了鼎盛期，但是在公元前 4 世纪时开始逐渐衰退，最终在失去制海权后完全失去了活力。

有着圆锥形屋顶被称为托姆罗的坟墓

坟墓中的样子

古代地区的中心为圣玛利亚广场 Piazza S.Maria，被包含中世纪的城壁（一部分为伊特鲁里亚时代）的城塞、新圣玛利亚教堂、16 世纪的鲁斯泊利宫 Palazzo Ruspoli、12 世纪的古城 Castello 包围着。

现在，这座城成为了国立切利泰博物馆 Museo Nazionale Cerite，里面陈列着从切尔韦泰里中挖掘出的和伊特鲁里亚文明有关的重要资料。在访问墓地遗迹群文明前可以事先获取一些知识。一楼陈列着公元前 9~ 前 6 世纪的作品，能够在这里看到从附近的索尔波 Sorbo 和阿坝托内 Abatone 的坟墓群中出土的文物。二楼展示着公元前 6 世纪后半叶到公元前 1 世纪的作品，除了阿提卡样式的赤绘和黑绘的陶器外，还陈列着石灰岩的石棺和阿拉巴斯塔之棺等。

离城镇约 2 公里处的死者之镇墓地遗迹群 Necropoli della Banditaccia 位于邦迪塔恰山 Colle della Banditaccia 上，沿着道路建造的坟墓就像是房屋一样排列着，就和它的名字一样形成了一座小镇。在这里虽然有着公元前 7~ 前 1 世纪的坟墓，但是切尔韦泰里的墓地遗迹群中能见到最多的还是在凝灰岩挖掘成的圆形的土台上安置圆锥形的屋顶的被称为托姆罗 tumulo 的坟墓，据说这是伊特鲁里亚人住所的再现。在赛珀尔库拉雷大道 V.Sepolcrale 沿边，以墙壁上残留着利用泥灰描绘的日用品浮雕的"浮雕之墓" Tomba dei Rillievi 为首，有着很多耐人寻味的坟墓。

在"浮雕之墓"中，能够看见用品的喷漆浮雕

维泰博 Viterbo
教皇深爱的中世纪城镇

残留着很多喷泉的维泰博

由石砖和许多喷泉点缀而成的中世纪的城镇维泰博。被 7 扇门和城壁包围着的这座小镇还留有很强的中世纪色彩，对深爱古代意大利的人们来说非常有魅力。

维泰博的起源是于伊特鲁里亚时代，随后，达到繁荣是在中世纪时。在 12 世纪到 16 世纪期间，多数的教皇都移居至此，有的教皇在这里出生，也有的教皇在这里迎来了死亡，然后又选出新的教皇。为此，维泰博也被称为"教皇之城"Città dei Papi。另外，由于维泰博位于通往罗马的朝圣者之道卡西亚街道的中继点而迎来了许多朝圣者，再到了 13 世纪，从欧洲来了许多艺术家、哲学家、政治家、知识分子，这里也成为了文化的中心地。

每年 9 月 3 日夜晚，都会举行被称为"圣罗莎的机械节"Macchina di S.Rosa 的活动，由将近 100 人抬着用彩灯装饰着的大型塔在城镇中行走，和周围的古镇形成了一种独特的气氛。其他在这里还举办着古钟表市场和巴洛克艺术节、古董市场等，一年四季都有许多人前来拜访。

前往维泰博的方法

如果利用蓝色巴士的话，可以在地铁弗拉米尼奥车站旁的私人铁路罗马诺尔德线乘坐。

在萨克沙卢拉 Saxa Rubra 下车，在站台附近的萨克沙卢拉总站乘坐巴士。大约需要 90 分钟。巴士大概每隔 20 分钟 1 班车，比较频繁。另外，乘坐这个私人铁路也能前往维泰博。如果利用列车前往维泰博的话，大约需要 2 小时。

乘坐铁路 fs 线的话，可以在特米尼车站搭乘罗马奥尔安科纳线（一部分前往佛罗伦萨的线路也可以）在奥尔德换乘，需要 1 小时 30 分钟~3 小时。从奥斯提恩赛站也有前往维泰博的列车。

下车站请注意！

在维泰博中有 2 处 fs 线的车站（普尔塔罗马娜车站与普尔塔费奥伦纳车站）与罗马诺尔德线的车站。蓝色巴士从普尔塔费奥伦纳车站附近的巴士总站发车。城壁向南北约 2 公里，东西约 1.5 公里。在城镇的各处都能够看见零星所在的景点，如果要在城镇中散步的话，不管在哪里下车差别都不是很大。如果已经订好酒店的话需要确认下车的站台。

教皇的温泉 Terme dei Papi　　　*column*

位于火山带的维泰博也以温泉之城而闻名，从古代罗马开始便深受人们的喜爱。历代教皇为了追求各种疗效而在这里浸泡过身体便是"教皇的温泉"的由来。现在这里已经成为酒店的温泉设施。以占地 2000 平方米的露天温泉浴场为首，在这里具备着洞窟桑拿、美容沙龙等各种温泉疗法的设施。

不同的场所的深度和温度都有所不同。可以选择适合自己的地方放松

对生活在维泰博的人来说，周末的温泉浴场就好像是城镇的广场一样、是和友人聚会、谈天说地的社交场所。

（前往方法）在维泰博市内，从城壁内的马尔提利迪翁盖里亚广场 Piazza Martiri di Ungheria 乘坐前往特尔梅的 2 路巴士大约需要 20 分钟。巴士大约 1 小时 1 班车。如果前去温泉的话，可以

维泰博附近零星点缀的露天温泉

在罗马北侧的 Piazza Mancini（Ponte Duca d'Aosta）8:30、14:30 发车、特尔梅 13:15、18:00 发车的接送服务（往返€ 8）。所需时间 15 分钟。（→ 圆，p.240）

🏠 Strada Bagni 12　☎ 0761-3501

💻 www.termedeipapi.it

🕐 温泉泳池 9:00~19:00、周六 21:30~ 次日 1:00
温泉养生馆 7:00~19:00

休 温泉泳池 周二

费 平时€ 12、周日、节日前一天€ 18、周六夜晚€ 20

※ 泡温泉请穿上泳装。

● 维泰博 ❶
住 Piazza dell'Oratorio 1
　多利亚潘菲利宫内
☎ 0761-291000
🕐 8:00~14:00
休 周六、周日

● I.A.T
住 Via Ascenzi 4
☎ 0761-325992
🕐 10:00~13:00
　周一～周四 15:00~18:00
休 周日、1/1、12/25

● 圣洛伦佐圣堂
开 8:30~12:00
　15:30~17:30

位于圣洛伦佐广场中的 13 世纪的教皇之馆与装饰用拱门

在教皇之馆下方的法乌鲁山谷中上演着挂旗者的演出

城镇的中心是圣洛伦佐广场 Piazza San Lorenzo。整座城镇中历史最悠久的这座广场位于防御力坚固的山丘上，在伊特鲁里亚时代这里安置着墓地遗迹群，在中世纪时这里是宗教与政治的中心地，如今圣洛伦佐圣堂与教皇之馆依旧俯览着这座城镇。

教皇之馆 Palazzo dei Papi 是于 1255~1267 年作为教皇的住所而建造的，是维泰博歌特样式的最高杰作。特别是装饰在开廊的纤细圆柱和装饰用拱门都是维泰博的象征。13 世纪时，在这座教皇之馆中发生了教皇选举的逸事。1270 年，因为在经过 2 年教皇选举的讨论后依旧无法选出新教皇而倍感焦急的维泰博市民，将负责选举的枢机主教"锁进" Cum clave 了这座馆中，更将会议室的屋顶拿走，限制其用餐等手段强迫其迅速选出教皇。最后，终于在长达 33 个月的史上最长的讨论后，选出了新的教皇。

圣罗萨节 Trasporto della Macchina di Santa Rosa *column*

祀奉维泰博的守护圣女圣罗萨的节日，于每年 9 月 3 日举办。被称为"圣罗萨的机械"

扛着"圣罗萨的机械"法基尼

Museo della macchina di S.Rosa
住 Via San Pellegrino60　☎ 0761-345157
🕐 4/1~9/30 周二～周日 10:00~13:00
　16:00~19:00
　10/1~3/31 周五、周六、周日 15:00~17:30
🎫 免费

的巨塔高 28 米，重 5 吨。抬着巨塔的都是城镇中的大力士。这是只有一边奔跑将这巨塔抬上抬下，一边奔跑进行比赛的 100 人才能获得的宗教和传统上极具名誉的职责。

在节日当晚，旧城区的灯将会全部熄灭，在黑暗中，装饰着 828 支蜡烛的巨塔将会伴随着宏大的音乐阵容在城镇中行走。在闪烁的烛光中被照亮的城镇宛如中世纪绘画中的一个场景一般。

在圣佩雷古里诺大道中，有着圣罗萨的机械的博物馆，每隔 5 年这里都会通过展示的新的"机械"的模型和照片，介绍这个祭典。

9 月 3 日夜晚，Macchina di Santa Rosa 在狭窄的旧街道中行走

在教皇之馆前的是 12 世纪时建造在祀奉海格力斯的神殿遗迹和圣洛伦佐圣堂 Catterale di San Lorenzo。现在我们所见到的建筑物正面于 1570 年由冈巴拉枢机主教建造。侧面横条样式的美丽建筑是 14 世纪时的建筑。内部良好地保存着 12 世纪时的古罗马风格样式的原样，由装饰着奇妙柱头的圆柱排列成了 3 廊式，地板上还残留着马赛克。后阵中有 12 世纪末期的板绘《卡尔博纳拉的圣母（Madonna della Carbonara）》。

走出圣洛伦佐广场后在左侧立刻能见到的便是法尔内塞宫 Palazzo Farnese。这是法尔内塞家出生的教皇保罗三世（1539~1549 年在位）少年时代居住过的场所，进入略显黑暗的中庭后，便能沉浸在中世纪的气氛之中。

越过石造的圣洛伦佐桥，穿过一座小广场后便能来到中世纪的城镇中心圣佩雷古里诺大道 Via San Pellegrino。在铺设着石板的狭窄道路两端建造着塔状的住宅，带有拱门、二连窗还有高架桥的房子，仿佛是时光倒流到中世纪了一般。在 5 月，整条道路都会被花草树木点缀着，成为色彩鲜艳的舞台。

在残留着古代风貌的圣佩雷古里诺大道中间位置的圣佩雷古里诺广场中最引人注目的便是贵族家族住宅中的典型，13 世纪的阿雷桑多里宫 Palazzo degli Alessandri。其最有特征的便是优雅的外侧楼梯和带有拱门的阳台。被称为普罗菲尔 Profferlo 的外侧楼梯会根据宅邸主人的权力增加高度，成为更加宏伟的建筑物。如今在旧城区各个地方还都能看到，其中 Via Saffi 的波西亚宅 Casa Poscia、Via dell'Orologio Vecchio 的马扎托斯塔宅 Palazzo Mazzatosta，特别雄伟。

除此之外，在旧城区中还有值得一见的便是普雷比西托广场 Piazza Plebiscite。作为中世纪以来政治中心地的这座广

刻着为重建工程鞠躬尽瘁的冈巴拉枢机主教名字的建筑物正面

残留着中世纪气氛的圣佩雷古里诺地区

14 世纪的波西亚宅前被称为普罗菲尔的石制外侧楼梯

"外侧楼梯"为开放的表现。在这里即使是谈话也能非常愉快

维泰博的酒店

Ⓗ 托夏 Hotel Tuscia
★★★

距离车站 400 米。在中世纪的地区中具有一定规模的温馨舒适的酒店。从阳台能眺望到很美的风景。

🌐 www.tusciahotel.com
读者优惠 住宿 3 晚以上优惠 1%。
🏠 Via Cairoli 41
☎ 0761-344400
📠 0761-345976
Ⓒ Ⓐ Ⓓ Ⓜ Ⓥ
🛏 35 室有早餐
SB €44/50　TB €68/76

Ⓗ 迪帕皮 B&B dei Papi

位于中世纪地区和教皇之馆之间幽静的 B&B。被藤蔓包围着的古宅只配置了 5 个房间，能度过一段悠闲的时光。虽然为 3 层建筑物，但是内部只有楼梯，所以请不要携带太多的行李。

读者优惠 10%
🌐 www.bbdeipapi.it
🏠 Via dei Ginnasio 8
☎ 0761-346451
📠 0761-346451
Ⓒ Ⓜ Ⓥ　SB €70　TB €100
SU €120　含早餐

✉ **前往教皇温泉的方法**
我的方法 1

　　在萨库撒路巴拉车站有COTRAL公司运营的前往特尔梅的巴士。如果不打算在城镇中观光的话，就可以不用换乘。温泉泳池中不需要携带泳帽，而且周围也有草坪，所以带上可以铺垫的东西会很方便。午餐时只需在泳装上披一些衣物，在咖啡厅中用手指着菜单点菜就可以了，非常简单。质和量都非常不错，非常满足。每人只需€10左右。

　　可以在去时买好返程的车票。在特尔梅周边和从巴士司机手中无法购买。所以返程的线路需要在去时确认好。顺便一提的是，我是乘坐16:15的巴士返回罗马的。

✉ **我的方法 2**

　　地铁A线的Valle Aure Lia车站和fs线的Valle Aure Lia车站相连，乘坐fs线只需不到2小时便可以抵达维泰博。从维泰博前往罗马的车票可以在维泰博的普尔特罗马娜车站中的酒吧购买。

　　前往教皇的温泉可以乘坐从Piazza di M.Ungheria广场（当地人称之为Sacraio）发车的2路车。巴士的车票虽然在车内也可以购买，但是价格较高，所以在香烟店等地方事先购买好来回的车票比较划算。

　　在特尔梅如果要保管贵重物品的话，需要自带锁。

场，其周围装饰着诉说维泰博深厚历史的建筑物。现在作为市政厅使用的普里奥里宫Palazzo dei Priori创建于15世纪。从建筑物内部的中庭中能够见到美丽的风景。另外，内部的"王之间"Sala Regia中有改修后重现美貌的16世纪的壁画，描绘着维泰博镇的起源。（需要参观的话只需要和市政厅的守卫打声招呼便可以入场）

　　从圣佩雷古里诺大道向北行走约100米便是圣玛利亚努欧瓦教堂S.Maria Nuova，这是11世纪时创建的古罗马风格样式的城镇中最古老的教堂之一。在建筑物正面的左侧，有着圣托马斯奎纳斯进行说教的说教坛，内部残留有以三幅祭坛画为首的13~14世纪的绘画杰作。

　　另一方，在城镇东侧的城壁外建造着市立博物馆与S.M.德拉维利塔教堂。市立博物馆

伊特鲁里亚时代公元前4世纪的石棺

普里奥里宫宫廷中16世纪的美丽壁画

Museo Civico的一楼展示着从维泰博周边出土的伊特鲁里亚的美术品。楼上则为美术馆，除皮恩波的作品外还展示着德拉罗皮亚一族的特拉克特等作品。

享受一下意大利乡村生活吧

　　通过留宿能够很好地了解到这个国家的生活和文化，所以在留宿时期便是了解意大利文化的绝好机会！留宿处离维泰博很近，位于旁邻的托斯卡纳州和翁普利亚州的边界，充满了自然、历史和传统，有建造在富饶土地上的乡村之家。可以前去参观维泰博县的史迹（Viterbo、Tarquinia、Bagnala、Bomarzo、Civita di Bagnoregio、Orvieto、Lago di Bolsena、Caprarola、Terme dei Papi），进行意大利语的旅行会话课程、意大利家庭料理讲座、参观葡萄酒酿造以及参观橄榄榨油场等，可以根据需要组成相应的计划。根据季节，还能参加栗和橄榄的收获体验、使用自家栽培的果实制作自制果酱等乡村代表性的料理。

尝试曼玛的点心制作

住 Contrada Montagna.21B 01038 Soriano nel Cimino（VT） URL www.italiatuscia.com

巴尼亚　　　　　　　　　　　　Bagnaia

水与绿交融

兰特庄园　Villa Lante

　　残留着浓重的中世纪色彩，石砖色的巴尼亚镇的中心便是兰特别墅。16 世纪初，里亚里奥枢机主教作为狩猎场用高大的围墙围了起来，在此之后的枢机主教们都如同竞争一般开始争相建造起喷泉的庭院。以拥有被称为维尼拉的杰作的喷泉和盆栽的美丽意大利庭院为中心，背后为占地 22 公顷的森林 Parco。从入口进入后，展现在眼前的便是仿佛刺绣一般美丽的修剪过的盆栽，在中心位置的四角水池中央，有安置着黑色雕像的"正方形的喷泉"Fontana del Quadrato，别名 Quattro Mori。

意大利庭院和其背后广阔的巴尼亚村落

如同刺绣般经过精心整修的庭院

将台伯河与佛罗伦萨河拟人化的"巨人庭院"

　　在喷泉的右侧，左右对立地建造着冈巴拉馆 Palazzina Gambara 与蒙特尔托馆 Palazzina Montalto 两座馆。其中除了 16 世纪的壁画外，还留着有礼拜堂和枢机主教的居室等，在冈巴拉馆的一楼能够参观其中一部分。

　　走上右侧的楼梯便能够看到整体的风景。以这座小山丘为舞台零星点缀着几座喷泉。"巨人喷泉"Fontana dei Giganti 的两侧横卧着将罗马的台伯河与佛罗伦萨河拟人化后的两座巨大石像。"锁之喷泉"Fontana della Catena 为利用自然高低建成的水路，上面雕刻着冈巴拉枢机主

可以参观的冈巴拉馆的内部

将美丽的巴洛克艺术发挥到极致的"锁之喷泉"

教的纹章——龙虾。再往上部则是八角形的古典样式的"海顿的喷泉"Fontana dei Delfini。被藤蔓覆盖的古洛塔风格的"洪水的喷泉"Fontana del Diluvio 等。

　　水从位置最高的"海豚喷泉"自然而然地流向"锁之喷泉"、"巨人喷泉"和周围的绿色互相衬托着实在是非常美丽，让人能深刻地感受到装饰喷泉在意大利语中为何为"水的游戏"Giochi d'acqua 的意思。

● 兰特别墅

住 Via Jacopo Barozzi 71

☎ 0761-288008

开 4/16~9/15
　　　　　　　　　　　　8:30~19:30
9/16~10/31、3/1~4/15
　　　　　　　　　　　　8:30~17:30
11/1~2/28
　　　　　　　　　　　　8:30~16:30

休 周一、1/1、5/1、12/25

费 € 5

前往兰特庄园的方法

　　在维泰博市内，城壁内的 M. 翁盖里亚广场 Piazza Martiri d'Ungheria 乘坐开往巴尼亚的市营巴士 6 路在终点站下车。巴士大约每隔 1 小时 1 班车。在城镇中心广场旁有着许多土特产商店的小路中有入口与售票处。Map p.16

241

波玛索 Bomarzo

神圣森林的童话

怪兽庭院 *Parco dei Mostri*

　　16世纪时，贵族科拉德（维奇诺）奥尔西尼为了显示自己的财富和权力而建造的巴洛克庭院。以出自拿波里出生的皮罗丽格里奥之手的众多怪奇的石像而闻名。

　　身为地方贵族的奥尔西尼为何会想到建造这么奇特的庭院呢，其实有诸多说法。有人认为这是邪恶的森罗万象具象化而成的产物，也有人认为这是将幻想和惊异的表现发挥到极致的巴洛克艺术的新阶段，也有人认为这是对自己未知事物的一种窥视。

到处都有着奇怪巨像的巴洛克庭院

　　这片长满枝繁叶茂的树木，而且受到精心布局的神圣森林中，有着一座公园。在入口附近，便是最适合野餐的地方，越过小河后，便能看见四处都是小型瀑布中飞溅出的水沫。入口左侧有着头顶球的"绿色的小丑" Proteo Glauco，高台处则建造着"神殿" Il Temoio。继续往森林深处走的话，便会有越来越多的奇妙建筑物出现在我们的视线里。比如像打穿巨岩后建造的，几乎能够吞下一个人的"地狱之口" La Bocca dell'Illferno、"象" L'Elefante、吹奏喇叭的少女雕像乘坐的"龟" La Tartaruga、"龙" Il Drago，如今已和绿色同化，布满青苔的"海神之像" Nettuno，仿佛能听到其号叫声的"巨人之战" Lotta frai giganti 等。

庭院中非常有名的"地狱之口"。嘴有人那么大

　　而最让人感受到这座庭院的神髓的，便是"倾斜之屋" La casa pendente 了。在外面看似乎没有什么奇怪之处，但是一旦进入内部便会丧失平衡感，无法直线行走，让人感到一丝不可思议的恐怖感。

　　建造当时，这座充满了不寻常的梦想和惊喜的庭院深深地吸引了众多的学者，对此产生了无数的话题。但是如今在柔和的日光下，这里也展现出一片和平的景象。

似乎能够听到咆哮声的"巨人之战"

● 怪兽庭院
☎ 0761-924029
开 4/1~10/31
　　　　　　　8:30~19:00
11/1~3/31
　8:30~ 日落前一小时
费 €9
4~18 岁€7
4 岁以下免费

前往怪兽庭院的方法

　　在维泰博的铁道 fs 站附近 COTRAL 公司的巴士总站中乘坐前往奥尔特 Orte 的巴士，在波玛索下车。大约 30 分钟。巴士会在村前国道的路边（大约每 1 小时 1 班车）和村子的教堂前停车（1 天约 8 班车）。要前往公园的话，可以登上村子中心的坡道，然后从停车场前的楼梯 Via del Lavatorio 下去。从教堂前出发的话约 15 分钟。

Map p.6

首先，迎接我们的是"绿色的小丑"

✉ **从罗马前往怪兽公园**

　　我从罗马出发，当天往返。要参观公园内部的话，大约花费 1 小时就足够了。但是，从罗马市内到公园，即使路况良好，最少也要花费 3 小时以上，有时花费 5 小时也是正常的。如果错过 1 班电车或者巴士的话就需要等很长时间才行，所以请事先调查好换乘的线路和时刻表。另外，在雨天等气候不好的日子，或者盛夏的太阳底下，太阳下山过后等时候，从城镇前往公园的行人很少，请一定要小心。一定要准备好充足的时间。

　　春天和秋天的时候，公园可能会作为小学生远足场所，非常热闹。波玛索是一座残留着古代风情的村子，到公园需要走过一段山路。如果留宿在维泰博或者租借汽车的话会方便不少。

Restaurant Guide

食在罗马

餐厅
Restaurant Guide

区域 1　从威尼斯广场到古罗马广场、古罗马斗兽场周边

吉杰特
Giggetto al Portico d'Ottavia

◆位于原犹太人街，于 1923 年创业已经延续三代的家族餐厅。罗马风格犹太料理的老店。前菜为炸得很脆的犹太风味油炸洋蓟 Carciofi alla Giudia，请一定要品尝一下。 尽量预约

Map p.31 A4
住 Via del Portico d'Ottavia 21/A
☎ 06-6861105
营 12:30~15:00、19:30~23:00
休 周一、7 月的第 3、4 周
预算 €40~70（座席费 €1.50）、套餐 €50
CC A D M V　交通 奥塔维亚诺列柱旁

皮佩尔诺
Piperno

◆位于原犹太人地区，1860 年创业的犹太风格料理店。比较推荐的是自制手工意大利面和传统的油炸料理等。鱼料理也非常充实。店位于很有风味的小路上，气氛比较安静。

Map p.31 A4
住 Via Monte dei Cenci 9
☎ 06-68806629
营 12:45~14:20、19:45~22:20
休 周日夜晚、周一、8 月、圣诞节到新年、复活节
预算 €50~75　CC A M V
交通 从加里波第桥徒步约 3 分钟

索拉马尔盖丽塔
Sora Margherita

◆位于面向罗马残留下的广场位置的小饭馆。虽然没有招牌菜，但是这里经常会排起很长的队伍。店内给人一种回家的感觉，能够很自在地品尝罗马的本地料理。 要预约

Map p.31 A4
住 Piazza delle Cinque Scole 30
☎ 06-6874216
营 12:30~15:00、20:00~22:30
休 周日、8 月
预算 €35~50（座席费 €2）
CC 不可
交通 从银塔广场徒步约 5 分钟

达内罗内
Da Nerone

◆便宜又好吃，极具人气的一家店。狭窄的店内总是挤满了当地人和旅行者。比较推荐的是种类丰富的前菜与个性十足的意大利面 Fettuccine alla Nerone（€10）。 要预约

Map p.32 A2
住 Via delle Terme di Tito 96
☎ 06-4817952
营 12:30~15:00、19:00~24:00
休 周日、8 月
预算 €30~45（10%）、套餐 €30、35
CC A D J M V　交通 从 B 线 Colosseo
站徒步 2~3 分钟

洛休莉
Roscioli

◆从 1824 年开始，历经 3 代的高级料理店兼酒吧兼面包店（就在旁边）。店内摆放着桌子，白天和夜晚用餐的场所也会有所变化。在有些时候，这里有着 100 种以上的烟熏肉和奶酪，能够品尝到季节特色料理。这里也售卖着精心挑选出的葡萄酒、橄榄油、香醋等，非常适合来这里为自己的美食爱好者朋友挑选礼物。

✉ 午餐时间人非常多，从前菜到意大利面、鱼料理、甜点样样具备，虽然说这是在料理店中，但是费用却可以比拟正式的餐厅。葡萄酒、料理、面包都非常美味。 要预约

Map p.34 C1
住 Via dei Giubbonari 21
☎ 06-6875287
营 12:30~16:00、18:00~24:00
休 周日、节假日　预算 €40~55
CC M V
交通 从花之田野广场徒步约 5 分钟

区域 2 特米尼车站周边、奎里纳莱山和许愿池周边

阿加塔埃罗梅欧
Agata e Romeo

◆以在传统中加入新感觉的料理而闻名的店。气氛和服务都非常不错，利用最高级的食材制作的料理非常美味。该店的推荐菜有意大利绵羊奶酪、蜂蜜栗子、展现出大厨个性的番茄意大利面和千层派。要预约

- 住 Via Carlo Alberto 45
- ☎ 06-4466115
- 营 12:30～14:30、19:30～22:30
- 休 周六、周日、1月到8月的约15天时间
- 预 € 120～160、套餐 € 110、130、160
- C/C A D J M V
- 交通 从A线 Vittorio 站徒步约3分钟

达芬切佐
Da Vincenzo

◆罗马料理和海鲜类的专门店。前来用餐的对味道比较考究的商业人士居多，广阔的店内有着古典非常让人安心的气氛。加入了海鲜类和龙虾 Astice 的豪华意大利面很有人气。

- 住 Via Castelfidardo 6
- ☎ 06-484596
- 营 12:30～15:00、19:30～23:00
- 休 周日、8月
- 预 € 35～50（坐席费€ 1）
- C/C A D J M V
- 交通 从特米尼车站徒步15分钟

古拉泊洛多罗
Al Grappolo d'Oro

◆能够品尝到传统的本地料理和新鲜鱼的一家店，有着明亮、安静的气氛。比较推荐的是各种海鲜类的前菜、蛤蜊、鱼子的意大利面等。

- 住 Via Palestro 4 ☎ 06-4941441
- 营 12:00～15:30、19:00～23:30
- 休 周六中午、周日、8月
- 预 € 38～60、套餐 € 45、50
- C/C A D J M V
- 交通 从特米尼车站徒步7~8分钟

康提纳康塔里
Cantina Cantarini di Fattori Mario

◆有着非常充实的马尔什地方料理和海鲜类的一家店。特别是从周四晚上到周六，前连菜和第二道菜也都是鱼类料理（周四夜晚、周五、周六仅为鱼料理。周一～周四仅为肉料理）。夏天推荐在凉爽的阳台座席用餐。要预约

- 住 Piazza Sallustio 12
- ☎ 06-485528
- 营 12:30～14:45、19:30～23:00
- 休 周日、8月、12/23～1/7
- 预 € 30～55
- C/C A D J M V
- 交通 从特米尼车站徒步10分钟

蒙特阿尔奇
Monte Arci

◆位于建有多家大众餐厅和饭馆的苏特尔费达尔多大道上，总是有着很多当地人来用餐，非常热闹的一家店。在这里可以品尝到罗马料理和撒丁区料理及比萨，非常适合家族或者团体前来聚会用餐。

- 住 Via Castelfidardo 33/35
- ☎ 06-4941347
- 营 12:00～15:00、18:00～23:30
- 休 周日、8月
- 预 € 25～45 C/C A M V
- 交通 从特米尼车站徒步10分钟

克里奥拉诺
Coriolano

◆这里的意大利面都是由自家手工制作，而且不使用冷冻食品或者微波炉。对材料和调味非常有追求的一家店。这家家族经营的店有着50年的历史，店内的气氛非常安静，让人很自在。鱼料理和罗马料理也非常充实，点心也全都由自家制作。

- 住 Via Ancona 14 ☎ 06-44240959
- 营 12:00～15:00、18:30～22:30
- 休 周日、8/10～9/1
- 预 € 30～60、套餐 € 48 C/C A M V
- 交通 从B线 Castro Pretorio 站徒步10分钟。从特米尼车站乘坐巴士36、90路。从中心街乘坐巴士62路。

科里内艾米利亚内
Colline Emiliane

◆位于细长的小路中，有着家庭气氛的宁静小餐厅。售卖美食之地艾米利亚的地方料理。该店的推荐料理有名，产生火腿肉、使用自家手工制意大利面的南瓜饺 Tortelli di Zucca、素菜饺子 Ravioli di Ricotta e Spinacci 等。自制甜点也非常美味。由于这家店人气很高，所以尽早入店或者事先预约比较好。要预约

Map p.36 A1

住 Va degli Avignonesi 22
☎ 06-4817538
営 12:45~14:45、19:30~22:45
休 周日夜晚、周一、8月
预算 € 35~55　C/C MV
交通 从 A 线 Barberini 车站徒步 2~3 分钟

图利奥
Tulio

◆能在 19 世纪的建筑物中享用托斯卡尼料理与罗马料理的餐厅。特别是鱼类料理与烧烤种类多，比较推荐的是旗鱼生鱼片、蒜香白酒蛤蜊意面、佛罗伦萨风牛排。要预约

Map p.26 C2

住 Via San Nicola da Tolentino 26
☎ 06-4874125
営 12:30~15:00、19:30~23:30
休 周日、8月
预算 € 52~83
C/C ADJMV
交通 从 A 线 Barberini 车站徒步约 1 分钟

阿尔莫罗
Al Moro

◆罗马料理店菜单中注明"阿尔莫罗（莫罗风）"的是由先代创作的美味料理，很值得一试。其他还有很多传统的罗马有名料理。要预约

Map p.35 A3

住 Vicolo delle Bollette 13
☎ 06-6793495
営 13:00~15:30、20:00~23:30
休 周日、8月
预算 € 45~60、套餐€ 70
C/C AV
交通 从许愿池徒步 2~3 分钟

达巴伦提诺
Da Valentino

◆位于有着众多餐厅的博斯凯特大道中的餐厅，历史约 100 年。店内还保持着当时的风情，有种怀旧的气氛。料理虽然为田园风，不过也有许多对身体健康的沙拉。午饭时间店内挤满了附近工作的人。

Map p.36 B1

住 Via del Boschetto 37
☎ 06-4880643
営 12:30~15:00、17:00~24:00
休 周日、节假日
预算 € 10~20
C/C 不可
交通 从奎里纳莱广场徒步 5 分钟

阿尔波斯凯特
Hostaria Crisciotti al Boschetto

◆能够享受大众罗马料理的 1 家店。夏天时在中庭中用餐的感觉非常舒服。能够使用中庭（吸烟席）的时间为 4/1~9/30 之间。

✉ 竟然客满，这次前去对味道和分量都很满足。但是，最近的服务消费高达 15%，所以只吃了 1~2 盘料理。

Map p.36 B1

住 Via del Boschetto 30
☎ 06-4744770
営 12:00~15:00、18:30~23:00
休 周六中午
预算 € 30~45（15%）
C/C AMV
交通 从奎里纳莱广场徒步约 5 分钟

蒙特卡尔索
Monte Caruso

◆虽然外观简朴，但是地下有安静的田园家庭风格的沙龙，能够享受到罗马和南意大利的料理。南意大利独特的手工制作意大利面和肉料理非常美味。尽量预订

Map p.37 B3

住 Via Farini 12　☎ 06-483549
営 12:00～15:00、19:30～24:00
休 周日、周一中午、复活节和圣诞节前约3天、8月
预算 € 40～60　套餐 € 40、58、60
C/C A D M V
交通 从特米尼车站徒步5分钟

蒙提
Trattoria Monti

◆简朴且现代的饭馆。由来自马尔什州的家族经营，能够品尝到新感觉的马尔什风格的罗马料理。人气料理有巨大的饺子 Ravioli 等，利用季节的食材而改变调理方式的各种各样的料理让人非常期待。

Map p.37 C4

住 Via San Vito 13/a　☎ 06-4466573
営 13:00～15:30、20:00～23:00
休 周日夜晚、周一、8月、圣诞节和复活节前约1周
预算 € 35～50（坐席费€1）、套餐 € 50
C/C D J M V　交通 从地铁A线埃努埃莱莱车站徒步3分钟。从特米尼车站徒步10分钟。

达贝尔纳乌尔巴纳
Taverna Urbana

◆位于极具罗马气息的古镇所在地的边界处，经营鱼料理和罗马料理的店。葡萄酒也非常充实，白天店内有着很多附近工作的商业人士，在春天和秋天这段时间，在路边阳台席上用餐的感觉非常好。

Map p.36 C2

住 Via Urbana 137　☎ 06-4884439
営 12:30～15:30、19:00～23:00
休 周一、8/6 左右～8/31
预算 € 35～55（12%）、套餐 € 30、40
C/C A D J M V
交通 从特米尼车站徒步10分钟

福尔维玛丽
Fulvimari

◆在夜间也很早便开始营业的非常便利的一家店。在店内比想象中要广阔和清洁。能够以较实惠的价格品尝到罗马的家庭料理。

Map p.37 B3

住 Via Principe Amadeo 7H
☎ 06-4740626
営 12:00～14:30、18:00～22:00
休 周日、8/1～8/18、12/20～12/31
预算 € 25～35（10%）、套餐 € 15
C/C A D J M V
交通 从特米尼车站西口徒步5～6分钟

帕斯塔利特比萨店
Pastarito Pizzarito

◆连锁展开的意大利面和比萨的专门店。有很多种类丰富的意大利面和酱料可以自由选择。分量很大，沙拉和甜点也很充实。在想要简单迅速地用餐时非常方便。

Map p.37 B3

住 Via Gioberti 25/35
☎ 06-4882252　営 12:00～24:00
休 无休
预算 € 15～18（10%）、套餐 € 25
C/C M V
交通 从特米尼车站西口徒步5分钟

意大利的美食杂志

有全世界闻名的《米其林（Michelin "Italia"）》，以葡萄酒杂志闻名的《大红虾杂志（Gambero Rosso）》等。各书中除了住址、联系电话、地图（大红虾除外）和意大利语的短评外，米其林还以★，大红虾对餐厅以叉子（例：3把叉子为90～100分），饭馆以虾的标记进行评价。Touring Editore 则对餐厅的档次以叉子，可以享受会员优惠的店以★来进行标示。其他还有对性价比的评论等项目。

普尔特蒂利贝塔
Porto di Ripetta

◆在鱼料理方面称得上是罗马数一数二的一家店。不使用黄油、奶油、大蒜的料理会根据季节和材料产生各种各样的变化。虽然规模不大，但是店内洋溢着高贵的气氛。要预约

	Map p.38 A1
住	Via di Ripetta 250
☎	06-3612376
营	12:30~15:30、18:30~23:00
预	€25~50（服务费€2）、套餐€35
C/C	A D M V
交通	从人民广场徒步3分钟

拉康帕纳
La Campana

◆以罗马的乡土料理为主，有着很多各式各样的料理。夏天有油炸南瓜花、冬天有松露菌的意大利面等。当地人经常光顾的一家店。尽量预订

	Map p.34 A2
住	Vicolo della Campana 18/20
☎	06-6867820　营　12:30~15:00、19:30~23:30　休　周一、8/6~9/3
预	€35~45（座席费€2）、套餐€50
C/C	A D J M V
交通	从纳沃纳广场徒步5~6分钟

孔科尔迪亚
Otello alla Concordia

◆年中能在店内部的中庭进行用餐。主要经营着罗马的大众料理。比较推荐的便是罗马的有名料理为油炸羊肉和鱼类。要预约

	Map p.38 B2
住	Via della Croce 81　☎　06-6791178
营	12:30~15:00、19:30~23:00
休	周日、7月下旬和2月上旬的2~3周
预	€25~40（座席费€1）、套餐€25
C/C	A D J M V
交通	从A线Spagna站徒步2~3分钟

卡诺瓦塔多里尼
Caffe e Ristorante Canova Tadolini

◆将19世纪初在罗马活跃的卡诺瓦和他的弟子塔多里尼的工坊维持着几乎当时的样子作为咖啡厅和餐厅营业。一楼为酒吧和咖啡厅，二楼为餐厅。料理为在传统的基础上独自创新的料理，服务非常好，让人很自在。

	Map p.38 B2
住	Via del Babuino 150/A-B
☎	06-32110702
营	8:00~23:00、用餐 12:30~15:30、19:30~23:00　休　8月的15日左右
预	€25~70、套餐€60
C/C	A D J M V
交通	从西班牙广场徒步5分钟

费雷兹盖斯托
Osteria della Frezza Gusto

◆在独具风情的小路上摆上桌子，现代化的复合店铺。有着餐厅、比萨店、葡萄酒吧等设施。

✉ 虽然经常会排队，但是在奶酪店中有着名为Cichetto的小份料理。菜单上大多数的料理都可以点小份，小份统一为€3，所以在想要尝尝各种料理时很方便。

	Map p.38 B1
住	Via della Frezza 16 /Vicolo del corea
☎	06-32111482
营	12:30~15:00、19:30~24:00
休	无休
预	€15~（座席费€2、7%）
C/C	A D J M V
交通	从奥古斯都神殿徒步2分钟

矿泉水的选择方法①……点单前必读！

✉ 如果想要不含碳酸的饮料的话，可以在超市购买标记着"naturale"的水。我买了3种饮料却都含有碳酸，十分难辨别。

"naturale"为"纯天然"的意思，所以也包含天然含有碳酸的饮料。一般在餐厅点单"naturale"的话，会拿来不含碳酸的饮料，但是为了预防万一，还是在点单时附加一句"non（senza）gass"会比较好。另外，如果要点含有碳酸的饮料的话，可以说con gass。

在意大利，很多情况下都能指定水acqua的牌子，所以如果遇到符合自己口味的水时，可以记下它的牌子。只是，各个地区的餐厅所提供的水的种类是有限的。

艾诺提卡卡普拉尼卡
Enoteca Capranica

◆以生牡蛎为首，有着各种各样的鱼类料理，鱼和肉料理都采用了传统和现代混合的调理法。以面包为首的意大利面、甜点也都为自制。内部也有售卖葡萄酒的商店，葡萄酒和餐后酒都非常充实。是有着高贵气氛的店铺。要预约

Map p.34 B2

住 Piazza Capranica 99/100
☎ 06-69940992
營 12:30～14:30、19:30～22:30
休 周六中午、周日
預 € 50～80、套餐€ 65、75
C/C A D J M V
交通 从万神殿徒步 3 分钟

伊鲁科维维欧图拉艾尼
Il Convivio Troiani

◆虽然历史不长，但是在开店当时便得到了很高的评价。以传统的意大利料理为基础的独创料理，利用野菜和鱼类的时候很多，给人带来轻松的现代风味。葡萄酒有 2000 种，种类非常充实。米其林 1 星。需要预约

Map p.34 A1

住 Vicolo dei Soldati 31
☎ 06-6869432
營 20:00～22:30
休 中午、周日、8/15 前后 1 周
預 € 120～145、套餐€ 110
C/C A D J M V
交通 从纳沃纳广场徒步 2～3 分钟

拉罗塞塔
La Rosetta

◆从 1966 年开始家族经营的名店。入口处整齐地摆放着的鱼类，非常促进人的食欲。店虽然不大，但是这里以有着好吃的鱼料理而闻名。新鲜的食材和适当的调理法相结合，能够提供质量很高的料理。要预约

Map p.34 B2

住 Via della Rosetta 8/9　☎ 06-6861002
營 12:45～14:45、19:30～23:00
休 周日中午、1 月初旬的 1 周、8 月中旬的 2 周左右
預 中午€ 60～80、夜晚€ 150～200
C/C A D J M V
交通 从万神殿徒步 1～2 分钟

桑戈洛埃科罗纳里
Sangallo ai Coronari

◆在高贵别致的店内能够品尝到利用精选的牛肉和新鲜的鱼类调理而成的创意料理。曾在日本工作过的大厨的料理既健康又漂亮。服务也非常好。要预约

Map p.34 A1

住 Via dei Coronari 180
☎ 06-6865549
營 12:30～14:30、20:00～24:00
休 8 月中旬、圣诞节
預 € 45～70　C/C A D J M V
交通 从纳沃纳广场徒步约 5 分钟

达埃尔曼苏尔万神殿
Da Armando al Pantheon

◆位于万神殿附近，能够在自在的环境中品尝罗马的料理。意大利面有卡尔博纳拉 Carbonara 到据说为其原型的古力查 Gricia、第二道菜有小羊 Abbacchio 到水煮肚 Trippa 等，有很多的传统料理。每逢周五，点上一

份大豆汤 Pasta e Ceci 和干鳕 Baccala 来模仿罗马人会很有趣。奶酪和甜点也汇集着只有罗马才有的料理，想了解罗马口味的人一定不能错过的一家店。

住 Salita de'Crecenzi 31
☎ 06-68803034
營 12:30～15:00、19:00～23:00
休 周六夜晚、周日、8 月
預 € 40～50、套餐€ 50
C/C A M V　交通 从万神殿徒步 1 分钟

帕帕乔瓦尼
Papa Giovanni

◆从 1934 年开始历经 3 代、家族经营的店铺。帕托隆隐退后，由他儿子接受他的教导掌厨，使得评价再次上升。被葡萄酒和花围绕着的独特气氛与健康又新颖的料理，拥有很多的粉丝。

Map p.34 B2

🏠 Via dei Sediari 4　☎ 06-6865308
🕐 12:00~14:30、19:00~23:30
休 周日、8 月
預 € 40~70（座席费 € 3、12%）、套餐€ 80（附加精选葡萄酒）
C/C M V
交通 从纳沃纳广场徒步 2~3 分钟

达庞拉齐奥
Da Pancrazio

◆建造在公元前 1 世纪，恺撒被杀害的庞贝剧场遗址上的餐厅。在一部分房间里还残留着当时的墙壁，能够在古代罗马的环境中品尝罗马的代表性料理。

Map p.34 C1

🏠 Piazza del Biscione 92/94
☎ 06-6861246
🕐 12:00~15:00、19:00~23:00
休 周三、12/24~12/26
預 € 45~70、套餐€ 35
C/C A D J M V
交通 从纳沃纳广场徒步 5 分钟

阿尔布里克
Al Bric

◆到处都装饰着葡萄酒瓶和木箱，就仿佛身处在酒窖中一般的感觉，能够品尝到精选的葡萄酒和料理的餐厅。

Map p.34 C1

🏠 Via del Pellegrino 51/52
☎ 06-6879533
🕐 19:30~24:00
休 8 月的 2 周
預 € 38~60（10%）
C/C M V
交通 从花之田野广场徒步 2 分钟

伊尔多拉普
Il Drappo

◆拥有着充实的鱼类料理的店。是家族经营拥有很长的历史的一家店。除了料理外，这里很多像煎薄面包、鱼子 Bottarga、龙虾 Astice 等撒丁区的美味。在夏天还能在非常舒适的中庭中用餐。

Map p.29 C3

🏠 Vicolo del Malpasso 9
☎ 06-6877365
🕐 12:30~15:30、19:00~23:00
休 周日、8 月 15 日左右
預 € 45~70（座席费 € 2）、套餐€ 50
C/C A D J M V
交通 从纳沃纳广场徒步 5~6 分钟

达路易吉
Da Luigi

◆在努欧瓦教堂前绿色的小公园有着 3 间小店。在位于广场左侧的达路易吉中能够品尝到新鲜的鱼料理和罗马料理。开放性的氛围很有罗马的风格，在当地居民中非常有人气。

Map p.29 C3

🏠 Piazza Sforza Cesarini 23/24
☎ 06-6865946
🕐 12:00~24:00
休 周一
預 € 30~60
C/C A D J M V
交通 新教堂对面

达尔卡巴里艾尔吉诺
Dal Cavalier Gino

◆经营罗马和其旁邻阿布鲁佐地方料理的店。于 1963 年创业，墙壁上描绘着非常美丽的风景画。由于这座精致的小店非常有人气，所以前来用餐时事先预约比较好。该店比较推荐的有野菜、小羊等。

Map p.34 A2

🏠 Vicolo Rosini 4
☎ 06-6873434
🕐 13:00~14:45、20:00~22:30
休 周日、节假日、8 月
預 € 38~45（散客面包€ 1、团体客 15%）　C/C 不可
交通 从蒙特奇里奥宫步行 2~3 分钟

托斯卡纳
Dal Toscano

◆推荐料理为有 2～5 千克分量的毕斯提卡还有沙拉拼盘的托斯卡纳料理店。托斯卡纳产的葡萄酒、糖果等也非常充实。比较休闲的氛围，在当地有着很高的人气。要预约

Map p.28 A2

住 Via Germanico 58/60
☎ 06-39725717、06-39723373
營 12:30～15:00、20:0～23:15
休 周一、8/9～8/30、12/24、12/25、12/31、1/1　預約 € 40～50（面包€ 2）
C/C Ａ Ｍ Ｖ　交通 从 A 线 Ottaviano 站徒步约 3～4 分钟

切扎雷
Da Cesare

◆从罗马料理到托斯卡纳料理、鱼、肉、比萨（仅限夜晚）等，菜品非常充实的一家店。夏天还开放舒适的阳台座席。自制的点心和各个种类的红酒也是该店的一大自豪。要预约

Map p.29 B3

住 Via Crescenzio 13　☎ 06-6861227
營 12:30～15:00、19:00～23:30
休 周日夜晚、圣诞节 5 天、8 月中旬的3 周左右　預約 鱼€55～70、肉€40-55（座席费€ 2.50）　C/C Ａ Ｄ Ｊ Ｍ Ｖ
交通 从圣天使堡徒步 5 分钟

托雷普帕兹
Taverna Tre Pupazzi

◆位于梵蒂冈周边，价格味道都比较适中的一家店。家族经营的这家店有着非常温暖的氛围，能够轻松地进行用餐。虽然是意大利餐厅，不过在周五和周六也能尝到葡萄牙料理。要预约

Map p.28 B2

住 Borgo Pio 183　☎ 06-68803220
營 12:00～15:15、19:00～23:00
休 周日、8 月
預約 € 20～35、套餐€ 25　C/C Ａ Ｊ Ｍ Ｖ
交通 从圣彼得广场徒步 5 分钟

希加埃塔纳
Zi'Gaetana

◆用木材烤制的比萨、意大利面、葡萄酒以及生蚝等都非常美味，是一家面向道路，非常容易找的店。要预约

Map p.28 B2

住 Via Cola di Rienzo 263
☎ 06-3212342
營 12:30～14:45、19:00～23:30
休 周日　預約 € 30～60、套餐€ 40
C/C Ａ Ｄ Ｊ Ｍ Ｖ　交通 从 A 线 Ottaviano 站徒步 6～7 分钟

塞特姆布里尼
Settembrini

◆从早餐到午餐，从下午茶到餐前酒，最后到晚餐都能够享受到美味料理的一家店。现代化的店内被葡萄酒围绕着，在这自在的环境中能够享用到经过洗练的地中海风味料理。以葡萄酒为首的餐后酒也非常充实。要预约

Map p.24 A2 外

住 Via Settembrini 27　☎ 06-3232617
營 午餐 12:30～、餐前酒 18:00～、晚餐20:00～　休 周六中午、周日、8 月
預約 € 35～60、套餐€ 55
C/C Ａ Ｄ Ｍ Ｖ
交通 从地铁 A 线 Lepanto 站徒步 5 分钟

拉齐奥的 DOCG 葡萄酒

在意大利葡萄酒中，档次最高的便是 DOCG。在整个意大利中总共有 70 种得到了承认。拉齐奥在以前虽然只有切内泽 1 种葡萄酒，但是在 2011 年 4 月，拉齐奥大区又增加了 2 种 DOCG，所以有机会一定要品尝一下。

●切内泽德尔皮里奥 Cesanese del Piglio

这款葡萄酒出现在喜爱传统白葡萄酒的拉齐奥中让人意外地有些意外，因为拉齐奥最初的 DOCG 是红葡萄酒。利用当地特有的葡萄品种切扎内泽制作，味道非常芬芳。

●斯贝里奥雷 Frascati Superiore

说到罗马的话，那就不得不提弗拉斯卡提。斯贝里奥雷在成熟后会散发出一种高雅的芳香。

●康内里诺蒂 Cannellino di Frascati

弗拉斯卡提的甜葡萄酒。让人联想到黄金色与花的芳香，使人沉浸在幸福之中。非常推荐在罗马的午后，晴朗的天气中喝一杯这样的葡萄酒。

拉特拉兹
La Terrazza dell'Eden

Map p.26 C2

◆有着其他地方没有的景观——屋顶庭院餐厅。由新锐大厨独创的意大利料理。夜晚男性需要穿上正装。需预约

住 Via Ludovisi 49　☎ 06-47812752
营 12:30~14:30、19:30~22:30
休 无休　预 € 120~150、套餐€ 110
CC A D J M V
交通 从 A 线 Barberini 站徒步 7~8 分钟

哈利兹酒吧
Harry's Bar

Map p.26 B2

◆位于韦内托大道，高贵具有历史的高级餐厅兼葡萄酒吧。该店的推荐菜品为沙拉、意大利面等。在面向道路的阳台上品尝餐前酒也非常不错。需预约

住 Via Vittorio Veneto 150
☎ 06-484643
营 12:00~15:00、19:00~ 凌晨 1:00
休 8月
预 € 10~、用餐€ 130~160、套餐€ 160
CC A D J M V　交通 从A线Barberini站徒步 7~8 分钟

乔瓦尼
Giovanni

Map p.26 C2

◆ 1933 年创立，极具历史的一家店，经营着注重简洁的传统料理。可以品尝到以从阿多尼亚海每天运来的新鲜鱼类的炭烤料理、蘑菇意大利面、生火腿、烟熏肉等。需预约

住 Via Marche 64　☎ 06-4821834
营 12:30~15:00、19:30~23:00
休 周六、8月
预 € 45~70（座席费€ 3）、套餐€ 70、95
CC A D J M V
交通 从平恰纳门徒步 5~6 分钟

帕帕巴卡斯
Papa Baccus

Map p.26 B2

◆能够享用托斯卡纳料理和拉齐奥料理的店。在这环境安静服务良好的店内，有很多商业人士前来用餐。需预约

住 Via Toscana 32/36
☎ 06-42742808
营 12:30~15:00、19:30~23:30
休 周日、12/24~12/26、8/15
预 € 60~90、套餐€ 50、75
CC A D J M V
交通 从 A 线 Barberini 站徒步约 10 分钟

佩泊内
Peppone 1890

Map p.26 C2

◆由 19 世纪的馆改装而成的店铺。家族经营，有着将近 100 年的历史，在环境安静的店内能够享用高品质的罗马家庭料理。在从秋天到冬天期间还提供蘑菇和松露，夏天能够在室外露天的桌子上用餐。离韦内托大道很近。尽量预约

住 Via Emilia 60
☎ 06-483976
营 12:30~15:00、19:00~23:00
休 周日、8月
预 € 40~60（15%）
CC A D J M V
交通 从平恰纳门徒步 5~6 分钟

拉普尔斯凯塔
La Bruschetta

Map p.26 C2

◆该店有着很多分量十足的野菜料理，价格很实惠。努力工作的工作人员让人看了很舒服。顾客大概当地人占一半，旅客占一半，店内能用英语会话。午餐时间还提供比萨。

住 Via Sardegna 39
☎ 06-42013721　营 10:30~24:00
休 无休　预 € 25~30、套餐€ 25
CC A D J M V
交通 位于韦内托大道附近的安德烈亚餐厅对面

玻璃餐厅
Glass Hostaria

◆和融入下町台伯河岸区的外观相反，店内装饰使用了许多铁和玻璃，灯光采用的是让人印象深刻的时髦的室内装饰品。这是能够品尝到现代的创新料理，人气很高的一家店。美丽搭配的食材和到位的火候，以及让人稍稍惊讶的调味非常不错。整体味道很清淡。另外还有种类丰富的自制面包、甜点、餐后小点心等让人充满了惊喜和期待。以罗马拉齐奥大区的葡萄酒为首的各种意大利、法国红酒也非常充实。米其林1星。 要预约

Map p.31 A3

住 Vicolo del Cinque 58
☎ 06-58335903 營 20:00～23:30
休 周一、7月的3周左右、1月的1周左右 預約 €65～90、套餐 €65
C/C A D J M V
交通 从河对岸圣母堂徒步2分钟

伊尔达加雷欧内
Il Galeone di Corsetti

◆经营罗马料理和鱼类的店。夏天会在广场上摆上桌子，是享受夜晚的台伯河岸区气氛最好的场所。该店比较推荐的是鱼类的前菜和自制的提拉米苏、鱼类的炭烤料理等，非常美味。

Map p.31 B3

住 Piazza San Cosimato 27
☎ 06-5809009
營 12:00～15:30、19:30～24:00
休 周三 預約 €35～55（面包 €2）、套餐 €40 C/C A D J M V
交通 圣科西马托广场的一角

埃斯帕盖特利
Ai Spaghettari

◆从1896年开始经营至今，是一家符合台伯河岸区氛围的大众比萨店兼餐厅。热闹的气氛便是这家店人气的秘诀。鱼料理非常充实。夏天可以在摆放在广场前的露天席上用餐。比萨只在夜晚提供。

Map p.31 B3

住 Piazza San Cosimato 58/60
☎ 06-5800450
營 12:00～24:00
休 无休
預約 €25～35（座席费 €2、服务费 €1）、套餐 €35
C/C A D M V
交通 圣科西马托广场的一角

吉诺餐厅
Gino in Trastevere

◆位于台伯河岸区入口的餐厅兼比萨店。周末的夜晚在开店伊始就会客满的极具人气的一家店。除了比萨外还能以非常实惠的价格品尝到鱼类的意大利面和炭烤料理。周六 要预约

Map p.31 B3

住 Via della Lungaretta 85
☎ 06-5803403
營 12:00～15:30、19:15～23:30
休 周三 預約 €30～50
C/C A D M V
交通 从宋尼诺广场徒步4分钟

达尔起亚
Da Lucia

◆经营传统罗马大众料理的店，环境让人感觉很自在。店内一直挤满了当地的居民和旅客，非常热闹。优质的材料和家庭般的调理对味道有所保证。价格非常便宜的一家店。自制的甜点非常推荐。 尽量预订

Map p.31 A3

住 Vicolo del Mattonato 2/B
☎ 06-5803601
營 12:30～15:00、19:30～23:00
休 周一、8月的2周之间
預約 €20～35（座席费 €1.50）、套餐 €35
C/C 不可
交通 从河对岸圣母堂徒步5分钟

凯克艾尔卡雷提埃雷
Checco er Carettiere

◆经营新鲜的鱼和罗马料理的店。这座融入古镇中的富有历史的建筑物和让人不禁想起古时候的田园风室内装饰品，让人印象深刻。从1935年开始历经三代家族经营的一家店。**需要预订**

Map p.31 A3

🏠 Via Benedetta 10/13
☎ 06-5800985
🕐 12:30~14:30、19:30~23:00
休 无休
💰 €50~80、套餐€60
💳 ADMV
🚇 托里路撒广场的一角

帕里斯
Paris

◆犹太风格的罗马料理店。比较擅长调理自家手工制作的意大利面、牛尾及内脏类的料理。该店比较推荐的有油炸野菜Fritto Vegetale、水煮番茄Coda alla Vaccinara等。是家庭经营、气氛很安静的一家店，有着很多当地的常客。**需要预订**

Map p.31 B3

🏠 Piazza San Calisto 7a
☎ 06-5815378
🕐 12:30~15:00、19:45~23:00
休 周日夜晚、周一、8月
💰 €35~60
💳 ADJMV
🚇 河对岸圣母堂旁

阿米奇
Trattoria degli Amici

◆由以教会为中心的福利团体运营，由智力有障碍的人们工作的店。店头绿荫下的阳台席非常舒服。该店比较推荐由罗马的名产油炸类料理和前菜拼盘Antipasto della Trattoria等。红酒也非常美味。**需要预订**

Map p.31 A3

🏠 Piazza Sant'Egidio 6
☎ 06-5806033
🕐 12:30~15:00、19:30~23:30
休 冬季周日夜晚、夏季周日、8/12~8/21
💰 €28~45、套餐€35
💳 AMV
🚇 从河对岸圣母堂徒步2分钟

索拉雷拉
Sora Lella

◆独具风情的台伯岛罗马料理店。该店较推荐的有田园风格蛋包饭Frittata alla Paesana con Polpettine della Nonna、小羊排、意大利奶酪蛋糕Torta di Ricotta等。**要预订**

Map p.31 A4

🏠 Via Ponte Quattro Capi 16
☎ 06-6861601
🕐 12:50~14:40、19:50~23:00
休 8月的1周左右
💰 €58~78、套餐€78
💳 ADJMV
🚇 从马尔切诺剧场徒步3分钟

安提卡培扎
Antica Pesa

◆从台伯河岸区到贾尼科洛途中的17世纪馆中的餐厅。从中庭的餐桌到描绘着现代壁画的内部装潢都充满了罗马的气息，也经常有名人从海外前来光顾。在这里能够品尝到利用当地的食材调理成的传统罗马料理。甜点也非常不错。**要预订**

Map p.30 A2

🏠 Via Garibaldi 18
☎ 06-5809236　🕐 20:00~24:00
休 周日、中午
💰 €50~100、套餐€70
💳 ADJMV
🚇 从河对岸圣母堂徒步5分钟

矿泉水的选择方法②……点单前必读！

代表性的无碳酸饮料为Panna，含碳酸的话为San Pellegrino、San Benedetto两种。大多数厂商都会根据瓶子的颜色来区别含碳酸和不含碳酸。一般情况下，包装为蓝色的为含碳酸，粉色或者白色的为不含碳酸，但是也不是百分百都这样。即使意大利口中的non gass，在中国人口中感觉还是含有微量碳酸的。

含有碳酸的饮料据说能促进食物消化。和葡萄酒一样，在不同的土地上体验不同的水也是一种乐趣。

凯奇诺达尔 1887
Checchino dal 1887

◆看到店名应该就能明白，这是一间有着百年以上历史的老店。利用内脏进行调理的大众罗马料理的发祥地便是这家店所在的泰斯塔乔边界。菜单上也都是罗马传统料理。该店的推荐有猪脚沙拉 Insalata Zampi、水煮牛尾巴 Coda alla Vaccinara 等。虽说是内脏，但是并没臭味，能够在这经过洗练的店内气氛中舒适地用餐。在泰斯塔乔地下的葡萄酒窖也让人深切地感受到历史。尽量预订

Map p.24 C2

住 Via di Monte Testaccio 30
☎ 06-5743816
营 12:30~15:00、20:00~24:00
休 周日、周一、8月、12/24~12/31 左右
预 € 45~70、套餐€ 63
CC AMV 交 距离 B 线 Piramide 站约 500 米。从威尼斯广场乘坐巴士 85 路到 Zabaglia/Galvani 站下车

费丽切
Felice

◆没有华丽装饰的大众罗马料理餐厅。里面提供容易入口的家庭葡萄酒，每一盘的分量都十分充足。该店的推荐料理为季节的野菜 Fritta，还有羊排等。尽量预订

Map p.31 C4

住 Via Mastro Giorgio 27/29
☎ 06-5746800
营 13:00~15:00、20:00~23:00
休 周日、8月的3周左右
预 € 35~50、套餐€ 45、50
CC AMV 交 从 B 线 Piramide 站徒步 7~8 分钟

奥古斯塔雷
Agustarello a Testaccio

◆从 1957 年开始，家族运营的小饭馆。能够在此品尝到小羊、牛肚、牛尾等罗马传统的大众料理。店内的气氛令人不拘谨，和料理一同让人感受到罗马下町的感觉。尽量预订

Map p.31 C3

住 Via G.Branca 98 ☎ 06-5746585
营 12:30~15:00、20:00~24:00
休 周日、节假日、8/10~9/10
预 € 18~30（座席费 € 1.50）
CC 不可 交 乘坐巴士 170 路到泰斯塔乔站下车后徒步 2~3 分钟

"罗马风味比萨"是什么？！

单说"比萨"的话，一般被区分为"罗马风味"与"那波利风味"。在意大利人的观念中，两者只是在面饼上有所区别，罗马风味比较薄而且脆，那波利风味则非常厚，能够品尝到面饼的味道。罗马人果然还是比较喜欢薄薄脆脆的比萨。当地人气很高的台伯河岸区的埃马尔米帕纳托尼比萨薄得惊人。另外，达尔波尔塔（p.256）的配料非常丰富和自由，在那波利派看来可能算是一种邪门歪道吧。

如果打算前去比萨的发源地那波利的话，那么在那里品尝一下当地的比萨，和罗马风格进行一下比较，也是旅行的一种乐趣。

在罗马能够品尝到那波利风味比萨的店有特米尼车站附近的美德因奈珀路斯 Meid in Nepols

（住 Via Varese 54、☎ 06-44704131 营 12:30~15:00、19:30~24:00 休 周日 CC AMV Map p.45 A4外），店名也为那波利发音。店内兼营酒吧，有种非常清爽时髦的感觉。虽然种类不多，但在这里能够品尝到意大利面和那波利风格的比萨。

如果在店内注意聆听罗马人谈话声音的话，还是能够捕捉到"罗马风格较好"的单词。不过对那波利人来说，当然就是反过来了。从比萨中就能感受到土地的不同，这便是意大利。

能在罗马品尝到的那不勒斯风味比萨

达尔波尔塔
Dar Poeta

◆罗马比萨之王的店铺。售卖着对面粉和辅料都进行过精心调理的分量十足的比萨。加入巧克力和里科塔奶酪的比萨是极具人气的甜点。周末可能要排上30分钟~1小时的队伍。

住 Vicolo del Bologna 45/46
☎ 06-5880516
营 12:00~17:00、19:00~ 凌晨 1:00
休 无休　预算 € 10~20
C/C Ⓐ Ⓓ Ⓜ Ⓥ
交通 从西斯托桥徒步 3 分钟

伊奥
Ivo a Trastevere

◆在年轻人之间很有人气的一家店。除了又大又香的比萨外，前菜和意大利面也分量十足。田园风的自制奶油水果馅饼也非常推荐。要预约

住 Via S.Francesca a Ripa 158
☎ 06-5817082
营 18:00~ 凌晨 0:30
休 周二　预算 € 15~23
C/C Ⓐ Ⓓ Ⓙ Ⓜ Ⓥ
交通 从河对岸圣母堂徒步 3~4 分钟

比亚·福德
Bir&Fud

◆能够尝到对食材非常考究的料理和150种啤酒的非常休闲的一家店。从以油炸食品为主的种类丰富的前菜和比萨开始，在黑板上会写上当日的意大利面料理等的菜单。比萨（€5~12）自然不用说，独具创意的油炸料理也非常推荐。要预约

住 Via Benedetta 23
☎ 06-5894016
营 18:30~ 凌晨 2:00（18:00~19:30 餐前酒时间、晚餐 19:30~）
休 部分节假日
预算 € 20~35　C/C Ⓐ Ⓓ Ⓙ Ⓜ Ⓥ
交通 从托里路撒广场徒步 2 分钟

帕纳托尼
Ai Marmi Panattoni

◆每天到深夜都非常热闹的大众比萨兼罗马托斯卡纳料理店，有着很悠久的历史。薄薄的罗马风比萨非常具有人气。这家在罗马也首屈一指经济实惠的店，有罗马人自身都觉得非常便宜的价格，让人感觉非常不错。

住 Viale Trastevere 53/59
☎ 06-5800919
营 18:30~ 凌晨 2:00
休 周三、8/10~8/28 左右
预算 € 12~16
C/C 无
交通 从河对岸圣母堂徒步 3~4 分钟

达吉杰特
Da Giggetto

◆穿过旧城区在皮亚尼附近，位于汇聚饮食店的边缘线上的一家罗马老店。伴随着门铃清脆的声音进入安静的店内，有一种怡人的比萨店氛围。以油炸料理为首的40种以上的比萨、炭火烧的牛排、自制的点心都非常美味。

住 Via Alessandria 43/49
☎ 06-8412527
营 19:00~ 凌晨 1:00
休 无休
预算 € 15~40（4%）
C/C Ⓐ Ⓓ Ⓜ Ⓥ
交通 从皮亚门徒步 3 分钟

"这里！这里！！这里！！！"
"Est！Est！！Est！！！"Frate Ricci

◆于1900年创业、历史悠久的一家店，离特米尼车站很近。除了各种特制的比萨外，罗马的名产油炸鳕鱼等小吃类也非常充实，很有罗马独有的风格。要预约

住 Via Genova 32
☎ 06-481107　营 19:00~24:00
休 周一、8 月、12/24~12/26
预算 € 8.50~25、套餐 € 25
C/C Ⓜ Ⓥ　交通 从 A 线 Repubblica 站徒步 7~8 分钟

◆各种餐厅

阿雷卡雷特
Alle Carrette

◆在毫无华丽装饰、怀旧的比萨店气氛之中，能够品尝到罗马风格很薄的比萨。即使是食量不大的女性也能吃下1张。该店的推荐有海鲜比萨Pizza Runchetta e Gamberi、火腿和菌菇Francescana 等。

Map p.32 A1

住 Via della Madonna dei Monti 95
☎ 06-6792770
营 19:00～24:00
休 12/25、12/31
预算 €13～20　C/C Ⓜ Ⓥ
交通 从地铁B线Cavour站徒步7～8分钟

达弗兰切斯科
Da Francesco

◆在当地人间人气很高的大众餐厅兼比萨店。根据罗马的习惯，比萨只在夜间提供，能够品尝到传统口味人气很高的一家店。

Map p.34 B1

住 Piazza del Fico 29　☎ 06-6864009
营 12:00～15:00、19:00～凌晨0:45
休 周二、8/15、8/16
预算 €10～　C/C Ⓜ Ⓥ
交通 从纳沃纳广场徒步3分钟

拉蒙特卡尔洛
La Montecarlo

◆除了又薄又香的比萨外，油炸料理、意大利面、自制的点心非常充足。沙拉也深受好评。该店离纳沃纳广场很近，每天不管白天还是黑夜都聚集着很多罗马市民与游客，所以打算前来的话请一定要赶早。

Map p.34 B1

住 Vicolo Savelli 13
☎ 06-6861877
营 12:00～15:30、18:30～凌晨1:00
休 周一、8月的1周左右
预算 €10～20、套餐€15
C/C 不可
交通 从纳沃纳广场徒步3分钟

拉萨古蕾斯提亚
La Sagrestia

◆就如店名所述，这是建造在曾经的教堂圣具室（拉萨古蕾斯提亚）上的店铺。虽然这是一家经营罗马料理和比萨店，不过冲着比萨来的游客不在少数。

Map p.34 B2

住 Via del Seminario 89　☎ 06-6797581
营 12:00～15:00、19:00～24:00
休 周三、8/14～8/16、12/24～12/26
预算 €35～50　C/C Ⓐ Ⓜ Ⓥ
交通 从纳沃纳广场徒步5～6分钟

PIZZERIA 比萨店的菜单

一定有很多朋友都期待前往意大利尝尝正宗的比萨。在当地，比萨的种类自不用说，在一些店内还有独创的比萨。下面我们就来介绍一下其中最具有代表性的比萨，让我们来一同挑战这新的口味。

Pizza Bianca（Foccaccia）
将比萨的面饼烤好后，在上面加上生火腿等食用。

Pizza margherita
只有番茄酱和面饼的简单比萨。

Pizza napoletana
加上凤尾鱼的比萨。

Pizza con funghi
在比萨上加上番茄酱、起司以及蘑菇的薄饼。

Pizza marinara
番茄酱加上薄荷的比萨。

Piazza con prosclutto
加上生火腿的比萨。

Pizza capricciosa
意味随心所欲的比萨，上面有着很多种类的配料。

Pizza quattro stagioni
四季的比萨。以番茄和起司为主，有着鸡蛋、生火腿等4种配料。

Pizza pescatore
海鲜比萨。

Calzone
用比萨的面饼包上起司、生火腿等配料后一折为二进行烘烤。

Crostini
加上奶酪、生火腿、蘑菇等配料。

Bruschette
烤面包。加上上等的橄榄油进行食用。

支仓（日本料理）
Hasekura

◆由日本人厨师长掌厨，能够品尝到醋拌料理、煮物、寿司、天妇罗等。从一品料理到套餐都非常充实。店内给人一种家庭般的感觉。野菜为有机栽培、鱼类则由港口直运而来。尽量预订

Map p.36 C1

🏠 Via dei Serpenti 27　☎ 06-483648
🕐 12:00～14:30、19:00～22:30
休 周日、周一中午、8月、12/25、复活节
💰 € 17～50、套餐€ 16～45
C/C Ⓐ Ⓓ Ⓙ Ⓜ Ⓥ
🚇 从B线Cavour站徒步约10分钟

曼达林（中国餐厅）
Mandarin

◆经营北京菜品的店。在枝形吊灯照耀的别致店内，有着很多当地的人光顾。该店的推荐菜品有北京烤鸭、茄汁虾仁、炒面、炒饭等。尽量预订

Map p.26 C2

🏠 Via Emilia 85
☎ 06-4825577、06-486635
🕐 12:00～15:00、19:30～23:00
休 周一、8/15～8/30
💰 € 20～40
C/C Ⓐ Ⓓ Ⓙ Ⓜ Ⓥ
🚇 从平恰纳门徒步2～3分钟

切利兹索谢尔（法国料理）
Charly's Sauciere

◆能够品尝到洋葱汤、蜗牛等典型的法国料理的一家店。别致的店内到了夜晚便会点上闪闪发光的蜡烛。要预约

Map p.33 B3

🏠 Via di S.Giovanni in Laterano 270
☎ 06-70495666
🕐 12:45～14:15、19:45～23:15
休 周日、8月3周左右
💰 € 45～90　C/C Ⓐ Ⓓ Ⓙ Ⓜ Ⓥ
🚇 从拉泰拉诺圣乔瓦尼教堂徒步5～6分钟

马哈拉贾（印度料理）
Maharajah

◆位于民族大道的南侧。略带高级感的印度料理店。该店爽口印度咖喱和炸鸡非常推荐。贝吉塔利安套餐等也非常充实。要预约

Map p.36 C1

🏠 Via dei Serpenti 124
☎ 06-4747144
🕐 12:30～14:30、19:00～23:30
休 无休　💰 € 33～40
C/C Ⓐ Ⓓ Ⓙ Ⓜ Ⓥ
🚇 从B线Cavour站徒步8～10分钟

夏娃罗玛站（阿拉伯餐厅）
Shawarma Station

◆距离大圣母教堂很近，存在着一直都很热闹的烤羊肉串等阿拉伯料理店。这里肉和野菜料理都很丰富，能够很好地补充维生素。在店内能够从摆放在吧台上的料理中来进行选择，所以不必担心语言的问题。选择的料理可以在内部的桌子上进行用餐。

Map p.37 C3

🏠 Via Merulana 271
☎ 06-4881216
🕐 11:00～24:00
休 无休
💰 € 6～10
C/C 不可
🚇 从大圣母堂徒步2～3分钟

花良（中国餐厅）
HUA LIAN

◆✉ 炒饭€2.50，饺子€1.50，麻婆豆腐€3.50，啤酒大瓶€3.50，是一家大众餐厅。白天中国人会为了前来购买便当而排长队。每人花费€10的话就能吃上大量的菜品，和其他店比起来给人很便宜的感觉。

Map p.37 C4

🏠 Via Rattazzi 20-20A
☎ 06-4465997
🕐 11:00～15:00、18:00～22:00
休 无休
C/C 不可
🚇 从大圣母堂徒步2～3分钟

伊尔德尔菲诺
Il Delfino

Map p.34 C2

◆有着 180 张餐桌的广阔空间，具备咖啡厅和自助餐厅。从前菜到甜点、比萨都非常充实，无论是进行简单的用餐，还是享受咖啡时间，都可以前来这里。由第一道菜、第二道菜、小食、甜点、面包组成的套餐对旅行者来说非常实惠。

- 住 Corso V.Emanuele II 67
- ☎ 06-6864053
- 营 11:30~21:00
- 休 周一
- 预算 € 12~15、套餐 € 11
- C/C A D J M V
- 交通 银塔广场旁

奥拓古里鲁
Autogrill

Map p.38 C2

◆有着家庭餐厅般明亮风格的大规模连锁咖啡酒吧兼自助餐厅。从前菜、意大利面、炭烤料理、比萨到甜点都非常丰富，在选好喜欢的食物后可以前去收银台结账。

- 住 Via del Corso 181
- ☎ 06-6789135
- 营 11:30~15:00、18:30~22:30
- 休 无休　预算 € 7~15
- C/C J M V
- 交通 圣希尔维斯托广场内部

艾尔布凯特
Vini e Porchetta "Er Buchetto"

Map p.37 A3

◆这里经营着冷菜、夹着烤猪肉的三明治、弗拉斯卡提葡萄酒等。由于店内很狭窄，所以一般外带的人很多。

- 住 Via Viminale 2F
- ☎ 06-4883031
- 营 9:30~15:00、17:00~21:00
- 休 周六午后、周日、8/15~8/30
- 预算 € 5~15　C/C 不可
- 交通 从特米尼车站西口徒步 5 分钟

谢夫埃克斯普雷斯
Chef Express

Map p.37 A4

◆特米尼车站 3 家自助餐厅中的 1 家。价格便宜，又有种类丰富的比萨，人气很高。店内能够悠闲用餐的屋外露天餐厅也非常有魅力。店内设有酒吧的座席。

- 住 Via Marsala 25 特米尼车站 1 楼
- ☎ 06-47825122
- 营 11:00~22:30
- 休 无休　预算 € 9~15
- C/C D M V
- 交通 特米尼车站内

想在特米尼车站附近用餐的话

在特米尼车站附近集中了许多的旅客。周围的餐厅、饭馆、自助餐厅等非常多。但是，由于车站附近的地理条件以及面向旅客这些因素，所以追求简单便宜的经济型餐厅比较多，而中高档餐厅比较少。对旅客来说，能够在酒店附近便宜地用餐，这点很重要，虽然在《走遍全球》中也对特米尼车站的饮食情况作出介绍，但是有读者来信说，这附近的餐厅服务并不是很好，味道也一般。

选择餐厅的话，选择旅客较少、当地人利用率较高的店比较好。不过话说回来，在特米尼车站中，麦当劳在年轻人之间的人气很高。在中年人和已婚女性中，利用一楼和二楼自助餐厅的人也很多。

特米尼车站的东侧和西侧比起来，西侧外国劳动者较多，车站附近也是家庭餐馆和烧烤等简易餐厅较多。在车站西南方向的加富尔大道和其周围有着许多餐厅和饭馆。在大圣母教堂到维多利亚·埃马努埃莱二世广场之间，可以说是罗马的中华街，有很多居住在当地的中国人经常光顾的中国餐馆。

东侧则是进行个人旅行的游客较多，在车站附近有许多便利的饭馆。虽然距离稍微有点远，但是在与车站平行并朝西北方向延伸的帕雷洛斯大道和卡斯泰尔菲达尔多大道中。

周六来一份汤团是罗马风格。位于特米尼车站东侧

乔利提
Giolitti dal 1900

◆于 1900 年创业，在罗马也是非常闻名的点心和冰激凌店。内部有安静的沙龙，除了冰激凌外，还能吃到小吃。

- 住 Via Uffici del Vicario 40
- ☎ 06-6991243
- 營 7:00~凌晨 2:00
- 休 无休　預算 € 2.50~
- C/C Ⓐ Ⓓ Ⓙ Ⓜ Ⓥ
- 交通 从万神殿徒步 5~6 分钟

冠军咖啡
Ciampini

◆安静的咖啡兼冰激凌店。这里的冰激凌非常值得推荐，有很多罗马人的粉丝。其中塔尔托福最具有人气。在外面的桌子也非常舒服。能够进行简单的用餐。由于这里一直都很混杂，所以在附近的冠军餐厅二号店能就座的可能性比较大。

Map p.38 C1

- 住 Piazza S.Lorenzo in Lucina 29
- ☎ 06-6876606
- 營 7:30~20:30
- 休 周日、8 月
- 預算 € 2~15
- C/C Ⓐ Ⓓ Ⓙ Ⓜ Ⓥ
- 交通 从 A 线 Spagna 站徒步 5~6 分钟

圣克里斯皮诺
San Crispino

◆以优质的材料和丰富的种类为傲的冰激凌店。没有蛋筒，只有杯子，是这家店的特色。店内部也设置着带有桌椅的沙龙。位于许愿池附近的细长道路上，虽然可能有点难找。该店推荐巧克力冰激凌和奶油水果蛋糕。

Map p.35 A4

- 住 Via della Panetteria 42
- ☎ 06-6793924
- 營 12:00~24:00
- 休 12/15~1/15
- 預算 € 3~7
- C/C 不可
- 交通 许愿池附近

德尔福雷德宫殿
Palazzo del Freddo G.Fassi

◆从 1880 年开始便持续经营冰激凌的老店。就如同它宫殿的名字一般，是一座巨大建筑物的大店铺。在与工厂直通的店内摆放着数不清的种类，同时也设有座椅席。

Map p.33 A4

- 住 Via Principe Eugenio 65/67
- ☎ 06-4464740
- 營 12:00~24:00
- 休 周一、12 月
- 預算 € 1.60~
- C/C 不可
- 交通 从 A 线 Vittorio 站徒步 5~6 分钟

冰激凌店的集中地区——黄金三角地带

在罗马的冰激凌店老店乔利提（p.260）到纳沃纳广场、万神殿之间的三角地带便是冰激凌店的集中地区。可能是在车辆难以通行的石砖路上手持冰激凌的感觉非常好，又或者是无法抵挡广场开放的魅力吧，在这里行走有很大概率会遇上手持冰激凌的人。当然，冰激凌店的数量也很多。

特别是在万神殿正面内部的圣玛利亚玛德蕾娜教堂旁许愿池附近的人气店圣克里斯皮诺（p.260）的支店（住 Piazza della Maddalena 3a ☎ 06-68891310 營 12:00~24:00 休 无 Map p.34-B2）开店后，这一地区的受关注度不断上升。附近则是一直人满为患的大型酒吧并设的德拉帕尔马酒吧 Bar della Palma（住 Via della Maddalena 20/23 ☎ 06-68806752 營 8:30~凌晨 1:00 休 无 Map p.34 A2）中的种类非常丰富。容易让人错过的小店菲欧科迪内维 Fiocco di Neve（住 Via del Pantheon 51 ☎ 06-6786025 休 无 Map p.34 B2）中使用酸奶、新鲜水果制成的冰激凌非常具有人气。

在中国众所周知的古洛姆 GROM 也在此登场，位于从前述的乔利提处走下坡道的正前方（住 Via della Maddalena 30A ☎ 06-68210447 營 11:00~24:30、周五、周六 11:00~凌晨 1:00 Map p.34 A2）和纳沃纳广场（住 Piazza Navona 1/Via Agonale 的角上 ☎ 06-68807297 營 11:00~24:30、周五、周六 11:00~凌晨 1:00 Map p.34 AB1）开店。虽然不属于冰激凌，但是塔兹多罗（p.262）的咖啡也是在夏天深受罗马人喜爱的。在万神殿或者罗通达广场一边欣赏风景，一边享用，别有一番风味。

多内咖啡厅
Gran Caffè Doney

◆从韦内托大道便能望见的高级咖啡店。在别致的吧台站着喝上一杯也不错，阳台席或者高雅的室内也十分推荐。简易午餐非常受附近商业人士的欢迎。

Map p.26 C2

住 Via Vittorio Veneto 145
☎ 06-47082783
营 8:00~24:00、周六、周日 8:00~凌晨 1:00　休 周一
预算 €3.50~、套餐€4~　C/C A D M V
交通 从 A 线 Barberini 站徒步 7~8 分钟（韦内托大道）

巴黎咖啡
Caffè de Paris

◆电影《甜美生活》的舞台所在的著名咖啡店。在这成为旅游名所的阳台席中度过一段时光也非常不错。同时，餐厅也设有包厢，能够进行用餐。

Map p.26 C2

住 Via Vittorio Veneto 90
☎ 06-42012257
营 8:00~ 凌晨 2:00
休 无休　预算 €3~、用餐€40
C/C A D J M V
交通 从 A 线 Varberini 站徒步 7~8 分钟（韦内托大道）

洛萨提
Rosati Piazza del Popolp

◆设在阿鲁努波处的安静咖啡店。在凉爽的季节中坐在面向人民广场的阳台席上用餐的感觉非常舒适。除了各种饮料外，冰激凌和点心类也非常丰富。同时这里也有像意大利面€12~ 等，能够进行简单的用餐。

Map p.38 A1

住 Piazza del Popolo4
☎ 06-3225859
营 11:30~23:00
休 无休
预算 €2.50~30
C/C A D J M V
交通 人民广场一角

卡诺瓦
Canova

◆店内有着售卖点心和香烟的商店和餐厅的大型咖啡店。除了游客外，也有很多安静的当地人，电影导演费里尼也常来这里。强烈推荐阳台的座席。

Map p.38 A1

住 Piazza del Popolo 16
☎ 06-3612231
营 10:00~23:00
休 无休
预算 €2.50~30、用餐€40~80
C/C A D J M V
交通 人民广场一角

古勒克咖啡厅
Antico Caffè Greco

◆创立于 1760 年。多位艺术家光顾过的咖啡店。能够在吧台处体验到当时的气氛。在沙龙的桌子和椅子上刻有着光临过的艺术家的名字。

Map p.38 B2

住 Via Condotti 86
☎ 06-6791700
营 周二 ~ 周六 9:00~19:30、周日、一 10:30~19:00
休 无休　预算 €5~
C/C A D J M V
交通 从西班牙阶梯徒步 3 分钟

巴冰顿
Sala Da The Babinton

◆位于西班牙阶梯处，富有历史的优雅气氛的茶餐厅。在意大利非常罕见的，能够品尝到正规的英国风味红茶的一家店。除了英式红茶、英式下午茶等 30 种红茶外，还能品尝到咖喱等料理。

Map p.38 B2

住 Piazza di Spagna 23/25
☎ 06-6780846
营 9:30~21:00
休 无休
预算 €40~50
C/C A D J M V
交通 西班牙广场一角

托雷斯卡里尼
Tre Scalini

◆咖啡店兼餐厅，虽然在二楼也能进行用餐，但是被称为塔尔托福 Taruto Nero 的冰激凌特别有名。推荐一边眺望纳沃纳广场，一边在这里享受休闲的一刻。

Map p.34 B1

住 Piazza Navona 28
☎ 06-68801996
營 9:00~24:00 左右　休 1/7~2/7
€ 5~、用餐 € 29~50、套餐 € 50
CC A M V
交 纳沃纳广场一角

多尔切维塔
Dolce Vita

◆在摇曳着绿色的藤蔓的店前摆放着桌子，在这前方便是喷泉。有能够体验到广场美丽氛围的特等座席。除了饮料外，也有比萨等食物。

Map p.34 B1

住 Piazza Navona 70
☎ 06-68806221
營 8:00~ 凌晨 1:00
休 12/1~2/1
預算 € 2.50~、用餐 € 25~120（15%）、套餐 € 50　CC A J M V
交 纳沃纳广场一角

塔兹多罗
La Casa del Tazza d'Oro

◆位于曾经咖啡焙煎一条街附近的一家店。能够品尝到香味十足的咖啡。推荐品尝一下这里使用大量奶油调制的摩卡咖啡和冰糕（仅限夏天）。单独售卖的咖啡豆也很有人气。该店推荐的咖啡豆为 La Regina dei Caffe，1 千克约 €20。

Map p.34 B2

住 Via degli Orfani 84
☎ 06-6789792
營 7:00~20:00
休 8/15、12/25、复活节
預算 € 1~
CC A D M V
交 从纳沃纳广场徒步 3 分钟

德拉帕乔
Caffè della Pace

◆位于名叫帕乔（和平）路的小路一角的具有独特气氛的酒吧。沙龙的室内装饰品虽也很有趣，不过在屋外的桌子上坐下，享受拂面的夜风也非常不错。

Map p.34 B1

住 Via della Pace 3/7
☎ 06-6861216
營 9:00~ 凌晨 2:00
休 无休　預算 € 2.50~
CC V
交 从纳沃纳广场徒步 3 分钟

布拉曼特
Chiostro del Bramante

◆16 世纪由布拉曼特设计的建筑物。穿过一楼美术馆的售票处走上楼梯后，就能在由柱廊的光与影组成的广阔空间中看到时髦的咖啡厅。除饮料外，这里还有沙拉、三明治以及自制的起司蛋糕等，非常适合在观光途中小憩片刻。

Map p.34 B1

住 Via Arco della Pace 5
☎ 06-68809036
營 咖啡厅 10:00~20:00、午餐 12:00~15:00 周六、日早午餐 10:00~15:00
休 周一、8 月
預算 € 1.50~、用餐 € 18~25
CC A D J M V
交 从纳沃纳广场徒步 5 分钟

冰激凌店与咖啡厅的准则

　　在咖啡厅、酒吧还有冰激凌店中，坐在座席与吧台（banco）时的埋单方法是不同的。坐在座席时，可以向服务员点单和埋单。但是，如果打算站着吃喝的话，那么需要先在收银台点单，然后拿到小票，再将小票交给吧台的工作人员进行点单。很多时候在座席和吧台点取相同的食物，但是价格却大不

相同。所以不要看见座席空着就拿着冰激凌坐下，这是违反规则的。有时店内工作人员也会请你注意。

　　在平民店内或者乡下的话，很多时候没有区别，不过在吧台点完单后，如果想要坐下的话，还是请先和店内的工作人员确认一下。

圣特乌斯塔奇奥
Caffè Sant'Eustachio

◆专业的咖啡店。用柴火焙煎的咖啡非常有名。利用被称为"格兰咖啡"的秘方调制出的咖啡在罗马也只有内行的人才知道。除了格兰咖啡外，咖啡风味的榛果巧克力、冰糕等也非常推荐。在这里能够沉浸在古代罗马的气氛之中。

Map p.34 B2

- 住 Piazza S.Eustachio 82
- ☎ 06-68802048
- 營 8:30~ 凌晨 1:00
- 休 无休
- 預算 € 2.20~
- 交通 从万神殿徒步 2 分钟

帕斯库奇
Pascucci

◆于 1938 年创立，以时令水果和热带水果的果汁和混合汁闻名的一家店。其他还有冰激凌、雪糕、三明治等。泡芙也非常美味。

Map p.34 C2

- 住 Via d.Torre Argentina 20
- ☎ 06-6864816
- 營 6:00~24:00
- 休 周日、8 月
- 預算 € 2.50~10
- 交通 银塔广场北侧

康提艾尼
Cantiani

◆于 1935 年创立的面包点心店兼酒吧 & 咖啡的店。同时这里也作为小饭馆和冰激凌店进行营业。在科拉迪恩佐大道中想喝喝茶或吃点东西可以来这里。店内部小饭馆的午餐在附近的商业人士之间非常有人气。

Map p.28 B2

- 住 Via Cola Di Rienzo 234
- ☎ 06-6874164
- 營 8:00~20:00
- 休 一部分节假日
- 預算 €1~、午餐 € 10~
- C/C M V
- 交通 从文艺复兴广场徒步 5 分钟

卡斯托里尼
Castroni

◆位于科拉迪恩佐大道上的高级食材店的分店。店内同时也设有摆放着桌椅的酒吧，能够进行简单的用餐。在品尝完这里人气很高的咖啡后，再从各种巧克力和摆放在半地下中的意大利食材中选择礼物吧。

Map p.36 B1

- 住 Via Nazionale 71
- ☎ 06-48906894
- 營 7:30~20:00、周日 9:00~20:30
- 休 无休
- 預算 € 0.90~
- C/C M V
- 交通 从地铁 A 线 Repubblica 站徒步 7~8 分钟

咖啡厅和酒吧的菜单

咖啡厅和酒吧是意大利人生活中必不可少的一部分，这对于我们旅行者来说也是一样的。由于酒吧的菜单种类过于丰富，所以我们在此只能列举一部分。不过在吧台观察一下周围的人点的东西，然后再尝试一下，也是一种乐趣。

Caffè	浓咖啡	Acqua minerale	矿泉水	Campari	堪培利
Caffè macchiato	玛奇朵	Aranciata	碳酸橙汁	Cinzano	仙山露
Cappuccino	卡布奇诺	Succo di frutta	果汁	Martini	马丁尼
Caffè latte	牛奶咖啡	Spremuta	鲜果汁	Cynar	菊芋酒
Caffè freddo	冷咖啡	Frullato	牛奶鸡蛋冷饮	DIGESTIVO	餐后酒
Caffè shakerato	冰咖啡	Granita	刨冰	Amaro	阿马罗
Tè	红茶	Cornetto	可爱多	Grappa	古拉巴
Tèfreddoo	冰红茶	Pasta	意大利面	Sambuca	布卡
Camomilla	卡莫米拉	Tramezzino	三明治	Brandy	白兰地
Cioccolata	可可	Panino	圆形面包	Wisky	威士忌
Coca cola	可口可乐	APERITIVO	餐前酒		

伊尔辛普吉奥
Il Simposio di Costantini

◆位于红酒老店旁的葡萄酒吧兼餐厅。能够在吧台品尝当日推荐的红酒，或者在内部的沙龙中悠闲地用餐。重观论

Map p.29 B3

住 Piazza Cavour 16
☎ 06-32111131
營 12:30~14:30、19:30~23:00
休 周六中午、周日、8月、1/1、12/25、12/26
預算 €5~、用餐 €55~80
C/C Ⓐ Ⓜ Ⓥ　交通 加富尔广场一角

托里玛尼葡萄酒吧
Trimani Wine Bar

◆开在罗马也为数不多的葡萄酒店托里玛尼侧的葡萄酒吧。能够品尝到1杯名酿葡萄酒的一家店。虽然料理的种类很少，但是很值得慢慢品尝。尽量预订

Map p.27 C4

住 Via Cernaia 37/b　☎ 06-4469630
營 11:30~15:00、17:30~凌晨 0:30
休 周日、6~9月的周六、8/3~8/25左右　預算 €15~、用餐 €40~55
C/C Ⓐ Ⓓ Ⓙ Ⓜ Ⓥ
交通 从A线 Repubblica 站徒步 7~8分钟

布克内
Buccone

◆售卖葡萄酒等酒类的红酒吧（營9:00~20:30 周五、周六 ~23:30），可以在此购买葡萄酒。在店内的角落里摆放着能够用餐和享用一杯红酒的座席。很多人会在这里站着来上一杯餐前红酒。店内有着19世纪令人怀念的气氛。

Map p.38 B1

住 Via di Ripetta 19
☎ 06-3612154
營 12:30~15:00、周五、周六 19:30~22:30 也营业
休 周日、8月的3周左右
預算 €4~、用餐 25~50、套餐 €35
C/C Ⓐ Ⓓ Ⓙ Ⓜ Ⓥ
交通 从人民广场徒步 4~5分钟

库尔德萨库乌诺
Cul de Sac 1

◆年轻人平时会频繁光顾的一家店。在众多高档的红酒吧中给人一种平民的感觉。店内共有1500多种葡萄酒，同时也能够进行用餐和适合在旅游途中前来光顾。

Map p.34 B1

住 Piazza Pasquino 73
☎ 06-68801094
營 12:00~16:00、18:00~凌晨 0:30
休 12/24~12/26、1/1
預算 €4~、用餐 28~38、套餐 €33
C/C Ⓙ Ⓜ Ⓥ
交通 从纳沃纳广场徒步 2~3分钟

雷乔纳雷帕拉提乌姆红酒吧
Enoteca Regionale Palatium

◆罗马拉齐奥大区的州立红酒吧。以拉齐奥大区的葡萄酒、生火腿、奶酪为主，能够品尝到许多简单的料理。店内除了葡萄酒以外，还售卖着蜂蜜、果酱、点心等。推荐给想要寻找当地独特口味的旅客。

Map p.38 C2

住 Via Frattina 94
☎ 06-69202132
營 11:00~23:00
休 周日
預算 €10~
C/C Ⓐ Ⓓ Ⓜ Ⓥ
交通 从西班牙广场徒步 3分钟

努沃拉里
Nuvolari

◆鸡尾酒酒吧兼红酒吧。除了酒精类外，还能进行简单的用餐。周六晚上有爵士演奏会，周四、周五则有演出。

Map p.28 B2

住 Via Ombrellari 10
☎ 06-68803018
營 18:30~凌晨 2:00
休 周日、8月
預算 €3~15
交通 从圣彼得广场徒步 3~4分钟

拉巴利库
La Barrique

◆位于拥有着大量饮食店的博斯凯特大道，白天会有很多工作的白领前来光顾。白天前来用餐，晚上前来享用葡萄酒的人很多。由于这里同时也经营贩卖葡萄酒，所以也可以向店内人员请教葡萄酒的选择方法，品尝后如果觉得喜欢也可以买下来。要预约

Map p.36 B1
- 住 Via del Boschetto 41/B
- ☎ 06-47825953
- 营 13:00~15:00、19:00~24:30
- 休 周日、8月
- 预算 € 20~40
- C/C Ⓐ Ⓓ Ⓜ Ⓥ
- 交通 从奎里纳莱坎山徒步5分钟

康提纳提罗雷泽
Cantina Tirolese

◆如果不认真找可能就找不到的啤酒吧。能够在这里品尝到炖牛肉、奶酪火锅、馅饼等蒂罗尔料理和澳大利亚的葡萄酒和啤酒。

Map p.29 B3
- 住 Via G.Vitelleschi 23　☎ 06-68135297
- 营 12:00~15:00、19:00~24:00
- 休 周一、周六中午、8月
- 预算 € 15~25、自助餐€9.50（仅限周二、三、四、五、日中午）
- C/C Ⓐ Ⓓ Ⓙ
- 交通 从圣天使堡徒步2~3分钟

奥比卡
Obikà

◆在全球各地都存在着的干酪吧分店。能够在这里品尝到各种干酪、生火腿、烟熏肉和沙拉的拼盘、意大利烤面包片以及意大利面。推荐在这里一边悠闲地品尝手中的红酒，一边眺望着热闹的广场。

Map p.34 C1
- 住 Piazza Campo de'Fiori/Via dei Baullari 的拐角
- ☎ 06-68802366
- 营 8:00~凌晨2:00
- 休 无休
- 预算 € 15~（面包€1）
- C/C Ⓐ Ⓓ Ⓙ Ⓜ Ⓥ
- 交通 花之田野广场一角

阿里斯托坎波
Aristo Campo

◆位于花之田野广场一端的三明治店。一边品尝着店头摆放着罗马乡土料理之一的普尔凯塔三明治，一边眺望花之田野广场，非常不错。

Map p.34 C1
- 住 P.za della Cancelleria 92/A/Campo di Fiori 30
- ☎ 06-6864897
- 营 10:30~凌晨3:00
- 休 无休　预算 € 3~　C/C Ⓜ Ⓥ
- 交通 花之田野广场一角

佩罗尼
L'Antica Birreria Peroni

◆从1906年开始具有悠久历史的啤酒吧。啤酒除了贝罗妮公司的产品外也有外国进口的，同时在这里也能享用葡萄酒。料理有以风火腿肠为首的罗马料理，所以不管是想喝酒的客人，还是想用餐的客人，都能自在地享受这里明亮的气氛。不接受预约。

Map p.35 B3
- 住 Via S.Marcello 19
- ☎ 06-6795310
- 营 12:00~24:00
- 休 周日、8月
- 预算 € 4~、用餐€20~
- C/C Ⓐ Ⓓ Ⓙ Ⓜ Ⓥ
- 交通 从威尼斯广场徒步5分钟

意大利的啤酒

对于在意大利用餐时享用葡萄酒的人来说，有时"还是想要喝啤酒"。意大利语中，啤酒为Birra。生啤为Birra Spina。在意大利比较普及的啤酒有被称为蓝色缀带的Nastro Azzuro和标签上描绘着一名留着胡子的老爷爷的Moretti，诞生于罗马的Peroni等。也有只提供荷兰产的啤酒Heineken的店。

Shopping Guide

在罗马购物

孔多蒂大道和西班牙广场周边

在以代表罗马品牌街的孔多蒂大道为首的西班牙广场周边，有许多代表意大利的名店。以品牌商品、宝石饰品为中心，在小路中建造着各种各样的概念店和休闲服装店，顾客层也以家庭主妇和官员为中心，年轻人也经常前来光顾。北面的克罗齐大道中有食品店和文具店，是当地的孩子们经常光顾的地方。南侧的弗拉蒂纳大道中有很多咖啡店。

孔多蒂大道

普拉达【品牌】
Prada

◆ 人气品牌的新店

店内展示着以时下热门话题商品为中心的商品。库存很丰富。尼龙面料服装的种类也很丰富。除了手提包外，女装、男装上衣的种类也很丰富。

Map p.39 A2

- 住 Via Condotti 92/95
- ☎ 06-6790897
- 營 10:00~19:30
  周日 10:00~19:00
- C/C A D J M V
- 交 从地铁 A 线 Spagna 站徒步 3 分钟

古驰【品牌】
Gucci

◆ GG 图案很有人气

一楼摆放着提包、围巾等人气商品。二楼则是靴子和上装。意大利店员的品位也让人非常佩服。

Map p.39 A2

- 住 Via Condotti 8
- ☎ 06-6790405
- 營 10:00~19:00 周日 14:00~19:00
- C/C A D J M V
- 交 从地铁 A 线 Spagna 站徒步 3 分钟

华伦天奴 G.【品牌】
Valentino Garavani

◆ 顶极的意大利高档品牌

意大利风格的大店，最近的倾向为更轻松、更高贵的线条。从外侧楼梯能够登上二楼的卖场。男装已迁移至 Via Bocca di Leone 15。

Map p.39 B2

- 住 Via Condotti 15
- ☎ 06-6783656
- 營 10:00（周一 15:00）~19:00
- 休 周日
- C/C A D J M V
- 交 从地铁 A 线 Spagna 站徒步 4 分钟

阿玛尼【品牌】
Giorgio Armani

◆ 女性最为憧憬

无论何种女性都能穿上的阿玛尼夹克。一旦穿上便再也不想放手的衣服。在意大利工作的女性支持率 NO.1。

Map p.39 A·B2

- 住 Via Condotti 77
- ☎ 06-6991460
- 營 10:00（周一 15:00）~19:00
- 休 周日
- C/C A D J M V
- 交 从地铁 A 线 Spagna 站徒步 5 分钟

菲拉格慕【品牌】
Salvatore Ferragamo

◆ 最为完美舒适的靴子

拥有让人百看不厌的设计和完美的轮廓的菲拉格慕靴子。库存种类非常丰富。女装的上衣和围巾等小件商品也很丰富。男装店在 66 号地。

Map p.39 B2

- 住 Via Condotti 73/74
- ☎ 06-6791565
- 營 10:00~19:00 周日 11:00~19:00
- 休 无休
- C/C A D J M V
- 交 从地铁 A 线 Spagna 站徒步 5 分钟

路易威登【品牌】
Louis Vuitton

◆永远的人气 LV. 标记

由于路易威登在全球各地价格都差不多，所以在免税商店购买的话会很划算。种类非常丰富。在圣洛伦佐路齐纳广场中也有店铺。

	Map p.39 B2
住	Via Condotti 13
☎	06-69940000
營	10:00~19:30
	周日 11:00~19:30
C/C	Ⓐ Ⓓ Ⓙ Ⓜ Ⓥ
交通	从地铁 A 线 Spagna 站徒步 3 分钟

马克斯马拉【品牌】
Max Mara

◆拥有所有品种的本店

马克斯马拉、马克斯运动装等 6 个品种都拥有自己独立的房间，种类非常丰富。是马克斯粉丝一定要前来光顾的一家店。这里也是罗马室内数家马克斯马拉中最大的一家。

	Map p.39 B2
住	Via Condotti 17/19
☎	06-69922104/5
營	10:00~19:30
C/C	Ⓐ Ⓙ Ⓜ Ⓥ
交通	从地铁 A 线 Spagna 站徒步 5 分钟

爱马仕【品牌】
Hermès

◆法国的名门品牌

有着全部生活用品的爱马仕。店内，从凯莉包到食器、毛巾充满了很多高品位的奢侈品，多为意大利制造。也有少许男装的小物品。

	Map p.39 B1
住	Via Condotti 67
☎	06-6791882
營	10:00（周一 15:00）~19:00
休	周日
C/C	Ⓐ Ⓓ Ⓙ Ⓜ Ⓥ
交通	从地铁 A 线 Spagna 站徒步 5 分钟

赛琳【品牌】
Céline

◆孔多蒂大道的卖场

能够比较舒适地进行购物的法国品牌。正由原来的保守系转向摩登系。橱窗的品位也相当不错，有时间可以看下。

	Map p.39 B1
住	Via Condotti 20A
☎	06-6787586
營	10:00~19:00
休	周日
C/C	Ⓐ Ⓓ Ⓙ Ⓜ Ⓥ
交通	从地铁 A 线 Spagna 站徒步 5 分钟

阿尔伯特·菲尔蒂【品牌】
Alberta Ferretti

◆女士的礼服

位于孔多蒂大道，有着非常美丽的陈列橱窗的店内陈列着阿尔伯特·菲尔蒂和菲洛索菲两大品牌。高贵可爱的礼服人气非常高。价格很实惠。

	Map p.39 B1
住	Via Condotti 34/35
☎	06-6797728
營	10:00~19:00
	周日 11:00~13:30、15:00~19:00
C/C	Ⓐ Ⓓ Ⓙ Ⓜ Ⓥ
交通	从地铁 A 线 Spagna 站徒步 5 分钟

芙拉【品牌】
Furla

◆世界最广阔的芙拉店

诞生于博洛尼亚的芙拉。这里现在是芙拉全球最大的店铺店。门口虽然很狭窄，但是在地下有着广阔的卖场，从休闲服装、别致的手提包到小饰品等都一应俱全。

	Map p.39 B1
住	Via Condotti 55
☎	06-6791973
營	10:00~20:00
	周日 10:30~20:00
休	一部分节假日
C/C	Ⓐ Ⓓ Ⓙ Ⓜ Ⓥ
交通	从地铁 A 线 Spagna 站徒步 5 分钟

杜嘉班纳【品牌】
Dolce&Gabbana

◆ 大胆创新的设计

使用光亮的面料和适合女性的透明原料设计的少年风格。自称前卫派的意大利品牌粉丝必定要光顾的一家店。有着高雅且性感的服装。

Map p.39 B1

住 Via Condotti 59
☎ 06-6792294
营 10:00~19:00
C/C A D J M V
交通 从地铁 A 线 Spagna 站徒步 5 分钟

楚萨迪 1911【品牌】
Trussardi 1911

◆ 都市派、皮革制品的代名词

创业 80 年,以出色的技术和现代感觉设计成的皮革制品。上衣类预示着当下流行风格。

Map p.39 B1

住 Via Condotti 49/50
☎ 06-6780280
营 10:00~19:00
C/C A D J M V
交通 从地铁 A 线 Spagna 站徒步 5 分钟

Max&Co.【品牌】
Max&Co.

◆ 马克斯马拉的小妹

价格适中,有很多可以平时穿着的简单设计的服装。在这里购买意大利正在流行的物品吧。孔多蒂店走的是别致且革新的线路。要购买上班时穿的衣服的话来这里很合适。

Map p.39 B1

住 Via Condotti 46/46A
☎ 06-6787946
营 10:00~19:3
　周日 11:00~14:00、15:00~19:00
C/C A D J M V
交通 从地铁 A 线 Spagna 站徒步 5~6 分钟

芬迪【品牌】
Fendi

◆ 聚集了只有本店才有的风格

以毛皮店起家,代表罗马的品牌。于 2005 年为纪念创业 80 年而诞生了“芬迪宫殿”。在手提包、上衣等方面都拥有着只有本店才有的充实库存,特别是二楼上等品质的毛皮类商品让人惊叹。

Map p.39 B1

住 Via di Fontanella Borghese 48
☎ 06-686641
营 10:00~19:30
　周日 13:30~19:00
C/C A D J M V
交通 从地铁 A 线 Spagna 站徒步 5~6 分钟

巴利【皮革制品】
Bally

◆ 代表瑞士的品牌

品牌虽然出生于瑞士,但是在意大利售卖的商品却大多为意大利制造。古典的外形和制造方法拥有很多的粉丝。价格很实惠,作为礼物很有人气。

Map p.39 B1

住 Via Condotti 36/37
☎ 06-6990236
营 10:00~19:00
C/C A J M V
交通 从地铁 A 线 Spagna 站徒步 5 分钟

铁狮东尼【皮革制品】
a.testoni

◆ 舒适高贵的靴子

引入注目的品牌。穿上就像是贴在脚上一般舒适的靴子。尽管传统但设计得很有品位,有着活用古老技术诞生的各种皮革制品。无论是女装还是男装,商品种类都很充足。

Map p.39 A2

住 Via Condotti 80
☎ 06-6788944
营 10:00~19:00
C/C A D J M V
交通 从地铁 A 线 Spagna 站徒步 3 分钟

宝嘉丽【珠宝】
Bvlgari

◆世界三大珠宝店之一

代表意大利的珠宝店。让人不由惊叹，豪华宝石的展示橱柜非常漂亮。实用且有时髦设计的钟表非常具有人气。除了首饰外，现在也正在进军围巾与皮包。

住 Via Condotti 10
☎ 06-6793876
營 10:00（周一 15:00）~19:00
休 周日
C/C A D J M V
交通 从地铁 A 线 Spagna 站徒步 3 分钟

达米阿尼【珠宝】
Damiani

◆因为布拉比的广告而引爆话题

在孔多蒂大道与宝嘉丽、卡迪亚肩并肩开店的达米阿尼。据说，实际布拉德·皮特也曾赠送给未婚妻达米阿尼原创的钻戒。设计十分新颖。

住 Via Condotti 84
☎ 06-69200414
營 10:00（周一 15:00）~19:00
休 周日
C/C A D J M V
交通 从地铁 A 线 Spagna 站徒步 3 分钟

卡迪亚【珠宝】
Cartier

◆代表法国的珠宝店

价格偏低的有色珠宝制作的休闲戒指非常有人气。优质的品质和高贵的气质便是卡迪亚的代名词。皮革的小商品种类也很丰富。虽然全球价格统一，但是因为免税商店的存在，还是比较实惠的。

住 Via Condotti 82/83
☎ 06-6782580
營 10:00~13:30
14:30（周一 15:30）~19:00
休 周日
C/C A D J M V
交通 从地铁 A 线 Spagna 站徒步 3 分钟

布契拉提【珠宝】
Federico Buccellati

◆金银制品的加工非常不错

和宝嘉丽肩并肩开设的老牌珠宝店。以使用利夫设计的纤细戒指闻名。能够让人感觉到欧洲传统的银质刀叉非常值得一见。

住 Via Condotti 31
☎ 06-6790329
營 10:00（周一 15:00）~19:00
休 周日
C/C A D J M V
交通 从地铁 A 线 Spagna 站徒步 5 分钟

罗洛·皮雅纳【品牌】
Loro Piana

◆为绅士淑女而存在

使用开司米还有骆马等的高级针织品牌。平静的色彩组合与别致的造型便是它人气的秘诀。除了男装、女装外，也有手提包和大衣等皮革制品。

住 Via Condotti 24
☎ 06-69924906
營 10:00~19:30
休 周日、节假日
C/C A D J M V
交通 从地铁 A 线 Spagna 站徒步 5 分钟

杰尼亚【品牌】
Ermenegildo Zegna

◆保守的意大利男士钟爱

曾为布料商的杰尼亚虽然没有华丽的设计，但是以耐用的设计赢得了很多男士青睐的男士品牌。意大利式的面对面售卖仍旧存在，向店员请教如何选取合身西装的感觉非常愉快。

住 Via Condotti 58
☎ 06-69940678
營 10:00~21:30、周日 10:00~19:00
C/C A D J M V
交通 从地铁 A 线 Spagna 站徒步 5 分钟

米索尼【品牌】
Missoni

◆ 由色彩的魔术师编制的针织服装

这里以美丽的色彩而闻名。不管在哪儿都能穿着的高级针织服装。男装、女装的款式都有。每个季节都会有充实的商品，会根据季节的主题展示新作。

Map p.39 A2

住 Piazza di Spagna 78
☎ 06-6792555
營 10:00~19:00
休 8 月的周日
C/C Ⓐ Ⓓ Ⓙ Ⓜ Ⓥ
交通 从地铁 A 线 Spagna 站徒步 2 分钟

D&G【品牌】
D&G

◆ 面向年轻人的人气品牌

以华丽的 Dolce & Gabbana 的休闲服饰闻名的便是 D&G，是能在大街上穿着精神十足的年轻人品牌。

Map p.39 A2

住 Piazza di Spagna 90
☎ 06-69380870
營 11:00~19:30
休 周日
C/C Ⓐ Ⓓ Ⓙ Ⓜ Ⓥ
交通 从地铁 A 线 Spagna 站徒步 3 分钟

塞乔·罗西【鞋】
Sergio Rossi

◆ 如果想穿最流行的靴子的话

虽然身为引导意大利靴子流行的品牌，却也追求着穿着的舒适度，以对木质靴的追求闻名。高贵的造型和让女性的脚能够看上去更美的技术为天下第一。

Map p.39 A2

住 Piazza di Spagna 97/100
☎ 06-6783245
營 10:00（周日 14:00、周一 15:00）~19:00
休 周日、周一午前
C/C Ⓐ Ⓓ Ⓙ Ⓜ Ⓥ
交通 从地铁 A 线 Spagna 站徒步 3 分钟

梅尼奇尼【珠宝】
Menichini

◆ 在西班牙广场极具历史

历经 100 年以上的时间在西班牙广场一角持续经营着的珠宝店老店。除了蒂凡尼制品外，其他原创的珠宝品也非常值得一见。

Map p.39 A2

住 Piazza di Spagna 1
☎ 06-6791403
營 10:30~19:30
休 周日、8/10~8/20 左右
C/C Ⓐ Ⓓ Ⓙ Ⓜ Ⓥ
交通 从地铁 A 线 Spagna 站徒步 3 分钟

艾斯卡达【品牌】
Escada

◆ 时髦且经过洗练

利用单色进行组合，经过洗练过的西装和连衣裙非常充实。商品的陈列橱窗十分具有观赏性。其他还有香水和小饰品等。

Map p.39 A2

住 Piazza di Spagna 7
☎ 06-6786995
營 10:00（周一 12:00）~19:30
休 周日
C/C Ⓐ Ⓓ Ⓙ Ⓜ Ⓥ
交通 从地铁 A 线 Spagna 站徒步 3 分钟

芙蕾特【亚麻布】
Frette

◆ 代表意大利的亚麻布专营店

深受意大利上流社会喜爱的品牌。在高级手工刺绣非常充实的西班牙广场中，经常会有前来购买结婚用品的人在科尔索大道（31 号路）店中，有着比较大众的商品。

Map p.39 A2

住 Piazza di Spagna 10
☎ 06-6790673
營 10:00~19:00、周一 15:00~19:00
休 周日、周一午前、8/15 前后一周之间
C/C Ⓐ Ⓓ Ⓙ Ⓜ Ⓥ
交通 从地铁 A 线 Spagna 站徒步 3 分钟

吉丽【品牌】
Gilli

◆个性十足的优质手提包

　　以鲜艳的色彩和有趣的贴花的立方袋闻名的吉丽。由上等的皮革和熟练工匠手工制作的商品在上层社会之中很有人气。同时也经营着手提袋和牛仔裤。

住 Piazza di Spagna 1
☎ 06-6990774
营 周一、二 10:00～14:00、15:00～19:00、周三～周六 10:00～19:00
休 周日　C/C Ａ Ｄ Ｊ Ｍ Ｖ
交通 从地铁 A 线 Spagna 站徒步 1 分钟

蒙口【品牌】
Moncler

◆时髦高级的羽绒

　　以高级羽绒服装品牌而极具人气，在法国诞生，总部设在梅拉诺的公司。店内经营着从休闲和高低时髦的各种羽绒大衣为主的上衣、手提包等各种商品。

住 Piazza di Spagna 77
☎ 06-69940292
营 10:00～19:00
休 一部分节假日
C/C Ａ Ｄ Ｊ Ｍ Ｖ
交通 从地铁 A 线 Spagna 站徒步 2 分钟

克里斯汀·迪奥【品牌】
Christian Dior

◆进军西班牙广场的

　　继在米拉诺、佛罗伦萨进军罗马后，迪奥在罗马开起了大型店铺。除人气手提包以外，女装夹克也非常丰富，崭新的设计吸引了很多人的眼球。

住 Piazza di Spagna, angolo, Via Condotti 1/4
☎ 06-69924489
营 10:00～19:00
C/C Ａ Ｄ Ｊ Ｍ Ｖ
交通 从地铁 A 线 Spagna 站徒步 3 分钟

看步【鞋】
Camper

◆时髦且舒适的靴子

　　虽然为休闲服饰，但同时也充满了时髦和娱乐的品牌。拥有着皮革、胶、塑料等各种原料制造的妇人、绅士的靴子。穿着的舒适度具有一定的口碑，店内经常充满了顾客。

住 Piazza di Spagna 72
☎ 06-69925678
营 10:00～20:00、周日 11:00～19:00
C/C Ａ Ｄ Ｊ Ｍ Ｖ
交通 从地铁 A 线 Spagna 站徒步 3 分钟

博尔戈诺纳大道

璞琪【品牌】
Emilio Pucci

◆经过洗练的"璞琪图案"的本店

　　拥有被称为"璞琪图案"的以鲜艳色彩组合而成的独特图案的品牌。一楼为手提包和钱包等小物品，二楼则为使用了丝绸和棉汗布的高贵 T恤和礼服类。在意大利中深受贵妇的喜爱。

住 Via Borgognona 21
☎ 06-6784058
营 10:00～19:00
C/C Ａ Ｄ Ｊ Ｍ Ｖ
交通 从地铁 A 线 Spagna 站徒步 5～6 分钟

莫斯奇诺【品牌】
Moschino

◆休闲女装

　　明亮的广告让人印象非常深刻的莫斯奇诺，在当地以细腻的设计深受好评。高雅和休闲一体化的衣服和小饰品类让人难以移开目光。展示橱窗也非常值得一看。

住 Via Borgognona 32/a
☎ 06-6781144
营 10:00～19:30、周日 11:00～19:30
休 一部分节假日　C/C Ａ Ｄ Ｊ Ｍ Ｖ
交通 从地铁 A 线 Spagna 站徒步 5～6 分钟

梅琳娜·丽娜蒂【品牌】
Marina Rinaldi

◆ 主妇御用的高级品牌

经营着马克斯马拉集团的大尺寸商品。有着意大利尺寸46号以上的服装。特别是对白领女性服装的流行非常敏感。适合身材较高的人前来光顾。

住 Via Borgognona 5 ☎ 06-69200487
营 10:00~19:30、周日 10:00~14:00、15:00~19:00
C/C Ⓐ Ⓓ Ⓙ Ⓜ Ⓥ
交通 从地铁 A 线 Spagna 站徒步 5~6 分钟

马罗【品牌】
Malo

◆ 色彩鲜艳的高级开司米品牌

诞生于佛罗伦萨的高级开司米针织服饰的品牌。对原料和缝制非常考究的制品，在手感和光泽上都是一流的。除了男装、女装、儿童服装外，这里还经营着手提包和大衣等皮革制品。

住 Via Borgognona 4/c ☎ 06-6791331
营 10:00~19:30、周日 11:00~14:00、15:00~19:00
C/C Ⓐ Ⓓ Ⓙ Ⓜ Ⓥ
交通 从地铁 A 线 Spagna 站徒步 5~6 分钟

博卡迪雷欧内大道 / 马里奥迪菲奥里大道

华伦天奴（男装）【品牌】
Valentino

◆ 知名品牌的绅士服装

在 Miss.V 遗址中开设的华伦天奴精品男装店。运动型且高贵的瘦身型西装非常不错。能够演绎出纯粹的意大利男性魅力的官员御用品牌。

住 Via Bocca di Leone 15
☎ 06-6795862
营 10:00~14:00、15:30~19:30
休 周日、周一午后
C/C Ⓐ Ⓓ Ⓙ Ⓜ Ⓥ
交通 从地铁 A 线 Spagna 站徒步 5 分钟

范思哲精品店【品牌】
Boutique Versace

◆ 别致且豪华的贵妇人用品

在中国如果提到范思哲精品店的话，就会有一种华丽且豪华的印象，但实际上别致的单调才是其主流。这是一家在家具和室内装饰品小物件上花了很大心思的店铺，很有一见的价值。

住 Via Bocca di Leone 26/27
☎ 06-6780521
营 10:00~19:00
C/C Ⓐ Ⓓ Ⓙ Ⓜ Ⓥ
交通 从地铁 A 线 Spagna 站徒步 5 分钟

罗娜【品牌】
Laura Biagiotti

◆ 为妇人打造的针织服饰

在这里有为成年女性打造的各种针织服饰。意大利制造的开司米针织服饰无论是从颜色还是手感上都和其他的与众不同，是罗马女性经常光顾的一家店。在新店铺中，儿童服装也非常充足。

住 Via Mario de' Fiori 26
☎ 06-6791205
营 10:30~19:30
休 周日、周一午前
C/C Ⓐ Ⓓ Ⓙ Ⓜ Ⓥ
交通 从地铁 A 线 Spagna 站徒步 4~5 分钟

库奇纳【厨房用品】
c.u.c.i.n.a

◆ 献给喜爱料理的人

在细长的店内有许多料理道具、刀具、亚麻布等厨房用品。在店内寻找像磨奶酪的器具等意大利独有道具也非常有趣，非常适合寻找礼物。

住 Via Mario de' Fiori 65
☎ 06-6791275
营 10:00~19:30
休 周日、节假日、周一午前
C/C Ⓐ Ⓓ Ⓙ Ⓜ Ⓥ
交通 从地铁 A 线 Spagna 站徒步 3 分钟

弗拉蒂纳大道

简特【时装】
Gente

◆ 寻找最新的时装

经营世界时装最新流行品的高级概念店。深受时髦的贵妇人喜爱，在罗马约有 300 年的历史。在市内总共有 6 家店，这里主要经营着女装和鞋子。只要通过观看展示橱窗便能了解当下的流行。

Map p.39 B1

住 Via Frattina 69
☎ 06-6789132
营 10:00~19:30、周日、周一 11:30~19:30
C/C A D J M V
交通 从地铁 A 线 Spagna 站徒步 5 分钟

佛罗伦【陶瓷器】
Fornari&Fornari

◆ 深受罗马上流社会喜爱

以陶瓷器为中心，经营着银器等高级桌面摆设的老店。从美丽的陈列橱窗中能够学到很多桌面摆放的相关知识。

Map p.39 B2

住 Via Frattina 133
☎ 06-6780105
营 10:00~19:30
休 周日、周一午前
C/C A D M V
交通 从地铁 A 线 Spagna 站徒步 5 分钟

马雷拉【品牌】
Marella

◆ 马克斯马拉的姐妹店

以年轻的设计和合理的价格获得了很高的人气。由于这里的尺寸比马克斯马拉要小一些，所以很受东方女性的喜爱。价格也非常实惠。

Map p.39 B2

住 Via Franttina 129/130/131
☎ 06-69923800　营 10:00~19:30、周日、周一 10:30~19:30、周四、周五、周六 10:00~20:00　C/C A D J M V
交通 从地铁 A 线 Spagna 站徒步 5~6 分钟

卡斯特丽【化妆品】
Castelli

◆ 化妆品常年打折

在意大利，经常有售卖打折品牌化妆品的商店，这里也是其中之一。除了一部分外，能够以比标价低 10%~20% 的价格购入，同时也可以办理免税手续。

Map p.39 B1

住 Via Frattina 18/54
☎ 06-6790339　营 9:30~19:30
休 周日、周一午前、8/14~8/25
C/C A D J M V
交通 从地铁 A 线 Spagna 站徒步 7~8 分钟

从罗马前往直销中心

在罗马郊外有 2 处大型的直销中心。无论是哪一处都有将近 200 家店铺。咖啡、餐厅以及儿童娱乐场所都一应俱全，折扣率在 30%~70%，同时也能使用免税服务，非常划算。就当是出门远行，到这里来看看吧。从特米尼车站乘坐巴士便能抵达，很方便。

直销中心有①麦克阿瑟·格莱斯设计的卡斯特罗·罗马诺与②巴尔蒙特涅直销中心。①走的是高级线路和休闲系的室内装饰品等。②则是运动服装和童装、靴子以及杂货类。

①麦克阿瑟·格莱斯设计的卡斯特罗·罗马诺
　McArthurGlen Designer Outlets Castel Romano
住 Via Ponte di Piscina Cupa 4
☎ 06-5050050　URL www.mcarthurglen.it
开 周一~周四 10:00~20:00、周五~周日 10:00~21:00
休 部分节假日
C/C A D J M V

②巴尔蒙特涅直销中心　Valmontone Outlet
住 Via della Pace Loc.Pascolaro,VALMONTONE
☎ 06-9599491　URL www.fashiondistrict.it
开 夏季 10:00~21:00、冬季 10:00~20:00（周六、周日、节假日 ~21:00）
休 部分节假日
C/C A D J M V
前往方法 ▶ 巴士在特米尼车站西口乘坐 Via Marsala 29。面朝巴士乘坐处的特米尼车站内的咖啡厅 Terracafe 内有 Terravisione 公司的售票处。
①去 10:00、12:30、15:00 发车／返 13:45、17:00、20:00 发车　费 往返 € 13
②周六、周日、节日（夏季还包含周二、周四）去 10:00 发／返 17:30 发
费 单程 € 7，儿童 € 5

贝尔吉艾纳大道

卡沃利【品牌】
Just Cavalli

◆ 人气火爆的品牌

　　意大利备受瞩目的罗贝尔特卡沃利的另一品牌。主要经营休闲的牛仔裤和夹克等。拥有崭新的设计，是罗马人非常推荐的一家店。

Map p.39 B1

🏠 Via Belsiana 57
☎ 06-69200415
🕐 10:00~19:30、周六 10:00~20:00、周日 11:00~19:00
C/C Ⓐ Ⓓ Ⓙ Ⓜ Ⓥ
🚇 从地铁 A 线 Spagna 站徒步 5 分钟

格拉迪尼【品牌】
Gherardini

◆ 轻盈的手提包很有人气

　　1885 年，在佛罗伦萨创业的手提包老店。品牌最具代表性的利用聚酯纤维原料制作的"索芙特"系列非常轻盈、耐用，非常有人气。牛皮等实用皮革面料的商品也非常丰富。

Map p.39 B1

🏠 Via Belsiana 48/b
☎ 06-6795501
🕐 10:00~20:00、周一 15:00~20:00
🚫 周日、节假日
C/C Ⓐ Ⓓ Ⓙ Ⓜ Ⓥ
🚇 从地铁 A 线 Spagna 站徒步 5 分钟

克罗齐大道

维尔特奇【文具】
Vertecchi

◆ 种类丰富的知名文具店

　　经营从意大利制的备忘记事本、钢笔到画材、设计用品等。包装纸、便笺等都能用作为礼物。邻接店铺（Via della Croce 72）中高级钢笔的种类非常丰富。

Map p.39 A1

🏠 Via della Croce 70
☎ 06-3322821
🕐 10:00~19:30
🚫 周日、8/13~8/18
C/C Ⓐ Ⓓ Ⓙ Ⓜ Ⓥ
🚇 从地铁 A 线 Spagna 站徒步 5 分钟

法比【食料品】
Frattelli Fabbi

◆ 库存的优良品质在当地评价很高

　　位于西班牙广场附近的古尔梅大道、克罗齐大道中的食料品店。店内虽然狭窄，但是从奶酪到橄榄油、黑葡萄醋等高级食材都一应俱全。可以进行真空包装。

Map p.39 A1

🏠 Via della Croce 27/28
☎ 06-6790612
🕐 8:00~19:30
🚫 周日、8/9~8/21
C/C Ⓐ Ⓓ Ⓙ Ⓜ Ⓥ
🚇 从地铁 A 线 Spagna 站徒步 5 分钟

巴布伊诺大道

霍根【品牌】
Hogan

◆ 在意大利人气很高

　　深受意大利人喜爱的品牌霍根。这家店铺时而也会出现排长队的情况。虽然价格不便宜，但是舒适并能很好地展现出线条的鞋子深受意大利贵妇的喜爱。同时经营着男装、女装还有童装。

Map p.39 A2

🏠 Via del Babuino 110
☎ 06-6786828
🕐 10:00~19:00
C/C Ⓐ Ⓓ Ⓙ Ⓜ Ⓥ
🚇 从地铁 A 线 Spagna 站徒步 3 分钟

艾特罗【品牌】
Etro

◆ 克什米尔披肩非常有名

　　克什米尔纹样的"克什米尔披肩"虽然非常有名，上衣款式也非常丰富。虽然佩斯利纹样的手提包深受瞩目，但是店的前身是布料店。

Map p.39 A2

🏠 Via del Babuino 102　☎ 06-6788257
🕐 10:00~14:00、15:00~19:00、周一 15:00~19:00　C/C Ⓐ Ⓓ Ⓙ Ⓜ Ⓥ
🚇 从地铁 A 线 Spagna 站徒步 5 分钟

香奈儿【品牌】
Chanel

Map p.39 A2

◆ **在意大利拥有最多粉丝**

数年前开店的罗马香奈儿。以其崭新而华丽的设计在品牌宝库意大利也能占有一席之地。

住 Via del Babuino 98/101
☎ 06-692070
營 10:00（周一 15:30）~19:00
休 周日
C/C A D J M V
交通 从地铁 A 线 Spagna 站徒步 5 分钟

缪缪【品牌】
MIU MIU

Map p.39 A1·2

◆ **适合寻找最新流行的服装**

虽然门口很窄，但是在橱柜中展示的服装散发着时尚的光芒。店内的前方摆放着手提包和小饰品，内部摆放着鞋子和个性十足的上衣。

住 Via del Babuino 91
☎ 06-36004884
營 10:00~19:30、周日 10:00~19:00
C/C A D J M V
交通 从地铁 A 线 Spagna 站徒步 5 分钟

安普里奥阿玛尼【品牌】
Emporio Armani

Map p.39 A1

◆ **凝缩着阿玛尼的本质**

众所周知的乔治阿玛尼的二线。最近这里的商品非常丰富。男装女装都宛如童装般小巧。如果要购买牛仔裤等服装的话，请去对面的店铺。

住 Via del Babuino 140
☎ 06-3221581　營 10:00~19:00、
周日 10:00~14:00、15:00~19:00
休 周日、周一午前
C/C A D J M V
交通 从地铁 A 线 Spagna 站徒步 5 分钟

华伦天奴红【品牌】
RED Valentino

Map p.38 B2

◆ **华伦天奴面向年轻人的店铺**

华伦天奴休闲 & 罗曼蒂克的品牌便是华伦天奴红。虽然休闲，但是别致的设计有着很多的粉丝。面料的品质也很高。价格很实惠。

住 Via del Babuino 61
☎ 06-36001906
營 10:00~14:00、15:30~19:30
休 周日、周一午前
C/C A D J M V
交通 从地铁 A 线 Spagna 站徒步 5 分钟

斯瑞【童装】
Cire

Map p.39 A2

◆ **只有意大利能制造出的手工制服装**

手工刺绣的专门店。经营着婴儿装、童装以及桌布等。店内陈列着绘制纤细的手工刺绣的优质商品。具有意大利风格的童装和桌布等作为礼物再适合不过了。在巴尔贝里尼广场（Piazza Barbeini 11）中也拥有分店。

住 Via del Babuino 103
☎ 06-6791732
營 10:00~14:00、15:30~19:30
休 周日、周一午前
C/C A D J M V
交通 从地铁 A 线 Spagna 站徒步 2 分钟

法比安诺【纸制品】
Fabriano

Map p.38 A1

◆ **纸制品的老店**

于 1200 年创业的纸制品专营店。据说这里深受拉斐尔与达·芬奇的喜爱。明亮的店内陈列着笔记本、账本，以及皮革制品等。旅行笔记本与葡萄酒笔记本让人非常感兴趣。

住 Via Babuino 173
☎ 06-32600361
營 10:00~19:30、周一 12:00~19:30
休 周日
C/C A D J M V
交通 从地铁 A 线 Spagna 站徒步 3 分钟

科尔索大道和圣洛伦佐广场周边

沿着西班牙阶梯前的孔多蒂大道向前走便能来到科尔索大道。走到道路尽头向南边行走不久便能来到圣洛伦佐广场。科尔索大道是当地年轻人经常光顾的地方，在漫长的道路中排列着数家有名的品牌店，一直都非常热闹。另一方，在圣洛伦佐广场广阔的空间中，咖啡厅的遮阳伞就如同盛开的鲜花一般，排列着路易威登、宝缇嘉、银泰等商店，是一处洋溢着高档感觉的购物地点。

科尔索大道

卡尔皮萨【手提包】
Carpisa

◆在年轻人之间人气上升

　　擅长明亮色调的手提包专营店。价格适中，以青少年为中心，人气急速上升。从棉质的学生用包到皮质的提包一应俱全，非常适合在这里寻找平时使用的手提包。

Map p.38 C2
- 住 Via del Corso 408/409
- ☎ 06-68300022
- 營 10:00~20:00
- C/C A D J M V
- 交 从地铁 A 线 Spagna 站徒步 13 分钟

迪赛【休闲】
Diesel

◆当地年轻人支持率 NO.1

　　售卖着牛仔裤、T 恤等商品，在国外年轻人之间也有着很高的人气。适合 10~20 岁的人前来光顾。

Map p.38 C2
- 住 Via del Corso 186
- ☎ 06-6783933
- 營 10:30~20:00　休 周日、周一午前
- C/C A D J M V
- 交 从地铁 A 线 Spagna 站徒步 10 分钟

文艺复兴百货公司【百货商店】
La Rinascente

◆种类齐全，非常方便

　　由于在托里托纳大道中预定要开设一家大型店铺，所以从 2012 年 5 月至今，这里正在向加勒里亚阿尔贝尔特索尔蒂内迁移。尽管很紧凑，但是在地下二楼中陈列着化妆品、男装、女装、童装、杂货等各种商品。

Map p.35 A3
- 住 Piazza Colonna（右记 Galleria Alberto Sordi 内）
- ☎ 06-6797691
- 營 10:00~21:00
- C/C A D J M V
- 交 从地铁 A 线 Spagna 站徒步 10 分钟

罗马的最新潮流

　　最近罗马也受到了 H&M 与 ZARA 等最新潮流的袭击。女装、男装、童装、孕妇装、家用服装等种类一应俱全，走在潮流最前端的设计获得了不少的粉丝。由于意大利各个城市对服装的喜好不同，所以在这里选取罗马人喜爱的服饰吧。

在年轻人中有很高人气

　　H & M 和 ZARA 都汇集在旅行者容易前往的科尔索大道中。沿着西班牙广场前方的孔多蒂大道来到科尔索大道，右方便是 ZARA，H&M 则靠近人民广场，朝左侧（威尼斯广场方向）前进的话就能看见 ZARA 的两座大规模商店。

H&M
- 住 Via del Corso 511/512
- ☎ 06-3203924　營 10:00~19:00
- 休 一部分节假日　Map p.38 B1

ZARA
- 住 Via del Corso 129/135
- ☎ 06-69923196　營 10:00~20:00
- 休 一部分节假日　Map p.38 C2

※加勒里亚 A 索尔蒂内、Via del Corso189 处也有。

※不同的商家，营业时间也会有所不同。

圣洛伦佐广场周边

路易威登【品牌】
Louis Vuitton

◆人气非常高

　　和中国一样，路易威登的人气在意大利也丝毫不减。虽然孔多蒂大道店中一直由于全球客人光顾非常混杂，但是这里比那里要更广阔。除了手提包外，小饰品、靴子等商品也非常丰富。

Map p.39 B1

住 Piazza S.Lorenzo in Lucina 36
☎ 06-68809520
营 9:30（周日 11:00）~19:30
C/C Ⓐ Ⓓ Ⓙ Ⓜ Ⓥ
交通 从地铁 A 线 Spagna 站徒步 10 分钟

宝缇嘉【品牌】
Bottega Veneta

◆给人最高级的宁静

　　从很久以前就有着很高人气的皮革品牌。从各种有名的手提包到靴子、皮夹、上衣的最新高级商品种类都非常丰富。

Map p.38 C1

住 Piazza S.Lorenzo in Lucina 9
☎ 06-68210024
营 10:00~19:00、周日 11:00~19:00
C/C Ⓐ Ⓓ Ⓙ Ⓜ Ⓥ
交通 从地铁 A 线 Spagna 站徒步 10 分钟

凯博【文具】
Campo Marzio Design

◆时髦的钢笔专营店

　　售卖着以钢笔为主的钢笔专营店。在明亮的店内陈列着钢笔尖、笔、墨水等文具用品。集技术与设计于一身的钢笔和最适合作为礼物的时髦笔一应俱全。

Map p.38 C1

住 Via Campo Mazio 41
☎ 06-68807877
营 10:30~19:30
休 8/15
C/C Ⓐ Ⓓ Ⓙ Ⓜ Ⓥ
交通 从科隆纳广场徒步 5 分钟

托德斯【品牌】
Tod's

◆穿着舒适的放心品牌

　　以驾驶鞋闻名的意大利品牌靴子的名店。优良的原料和缝制技巧便是穿着舒适的秘密。在广阔的店内从时髦的球鞋到凉鞋、手提包一应俱全。

Map p.39 B1

住 Via Fontanella Borghese 56A/C
☎ 06-68210066
营 10:00~19:30
休 周日　C/C Ⓐ Ⓓ Ⓙ Ⓜ Ⓥ
交通 从地铁 A 线 Spagna 站徒步 10 分钟

极具历史的加勒里亚阿尔贝尔索尔蒂

加勒里亚阿尔贝尔索尔蒂
Galleria Alberto Sordi
Map p.35 A3

面朝科尔索大道的大型购物中心。利用极具历史的建筑物改造而成的内部，有着从百货商店拉丽娜西恩特品牌商店、书店、音像店、咖啡厅、餐厅等。

住 Piazza Colonna/Via del Corso
营 10:00~21:00
休 节假日
☎ 06-69190769
C/C Ⓐ Ⓓ Ⓙ Ⓜ Ⓥ
交通 地铁 A 线 Spagna 站下车后徒步 10 分钟

内部有 2 座咖啡厅，都有着很高的人气

梵蒂冈周边

最受当地居民注目的便是梵蒂冈地区的两条道路。科拉迪里恩佐大道中有着以马克斯马拉为首的意大利代表性的概念店，是想了解意大利流行的人必到的地方。奥塔维亚诺大道中则略微大众一些。这里有全年打折的商店，让人能够感受到罗马平民街的一种信念。

这里也有数家直销中心，交通也很便利，前来这里很方便。

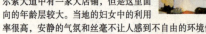

科拉迪里恩佐大道

简特【专营店】
Gente

◆品牌粉丝必见

以普拉达为首，汇集了缪缪、D&G 等著名品牌的时装粉丝喜爱的概念店。在罗马市内共有 6 家店。

Map p.39 C1
住 Via Cola di Rienzo 277
☎ 06-3211516　營 10:00~20:00
休 周日
C/C A D J M V
交通 从地铁 A 线 Ottaviano 站徒步 5 分钟

马克斯马拉【品牌】
Max Mara

◆深受当地妇人支持的店

虽然在罗马拥有数家店铺的马克斯马拉，但还是西班牙广场附近前来光顾的旅客比较多。科拉迪里恩佐大道是罗马当地妇女非常喜爱的一家店。

Map p.39 C1
住 Via Cola di Rienzo 275
☎ 06-3211268　營 10:00~19:30
休 周日、8/14~8/21
C/C A D J M V
交通 从地铁 A 线 Ottaviano 站徒步 5 分钟

迪赛【品牌】
Diesel

◆拥有极高人气

代表意大利的休闲品牌。虽然在科尔索大道中有一家大店铺，但是这里面向的年龄层较大。当地的妇女中的利用率很高，安静的气氛和丝毫不让人感到不自由的环境使得这里很有人气。一楼为男装。地下为女装。

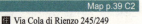

Map p.39 C2
住 Via Cola di Rienzo 245/249
☎ 06-3241895
營 10:30~20:00、星期日 15:30~20:00
C/C A D J M V
交通 从地铁 A 线 Ottaviano 站徒步 5 分钟

贝纳顿【休闲】
Benetton

◆明朗的大型店

即使在科拉迪里恩佐大道中也非常引人注目的大型店铺。从面向幼儿的婴儿装到童装、女装、男装的毛衣和 T 恤都一应俱全。如果为了买什么而烦恼的话就来这里看看吧。

Map p.39 C2
住 Via Cola di Rienzo 197/209
☎ 06-3227171
營 10:00（周一 11:00）~19:45、周日 11:00~19:45
C/C A D J M V
交通 从地铁 A 线 Ottaviano 站徒步 8 分钟

比拉·克因【超市百货商店】
Billa/Coin

◆超市和百货商店的复合商店

地下为超市的比拉，一、二层为百货商店的克因。在这里寻找食品和厨房小用品会很不错。小饰品和服装类也很具有意大利风情，非常推荐。

✉ 超市 BILLA 有着丰富又好吃的熟菜。即使 100 克也能够打包带走，非常方便。

Map p.39 C2
住 Via Cola di Rienzo 173
☎ 06-3243319
營 10:00~20:00、周日、节假日 10:30~20:00、Billa8:00~20:30、周日 9:30~20:00
C/C A D J M V
交通 从地铁 A 线 Ottaviano 站徒步 12 分钟

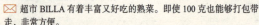

鸳鸯【手提包】
Mandarina Duck

◆ 崭新设计的手提包

　　如果提到代表意大利旅行皮包的话，一定要去鸳鸯。从原料到设计每一处都会让人感到惊讶。在科拉迪里恩佐店中，汇集着罗马人上班、上学用的背包。

Map p.39 C1

🏠 Via Cola di Rienzo 270/272
🕐 10:00~14:00、15:30~19:30
休 周日
CC A D J M V
🚇 从地铁 A 线 Ottaviano 站徒步 8 分钟

阔琪涅勒【手提包】
Coccinelle

◆ 人气极高

　　诞生于巴尔玛，经营着以结合了流行的皮包为主的商品。价格适中、功能齐全再加上时尚的外观便是它人气的秘诀。店内虽然不算广阔，但是地下仓库中库存的种类很多。

Map p.39 C2

🏠 Via Cola di Rienzo 255
☎ 06-3241749　🕐 9:30~20:00、周日、周一 16:00~20:00
休 一部分节假日
CC A D J M V
🚇 从地铁 A 线 Ottaviano 站徒步 7~8 分钟

纳拉卡密切【衬衫】
Naracamicie

◆ 街知巷闻的衬衣专营店

　　美丽的装饰和线条使得其在海外也极具有人气。陈列着男装和女装的店内虽然并不广阔，不过只要在目录上选择的话，便能拿出商品来给你。让我们在这里购买很有意大利风格、略带性感的新商品吧。

Map p.39 C1

🏠 Via Cola di Rienzo 299
☎ 06-39721269
🕐 10:00~19:30
休 节假日
CC A D J M V
🚇 从地铁 A 线 Ottaviano 站徒步 7~8 分钟

巴尔丰【原创】
Halfon

◆ 如果要寻找别致的西装的话

　　在巴尔丰的原创商品中，有着丰富的穿着舒适、美丽的意大利制西装。价格也非常实惠，有很多普通风格的商品。是深受罗马人喜爱的品牌。

Map p.39 C1

🏠 Via Cola di Rienzo 242
☎ 06-6834059
🕐 10:00~19:30
休 节假日
CC A D J M V
🚇 从地铁 A 线 Ottaviano 站徒步 7~8 分钟

弗兰奇【食料品】
Franchi

◆ 食料品老店

　　从天花板处吊下的生火腿便是它的标记。从罗马料理的熟菜到派对用的精致料理都一应俱全。店内也设有酒吧，能够同时享用到美味的料理和葡萄酒。

Map p.39 C2

🏠 Via Cola di Rienzo 200
☎ 06-6874651
🕐 8:30~19:30
休 周日　CC A D J M V
🚇 从地铁 A 线 Ottaviano 站徒步 7 分钟

卡斯托里尼【食料品】
Castroni

◆ 经营着进口食品的食料品店

　　在梵蒂冈附近最有名的高级食料品店。从高级橄榄油到意大利面、意大利风情料理、法国料理、东方食品一应俱全。咖啡豆也在当地人之间有着很高的人气。

Map p.39 C2

🏠 Via Cola di Rienzo 196
☎ 06-6874383　🕐 8:00~20:00
休 周日、节假日
CC A J M V
🚇 从地铁 A 线 Ottaviano 站徒步 7 分钟

特米尼车站周边

在特米尼车站周边，如果想要购买平时穿的服装的话，推荐前去民族大道。罗马三越也在这里，购买土特产礼品也很方便。当然在这里也有马克斯马拉等代表意大利的品牌店。

另外，在特里托内大道中，有着从以前开始便售卖着布料、亚麻布、陶瓷器等家庭用品的商店。另外，在这附近的小路中有很多便宜又好吃的饭馆和比萨店，不管是购物还是用餐都能很愉快。

民族大道

罗马三越【百货商店】
Roma Mitsukoshi

◆有名品牌汇聚一堂

百货商店。除了菲拉格慕、古驰等意大利品牌外，还汇集着欧洲的主要品牌，非常便利。

Map p.36 A2

🏠 Via Nazionale 259
☎ 06-4827828
🕐 10:30~19:00
休 节假日　C/C Ａ Ｄ Ｊ Ｍ Ｖ
🚇 从地铁 A 线 Repubblica 站徒步 3 分钟

梅尔图书中心【书店】
Mel Bookstore

◆英语书非常丰富

以导游手册、地图为主，料理、美术书陈列在 3 个区划中。在这里也有英语书、打折书和 CD 专区等，同时也设有咖啡厅。

Map p.36 A2

🏠 Via Nazionale 254
☎ 06-4885405
🕐 9:00~20:00、周日 13:30~16:00 午休
C/C Ｍ Ｖ
🚇 从地铁 A 线 Repubblica 站徒步 5 分钟

金点【袜子】
Golden Point

◆适合穿在时髦的女孩脚上

在意大利全国都设有店铺，光罗马便有 20 家以上的连锁店。在小小的店铺中陈列着袜子、长丝袜、内衣以及泳衣等。来这里学习一下意大利女性脚上的流行时尚吧。

Map p.36 B2

🏠 Via Nazionale 206/207
☎ 06-69380637
🕐 10:30~20:00
C/C Ａ Ｄ Ｊ Ｍ Ｖ
🚇 从地铁 A 线 Repubblica 站徒步 5~6 分钟

拔佳【鞋】
Bata

◆如果要寻找平时穿的鞋子的话

代表意大利休闲鞋的连锁店，由于追求经济性，所以以海外生产的商品居多，不过从穿着的舒适程度、时髦的外观都是意大利独有的。推荐来这里选择自己平时需要穿的靴子。除了男性、女性的靴子外，这里同时还经营着上衣。在西班牙阶梯附近（Via Due Maccelli 45）处也开设着店铺。能够办理退税手续。

Map p.36 B1

🏠 Via Nazionale 88
☎ 06-4824529
🕐 9:30~20:00
　周日 10:30~14:30、16:00~20:00
C/C Ａ Ｄ Ｊ Ｍ Ｖ
🚇 从地铁 A 线 Repubblica 站徒步 7~8 分钟

德斯帕【超市】
DESPAR

◆购物和在观光途中很方便

位于到处是商店的民族大道中，位置非常便利的超市。店铺虽然不大，但是从零食到蔬菜、酒以及饮料等一应俱全。大概是因为所处地点的缘故，作为礼物用的意大利面类非常受欢迎。

Map p.36 B2

🏠 Via Nazionale 211/213
☎ 06-4824736
🕐 8:00~21:00、周日 9:00~21:00
C/C 不可
🚇 从地铁 A 线 Repubblica 站徒步 5~6 分钟

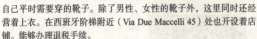

其他道路

伊尔贾尔迪诺德尔特【凉茶】
Il Giardino del Te

◆ 提起意大利的凉茶的话

由托里埃斯特出生的女性经营，在罗马也非常罕见的茶专营店。从红茶、绿茶、中国茶到凉茶、茶器一应俱全。同时这里也设有沙龙，能够享用茶和小食。

Map p.36 C1
- 住 Via del Boschetto 107
- ☎ 06-89535176
- 營 10:30~14:00、16:00~19:30
- 休 周日、节假日、8月
- C/C Ⓥ
- 交通 从奎里纳莱广场徒步 5~7 分钟

康莱德【超市】
Conard

◆ 在特米尼车站，商品一应俱全

对旅客来说非常方便而且容易找到的特米尼的地下超市，从水果、蔬菜到零食、日用品等一应俱全。在使用银行卡支付时可能会要求提供身份证明。

Map p.37 A4
- 住 Stazione Termini
- ☎ 06-87406055
- 營 6:00~24:00
- 休 无休
- C/C ⒶⒹⒿⓂⓋ
- 交通 特米尼车站地下

乌庞姆【超市】
Upim

◆ 购物十分便利

意大利大型超市之一。新装修的大型店铺中从童装、男装、女装到家用品、化妆品等一应俱全。在这里购买旅行途中用来更换的内衣和礼物是再适合不过的了。

Map p.37 B3
- 住 Piazza S.M.Maggiore/Via Gioberti 64
- ☎ 06-4465579
- 營 9:00~21:00、周日 10:30~20:30
- C/C ⒶⒹⒿⓂⓋ
- 交通 大圣母堂前

斯玛【超市】
Sma

◆ 大型食料品超市

在罗马旧城区中很少有大型的食料品超市。这家超市于 2003 年开业。比特米尼车站地下超市更为宽广，适合作为礼物的零食和葡萄酒非常丰富。由于从楼上的电梯无法抵达这里，所以请使用正面左下方的楼梯。

Map p.37 B3
- 住 Piazza S.M.Maggiore 1~5
- ☎ 06-44360225
- 營 8:00~21:00、周日 8:30~20:30
- C/C ⒿⓂⓋ
- 交通 大圣母堂前

将罗马的味道作为礼物带回家吧

拉波特贾德尔巧克力
La Bottega del Chocolato

◆ 罗马的巧克力专营店

店面虽然很小，但是陈列橱窗内可爱的手工巧克力经常吸引人停下脚步。很有罗马风格的古罗马斗兽场形状的巧克力非常适合作为礼物送人。

Map p.36 C1
- 住 Via Leonina 82　☎ 06-4821473
- 營 9:30~19:30
- 休 周日、7~8月
- C/C ⒶⒹⒿⓂⓋ
- 交通 地铁 B 线 Cavour 站徒步 3 分钟
※靠近人民广场（住 Via del Vantaggio22/A 电话 06-36003224）处新店开设。

托里玛尼
Torimani

◆ 购买葡萄酒的话可以到葡萄酒专营店

罗马首屈一指的酒商托里玛尼，是一家有着将近 100 年历史的传统老店。广阔的店内陈列着意大利中高档到低档的各种葡萄酒，种类可说是全罗马中最齐全的。

Map p.27 C4
- 住 Via Goito 20
- ☎ 06-4469661　營 9:00~20:30
- 休 周日
- C/C ⒶⒹⒿⓂⓋ
- 交通 地铁 AB 线 Termini 站徒步 7~8 分钟

纳沃纳广场周边

在当地罗马人之间极具人气的纳沃纳广场一角，有着传统手工艺术品的工匠街，如今在这里还有很多传统的商店。除了售卖饰品和古董的商店外，最近还新开设了杂货店、化妆品店以及时髦的时装店。如果想要寻找比较独特的罗马土特产的话，可以到这里来看看。

另外，在附近的银塔广场附近，建造了大型书店、大小商店以及咖啡厅和自助餐厅。在 V. 埃马努埃莱大道中，有着售卖略微高档的日用品和陶瓷器的商店。

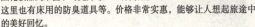

艾莫纳斯特里【修道院物品】
Ai Monasteri

Map p.34 A·B1

◆**如果要寻找修道院制造的礼物的话**

于 1894 年创业，是在店主纳尔迪一族和意大利各地的修道院中协同诞生而出现的，这里汇集着从自然食品、天然化妆品到果酱、巧克力等 950 种商品。这也有床用的防臭道具等。价格非常实惠，能够让人想起旅途中的美好回忆。

- 住 Corso del Rinascimento 72
- ☎ 06-68802783
- 🕐 16:30~19:30
- 休 周日（圣诞节、复活节时期除外）、8 月
- C/C Ⅴ
- 🚇 从纳沃纳广场徒步 2 分钟

拉尔特萨库拉【宗教用品】
L'Arte Sacra

Map p.34 A2

◆**基督教徒御用的商店**

为虔诚的信徒而开设的商店，能够在这里安静地购物。木雕的天使像和晋雷兹皮欧（圣诞节的装饰品）非常适合做礼物。

- 住 Piazza S.Agostino 20
- ☎ 06-68801076
- 🕐 10:00~20:00
- 休 周日、8/8~8/31
- C/C Ⅿ Ⅴ
- 🚇 从纳沃纳广场徒步 2~3 分钟

圣玛利亚诺维拉药店【修道院化妆品】
Ufficina Profumo Farmaceutica

Map p.34 B1

◆**佛罗伦萨教会正宗的药局**

佛罗伦萨的圣玛利亚诺维拉教会的附属药局在罗马经营的店。由从 17 世纪继承的传统技术制作的香水、肥皂以及护发水等作为礼物是再好不过的了。

- 住 Corso del Rinascimento 47
- ☎ 06-6872446
- 🕐 10:00~19:30
- 休 周日（圣诞节前除外）、8/19~8/21
- C/C Ⅾ Ⅰ Ⅿ Ⅴ
- 🚇 从纳沃纳广场徒步 1 分钟

安提库阿利乌斯【版画】
Antiquarius Stefano Bifolco

Map p.34 B1

■**用古董版画作为礼物**

古董版画的专营店。经营的都是 15 世纪~19 世纪的真品。古罗马街景的版画绝对能使得你的室内装饰品提高一个档次。价格为 €25~300。如果等上 2~3 天的话，也能为你将画装裱（€400~500）。

- 住 Corso Rinascimento 63
- ☎ 06-68802941
- 🕐 10:00~19:00、周一 16:00~19:00
- 休 周日
- C/C Ⅰ Ⅾ Ⅿ Ⅴ
- 🚇 从纳沃纳广场徒步 1 分钟

哈德斯通【小饰品】
Hard Stone

Map p.34 C1

◆**时髦又实惠的小饰品**

经营着使用银和有色宝石手工制作的原创小饰品店。价格为 €30~300。在小店的内部设有工坊，如果尺寸不合适的话，可以花 1 小时左右帮你修改，如果要进行原创设计的话，需要花上 3~7 天的时间。

- 住 Via da'Ceppellari 23
- ☎ 06-64760658
- 🕐 10:30~20:30
- C/C 不可
- 🚇 从花之田野广场徒步 1 分钟

Hotel Guide

住在罗马

酒店
Hotel Guide

区域 1　从威尼斯广场到古罗马广场、古罗马斗兽场周边

　　顺着古代罗马遗迹向前走，在威尼斯广场和古罗马斗兽场之间有着众多的酒店。从位于高处的酒店中，能够俯瞰古罗马广场遗迹和绿色的帕拉丁山，还可以眺望古罗马斗兽场。对想见识古代罗马风貌的旅客来说，没有比这里更有魅力的地区了。这附近的酒店都需要从巴士车站或者地铁站稍微走一段路程，但是交通比想象中要便利。

★★★ 切里奥
Hotel Celio

◆位于古罗马斗兽场东面的小旅馆。古典与现代风格融合，室内非常时髦和舒适，同时也有具备能够俯瞰罗马斗兽场的阳台和水龙头所在的阁楼的套房。

读者优惠 淡季优惠 10%，旺季优惠 5%。 Low 1/2~3/15、7/1~8/31、11/3~12/26

Map p.32 B2

🔗 www.hotelcelio.com
🏠 Via dei Santi Quattro 35/C
☎ 06-70495333　📠 06-23328754
SB € 100/180　**TB** € 120/230
SU € 230/450（阁楼）
房间数 19 间 附带早餐
CC J M V
交通 从 B 线 Colosseo 站徒步 3 分钟。从特米尼车站乘坐 87 路巴士

★★★ 波罗梅欧
Hotel Borromeo

◆距离地铁车站很近，价格也非常实惠的一家旅馆，非常推荐。作为在观光古罗马广场和罗马斗兽场时住宿的地方再适合不过。经过改建后，设施焕然一新，居住起来非常舒适。

读者优惠 住宿 2 晚的有优惠。

Map p.36 C2

🔗 www.hotelborromeo.com
🏠 Via Cavour 117
☎ 06-485856
📠 06-4882541
SB € 70/210
TB € 80/270
SU （家庭）€ 120/400
房间数 28 间 附带自助式早餐
CC A D J M V
交通 从 B 线 Cavour 站徒步 3 分钟

2011 年 1/1 开始，罗马开始征收停留税

　　从 2011 年 1/1 开始，对逗留在罗马的旅行者收取停留税（Contributo di Soggiorno a Roma/Accomodation Tax in Rome）。在酒店留宿、进入市美术馆、博物馆和使用观光巴士等时都会征收。税收将会用于提高对前来罗马旅游的游客的服务和观光 PR 中。

酒店

　　除了青年旅舍外，所有的住宿设施每停留 1 晚都将收取€2~3 的税金。根据设施档次的不同，收取的金额也不同。税金的上限为 10 天，未满 10 岁的儿童不收取。

　　每人每晚€ 2 的税金适用于 1~3 星的酒店、露营场所 Campeggi、农家乐 Agriturismi、B&B、租赁房间 Affittacamere/Case Vacanza/Case per ferie。4~5 星酒店为€ 3。支付时需要直接向酒店支付现金，所以请事先准备好，不要在退房时忙乱。

景点和观光巴士等

　　在进入罗马市立美术馆博物馆时，除了支付门票费用外，还需多支付€ 1。另外，在利用 110 路等观光巴士、台伯河游览船、海水浴设施等时都要支付€ 1~3 的税金。

　　个人直接预约、利用酒店预约单和团体观光旅行都需要支付税金。即使在中国购入预约单或者团体事先支付了住宿费时也同样需要支付税金。在购入和申请时请一定要确认清楚。

✉ **在罗马的酒店支付税金**

　　总共停留了 3 晚。退房时，工作人员对我说"每人每晚需要支付€ 3 的税金"。由于当时我的旅行已经接近尾声，身上的欧元不多，所以打算使用信用卡支付，但是对方说无法使用信用卡。没办法，只好拜托朋友帮忙支付了€ 36。

宫殿阿尔维拉布罗（住宅酒店）
Palazzo al Velabro

◆ 从外观上绝对无法想象得出这里是一家旅馆，内部设计得非常合理，很舒适。位于真理之口广场的内部，距离贾诺门很近。能够利用英语沟通。在这里有带厨房的单人房、双人房、3 人房、4 人房等各种类型的房间，很适合团体客人与长期滞留者。

读者优惠 10%

URL	www.velabro.it
住	Via del Velabro 16
☎	06-6797879
FAX	06-6793790
SB	€ 180/266
TB	€ 300/404
房间数	35 间附带早餐
C/C	A M V

交通 从 B 线 Circo Massimo 站徒步 15 分钟，从特米尼车站乘坐巴士 170 路在 Piazza della Libertà 下车

区域 2 特米尼车站周边、奎里纳莱山和许愿池周边

　　包含着特米尼车站周边广阔地区的这片区域中，从高级酒店到经济型旅馆、家庭旅馆一应俱全，种类的丰富程度和数量都是其他地区望尘莫及的。同时这里也有巴士总站和地铁 AB 线，出行观光都很便利。如果居住在车站附近的酒店的话，即使在退房后也能暂时寄存行李在城中游玩。能够方便乘坐火车也是一种魅力。在这里选择适合自己旅行风格的酒店吧。

★★★★ 文艺者自助宫
Mecenate Palace Hotel

◆ 位于大圣母教堂正面广场附近的评价非常不错的一家旅馆。将 19 世纪的宫殿按照现代的风格进行改造，追求功能与舒适，有着 19 世纪浪漫的室内装饰品。气氛温暖，客房中准备的温暖的饮用水壶让人感到很温馨。从鲜花盛开的屋顶庭院中，能够欣赏到早晚不同的景色。

URL	www.mecenatepalace.com
住	Via Carlo Alberto 3 　☎ 06-44702024
FAX	06-4461354 　SB € 80/335 　TB € 180/440
房间数	72 间附带早餐 　C/C A D J M V

交通 从特米尼车站西口徒步 7~8 分钟

★★★ 加拿大
Hotel Canada

◆ 在传统的宫殿中配备了最新的设备，是一家家族经营的正规酒店。在这里有着高雅的家庭沙龙风格的大厅和安静的吧台，也有很多意大利人在此居留。面向中庭的房间非常安静。趣味十足的房间和带有点心的精致早餐非常不错。

读者优惠 直接预约后展示本书能得到 10% 的折扣

Low	1/1~3/17、7/5~9/1、11/1~12/26
URL	www.hotelcanadaroma.com 　住 Via Vicenza 58
☎	06-4457770 　FAX 06-4450749
SB	€ 128/144（双人标间作为单人房使用）
TB	€ 146/168、€ 164/198（附带浴室）
房间数	70 间附带自助式早餐 　C/C A D J M V

交通 从特米尼车站东口徒步 8 分钟

★★★★ 马西莫达泽里奥
Massimo D'Azeglio

◆面向加富尔大道的具有一定历史的旅馆。在残存着古代罗马气氛的客房中有厚重的木地板，但卫生间等设施都进行了现代风格的改修，用起来很方便。

Map p.37 B3

URL www.bettojahotels.it
住 Via Cavour 18
☎ 06-4870270
FAX 06-4827386　TB € 140/320
房间数 184 间 附带自助式早餐
C/C Ⓐ Ⓓ Ⓙ Ⓜ Ⓥ
交通 从特米尼车站徒步 4 分钟

★★★★ 梅迪特拉内欧
Hotel Mediterraneo

◆大厅中装饰着古代风格的雕刻与马赛克。客房也有着非常古典安静的气氛。宽敞的浴室非常舒适。从屋顶庭院处眺望到的风景会给人留下深刻的回忆。

Map p.37 B3

URL www.bettojahotels.it
住 Via Cavour 15
☎ 06-4884051
FAX 06-4744105　TB € 150/360
房间数 251 间 附带早餐
C/C Ⓐ Ⓓ Ⓙ Ⓜ Ⓥ
交通 从特米尼车站徒步 5 分钟

★★★★ 阿里斯顿
Hotel Ariston

◆位于特米尼车站西侧的四星级酒店。在同档次酒店中这里的费用可以算比较低的，但是必要的东西都一应俱全非常舒适。特米尼车站附近虽然比较混杂，但还是非常方便的。客房内迷你吧台中的饮料可以免费享用。

Map p.37 B4

URL www.hotelariston.it
住 Via F.Turati 16
☎ 06-4465399
FAX 06-4465396
SB € 125
TB € 165
房间数 86 间 附带早餐
C/C Ⓐ Ⓓ Ⓙ Ⓜ Ⓥ
交通 从特米尼车站徒步 5 分钟

★★★★ 罗马乌纳酒店
UNA Hotel Roma

◆ ✉ 位于特米尼车站西侧约 100 米处的好位置，于 2010 年开业，整体还非常新。外观主要是以白色为基调的时髦设计，非常清新。能够使用英语交流，前台态度也非常好，住着很舒适。上网的话需要另外支付费用，不过店内有 Wi-Fi，前台附近也有 PC。

Map p.37 B3

URL www.unahotels.it
住 Via Giovanni Amendola 61
☎ 06-649371
FAX 06-649372
TB € 150/250
房间数 197 间 附带早餐
C/C Ⓐ Ⓓ Ⓙ Ⓜ Ⓥ
交通 从特米尼车站徒步 5 分钟

★★★☆ 阿斯托里亚花园
Astoria Garden

◆距离特米尼车站很近，非常安静舒适的一家酒店。酒店内有一座绿色的中庭，天气好的日子在中庭吃早餐和喝茶非常不错。同时这里也有具备水龙头的房间。

Map p.27 C4

读者优惠 周末优惠 10%
LOW 7/1~8/31、11/6~12/28
URL www.hotelastoriagarden.it
住 Via Vittorio Bachelet 8/10
☎ 06-4469908　FAX 06-4453329
SB € 60/110(附带淋浴)、€ 80/140(附带浴室)
TB € 85/150(附带淋浴)、€ 90/165(附带浴室)
3B € 120/185　4B € 140/200
房间数 16 间 附带早餐　C/C Ⓐ Ⓓ Ⓙ Ⓜ Ⓥ
交通 从特米尼车站徒步 5 分钟

★★★ 诺尔德努欧瓦罗马
Nord Nuova Roma

◆位于罗马国立博物馆别馆（马西莫宫）道路另一侧。客房非常整洁。是一家有着悠久历史和温馨气氛的旅馆。

URL www.bettojahotels.it　住 Via G.Amendola 3
☎ 06-4885441　FAX 06-4817163　€ 100/255
房间数 153 间 附带自助式早餐　C/C A D J M V
交通 从特米尼车站徒步 5 分钟

★★★★ 罗亚尔科特
Hotel Royal Court

◆位于特米尼车站附近，在略靠道路里侧处有入口的大门。内部以俯览中庭的样式设置着客房，充斥着古典气息的室内非常安静和舒适。内部设施非常现代化，拥有带水龙头的房间。

URL www.morganaroyalcourt.com
住 Via Marghera 51
☎ 06-44340364
FAX 06-4469121
SB € 143~　TB € 163~
房间数 25 间 附带自助式早餐
C/C A D J M V
交通 从特米尼车站东口徒步 5 分钟

★★★ 玛利亚诺
Hotel Mariano

◆位于特米尼车站西侧，室内装饰有种 20 世纪初的时髦感。虽然带有浴室，但房间很宽广清洁。

读者优惠 通过网站预约优惠 5%

Low 1/1~3/15、7/1~8/31、11/3~12/27
URL www.hotelmariano.com
住 Piazza Manfredo Fanti 19　☎ 06-4466224
FAX 06-4464871　SB € 35/100、€ 100/185
TB € 40/100、€ 100/240　房间数 33 间 附带早餐
C/C A D J M V
交通 从特米尼车站徒步 5 分钟

★★★★ 阿尔皮
Hotel Alpi

◆位于独立广场旁，由 19 世纪的建筑改造而成的酒店。各个房间有不同的室内装饰品，非常高雅和古典。现代的浴室使用起来非常舒适，也有附水龙头的房间。

URL www.hotelalpi.com
住 Via Castel Fidardo 84/A
☎ 06-4441235　FAX 06-4441257
SB € 70/200　TB € 78/280
房间数 48 间 附带早餐
C/C A D J M V
交通 从特米尼车站徒步 3~4 分钟

★★★ 桑特罗
Hotel Centro

◆位于歌剧院旁的非常舒适的酒店。客房使用了让人感到安心的室内装饰品，非常舒适。由于这里距离民族大道非常近，所以在用餐、购物方面也非常方便。

读者优惠 10%

Low 1、2、3、7、8、12 月
URL www.hotelcentro.com
住 Via Firenze 12
☎ 06-4828002　FAX 06-4871902
SB € 100/150　TB € 120/190
3B € 150/210　房间数 38 间 附带早餐
C/C A D J M V
交通 从特米尼车站乘坐巴士 64 路

★★★ 哥伦比亚
Hotel Columbia

◆位于特米尼车站与歌剧院之间，在观光和购物方面非常便利。室内很明亮，给人一种非常温馨的感觉。在有晨光射入的庭院中用早餐，感觉非常好。

读者优惠 入住时出示本书优惠 5%　Low 7/1~9/4、
11/4~12/25　URL www.hotelcolumbia.com
住 Via del Viminale 15　☎ 06-4883509
FAX 06-4740209　SB € 124/143　TB € 165/195
SU € 280/340（最多可以 4 人）　房间数 45 间
附带早餐　C/C A D J M V
交通 从特米尼车站徒步 5 分钟

☆☆☆ 伊盖亚
Hotel Igea

◆家族经营的中等规模的酒店。房间非常整洁和宽敞。三星级，价格很实惠。

读者优惠 10%

Low 1~3 月中旬、7、8、11~12 月（年前年后除外）

- URL www.hoteligearoma.com
- 住 Via Principe Amedeo 97
- ☎ 06-4466913
- FAX 06-4466911　SB € 50/80
- TB € 70/120
- 3B € 80/90、€ 130/150
- 房间数 42 间 附带早餐
- C/C A D J M V
- 交通 从特米尼车站徒步 7~8 分钟

☆☆☆ 阿玛迪乌斯
Hotel Amadeus

◆位于特米尼车站附近的小规模酒店。整洁的室内虽然紧凑，但是空调、TV、冰箱、有线网络等都一应俱全。同时这里也有酒吧服务，能在阳台上享受一段悠闲的时光。

- Low 11/7~12/27、1/7~3/31
- URL www.hotelamadeus.eu
- 住 Via Gioberti 39
- ☎ 06-48905740
- FAX 06-47824089　TB € 110/175
- 房间数 18 间 附带早餐
- C/C A D J M V
- 交通 从特米尼车站徒步 5 分钟

☆☆☆ 里米尼
Hotel Rimini

◆ ✉ 位于车站附近，非常便利。室内的清洁度和工作人员的态度也非常不错。早餐为自助餐，种类非常丰富。另外，在退房后行李能够在这里一直寄放到晚上，到车站很方便也是这里的优点之一。

- Low 1/6~3/21、7/1~8/31、11/2~12/28
- URL www.hotelrimini.com
- 住 Via Marghera 17
- ☎ 06-4461991　FAX 06-491289
- SB € 50/90　TB € 60/140
- 3B € 130/180
- 房间数 37 间 附带早餐
- C/C A D J M V
- 交通 从特米尼车站东口徒步 2 分钟

雷利亚尔德拉克斯
B&B 58 Le Real de Luxe

◆原本为"家庭"风格的 B&B，在这里转变为了时髦且高雅的酒店。每个房间都有着趣味不同的室内装饰品。设备也很新，使用起来非常舒适。

读者优惠 住宿 3 晚以上优惠 10%

- Low 1、2、8、11、12 月（圣诞节、新年除外）
- URL www.lerealdeluxe.com
- 住 Via Cavour 58
- ☎ FAX 06-4823566
- TB € 70/130
- 房间数 12 间 附带早餐
- C/C A M V
- 交通 从特米尼车站西口徒步 2 分钟

☆☆☆ 孔提利亚
Hotel Contilia

◆虽然距离特米尼车站很近，却在安静的环境和热情的服务态度方面有着很高的评价。高雅的沙龙和夏天在阳台用早餐的感觉非常棒。种类丰富的自助早餐也很充实。

- URL www.hotelcontilia.com
- 住 Via Principe Amedeo 81
- ☎ 06-4466875　FAX 06-4466904
- SB € 50/130　TB € 60/170
- JS € 120/270
- 房间数 34 间 附带早餐
- C/C A D J M V
- 交通 从特米尼车站徒步 5 分钟

★★ 特提
Hotel Teti

◆重新装修后，成为了具备古典气氛的酒店。冷暖设施非常完善。让人完全想不到这只是一家二星级的酒店。

读者优惠 通过网站预约住宿3晚以上优惠5%

URL www.hoteleti.it
Low 1月、2月、3/1~3/15、8月、11月、12月（圣诞节、新年除外）
住 Via Principe Amedeo 76
☎ 06-48904088　FAX 06-45434241
SB € 40/70　TB € 60/130　3B € 75/150
房间数 12 间 附带早餐　C/C A J M V
交通 从特米尼车站徒步5分钟

★★ 奥尔兰达
Hotel Orlanda

◆距离特米尼车站非常近的小旅馆。虽然只有二星级，但是室内有着明亮又时髦的气氛，工作人员服务态度也很好。年轻的工作人员感觉也非常有活力。能够免费上网。只有在夏季时，会收取1天€5的空调费。

读者优惠 淡季居住3天以上优惠10%

URL www.hotelorlanda.com
住 Via Principe Amedeo 76
☎ FAX 06-4880124
SB € 40/50、€ 70/75
TB € 55/70、€ 110/120
3B € 90/145
4B € 110/160
房间数 18 间 附带早餐
C/C A D J M V
交通 从特米尼车站徒步5分钟

★★ 意大利
Hotel Italia

◆距离特米尼车站和民族大道都非常近，乘坐巴士等也非常方便。客房非常现代化且整洁。夏天时会收取€10的空调费。

读者优惠 旺季付现金能优惠5%

Low 1、2、8、11、12月中旬
URL www.hotelitaliaroma.com　住 Via Venezia 18
☎ 06-4828355　FAX 06-4745550　SB € 50/100
TB € 60/140　3B € 100/180　4B € 170/200
房间数 31 间 附带早餐
C/C A M V
交通 从特米尼车站徒步10分钟

YWCA Woman's Hotel
YWCA U.C.D.C

◆ YH 实际上没有男性、女性、年龄等住宿条件限制。有很多附带洗脸台、厕所、淋浴的房间。包含早餐。

E-mail foyer.roma@ywca-ucdg.it
住 Via Cesare Balbo 4
☎ 06-4883917

FAX 06-4871028　D € 28
S € 40　SB € 50
T € 66　TB € 80
C/C A V
交通 从特米尼车站徒步5分钟　接待时间8:00~24:00（门禁）、8月为8:00~12:00、16:00~20:00。早餐时间7:30~9:00，周日、节假日为8:00~9:30，没有热饮服务

★★★ 德雷罗泽别墅
Hotel Villa delle Rose

◆距离特米尼车站很近且带有庭院的一家旅馆。沙龙风格的大厅、粉刷的天花板和古典的格调粉刷都让人非常舒服。夏天能够在开满鲜花的前庭用餐，非常享受。

读者优惠 含周末住宿3晚以上优惠10%

Low 1、2、3、7、8、11月
URL www.villadellerose.it
住 Via Vicenza 5
☎ 06-4451788
FAX 06-4451639
SB € 70/90
TB € 90/120　3B € 110/130
房间数 37 间 附带早餐
C/C A D J M V
交通 从特米尼车站徒步4分钟

★★★ 克罗特
Hotel Corot

◆虽然就位于特米尼车站不远处，但是客房很舒适安静。前台也非常亲切。由于距离车站很近，所以在深夜归来和需要一早出发时非常方便。同时这里也有带水龙头的房间。

[读者优惠] 10%

Low 1/6~1/31、2、3、7、8、11、12 月
URL www.hotelcorot.it
住 Via Marghera 15/17
☎ 06-44700900　FAX 06-44700905　SB € 70/90
TB € 80/130(附带淋浴)、€ 90/140(附带浴室)
3B € 100/160　房间数 28 间 附带早餐
C/C ADJMV
交通 从特米尼车站徒步 1 分钟

★★★ 罗马艾
Hotel Romae

◆家族经营的小旅馆。温馨的气氛和舒适的环境，再加上身为三星级却有着非常实惠的价格，因而非常有吸引力。同时这里也有免费的网络。另外，虽然数量很少，但是也有带浴室的房间，如果有需要的话请尽早预约。

[读者优惠] 通过网站预约优惠 5%

URL www.hotelromae.com/ja/
住 Via Palestro 49
☎ 06-4463554
FAX 06-4463914
SB € 40/100、€ 70/150
TB € 50/110、€ 100/170
3B € 60/120、€ 120/180
房间数 17 间 附带早餐
C/C ADMV
交通 从特米尼车站徒步 6 分钟

M and J
M&J Place Hostel

◆ YH 面向年轻的自助旅行者的充满活力和有着国际气氛的酒店。这里的厨房和炊具可以自由使用，非常适合自炊派。同时这里也有着 TV 室和电脑室，可以使用网络。

[读者优惠] 出示本书优惠 10%

Low 11/1~2/28 (12/23~1/7 除外)
URL www.mejplacehostel.com
住 Via Solferino 9 (三楼)
☎ 06-4462802　FAX 06-490467
D 4~6 人房每人 € 10~20　S € 30/60
T € 50/80　TB € 50/120
房间数 9 间 早餐 € 3、晚餐 € 7　C/C JMV
交通 从特米尼车站徒步 5 分钟

☆ 波布旅馆
Pop Inn Hostel-Rome

◆ YH ✉ 距离车站很近，非常方便，房间也很整洁。冬天提供暖气，非常舒适和安全，懂英语的工作人员也非常亲切。拥有集体宿舍类型和个房类型的房间。

[读者优惠] 现金支付优惠 10%(周日、节假日除外)

URL www.popinnhostel.com
住 Via Marsala 80
☎ 06-4959887
FAX 06-49383697
D € 13/21、€ 23/31　S € 45/85
SS € 55/95　T € 48/88　TS € 60/105
3 € 69/108 附带早餐
C/C ADMV
交通 从特米尼车站徒步 3 分钟

关于小费

　　中国人来到外国后，最担心的便是小费问题。如果能够正确地支付的话，就会给人一种旅行达人的感觉。小费的标准基本为 1 件行李支付给服务人员 € 0.50~1。如果行李较重或者需要长期滞留的话可以适当多给一些。如果支付了 € 3 的话，那么在滞留中将会受到非常贴心的服务，非常舒服。为客房清洁人员在枕边留下小费似乎已经在中国人中普通流行，但也因此，在中国人较多的酒店中反过来会要求你支付这些，有种本末倒置的感觉。在真正非常感谢时，可以在给小费时再说一句 "Grazie"（谢谢）。

☆☆☆☆☆ 圣特雷吉斯大酒店
S't. Regis Grand Hotels

◆罗马代表性的酒店，从大厅到每间客房的各个角落都进行了精心的装建，给人非常寂静和高贵的感觉。是世界上最早的全客房都具备浴室的酒店。迄今为止已经有数不清的名人在这里留宿过。茶室等设施虽然可以自由利用，但是在服装穿着方面还是请稍微注意一下。

URL www.stregisrome.com

Map p.27 C3

住 Via Vittorio Emanuele Orlando 3
☎ 06-47091　FAX 06-4747307
TB € 360/995
SU € 1500/2000
房间数 170 间　自助式早餐€ 43
C/C A D J M V
交通 从 A 线 Republica 徒步 3 分钟

☆☆☆ 布里坦尼亚
Hotel Britannia

◆位于歌剧院旁的家族经营的酒店。高雅且充满了活力。客房非常安静。自助早餐也非常美味。早餐和客房获得过最佳酒店奖。

读者优惠 住宿 2 晚以上优惠 10%
Low 1、2、8、11、12 月（年前年后除外）
URL www.hotelbritannia.it
住 Via Napoli 64

Map p.36 B2

☎ 06-4883153
FAX 06-48986316
SB € 140/220
TB € 160/250
JS € 250/350
（附带阳台）
房间数 32 间 附带自助式早餐
C/C A D M V
W 距离特米尼车站 300 米
交通 从 A 线 Repubblica 徒步 5 分钟

☆☆☆☆ 阿尔特米德
Hotel Artemide

◆位于 19 世纪末自由派样式的建筑中的优美且高雅的酒店。商务人士的利用率很高，明亮舒适的室内让人能够很好地放松。是在意大利极具人气的一家店。设有咖啡店和餐厅。

Map p.36 A2

URL www.hotelartemide.it
住 Via Nazionale 22
☎ 06-489911
FAX 06-48991700
TB € 150/450
房间数 85 间 附带自助式早餐
C/C A D J M V
交通 从 A 线 Repubblica 站徒步 5 分钟。可以从特米尼车站乘坐巴士 64 路

修道院住宿设施体验记

✉ 在拜访罗马的友人时，我留宿在 p.307 的鲁鲁德中。房间中有床、桌椅和崭新的厕所。虽然整个房间很简朴，但用来居住已经绰绰有余了。早晨能够听着从窗外传来的小鸟叫声与修女们"哈雷路亚～"的庄严的合唱声醒来，早餐则由修女们微笑着提供服务。虽然只是面包和饮料非常简单，但是感觉非常美味。只是，这里的门禁是 22:00，所以还是推荐给晚上不需要出门的旅客。这里步行到西班牙广场只需 3 分钟，所以早晨可以享受一下散步的乐趣。

★★★★ 德雷纳兹欧尼
Hotel delle Nazioni

Map p.35 A3

◆许愿池附近中型规模的酒店。对想以酒店为起点徒步在罗马城中闲逛的人来说，这家酒店的地理位置非常便利。服务也很到位。店内还设有深受好评的餐厅"Le Grondici"。

URL www.hotel-dellenazioni-rome.com
住 Via Poli 6
☎ 06-6792441　FAX 06-6782400
TB € 145/360
房间数 79 间 附带早餐
C/C A D J M V
交通 从许愿池徒步 2 分钟

★★★★ 赫维特
Hotel White

Map p.35 A4

◆位于奎里纳莱宫北侧的酒店。内部为现代风格，明亮的餐厅、功能齐全的客房等都能让住客体验到舒适的感觉。

URL www.travelroma.com
住 Via in Arcione 77　☎ 06-6991242
FAX 06-6788451　TB € 160/300
房间数 40 间 附带自助式早餐　C/C A D J M V
交通 从 A 线 Barberini 站徒步 8 分钟

★★★★ 美国安古洛
Hotel Anglo Americano

Map p.36 A1

◆距离巴尔贝里尼广场很近，无论是在罗马城中徒步参观还是乘坐地铁都非常方便。西班牙阶梯和许愿池也都在步行范围内，和父母一起睡的 8 岁以下儿童免费。

读者优惠 旺季住宿 4 晚、淡季住宿 3 晚以上优惠 15%

Low 1/3~3/28、7/1~9/3、11/1~12/28
URL www.angloamericano.com
住 Via Quattro Fontane 12
☎ 06-472941
FAX 06-4746428
SB € 110/160　TB € 140/210
房间数 122 间 附带早餐
C/C A D J M V
交通 从 A 线 Barberini 站徒步 3~4 分钟

★★★ 努欧巴夸特罗丰塔纳
Nuovo Hotel Quattro Fontane Belle Epoque

Map p.36 A1

◆距离巴尔贝里尼广场很近，位于国立绘画馆正对面的经济型的酒店。虽然简朴但是令人丝毫感觉不到不自在，工作人员也很热情。

URL www.hotel4fontane.com
住 Via Quattro Fontane 149/A
☎ 06-4884480　FAX 06-4814936
SB € 189/540　TB € 259/540
房间数 36 间 附带早餐　C/C A D M V
交通 从 A 线 Barberini 站徒步 5 分钟

★★★ 维尔基利欧
Hotel Virgilio

Map p.36 B2

◆位于民族大道里侧，距离内政部非常近的一条小道中。14 间房全具备淋浴卫生间。其他像迷你吧台、TV、保险箱等也都一应俱全。

URL www.hotelvirgilio.net
住 Via Palermo 30
☎ 06-4884360　FAX 06-4873533
TB € 127/270　房间数 32 间
C/C A D J M V
交通 从 A 线 Repubblica 站徒步 10 分钟

★★ 美国纳尔迪兹
Hotel Nardizzi Americana

Map p.36 A2

◆距离特米尼车站和 9 月 20 日大道都非常近，位于非常方便观光的位置。这家由家族经营的安静的酒店虽然位于城市中心，却有着非常安静的气氛。清洁卫生和实惠的价格也非常有魅力。

Low 1/7~3/10、11/2~12/26 左右
URL www.hotelnardizzi.it
住 Via Firenze 38　☎ 06-4880035
FAX 06-4880368
TB € 70/145
房间数 18 间 早餐€ 5
C/C A D J M V
交通 从 A 线 Repubblica 站徒步 5 分钟

☆☆ 路易吉埃纳
Louisiana

◆虽然距离特米尼车站有一定的距离，也因此才非常实惠。现代化的客房很整洁，被整理得很方便实用。周围也有很多实惠的餐厅，非常方便。

URL www.hotellouisiana.it
住 Via Flavia 84　☎ 06-4885641　FAX 06-4746859
SB € 60/110　TB € 80/160　3B € 100/220
房间数 16 间 附带早餐　C/C A D M V
交通 从特米尼车站徒步 10 分钟

赛文金古斯
Affittacamera Seven Kings

◆虽然这里是以租借房 Affittacamera 的形式经营，但是 24 小时都有人接待。古典和现代风格融合的客房给人非常安静的感觉。

读者优惠 预约时出示本书优惠 10%
URL www.7kings.eu

住 Via XX Settembre 58/A
☎ 06-42917784　FAX 06-42016356
SB € 50/70、€ 80/140
TB € 70/90、€ 100/220
3B € 90/110、€ 129/300
房间数 11 间 附带早餐
C/C A D M V

区域 3　西班牙广场与人民广场周边

　　以罗马的标志性建筑西班牙广场为中心，高级商店街孔多蒂大道和大众商店街科尔索大道所在的地区。居住在这里的好处便是购物非常方便。如果前来罗马的目的是购物的话，那么强烈推荐这里。另外，附近的景点也非常多，徒步便能前去西班牙阶梯和许愿池，在人烟稀少的清晨来到这里让人非常愉快。

☆☆☆☆☆ 迪尔希恩
Hotel de Russie

◆位于人民广场旁的酒店。在历史悠久的 19 世纪的建筑上进行了大幅度的修建，将广阔的内部调和成了古典和现代相结合的空间。特别是酒店后方的庭院非常漂亮。庭院呈阶梯状，以橘子树木等营造出了绿荫，在繁茂的藤蔓前流动着瀑布，是一处能够让人忘记喧闹的罗马空间。能够眺望这座庭院的餐厅也非常有人气。

URL www.hotelderussie.it
住 Via del Babuino 9
☎ 06-328881　FAX 06-32888888　SB € 449/690
TB € 559/860　SU € 1410/9000　房间数 129 间
早餐€ 34　C/C A D J M V
交通 从 A 线 Flaminio 站徒步 5 分钟

☆☆☆☆☆ 丁吉尔特拉
Hotel d'Inghilterra

◆位于西班牙广场边界处商业圈的中心，有着独特气氛的酒店。这里曾经作为王室招待客人用馆，有着很长历史，海明威等人也曾在这里留宿过，非常有名，让人感到高雅和富有历史感。服务也非常周到。被选为"世界最有魅力酒店 TOP20"。酒店内的餐厅、咖啡店评价非常好。

URL www.royaldemeure.com
住 Via. Bocca di Leone 14　☎ 06-699811
FAX 06-6795421　TB € 430/690　房间数 89 间 早餐€ 28　C/C A D J M V
交通 从 A 线 Spagna 站徒步 7 分钟

☆☆☆☆ 莫扎特
Hotel Mozart

Map p.38 B1

◆以意大利人深爱的乐圣的名字命名的音乐院前的小酒店。酒店内仍旧残留着20世纪宅邸的感觉，经过改造后的室内装饰品非常美丽。内部则由带有暖炉的沙龙和能够望见罗马玫瑰色屋顶的酒吧所在的屋顶庭院等组成。亲切温馨的服务在来自欧洲的旅行者中有着很高的人气。

Low 1/3~3/15、7/1~8/31、11/1~12/26
URL www.hotelmozart.com ｜住 Via dei Greci 23
☎ 06-36001915 ｜FAX 06-36001735 ｜SB € 99/185
TB € 126/290 ｜房间数 56 间 附带早餐
C/C A D J M V
交通 从 A 线 Spagna 站徒步 7 分钟

☆☆☆☆ 国际酒店
Hotel Internazionale

Map p.26 C2

◆位于西班牙阶梯附近，利用古代修道院建筑物建造的酒店。客房的内部装饰各有不同，充满了由历史洗练出的魅力和气氛。约100年间都由家族经营。

Low 7/16~8/31、11/1~12/28
URL www.hotelinternazionale.com
住 Via Sistina 79
☎ 06-69941823 ｜FAX 06-6784764
SB € 120/230 ｜TB € 180/350
房间数 42 间 附带自助式早餐
C/C A D J M V
交通 从 A 线 Barberini 站徒步 4 分钟

☆☆☆ 西班牙卡利纳塔
Scalinata di Spagna

Map p.26 C1

◆深受回到罗马的人们喜爱，位于西班牙阶梯上的小旅馆。虽然身处于观光和用餐都非常便利的中心街道，但是还是能够享受到家庭般的服务。在能够眺望到罗马全景的阳台用餐非常享受。

Low 1~4 月、9~10 月
URL www.hotelscalinata.com
住 Piazza Trinità dei Monti 17
☎ 06-6793006 ｜FAX 06-69940598
TB € 150/250（古典）、€ 250/370（豪华）
房间数 16 间 附带自助式早餐
C/C A D M V
交通 从 A 线 Spagna 站徒步 2 分钟

☆☆☆ 孔多蒂酒店
Hotel Condotti

Map p.38 B2

◆从罗马的商店街孔多蒂大道行走约2分钟，在手中拿满了名牌商品没法再继续逛街时，这里便是个好去处。有充满清洁感的室内装饰品。

Low 1/6~3/15、7/20~9/7、12/1~12/28
URL www.hotelcondotti.com
住 Via Mario de'Fiori 37
☎ 06-6794661
FAX 06-6790457 ｜TB € 59/490
房间数 16 间 附带早餐 ｜C/C A D J M V
交通 从 A 线 Spagna 站徒步 3 分钟

☆☆☆ 格雷古力阿娜
Hotel Gregoriana

Map p.26 C1·2

◆位于安静小路中的中档酒店。由于交通非常便利，所以有很多商务人士频繁前来光顾。酒店的建筑物是利用17世纪的修道院改造而成的。

Low 1/6~4/30、11/2~12/25
URL www.hotelgregoriana.it

住 Via Gregoriana 18
☎ 06-6794269
FAX 06-6784258
SB € 148/198
TB € 228/268、268/288（附带阳台）
房间数 19 间 附带早餐
C/C A D J M V
交通 从 A 线 Spagna 站徒步 5 分钟

★★★ 马德里酒店
Hotel Madrid

◆位于圣希尔维斯托广场附近中心街，西班牙广场和许愿池也在徒步范围内。这里观光自不用说，购物和用餐也十分方便。改建后变得更加明亮了。在能够望见城镇景象的屋顶庭院中用早餐是一种享受。

读者优惠 10%

Map p.38 C2

`Low` 1、2、3、7、8、12 月
`URL` www.hotelmadridroma.com
`住` Via Mario de'Fiori 93
`☎` 06-6991510
`FAX` 06-6791653
`SB` € 100/170　`TB` € 150/250
`SU` € 300/400（4~5 人）
`房间数` 26 间附带早餐
`C/C` `A` `J` `M` `V`
`交通` 从 A 线 Spagna 站徒步 7 分钟

夏娃旅馆
B&B Eva's Room

◆位于西班牙广场和巴尔贝里尼广场之间的家庭旅馆。位于山上圣三一教堂对面的道路中，让人能够感受到古代罗马的感觉。天花板上的壁画十分漂亮，早餐由外面的酒吧提供。

Map p.35 A4

`URL` www.evasrooms.com
`住` Via dei Due Macelli 31
`☎` 06-69190078
`FAX` 06-45421810
`SB` € 73/120　`TB` € 100/165
`JS` € 138/250
`房间数` 12 间附带早餐
`C/C` `M` `V`
`休` 8 月中一周左右
`交通` 从 A 线 Barberini 站徒步 7 分钟

★★★ 普尔特盖吉
Hotel Portoghesi

◆位于从科尔索大道通往靠近台伯河的地区中，有着古代阿尔贝尔格气氛的旅馆。有许多熟识罗马的客人。从纳沃纳广场徒步 6~7 分钟。

Map p.34 A2

`Low` 1/7~3/24、7/16~9/6
`URL` www.hotelportoghesiroma.it
`住` Via dei Portoghesi 1　`☎` 06-6864231
`FAX` 06-6876976　`SB` € 130/160
`TB` € 160/200（附带淋浴）
`TB` € 190/230（附带浴室）
`JS` € 210/260　`房间数` 30 间附带早餐　`C/C` `M` `V`
`交通` 从特米尼车站乘坐巴士 492 路

★★★ 曼弗雷迪
Hotel Manfredi Suite in Rome

◆在西班牙阶梯附近，建造在《罗马假日》中登场的独具风情的马尔古达大道之中。客房中水龙头、桑拿、卫星电视一应俱备。18 世纪的内部装潢有一种浪漫的感觉。于 2010 年全面装修完毕。

Map p.38 B2

`Low` 1、2、3、7、8、11、12（节假日除外）
`URL` www.hotelmanfredi.it
`住` Via Margutta 61
`☎` 06-3207676
`FAX` 06-3207736　`SB` € 99/230
`TB` € 110/320　`JS` € 200/600
`房间数` 27 间附带早餐
`C/C` `A` `D` `J` `M` `V`
`交通` 从 A 线 Spagna 站徒步 5 分钟

★★★ 弗尔提
Hotel Forte

◆从 1923 年开始有着很长历史的酒店。和上述酒店一样建造在马尔古达大道中，如果想要沉浸在古罗马古典和高雅的气氛中的话，那么这里就再适合不过了。从这里购物也很方便。

Map p.38 B2

`URL` www.hotelforte.com
`住` Via Margutta 61
`☎` 06-3207625
`FAX` 06-3202707
`TB` € 93/460
`3B` € 116/554.60
`房间数` 18 间附带早餐
`C/C` `A` `D` `J` `M` `V`
`交通` 从 A 线 Spagna 站徒步 5 分钟

利贝塔酒店（住宅酒店）
Residenza di Ripetta

◆利用巴洛克样式的修道院改装而成的酒店。拥有宁静的中庭，高雅的内部装饰着现代艺术。客房主要分为套房和短期留宿用公寓，有的附带厨房和小屋等。

- URL www.ripetta.it
- 住 Via di Ripetta 231
- ☎ 06-3231144
- FAX 06-3203959
- TB € 160~918（可供 1~6 人使用）
- 房间数 69 间 附带早餐
- C/C A D J M V
- 交通 从 A 线 Spagna 站徒步 5 分钟

★★★ 德尔科尔索
Hotel del Corso

◆位于科尔索大道中，无论是观光还是购物都非常方便。室内有着家庭般温馨的感觉。天气好的日子，在视野非常好的屋顶庭院中享用自助早餐的感觉非常不错。

- Low 1/6~2/28、7/15~8/31、11/2~12/28 左右
- URL www.hoteldelcorsoroma.com
- 住 Via del Corso 79
- ☎ 06-36006233
- FAX 06-32600034
- SB € 100/180
- TB € 120/250
- 房间数 18 间 附带早餐
- C/C A D J M V
- 交通 从 A 线 Spagna 站徒步 5 分钟

★★ 帕尔拉门特
Hotel Parlamento

◆位于意大利众议院附近，昼夜警备都非常森严的地区。酒店由 17 世纪的馆改造而成，室内装饰品和服务都非常不错，特别是能够一览罗马地区的屋顶庭院是人气非常高的场所。从这里观光和购物都很方便。

- Low 1/8~3/15、7/4~8/31、11/3~12/22 左右
- URL www.hotelparlamento.it
- 住 Via delle Convertite 5
- ☎ FAX 06-69921000
- SB € 80/119　TB € 90/155
- TB € 90/165（附带水龙头）
- 房间数 23 间 附带早餐
- C/C A D J M V
- 交通 从科隆纳广场徒步 5 分钟。从特米尼车站乘坐巴士 175 路

区域 4　纳沃纳广场与花之田野广场周边

以文艺复兴时代建造的豪宅为中心，零星点缀着广场的这个区域，是罗马人深爱的地区。在这里有很多散发着古典气息的人气高级酒店和小规模的中级酒店。距离有着很多餐厅和咖啡厅，夜晚非常热闹的纳沃纳广场、台伯河岸区非常近，是一处非常值得到处走走的地区。是体验只能在罗马才有的热闹夜晚的最适合的地区。

★★★★★ 密涅瓦酒店
Grand Hotel de la Minerve

◆将宫殿完全独占的、在该地区中非常罕见的五星级酒店。公用区域也非常豪华。位于万神殿附近，有着很浓古代罗马气息的地区。

- Low 7/15~9/6、11/1~12/29、1/2~1/31
- URL www.grandhoteldelaminerve.it
- 住 Piazza della Minerva 69
- ☎ 06-695201
- FAX 06-6794165
- SB € 210/450
- TB € 260/500
- 房间数 135 间 早餐€ 35
- C/C A D J M V
- 交通 从万神殿徒步 2 分钟

★★★★★ 科隆纳宫殿
Hotel Colonna Palace

◆位于众议院的对面。由于场所原因，这里是经常有因为公务前来的人和商务人员前来留宿。内部非常高雅，让人能够感受到历史。

Map p.35 A3

- Low 1/3~3/15、8月、11/16~12/25
- URL www.colonnapalacehotel.it
- 住 Piazza Montecitorio 12
- ☎ 06-675191
- FAX 06-6794496
- SB € 125/250
- TB € 170/340　3B € 250/470
- 房间数 105 间 附带早餐
- C/C A D J M V
- 交通 科隆纳广场一角

★★★ 德尔塞纳特
Albergo del Senato

◆万神殿前的酒店。如果在面向广场的房间中留宿的话，就能够眺望灯光下的万神殿。房间虽然并不宽敞，但是非常清洁舒适。

Map p.34 B2

- URL www.albergodelsenato.it
- 住 Piazza della Rotonda 73
- ☎ 06-6784343
- FAX 06-69940297
- SS € 110/265
- TS € 165/410
- 房间数 60 间 附带早餐
- C/C A D M V
- 交通 罗通达广场一角

★★★ 圣基亚拉
Hotel Santa Chiara

◆深受意大利人喜爱，非常有清洁感的一家中档酒店。铺着绒毯的客房为复古型。浴室很干净。从窗口眺望到的罗马城非常美丽。

Map p.34 B2

- URL www.albergosantachiara.com
- 住 Via di Santa Chiara 21
- ☎ 06-6872979　FAX 06-6873144
- SB € 145/155　TB € 225/260
- 房间数 76 间 附带早餐
- C/C A D J M V
- 交通 从特米尼车站乘坐巴士 40、64 路

★★ 纳沃纳
Hotel Navona

◆位于纳沃纳广场附近的二星级酒店。利用别有风情的馆改装而成的客房，有着女性喜爱的古董风格。虽小但是房间很干净，有一种安静的气氛。

Map p.34 B2

- Low 11~2月、7、8月　URL www.hotelnavona.com
- 住 Via dei Sediari 8　☎ 06-68301252
- FAX 06-68803802　SB € 70/130
- TB € 80/130、€ 90/170（附带浴室）
- 3B € 120/180　房间数 35 间 附带早餐
- C/C A D J M V
- 交通 从特米尼车站乘坐巴士 64、70 路

★★★★ 拉斐尔
Hotel Raphael

◆覆盖在建筑物之上的藤蔓让人深深地感受到这里的历史悠远。无论是谁都想留宿的酒店。大厅和附近多数古董店一般的装饰，古典且宁静。从阳台眺望到的景色很美。到纳沃纳广场徒步大约 1 分钟。

Map p.34 B1

- Low 1、2、3、7、8、11、12 月
- URL www.raphaelhotel.com
- 住 Largo Febo 2
- ☎ 06-682831
- FAX 06-6878993
- SB € 200/600
- TB € 250/800
- 房间数 49 间 早餐€ 28
- C/C A D J M V
- 交通 从特米尼车站乘坐巴士64路到V.Emanuele
  II 大道，徒步 10 分钟

住在罗马

● 区域 3 西班牙广场与人民广场周边／区域 4 纳沃纳广场与花之田野广场周边

★★★★ 索雷埃尔万神殿
Sole al Pantheon

◆于 1467 年开始经营，可以称得上是世界最古老的酒店之一。在经历了长期的工程后，在最近几年终于作为高雅的酒店再次开放。特拉克特的地板和描绘着壁画的墙壁等都让人深深地感受到历史。从高档的客房中能够很近地看到万神殿，在屋顶进行用餐的感觉非常不错。

URL www.hotelsolealpantheon.com
住 Piazza della Rotonda 63
☎ 06-6780441
FAX 06-69940689
SB € 330
TB € 450/490
SU € 630/730
房间数 33 间 附带早餐
C/C ⒶⒹⓂⓋ
交通 万神殿旁

★★★ 特亚托罗迪庞培欧
Hotel Teatro di Pompeo

◆客房虽小，但是评价很高的三星级酒店。从花之田野广场徒步 2 分钟。酒店内还残留着古代罗马（公元前 55 年）的剧院遗迹。

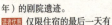仅限住宿的最后一天有效，居住三晚淡季 40%，旺季 20%，四晚淡季 70%、旺季 45%。

Low 1/7～3/31、7/1～9/7、11/1～12/26
URL www.hotelteatrodipompeo.it
住 Largo del Pallaro 8
☎ 06-68300170　FAX 06-68805531
SB € 145/165　TB € 190/220
房间数 13 间 附带早餐
C/C ⒶⒹⒿⓂⓋ
交通 从特米尼车站乘坐巴士 64 路

★★★ 特亚托罗帕切
Hotel Teatropace33

◆于 2004 年开业。位于纳沃纳广场西侧的小酒店。在全面改修时保留了 16 世纪宫殿的风格，客房整体也有着非常古典的气息。当时巴洛克样式的石造楼梯让人印象很深刻，为此这里没有电梯。

URL www.hotelteatropace.com
住 Via del Teatro Pace 33
☎ 06-68799075
FAX 06-68192364
TB € 130/250
房间数 25 间 附带早餐
C/C ⒶⒹⓂⓋ
交通 从纳沃纳广场徒步 2 分钟

★★★ 斯梅拉尔德
Hotel Smeraldo

◆位于能够体验到罗马平民气氛的地区之中。客房很现代化，内部很简洁。从阳台上眺望到的红砖瓦色的罗马平房让人留下深刻的印象。

Low 1、2、7、8 月、11/1～12/23
URL www.smeraldoroma.com
住 Vicolo dei Chiodaroli 9　☎ 06-6892121
FAX 06-68805495　TB € 94/160
房间数 60 间 自助式早餐 € 7
C/C ⒶⒹⒿⓂⓋ
交通 从特米尼车站乘坐巴士 40 或者 64 路到 L.go.T.Argentina 下车

★★ 普梅兹亚
Hotel Pomezia

◆距离上述酒店很近，有着家族经营非常温馨的气氛。虽然没有电梯，但是冷气设施非常完善。103 号房为无障碍房，能够使用轮椅。附近有很多便宜好吃的店。

URL www.hotelpomezia.it
住 Via dei Chiavari 12/13
☎ FAX 06-6861371
SB € 70/130　TB € 80/150
3B € 90/180　房间数 24 间 附带早餐
C/C ⒶⒹⓂⓋ
交通 从特米尼车站乘坐巴士 64 路

区域5　梵蒂冈与圣天使堡地区

台伯河右岸，以梵蒂冈城国为中心的发达地区。附近有高级住宅街和科拉迪里恩佐大道等商店街。虽然道路中旅客非常混杂，但是在清晨和夜晚还是能够享受到片刻的清静。虽然这里距离特米尼车站和市中心略远，但是这里地铁和汽车总站一应俱全，交通方面没有任何不便。

★★★★★ 罗马卡瓦列 Hotel Rome Cavalieri The Waldorf Astoria Collection

Map p.28 A1 外

◆建于能够俯瞰整个罗马城的马里奥山上，是一座视野非常不错的酒店。酒店内部有着庭院、大厅还有客房，在中庭松林中的巨大泳池让人感觉就像是来罗马度假一样。主餐厅"拉贝尔格拉"是一家能够眺望到城市屋顶庭院的高雅的餐厅。米其林三星级餐厅在味道上很有保证。

✉建造在山上，能够瞭见的圣天使堡和梵蒂冈城的风景实在是非常棒。在泳池旁的早餐餐厅中能够从早晨就享用到美味的普洛塞克。是一家都市型的高级度假村。比较推荐的有皇家套房。在专用休息室中能在任何时候享用到小食品和酒，无论什么都非常高品质。

URL www.romecavalieri.com
住 Via Alberto Cadlolo 101
☎ 06-35091
FAX 06-35092165　SB € 230/980
TB € 280/1040　SU € 1275/8100
房间数 376 间 早餐 € 38
C/C A D J M V
交通 从 A 线 Ottaviano 站乘坐巴士 991 路

★★★★ 亚特兰大星级酒店 Hotel Atlante Star

Map p.28 B2

◆位于圣彼得大教堂与圣天使堡之间，观光非常便利。是一家高雅有着古典气息的酒店。在一部分客房中能够眺望到圣彼得大教堂。从机场到酒店有接送车运行（需要提前 3 天预约）。

URL www.atlantehotels.com
住 Via Vitelleschi 34
☎ 06-6873233　FAX 06-6872300
TB € 190/350
房间数 61 间 附带自助式早餐
C/C A D M V
交通 从 A 线 Ottaviano 站徒步 6~7 分钟，从特米尼车站乘坐巴士 40 路

★★★★ 哥伦布酒店 Hotel Columbus

Map p.28 B2

◆位于面向从圣彼得广场延伸出来的孔奇利亚兹奥纳大道的酒店。这家利用极具历史的宫殿建造而成的酒店，在大厅和客房处装饰着品位十足的家具，居住起来非常舒适。

URL www.hotelcolumbus.net
住 Via della Conciliazione 33
☎ 06-6865435　FAX 06-6864874
TB € 187/440
房间数 92 间 附带早餐
C/C A D M V
交通 从特米尼车站乘坐巴士 64 路

★★★★ NH 圭斯提尼亚诺 NH Hotel Giustiniano

Map p.29 B3

◆✉于 2008 年开业，房间非常宽敞和时髦。浴室也非常舒适。早餐的北欧菜单也非常丰富。从这前往科拉迪里恩佐大道、梵蒂冈还有圣天使堡都只需要徒步几分钟。

URL www.nh-hotels.com
住 Via Virgiliol E/F/G
☎ 06-68281601
FAX 06-68281611
TB € 164~280
房间数 161 间 附带早餐
C/C A D J M V
交通 从地铁 A 线 Lepanto 站徒步 5 分钟

☆☆☆☆ 朱利奥恺撒
Hotel Giulio Cesare

◆由 19 世纪的建筑改装而成的酒店。内部依旧残留着当时优美的装饰，而整体却重生为了具备现代设施的酒店。位于幽静的地区，带有庭院。

Map p.29 A3

Low 1/2～3/31、7/1～8/31、11/16～12/31
URL www.hotelgiuliocesare.com
住 Via degli Scipioni 287 ☎ 06-3210751
FAX 06-3211736 TB € 114/450
房间数 80 间 附带早餐 C/C A D J M V
交通 从特米尼车站乘坐巴士 60、64 路

☆☆☆ 圣安娜
Hotel Sant'Anna

◆在 16 世纪的宫殿中还残留着当时拱门形的天花板。在安静的室内具备着舒适的居住环境的酒店。距离地铁奥塔维亚诺站大约 400 米。

Map p.28 B2

URL www.hotelsantanna.com
住 Borgo Pio 133 ☎ 06-68801602
FAX 06-68308717 SB € 100/150
TB € 150/220 房间数 20 间 附带早餐
C/C A D M V
交通 从特米尼车站乘坐巴士 60、64 路

☆☆☆ 天使酒店
Hotel Arcangelo

◆利用具有历史的小建筑改装而成的酒店。距离科拉迪恩佐大道很近，购物和观光都很方便。室内装饰经过精心的设计，非常舒适。有很多意大利的常客。具备免费的室内停车场。

Map p.29 B3

URL www.hotelarcangeloroma.com
住 Via Boezio 15 ☎ 06-6874143
FAX 06-6893050 SB € 80/150 TB € 100/260
3B € 120/280 房间数 33 间 附带自助式早餐
C/C A M V 休 8 月
交通 从特米尼车站乘坐巴士 492 路。从 A 线 Lepanto 站徒步 5 分钟

☆☆☆ 杰尔贝尔
Hotel Gerber

◆虽然简朴，但是整体非常清洁，有着非常温馨的感觉的旅馆。家族经营，有着非常周全的服务，居住起来非常舒适。具备中庭。从特米尼车站能够乘坐巴士 70 路抵达。
读者优惠 10%

Map p.29 A3

Low 7～8 月、11～2 月（年前年后除外）
URL www.hotelgerber.it
住 Via degli Scipioni 241
☎ 06-3221001
FAX 06-3217048 S € 50/80
SB € 90/130 TB € 120/180 3B € 140/200
房间数 29 间 附带早餐 C/C A D J M V
交通 从 A 线 Lepanto 站徒步 5 分钟

☆☆☆ 阿玛利亚
Hotel Amalia

◆ 19 世纪的美丽建筑物，二楼便是酒店。家族经营，非常亲切，和实惠的价格相比，品质非常高。
读者优惠 通过直接预约且使用现金支付的话优惠 15%。

Map p.28 A2

Low 1/7～3/15、7/10～9/5、11/4～12/21
URL www.hotelamalia.com
住 Via Germanico 66 ☎ 06-39723356
FAX 06-39723365 SB € 79/150 TB € 99/210
3B € 129/210 4B € 149/250
房间数 30 间 附带早餐 C/C A D J M V
交通 从 A 线 Ottaviano 站徒步 5 分钟

☆ 玛德利皮旅馆
Residenza Madri Pie

◆修道院经营的住宿设施，位于圣彼得大教堂的南侧。整体非常清洁，居住起来很舒适。非常适合家庭旅行的旅客。前来投宿没有任何限制。

Map p.28 C2

URL www.residenzamadripie.it
住 Via A.de Gasperi 4
☎ 06-631967 FAX 06-631989
SB € 90 TB € 140 3B € 180
房间数 83 间 附带早餐 C/C M V
交通 从特米尼车站乘坐巴士 64 路

区域6 博盖塞公园与韦内托大道地区

韦内托大道中有着许多极具历史和格调的意大利代表性酒店和由奢华装潢与富豪支持的高级酒店。不过，走进小路后还是会看到许多经济型酒店。由于这里富裕的住客较多，所以周围高档餐厅也非常多。虽然需要走一段路，不过穿过地下道便是西班牙阶梯，走下坡道便能来到巴尔贝里尼广场和地铁站。

☆☆☆☆☆ 伊甸
Hotel Eden

◆ 以博盖塞公园的绿色为背景，将18世纪美丽的宫殿改装成了具有现代风格高雅的酒店。自助早餐种类非常丰富，得过最佳酒店奖。从屋顶庭院中的餐厅中能够眺望到整个罗马城。美味的鱼类料理评价非常高。

Map p.26 C2

URL www.edenroma.com 　住 Via Ludovisi 49
☎ 06-478121 　FAX 06-4821584
SB €494/515 　TB €824/999 　SU €2639/6798
房间数 121间 早餐€49（IVA10%）
C/C A D J M V
交通 从A线Barberini站徒步8分钟

☆☆☆☆☆ 皇家斯普雷蒂多
Splended Royal

◆ 由17世纪的贵族建筑改装而成的酒店。在高雅华丽的室内有着金色耀眼的泥灰装饰和闪闪发亮的枝形灯，能够充分感受到巴洛克之城罗马。从一部分客房的阳台中能够望见博盖塞公园碧绿的全景。从餐厅的屋顶庭院中眺望到的景色也非常美丽。

Map p.26 C2

URL www.splendideroyal.com
住 Via di Porta Pinciana 14
☎ 06-421689
FAX 06-42168800 　SB €280/520
TB €300/850 　SU €700/15000
房间数 69间 早餐€35 　C/C A D J M V
交通 从A线Barberini站徒步7分钟

☆☆☆☆☆ 帕拉斯酒店
Grand Hotel Palace

◆ 被艺术装饰样式的气氛包围着的沙龙非常别致和高雅。客房中品位十足的室内装饰品使得它得过最佳酒店奖。如今，这里是位于韦内托大道边界处备受瞩目的酒店。位于美国大使馆前宁静的地区，距离地铁巴尔贝里尼站很近。

Map p.26 C2

URL www.boscolohotels.com
住 Via Vittorio Veneto 70 　☎ 06-478719
FAX 06-47871800 　TB €260/480 　SU €1500
房间数 95间 早餐€22 　C/C A D J M V
交通 从A线Barberini站徒步5分钟

☆☆☆☆☆ 威斯汀精蓝酒店
The Westin Excelsior

◆在罗马市内最大也是最有格调的高档酒店。在大厅和室内的装饰上，还有工作人员的服务中都让人感到传统的气息。能够在内部的咖啡店"多内"中品味到作为《甜美生活》舞台的感觉。

Map p.26 C2

URL www.starwoodhotels.com
住 Via Vittorio Veneto 125
☎ 06-47081
FAX 06-4826205
TB € 309/920
SU € 1265/12525
房间数 327 间 早餐 € 42
C/C Ⓐ Ⓓ Ⓙ Ⓜ Ⓥ
交通 从 A 线 Barberini 站徒步 8 分钟

☆☆☆☆☆ 雷吉纳巴利奥尼
Regina Hotel Baglioni

◆建造在韦内托大道美国大使馆前的酒店。就如其雷吉纳的名字一般，因为马尔盖里塔女王曾经在此长期留宿而闻名。在经过大幅度改建后，不但留下了古典的气氛，还充实了设备和物品。内部的餐厅评价非常不错。

Map p.26 C2

URL www.baglionhotels.com
住 Via Vittorio Veneto 72
☎ 06-421111
FAX 06-42012130
TB € 334/616
房间数 117 间 早餐 € 30
C/C Ⓐ Ⓓ Ⓙ Ⓜ Ⓥ
交通 从 A 线 Barberini 站徒步 7 分钟

☆☆☆☆ 拉雷吉丁兹
La Residenza

◆虽然位于罗马繁华地区，但是一家比较经济实惠和舒适的酒店。由于拥有很多长期留宿的粉丝，所以最好提前预约。

Map p.26 C2

Low 1/6~3/31、8/1~9/9
URL www.hotel-la-residenza.com
住 Via Emilia 22/24 ☎ 06-4880789
FAX 06-485721 SB € 90/110 TB € 150/210
SU € 190/280 房间数 29 间 附带自助式早餐
C/C Ⓐ Ⓙ Ⓜ Ⓥ
交通 从 A 线 Spagna 站或者 Barberini 站徒步 10 分钟

☆☆☆ 琴库旺塔托雷
Hotel Cinquantatre

◆位于建设着许多高档酒店的韦内托大道略为里面的场所，观光和购物都非常方便。摆放着古董风格家具的室内有着非常古典和安静的气息。天气好的日子，在屋顶的阳台上会提供早餐服务。

Map p.26 C2

URL www.lhotel53.com
住 Via di S.Basilio 53 ☎ 06-42014708
FAX 06-42014776
SB € 117~（双人标准间作为单人房使用）
TB € 127~ 3B € 177~
房间数 14 间 附带早餐
C/C Ⓐ Ⓓ Ⓜ Ⓥ
交通 从地铁 A 线 Barberini 站徒步 3 分钟

☆☆ 戈尔丁
Hotel Golden

◆位于韦内托大道上，距离博盖塞公园很近的地方。全店13 间房中有 10 间具备着淋浴、厕所和空调。能够使用英语沟通。所有房间都禁烟。

Map p.26 B2

URL www.hotelgoldenrome.com
住 Via Marche 84
☎ 06-4821659
FAX 06-4821660
SB € 95/150 TB € 114/270
房间数 13 间 附带早餐
C/C Ⓐ Ⓓ Ⓜ Ⓥ
交通 从 A 线 Barberini 站徒步 12 分钟。从特米尼车站乘坐巴士 910 路

在布满了绿色幽静住宅街的阿文蒂诺山上，零星点缀着一些三星级的酒店。大多数酒店都附有四季盛开着鲜花的庭院，和市中心相比，别有一番风味，能够安静地住宿在此。虽然交通略有不便，但是从服务和客房档次以及价格来说，和市中心的酒店相比还是非常实惠的。

☆☆☆☆ 圣安赛尔莫
Hotel Sant'Anselmo

◆位于阿文蒂诺山住宅区中的一家小旅馆。虽然交通不算特别方便，比较适合想在罗马幽静的地区中停留的人。拥有充满绿色的小庭院。酒店的服务非常不错。附近有观光车通过。

	Map p.31 C4
Low	1/1~3/15、7/15~8/31、11/15~12/28 左右
URL	www.aventinohotels.com
住	Piazza Sant'Anselmo 2
☎	06-570057
FAX	06-5783604
SB	€ 160/220（双人标准间作为单人房使用）
TB	€ 180/270　TB € 265/290（豪华）
房间数	21 间 附带早餐
C/C	A D J M V
交通	从 B 线 Circo Massimo 站徒步 10 分钟，从特米尼车站乘坐巴士 75 路

☆☆☆ 圣皮欧别墅
Hotel Villa San Pio

◆距离圣安赛尔莫酒店非常近的同系列酒店。位于优雅的宫殿之中，在可爱的庭院中能够进行读书和晒日光浴。房间也非常舒适。

	Map p.31 C4
Low	1/1~3/15、7/15~8/31、11/15~12/28 左右
URL	www.aventinohotels.com
住	Via S.Melania 19　☎ 06-570057
FAX	06-5741112　SB € 105/160
SB	€ 135/200（双人标准间作为单人房使用）
TB	€ 150/240　TB € 165/260
房间数	56 间 附带早餐　C/C A D J M V
交通	从 B 线 Circo Massimo 站徒步 10 分钟。从特米尼车站乘坐巴士 75 路在 Via Marmorata 下车

☆☆☆ 阿文蒂娜宫殿
Hotel Domus Aventina

◆建造在阿文蒂诺山 16 世纪的宫殿中的酒店。从附带阳台的房间中，能够望见经历了悠久年代的庭院。在三星级的酒店中，这里的设施和服务都是最好的。附近的V.le.Aventino 由观光车经过。

	Map p.32 C1
URL	www.hoteldormusaventina.com
住	Via Santa Prisca 11/b
☎	06-5746135
FAX	06-57300044
TB	€ 68/260
房间数	26 间 附带早餐
C/C	A M V
交通	从 B 线 Circo Massimo 站徒步 15 分钟，另外可以从特米尼车站乘坐巴士 75 路

☆☆☆ 阿文蒂诺
Hotel Aventino

◆和圣安赛尔莫、圣皮欧别墅同系列的酒店。虽然略微有些紧凑和近代风格，但是这里同样拥有充满绿色幽静的环境。虽然位于住宅区之中，但是周围有许多值得一看的地方，是个深受罗马人喜爱的地区。

	Map p.31 C4
Low	1/1~3/15、7/15~8/31、11/15~12/28 左右
URL	www.aventinohotels.com
住	Via S.Domenico 10　☎ 06-570057
FAX	06-57005488
SB	€ 105/180（双人标准间作为单人房使用）
TB	€ 120/220
房间数	21 间 附带早餐
C/C	A D J M V
交通	从 B 线 Circo Massimo 站徒步 10 分钟

在这里介绍位于罗马市东北位置，皮亚门周围的酒店。皮亚门前方诺门塔纳大道的沿边为住宅街，在广阔的道路旁有着林荫道。在城墙外，很多酒店都利用其地形优势，拥有着广阔的客房和非常舒适的庭院。从特米尼车站和市中心有非常多的巴士通往这里，皮亚门附近有很多当地人光顾的饮食店，非常方便。

☆☆☆☆ 塔纳
Hotel Turner

◆位于皮亚门的旁边。房间数很少，很有家庭的感觉。让人感到古罗马的厚重感和古典气息的内部装潢非常漂亮。

	Map p.27 B4
Low	7/18~8/31、11/16~12/28、1/2~3/15 左右
URL	www.hotelturner.com
住	Via Nomentana 27/29
☎	06-44250077
FAX	06-44250165　SB € 120/280
TB	€ 155/390　SU € 390/660
房间数	47 间 附带早餐
C/C	A D J M V
交通	从特米尼车站乘坐巴士 36、90 路

☆☆☆☆ 费乌梅
Hotel Fiume

◆位于上述塔纳的西侧，萨拉利亚门的附近，距离费乌梅广场附近的商店街非常近，购物很方便。整体非常清洁舒适。

	Map p.27 B3
URL	www.hotelfiume-roma.com
住	Via Brescia 5
☎	06-8543000
FAX	06-8548888　TB € 164/280
房间数	57 间 附带早餐
C/C	A D J M V
交通	从特米尼车站乘坐巴士 3、4、38、319 路

☆☆☆ 牛津酒店
Hotel Oxford

◆商务人士的利用度很高。客房全都附带浴室和淋浴，也有着餐厅和吧台，非常方便。

	Map p.27 B3
Low	1/1~3/14、7/4~9/5、11/15~12/26 左右
URL	www.hoteloxford.com
住	Via Boncompagni 89
☎	06-4203601　FAX 06-42815349
TB	€ 150/250
房间数	58 间 附带自助式早餐
C/C	A D J M V
交通	从特米尼车站乘坐巴士 910 路

☆☆☆ 弗洛伦斯别墅
Hotel Villa Florence

◆利用位于从皮亚门延伸而出的诺门塔纳街道沿边的小别墅改造而成的酒店。周围被绿色包围，室内装饰品也让人感到很安心，能够感受到在市中心的酒店中没有的气氛。

	Map p.27 B4
Low	1/1~3/15、7/15~8/31
URL	www.hotelvillaflorence.it
住	Via Nomentana 28
☎	06-4403036　FAX 06-4402709
SB	€ 140/198　TB € 180/248　SU € 250/357
房间数	33 间 附带早餐
C/C	A D J M V
交通	从特米尼车站乘坐巴士 90、36 路

☆☆☆ 拉尼埃里
Hotel Ranieri

◆从面向 9 月 20 日大道的建筑物三楼开始便是酒店。浴室等使用起来非常方便。非常安静，有着许多粉丝。

	Map p.27 C3
Low	1、2、3、8、11、12 月
URL	www.hotelranieri.com
住	Via Venti Settembre 43　☎ 06-42014531
FAX	06-42014543　TB € 119/230
房间数	47 间 附带早餐　C/C A D J M V
交通	从特米尼车站乘坐巴士 38 路

修道院住宿设施

在年轻女性和节约的旅行者之间有着很高人气的修道院住宿设施。原本，这些都是用于给离开父母的修道院弟子和信徒在旅行时方便而建造的。为此，在这里除了年龄和住宿日期的限制外，还对门限、用餐和淋浴时间等都作了详细的规定。如果可以遵守这些规定的话，那么就能享受到安全、清洁、便宜又舒适的住宿。在繁忙期间很难延长住宿日期，所以请事先一定要预约好充足的时间。

卡萨桑塔普丁兹阿纳
Protezione della Giovane ACISJF-Casa S.Pudenziana

◆由宗教团体经营，只有30岁以下女性才可以留宿的旅馆设施。修女们非常亲切，有着家庭的感觉。房间非常清洁，具备洗面台。淋浴有热水，也有晚餐服务（需要预约）。一些细节规定都用文字写了出来，所以请大家遵守。门禁为22:30（周六 24:00），不能洗衣（Via Urbana 29/39 有投币式洗衣机），饮食可以在食堂或者庭院中进行，淋浴的使用时间为6:30~8:00、17:00~21:00，不能在有电器制品的房间中使用（可在淋浴房中使用吹风机）等规则是为了安全着想，还是忍耐一下吧。接待时间为 7:00~22:00，预约可以通过传真、电话还有 E-mail。

E-mail acisjf.it@virgilio.it
URL www.acisjf.it
URL www.santapudenziana.it
住 Via Urbana 158
☎ 06-4827989
FAX 06-48904523
S €40 SS €50 T €52
D 1人€22 附带早餐（7:00~9:00）、晚餐€10、20:00~21:00、早上请一定要讲明需求。
退房 11:00
C/C 不可
交通 距离特米尼车站 500 米，徒步约 7 分钟，沿 Via Cavour 走下来到大圣母堂前的广场后，在最近的拐角处向右拐，然后再向左拐后的右侧便是。

迪玛利亚桑提西马阿尔庭皮欧
Casa per Ferie Figlie della Presentazione di Maria SS.al Tempio

◆投宿限制为20岁以上，具有常识的人。未满20岁的人需要有20岁以上的人陪伴（6岁以下免费，18岁以下能有€6~8的折扣）。请注意，这里不欢迎没有礼貌的人。在这里最多只能留宿2~15天，内部非常广阔清洁。接待时间为9:00~23:30（门禁）。在通过电话确定还有空房后再利用传真或电子邮件来进行预约。

URL www.casapresentazioneroma.it
E-mail casa.presentazione@tiscali.it
住 Via S.Agatone Papa 16 ☎ 06-632943
FAX 06-630324 SB €40/44
TB €56/66 附带早餐 C/C M V
交通 从特米尼车站乘坐巴士 64 路，在 Piazza Paoli 换乘 98 路或者 881 路，在经过圣彼得广场后的第三站 Via Gregorio VII 下车便能抵达。

斯欧雷德林马科拉塔孔
Suore dell'Immacolata Concezione di Lourdes/Nostra Signora di Lourdes

◆离西班牙广场很近，观光非常方便。由亲切的修女迎接客人，在全国进行家庭旅行的旅行者之中有着很高的人气。
留宿没有限制，接待时间为 7:00~22:00，门禁为 23:00（4~10 月为 22:30）

URL www.romeguide.it 住 Via Sistina 113
☎ 06-4745324 FAX 06-4741422 S €35
SB €50 T €70 TB €75 房间数 30间附带早餐
交通 从 A 线 Spagna 站徒步 3 分钟，从 Barberini 站徒步 5 分钟。

罗马的大型酒店

在罗马市内，特米尼车站和梵蒂冈附近大约有 200 家大型现代化酒店。世界有名的大型酒店都位于弗拉米尼亚街道、奥雷利亚街道等道路沿边，主要是方便乘坐观光巴士的团体旅客使用。对于个人旅行者来说，还是比较推荐罗马市内有着罗马风情的酒店，不过大型酒店的设施服务一般都比较好，不太会选错。

酒店名（☆数）	住所	TEL/FAX/URL	费用 / 房间数
梅洛波尔 Star Hotel Metropole ★★★★　p.37 B3	特米尼车站附近 Via Principe Amedeo	☎ 06-4774 FAX 06-4740413 URL www.starhotels.com	TB €130/900 附带早餐、236 间
NH 维多利亚韦内托 NH Vittorio Veneto ★★★★　p.26 B2	博盖塞公园附近 Corso d'talia1	☎ 06-84951 FAX 06-8841104 URL www.nh-hotels.com	TB €126/385 附带早餐、201 间
NH 莱昂纳多·达·芬奇 NH Leonardo da Vinci ★★★★　p.29 A3	梵蒂冈附近 Via dei Gracchi 324	☎ 06-328481 FAX 06-3610138 URL www.nh-hotels.it	TB €136/355 附带早餐、244 间
奇切罗内 AW Cicerone ★★★★　p.29 A3	梵蒂冈附近 Via Cicerone 55/C 交通 从特米尼车站西侧乘坐巴士 70 路	☎ 06-3576 FAX 06-68801383 URL www.alpitourworldhotels.it	TB €150/405 附带早餐、294 间
罗马梅迪奇公园假日酒店 Holiday Inn Rome EUR Parco Medici 地图外	罗马郊外（西南部） Viale Castello della Magliana 65 交通 FM1 线 Muratella 下车后 400 米。乘坐巴士 771 路，从机场有免费接送车运营	☎ 06-65581 FAX 06-657005 URL www.holidayinn.com/rome-parcoi	TB €99/350 附带早餐、317 间
潘菲利别墅 ATA Hotels Villa Pamphili ★★★★　地图外	罗马近郊 Via della Nocetta 105 交通 在机场或者地铁 A 线 Cipro-Musei 站有免费接送车	☎ 06-6602 FAX 06-66157747 URL www.atahotels.it	TB €159/316 附带早餐、247 间
罗马圣皮特斯皇冠假日酒店 Crowne Plaza Rome St.Peter's ★★★★　地图外	罗马近郊 Via Aurelia Antica 415 交通 从市内乘坐巴士 98、881 路或者在地铁 A 线 Cornelia 站下车	☎ 06-66420 FAX 06-6637190 URL www.hotel-invest.com	TB €350~ 早餐 €18、310 间
罗马机场希尔顿酒店 Hilton Rome Airport Hotel ★★★★　地图外	罗马郊外、菲乌米奇诺机场旁 Via Arturo Ferrarin 2,Fiumicino 交通 从菲乌米奇诺机场徒步约 5 分钟。有通往市内的接送巴士	☎ 06-65258 FAX 06-65256525 URL www.hilton.co.jp	TB €150/355 早餐 €12~24、517 间
罗马机场希尔顿花园酒店 Hilton Garden Inn Rome Airport Hotel ★★★★　地图外	罗马郊外、菲乌米奇诺机场旁 Via Vittorio Bragadin 2,Fiumicino 交通 从菲乌米奇诺机场乘坐接送巴士 7~8 分钟。有通往市内的接送巴士	☎ 06-65259000 FAX 06-65259001 URL www.hilton.co.jp	TB €150/275 早餐 €5~18、282 间

✉ 想要好好游玩梵蒂冈的话，送给再次访问罗马的游客的线路

Guest Hause Bed & Best
🏠 Via Cola di Rienzo 190
☎ 06-68808218
URL www.bedandbest.com

　2011 年开业，设备非常新，价格也非常适中，房间非常宽广。徒步至梵蒂冈约 10 分钟。最近的地铁站为 A 线奥塔维亚诺或者勒班陀站。从机场可以乘坐在加富尔广场停车的巴士再徒步 7~8 分钟。早餐可以拿着在入住时获得的预约单前往旁边的卡斯托里尼 (p.281) 的咖啡厅。一边吃着刚烤好的面包和香浓的咖啡，一边可以继续前往旁边的弗兰奇 (p.281)。8:30 左右开始售放出意大利蔬菜，可以在吧台上品尝正宗的美味。这里中午、晚上都非常混乱，几乎难在吧台用餐，所以要前来的话还得准备好早晨。

　晚上可以前去同一条街上的奥提摩餐厅。

Ottimo
🏠 Piazza Cola di Rienzo 75-77
☎ 06-32658080
🕐 12:30~15:00、19:30~23:30
休 周一、周六夜里
URL www.ristoranteottimo.it

　精致的意大利风情非常不错。19:30 开始营业对旅客来说非常方便。气氛不错，价格也非常优惠，内部也装潢得很好。

旅行的准备和技巧

Getting Ready and Tips

如 何 成 为 罗 马 的 万 事 通

复活节前的装饰一新的梵蒂冈

旅行的准备

旅行的必需品与信息收集

在这里我们一起来考虑下旅行前必须要进行申请和办理手续的护照、会员证还有保险。

办理时限及护照领取

护照申请至领取的时间，各地出入境管理机构可能会有所不同，一般为10~15个工作日。偏远地区或交通不便的地区或因特殊情况不能按期签发护照的，经省级地方人民政府公安机关出入境管理机构负责人批准，签发时间可延长至30日。

领取护照时可以选择本人领取、他人代领和快递上门。

本人领取

申请人本人须按照《因私出国（境）证件申请回执》上注明的取证日期或出入境管理部门通知的取证日期按时领取证件。取证当日，申请人本人凭《因私出国（境）证件申请回执》及缴费收据，并携带居民身份证或户口簿，到受理申请的出入境接待大厅领取证件。领取证件后，请仔细核对证件内容，发现差错，及时改正。

他人代领

代领人携带《因私出国（境）证件申请回执》、本人身份证、护照申请人身份证复印件到出入境管理处领取护照。

快递上门

若想选择快递上门，须在办理护照当天凭《因私出国（境）证件申请回执》到出入境管理处内的邮政速递柜台办理手续并缴纳快递费。快递范围以当地出入境管理处的规定为准。

另外，办理签证前请在护照最后一页的持证人签名栏用黑色签字笔签署本人姓名。

注：以上内容仅供参考，以当地出入境管理处规定为准。

护 照

护照是公民在国际间通行所使用的身份证和国籍证明，也是一国政府为其提供外交保护的重要依据。为此，我国居民出国旅游，需要申请办理护照。申请普通护照，原则上应当由本人向其户籍所在地县级以上地方人民政府公安机关出入境管理机构提出。2013年7月1日起，在北京、上海等43个城市暂住的外地户籍人员可以就近申请护照。申请人未满16周岁的签发5年期护照，16周岁以上（含）的签发10年期护照。2012年5月15日起，我国开始签发启用电子普通护照。电子普通护照是在传统本式普通护照中嵌入电子芯片，并在芯片中存储持照人个人基本资料、面部肖像、指纹等信息的新型本式证件。办理签证时，需保证护照的有效期在6个月以上。

◆ **申请办理护照所需要的主要材料**

1. 近期2寸免冠彩色照片一张（背景色以各地出入境管理处规定为准）以及填写完整的《中国公民因私出国（境）申请表》（以下简称申请表，可在公安局出入境管理处网站下载）；

2. 居民身份证和户口簿及复印件，在居民身份证领取、换领、补领期间，可以提交临时居民身份证和户口簿及复印件；

3. 未满十六周岁的公民，应当由其监护人陪同，并提交其监护人出具的同意出境的意见、监护人的居民身份证或者户口簿、护照及复印件；

4. 国家工作人员应当按照有关规定，提交本人所属工作单位或者上级主管单位按照人事管理权限审批后出具的同意出境的证明；

5. 省级地方人民政府公安机关出入境管理机构报经公安部出入境管理机构批准，要求提交的其他材料。

特殊情形：现役军人申请普通护照，按照管理权限履行报批手续后，由本人向所属部队驻地县级以上地方人民政府公安机关出入境管理机构提出。

◆ **申请办理**

携带上述材料去户籍所在地的公安机关出入境管理处办理。将填写好并贴好照片的申请表格和所需材料递交到受理窗口，待工作人员审核完毕后，领取《因私出国（境）证件申请回执》单，核对回执单内容确认无误后签名。

在递交完申请后，须立即持《因私出国（境）证件申请回执》到收费处交费。（申请人须在受理当日交费。未按时限交费，领取证件日期将另行通知。若申请后一个月内未交费，视为自动放弃申请，申请材料不再退还本人）

收费标准：200元/本。

签 证

意大利是申根国家，根据申根协议的规定，如果已经持有其有效的居留许可证和护照，就无须再办理签证。同时，意大利签证（90天以内）就是申根签证，在有效期内可以在申根区域内自由旅行。超过90天的逗留，则应该根据有关法律及逗留目的申请国别签证。

申请个人旅游签证（非港澳台居民）所需要的主要材料包括：1. 一张申请短期签证的表格（须用英文或意大利文填写完整并签名）。2. 护照（需签名且其有效期在签证到期后至少还有90天有效期），并复印所有签证记录。3. 两张4cm×3.5cm、白色背景的近照。4. 往返飞机票预订单。5. 酒

店确认单（整个行程）或者意大利担保人的担保信（原件）及担保人的身份证。酒店预订单如果是在网上预订的，需要把酒店网址链接一并打印出来。如果是从酒店直接预订的，则需要附有酒店盖章和负责人签字。6. 所有行程的资料：包括火车票、飞机票、船票、国际驾照等，英文的具体行程。7. 暂住地的资金证明：信用卡或储蓄卡需附有信用额度的最近三个月有消费的对账单或者申请人个人银行活期存款，需附有最近三个月记录。(以上材料需原件及复印件) 8. 申请人户口簿原件和复印件。9. 在职职工还需要提供在职及准假证明：中国公司的英文信函，用公司抬头纸，带公章和有签发证明信的负责人签名。要包括公司地址、电话、传真号码、申请人的职位、薪水、在公司任职时间、在意大利（或申根地区）的具体时间、担保返回中国、签发负责人的机打拼音名字、职位。学生则需要提供学生证与在读证明（学校地址、电话、同意出国、签发负责人名字与职务）。10. 资格证书（医生、老师、记者等）原件与复印件。11. 中国公司的带年检的营业执照复印件带红色公章。12. 境外医疗保险，最低保额 3 万欧元，至少 30 天（原件及复印件，必须在申根国家有效）。13. 暂住证原件及复印件（至少已经注册六个月）。

另外，可能还需要一些辅助材料。请在办理之前咨询意大利大使馆或意大利签证中心。同时，大使馆有权要求申请人提供翻译成外语的材料。

入境意大利时，需要携带申请签证时递交的所有材料，以及资金证明。如果必需，申请者还应该到当地警察局申办居留证。

罗马的地方警察局位于共和国广场附近

滞留登记

如果在意大利停留 91 天以上的话，必须在抵达目的地后 8 天以内到地方警察局 Questura 处进行滞留登记。

国际学生证 ISIC International Student Identity Card

持有国际学生证的人在国外可以享受打折的优惠。打折的景点虽然不多，但是在一部分博物馆、美术馆、剧场等场所的门票都可以打折或者免费。国际学生证分为学生 Student 和学徒 Scholar 2 种，对象和有效期限有所不同。申请地主要是在大学的学生会。

国际青年旅行证 IYTC 卡

即使不是学生，只要未满 26 岁便可申请使用。和国际学生证一样能够享受同样的优惠。

国际青年旅舍会员卡

在海外青旅投宿时必须出示的证件。虽然也能直接在意大利的青旅办理，但原则上还是在本国办理。在一些人气较高的青年旅舍，如果不出示青旅会员证的话无法留宿，所以请事先准备一下。

中世纪的塔成为了青年旅舍

意大利驻华大使馆或领事馆

意大利共和国驻中华人民共和国大使馆
北京市朝阳区三里屯 2 号
☎ 010-85327600
📠 010-65324676

意大利共和国驻上海总领馆（主管上海市、浙江省、安徽省和江苏省的相关业务）
上海市长乐路 989 号世纪商贸广场 19 楼
☎ 021-5407558
📠 021-54075179

意大利共和国驻广州总领馆（主管广东省、福建省、广西壮族自治区、海南省的相关业务）
广州市珠江新城华夏路 8 号合景国际金融广场 14 层 03 号
☎ 020-38396225
📠 020-85506370

意大利签证中心
☎ 010-58646387 或 58644705（北京）、021-63901803（上海）、020-38784008（广州）
🌐 http://www.italyvac.cn/

国际青年旅馆 YHA
🌐 www.yhachina.com/index.php?hostID=1

国际学生证
除了罗马的梵蒂冈博物楼，有很多景点可以用上国际学生证。教堂举办的音乐会一般 €22 左右，如果持有国际学生证则 €17。推荐您办理国际学生证。
🌐 www.isic.cc

国际青年旅舍会员卡
🌐 www.yhachina.com

<table>
<tr><td>

国际驾驶证
International
Driving Permit

</td><td>

　　中国大陆游客可以在出国前前往公证机构，用目的地国家的语言公证驾照，并随身携带公证件就可以了。另外需要注意的是，租车公司不同，在年龄和驾龄方面的限制有所不同。

</td></tr>
<tr><td>

其　他

</td><td>

　　护照复印件。为了避免护照被偷，最好把护照复印件也带上。罗马部分银行接受使用复印件进行兑换钱币的业务。另外，在意大利有些景点中，60岁或者65岁以上可以享受特殊优惠，所以带上护照的复印件比较好。
　　另外，为了防止护照被偷，信用卡的卡号、有效期限、紧急联络方式还有机票的复印件等最好分开保管。

</td></tr>
</table>

<table>
<tr><td>

海外旅行伤害保险

</td><td>

　　在海外，目前偷盗现象年年都在增长。如果没有保险的话，在当地医院进行诊治，将会造成很大的经济负担。所以在出发前考虑一下海外旅行保险比较好。

</td></tr>
</table>

◆保险的种类和加入类型
　　海外旅行保险分为必要的保险和补偿组合而成的"套餐型"和根据各自的需求与预算进行选择的"自定义型"两种。在对行李的多少、有无贵重物品、旅行时间、旅行地区进行综合考虑后再进行选择比较好。能够办理海外保险的公司有许多，每一家商品的特点和保险金额有所不同，所以对比下在当地有无办事处、有无汉语救助服务等后再进行决定吧。

◆信用卡附带保险的"陷阱"
　　很多信用卡附带着海外旅行保障。有很多人认为只要这些保险就够了。但是需要注意的是，这里面有着没有疾病死亡保障、赔偿金额不足、复数卡的障害死亡保障金额不给予合计等陷阱。所以请确认好自己信用卡中附带保险的内容后，再办理是否要加入海外旅行保险吧。

<table>
<tr><td>

意大利国家旅游局中国办事处
🏠 北京朝阳区呼家楼京广中心3605室
✉ enit@cameraitacina.com

</td><td>

意大利国家旅游局中国办事处

</td><td>

　　提供以罗马为主的意大利各地的旅游信息，有着主要观光地的宣传单页、地图、酒店信息等资料。虽然前台的工作人员会很亲切地回答你的问题，但是过于细节的信息可能和当地的实际情况有所出入，所以还是直接在意大利获取比较好。

</td></tr>
</table>

在罗马进行信息收集

　　如果在城市中，想要获取旅游和交通信息的话，可以利用各地的 ❶ 窗口。另外，酒店前台的工作人员也会为您帮忙。如果对附近的餐厅信息、前往机场的交通信息感到困扰的话，可以随时和他们商量。
　　如果要获取最新信息的话，可以看下罗马市的网页。上面会提供旅游、住宿、活动、交通

施工中的特米尼车站活动服务处

等各种信息，同时也能购买一部分美术馆、博物馆以及活动的门票。还提供一部分酒店的住宿信息（能否在希望日期住宿、各酒店的主页以及地图）。另外也提供电话服务，会有工作人员通过电话直接回答你的疑问。虽然从中国也能够拨打，但是电话费由拨打人负担。

🔗 060608.it（有英语）
🔗 www.turismoroma.it（有英语）

服务时间
☎ 06-0608　9:00~21:00
　（电话费由拨打人负担）

旅行的服装

罗马虽然很热，但是非常适合轻装上阵。在阳光强烈的日子里还是戴上帽子吧

服装计划

几乎位于意大利半岛中央位置的罗马，被北方的内陆型气候与南方的地中海型气候夹杂在中间，所以气候非常温暖，湿气也很少，非常舒适。不过，由于这里四季分明，所以需要准备好各个季节的服装。基本上和中国差不多。虽然没有梅雨季节，但是在季节变化时，特别是初秋和春天到来时雨量会增多，夏天时雨量很少。

由于罗马昼夜的温差以及太阳底下与教堂等石造建筑物内部的温差非常明显，所以带上一件披肩或其他衣服会比较好。

从纬度上来看，罗马为北纬42度。夏天即使到20:00，天空还很明亮，能够有充足的时间进行观光。由于夏天的阳光很强烈，所以在太阳底下观光时准备好帽子、防晒霜还有太阳眼镜会比较好。

罗马在冬天时，夜晚来得比中国要早，有时候到了17:00，天已经黑了。冬天必须要准备好大衣。每隔几年这里就会降雪。

餐厅和剧场虽然对服装方面没有什么要求，但是如果有计划前去歌剧场，为了融入氛围之中，穿上相应的服饰会比较好。

如果要参观教堂内部的话，原则上必须穿着肌肤露出度较少的衣服。穿着像迷你裙、热裤、无袖衫、运动短裤、凉鞋等都是无法进入内部的。如果携带旅行包等大型行李的话也无法进入。以梵蒂冈圣彼得为首的教堂在入口处都会有检查服装的工作人员，请一定要注意。

夏天时上演的露天演奏会非常有趣。不要忘记披上衣服

✉ **携带的话会很方便的东西**

以前春天前往罗马旅行时，因为罗马多变的气候吃了不少苦头。本以为阳光四射，可以穿短袖，却突然降温，第二天不得不穿上厚实的大衣。所以一定要将天热时穿的短袖T恤、天冷时戴的围巾和手套等放入行李箱。围上围巾，戴上手套，能起到不少防寒的作用，这些东西也不会占很大空间。夏天虽然穿无袖衫的情况较多，但是这样是无法进入教堂的。如果戴上能够遮住肌肤的围巾的话，就能帮上不少忙。我当时便将一件衬衣好好地折叠起来放在包里随身携带。在傍晚气温变凉时很有用。

● **特米尼车站附近的网吧兼自助洗衣店**

🏠 Via Principe Amedeo 70b
☎ 06-4744647
🕐 8:00～20:00
休 无
💰 30分 €1.50
　洗衣店为每6.5kg
　洗洁 €3.50（40分钟）
　甩干 €3.50（20分钟）
● 特米尼车站西侧。
　从 Via Gioberti 朝 Via P.Amedeo 右拐后右侧。

✉ **折叠伞必备**

12月的天气变化无常，晴朗的天空便会突然下起雨。虽然雨很快就会停，但还是带上一把折叠伞比较好。

梵蒂冈的圣彼得大教堂的服装检查非常严格。露出膝盖的短裤、背心都不合格

旅行的预算和货币

罗马极具人气的双层敞篷巴士。48小时票价€20略微有些高（!?）

占据旅行大部分预算的是飞机票（→ p.317）和住宿费。在淡季中，飞机票和酒店住宿费的价格都将降到最低。以近几年的倾向来看，酒店在淡季时会更加便宜，在旺季时将会略微涨价。一般来说，罗马的淡季为每年7~8月、11月~次年3月左右（年前年后，复活节等节日除外，各个酒店会略微有所不同）。所以如果要节省预算的话，可以考虑在罗马淡季时出行。不过，夏天的炎热和冬天太阳下山早等情况也要考虑进去。

另外，意大利的物价比中国高出许多，尤其是在餐厅等不可能只吃一盘菜，所以可能价格会相当高。一些美术馆和博物馆的门票价格也很高，所以还是要做好出血的准备。

但是，美味的正宗的浓咖啡站着喝的话大概10元，切片售卖的比萨店也到处都有，以面向年轻人为主的经济食堂正在日益增加。当然，高级品牌店也为当地价格，而且还能够享受免税。所以请大家合理分配手中的财产，好好享受罗马生活吧。

✉ **水的价格**

500毫升的矿泉水售价大约在€0.50~3。各个店的价格有所不同。在夏天非常口渴的时候，可以在价格便宜的店中购买，节约用钱。

✉ **请先确认价格**

有很多店都没有明码标价，如果不事先确认价格的话，很有可能会被骗。我在购买冰激凌时由于没有确认价格，结果付了€10。一般只要€2就好了……

集体宿舍形式的酒店，价格和青年旅舍差不多。可以在这里和其他国家的自助旅行者成为同伴

住宿费和用餐费　较大程度上占据着费用的便是酒店住宿费和餐费了。那么大概要多少呢？下面我们来看一下。

● **住宿费**

青年旅舍大概每人€18（含早餐），宗教团体经营的住宿设施大概每人€20（不含早餐）到€30。

4级（1星级）淋浴共用的标准间大概€30~60，3级（2星级）大概€60~75，2级（3星级）的标准间带浴室的话大概€100~240，1级（4星级）大概€130~300。早餐即使是欧式简单餐也要花费€5。冬天由于客人减少，在不少酒店留宿会有10%~30%的折扣，所以想要住高级酒店的话，可以瞄准这个时期。

上述虽然是2012年春天时的数字，不过就如本书"住宿"一项中描述的一样，酒店的星级数并不能作为价格的参考。

● **餐费**

早餐如果在酒吧旁吃点卡布奇诺和科尔内特（有点甜的牛角面包）的话，大概只需€2~3，但是如果在酒店用餐的话需要€5。午餐如果靠三明治和饮料解决的话大概€5~10。如果享用单人套餐加红酒的话大概需要€20以上。晚餐如果在比萨店简单解决的话，花费€15左右，但

是如果在中档餐厅享用套餐的话，大概要花费 €30~50，前去高档餐厅的话大概会花费 €85 以上。

另外，在观光途中休息喝杯咖啡的话需要 €0.80，果汁和冰激凌的话需要 €2~3。

● **其他费用**

交通费用中，巴士和地铁票每张 €1，如果购买 1 天内可以无限乘坐上述两种交通工具的通票的话，只需花费 €4 就 OK。另外，美术馆和博物馆的门票大概 €4~8，但是热门的地方一般需要 €14。

早餐推荐在自助餐厅中享用。早餐设有固定的价格，非常便宜美味

1天的预算需要多少

首先，交通费和门票是必需的。巴士单日票为 €4，每天去两处景点的话就是 €20。在这基础上再加上住宿费和餐费。住宿费如果采用集体宿舍形式的话大概每人每天 €18~20。3 星级的酒店标间 1 天大概需要 €150~250。由于大部分酒店的住宿费中包括了早餐费，所以只要在这基础上加上午餐和晚餐的价钱就可以了。午餐如果是三明治类食物的话大概花费 €15~30，如果想要享用名产料理和罗马风味的话，大概要花费 €35~55。经过上述计算，一个人进行经济旅行的话，大概要花费 €85~100，想要进行略微宽裕点的旅行的话，大概需要 €200。在这基础上还需要加上礼物的费用，机场内的交通费（蓝色巴士单程 €8，列车 €14，出租车 €40 左右）。

钱如何携带比较好

根据自己的旅行风格来选择携带钱财的方式。一般来说携带最小限度的现金（欧元更加方便）和数张银行卡（附带提现功能更好）。当然，每张卡的密码最好不同。然后现金、旅行支票还有银行卡最好不要一起带在身上，这样可以将损失降到最小。

现金（人民币/欧元）

从自己家中到机场来回的交通费都需要用到人民币。在抵达意大利时就需要用到欧元了。在罗马，使用机场内的手推车便需要 €1 的硬币。虽然说和中国一样可以使用银行卡，但是在城市中参观时巴士的车票，大多数美术馆、博物馆的门票都需要使用现金支付。

欧元可以从机场的兑换处、城市中能够兑换外币的银行兑换到。

汇率随时都会有变化，不同的兑换场所会有很大的不同。虽然很多情况下在当地进行兑换比较划算，但是有时在国内兑换欧元也会比较方便。没有必要特意将人民币兑换成美元带去。但是不管怎么说，如果遇到小偷或强盗的话就万事休矣。

在机场的外币兑换处进行最小限度的兑换

✉ **欧元现金很必要**

以全世界的游客都会前来访问的古罗马斗兽场的门票为例，虽然价格不高但是在购买时无法使用信用卡。门票和公交车票需要欧元现金购买。在意大利，还是需要兑换欧元和提取现金的。

信用卡

不需要兑换，只需要签个名字就能直接使用，还能进行当地货币提现等各种服务。在意大利大多数的酒店、餐厅、商店等都能够使用。但是，在经济型酒店和餐厅、或者进行小金额购物时有时不能使用。在租用汽车和酒店预约时也会要求出示，这将会作为一种支付能力的证明，所以还是带在身上比较好。不过，有些种类的信用卡可能会出现无法使用的情况，而且有时也会遇到不读卡的情况，可以的话还是尽量带上多张国际信用卡比较好。

提现

使用信用卡和海外货币兑换银行卡便能够在当地进行提现。在机场、车站还有银行等城市中的各个地方都设有24小时使用的自动取款机ATM/CD。如果有银行卡的标记就可以使用。

提现请在行人较多的道路或者银行中进行

●信用卡

要使用信用卡的话首先需要办理卡，进行提现利用和密码的设置。对卡的利用最大额度一定要进行确认。会花费一定的ATM使用费和手续费。

●海外货币兑换信用卡

海外货币兑换信用卡（不同的银行可能会称为国际卡、全球提现等）是可以在当地ATM/CD中取出当地货币的卡。需要提前开通。根据卡片的不同，限额和每次可提取的最大额度有所不同，每张卡都需要发行手续费、使用时的手续费。

在使用信用卡前

在使用信用卡（包括IC卡）进行购物时，除了签名外还需要提供护照和输入密码（英语为PIN或者PIN Code）。如果不知道密码的话，可以在出发前和银行进行确认。由于找回密码需要一段时间，所以请尽早办理手续。

✉ **在旅行前登录和确认密码**

在超市或者商店等地使用CC时，大多数情况下都会请你输入密码。如果没有的话将会请你出示护照，比较麻烦。虽然在餐厅和酒店中只需签名就可以了，但是在大部分一般商店中都需要输入密码。所以在旅行前请一定要确认清楚。

旅行支票

Traveler's Check指的就是旅行用的小支票。除了人民币外在欧洲也根据各个国家的货币进行发行。购买时会收取一定的发行手续费，在意大利无法直接使用，需要换成现金后才能使用，在兑换时也会收取一定的手续费。如果遇到盗窃或者丢失，可以挂失，重新使用，让人比较放心。T/C中有2处签名栏，在获取时需要在第一栏中签字，在使用时需要在另一栏签字。如果在使用前便在两栏签名或者两栏都未签名的话，可能遭到他人的非法利用，无法挂失和再使用，这点请一定要注意。

钱很宝贵哦！

✉ **旅行支票使用起来很不方便**

在特米尼车站购买车票、在车站内的超市消费、购买各美术馆/博物馆门票，还有在香烟店中，旅行支票根本派不上用途。即使是餐厅，在我逗留的6天内，也仅有1家可以使用。唯一能使用的，便是支付酒店的住宿费。但是，在这里无法提现。也就是说，在意大利使用旅行支票的话，只能在银行支付手续费后提现现金。在夏威夷的话即使在ABC中心也能使用，但是如果将那种感觉带来意大利的话，那就请千万要注意了。

✉ **PIN很重要**

在购物时拿出信用卡后，店内的工作人员会将其插入刷卡机中要你输入"PIN"。输入密码后按下绿色的按钮便OK了。在超市、酒店和餐厅中消费时，需要输入PIN码的情况很普遍。

✉ **手续费和汇率也要考虑在内**

货币兑换手续费也很高。而罗马酒店中的汇率完全可以参考网上的当天汇率，手续费很少。汇率每天都会变，仅作为参考。

✉ **换外币时最初便要检查清楚**

某些货币兑换所不仅汇率很低，而且还要收取19.7%的佣金。由于事先已经交过人民币，出示护照并签了字，所以也没法抗议。所以我认为，在兑换外币时一定要先问问1万元人民币能够兑换多少欧元。店门口表示的汇率并不能作为参考，我当时除了佣金外，还支付了C.Fissa（固定佣金）。

旅行的技巧

前往罗马

在飞机上约乘坐 10 ～ 13 小时。不经意间可以从窗口望见被海岸线环绕着的细长形陆地正在慢慢靠近。具有 3000 年历史，直到现在古代遗迹还和现代人的生活完全融合在一起的城市——罗马就在眼前了。下面我们来探讨一下如何乘坐飞机前往这座"永恒之都"罗马。

以什么为基准来选择机票？

在选择机票时，首先要确定自己旅行的优先顺序。是否要前去其他城市观光、旅行的日程、当地的出发地点、出发抵达时间、是否有懂汉语的乘务员，还有价格、机票的有效期限等都是必须考虑的问题。如果打算周游完其他城市后再前往罗马的话，在欧洲等地进行转机，也非常方便。

如果在意价格、有效期限、出发抵达场所和时间等的话，可以先在网上查询价格较便宜的机票，再去各个航空公司的网页上查看相互之间的差异。

飞往欧洲的意大利航空的小型喷射机

| 利用直达航班非常方便 | 能够直接抵达罗马，要前往罗马（以及其他城市）时还是直达航班最方便。 |

| 机票如何选择 | 很多航空公司机票除了有有效期为 1 年、自由度很高的正价机票外，还有很多打折机票。打 |

折机票在购入限制、途中下机、退票的手续费等方面有着很多的规定。另外在购买后基本上不能更改预约，所以在听取航空公司和旅行社的充分介绍后再进行购入。根据航空公司的不同，有时会有在出发日前一定时间内购入便能便宜很多的预售打折机票和在网上预约就能更加便宜的网购折扣等，所以可在参考各个公司网页上的说明后再进行考虑。

航班

欧洲各航空公司，均能转机前往意大利。目前，我国的北京、上海、广州、深圳、成都、台湾、香港等省市和地区都有班机直飞意大利的罗马或米兰。各航空公司的票价不一，建议提前多作比较，才可以获得比较实惠的价格。

行李限制

意大利亚航空能够免费托运长、宽、高合计 158 厘米以下，重量 23 千克以下的行李。经济舱为 1 件。商务舱为 32 千克以下 2 件。携带入飞机内的行李原则上每人 1 件。大小在 25 厘米 × 35 厘米 ×55 厘米以内，重量在 8 千克以内（大衣、伞、杖、手提包、免税店的购物袋、笔记本、折叠型婴儿车不包含在内）

✉ 做好行李遗失的准备

如果托运的行李遗失了，需要对行李箱的特征进行说明。为此，我们可以实用用数码相机将行李箱拍下来，万一遇到了这种情况，可以帮上大忙。顺便一提的是，德国汉莎航空公司可以托运 25 千克的行李箱。

机票相关用语

NOT ENDORSEMENT	
	不可变更航空公司
NOT REFUNDABLE	
	不能退票
NOT TRANSFERABLE	
	不可转让
VOID	无效
FARE	价格
STATUS	状态
TAX	税金
issued by	机票发行公司
origin	出发地
destination	最终目的地
date	发行日
place of issue	发行地
carrier	航空公司

✉ 注意行李不要超过 20 千克

在家庭旅行时，我们经常将两人的行李放入 1 个行李箱中。虽然每次超过 20 千克也可以，但是这次旅行遇到的罗马 Check in 柜台的工作人员很严格，结果只好打开行李箱取出了一些行李。好像是从以前开始便有行李每件不能超过 20 千克（最多 22 千克）的规定，而在 2 周前开始严格执行了……当我们说着"以前不是都可以吗"后，工作人员也有点不乐意了，甚至说出了"不让我们 Check in"的话语。另外，最近超出部分的费用似乎也提高了。所以行李请一定不要过重。

✉ 更好地收拾行李

意大利航空允许每个行李箱重量达到 23 千克。但是，如果超过 23 千克的话就需要支付 €100 的超重费用。即使这样也只能托运 32kg 以内的行李。但是，如果将行李控制在 23 千克以内的话，便只有第二件需要支付 €100 的费用。所以如果行李较多的话，可以将其分为 2 个 23kg 以内的行李箱。

上述内容也可能临时发生更改，在旅行前请先前去意大利航空的主页中确认。

菲乌米奇诺机场大厅

如果要寻找更加便宜的机票的话，可以考虑苏威尔航线和亚洲系航空公司。但是这需要在亚洲各个都市中转机，再往南绕一个大圈子，将会花费很多时间，所以一定要考虑清楚。

最近经常能听到的"电子机票"指的是将原本记载在机票上的内容记录在了航空公司的系统内的被称为 ELECTRONIC TICKET 的新类型机票。这并不是"没有实体票，完全不存在"，而是"航空公司帮忙保管机票"。实际的机票预约数据将会由航空公司的电脑进行管理。如果使用"电子机票"的话，将不用再担心机票被偷或者遗失了。预约完成后只需带上预约完成时发来的邮件证明就可以了。

出入境的流程

抵达意大利后

1 入境审查 Controllo Passaporto/Immigrazione

窗口分为持有欧盟护照的人专用窗口、其他非欧盟护照专用窗口。中国人需要排在非欧盟护照的行列，出示护照后盖上入境的印章。

2 领取行李 Ritiro Bagagli

在搭乘的航班转台处领取托运的行李。万一行李没有出来的话，可以询问附近的工作人员或者前去遗失物事务所 Uifficio Bagagli Smarriti，出示行李领取证进行领取。

3 关税申报 Dogana（仅限有必要的人）

如果持有需要申报的物品的话，就需要接受检查。

从意大利出发

在出发前 2 小时到达机场比较好。如果要办理退税手续的话，就一定要准备好充足的时间。在退税手续增多的特价时期和由于一部分工作人员的关系，有时候可能会等上很久。

1 退税手续

在机场退税很简单，先在有 VAT-FREE 标志的窗口请工作人员在退税单上盖章，接着拿着退税单到 VAT REFUNO 窗口领取现金。

2 乘机手续（Check In）

前往所乘坐航空公司的服务台，出示护照和机票就可以办理 Check In。将旅行箱等大型行李办理托运，获取行李领凭证（Baggage Clam Tag）和登机牌（Boarding Pass）

3 安全检查、出国审查

携带进飞机内的行李将接受 X 光检查，同时身体也将接受审查。随后在出国审查柜台出示护照和机票，盖上出国印章。在起飞时间 30 分钟前请在乘机口处等候。

请尽早出发

如果乘坐蓝色巴士的话，可能会遇到市内堵车。抵达机场后，需要办理登记和退税等手续，会花费不少时间。所以请尽早出发，避免到时手忙脚乱。

禁止、限制从意大利带出的物品

关于礼物没有限制。如果带出古董、美术品的话需要环境文化局 Ministero dei Beni Culturalie Ambientail 的许可证。

关于 Reconfirmation（预约的再次确认）

现在多数航空公司都不要进行预约的再次确认。在拿到机票时进行确认。

意大利亚航空从 1999 年 11 月开始废止 Reconfirmation。

最紧的安检

大多数机场都新增设了自动安检系统。在办理登记手续前，需要安检的行李在送往飞机的过程中会自动完成安检。这样就省去了之前的行李安检程序。

托运的行李中不要放入打火机等危险物品，发现可疑时，需要打开行李检查。胶卷最好放在随身行李中。

罗马的交通

乘坐飞机抵达罗马

菲乌米奇诺机场
☎ 06-65951
Ⓡ www.adr.it
● 机场内货币兑换所
抵达大厅　　　6:00~24:00
出发大厅　　　7:00~20:00
抵达大厅、行李领取处
　　　　　　　7:00~24:00
● 机场内的❶
国际航班抵达大厅、总站 C
　　　　　　　9:00~18:30
国内航班抵达大厅货币兑换处
　　　　　　　7:00~20:00

前往市内的车票
　　在机场内的 fs 线的售票处、自动售票机、香烟店中都有贩卖前往市内的车票。在乘车前请移动要在自动检票机处刻印。
　　如果没有车票的话将会被罚款。在售票处和自动售票机处也能使用信用卡。

利用推车
　　利用推车时需要 €1。将 €1 投入机械中后，锁链就会解开。

✉ **机场线的儿童价格**
　　在意大利铁路中，一般 4~12 岁的儿童半价，但是在雷欧纳尔多埃克斯普雷斯中 12 岁以下儿童免费。当时在机场中听到这些时还以为是听错了，但是后来在自动售票机中确认后才知道是真的。

罗马菲乌米奇诺机场

　　如果是白天的航班的话，将能一边在飞机上俯瞰蓝色的奥斯蒂亚海，一边降落在菲乌米奇诺机场（莱昂纳多·达·芬奇国际机场）。走下飞机后，首先需要进行入境审查。窗口分为 EU 和 Not EU，中国人需要在 Not EU 的行列中排队，对审查柜台的工作人员出示护照。一般只需盖上印章，审查就结束了。通过入境审查后，有机场信息中心的柜台、厕所和手推车放置处等场所。

　　托运的行李只需向左走，从标示着自己乘坐航班的转台处领取。如果没有领取到行李的话，可以对工作人员出示 Check In 时领取的行李票，将情况告诉工作人员。行李领取处除了兑换所外还设置了自动兑换机。接下来便是税务官审查了，随着人流行走，不知不觉中便来到了大厅。如果携带了超出免税范围的物品或者携带的外币超过了相当于 1 万欧元额度的话，就必须将这些写在申报表中 V2 中，其复印件在出国前请好好保管。

在机场的货币兑换处兑换最小限额的欧元就可以了

意大利入境时，海关可以携带的物品

货币携带限制
　　入境时能够携带价值 1 万欧元以内的欧元与外币（包含旅行支票、有价证券），出境时需要进行申报。如果入境时携带总额 1 万欧元以上的货币，为免出境时被认为是在意大利国内产生的收入，需要事前申报。申报可以在行李提取处的 Controllo Valuta 处进行，必须填写一份名为 V2 的申报表后盖章。申报表需要保留至出境时为止。

免税限制额度
　　入境时，能够免税携带下述个人物品进入意大利
　　酒类（17岁以上） 葡萄酒 2 升与 22℃ 以上酒精饮料 1 升或者烈性葡萄酒、餐前酒 2 升和 22℃ 以下酒类 1 升
　　香烟（17岁以上） 纸烟 220 根或者雪茄，烟丝 250 克

咖啡（15岁以上） 500 克
香水 50 克（600 毫升）
化妆品 250 毫升
相机 2 台各带 10 卷胶卷
其他物品 折合 €154.94 的物品（15岁以下折合 €77.47 的物品）

　　除此之外还有像只能携带 1 副网球拍等规定。虽然海关一般不会询问，但是如果问起只要回答"个人用品"Effetti personali 便可以了。只要是常识范围内的物品一般都可以。

如果不付税的话
　　在海关检查结束后需要支付税金，如果额度很高无法支付（或者不能支付）的话，可以在出国前将这些物品在出境前预存在海关。不过这样就需要从入境时的机场出境。

罗马 **Roma**

菲乌米奇诺机场俯瞰图 **Fiumicino Airport**
(莱昂纳多·达·芬奇国际机场)

■二楼登机通道 总站3 TERMINAL **T3**

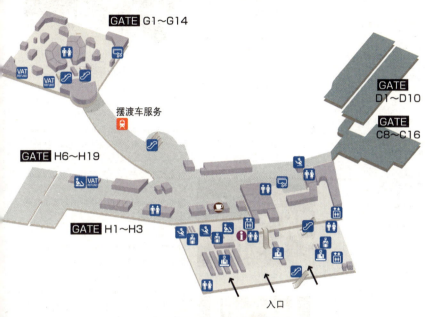

GATE G1~G14

GATE D1~D10

GATE C8~C16

摆渡车服务

GATE H6~H19

GATE H1~H3

入口

■一楼抵达通道 总站3 TERMINAL **T3**

前往市内的
蓝色巴士乘坐处

出口

至铁道站

(本书调查时)

👫 厕所	🛂 护照检查	🍷 酒吧
🛗 手扶电梯	🛂 入境登记	◇ ATM
🛗 升降电梯	VAT 免税返还	🚕 出租车
💱 货币兑换处	🧳 行李提取处	🚌 巴士
🛄 海关	失物招领	🚆 铁路
👮 警察局	GATE 乘机口	ℹ 旅游公司信息中心
		ℹ 机场信息中心

从机场前往市内

从机场前往市内可以利用铁路 fs 菲乌米奇诺线的列车或蓝色巴士，还有出租车。fs 站位于从国际线出口处向右拐，乘坐升降梯或者自动扶梯上二楼，沿着联络通路前进。或者走到外面穿过道路，再利用自动扶梯抵达。离开机场后，沿着建筑物向右行走，便能来到蓝色巴士的乘坐场所。在机场内设有路标，只要沿着路标走就能抵达。

到机场站前能够使用手推车

机场 ↔ 特米尼车站间的直通列车
- ●机场发车
  始发 6:37～ 末班 23:37，每 30 分钟一班车
- ●特米尼车站发车
  始发 5:52～ 末班 22:52，每 30 分钟一班车。发车站台随时会有所更改，请留意站内的列车引导板。

FR1 线的运行时间
- ●机场发车
  5:58～21:57。每 15～30 分钟一班车。
- ●奥尔特特发车
  4:17～21:02。每 15～30 分钟一班车。

机场和市内之间选择什么？!!

机场至市区间的蓝色巴士因为价格比较便宜，所以非常混乱。仅限意大利航空乘客乘坐的意大利航空巴士中人比较少。虽然有些公司声称全程只需 45 分钟，但一般都会因为堵车花费 1 小时 30 分钟左右。

大概是为了和蓝色巴士进行对抗吧，铁路的服务也非常丰富。从前方 24 号线站台发车的车辆增多，车体也更改为中途不停靠，更适合放入行李。基本上都为定时运营，不太会遇上堵车，这点非常有魅力。出租车也为固定价格，可以安心使用。

◆乘坐铁路抵达市内◆

Fs 线的菲乌米奇诺线的线路有以下两种。特米尼车站直通是以 LINEA DIRETTA Termini/Treno non Stop 标示着的，请千万不要乘错。

❶ 机场 ↔ 特米尼车站间的直通电车 Treno-non stop "Leonardo Express"

直通特米尼车站，中途不停靠，耗时约 30 分钟，价格为 €14。在特米尼车站可以转乘地铁 A、B 线或者 fs 线。基本上是从背向特米尼车站出入口处右侧的 24 号站台发车，但是也可能会有所变更，所以请注意站台的信息。

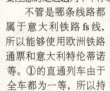
如果要乘坐巴士等交通工具的话请前往窗口

❷ 机场 ↔ 经过提布尔提纳站前往法拉萨比纳 FR1 线

通过罗马著名的大型购物中心 Parco Leonardo、Fiera di Roma、Ponte Galeria、Muratella、Magliana、Trastevere、Ostiense、Tuscolana，经过 Tiburtina 抵达 Monterotonda、Fara Sabina、Irte。（粗字车站可以转乘地铁 B 线）到达提布尔提纳车站需要花费 €8，耗时约 40 分钟。需要注意的是这趟列车不停靠特米尼车站。

不管是哪条线路都属于意大利铁路 fs 线，所以能够使用欧洲铁路通票和意大利特伦蒂诺等。①的直通列车由于全车都为一等，所以持有二等车票的人需要支付追加费用。

信用卡专用的售票机

改为中途不停靠的 Leonardo Express

车票可以通过窗口或者站前的售票机、报刊亭购买。如果要前去罗马远方的人可以从右边的窗口购买抵达目的地的票。

◆乘坐蓝色巴士抵达市内◆

由数家公司每天运营，各个公司在机场的乘车处、经由地和终点站（特米尼车站东、西出口）有所不同，所以请根据所住的酒店来进行选择。在机场从抵达的总站 T3 向右沿着建筑行走便能看到车站（也有例外，请参照下栏）。在车站附近有工作人员售卖车票。TERRAVISIONE 公司营运时间为 5:28～22:45，每趟车间隔约 40 分钟。其他公司营运时间也差不多；每间隔 30 分钟～1 小时发车，不会等很久。

◆夜间巴士◆

晚上由于来往机场和特米尼车站的机场线路和其他蓝色巴士全部停

马尔萨拉大道的蓝色巴士车站

运，所以在当日末班车和隔天第一班车间只能乘坐 COTRAL 公司的夜间巴士 NOTTURNO，在机场—特米尼车站—提布尔提纳车站之间来往。从机场发车的时间是 1:15、2:15、3:30、5:00，乘坐地点在国际线抵达的大厅前。特米尼车站的话，在站前五百人广场中心位置的马西莫宫附近有车站。巴士的车票（€4.50）除了在香烟店外，在巴士中也能够购买。但是，车内的车票价格高达 €7。

如果要赶在机场直通线始发前的早晨出发的话，乘坐在提布尔提纳车站、托斯科拉纳车站、奥斯提恩赛车站、台伯河岸区车站等站停车的机场线 FR1 线更为方便。

在机场车站可以进行租赁汽车、酒店预约以及提现

◆乘坐出租车抵达市内◆

在抵达大厅正面出口处乘坐处前方便是出租车的乘坐处。在出口附近会有拉客的人围上来，请不要搭理这些人。虽然也有距离略远的原因在内，但是在罗马的出租车纷争最多的还是在机场。据说也有开始提出了双方都能接受的价格，但是事后却又说当初提出的是 1 个人的价格，要求按人数来收取，如果不付钱的话，就在阴暗角落处停车等事件。

正式出租车在白色的车体上印有罗马市的纹章，出租标志和计价器都应该正常地运作着。和意大利的其他交通工具相比，出租车的费用相对高一些。

最近，在机场和市内之间开始采用定价出租车制度了。（参见 p.339）

汽车总站

汽车总站站分为 T1~T3，意大利航空一般为总站 T3。一楼为各航空公司的 Check in 柜台和海关。其前方则是免税商店、免税金额返还柜台。

白出租车是什么？！

白出租车指的并不是车体为白色的出租车，而是指的无证出租车。无证出租车中没有出租车的标志和计价器。罗马的出租车基本上都为白色。

归国时的蓝色巴士

在特米尼车站的东西两侧道路沿边都有巴士车站，请提前确认回程时巴士的时刻表。

✉ 从机场到市内

前往市内的巴士位于从 T3 出来后一直向右走、停靠着很多巴士的地方。而且巴士上没有写明开往的目的地。

旅行的技巧 ●乘坐飞机抵达罗马

机场市内之间的各普鲁曼公司①

TERRAVISIONE

乘坐 机场▶T3、巴士车站 3 路 / 市内▶特米尼车站马尔萨拉大道 Via Marsala 29f/29g

车票 机场的话可以在车内购买，市内的话可以在特米尼车站内的 TERRAVISIONE CAFE 购买。也可以在网上进行购买。 线路 直达 费 单程 €6 往返 €11 ☎06-97843383 URL www.terravision.eu

SIT BUS SHUTTLE

乘坐 机场▶T3 巴士车站 1 路 / 市内▶特米尼车站马尔萨拉大道（Hotel Royal Santina 对面）

车票 车内或者网上购买

线路 经过加富尔广场 费 €8、往返 €15 ☎06-5916826 URL www.sitbusshuttle.it

COTRAL

乘坐 机场▶T2 区域巴士车站 Regional Bus Station/ 市内▶特米尼车站前五百人广场内罗马国立博物馆侧、提布尔提纳车站、地铁 A 线 Comeila 站、B 线 EurMagliana

车票 机场内（Autogrill、Ferretti Tobacconist）、市内可在香烟店和售报处购买

线路 和市内乘坐点相同 费 €4.50 车内购买 €7 ☎800-174471 URL www.coteaispa.it

机场市内之间的各普鲁曼公司②

SCHIAFFINI

乘坐 机场▶T3、巴士车站 4 路 / 市内▶特米尼车站乔利特大道

车票 车内 费 单程 €4、往返 €8 ☎06-7130531 URL www.schiaffini.it

TIRRENO

乘坐 机场▶T3、巴士车站 4 路 / 市内▶特米尼车站乔利特大道

车票 车内 线路 经过 fs 线奥斯提恩赛车站 费 单程 €6、往返 €11 市内出发 €4 ☎06-65047426 URL www.tambus.it

ALITALIA BUS

乘坐 机场▶T1 巴士车站 Riservato Bus Alitalia（抵达大厅后穿过 2 号出口旁的通道。从 T3 徒步约 7 分钟）/ 市内▶特米尼车站 马尔萨拉大道（车站出口旁） 车票 车内或者网上购买 线路 直达 费 €7 URL www.alitalia.com

※ 仅限持有意大利航空机票者使用
※ 请在搭乘飞机前 3 小时、巴士出发前 15 分钟乘车。请及时确认好最新的时刻表。由于堵车原因，很可能造成延迟出发或者所需时间产生变化，所以请尽早搭乘。
※ T= 航站楼

ⓘEPT 特米尼车站内
住 Via Giovanni Giolitti 34
营 9:00~20:30
电 06-0608 呼叫中心

✉ 从市内前往机场

从特米尼车站旁发车、前往机场的蓝色巴士在某些时间段中会异常混杂。所以请准备好充足的时间前去。而铁路列车，有时从 24 号站台，有时从 23 号站台发车。请在确认好发车引导后再前去。23 号站台非常近。

开设在 24 号站台旁时髦的咖啡厅

✉ 便利的特米尼车站地下超市

在收银台付完钱后，再将熟菜拿至卖场的话，就会帮你用微波炉热一下。面包卖场的比萨则会当场为你热。塑料的勺子与叉子需要收费，购物袋当然也要收费。在前去超市购物时携带号大点的袋子比较好。

✉ 提前购买车票

由于连接特米尼车站和机场的列车车票没有指定日期、时间和座席，所以在时间充裕的时候购买比较好。

乘坐火车抵达罗马

乘坐火车抵达罗马的玄关就是特米尼站。车站采用半封闭形式，所以下车后向前直走便能来到出入口。和中国需要在检票口出示车票不同，在这里不需要出示车票。在数个出入口的旁边，有着酒吧、ATM 还有警局。背朝铁路，右边便是 1

二楼的自助餐厅非常方便

号站台，从右到左还有着数座站台，最左边则是 24 号站台。在 24 号站台的内部有着前往近郊线路的 25~29 号站台。另外，1 号线内部也有发车前往近郊线路的 EST1~2 号线。

在站台的两侧摆列着各种各样的设施。一号线旁有待客室（兼铁路服务处，需要出示车票）、银行、药店、邮局、ATM 还有超市等设施。24 号站台旁有酒吧、餐厅、还有贩卖衣料品、日用品的克因超市、ⓘ、票务办公室等。

大厅中有着麦当劳、自助餐厅以及酒吧

另外，从 24 号站台旁走到地下的话，有寄放行李的场所。在地下有自动步行道、可以很方便地通往地铁。厕所需要收费，在一楼的自助餐厅附近，地下的超市附近还有行李寄放处。

特米尼车站的西侧出口
治安请注意

在特米尼车站寄放行李 Deposito Bagagli

"9·11"以后，特米尼车站的投币保管箱便被废止，保管箱也被移除了。如今在地下开设了行李寄存处。

场所位于特米尼车站西侧（Via G.Giolitti 侧，地下道自动步行道途中）。从 24 号站台旁的楼梯走下，在克因超市的入口附近有电梯，在携带大型行李时可以利用。从 29 号站台的话，可以从站台途中通往地铁的楼梯走下去。

开 6:00~23:50

费 5 小时以内 €5。以后每小时 €0.70，13 小时后每小时增加 €0.30。

使用需要护照。在某些季节和时间段中这里会排起很长的队伍，大概会需要等待 30 分钟~1 小时，所以请在时间充裕的情况下前来吧。附近有收费厕所。

罗马
特米尼车站俯瞰图

■中二楼

自助餐厅(Ciao)

■一楼

Piazza dei Cinquecento

书店
(Libreria Termini)

带屋顶的通道

杂货店
冰激凌店

旅行公司

Nike

旅行社

自助餐厅
(附有中庭)

候车室

休闲服饰

麦当劳
(6:30~24:00)

超市
8:00~
22:00

Via Giolitti

24 23 22 21 20 19 18 17 16 15 14   13 12 11 10   9 8 7   6 5 4 3 2 1

25~29(约400米)

周一~~周六8:25~13:35
周日8:25~12:35

火车站台

酒店预约
票务中心
8:00~20:30
汽车租赁公司

酒店预约

铁路警察局
Polizia

地下通道

7:30~22:00

通道

Via Marsalia

银行
(8:55~16:10)

铁路

6:00~24:00

■地下一层

CD
(Ricordi)

TERRA CAFE

自助餐厅

书店
(Libreria Termini)

施工中

入口位于道路一侧

邮局

超市
Despar
(7:30~21:30)

KIKO
(化妆品)

麦当劳

周一~~周六8:00~19:00
周日8:00~13:15

站台
(1~2 EST)

8:30~19:30

塞赫拉
(化妆品店)

匹萨店

前往地铁

厕所
(€1)

便装店

莫提维
Motivi

超市
Conad
(6:00~24:00)

行李寄存处
厕所(7:00~21:00)
■€1)

广场
Forum (购物中心)

图标	说明	图标	说明	图标	说明	图标	说明	图标	说明
	厕所		ATM		地铁		休息室		香烟店
	手扶电梯		fs售票处		药店		邮局		电话
	升降电梯		教堂		旅行者急救室		旅游信息中心		
	警察局		公用电话		酒吧		fs铁路信息中心		
	咖啡厅		出租车		售票处				
	货币兑换处		公共汽车		fs自动售票机		(本书调查时)		

325

一大购物中心
特米尼车站

除了百货商店的克因、贝内顿、耐克商店、休闲服饰的MANGO、书店、杂货店、各种自助餐厅、酒吧、咖啡厅外，在地下和一号线旁还有食品超市，如果要买东西的话来这里是很不错的。

✉ **机场至特米尼车站间FR1线＋地铁B线很方便实惠**

在铁路价格很低的意大利，大家不觉得直通电车的价格有点高吗？在此我从机场乘坐FR1线各站停的列车，在奥斯提恩赛车站下车（花费30分钟）。从通道走步走到地铁B线的金字塔站（大约5分钟），随后便来到了特米尼车站。总共花费时间约45分钟，费用€6.50（FR1线€5.50+地铁€1）。

和直通电车相比，FR1线的车次较多，更为方便（每1小时4班车）。如果居住在特米尼车站或地铁站附近的话，那么这种交通方式便更有利用价值了。地铁、市内巴士的车票可以在机场的商店中购买。

● **出入口外的车站设施**

走出出入口后，左右为打通的广阔大厅。出入口正面是以2000年为契机重建而成的有大型展示橱窗的杂货店和时装商店，右侧是麦当劳的大型店铺。一号线旁边也有药店。一、二层为自助餐厅和酒吧，开设着大型店铺，在等候列车时可以在这里润润喉咙，填饱肚子。

热销的大型商店在一层

地下为明亮美丽的购物中心，有售卖食料品、日用品的超市和大型书店、音像店、快餐店以及商店等，利用价值很高。在地下设置着从大厅和车站都能乘坐的电梯。在大厅的两端设有电话亭和邮箱。

横穿过大厅继续前进，就来到正面挂着玻璃的大型大厅，在这里排列着铁路fs的售票处。欧洲铁路通票的事务所也在这里。售票的窗口分为普通票、预约、国际线路等，请根据需要前往对应的窗口。在窗口的对面设置着自动售票机，这里和窗口一样支持使用信用卡。

在大厅的两侧（东出口和西出口）摆放着邮箱

从正面出口走出，左侧便是出租车乘坐处。虽然有时候这里会排上很长的队伍，但还是请按照顺序等待。在等待的时间里，

另一座机场——钱皮诺机场

位于罗马南侧有一座规模略小的钱皮诺机场Aeroporto G.B.Pastine-Ciampino。主要飞欧洲航线。

钱皮诺机场

🏠 Via Appia Nuova
☎ 06-65951
☎ 06-65951 9515（机场信息中心）
Map p.6

从机场前往市内的方法

❶ 乘坐 COTRAL 的巴士（€1.20）在 fs 线的钱皮诺 Ciampino 站或者地铁 A 线安娜妮娜 Anagnina 站下车，从那里再搭乘 fs 线或者地铁前往市内。车票可以从乘坐处的工作人员处购买。机场前往 fs 线钱皮诺车站 5:20～21:50（周日和节日 23:35），每间隔 20～40 分钟 1 班车。前往地铁安娜妮娜站 6:10（周日和节日 6:40）～22:40，每 20～40 分钟一班车。

❷ 从机场前往特米尼车站东侧（马尔萨拉大道 5 号地 Via Marsala）。皇家桑提那酒店 Hotel Royal Santina 的道路对侧，五百人广场附近。人行道旁有各公司的巴士车站），接送车是由 SIT 公司运营的。机场发车 7:45～23:15，特米尼车站东侧发车 4:30～21:30，每隔 30 分钟～1 小时 1 班车，所需时间 30 分钟～1 小时。车票能在车站的工作人员处购买。机场开往特米尼车站 €4，特米尼车站开往机场 €6，往返 €8。

SIT 社

☎ 06-5916826/5923507
（9:00～13:00，14:00～18:00
🌐 www.sitbusshuttle.com

可能会有亲切的白出租车司机上前来搭话，但是就算附近的意大利人乘坐了他们的车子，你也绝对不要理会他们。只要稍微等一会儿，就不会在过后遇到纠纷

车站正面出口处的出租车乘坐处

巴士 ATAC 的服务处，能够在此查询乘坐到目的地的巴士线路

等令人讨厌的事了。

正面树木丛生的广场为五百人广场 Piazza dei Cinquecento，这里是市内巴士的总站。巴士线路的咨询所便是广场左前方绿色的亭子。

● 地铁 A 线和 B 线

在站内和大厅中用红底白字表示的 Ⓜ 便是 Metro（地铁）的意思，需要通过楼梯、电梯前往地下。根据自己的需要，按照指示选择地铁 A 线（梵蒂冈方向）和 B 线（古罗马斗兽场、罗马新城方向）吧。

✉ 不知不觉 1 欧元

在我打算乘坐直通特快，将行李箱放在地上打换只手的一瞬间，从列车上走下来一名女子将我的行李箱搬到了车内，本以为对方是好心帮忙的，没想到结果对方来到我的座位前要求我支付 €1，当时我虽然支付了，但是事后想想我又没拜托她拿，为什么要付。对方似乎是专门盯着小巧的女性下手的。

在特米尼车站的直通特快专用站台前的小型售票处买票的话，需要 €15，但是在自动售票处买票的话只需要 €14，不知不觉又多付了 €1。

在特米尼车站橙色看板的窗口也付了 €1。

✉ 出租车价格① 与②

在罗马，存在着市内计价和市外计价两种。市内为①，市外为②，②的价格较高，如果在①的区域使用②的计价的话，将会被罚款。如果按照通常的①来进行计价的话，费用比较便宜。由于当时我基本上每天都乘坐出租车，所以终于在最后一天让我碰上了计价②的出租车。在我强烈要求"计价①"后，司机便吹着口哨不知不觉地将计价改为了①。在乘坐出租车前，一定要先确认下计价器左上方的数字。

从机场前往罗马市内 通过舒适程度和费用来决定

连接机场和城市的接送服务

由于能够直接将你送至酒店，并会帮你搬运行李，所以在手持大量行李从车站到酒店有一段距离时可以利用，在搭乘清晨或者深夜的航班时很方便。总共有数家公司，价格也各有不同。酒店也会为你介绍，在利用时可以与其商谈。

各公司的接送服务

○接送服务公司 Shuttle Service

利用 11 人座的面包车或者迷你巴士进行接送，1 人 €25、2 人 €36、3 人 €45、4 人 €56、5 人 €67。

☎ 06-97745496

🔗 www.shuttleservice.it

○帕拉兹公司 Palazzi

利用高级轿车进行接送。各种车型的价格也各有不同。

☎ 06-870921

🔗 www.palazzi.net

✉ 机场市内出租车（接送服务）

推荐团体（4~5 人）利用。可以在走出机场抵达口后对面的柜台处申请。能够将你直接送到酒店，不会另收行李费。从机场到酒店，3 个人共收取了 €75。而酒店到机场折扣下来只需要 €40。回程时按照发给我的名片上的电话提前 1 天联系，便在我指定的时间前来接我了。虽然定出租车也不错，但是如果有行李的话，那么就只能乘坐 2 人左右了，人数多时比较推荐。

✉ 定价出租车（→ p.339）

我当时在机场和酒店间来回时利用了这个。即使让对方来酒店门口、有行李箱、大清早，也都只需要 €40。那么远的距离只要 €40 感觉真的很实惠。

我们当时（成年人 2 位，行李箱 2 个）也利用了定价出租车。司机虽然打开了计价器，到酒店时表示一共为 €44，但当我拿出 €50 的纸币打算支付时，对方说只需 €40 便可以了。返程时也同样，没有收取任何行李费和小费，让我很吃惊。

我当时事先请酒店的门童确认了是否只需 €40 便可以了后再乘坐的，但是司机却还是打开了计价器，抵达机场后，似乎要我支付计价器显示的 €46.70，再加上小费一共 €50。由于一切事先都已经说好了，所以我便付了 €40 的路费再加上 €5 的小费。虽然因为我的行李箱在车上不想吵架，也不想被对方看扁。

特米尼车站前，五百人广场施工中

本书调查时，特米尼车站前正在进行地铁的施工。巴士向导台和巴士停车站也暂时转移了位置。前往梵蒂冈的特快巴士40路在站台I搭乘、同样前往梵蒂冈的64路和前往台伯河岸区的H路从站台L发车。巴士停车站的位置也因为施工而改变。

ATC的 ❶ 的背后，新设了售卖观光巴士和前往机场的蓝色巴士车票的售票处。

✉ **市巴士的车票**

虽然在有些巴士内部有售卖车票的自动售票机，不过还是事先购买好车票比较好。我当时在周日，打算在圣彼得大教堂附近的香烟店中购买车票，但是对方居然说5张起卖。平时都可以一张一张地买的……城市中的很多烟酒店也都不售卖车票，或者在周日休息的情况比较多，所以还是事先准备好比较好。

巴士的车票（磁卡式）。单日票BIG不是24小时内有效，而是以1天为单位的

市内的交通手段

如果脚力好的人，可以在充满生活气息的小路中小憩片刻，拜访下小教堂和广场，有时能够在喜欢的场所留下美好的回忆等，靠自己的双脚到处参观是旅行的一大乐趣。但是，如果有想看一看的场所或者担心迷路的话，那么就利用公共交通工具吧。在罗马，巴士和地铁都非常方便。巴士、观光车、地铁、近郊铁路Ferrovie Urbane的车票可以通用。

巴士　Autobus

市内巴士的车身上写着大大的"ATAC"，车身除了橘黄色外，还有绿色的大型连接型巴士等种类。ATAC的信息中心在特米尼站前的五百人广场（巴士车站左侧）之中，能够回答关于巴士的线路和服务等问题。车票可以在巴士站附近的自动售票机或者香烟店、报刊亭（贩卖新闻杂志的场所）中购入。

一部分的观光车和迷你巴士内虽然设置着自动售票机，但是市内巴士内并没有这些，所以请提前购买。

无论哪种巴士，乘车后都需要将票放入车内入口附近的黄色检票机内，刻上日期和时刻。

ATAC的大型连接巴士

● **市内巴士的车票种类和购买场所**

市内巴士、地铁、观光车还有近郊铁路Ferrovie Urbane的车票是通用的。普通车票BIT为75分钟内有效。从最初乘车时刻上的时间开始，只要不超过75分钟的话，便可以多次自由乘坐巴士和观光车，但是，地铁和铁路只能乘坐1次（可以换乘），一旦出站的话，即使在有效时间内也无法再度乘坐地铁和铁路了。如果在1天之内要进行远距离的移动或者有很多景点想去参观的话，那么比较方便的就是能够1天之内随便乘坐市内巴士、地铁、近郊线路的单日票BIG=Biglietto Integrato Giornaliero。除此之外，还有连深夜运营的深

单次票BIT的背面，上面刻着乘车有效时间

现在正在大规模施工中的五百人广场。观光巴士的售票处也已经迁移

夜巴士 Notturno 也能随便乘坐的周票 Carta Integrato Settimanale 和从每月 1 日开始生效，当月中能够乘坐巴士、观光车、地铁的月票 Abbonamente mensile 等。根据自己的驻留时间合理运用的话能够事半功倍。

普通票（BIT）、单日票（BIG）、周票（CIS）能够从设置在地铁、巴士总站等地的自动售票机、标示着"Biglietto ATAC"的酒吧、香烟店、报刊亭等场所购入。只有深夜巴士会有车长乘坐在车内售卖车票。现在，在周日酒吧关门的时间段，开着的店的车票都已经售空。为了避免因购买车票而在城市中到处徘徊的情况，还是一开始根据在罗马的驻留情况事先购买一些车票比较好。

● 自动售票机

虽然会有一部分与众不同的售票机，不过在这里我们来为大家解说一下常见的自动售票机。虽然也有能够使用纸币的机器，但是当机器内的钱不够找零时将会出现无法购买的情况。另外，很多机器都不接受脏了或者破损的纸币。如果在兑换货币和机器出现问题时，可以向工作人员询问。如果机器在工作人员不在的时间段故障的话那就太倒霉了，所以如果晚上工作人员不在的时候需要利用地铁的话，还是事先购买好车票比较好。

● 自动售票机的使用方法

① 根据引导提示触摸屏幕，从意大利语、英语、法语、德语、西班牙语中选择使用的语言。
② 从目的地、种类中选择车票。（找零标示也请一定要确认一下）
③ 投入屏幕标示的金额。能够使用各种纸币、硬币。
④ 领取车票。

● 乘坐方法

在特米尼站前的巴士总站中，由于巴士为了等时间而停在路边，所以请确认好线路后再乘坐。一般来说是从巴士车站上车。巴士车站 Fermata 和中国一样位于路边，上面写着线路和站名。由于一般来说 1 个车站上总会有很多线路的巴士经过，所以在乘坐之前请先确认好线路，然后再望着车来的方向静静地等候吧。如果需要乘坐的巴士来了，就请轻轻举起手，向司机表明需要乘坐的意思。如果不举手，一旦巴士上没有人要下车，那么巴士就会不停靠车站直接开走。

● 巴士的门和上下口

巴士一共有 3 扇门，最前方为使用定

继特米尼车站之后成为大型汽车总站的威尼斯广场

✉ 在乘坐夜晚和周日的巴士前

当时时间已经过了 21:00，我打算从圣希尔维斯托广场乘坐巴士。但是，附近的 2 家香烟店已经全都关门了，自动售票机也坏了，没办法购买车票。所以在商店关门的夜晚和周日、节日中，还是事先购买好票比较好。

✉ 车票可以一次性购买多张

在抵达罗马后，可以根据驻留的天数事先将车票全买好，这样会比较方便。这需要根据你前去的地方综合判断，我当时每天差不多要用 2~4 张车票。如果 1 天要使用 4 张以上的话，那么购买单日票会比较划算。如果手持单日票或者定期票的话，立刻就能乘坐迷你巴士等，非常方便。可以从特米尼车站的香烟店或者报刊亭购买。如果 1 个地方已经卖完了的话，在车站还有很多店，这点可以放心。检票非常严格。

购买车票时的意大利语
"请给我 2 张车票"
Due biglietti.
per favore.
1（un）biglietto
3（tre）biglietti
4（quattro）biglietti
5（cinque）biglietti

巴士、地铁中的注意事项
在距离自己要下车的前一站时可以靠近车门，做好下车的准备。届时可以询问身前的人 "Scende？Scende？（你要下车吗？）"，如果对方回答 "NO" 的话，可以一边说着 "Permesso"（不好意思），一边向前走。如果不这样做的话，可能会引起周围乘客的反感。

车内的意大利语
"我想在 ~ 下车"
"Vorrei scendere~"
"我想前往 ~"
"Vorrei andare~"
"可以告诉我该在哪里下车吗？"
"Per tavore,mi dica dove devo scendere."

市巴士和地铁自动检票机

将磁卡型车票插入自动检票机后，便会在上面刻上条形码和乘车时刻。但是，如果正反面搞错了车票便无法运作。我当时由于通过机器检票后没有确认是否成功，结果成为了罚款的对象，所以请一定要注意。顺便一提的是，如果正常情况下，检票完成后会有声音发出。如果机器故障的话，可以用笔写下乘车时间，实在不放心的话，可以拜托司机。

如果想要欣赏罗马的夜景的话要坐 110 路夜间巴士

110open by night

图 7~10 月的周五周六周日 22:00~22:30 费 €12

※ 110 路中途不停车，途中无法下车。威尼斯广场发车。

由于竞争过头导致价格下跌？！

如今市内观光巴士有很多家公司运营，处于百花齐放的情况。价格也不断下跌。在特米尼车站前的广场中有工作人员对各公司进行介绍，可以比较下价格和服务后再乘坐。

观光巴士的拉客

在巴士附近有很多手持宣传单页进行拉客的人。车票也可以从他们手中（或者带你去售票处）购买。由于他们有多条观光线路，所以上车时不要搞错了。

✉ 110 路巴士

在施工中的特米尼车站找到了售票处。当时虽然是 1 月份，但是天气很暖和，所以便乘坐了双层敞篷巴士的座位，能够看见四周的风景，非常棒。由于时间进行了调整，所以在停留所为了催孩子快点来给工作人员打了很久的电话。这也算是"入乡随俗"吧。

期票，中间为下车，后方为使用定期票和车票。乘车处表示为 Salita，下车处表示为 uscita。上了巴士，如果使用车票的话，需要将车票放入自动检票机中，在听到"噼"的一声，票上刻上印章后就可以了。检票会比想象中要多。即使有车票，但如果忘记刻上时间和日期的话，在检票时就会被要求出示护照和罚款。

如果要下车的话，在经过目的地前 1 个车站后，可以按下按钮。如果在巴士即将抵达目的地车站时才急急忙忙地按铃的话，巴士很可能会不停靠车站直接向前继续开。在即将抵达自己要下车的车站时，可以一边喊着"Permesso！（不好意思！）"，一边朝下车处行走。如果乘上巴士后不知道自己该在哪里下车的话，可以询问附近的乘客和驾驶员，一定会有人热心地告诉你的。如果担心自己的发音不标准的话，可以将地名写在纸上或者将导游手册给对方看。

上面为传统的自动检票机。下面为磁卡检票机

● 巴士的运营时间

在罗马城中有如同蜘蛛网一样遍布全城的巴士线路。运营时间虽然根据线路各有不同，但是大致上为早上 5:30 左右到晚上 24:00、在巴士车站处有具体的周日节假日 Festivo 和平时 Feriali 的运行时间（运行间隔）。另外，过了 24:00 后，将会有一部分深夜巴士 Notturno 开始运行。只有这些巴士会有车长乘坐售卖车票。虽然 1 小时大概只有 1 班车，但是时间很准确。

特别是在劳动节和圣诞节时，以巴士为首的其他交通工具都会减少班次，所以在这一天外出时需要格外注意。在罗马城区的话最多花费 1 小时就能回到旅馆了，所以不用特别担心。

深夜巴士会在有着猫头鹰标志的车站停车

---

110 路市内观光巴士旅行套票

随意乘坐票

● **110 路 48 小时票**
110 Open Intero Stop&Go €20（2012 年 5 月至今 €18）6~12 岁、65 岁以上、罗马卡持有者能享受优惠到 €18

● **110 路 家庭票 48 小时票**
Famiglia Stop&Go €50（最多 4 人，其中成年人最多 2 名）

单次票

● **单次车票（1 小时内有效）**
110 Open non Stop €10 5 岁以下免费

● **110 路 + 阿尔凯欧巴士的套票 72 小时票**
110 Open+Archeobus €25

询问

URL www.trambusopen.com

Free 800281281

※乘车场所常变更请注意

由于特米尼车站前广场正在进行施工，所以从特米尼车站前往共和国广场 Piazza Repubblica 的道路侧 Via Eunadi 为始发地。从威尼斯广场等地也能乘车。由于这是一辆非常巨大显眼的巴士，所以可以按照巴士来寻找。

●利用 ATAC 的巴士观光旅行轻松地观光

乘坐视野良好的开放型双层敞篷巴士，享受极具人气的 ATAC 的巴士观光旅行。观光巴士有①市内观光旅行 110 路、②以阿皮亚旧街道为中心环游的阿尔凯欧巴士，除此之外还有以市内圣堂为中心巡回的罗马克里

乘坐双层的敞篷巴士在罗马观光

斯汀纳 Roma Cristiana（8:30~19:30 运行，需 3~4 小时）3 种。车票都在车内或者特米尼站前广场的商店中购买。

① 110 路市内观光巴士 110open stop&go（参见 p.330）

线路为特米尼站（Viale Einaudi：往共和国广场方向）→古罗马斗兽场→马西莫竞技场→真理之口广场→威尼斯广场→圣彼得广场→和平祭坛→许愿池→巴尔贝里尼广场→特米尼车站。观光旅行名为 stop&go，在各停留场所能够自由上下车，能够按照自己的观光计划乘坐后续的车辆。费用为 €20（48 小时内有效）。

8:30~20:30，每 15 分钟 1 班车。如果不下车环绕一圈的话，大概需要 2 小时。

在气候良好的季节中，售票处会非常混杂。另外，为了确保视野较好的座席，需要尽早买好票在车站等候。

②阿尔凯欧巴士 archeobus（参见 p.197）

线路为特米尼车站（Viale Einaudi）→威尼斯广场→古罗马斗兽场→卡拉卡拉浴场→圣塞巴斯蒂亚诺门→州立阿皮亚街道公园事务所前→巴雷德拉卡法雷拉→圣卡利斯特地下墓地→圣塞巴斯蒂亚诺地下墓地→塞西利亚梅特拉之墓→桑托尔帕诺→卡普迪普威→德雷雷尔梅运动场→真理之口广场，返回时将会有一部分线路变更，返回特米尼车站。可以自由上下车，费用为 €12（48 小时内有效）。五百人广场的发车时间为 9:00~12:30、13:30~16:30，每 30 分钟 1 班车。环绕一周大概需要 1 小时 30 分钟。

这边为绿色的敞篷巴士。在旅客较多的季节，如果匆匆忙忙地在开车前买票的话可能会遇到票卖光的情况，所以还是请尽早购票。

①和①②的通票为 €25（72 小时内有效）。出示车票可以在 Sistema Musei Civici 美术馆、博物馆（卡皮托利尼美术馆等）打折购买门票。

响应客户需求而登场的阿尔凯欧巴士

前往梵蒂冈的巴士

巴士 40 路和 64 路运营。虽然 64 路非常混杂，小偷很多，但是自从出现特快 40 路后，混杂的情况暂时得到了缓和。40 路则相对而言比较空，梵蒂冈的巴士车站也很好找，比较推荐。这两班车的始发／终点中都在特米尼车站。乘坐场所在特米尼车站前，40 路为站台 I，64 路为站台 L（p.318）。40 路的终点似乎在圣彼得广场的前面。在这里所有人都需要下车，巴士则会继续开往圣天使堡旁的终点站。回程时如果要乘坐同一巴士的话，可以前去平恰纳广场乘坐。

周日的 110 路与阿尔凯欧巴士

由于周日古罗马斗兽场前的帝国广场大道为步行者天堂，所以巴士需要迂回。

✉ 双层敞篷巴士

从很久以前开始，我便很想乘坐一次双层的敞篷巴士，体验一下旅行的感觉。如果不知道从哪里逛起的话，推荐乘坐来回于主要景点之间的阿尔凯欧巴士。届时会给你耳机，可以调节频道来收听导游解说。

✉ 罗马的治安

感觉每年都有改进。也有可能是我个人对此比较小心吧。从来没有感到过危险，在著名的景点和车站等地有很多警察在巡逻。路边还是一如既往，有着很多乞丐……

64路巴士会在梵蒂冈各地的车站停车

● 观光便利的巴士线路

40 （特快 expressa）特米尼车站（始发）↔民族大道↔威尼斯广场↔银塔广场↔诺博瓦教堂（V. 埃马努埃莱二世大道）↔临时 V. 埃马努埃莱二世桥↔比奥十世大道↔平恰纳广场（终点）

64 特米尼车站（始发）↔民族大道↔威尼斯广场↔V. 埃马努埃莱二世大道↔卡瓦雷杰里门广场（圣彼得南侧）↔fs 圣彼得站（终点）

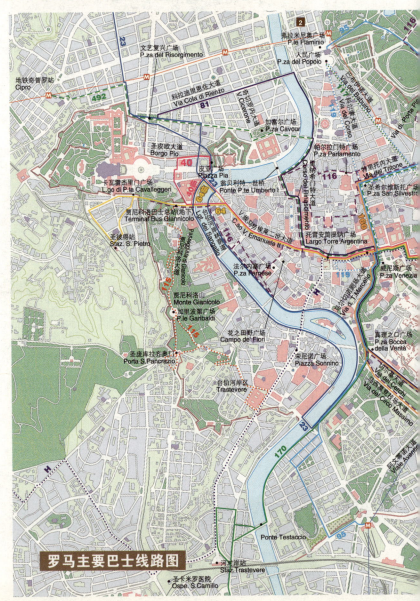

罗马主要巴士线路图

332

492 提布尔提纳车站（始发）↔ 特米尼车站 ↔ 巴尔贝里尼广场 ↔ 威尼斯广场 ↔ 银塔广场 ↔ 加富尔广场 ↔ 文艺复兴广场（梵蒂冈附近）↔ 地铁奇普罗站（终点）

81 马拉特斯塔（始发）↔ 拉泰拉诺圣乔瓦尼广场 ↔ 古罗马斗兽场 ↔ 切尔基大道 ↔（回程马西莫竞技场大道）↔ 马尔切诺剧场大道 ↔ 威尼斯广场 ↔ 银塔广场节 ↔ V. 埃马努埃莱二世大道 ↔ 里纳西蒙特大道 ↔ 翁贝

罗马的观光车。运行着新旧的各种车辆

市内的交通手段

当心小偷

　　臭名昭著的罗马小偷除了在路上外，还出没在地铁和巴士内。最近巴士由于导入了大型车辆和特快车辆，所以使得混杂得到了一定程度上的缓和。小偷会在早晚混杂的时候乘坐地铁，巧妙地靠近你的身体，一边和你说话一边偷走你的东西。所以如果要预防小偷的话，①不要乘坐拥挤的车辆；②坐在椅子上，不要让对方碰到你的包等物品；③注意无故靠近你的人；④尽可能不要携带贵重物品。

　　巴士受害较多的一般在64路，地铁则为 A 线古罗马斗兽场站到特米尼车站之间，B 线为特米尼车站到西班牙广场之间等游客利用率很高的线路中。

✉ 巴士和地铁哪个安全

　　我觉得还是坐在巴士中比较安全。从特米尼车站始发的40路和60路只要稍等一会儿就一定能够等到有座位的车子。如果在回程或者途中坐车的话，请尽量不要乘坐拥挤的车子。由于巴士相比较下并不是很混杂，所以我也从来没遇过危险。顺便一提的是我身上基本上不携带贵重物品。

✉ 110 路巴士的利用方法

　　巴士车站一般都与景点有些距离。可以先乘坐巴士在市内转一圈后再考虑具体的参观线路。在车上能够从高处拍摄照片，非常有趣。

通往梵蒂冈的特快巴士40号登场后，受到偷窃的危险也减少了

利特一世广场 ↔ 加富尔广场 ↔ 奇切罗内大道 ↔（回程利贝尔塔步行街 ↔ 科尔索大道 ↔ 威尼斯广场）↔ 科拉里恩佐大道 ↔ 文艺复兴广场（终点）

23 文艺复兴广场（梵蒂冈附近）↔ 翁贝利特桥 ↔ 台伯河岸区 ↔ 圣保罗大圣堂

160 卡拉卡拉浴场（广场）↔ 马西莫站 ↔ 马尔切诺剧院大道 ↔ 威尼斯广场 ↔ 科尔索大道 ↔ 巴尔贝里尼广场 ↔ 韦内托大道 ↔ 博盖塞公园 ↔ 弗拉米尼奥

170 特米车站（始发）↔ 共和国广场 ↔ 民族大道 ↔ 威尼斯广场 ↔ 马尔切诺剧院 ↔ 真理之口广场 ↔ 阿文蒂诺大道 Via Aventino ↔ 泰斯塔乔桥 Ponte Testaccio ↔ 台伯河岸区站 ↔ 奥古丽克托拉广场 Piazzale dell' Agricultura（罗马新城 E.U.R.）（终点）

714 特米尼车站（始发）↔ 大圣母广场 ↔ 拉泰拉诺圣乔瓦尼广场 ↔ 卡拉卡拉浴场 ↔ E.U.R. 地区

660 地铁 A 线科利阿尔巴尼车站（始发）↔ 阿尔克迪托拉维尔缇诺车站 ↔ 阿皮亚新街道 ↔ 塞西利亚梅特拉之墓 ↔ 阿皮亚旧街道（终点）（20:30 为止）

H （特快：只在记载的车站停车）特米尼车站 ↔ 威尼斯广场 ↔ 宋尼诺广场 ↔ 文化部前 ↔ 台伯河岸区站 ↔ 圣卡米罗医院 ↔ 卡萨雷特 ↔ 卡帕索大道

前往梵蒂冈可以乘坐始发的特快巴士

小型电力巴士

ATAC 的 115、116、116T、117、118、119 路为小型的电力巴士。穿梭在小路之间，能够欣赏到城市真正的样子，非常方便有趣。

116 平恰纳门旁的普尔塔平恰纳大道（始发）→ 韦内托大道 → 巴尔贝里尼广场 → 特里托内大道 → 西班牙广场旁 → 圣希尔维斯托广场 → 基吉广场（科隆纳广场）→ 里纳西蒙特大道（纳沃纳广场）→ V. 埃马努埃莱二世大道 → 花之田野广场 → 法尔塞内广场 → 朱利亚大道 → 台伯河岸菲欧雷提尼广场 Largo Fiorentini → S. 斯皮特里医院 → 贾尼科洛汽车总站 → 桑戈洛滨河大道 → 菲欧雷提尼广场（终点）

回程 → 朱利亚大道 → 康切里亚宫 → 巴雷剧院 → 圣卡拉大道（万神殿旁）→ 基吉广场 → 特里托内大道 → 韦内托大道 → 平恰纳门（S.Paolo del Braile）→ 进入博盖塞公园 → 卡内斯特雷广场 → 锡耶纳广场 → 海马喷泉 → 博盖塞美术馆（约 200 米前）→ 海马喷泉 → 锡耶纳广场 → 卡内斯特雷广场 → 平恰纳门 → 普尔塔平恰纳（7:00~18:00 之间）。（参考 p.100）

行驶在罗马旧城区小路中的小型电力巴士

圣诞节的罗马公共交通

圣诞节时为特别期间，需要特别注意。2011 年 12 月 24 日，巴士、地铁都于 21:00 结束了。之后便只有深夜巴士运营。12 月 25 日，地铁只有在 8:00~13:00 期间运营，巴士的班次大大减少。出租车也非常少，如果有需要的请一定要通过电话呼叫。

另外 2011 年的 12 月 23 日为周五，到处都堵得非常厉害，从市中心到机场一共花了 3 小时。在机场进行安检也花了 30~45 分钟。所以一定要准备充足的时间。

看线路的方法和换乘时需要注意的事项

在巴士线路中，在始发、终点站处记载着此线路的全部区域。而没有记载始发、终点站的线路图则是记载了线路中一部分方便观光的景点。↔ 为往返同一条线路，→ 为返程时将会走其他的线路。首先，在下车时的车站可以先查看一下，如果想要搭乘的巴士不通过这里的话，那么就请确认一下附近巴士车站的线路。

在圣诞节和劳动节时请注意公共交通

节日时，特别是 12/25 和 5/1，地铁和巴士的班次非常少，出租车也很难叫到。如果这一天逗留在罗马的话，那么还是制订访问酒店附近景点的计划比较好。在罗马的旧城区，即使从特米车站走到梵蒂冈也只要 1 小时左右。不用太担心。

334

116T 普尔塔平恰纳大道→艾米利亚大道→巴尔贝里尼广场→民族大道（4座喷泉、埃斯普基兹欧尼宫殿）→多艾玛切利→帕尔拉门特广场→蒙特布里安兹（翁贝利特一世桥）→里纳西蒙特大道（纳沃纳广场旁）→法尔内塞广场→朱利亚大道→台伯河岸 Lgt.Tebaldi→菲欧雷提尼广场→贾尼科洛汽车总站→台伯河岸→马兹尼桥→菲欧雷提尼广场（116路夜间巴士平时为19:00～凌晨1:30）

117 人民广场（科尔索大道入口、始发）↔巴布伊诺大道↔西班牙广场↔多艾玛切利↔埃斯普基兹欧尼宫殿↔民族大道↔博斯凯特大道↔N.萨尔维↔古罗马斗兽场↔库拉乌蒂娅大道↔拉泰拉诺圣乔瓦尼广场（终点）（平时8:00～21:00，回程会有一部分线路变更）

118 奥斯提恩赛广场↔阿文蒂诺大道↔马西莫竞技场↔卡拉卡浴场↔圣塞巴斯蒂亚诺门↔阿皮亚旧街道↔阿皮亚皮尼亚特里大道↔库拉乌蒂娅尼广场

119 人民广场（科尔索大道、始发）↔科尔索大道↔威尼斯广场↔波特加欧斯库雷（巴尔比宫）↔威尼斯广场↔科尔索大道↔基吉广场↔特里托内大道（许愿池旁）↔西班牙广场↔巴布伊诺大道↔人民广场（终点）

115 贾尼科洛汽车总站（圣彼特广场南侧）↔贾尼科洛山↔圣庞加普门↔贾尼科洛山（加里波第广场）→马梅丽大道 Via Mameli→莫罗西尼大道 Via Morosini→马尔盖丽塔女王医院→伊杜奴大道 Via Induno（＝台伯河岸区：终点）

市内电车　Tram

市内电车观光车也由 ATAC 运营，车票和乘坐方法与巴士相同。基本上都为环游罗马城的线路。

巴士 ACA 的服务中心

特米尼车站前，巴士车站附近的绿色小亭。只要告诉工作人员目的地便会告诉你巴士线路。在附近虽然也有自动售票机，但是如果机器内没有零钱的话，那么如果不放入刚刚好的金额便没法购买。除此以外巴士内的香烟店等地方购买比较好。

没有车票或没有刻印的话就会被罚款

在乘坐巴士 fs 线、巴士、地铁时，如果没有车票或者在乘车前没有打刻印便乘车的话，就会被处罚大量的金额 €50~500。如果立刻支付的话便需 €50，如果过后支付的话便需支付 €100。fs 线的话，如果像 ES 等已经刻上指定乘车日和时间的车票便不需要在乘车前刻印。

✉ 我的巴士利用方法

乘坐市内巴士的话很难选择下车的地点。为了能够把握线路中的巴士车站，首先在巴士车站将乘坐的线路的巴士车站一栏用数码相机拍了下来。在乘上巴士后，再一边看着拍下来的画面，一边确认巴士车站，在来到想要下车的车站时，便按下面前的下车按钮。我觉得这是独自乘坐巴士时非常好的方法。当然，在车内别忘了占据能够看到车站的位置哦。

市内观光巴士的各种信息

除了 ATAC 以外也有许多能够自由乘坐的市内观光巴士。

● 罗马敞篷观光巴士 ROME OPEN TOUR

从双层敞篷巴士看到的风景非常美丽

敞篷巴士线路：特米尼车站→威尼斯广场→古罗马斗兽场（周日节日迁回）→马西莫竞技场→台伯岛→圣彼得大教堂→圣天使堡→奥古斯都广场（和平祭坛）→许愿池→巴尔贝里尼广场→特米尼车站

● 帕诺拉米库敞篷观光巴士 PANORAMIC OPEN TOUR

运行使用敞篷巴士。线路：特米尼车站→大圣母教堂→古罗马斗兽场→真理之口广场→威尼斯广场→纳沃纳广场→圣彼得大教堂→圣天使堡→梵蒂冈博物馆→和平祭坛→许愿池→巴尔贝里尼广场→共和国广场→特米尼车站

※各公司线路中的巴士车站都离景点很近。前往记载的景点都需要徒步行走一段路程。车票可以在车内购买。

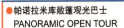

市内交通要地，特米尼车站前

**罗马敞篷观光旅行公司
ROME OPEN TOUR**
9:00~19:00（夏季23:00）
每25分钟运行
🎫 24小时票€22（儿童€14）
48小时票€27（儿童€17）
☎ 06-97745404
🌐 www.romeopentour.com

**格林莱茵观光旅行公司
GREEN LINE TOURS**
9:00~18:00 每20分钟运行
🎫 24小时票€21（儿童€13）
48小时票€31
☎ 06-4827480
🌐 www.greenlinetours.com

以圣年为契机A线得以延长。奇普罗马车站距离梵蒂冈博物馆很近

地铁基本都经过罗马主要的观光景点，不会卷入罗马的堵车之中，非常方便。线路分为A、B两条线路，线路的交会处在特米尼车站。

A线（Linea A）：从梵蒂冈西面的帕提斯提尼 Battistini 站经过最靠近梵蒂冈博物馆的奇普罗梵蒂冈博物馆 Cipro-Musei Vaticani、西班牙广场 Piazza di Spagna、巴尔贝里尼广场 Piazza Barberini，经由

地铁会有小偷

车内和中国的地铁没有太大的区别。但是，早晨和傍晚非常混杂的时期会有小偷出没。所以避开混杂的车辆比较好。但是，由于现在小偷都是集体行动，跟着目标人物一起乘坐列车，故意制造出混杂的假象来进行犯罪。所以乘坐时注意将贵重物品放在不容易拿出来的位置。由于车厢内略昏暗，所以请尽量避免夜晚单独坐车。

利用地铁时请注意

在一部分车辆中，需要按下门附近的按钮来控制门的开闭。在下车和上车时都需要按下按钮，周围没人时请注意。

地铁的运行时间

5:30～23:30
周五、周六 5:30～凌晨1:30

地铁运行时间的更改和代行巴士的运营

2012年4月10日开始的一段期间内，A线的运营时间为到21:00为止。只有在周六才按照通常运营时间5:30到凌晨1:30。这是因为地铁C线正在施工的缘故，在这期间，21:00以后将会由巴士代替运行。代行巴士的巴士车站设置在地铁站附近。但是，西班牙广场除外，需要从巴尔贝里尼广场、平恰纳门处乘车。

代行巴士MA1在Battistini到Arco di Travertino之间运营，MA2在Flaminio到Angnina之间运营。

如果不放心的话，可以再查一下通往酒店附近的通常巴士的线路。

罗马近郊线路图

- ━━━ fs线地方铁路 🚄
- ━━━ COTRAL公司线
- ━━━ 地铁A线 Ⓜ A
- ━━━ 地铁B线 Ⓜ B
- ━━━ 机场线(不停车)
- 🟪 机场
- 🅿 停车场
- 🚌 COTRAL公司蓝色巴士总站
- **Cesano** (etc.) 罗马市内车票到这里有效

FR3 至Bracciano Viterbo

Cesano di Roma

Oligiata

🅿 La Storta

🅿 La Giustiniana

🅿 Ipogeo degli Ottavia

Ottavi

S. Filippo Neri

Monte Mario

Gemelli

Balduina

Appiano

巴提斯提尼 Ⓜ A 🅿 Battistini

科尔内利亚 Cornelia
巴尔德 Bside d U.
巴雷奥雷利亚 Valle Aurelia

Aurelia

San Pietoro
Quattro Venti

FR5 至Civittavecchia-Grosseto

Cerveteri-Ladispoli
Torre in Pietra-Palidoro
Maccarese-Fregone

G.R.A 大环状线路

Trastevere

🅿 Villa Bonelli

Magliana

Muratella

Ponte Galeria

🅿 Fiumicino Aeroporto 菲乌米奇诺机场

FR1

Parco Leonardo

Fiume Tevere

Tor di Valle

Vitinia

Casal Bernocchi

Fiumicino Città

FR1

Acilia
(奥斯蒂亚古城)
Ostia Antica
Lido Nord
Lido Centro
Stella Polare
Castel Fusano

ROMA LIDO

C. Colombo

特米尼车站 Stazione Termini、圣乔瓦尼 San Giovanni，和其内其塔 Cinecitta、安娜妮娜 Anagnina 连接。

B线（Linea B）：从拉乌伦提纳 Laurentina 经由罗马新城 E.U.R.、金字塔 Piramide、古罗马斗兽场 Colosseo，经过和铁路 fs 交会的特米尼车站 Stazione Termini 和提布尔提纳站 Stazione Tiburtina，再朝雷比比亚 Rebibbia 方向延伸。自从线路延长至提布尔提纳站后，在转乘一些不停靠特米尼车站的列车时变得非常方便。

地铁站的标记为红底白字的 M

巴士、地铁的普通车票BIT 为 75 分钟以内有效。如果在有效期内的话可以多次乘坐巴士，但是地铁和铁路只能乘坐 1 次。如果违反的话，将会被处罚 €50 的高额罚款，请一定要注意。

地铁为自动检票，在出站时不需要车票，但是，有时检票口就位于出口附近。所以在抵达地铁出口前不要把车票扔了。

✉ **在自动售票机上购买车票的方法**

有英语的说明，最初会让你选择车票的种类和能够找零的金额。接着可以投入硬币，但是机器的反应很慢。当时我没有发现如果不间隔一会儿投币的话，就会毫无反应，所以反反复复一共投了很多次硬币。

✉ **比起毫无信赖感的自动售票机，可以选择在报刊亭中购买**

本来我打算在自动售票机中购买 2 张周票（€16×2），然后投入了 €40 的纸币。但是，不但没有吐出票来，而且只返还给了我 €20。和附近的工作人员反映情况后，对方说"我也无能为力了"。在进行了将近 10 分钟的交涉后，对方只好说"过后会从公司退还给你的……"然后给了我一张证明书一样的东西。在我回国将近 1 个月后，还是毫无音信。之后我只好再次在附近的报刊亭购买了票。很后悔当初为何不在报刊亭而在自动售票机上购买。虽然听说机械有时候会不找零，但当时所要票种和投入金额都很清楚，本以为不会有什么问题，没想到……

入口
ENTRATA
出口
USCITA

✉ **地铁在哪里乘坐？**

我使用周票乘坐了 CIS。地铁中央的车厢似乎非常混杂。前后，特别是后部车厢很空，即使有小偷也能很好防范。

● **车票**

和巴士共通，票价全线统一。75 分钟以内有效，能够在地铁线内自由换乘。但是，一旦出站的话，即使在有效期内也无法再乘坐地铁了。可以换乘巴士或者市内电车。虽然罗马的治安相对来说比较良好，但是有些车站的乘客比较少，所以独自在黑暗角落中时请一定要注意。末班车比较早，请一定要注意。

车票和巴士一样在售票处购入。也设有自动售票机。

● **乘坐方法**

地铁的检票很多是在地铁站 Ⓜ 的出口前。所以在走出车站前请一定不要将票扔了。如果要乘坐巴士等的话，在乘车时，需要按一下黄色圆形按钮。

穿过检票口后，可以先在线路引导牌处确认一下自己的目的地，然后再前往大厅。为了确保不上、下错车，请一定要记住自己目的地前后两站的站名。首先，请确定自己的目的地位于 A 线 Linea A 还是 B 线 Linea B 中，然后确认前进方向，再根据提示前进。例如，如果要从特米尼车站前往西班牙阶梯 Spagna 的话，是乘坐 A 线前往帕提斯提尼 Battistini 方向的列车，在站内沿着 A 线的标示再沿着 Battistini 的标示前进就能来到站台。

等电车来了我们就可以上车了，除了自动门外，也有需要按下外侧门旁的按钮后门才会打开的车辆，请观察周围的人是怎么做的，再模仿一下吧。

下车时也同样，除了自动门外还有需要按下门旁按钮的车辆。在即将抵达目的站时，就朝着门旁移动，做好准备吧。

下车后，沿着出口 USCITA 的标示前进就能抵达出口。不需要交出车票，直接通过就可以了。

地铁 B 线入口

出租车　Taxi

　　如果要乘坐出租车的话，可以前往位于大多数广场中的出租车停靠处，或者通过电话叫车。在出租车停靠处中停靠着出租车，如果在这里 1 辆车都没有的话可以使用电话。旅客可以拜托酒店和餐厅帮忙叫车，非常简单。拜托酒店的话，如果有车经过的话就会帮你拦下，或者会告诉你车牌号（一般为 2 行 2 行的数字或者 2 行数字和地名），等车来后就能乘坐了。

如果能熟练地乘坐出租车的话，便是罗马通

　　虽然说出租车的费用相对比较高，但其中的一部分原因是罗马市内大多为单行道，需要迂回，有时还会遇上堵车等情况。另外，如果请求配车的话，还会追加夜间费用、行李费用、节日费用等。在要求支付比计价器显示的金额更多的费用时大多为这种情况。当然如果对费用不认可的话可以要求对方出示明细。如果担心费用问题的话，可以在坐车前先询问"到……的话大概需要多少钱"。

　　虽然说会听到关于罗马出租车的很多恶评，但是也会遇到非常尽责的司机，或者一边哼着歌，一边适当踩下刹车的司机等展现出意大利人气质的场面。

机场市内间实行定价出租车制度

　　本书调查时，正实施着定价出租车制度。和行李、人数无关（最多 4 人。不过可能会因为车种和行李类型产生变化），1 辆车从菲乌米奇诺机场行驶到市内（奥勒留城墙内：和 p.24~25 的城墙几乎在同一区域）收费€40，从钱皮诺机场出发则为€30。不需要事前预约，只需要告诉司机你的要求即可。在出租车内也有张贴说明，请先确认好目的地与价格然后再乘坐。

　　在机场内拉客的基本上都是黑车。黑车有时候会向你收取高额费用，所以请一定要乘坐正规的出租车。

ROMA
TAXI
1° ottobre
tariffa fissa
da e per gli aeroporti

40 euro
da Fiumicino
all'interno delle Mura Aureliane
e viceversa

30 euro
da Ciampino
all'interno delle Mura Aureliane
e viceversa

在出租车内也贴着定价制的海报

出租车的价格体系

距离、时间并用制
平时起步价　　　　€2.80
休息日起步价　　　€4
夜间（22:00~次日 7:00）起步价　　　　　　　€5.80
以后按照€0.11 加算
行李（35 厘米 ×25 厘米 × 50 厘米），第 2 件开始每件加€1

　　除此之外还有等候费用、机场市内之间的特别费用（从市内通往机场的话大约为机场通往市内的 1.5 倍）。对于好心的司机可以给予 10% 的小费。请一定要乘坐白色车体的正规出租车，不要被迷惑了。

　　正规的出租车的车身上有着罗马市的纹章。车牌为 2 行 2 行的数字或者 2 行数字和地名。如果发生纠纷或者把行李落车上时记住这个号码会帮上很大的忙。

　　计价器中一般都不会显示特别费用。如果对费用感到疑问的话，可以查看车内的价格表或者询问司机。

　　如果通过电话呼叫出租车的话
Chiamataxi
☎ 06+0609（免费电话）
投诉 ☎ 06-0606

特米尼车站的出租车

　　特米尼车站的出租车乘坐处位于正门入口和东口。这里一直排着很多等候出租车的人，所以一眼就能明白。在出租车乘坐处，中央出入口附近有很多拉客的冒牌出租车。届时他们会向你收取非法的高额车费或者带你绕远路，所以出租车一定要在指定的地方乘坐。

罗马出租车

　　在意大利，各个城市中的出租车存在着很大的差异。在罗马，像行李箱等第二件便要收费，不过其他基本上和计价器显示的一样（夜晚和休息日价格会略高）。基本上都会给予司机个位数的小费。和中国不同的是，深夜时出租车很少。如果用餐到很晚的场合可以拜托店里的人帮忙叫出租车。想要在马路上拦到出租车的可能性很小。

✉ 从特米尼车站乘坐出租车

　　如果在特米尼车站乘坐出租车的话，将会在基本费用上再加上€2。这是我从在当地居住了 28 年的导游那里听到的信息。具体原因不明。

列车 Treno

　　意大利铁路 Ferrovia dello Stato Spa 简称为 fs。本书所介绍的大多数近郊的城镇都利用巴士前去会比较方便。有时候也会有 SCIPOERO（肖贝隆）的车辆，不过运行时间也并不会非常慢，是可以放心使用的交通工具。

● 列车的种类

　　意大利的列车大致可以分为长距离运输列车和地域运输列车。长距离部门的列车为连接米兰、佛罗伦萨、罗马、那不勒斯、威尼斯等意大利主要都市的高速列车 Eurostar Italia=ES。在 ES 中，经由高速专用线路运行的 ES 被称为 AltaVelocita=AV。从米兰到罗马大约需要 3 小时。以辅助 ES 的形式在主要都市间来往的便是 Frecciabianca=FB，Eurocity=EC，Intercity=IC，夜间列车深夜 Intercity night=ICN，Esperesso=E。地域运输部门的列车有普通列车 Regionale、快速列车 Regionale Veloce= RV。

在近郊线路上行驶的双层 R. 普通列车的车内

被称为"红箭"的 ETR500 的 ES–AV

✉ **特米尼车站"2PE"站台**

　　2PE 指的并不是普通的 2 号线，而是指的 2 patform est。，位于特米尼普通站台的内部，距离出口大约 400 米。如果要前去近郊等地就需要在这里乘车。如果在出发时间前不久赶到的话，很有可能会赶不上。

　　本书调查时，前往阿西西方向的站台发生了更改。在出发前请先确认。

车票示意

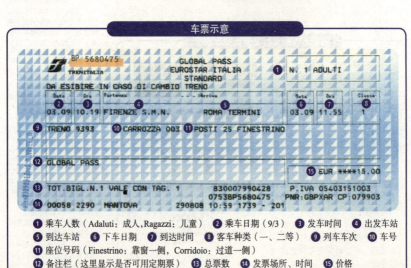

❶ 乘车人数（Adaluti: 成人，Ragazzi: 儿童）　❷ 乘车日期（9/3）　❸ 发车时间　❹ 出发车站
❺ 到达车站　❻ 下车日期　❼ 到达时间　❽ 客车种类（一、二等）　❾ 列车车次　❿ 车号
⓫ 座位号码（Finestrino: 靠窗一侧，Corridoio: 过道一侧）
⓬ 备注栏（这里显示是否可用定期票）　⓭ 总票数　⓮ 发票场所、时间　⓯ 价格

被称为"银箭"的 ETR485 的 ES-AV

各种列车卡追加费用

如果持有铁路卡的话不论距离、等级一律
ES-AV、ES€10
FB€10 EC€5 IC€3

购买车票的意大利语

可以事先将购买车票和预约写在纸上让窗口看，然后说"我想购买车票和进行预约""Biglietto e prenotazione, per favore"

● 日期（希望乘车日）
2012 年 8 月 14 日（在意大利是按照日、月的顺序来写的。月则和中国一样，可以写阿拉伯数字）
data 14/8/'12

● 列车号码（知道的话）
numero del treno
前往那不勒斯（从哪里出发则为 da；前往罗马 da Roma）
Per Napoli

● 发车时间
Ora di partenza

● 一等/二等区别
Prima classe/seconda classe

● 单程/往返的区别
andata/andata e ritorno

● 车票张数
numero di Biglietto
大人为 Adulti
儿童为 Ragazzi
购买好车票后，请确认下车票的日期和发车时间还有人数等信息。
离开前别忘了说"Grazie"。

✉ Fs 线折扣车票请注意

如果在菲乌米奇诺站预约 3 天后罗马和佛罗伦萨之间的 AV 的话，可以购买被称为 MINI 的折扣票。当时工作人员对我说了"No Change"，所以应该没办法变更预约或者退票。所以我认为，在漫无目的的旅途中，价格稍微高一些的普通票会比较方便。

✉ 如果 4 人前去预约的话

在进行预约时，如果座位号码为 43、44、45、46 的话，那么就能够围着客车中央的桌子坐下。一、二等共通。
如果希望指定座席的话，窗口也会有所应对。在 fs 的自动售票机中也能确认座位后再购买。

✉ 在列车中见到的犯罪

当时一等车厢内来了 2 位年轻人，其中 1 人前往了二等车厢。接着又来了 5-6 个年轻人开始嘟着"怎么会在一等车厢啊，真奇怪"，然后就一起下了车。随后 1 名单独旅行的中国女性开始说到"被那些年轻人围着的时候手机被偷了"。接着车长开始在车内四处寻找，但是那些年轻人早就已经下了车。

● 费用

除了 R 和 RV 外，意大利铁路基本上都是座席指定制，使用车票和指定票通用的票。在使用欧洲铁路通票意大利通票和铁路卡时，需要支付被称为"持卡费"的费用。预约时请按照右表支付"各种列车卡的追加费用"吧。

像 R、E 等没有指定乘车日期的车票一定要刻上刻印。不然即使有车票也会被罚款。ES 不用刻印

● 车票的购买方法和预约

车票的购买和预约可以通过车站的窗口、自动售票机或者带有 fs 标志的旅行社。由于窗口经常会排起长队，所以提前几天先购买好门票比较明智。

车票窗口 Biglietto 分为国内 Nazionale、国际线 Internazionale、仅限预约的窗口。在售卖窗口处，能够在买票的同时预约列车的座席。

在购买车票时，只需告知目的地、人数和大致的出发时间就能够顺利买到票了。不过，如果担心语言不通可以事先将列车的种类、列车的车号、出发时间、目的地、客车的等级、单程还是往返写在纸上交给窗口。

● 列车的乘坐方法

首先，在站内的时刻表或者目的地指示板处确认自己要乘坐的列车将会驶入几号站台 Binario。由于有时也会出现突然变更站台的情况，所以如果不放心的话可以询问车长或者附近的人。

像 R、E 等没有指定乘车时间的车票，在乘车之前，和巴士一样需要在车票上刻上日期、时刻，即使有车票，如果忘记刻的话也还是会被罚款的。

R、E 为自由席，你可坐在自己喜欢的座位上。由于除了 E 外全部为指定座席制度，所以请确认车票上写的一、二等还有车厢号码再进行乘坐。一等车厢一般都位于最前头或者最后尾。不过，驶入站台的先端不一定全是一号车厢。在有些站台中有设置着显示车厢位置的引导板，可以参考一下。列车内全车厢禁烟。

下车时，车门分为自动门与需要自己打开的门。在把手的附近有对开门的方法进行解说，一般是为拉下门把或者按下绿色的按钮。如果不放心的话可以询问下附近的人。

熟练地操作意大利铁路自动售票机吧

　　车站的窗口哪里都排着长队。铁路的车票还可以通过用英语标示的、使用简单的自动售票机购买。新的售票机使用方法很简单。推荐使用信用卡。

意大利铁路自动售票机的使用方法

①显示这个画面便是**开始了**
　　从下列的语言中选择**英语**。由于使用的是触摸屏，所以只需使用手指触摸便 OK。
　　顺便一提，可选的语言有意大利语、英语、德语、法语还有西班牙语。

②选择英语后，将会切换为这个画面。
　　选择左上方的 BUY YOUR TICKET。
　　上方的红色部分显示着 NO CASH，所以不能使用现金。

③**选择目的地。**
　　主要的城市名都于右侧标示
　　如果右边没有目的地，可以输入英文字母查找。
　　Arrival Station 为目的站的意思。
　　上面写着的 Departure Station 为始发站特米尼车站。

④选择好目的地后，就会显示出在这个时间点立刻就能乘坐的列车。
　　顺便一提的是，这是在 2011 年 9 月 27 日 22:21 使用售票机的情形。如果决定好日期**想提前预约**的话，可以选择右上方的 MODIFY DATE AND TIME。

⑤由于这是于 2011 年 9 月 27 日使用时的情形，所以只表示出 9 月份剩下的日期。
　　如果想要购入 10 月份车票的话，可以触摸 SEPTEMBER 2011 右侧的箭头。

⑥如果想购买 9 月 29 日车票的话，可以触摸 29 号的按键。
　　另外，可以从右侧的出发时刻 Departure time 下表示的**希望时间中选择**。
　　如果希望在早上 8 点以后出发的话，可以选择 From 08:00 onwards。

⑦显示着 8 点以后的列车时刻
下面以最上方的列车作为参考进行解说。
Departure-Arrival（出发—抵达）处显示为 08:15~09:50。
Duration：01:35 表示所需要的时间。Trains 为列车的种类。
这趟列车为 AV（→ p.340）
选择一等座 1CL 或者二等座 2CL。

⑧身为中国人的我们在购票时可以选择 BASE。
在这之中，已经包含了预约费用。意大利铁路中，大部分
列车都有预约的义务（→ p.341）
如果持有欧洲铁道通票的话，只需选择 GLOBAL PASS，
支付预约的追加费用就可以了。

⑨顺便一提的是，如果选择一等座的话，右侧将会显示
ADULTS 的成年人 1 人的一等座价格。

⑩一等座 2 张，共计 €126。

⑪如果希望选择座席的话，可以按下 FORWARD 来进行
选择。
在这里将会显示车票的详细信息，在确认后按下 CHOOSE
SEATING。

⑫在显示出 SEAT RESERVATION（座席预约）后便可以按
下 SEAT，
随后便会表示出 AISLE（通道侧）、CENTER（中央）、
WINDOW（靠窗）的选项，可以从中选择自己喜爱的座席。

⑬在确认好出发时间、列车、座席、人数、一 / 二等还有费用
后，就可以进行支付了。
按下下方的 PURCHASE 后，就会显示出支付画面
好好确认一下，如果有需要更改的地方的话，可以按
RETURN 或者 BACK 重新进行购买

⑭售票机上会显示出能够使用的信用卡
将磁卡从插入口插入后，等打印的车票出来后就完成购
买了。
最后，检查一下车票的内容便购买成功。

在罗马驻留

为了能自由地在城市中散步

旅客信息中心分布点
🛗 9:30~19:00
●纳沃纳广场
●Piazza Cinque Lune
●圣天使堡旁
🏛 Piazza Pia
●许愿池
●Via Minghetti
●民族大道
🏛 Palazzo delle Esposizioni
●台伯河岸区
🏛 Piazza Sonnino
●ℹ️特米尼车站内（24号站台旁）
🏛 Via Giolitti 34
🕗 8:00~19:30

● ℹ️ 菲乌米奇诺机场内
🕗 8:00~19:30
休 周日、1/1、12/25
国际航班抵达大厅 T3

● ℹ️ 话务中心
☎ 06-0608

✉️ **厕所信息**

罗马的公共厕所很少。在观光途中想要上厕所的话，只能午餐时在餐厅或者在咖啡厅解决。虽然我在贾尼科洛山的加里波第广场上找到了公共厕所，但是门上上着锁，根本进不去。其他虽然也找到几处公共厕所，但是不是需要收费，就是非常脏。如果想要在饮食店借用厕所的话，可以在点单前先确认一下。

在西班牙阶梯旁（面朝阶梯的左侧广场地下）、圣希尔维斯托广场、梵蒂冈的圣彼得大教堂旁都有着公共厕所。由于上述 3 处地方都位于地下，所以在第一次走下楼梯时还是非常忐忑不安的。不过内部有工作人员打扫，非常清洁，也没有强制要求小费，但是我还是留下小费了。

特米尼车站的地下厕所为 €1，1 楼为 €0.70，维多利亚埃马努埃莱二世广场入口附近的屋内为免费，通往阳台的电梯乘坐处为 €1（基本上没有差别）。巴尔贝里尼美术馆的厕所位于入口前，即使不进场也能利用。

我在万神殿旁的咖啡厅借用了厕所。在吧台点上一杯卡布奇诺只需 €1.30，非常实惠。

就算只在罗马驻留 1 周，但还是想要被意大利的空气包围着，身心都能得到放松的感觉。以下我们将整理出一些在罗马驻留期间有用的信息。

利用信息中心

如果想要地图或者获得酒店、活动还有交通（时刻表和费用）的最新详细信息的话可以前往旅客信息中心 ℹ️。

纳沃纳广场附近的罗马旅游服务中心的小亭

特米尼车站 24 号站台旁的 ℹ️

以特米尼车站 24 号站台旁的专用柜台为首，在纳沃纳广场旁、民族大道、台伯河岸区等场所都设置着绿色的报刊亭风格的小亭。除了提供以地图为主的各种资料外，如果向工作人员询问也能获得信息。只要告知所希望的酒店等级、地区还有费用的话，就能打印出所需的资料。最近几年，像这种利用 PC 为旅客提供信息（或者打印）的服务有很多。

另外，在此也售卖罗马卡、110 路观光巴士及前往机场的蓝色巴士等。

关于货币兑换

由于最近信用卡得到普及，所以虽说是海外旅行，但也不用像以前那样携带大量现金了。只要有信用卡的话，就能在餐厅和酒店支付，购物自然不用说，也能用于购买火车的车票。

货币兑换可以在银行、货币兑换所、邮局、旅行社、酒店等进行。在入口和窗户上都写着巨大的货币兑换 CAMBIO、CHANGE，非常容易找到。现金自动货币兑换机目前正逐渐减少。

● **银行 Banca**

营业时间周一到周六的 8:30~13:30、15:00~16:00。但是如果在节日前的话，在午前就会结束。银行的入口以防范为目的采取了严密的保护措施。首先，先打开二重门外侧的门后进入。进入这里后就如同胶囊一样暂时被外侧和内侧的门隔离了起来。在外侧的门完全关闭后，内侧门

邮局非常方便

旁边的标记将会由红色的 FERMA（停止）转变为绿色的 AVANTI（前进），内侧的门就会解锁，然后进入银行内部。如果携带大型行李或者警报响起的话，那就请配合警备人员的指示。一般只需将行李寄放在设置在入口附近的保管箱中便可以了。

●其他主要的货币兑换所

如果银行关门了，那就利用货币兑换所和邮局吧。位于圣希尔维斯托广场 Piazza S.Silvestro 的中央邮局一直营业到傍晚，周六也照常营业。

另外，在特米尼车站附近和观光景点附近都存在着周日也营业的货币兑换所。

●使用银行卡进行提现

大多数的国际信用卡和银行发行的海外专用卡都能在 ATM（自动取款机）中提现。ATM 为 24 小时营业，除了银行内和银行外侧外，在车站内和城镇中各个角落中都设置着，利用价值非常大。和各信用卡及 CIRRUS、PLUS 能够在有着相同标志的 ATM 上使用。提现需要使用事先设置好的密码。另外，也有额度的限制，在旅行前一定要确认好。

一部分 ATM 设有专用的小房间。小房间的门虽然一直关着，但是 24 小时都能够使用。只要靠近门把处将信用卡插入信用卡插卡槽就能够打开。

银行中一般都设置着寄存行李的保管箱

●货币兑换的技巧

虽说都为货币兑换，但是不管在哪里，汇率每天都在改变，不同的场所手续费也不同。不收取手续费的地方一般汇率会很低，手续费既有只收取 1 次的地方，也有按比例收取的地方，旅行支票的话每张固定为多少钱。汇率和手续费在店门口和货币兑换窗口旁都有标示，所以可以根据这些计算出自己想换的金额到底能换取多少当地的现金，然后再决定是否兑换。另外，在节日和周日也营业的货币兑换所好像看透了我们钱包中的现金一样，汇率非常差。

不要离开窗口，先进行金额确认

提现才是主流

现在自动货币兑换机和以前相比已经少了很多。还是使用信用卡进行提现比较方便。如今在城市的各个地方都设有 ATM 机，能够 24 小时使用。

✉ **带上零钱出门吧**

在观光途中如果乘坐巴士、购买饮料、门票、小礼物时都需要频繁地掏出钱包。所以有些人会为了避免麻烦，就将钱包放在容易取出的地方。不过这是非常危险的行为，不知什么时候钱包里的钱财就被别人给偷窥到了。其实我和当地的人一样都非常注意这一点，所以经常在口袋中携带着零钱，一般包含硬币在内总共 1000~2000 元人民币吧，从这里面取来支付会比较安全。特别是夜晚外出时，还有进入市场等人多的地方时能够让人感到放心。贵重的钱包还是放在手提包或者酒店的保险柜中吧。

● **BNL 韦内托大道支店**
🏠 Via V.Veneto 11
☎ 06-47031
🕐 8:35~13:35
　14:45~16:15
　节假日的前一日 8:35~12:05
休 周六、周日、节假日
Map p.26 C2

● **BNL 威尼斯广场**
🏠 Piazza Venezia 6
☎ 06-6782979
🕐 9:00~12:30
休 周六、周日、节假日
Map p.35 C3

● **库雷蒂托意大利诺 CI**
🏠 Piazza di Spagna 20
☎ 06-6791313
🕐 8:35~13:35
　14:50~16:20
休 周六、周日、节假日
Map p.38 B2

ATM 提现 24 小时都能使用

■ ATM 的使用方法

使用信用卡和银行卡在当地提取欧元的顺序。需要在中国申请卡、设置密码还有设定卡的最大提取额。

虽然有很多种机器，但是基本上只要按照下述步骤去做就可以了。

数字旁的按钮

红色：取消　黄色：修改

绿色：确认

❶ 确认 ATM 机是否有信用卡的标记，或者一部分卡需要确认背面是否有 CIRRUS、PLUS 的印记。

❷ 放入银行卡

❸ 触摸画面从各种语言（意大利语、英语、法语、德语）中选择向导的语言。

❹ 输入密码，按下绿色的按钮

❺ 触摸画面选择金额。在是否需要小票的画面中通过 YES 或 NO 进行选择。

❻ 等现金出口打开后，请在 30 秒内取出。

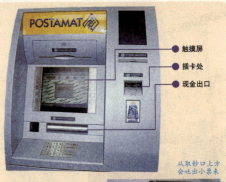

● 触摸屏
● 插卡处
● 现金出口

从取钞口上方
会吐出小票来

● **货币兑换时的意大利语**
在哪里兑换欧元呢？（旅行支票）
Dove posso cambiare yen giapponese（untraveller's cheque）?

● **我想将美元进行兑换**
Vorrei cambiare dollari.

● **今天的汇率是多少？**
Quale eil cambio di oggi ?

城中的货币兑换处的汇率一般都比银行好

货币兑换时，银行需要出示护照和留宿的酒店，所以请事先做好准备。另外，实际进行货币兑换时，由于是从来没有使用过的货币，所以一开始谁都会感到困惑，有一些人会抓住旅客的这种心理，所以在换取后一定要拿着欧元和明细单，站在窗口好好确认一下。如果离开窗口或者将欧元放入皮夹后再发现有问题，就没有办法了。如果感到有疑问，请一定要立刻当场解决。

另外，如果要将大笔其他货币换成欧元的话，货币兑换时的小票一定要留到出国时。如果手上留有大量欧元的话，没有这张小票，就无法换成其他国家的货币。

兑换表的查看方法

纵向排列着各个国家的货币，横向则为该货币与欧元的汇率。

Buying rate	买入汇率	Selling rate	卖出汇率
Cash	现金	T/C	旅行支票
Comission	手续费		

也就是说，如果要将人民币现金兑换成欧元的话，就需要查看货币兑换处的买入汇率 buying rate。如果买入汇率很高的话，那就说明兑换时会比较有利。但是，即便汇率很高，如果手续费 comission 也很高的话，那就称不上有利了。另外，如果表示 no commission 的话，那么在实际兑换时便会收取名为服务费 servizio 的费用。如果担心的话可以询问"No commission ？ No extra charge ？"

一般来说，不收取手续费的地方的汇率肯定会比收取手续费的地方要低。如果一次性兑换大量欧元的话将会比较有利。不过话说回来，一次性兑换大量欧元的做法是不明智的。

所以请大家要好好计算兑换金额和手续费。

邮政、电话、传真、快递

意大利的邮政事业并没有以前所说的那么差。一般来说，邮件从罗马到北京大概在1周内可以抵达。夏天度假的季节和圣诞节可能会由于人手不足和邮递物的增多导致延迟。投递在梵蒂冈的圣彼得广场处的梵蒂冈邮局，可以比投递在市内的邮件更快送达。梵蒂冈城国发售的原创邮票非常有趣。

● 邮政

邮票除了在邮局外，还能在香烟店（Tabacchi，店前有巨大的T字形看板）中购买。如果是贴在明信片上的邮票的话，请在告知"寄往中国"后再购买。航空邮件的话，需要标上 Posta Prioritaria 或者 PER VIA ARE（Air Mail）。如果不标上这些的话，就算贴上价值航空邮件的邮票，也只会作为海运 PER VIA MARE 进行运送。一般邮箱分为红色或者蓝色，投信口也有两处。红色邮箱的投信口为市内信件 per la citta 和市外信件 per tutte le altre destinazioni。寄往中国的话请投递到市外信件口中。蓝色的邮箱为航空邮件专用，无论投入哪个投信口都可以。

如果要寄快递 espresso 或者 raccomandata 的话就请前往邮局吧。在任意窗口出示信件后购买邮票贴上即可。

航空邮件专用的蓝色邮箱。如果是红色邮箱的话，寄往中国的信件请投入 per tutte le alter destinazione（寄往其他地区）的投信口

寄往中国的明信片可以利用航空邮件 €1.60

中央邮局

Piazza S. Silvestro 19

06-69737205

周一～周五 8:00～19:00
周六 8:00～13:15

Map p.155、p.35 A3

航空邮件为 Posta Prioritaria

以更加快速、简单、经济等特点登场的新系统。只需要蓝色的专用邮票和贴上蓝色的专用贴纸（etichetta blue）或者手写上 Posta Prioritaria 就可以了。一般意大利国内第二天、欧洲约3天、中国的话 4~8 天就可以抵达。

✉ 邮局前排起了长队

当时我利用的是特米尼车站前的邮局。和中国一样，在拿到排队号码后，便来到荧光屏中显示着自己号码的窗口。我当时前面总共有20个人，等了约1小时。而且这里任何时候都很混杂，所以请不要浪费时间。

小包裹服务

能够提供小包裹服务的邮局很少。提供小包裹的邮局中一般都会售卖各个尺寸的纸箱。首先可以先向问酒店的人。

重量需要控制在30千克以内。10千克左右的航空邮件为€130，船邮则为€100左右。

邮局中的意大利语

邮票	francobollo（i）	小包裹	pacco（pacchi）
明信片	cartolina（e）	航空邮件	per via aerea
信件	lettera（e）		Posta Prioritaria
航空书信	aerogramma（e）	船邮	per via mare
速递	espresso（i）	（ ）内为复数形式的语尾或者整体为复数型

"我想要将这张明信片（信件）寄往中国的航空邮件的邮票。"

"Vorrei francobolli per questa cartolina（lettera）in Cina via aerea."

通话费用

和中国一样，电话也成为了民营化产业，在城市各地都有着简易的电话亭。打到中国1分钟大概2～3元人民币。一般在外国人和旅客较多的地方都开着小店，店门前贴有价目表，有兴趣的话可以看看。

■简易电话亭
Hallo Point
P.za Indipendenza 8
特米尼车站附近

Phone Center
Viale Carlo Felice 25/27
拉泰拉诺的圣乔瓦尼大教堂附近

✉ 在邮局

在邮局的窗口排队时，对方没有在绘画明信片上贴邮票而是贴了费用的条形码贴纸。想买邮票可以说"邮票=Francobolli"或者在香烟店等处购买。

我当时利用的是特米尼车站部局的窗口。本以为对方会贴上邮票，没想到却是贴上了条形码和QR码。

使用信用卡打电话后收到高额的账单

在酒店和机场经常看到有人利用信用卡拨打国际电话。根据公司的不同，由于经由第二国进行通话，"有时价格会非常高，10分钟就会花费400元人民币左右"。

●电话

和中国一样，在城市的各个地方都设有公用电话，非常方便。公共电话可以使用硬币和电话卡，但是随着货币更改为欧元，新产品只能使用电话卡的情况比较多。如果要打长途电话的话请事先多投入一些硬币，在电话挂断后，按下返还按钮，多余的硬币就会退还。

不过，有些场所周围的杂音很严重，所以如果想安静地打电话，还是选择隔音效果

新型的公用电话登场

较好的电话亭吧。在特米尼车站附近就有，在窗口向工作人员说"我想打电话到中国~""Vorrei parlare col Cina"后，就可以按照指示进入小房间中，等通话完毕后返回窗口，在这里支付费用。

意大利通信非常自由，诞生了很多通信公司。这些公司主要以城市为中心，各自设立了许多简易的电话亭。各个公司收费制度各不相同，但一般都很便宜。

电话卡有€3、€5、€10等面值。需要按照虚线剪掉一个角后再使用

在电话亭外一般贴有价目表，可以比较一下再使用。

●经济的预付卡

在香烟店和报刊亭中贩卖着在公用电话和酒店客房中都能使用的预付式国际电话专用卡 Card Carta Telefonica Prepagata Internazionale。通话前先要拨通记载在卡上的免费电话，然后再输入卡片刮开区域的数字后进行通话。步骤虽然会通过自动语音进行提示，但是一般都为意大利语，所以如果有不清楚的地方可以询问酒店的前台。费用比通常要便宜。

意大利电信的电话卡需要剪掉角后使用

€5的预付费电话卡

●传真

能够从特米尼车站附近设置在简易小房中的小规模电话亭或者罗马各地标示着 Fax 的香烟店、邮局等地发送。在旅客留宿的酒店的前台也能够发送。

■**公用电话 telefono pubblico 的使用方法**　　使用方法和中国的公用电话并无太大的区别。

能够使用信用卡的公用电话

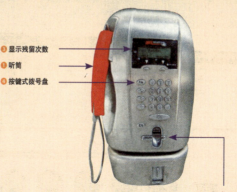

❸ 显示残留次数
❶ 听筒
❹ 按键式拨号盘

❷ 磁卡插入处
❼ 磁卡返还处

❶ 拿下听筒，确认拨打声音
❷ 插入电话卡
❸ 确认磁卡的残留次数
❹ 拨打电话号码
❺ 进行通话。如果剩余金额不足的话需要重新插入新的电话卡。

❻ 放好听筒
❼ 取回电话卡

● **互联网**

在大多数的酒店中能够通过 WLAN（Wi-Fi）进行上网。如果携带能够连接 WLAN 的 PC 或者手机就能够发送电子邮件和上网。虽然 WLAN 一般为免费提供，但是也存在着收费的地方，所以在预约酒店时一定要问清楚。

在有的酒店中设置着能够自由使用的 PC，但是一般都不对应汉语。

虽然在罗马网吧不是很常见，但是在特米尼车站附近有一间兼营自助洗衣店的店铺。

● **快递**

土特产和增加的行李都能够利用快递寄回中国。旅客在寄送自己的行李时，可以作为"其他物品"享受一定程度的免税。在机内拿到申请表后进行书写，出示给海关。快递重量最多为 25 千克，大小为长、宽、高合计最多 160 厘米为止。从罗马寄送的话 10 千克也许 €150 左右（附加费用每月都有所变更）。根据地区和物品的不同，可能还需要支付手续费、包装费等费用。

✉ **电话最低为 €1 ？**

在利用公用电话时，使用电话卡会非常方便。虽然也可以使用 €1 的硬币，但是不找零。有些电话只能使用 €1 的硬币，请一定要注意。

美术馆、博物馆等的开馆日期和时间

罗马美术馆、博物馆无论国立还是市立周一都为休馆日。之前，开馆时间平时为 9:00~14:00、周日、节日时期为 9:00~13:00，但是现在大部分的美术馆、博物馆等的平时开馆时间延长到了 19:00~20:00。不管怎么说，各馆的开闭馆时间都有所不同，可以参考本书或者信息中心。

和梵蒂冈博物馆塔称双绝的博盖塞博物馆

另外，梵蒂冈博物馆有着自己独立的开馆时间段。

周一可以前往郊外，进行教堂巡回参观。另外，罗马在旅客之间很有人气的品牌商店和百货商店为主的商业街也一直从 10:00 营业到 19:00。一般周日和周一的午前会休息，但是现在只有周日休息或者几乎无休的商店慢慢增加了。访问人很少的教堂很多都只在午前和傍晚开放，弥撒时候请尽量避免前去参观。如果进行参观的话，请不要忘记这里是进行祈祷的地方，不要进行喧哗吵闹和开闪光灯拍照。

关于小费

小费是在受到感觉良好的服务或者劳烦对方做事情时给予的包含着感谢之情的费用。餐厅的话可以给予找零的几欧元，出租车的话可以在麻烦对方运送大型行李时给予 €0.50~2。酒吧的话，可以在吧台点单时给予 €0.20~0.50。酒店的话根据等级给予门童 €0.50~3。小费是在表达感谢之意时给予的，在受到糟糕的服务时没有必要支付。

在很多的酒店中，如果在枕边不放置小费的话，就会出现打扫得马马虎虎、肥皂盒卫生纸用完了也得不到及时补充等情况。这样小费的意义就本末倒置了。当没有任何目的的好意被扭曲时，是非常悲哀的。这时可以将客房不足的东西告诉前台，请他们进行补充。不过即使得到了补充，如果你因此感到不愉快了，当然就不用给小费。用态度来表明自己的感受吧。

如果生病、受伤的话

健康旅行才会感到愉快。如果感到累了或者不舒服时，请尽早进行休息，补充体力。

✉ **美术鉴赏的事前准备**

如果想认真地鉴赏美术品的话，可以事先学习一些知识。如果在实物面前一边接触一边参考书目的话，理解度和感受度都会提高一个档次。

●药店

如果在中国有常用的药的话，请一定要携带。在意大利，除了简单的感冒药、肠胃药还有头痛药外，要购买其他药都需要医生的处方单。在购买药时，很多地方都能使用英语沟通，所以请尽量前往大型药店吧。好好地说明自己的症状，请对方帮忙选药，然后一定要好好地听清楚药的用法和用量等。特别是欧美的药对中国人来说可能会药效过高，所以请注意不要过量服用。

药局的标志为红色或者绿色的十字。营业时间和普通商店相同，不过为了应对紧急情况，每座城市都拥有轮流在晚上、周日、节日营业的店。可以在向酒店的前台确认后再出发。女性的生理用品除了在药店购买外，还能在日用杂货店、超市中购买。

●医生

如果症状严重，或者吃了药后也不见好转的话，那就只能看医生了。可以请留宿的酒店介绍懂英语的医生。如果购买了海外旅行保险，可以联系保险公司的医疗助理服务，请其介绍合适的医院。

购买了保险的人为了在日后申领保险金，需要将诊断书和消费明细等保存好。

如果要呼叫救护车 Autoambulanza 的话可以打 ☎ 118。如果是紧急情况的话，可以请酒店或者附近的人"请帮忙呼叫救护车""Chiami un autoambulanza,per favore"。

租车

由于车辆禁止区域、单向通行、堵车、超速行驶等因素，所以想在罗马开车并不是一件容易的事情，还是在前往郊外等场合使用比较好。

道路地图可以在书店或者报刊亭中获得意大利旅游俱乐部 Touring Club Italiano 和米其林 Michelin 发售的书刊。加油站的营业时间一般和普通商店一样，不过现在 24 小时营业的自助服务加油站逐渐在增加。

租用汽车虽然能在当地申请，但是需要花费很多时间确认身份，而

●**长时间营业的药店**
Cristo Re dei Ferrovieri
🏠 Piazza dei Cinquecento
特米尼车站 1 号线月台旁。
☎ 06-4880019
🕐 7:30~22:00

●**可以使用英语的药店**
Internazionale
🏠 Piazza Barberini 49
☎ 06-68803278
24 小时营业

常用号码

意大利国家代码	39
中国驻意大利大使馆（罗马）	06-96524200
（罗马）中央警察外国人科	06-46861
警察·火警·急救	113
宪兵（紧急）	112
消防队（紧急）	115
救护车	118
天气预报	1191

旅行的技巧

美术馆、博物馆等的开馆日期和时间／关于小费／如果生病、受伤的话／租车

绿色的十字为药店的标记

●向酒店拿药
我身体不舒服。
l feel ill. / Mi sento male.
请问有止泻药吗?
Do you have an antidiarrheal medicine?
Avete una medicina per la diarrea,per favore?

●前往医院
附近有医院吗?
ls there a hospital near here?
C'e un ospedale qui vicino?
有会说汉语的医生吗?
Are there any Chinese doctors?
C'e un medico Cina?
请带我去医院。
Could you take me to the hospital?
M puo portare in ospedale, per favore?

●医院中的对话
我想进行挂号。
I'd like to make an appointment.
Vorrei prenotare una visita medica.
我是绿色酒店介绍而来的。
Green Hotel introduced you to me.
Il Green Hotel mi ha dato il Suo nome.
如果叫到我的名字的话请告诉我一声。
Please let me know when my name is called.
Mi dica quando chiamano il mio nome, per favore.

●在诊室中
我需要住院吗?
Do l have to be admited?
Devo essere ricoverato?
下次什么时候来?
When should l come here next?
Quando devo tornare la prossima volta?
我还需要来医院吗?
Do l have to go to hospital regularly?
Devo andare regolarmente in ospedale per le cure?
我会在这里逗留 2 周。
l'll stay here for another two weeks.
Staro qui ancora due settimane.

●诊断结束后
请问诊断费多少钱?
How much is it for the doctor's fee?
Quanto viene la visita medica?
可以使用保险吗?
Does my insurance cover it?
Posso usare la mia assicurazione?
可以使用信用卡支付吗?
Can l pay it with my credit card?
Posso pagare con la carta di credito?
请在保险文件上签字。
Please sign on the insurance papar.
Puo fimare il modulo dell'assicurazione, per favore?

※如果有下列症状的话,可以打上钩后给医生看

□想吐	nausea / nausea	□水样便	watery stool	□打喷嚏	sneeze / starnuto
□冒冷汗	chill / brividi		feci liquide	□咳嗽	cough / tosse
□没有食欲	poor appetito	□软便	loose stool	□有痰	sputum / catarro
	inappetenza		feci morbide	□血痰	bloody sputum
□头晕	dizziness / capogiro	1 天	次		espettorato sanguinante
□心慌	palpitation / palpitazioni	......times a day / volte al giorno		□耳鸣	tinnitus
□发热	fever / febbre	□偶尔	sometimes		ronzio all'orecchio
□在腋下测量体温后在			qualchevolta	□听不清	loss of hearing
armpit		□频繁	frequently		udito debole
temperatura misurata sotto l'ascella			frequentemente	□耳液溢出	ear discharge / otorrea
_____℃ / ℉		□无休止	continually	□眼内分泌物	eye discharge
□在口中测量体温后在			continuamente		secrezione oculare
oral		□感冒	common cold	□眼睛充血	eye injection
temperatura misurata in bocca			raffreddore		occhi arrossati
_____℃ / ℉		□鼻塞	stuffy nose	□看不清	visual disturbance
□腹泻	diarrhea / diarrea		naso intasato		disturbo della vista
□便秘	constipation	□流鼻涕	running nose		
	costipazione		naso che cola		

※利用下列单词将自己的状况告诉医生

●怎样状态的东西
生的   raw / crudo
野生的   wild / selvatico
油腻的   oily / grasso
没有烧熟的 uncooked
            non cotto bene
食物是否隔了很长时间才食用?
            a long time after it was cooked
            passato molto tempo dalla preparazione

●受伤
被刺了   bitten / sono stato punto
被咬了   bitten / sono stato morso
割伤   cut / mi sono tagiato
跌伤   down / sono caduto fall
撞到   hit / sono stato colpito
扭伤   twist / mi sono slogato
摔下   fall / mi sono caduto

烧伤   burn / mi sono ustionato
●疼痛
火辣辣的   buming / mibrucia
像针刺一样 sharp / sentire una fitta
尖锐   keen / acuto
很严重   severe / grave
●原因
蚊子   mosouito / zanzara
蜜蜂   wasp / ape
牛虻   gadfly / tafano
毒虫   poisonous insect
            insetto velenoso
水母   jellyfish / medusa
老鼠   squirrel / scoiattolo
(野)狗   (stray) dog
            cane(randagio)

●在干什么时
前往森林   went to the forest
            sono andato nel bosco
潜水   diving
            ho fatto immersioni subacquee
野营   went camping
            sono andato in campeggio
登山   went hiking(climbing)
            ho fatto un'arrampicata in montagna
在河里游泳 swimming in the river
            ho fatto il bagno nel fiume
滑雪时   went skiing
            ho fatto dello sci

且要配到自己希望的车种可能性很低。而且在中国进行预约的话，能够享受一定的折扣，受理、配车也能迅速进行，非常推荐。

大型公司租借的条件：

❶ 支付使用信用卡

❷ 年龄在 21~25 岁以上（不同公司会有所差异），驾龄在 1 年以上（有时也会设定年龄上限）

❸ 持有有效的中国驾照公证件

位于罗马北部的露天澡堂。租用汽车的话便能方便到达

●罗马的出租汽车公司

各出租汽车公司的窗口都在机场和特米尼车站有所设置。除此之外，各个公司在罗马市内都设有附属的窗口，可以在中国事先确认好所在场所，为租用做好准备。

●租自行车、摩托车

在天气好的日子里，利用这些前往阿皮亚街道等巴士不方便的场所可能会比较方便。但是，利用自行车穿梭于 7 座山的城市——罗马的话，还是比较适合那些对自己的体力有自信的人。摩托车适合在对自己的技术有自信，能在如同洪水般的车流中穿梭自如的人。不管怎么说，在进行参观等离开车辆时，一定要做好防盗措施。

人民广场附近的停车处

如今，罗马也开始实施公共自行车服务，在城市的各地都设有着停车处，只要好好利用换乘便能很方便。另外，在科尔索大道和博盖塞公园中有出租双人乘、娱乐用自行车的自行车出租店。

全年营业的店铺
（自行车等）
托雷诺埃斯库塔连托
Treno e Scooter rent
🏠 Piazza dei Cinquecento
☎ 📠 06-48905823
🌐 www.trenoescooter.com
Map p.31 A3

比奇埃巴奇
BICI & BACI
🏠 Via del Viminale 5
📠 06-4828443
🌐 www.bicibaci.com
Map p.31 A3

公共自行车服务
BIKESHARING
需要在地铁 A 线的特米尼、勒班陀、西班牙广场站的窗口办理手续（需要身份证件）和购入预付的智能卡 €5（＋首次充值 €5）的系统。30 分钟 €0.50。1 次最多能利用 24 小时。市内一共设置了 29 处停放所，在最初的停放所租借后可以将其留在目的地旁的停放所处。
☎ 06-57003
🌐 www.bikesharing.roma.it

需要记住的交通标志

SENSO UNICO 单行	SOSTA VIETATA 禁止停车	
DIVIETO DI ACCESSO 禁止进入	PERICOLO 危险	🚩 **ITALIA** 🚩 **最高速度限制**
LAVORI IN CORSO 道路施工中	RALLENTARE 减速	50 🏙️ 一般道路、市街道
PASSAGGIO A LIVELLO 注意道路口	CURVA PERICOLOSA 注意转弯	90 ⛰️ 一般道路、市街道外
DIVIETO DI SORPASSO 禁止超车		110 🛣️ 干线道路
		130 🛣️ 高速道路

住在罗马

停留税的实施（→ p.286）
✉ 停留税

我留宿的酒店中，在 Check in 时收取了现金。

酒店的档次

意大利的酒店的档次由星数进行区分。最高为 5 星 L（L 为 lusso= 最高档次的意思），最低为 1 星。这是由监督局对氛围、调度、设备（空调、防音等）、服务等进行综合调查后确定的。

不过，在顾客的主观上会产生歧义这点也是事实。比起团体游客经常利用的五星级酒店，有着意大利风情的三星级小酒店居住起来的感觉可能更好。

纳沃纳广场附近被藤蔓覆盖的拉斐尔酒店（p.299）

YH 的读法

意大利语中青年旅舍 YH 为 Ostello della Gioventu。有时只需说 Ostello 对方也会明白。一般集体宿舍形式的经济型住宿设施被称为 Hostel 或者 Dormitorio。

近几年 YH 的事情

一般来说，YH 都是在大房间内设置床的集体宿舍形式，但是近年来面向少数人也出现了很多带有客房房间的 YH。虽然有集体宿舍的价格略高，但是房间内有着淋浴和厕所，对家庭和友人间留宿很方便。

罗马的酒店

在罗马，不管在什么时期，基本上能让所有人有床可睡。所以，并不用太担心一直想着"预约"、"预约"。但是，如果在罗马停留的时间很短，而且又正好赶上圣诞节或者复活节的话，为了不浪费时间，还是尽早预约比较好。但是，就算事先进行了预约，如果在 18:00 前没有抵达旅馆，很多情况下都会自动取消。如果知道航班或者列车的抵达时刻会在此之后的话，请提前告知酒店。为了能够找到符合自己条件的酒店，所以在中午时抵达罗马比较好。

● 酒店的档次

在意大利语中，酒店本为阿尔贝尔格 albergo，但是最近，以 Hotel 为名的酒店逐渐开始增多。这些酒店大部分被各州或者各地的旅游协会从 5 颗星到 1 颗星分为 5 个等级，每个等级的费用都设有上限和下限，但是以加入欧盟为契机，费用设定被废止。分档虽然留了下来，但是这是作为展现各个酒店设备等级的标志，并不和费用挂钩。

分档并不是以酒店的大小及房间数，而是以设施为基准进行设定的，5 星 L 为德拉克斯，4 星为 1 级，3 星为 2 级、2 星为 3 级、1 星为 4 级。另外，在费用中一般都包括被称为 IVA 的税金。

● 自己寻找的话可以以 3 星为主

罗马的豪华（☆☆☆☆☆）酒店以欧洲的格调和传统著称，大多有着古典安静的气氛。1 级（☆☆☆☆）的酒店虽然不算豪华，但是以舒适的设施和居住环境闻名，有古典风格的旅馆和美国风格的现代化酒店。选择最多的便是各种 2 级（☆☆☆）和 3 级（☆☆）档次的酒店了，具备必要的设施和功能，房间的种类也从没有浴室的单人房到附带浴室的三人房等，可以根据人数和预算进行选择。4 级（☆）的酒店在建造和规模上非常简朴，除了

罗马代表性的圣特雷吉斯古兰德（St.Regis Grand）的客房（p.293）

价格比较便宜外，其他都不能期待什么，如果认真寻找的话，应该能够找到比较舒适的房间。

最近比较引人注目的便是 B&B（床和早餐）。虽然很多地方都让人回想起曾经的公寓，充满了家庭的感觉，但是其中也不乏德拉克斯的高

级公寓风格，从种类
到费用都有很多选择。
风格大多数为小规模，
在 Check In 时需要领
取玄关和房间的钥匙，
各自食用事先准备好
的早餐。工作人员基
本上不会常驻。适合
不希望他人干涉，度
过一些自己的时间和
携带孩子的人们。在
❶ 中也有所介绍。

很有罗马风味的古典 3 星酒店——加拿大酒店（p.287）

● 适合经济型旅客的住宿

除了上述的酒店外，在罗马还有青年旅舍 Ostello per la Gioventu，
（需要 YH 会员证）和宗教团体经营的旅馆 Pensionato 等，能够为希望
进行经济型旅行的人提供便利的住宿设施。大多为 3~4 人的集体宿舍形
式，在床位数上设有限制，所以请尽早抵达办理手续。另外，像门限和
铺床等，很多地方都有一些"留宿的规矩"，所以在这些旅馆中留宿时

请一定要遵守这些规
矩（在办理留宿手续
时会口头进行传达，
或者在使用手册中用
各国语言书写着"规
矩"）。不管怎么说，
在 ❶ 中有介绍，所
以有机会可以利用
（宗教团体的设施很
多都有年龄限制，请
一定要注意）。

清洁的宗教团体经营的旅馆
位于梵蒂冈中的玛德利皮旅馆（p.302）

● 住宅酒店和农家乐

如果要在罗马停留 1 周以上的话，可以考虑住宅酒店 Residenze
turistico。具备厨房和调理器具，能够在停留期间享受在罗马居住的气氛。
农家乐最近在意大利中也很有人气，如果停留 1 周以上的话，也能好好
地享受一番。

● 酒店的预约

尽管说预约并不是必要的，但是的确也存在着想要确实实保住房
间的场合。对具备如下条件的人来说，可以考虑预约。

① 在举办有名节日时
② 和小孩子还有老人一同旅行时
③ 有想留宿特定酒店时
④ 抵达时已经很晚时

特别是从中国乘坐飞机并且转机的时候，很多情况都是在傍晚抵达
的，另外，也有时候从中国出发时已经很晚了。像冬天有很多时候，在
领取行李走到外面时天已经黑了，让人感到很不安。比起抵达初次到达
的城市，带着沉重的行李东奔西跑，更希望及时花点钱有个美好旅行开
始的人，可以提前预约抵达后第一天的旅馆。

农家乐的网页
● Turismo Verde
🔗 www.turismoverde.it
● Agriturismo
🔗 www.agriturismo.com
※农家乐的团体有好几个。
关于意大利全国的农家乐在
农家乐的网站中有记载。

● 意大利的 YH 协会
Associazione Itallana
Alberghi per la Gioventu
📍 Piazza S.Bernado 107
☎ 06-48907740
🔗 www.aighostels.com
※可以获得各地的 YH 信息
和进行预约。

位于特米尼车站附近。
提供意大利各地的 YH 的信
息和进行预约。

虽然也可以制作 YH 会
员卡，但是原则上必须在本
国取得。从 URL 也可以进
行预约。

✉ **夏季时刻**

这次我终于体验到时刻
的变更了。在 3 月最后的周
日时，时间快了 1 小时。也
就是说，醒来时时针直接走
快了 1 小时。难怪某位意大
利人会说："这一天的睡眠
时间少了 1 小时。"如果没
有及时调整时针的话，那么
这一天的列车就会提前 1 小
时出发了。

✉ **早晨出发时**

由于退房时间比早餐时
间还早，所以就问了下能否
将早餐外带，工作人员便帮
我将早餐装进了袋子里。虽
然并不是每家酒店都提供这
项服务，但还是有尝试一下
的价值。

✉ **最优惠房价保证**

在预约事务所和一部分
酒店搜索网站上写着 Best
Rate 保证。这是说，如果
找到比预约的价格（同一时
期、客房）还要低的价格的
话，就会按照较低的价格，
同时再给予一系列优惠。不
过规则上只能在预约后 24
小时内有效，而且各个酒店
的规定都不同，如果找到的
话可以试试。

旅行的技巧

● 住在罗马

355

关于空调

　　虽然有些1星酒店中也有空调，但是如果希望一定有空调的话，那么还是寻找3-4星的酒店吧。但是，并不是所有的3星酒店都配备有空调。有些地方空调还需要另外收费。

　　关于空调，即使是各个房间可以独自调整，在夜间也会统一关掉开关。不过这在价格较低的季节中才会实行。

全球希尔顿连锁预约

📠 0120-489-852（东京03地区以外免费）

☎ 03-6679-7700

JR www.hilton.com.jp

喜达屋酒店及度假村集团（喜来登・威斯汀・艾美等）

JR www.starwoodhotels.com

最低价格保证是？

　　在预约事务所以及一部分酒店搜索网站中实行着最低价格保证的活动。这是指如果发现比预约时的费用（同一时期、同一客房）更便宜的价格的话，就按照更便宜的价格来计算，并且还给予一定折扣。虽然每个酒店都对此设有24小时以内有效等条例，但是如果找到了的话不妨一试。

✉ **首先，请先确认价格**

　　在使用预约模板进行预约时，回信中告诉了我价格。可能是确认延误了吧，结果没有房间了，只好改住价格略高的房间。

　　一般在回信时会写明价格（B&B：客房和早餐费用），另外还会要求发送代表同意的再次预约确认RICONFERMA。如果对回信的传真表示同意的话，需要再发送一份传真进行预约确认。在留宿时携带回信的话，就能避免发生因为预约错误或者费用等方面的纠纷。

连锁酒店的霍里蒂因的室内。选择这里绝不会错

● 在酒店的预约事务所中进行预约

　　如果酒店设有预约事务所的话，可以通过电话，根据希望的场所、房间的大小、预算还有抵达情况等进行预约。有时候需要支付额外的费用，不过这是最简单方便的。如果当地支付的话，会要求出示预约时使用的信用卡。预约事务所分为酒店独自的预约业务（4星以上世界有名的连锁酒店等）和代为各地酒店的预约事务所（4~3星酒店较多）。

　　商务人士经常利用的酒店等在客人较少的夏季会有一些折扣优惠，有时会比在当地进行预约更为便宜。但是，选择值得信赖的代理店非常重要。如果购买酒店消费券进行预约后，即使对酒店不满意需要取消，消费券的钱也不会返还。所以首先要收集好信息，随后再比较是在预约事务所预约划算还是个人预约比较划算。

● 自己进行预约

　　通过电话或者对自己的语言没有自信的话，可以通过传真或者电子邮件进行预约。可以使用预约模板（→p.358）进行预约试试吧。

2星酒店的前台

① 从何月何日的晚上开始一直留宿几天。一共几个人需要什么样的类型（附带浴室……）等具体要求都需要写明。

② 预约成功后，确认每间房每晚的住宿费用（有无早餐），然后告知对方将在当日几时到达。（有时在预约时也会要求提供信用卡的种类、号码或者要求支付定金等，这种时候请按照对方的指示去做。）

③ 如果要取消预约的话，需要尽早将此告知预约的酒店。如果无故取消的话，将会被扣除②的定金或者从信用卡中扣去规定的费用。如果没有提供信用卡的号码和支付定金的话，为了不给酒店带来困扰，请尽早联络。

④ 如果抵达的时间将比预先告知的时间要晚的话，请通过电话尽早告知

关于无故取消

　　进行酒店预约后，为了防止无故取消，会询问信用卡的卡号与有效期限。另外，在预约确认后，会接到关于酒店退房的规定和预约号码等的通知，请仔细阅读。

　　预约取消一般在留宿预定日前72~24小时之前，如果有预约号码的话，只需告知号码就能够顺利地进行。如果无故取消的话，一般会从告知的信用卡中扣去1天的费用，随后的所有预约都会被取消。如果没有被问及信用卡号码的话，在需要取消时一定要尽早联络。如果是通过旅行社或者预约事务所进行预约的话，如果不经过当时的预约公司的话，即使直接致电过去也不会被认为取消，这点请注意。

　　Check In一般为14:00~15:00。如果抵达得早的话，会根据空房情况为您带路。

酒店。如果抵达时刻晚于 18:00 的话，将被视为取消预约，房间将会被提供给其他的客人。

⑤ 在 Check In 时，请别忘了再确认一下留宿的日数、房间的类型及费用。如果对房间不满意的话，请在放下行李前告诉酒店。如果有空房的话一般会给你换房，即使当时没有，如果连续居住的话，在有空房时也会给你换房的。

⑥ 有时候即使发送了预约模板也会得不到回应。这种情况就需要再度确认一下。如果还是没有回应的话，那么就请告知酒店取消的意图。因为如果不这么做的话，很可能会被视为无故取消并从告知的信用卡中扣除费用。

宗教团体的运营设施和青年旅舍也请通过传真或者电子邮件进行预约

● 不通过预约，自己寻找

如果要靠自己在抵达不久的罗马寻找酒店的话该怎么办呢？

① 请在机场、车站还有城市中的旅客信息中心寻找。

信息中心会根据旅客的预算介绍合适的酒店，并通过电话帮忙预约，不过现在这种服务渐渐减少了。另外，如果想通过信息中心介绍的话，就必须在窗口的营业时间赶去才行，稍微有点麻烦。

② 寻找导游手册介绍中的酒店，选择留宿过的人评价不错的酒店。

③ 通过自己的双脚寻找。这个时候，可以从①的旅客信息中心中获得酒店的名单，询问在城镇的哪里有适合自己（便宜、安静或者方便移动等）的酒店，然后在那附近寻找。

在罗马的特米尼车站附近有很多非常容易找到的酒店。

● 从网站上进行预约

打开本书记载的 URL，找出希望居住酒店的网页。很多时候，在网页上都会排列着国旗的标记，能够从中选择意大利语或者英语等。从 Information / About us（综合信息）、Location / Map（场所）、Service（服务）、Photo / Rooms / Virtual Tour/Facilities（客房和设施的照片与介绍）、Tariff/Rates / Price（价格）、Reservation（预约）等项目中能够很好地了解到酒店的全貌。如果有 Special Offers 的话，表示有特殊收费项目，需要好好看一下。

如果觉得满意的话，可以选择 Prentazione / Reservation 进行预约。

打开各酒店 URL 的预约窗口后，排列着右侧记载的项目。

名字等用英语输入。另外，点击菜单的▽，就会显示出选项，可以从列表中选择自己满意的物品。

另外，如果有什么要求的话，在 Commenti / Comment 等栏目中提出。

输入后点击 Invia / Send 发送。

取消是 Reimposta（Cancellazione）/ Reset（Cancel）。

送信后，将会收到来自酒店的预约确认 Conferma，会询问 p.359 的 ⑭⑮⑯，请填写后回复。这样就为再预约确认 Riconferma。预约确认和再预约确认需要在 24 小时内进行，所以请在期限前完成手续。如果不做这些的话，将不被视为预约成功，这点要注意。为了预防今后发生争执，请将写有留宿时期和费用的（再）预约确认书打印后携带。

如果在 URL 中没有预约模板的话，可以点击 E-mail 或者 Contatti / Contact us 的项目发送电子邮件。参考 p.359 将必要的项目写明后再发送。

有时候即使在网站或者通过 E-mail 预约后也得不到回应。这时可以用传真，进行再度确认或者直接取消。

预约时使用的意大利语和英语

Prenotazione /
Reservation（Booking）
预约

Nome / Name
名

Cognome / Last Name
姓

Telefono / Telephone
电话号码

Indirizzo e-mail /
e-mail Address

Data di Arrivo /
Arrival Date

Data di Partenza /
Departure Date

Numero di Camera /
Number of Rooms

Numero di Personi /
Number of Persons
人数

Numero di Bambini /
Number of Children

预约需要尽早并慎重

有些酒店如果早期预约的话可以享受 30% 左右的折扣。这些信息都刊登在各酒店的主页上，请注意查看。但是，在这种情况下是无法更改预约的，一般在预约确认时便会通过信用卡付账。另外，如果是经济型酒店的话，一般免费取消预约的期间为留宿日前 1 周为止，请一定要注意。

发送到酒店的预约表格

请统一使用意大利语／英语 中的一种语言，根据自己的需要在下方空格处填写后寄往酒店。
　　寄出后请根据酒店的指示进行预约的再次确认，请不要寄出后便不闻不问。信用卡号推荐大家
在收到是否可以预约的回复后，等正式预约时再进行填写。

预约表格 / Prenotazion / Reservation
Spett, Sig., Dear Sir,

① _____　② Data / / 2013
_____　　Date

③ Prenotate per———personi;
　 Please book for———persons;

④ ☐ camera singola　　☐ camera matrimoniale　　☐ camera a due letti
　　 single room　　　　　double room　　　　　　twin room
　 ☐ con doccia/WC　　 ☐ con vasca/WC
　　 with shower/WC　　　with bath/WC

⑤ check in ____ / ____ 2013　　⑥ ora di arrivo alle———
　　　　　　　　　　　　　　　　 arrival time

⑦ check out ____ / ____ 2013　　⑧ _____ notte (i)
　　　　　　　　　　　　　　　　　　　　　　 night (s)

⑨ messaggio; _____
　 message; _____

⑩ nome / name; _____

⑪ indirizzo / address; _____
_____

⑫ TEL_____　⑬ FAX_____

⑭ carta di credito / credit card
　 ☐ VISA　☐ Master Card　☐ Amex　☐ Diners　☐ JCB

⑮ numero di carta di credito
　 account number　☐☐☐☐　☐☐☐☐　☐☐☐☐　☐☐☐☐

⑯ valida fino 20 / _____
　 expiration date　　　　　　　　　　⑱

⑰ Confermate la mia prenotazione al più presto possibile. Anche mi informa di prezzo. Grazie.
　 Please confirm my reservation as soon as possible. And inform the charge of rooms, too. Thank you.

⑲ firma
　 signature_____

---

* 意大利语 GLOBE-TROTTER TRAVEL GUIDEBOOK "Roma e i dintorni"

"预约模板的书写方式"

① 酒店名和酒店地址

② 发信时间

③ 住宿人数

④ 希望的房间类型

⑤ Check In 的日期（以日、月、年的顺序）

⑥ 预定到达时刻

⑦ Check Out 的日期（以日、月、年的顺序）

⑧ 累计住宿时间

⑨ 如果有希望的客房，希望什么时候回应等信息的话
   可以记入

⑩ 姓名　⑪ 住所　⑫ 电话号码

⑬ 传真号码

⑭ 预约时，需要提供担保用的信用卡号码。如果
   无故取消的话会从卡里扣除规定的费用

⑮ 信用卡号码

⑯ 信用卡的有效期限（以年、月的顺序）

⑰ "请尽快进行预约确认"

⑱ "请同时告知费用"

⑲ 请一定要进行签名（希望使用信用卡）

※ 对房间的要求

　· "希望安静 / 视野良好的客房"

　　Preferisco una camera tranquilla (Silenziosa) /
　　con una bella vista.

　　I'd like a quiet room/room with a nice view.

　· "希望禁烟 / 吸烟室"

　　Preferico una camera non fumatori/fumatori

　　I'd like a non smoking room/smoking room.

大型酒店霍里蒂因艾乌尔帕尔克尔克美第奇的室内。

利用古代宅邸改装而成的 B&B

预约模板的回复

　　在发送传真后，一般在 1 到 2 天内会收到回信。

　　回应的信件或传真同时也为预约确认书，所以一定要好好查看是否符合指定的要求。另外，为了以防万一并在 Check In 时能够顺利进行，请一定要随身携带。

　　如果没有收到回信的话，可以进行再次确认或者寻找其他酒店。但是，规模较小的经济型酒店很多都不支持预约。

　　另外，我们曾收到在发送预约模板后，因为没有得到回应而在别的酒店投宿，却被最初发送预约的酒店以无故取消为由从信用卡中扣取了费用的来信。所以在没有收到回应打算取消时，一定要联络酒店。

　　如果只想先确认价格的话，不用填写信用卡涉及的⑭⑮⑯和⑰项。

寻找舒适的酒店

　　比较各个酒店的价格，为了寻找相对舒适又便宜的酒店，需要做好一些心理准备。

① 要明白寻找酒店也是旅行的乐趣之一。

✉ 罗马的巴士与酒店

　　在罗马利用巴士和地铁基本上就能玩遍整座城市。市中心的巴士很多，不会让人感到不方便。但是，如果酒店位于郊区的话，那么如果没有充裕的时间的话，乘坐巴士便会是一件很烦恼的事情。一般在郊外等待30~40 分钟是很平常的事情。在归国那天，巴士久等不来，没法回到酒店的人有很多。

古罗马广场和古罗马斗兽场附近的波罗梅欧是非常舒适的酒店

② 尽早抵达预定留宿的场所，可以比较悠闲地寻找。

③ 穿上轻便的衣服出发。

如果携带沉重的行李的话只好妥协。先将行李寄放在车站的储物柜或者行李寄放处后再出发。

④ 不要再纠结于浴室和淋浴房。

有时起客房中狭窄的浴室，宽敞清洁的共用浴室的感觉可能会更好。

● 任何时候都不要忘记问候

在找到适合的酒店后，可以一边说着 Buno giorno！（"你好"），一边进入旅馆向前台的工作人员问好。不过面向经济型旅行者的酒店（1~2 星）的话，可能无法用英语进行沟通，所以如果懂几句意大利语的话会很方便（参考"旅行意大利语"）。

将自己的希望告知后，就能听到关于价格的回答。如果觉得数字听不清楚的话，

能够从房间中望见大圣母教堂的高雅的 4 星酒店梅切纳特帕拉斯

可以请对方写在纸上。不过即使明白了价格，光靠这点还是无法决定的。能够从大厅和前台工作人员的样子大致了解到酒店的氛围。但是有时候，客房会和干净的前台不同，并不是那么整洁。借把钥匙先查看一下客房是寻找好房间的技巧之一。

客房的清洁程度、明亮程度一眼就能看出来，但是特别要注意的是是否有热水和门锁是否能好好锁上这两点。还有外面的噪声如何，是否存在从窗户入侵的危险等都需要仔细查看。

在查看完上述几点后，就可以看下贴在门背面的价格表。

这在意大利的酒店和小旅馆中是一项义务，需要在上面详细记载上房间的价格、早餐的价格、服务费用、税金 IVA 等。如果这上面书写的价格和被告知的价格有出入的话，请一定要确认清楚。早餐没有必要一定在酒店中享用。在城市中的酒吧里早餐的话大约可以节省一半价格。如果要节约用钱的话，可以一开始就向酒店说明。

如果对客房不满意的话，可以要求再看下其他的房间。如果还是不满意的话，那就只好去别家看看了。

纳沃纳广场附近的 3 星酒店圣基亚拉的大厅

● 浴室和淋浴

对旅客来说最令人不满意的地方就是浴室。在意大利语中附带淋浴的说法是 con doccia，附带浴室的说法为 con bagno，但是即使是 con bagno，也很有可能除了淋浴外便什么也没有了。因为对意大利人来说，两者并没有太大的区别，所以价格也相差无几。如果需要带有浴缸的房间的话，那么先问 con vasca 会比较直接。在预约时，如果希望带有浴室的客房的话，请一定要询问仔细。

小物件

在任何酒店中都会准备小型的肥皂。不过提供浴帽、洗发液、牙刷、剃须刀还有吹风机等的只有 3~4 星。所以如果住宿在经济型酒店话，请带好必要的物品。

如果要寻找经济实惠的酒店的话

尽早抵达住宿地，在 ❶ 处询问希望的地区和费用后让其帮忙寻找。在介绍完毕后，可以请对方在地图上画上标记，通过自己的双眼来确认一下比较好。这也是最好的方法。

另外，一般经济型酒店都设置着门限。所以如果深夜抵达或者夜晚需要外出的话，请事先确认一下。

客房的档次

意大利很多旅馆都是利用旧建筑改造而成的，即使费用相同，房间的类型也会不同。事实上，广阔、设备、视野良好的房间提供给常客比较普遍。

早餐

说从早餐中可以看出酒店档次显著的差异也并不为过。一般早餐费用都包含在住宿费中。大多数 5 星酒店都会以自助餐形式提供从新鲜果汁到各种各样的面包、生火腿、起司、酸奶、鸡蛋料理、水果、点心等。而 1 星酒店的话则只有 1 杯咖啡加上 1~2 片面包。有些地方甚至不提供早餐。

但是，想在经济酒店中寻找带浴室的客房几乎是不可能的。在经济酒店中，基本上都不附带浴室，使用共通公用淋浴的情况比较多。由于淋浴分为单独收费和包含在住宿费中两种情况，所以请一定要事先确认清楚。如果是公用场所或者热水设

高级酒店基本上都附带桑拿

备比较旧的话，很有可能洗到一半时水温会产生变化，遇到这种情况时，可以在其他人不怎么使用的早晨或者傍晚使用。当然，不要忘记节约用水。

●厕所的坐浴盆

酒店的房间中除了厕所外，一般还有着坐浴盆。坐浴盆上带有会出冷水和热水的水龙头，在旁边或者中央有着排水口。虽然和马桶的样子非常相似，但是坐浴盆没有盖子。所以请千万不要搞错。坐浴盆就像温水洗净器一样，可以用来洗屁股或者可以用温水来洗脚等。在坐浴盆的旁边，一般都放置着专用的毛巾。

●独自旅行的女性需要注意

在看到独自旅行的女性后，有些旅馆的主人或工作人员有时会表现出过分亲切的态度。这种时候，采取坚决的态度或者无视他们是最好的。一定要注意在门上上锁，不要让其进入室内。即使语言不通，在遇到自己讨厌的事情时，绝对不要展现出暧昧的笑容，一定要表现出坚决的态度。

右侧为坐浴盆。在走累了的时候可以洗脚，非常方便

关于浴室

如果希望附带浴室的话，那么就寻找3~5星的酒店吧。但是3~4星所有房间都带有浴室的情况非常少，所以在预约时将自己的需要告诉对方比较好。另外，热水设备比较古老的酒店也会有喜爱泡澡的团体客在房间内泡澡，4星的酒店在洗澡途中却没有热水的情况。

1~2星酒店一般都为公用浴室。不过由于有许多人要洗澡，所以不要浪费热水。

✉ 这是什么？！

在浴缸或者淋浴旁边会有一根从墙壁上垂下来的绳子。有些旁边会写着ALARM，有些什么也没有。这根绳子其实是紧急求救用的警报器，所以请不要随便乱拉。

酒店的折扣利用法

①避开旺季

根据酒店的不同，有时候旺季的价格会比淡季高上2倍以上。一般来说在罗马，7~8月、11月~圣诞节前为淡季。但是冬季的话，由于太阳下山很早，所以观光时间会变得很短。

②获取折扣信息

认真查看各酒店网站中的特别费用Special Offers、最后一分钟折扣Last Minute项目。一般折扣会有时期的限定。特别是最后一分钟折扣标示的一般为1~3天后的折扣，很难制订旅行计划。在意大利搜索网站中输入Hotel、Roma、Last Minute后，就会显示出提供最后一分钟折扣的酒店（以5~3星为中心）。虽然折扣率很高，但是很多都为郊外的酒店，所以一定要确认一下离酒店最近的车站和交通设施。另外，由于是在网上预约，所以一定要好好确认费用和期限，避免发生争执。

另外，有时也能在网站中看到"提前（1个月前）预约的话就能享受30%的优惠"的字样。虽然一般都要求连续居住3天以上，不能更改预约，在预约时就需要用信用卡支付费用等众多条件，但是由于这种活动一般都为全年实施，所以利用好的话会很优惠。

③利用长期驻留优惠

很多酒店都实施3日左右连续住宿的话就能享受优惠的活动。连续住宿的日期越长，优惠也越大。所以如果长期住宿的话会非常优惠。

食在罗马

食物中充满乐趣的意大利。即使想在用餐方面好好享受，也必须考虑下自己的胃和钱包的负担。在此，我们就来选择一些和旅行相符的餐厅吧。

美术馆中的餐厅卡诺瓦塔多里尼

罗马的餐厅

● 想要悠闲地用餐时

Ristorante 餐厅 / Trattoria 饭馆 / Osteria 奥斯特里亚

一般来说，高级餐厅为 Ristorante，而经营家庭料理的大众型餐厅为 Trattoria，酒吧则为 Osteria，不过其实并没有非常严格的区分。高级和大众之间虽然有些区别，但这些店都会有服务员引导客人到座席，随后从点单到埋单都在座席上完成。

除了料理费用外，还有被称为 Coperto 的座席费用（每人 €1~5 左右）和服务费用 Servizio（料理费用的 8%~25%），另外有时还会加算税金 I.V.A（10%~20%）。不过最近将座席费和服务费用都包含在料理费用中的店慢慢增多了。如果担心的话，可以从贴在店门外的菜单中确认。小费不用特别在意。如果对服务感到满意的话，可以留下 5%~10% 的小费，对意大利人来说，普通的店一般会留下小额的硬币数枚或者纸币数张。

罗马的人气餐厅大厨和甜点

料理按照意大利的习惯，一般按照前菜或者意大利面、鱼或者肉料理、甜点的顺序点单。

一般的营业时间为 12:30~15:00，19:00~23:00。基本上没有在深夜营业的店。很多店在每周的其中一天和从圣诞节到元旦的 1 周间，还有夏天的 1 个月时会进行休业。

● 想要享用简单方便但是能填饱肚子的食物时

简易餐厅 Tacola Calda / 熟食店 Rosticceria / 自助餐厅 SelfService

罗马典型的饭馆样式

一般位于车站附近和平民地区比较多，采用让客人从柜台上已经调理好的料理中选取自己喜爱食物的店铺。料理很多都是简单的意大利面类或者炭烤后的肉类、沙拉等，优点是能够通过自己的双眼进行选择，即使只吃 1 盘料理也无所谓。一般来说，需要将和料理同时得到的小票或者直接将料理给营业员看后进行支付。大多数场合是不会收取座席费、服务费用还有税金的。

顾客层一般为旅客和劳动人民占多数。另外，近年来开设了和家庭餐厅一般明亮的自助餐厅。在这些店中一般都有很多携带家属前来光顾的顾客，非常热闹。

简易餐厅从中午开始，一直营业到非常晚。自助餐厅和通常餐厅的营业时间基本相同。

即使一份沙拉也 OK。最近在罗马的午餐情形

零售比萨店的三明治

●想品尝简单的意大利知名料理时
比萨店 Pizzeria

代表意大利的食物，比萨店 Pizzeria 分为两种类型。有位于车站前和人流量很大的地区被称为阿尔塔里欧 Al taglio、鲁斯提卡 Rustica 的专门站着食用的专营店和设有桌椅、用薪火烤的正规店。

站着食用的专营店一般从午前一直营业到深夜，在柜台中摆放着很多种类的热腾腾的比萨。只要用手指向自己喜欢的比萨，就会为你切成适当的大小，包好后卖给你。在这里贩卖的虽然只有比萨和饮料，但在年轻人中间有着很高的人气。

罗马名产烤全猪三明治让人很想尝试

正规的比萨店一般只在晚上（19:00~ 次日凌晨1:00 左右）营业。在比萨店中，一般都以比萨为中心，提供不算很精致的前菜、意大利面类、肉和鱼料理还有甜点等。不过话虽如此，在这里并不拘泥于餐厅般的那种套餐。以一般中国人的食量来说，光前菜加比萨加饮料就足够了。

在设有桌椅的比萨店中，有时也和餐厅一样需要支付座席费以及服务费用。

面包店 Panetteria

Panetteria 指的就是面包店，以罗马的面包罗泽塔为首（中央凸出的小乌龟面包）为首，在玻璃橱窗中陈列着各种形状的面包、生火腿、蛋包饭，夹着奶酪等材料的面包、被称为托拉梅兹诺的三明治等。虽然基本上没有能就座的座席，但是只要在柜台点上一杯饮料的话，也算是一顿非常不错的午餐了。面包店基本上都兼营酒吧，所以除了咖啡和果汁外，还有装在玻璃杯中的葡萄酒和啤酒。

海鲜比萨让人非常想尝试

●想小憩片刻时
酒吧 Bar/ 咖啡 Caffe/ 茶室 Sala da te

对一天内要喝上几次咖啡的意大利人来说，酒吧是他们必不可少的休息和社交场所。早餐来上一杯咖啡，傍晚再来上一杯餐前酒……他们一天之中要光临酒吧几次，在柜台来上一杯后然后便离开。在城市中的各个地方都开设着酒吧，店内都很简朴，不管在哪里来上一杯价格都差不多。

能够悠闲地坐着品味红茶和咖啡的咖啡店和茶室是以豪华的气氛以及能够眺望路上的行人风景为卖点的。无论哪种店，除了饮料外还提供蛋糕和芭菲、三明治、沙拉以及简单方便的店慢慢增多了。

西班牙广场的名产咖啡，古勒克咖啡厅

在咖啡店中同样设有能够站着享用的吧台，在酒吧中也有很多店设有座席。无论是哪种类型的店，在吧台用餐和在座席用餐的价格是不一样的，大概相差 2~5 倍。在收银台旁一般都记载着站着用餐和坐下用餐的价格，如果担心的话可以事先确认一下。

万神殿附近咖啡很美味的酒吧

点单的话，座席就是在桌子上进行点单，在服务员端来食物或者将要离开之际埋单。吧台的话，首先需要在收银台埋单，然后将小票交给吧台后点单。在这个时候，意大利人一般会留下 €0.1~0.50 的小费，不过各位旅客可以根据自己的心情给或不给。

咖啡店和酒吧一般都从早晨一直营业到深夜。在兼营冰激凌店和点心店的萨拉达特中，很多店都和一般商店一样，关门很早。

冰激凌 Gelateria

冰激凌的发源地是意大利。在人气很高的冰激凌店面前，即使是身高背广的商务人员也会很开心地品尝着冰激凌。即使不爱吃甜食的

如果前去罗马的话一定要尝一下的冰激凌

人也可以尝试一下，这就是意大利的冰激凌。甜味适中，将丰富的水果切块后制作的自家制冰激凌有着只有在意大利才能品尝到的味道。如果需要的话，还能在装载在杯子或者蛋筒中的冰激凌上放上帕纳 Panna（泡沫状的奶油）。

● 想喝点小酒时

红酒吧 Enoteca / 啤酒吧 Birreria / 鸡尾酒酒吧 Cocktail Bar

红酒吧指的一般是经营以葡萄酒为中心的酒吧。有很多设有吧台，能够品尝到很多种类的葡萄酒。走进店内后，能够看见和红、白葡萄酒分开记载着当日能免费品尝的酒名，人们可以点上一盘坚果类的小吃再享用玻璃杯中的葡萄酒。在这种红酒吧中，一般都会陈列着店主自信十足选择的酒瓶名单，汇聚了从香味到味道都有所不同的各种葡萄酒。最近，也出现了许多对小吃很有自信的店。

啤酒吧为能够享用生啤的啤酒屋，根据店内啤酒的产地不同，会摆放着维也纳看板。意大利最有名的啤酒公司为 PERONI（佩罗尼）。在啤酒吧还汇聚了各种小吃和下酒菜。

鸡尾酒酒吧一般在喝上一杯餐前、餐后酒时利用。在有名的酒店中还设有名产吧台和名产调酒师，如果喜欢安静悠闲的感觉的话非常推荐。

歌剧院旁的奎里纳莱酒店的古林酒吧

餐厅点菜的方法

菜单（在意大利叫作 Lista）的构成如下方的表格所示。

① 前菜 Antipasto ·············· 冷菜较多，有"生火腿和哈密瓜"还有鱼类的沙拉以及野菜料理等，多种多样的菜式中充满了意大利料理的魅力。

② 第一盘料理 Primo piatto ·············· 意大利面、米饭、浓汤类的总称。可以说是最能体现出当地特色的一道菜。

③ 第二盘料理 Secondo piatto ·············· 肉 Carne 和鱼 Pesce 料理。

④ 冷盘 Contorno ·············· 沙拉和温野菜。一般是和第二盘料理一起食用。

⑤ 甜点 Dolce ·············· 水果 Frutta 也属于这一项。

虽然只要按照上述①～⑤的顺序选择自己想吃的料理就可以了，但是，人并不是每天都食欲旺盛的。一般，在前菜和意大利面类中选择 1 项、肉料理和鱼料理中选择 1 项、然后再选点 1 份甜点，总共点 3 盘就足够了。如果实在没有食欲的话，从肉或鱼料理以及冷盘 Contorno 中选择一份野菜料理就足够了。不过即使没有食欲，在意大利，进入餐厅后如果只点一份意大利面的话，那会是非常令人惊讶的事，所以请尽量避免。另外，如果在餐厅中就座的话，很多场合会收取座席费，即使只点一份意大利面，费用也会很高。在这种时候，还是利用价格较实惠的自助餐厅比较好。

对于想吃意大利面，但是吃了第二盘料理便吃不下的人，可以在点第一盘料理时点一半分量 Mezzo。但是，价格却并不是半价，所以费用会相对较高，请注意。

除此之外，在有些店中可能会有下表中的项目。

Lo chef consiglio ·············· 大厨推荐料理

Piatti tipici ·············· 典型的乡土料理

Menu turistico ·············· （旅行者推荐）套餐

这些都为选择料理时能够作为参考的项目。另外套餐一般在观光地的餐厅中较多，一般是将座席费、服务费用、第一盘、第二盘、冷盘、甜点，有时还附带饮料组合成套餐。虽然价格很便宜，但是菜单缺乏选择性，有种强行推销的感觉。

葡萄酒的话，如果没有特别想喝的类型，那么葡萄酒 Vino della Casa 就足够了。点单时需要选择红 Rosso 或者白 Bianco，然后选择 un quarto（1/4 升）或者 mezzo（1/2 升）。

有些店中也提供一杯葡萄酒。水分为带碳酸 con gass 和不带碳酸 senza gass。

在用餐完毕后，可以向服务员表示"我要埋单""il conto, per favore"。等小票拿来后，千万不要怕难为情，一定要好好确认料理的费用、座席费、税金、服务费用以及总计费用。如果有服务费用的话，一般不需要再支付小费，这时看你本人想或不想了。

罗马的典型料理

Antipasta 前菜

Bruschetta

> 意大利烤面包片

　　罗马比萨店的招牌。在需要烤的面包上加上大蒜涂上橄榄油。con Checca 为加上番茄和罗勒后的料理。

Antipasto Vegetale e Mozzarella

> 罗马风味的油炸料理组合

　　南瓜、意式洋蓟 Carciofi、鳕鱼 Baccala、起司和在凤尾鱼加上南瓜和南瓜花（Fiori di Zucca）等包上薄薄的一层粉后进行油炸的料理。除此之外，还有米饼料理斯普利 Suppli、在大型橄榄中加上肉末后进行油炸的油炸肉末橄榄 Olive all' Asclana 等。很多地方都可以单点其中的几种。

Fritto Misto alla Romana

> 野菜和意大利干酪的前菜组合

　　意大利全国的传统料理，将茄子、大型青椒、南瓜等各种野菜烤后加上橄榄油凉拌，或者加入番茄煮，或者进行腌制等各种调理方法。同时也有自助的餐厅，能够自由选择自己喜爱的料理。这和前菜必点的意大利干酪搭配成为一盘料理。

Antipasto Italiana

> 意大利风味的前菜组合

　　虽然不是罗马特有的料理，但是对意大利人来说，说到前菜首先便会想到这一盘菜。由生火腿、烟熏肉、意大利干酪等组合而成。

Prima Piatta 第一道菜

Spaghetti Aglio, Olio e Peperoncino

> 蒜香香辣意大利面

　　将橄榄油、大蒜、辣椒炒后加上意大利面后，撒上芹菜的料理。

Bucatini all' Amatriciana

> 阿马特里切空心干面条

　　据说是罗马东北居住在深山中的牧羊人想出的料理。右侧页面上为番茄味料理。

Stracciatella alla Romana

罗马风味蛋花汤

加入鸡蛋、奶酪粉、芹菜的浓汤。加入鸡蛋后立刻进行搅拌，食用起来的口感很好。

Spaghetti alla Carbonara

卡尔博纳拉风味意大利面

将炒过的咸猪肉配上生鸡蛋、奶酪的意大利面。由于最后撒上的粗胡椒看起来很像炭，而且又是由烧炭人carbonaro想出的料理，所以便得到了这个名字。有时也会加上牛奶和奶油。

Gnocchi di Patate

马铃薯团子

将煮烂的马铃薯捣烂后，加上面粉捏成小团子样的东西。一般浇上番茄酱或者奶油酱料的情况比较多。虽然这和罗马风格的团子很容易搞混，但是在罗马说到团子的话首先会想到的便是这个。

Maccheroni a Cacio e pepe

胡椒奶酪味意大利面

将煮好的意大利面加上意大利奶酪和粗胡椒的简单料理。

Bucatini alla Gricia

格力恰风味意大利通心粉

将腌肉、大葱、辣椒进行炒后，加上意大利通心粉，再利用意大利绵羊奶酪调理出风味的料理。可以说是罗马料理的招牌意大利面的原型。有很高的人气。

Spaghetti alle Vongole

亚萨利的意大利面

虽然不是特别有名的料理，但是人气却非常高。番茄味被称为 rosso（红）、没有番茄的被称为 bianco（白）。

Gnocchhi alla Romana（Semola）

罗马风味（硬麦粉的）团子

将硬麦粉利用牛奶煮，冷却后加上奶酪焙烤而成。据说这起源于古代罗马，口感很柔软。

Seconda Piatta
第二道菜

Abbacchio alla Scottadito

炭烤小羊排

罗马的名菜之一便是小羊排。脂肪很少。肉很软没有异味，非常容易入口。柠檬和橄榄油还有盐使得肉非常爽口。Abbacchio 为罗马独特的说法。

Saltimbocca alla Romana

鼠尾草小牛排

在切成薄片的小牛肉上配上鼠尾草叶、生火腿，再加上黄油和白葡萄酒。Saltimbocca 为"融入口中"般美味的意思。不过，在最近的菜单上很少能见到这道菜。

Scampi alla Griglia

烤澳洲天龙虾

将大虾的背面剥开后烤成。可以加上盐、柠檬汁或者橄榄油进行调味。非常甜美爽口。

Abbacchio alla Romana (Cacciatora)

罗马风味炖羊肉

将带骨的小羊肉炖烂后，加入大蒜、迷迭香进行调味后，使用白葡萄酒煮成的料理。鸡肉 pollo 和兔肉 coniglio 也存在着同样的调理方式。

Pollo alla Romana

罗马风味煮鸡肉

将带骨鸡肉切开小块后加上大型红菜椒、番茄酱煮成的料理。

Coda alla Vaccinara

番茄煮牛尾

加入了松子和芹菜的意大利风味番茄味的牛尾锅。

Mazzancolle alla Griglia

烤虾

烤虾，可以加上柠檬汁和橄榄油进行调味。Mazzancolle 为罗马特有的说法。

冷盘

Carciofi alla Romana

罗马风味洋蓟

在罗马人最爱的洋蓟中加上花瓣、大蒜、罗马薄荷等，再淋上橄榄油和白葡萄酒蒸煮调理而成。如果加上犹太风 alla Giudia 的话，那么就成了油炸料理。这也是从古代流传至今的犹太料理之一。一般在春天、初夏还有秋天享用。

Puntarelle

苦菊沙拉

苦菊菜的1种，略微有些苦的野菜。加上凤尾鱼和醋还有橄榄油调理而成。春天时的菜。

Vino 葡萄酒

在罗马，一般以白葡萄酒为主流。罗马拉齐奥州葡萄酒生产量中约有 70% 为白葡萄酒。州内最高级的 D.O.C.G. 共有 3 种，D.O.C. 约有 30 种。在罗马炎热的午后或者在热气消退的傍晚，一边乘着凉一边品尝着白葡萄酒真是一种非常好的享受。特别受人喜爱的有弗拉斯卡提、罗马古城、这里！！这里！！这里！！ Est！！ Est！！ Est！！、马力诺 Marino 等。

Frascati

弗拉斯卡提

在中国也广为人知的葡萄酒。分为 secco、amabile 和使用晒干的葡萄做成的 cannelino。餐中酒可以选择 secco、在喝下午茶时可以选择 amabile。

Castelli Romani

罗马古城

罗马代表性的葡萄酒。红、白、玫瑰色都有。

罗马东乔其莉阿娜地方产的葡萄酒人气不断上升中。

在罗马购物

在罗马说到购物，有从售卖珠宝和一流设计师设计的服装的商店到售卖日用品、食品的露天市场，范围非常广。在此，我们将这些商店分为 1 专营店、2 大型店铺、3 超市和日用杂货商店、4 食料品店、5 露天市场进行简单的介绍。

1 专营店

对任何事物都有着"讲究"的意大利人，特别对身上的穿着和佩戴的物品，以及料理、葡萄酒还有咖啡的口味有着独特的喜好。所以，他们开设了许多售卖着个性商品的专营店，即使买一件上装也需要逛很久，直到找到自己中意的服装。所以在来到这片土地时，就需要按照俗话所说"When in Roma, do as the Romans do."（入乡随俗），好好到处逛逛，不要拘泥于品牌，买到自己真正喜欢的商品。

"意大利的商品很便宜"，这个评价已经是过去的事了，一部分服装的售价可能比在其他国家购买还昂贵。但是，毋庸置疑的是，这里的选择面的确很广，即使是昂贵的商品只要好好利用特价时期的话，也还是能买到非常实惠的商品。特价的时期每年有 2 次，一般是冬天从 1 月 6 日到 2 月中旬，夏天从 7 月第一个周六左右开始到 8 月初左右。商店的营业时间为 9:00~13:00，16:00~20:00（冬天为 15:30~19:30）。如今在中心街中，全天营业的店铺也开始慢慢增多了。另外，休息日一般夏天为周六的午后和周日，冬天为周一的午前和周

日，现在无休的店铺也慢慢增多了。最后，特别是在专营店中，请千万不要随便触碰店内陈列的商品，而要向店员询问。这是意大利和中国的商店最大的不同之一。就像前面的谚语所说的一样，如果想要开开心心购物的话，还是入乡随俗比较好。

2 大型店铺

提起大型店铺，在意大利像中国那样从食料品到家具、宝石样样俱备的百货商店非常少。所以这里所说的百货商店可以认为是介于专营店和超市之间的大型店铺。这些商店的优点，应该就是可以在广阔的店铺中自由地拿起商品进行选择。代表的商店便是拉丽娜西恩特 La Rinascente 和克因 Coin，在罗马各地都有店铺。另外，从地铁 A 线在斯巴乌古斯塔站下车行走 500 米左右便能来到被称为其内其塔 Cinecitta2 的购物中心，在这里汇聚着专营店、Coin、贩卖食料品的超市等，在想一次性完成购物时非常方便。

如今中午不午休，周日也照常营业的店铺越来越多了。

● La Rinascente
　P.za Colonna（科尔索大道沿边，正在往加勒里亚 A 索尔蒂迁移中）Map p.35 A3
　P.za Fiume（萨拉利亚门外）Map p.27 B3
● Coin
　特米尼车站内（24 号线旁）
　P.le Appio（圣乔瓦尼门外）Map p.41 B4
　V.le Libia61（阿达公园东面）地图外
　V.le Pimiro Togliatti2（距离 A 线斯巴乌古斯塔站 500 米，Cinecitta2 内）地图外

被称为"卡斯托罗诺米亚"的高级食材店

罗马市内的百货商店中，拥有着最高档商品的拉丽娜西恩特

3 超市和日用杂货店

虽然需要广阔占地面积的超市在罗马的旧城区中很少，但近几年也正在逐步增加。在全国连锁的超市有 Standa 和 Upim。虽然在以前，几乎没有贩卖食料品的场所，但是随着时代的变更，除了服装和日用杂货外，在地下开设售卖食料品的店铺也日益增多了。贩卖食料品的场所即使开设在同一个地方，很多时候也会用同系列中的其他名称来称呼。食料品超市 Sma、Esselunga、Coop、Billa 等比较有名。另外，在城市中也有许多专门贩卖食料品的小规模超市。很多超市不管在平时还是休息日都会从 9:00 一直营业到 20:00。日用品杂货店的话，从大路上往小路走一般都能够找到。日用杂货店的营业时间和专营店基本上一样。

汇集了世界各种食料品的卡斯托里尼

利面店、水果店以及酒屋等各种专营店。另外，在寻找优质的食材或者葡萄酒时，能够前去评价高的食料品店看看。

现在，食料品店的营业时间虽然和其他种类的商店没有什么不同，但是除周日外，周四的午后也为休息时间（7、8 月特别炎热的时期会更改为周六午后），请一定要注意。

也经营食料品的超市

● Upim
　P.za S.M.Maggiore（设有贩卖食料品的场所）
　Map p.37 B3 / V.le di Trastevere 62 / C.so
　Trieste 200.
● Billa
　V.Cola di Rienzo 173
　Map p.39 C2 / V.le di Trastevere 62/C.so
　Trieste 200

4 食料品店

和其以食为天的国风相符，在罗马确实有着很多食料品店。食料品店便是 "generi alimentary"，一般会陈列着奶酪、火腿、罐头类、面包、调味品类以及各种饮料。除此之外还有肉店、鱼店、面包店、零食店、手打意大

能够欣赏到欧洲品位进行橱窗购物的城市罗马

5 露天市场

从周一到周六，除了周日和节日外每天早晨都开设的早市。除了花之田野广场的市场外，在城市的其他地方也开设着一些小规模的市场。一般每天清早开店，8:00 陈列好商品后开始精神十足地招呼客人，到 13:00 左右闭店。在科拉迪里恩佐大道中还有带有房顶的生鲜食品市场。

另外，在罗马还有几处独具特色的市场。最有名的博盖塞的跳蚤市场。每周周日的早晨，在波特塞门附近都会举办大型的市场，从旧

宣告罗马春天来临的
街角花店

货、古旧的家具、日用品到旧书等，整个市场呈现出一幅平民的风景。但是，在出行前请不要携带大量金钱，钱包也要时刻小心。除此之外，还有在圣乔瓦尼门（→ Map p.33 B4）外桑尼奥大道中举办的旧服装市场（从周一到周六每天），在梵蒂冈北侧托利欧法雷大道中的花市（每周周三 10:30~13:00），博盖塞广场的书籍、绘画和版画的真品、仿制品的市场（周一到周六）等。正规的商店街有本书购物列表中记载的以西班牙广场周边、民族大道、科拉迪里恩佐大道为首，在托里纳大道、奥塔维亚诺大道、圣乔瓦尼门的外侧（阿皮亚旧街道）等地都有。

为了能够快乐购物

● 商店营业日和营业时间

罗马商店的一般营业时间为平时 10:00~13:00 和 16:00~20:00，冬季午后为 15:30~19:30。除了在周日休息外，夏天周六的午后，冬季周一的午前一般也为休息时间。不过食料品店是个例外，于周四的午后（夏天的一段时期为周六的午后）休业。另外，很多店都会在夏天的数周内闭店一段时间。近几年在罗马等大都市中，在中午也不闭店持续营业的店铺慢慢变多了。

● 折扣 Saldi（特价）

在优质商品并不便宜的意大利，确实充满了刺激消费者购物欲望的各种商品。如果在旅行期间遇上 Saldi（特价）时期的话，那就非常幸运了。到了这个时期，在店内会贴上 Saldi 的贴纸，所以非常一目了然。每年 2 次的打折时期每座都市每年都不同。最近和中国一样，打折时期有着提前的倾向。另外，有的商店为了吸引顾客，1 年中都会贴上打折的贴纸，所以对商品请一定要认真选择。

● 购物时的礼貌

专业的意大利店员只需要看一下我们的脚和身体就能够立刻选择出适合我们的尺寸的服装。在此我们可以放心地交给店员，穿上一身意大利风格的服装也非常有趣。为了能和店员进行良好的交流，在购物时请一定要遵守礼貌。

1. 在走进店内和离开时不要忘记打招呼，"上 午 好 =Buongiorno！""下 午 好 = Buonasera！"

2. 将自己想购买的商品还有尺寸等告诉店员，让其帮忙挑选。如果像中国一样一言不发地走入店内，随意地拿取商品的话会遭人讨厌的。如果还没有决定是否一定要购买的话，可以询问一下店员"能不能让我看一下 =Potrei vedere un po"。

免税的手续

●购物的

乐趣越来越充实

■免税商店

最近免税商店的加盟店逐渐增多，适用额度也有所下降，成为了更加方便的免税商店。旅客如果在这些免税加盟商店中购买一定额度商品的话，就能获得税金（4%~19%）的返还，是一件非常划算的事情。

不过有些商店并没有摆放出 TAX FREE 的标识，所以如果预定购买合计 €154.94 以上商品的话，可以在支付前先询问一下。另外，如果要利用这个系统的话，必须要提供护照的号码。所以可以事先记下号码，为了防止被偷盗或者遗失可以事先准备一份复印件。

■对象

居住在欧盟（EU）以外国家的人购买个人使用的商品，以未使用的状态和个人行李一起带出意大利的话，可以返还 IVA（税金）。

■适用最小限度

在同一店内当天购物额加上 IVA（税金）合计 €154.94。

■购物时的手续

（1）在 TAX-FREE 的免税加盟商店中购物。
（2）支付时，先告知护照的号码，拿取免税小票。这张小票（1 张或者 2 张，各个商店会有所不同）和购物小票一起保管到出境为止。

■出境时的手续

如果在出境时，没有在海关专用柜台盖上海关图章的话，就无法返还税金，所以请尽早抵达机场。从意大利出境后，如果要经过其他欧盟国的话，可以在最后的访问国办理同样的手续。

1）如果将购入商品放入行李箱的话

可以在航空公司的 Check In 柜台办理乘机手续，在领取乘机票后，可以拜托工作人员在行李箱上贴上前往中国（或者其他欧盟以外的目的地）的标签。将行李箱运往海关办公室（出发大厅的 Check In 柜台内），出示免税小票、护照、乘机票，盖上图章。（这时，可能需要打开行李确认购入的商品。）再回到 Check In 柜台，寄放好行李后，就可以前去完成乘机手续了。在罗马和米拉诺的海关旁设置着专用的转台，所以不用回到 Check In 柜台。

2）如果将购入商品随身携带到飞机上的话

在 Check In 柜台完成所有的乘机手续，通过护照检查后，来到出境大厅侧的海关，将随身携带的商品给工作人员看，拜托其盖上图章。

■返还

1）现金返还

将在海关处刻上图章的免税小票和购入商店的购物小票在机场免税店内的"免税现金返还"Cash Refund 柜台提出，领取返还。在罗马的菲乌米奇诺机场 GATEH10 附近有专用柜台。

2）现金外返还

在免税小票背面记载着"非现金"返还＝信用卡处指定，将其放入在店内获取的指定的信封中，邮寄给各银行。在这种场合，如果在 90 天以内没能将信寄至银行的话便会无效，请一定要注意。如果没有信用卡或者无法转账的话，将会将相应金额的小邮票寄往自宅。

现在，有数家代办免税商店（免税）的公司。不同的公司可能无法返还现金，只能转入信用卡中。所以请一定要仔细阅读书信的反面，另外邮递用信封和书信的公司绝对不要搞错。其他的手续各个公司都相同。

以上的手续和返还的场所一般都不会有变更，不过还是请尽早前往机场确认。

在罗马游玩

歌剧院

位于特米尼车站附近的歌剧院曾经是被称为康斯坦萨剧场 Teatro Costanzi 的场所。除此之外，还会有国立剧场 Teatro Nazionale（国 Via del Viminale 51）等一起举行歌剧公演。信息和门票可以在歌剧院获得。

● 歌剧院售票处
Biglietteria
🏠 Piazza Beniamino Gigli 1
📞 06-4817003
📠 06-4881755
🕐 9:00~17:00
　　周日 9:00~13:30
🚫 周一、节假日
　　上演日为开演 1 小时前或者 15 分钟后。
💳 Ⓒ ⒶⒹⒿⓂⓋ
🌐 www.operaroma.it

在网上购买预售票
🌐 www.operaroma.it
🌐 www.listicket.it
Lis Ticket 客服
📞 892982

门票的价格（歌剧）
普拉提雅：€ 115~150
加勒里亚：€ 17~23
芭蕾、演奏会一般为一半的价格。当天会涨价 25%~40%

Loggione 的客人无法从歌剧院正面入场
门票上如果写着 Loggione 的话，那么在大部分大剧场中都只能从旁边的入口入场，登上差不多 5 楼高的狭窄楼梯来到座位。

参观遗迹和美术馆，体验过去至宝的旅行。但是，如果想进一步体验当今的意大利，能在意大利得到心灵上的交流，可以在节目充实的歌剧院中让双眼和双耳得到享受，在运动场中被意甲联赛的热浪所包围，在迪斯科和音乐酒吧中体验狂热的氛围，在玫瑰的泳池中悠闲地游泳，在博盖塞公园中进行散步等……如果能找到让你身心愉悦的场所的话，你一定会更加喜爱罗马这座城市的。

歌 剧 院

以意大利的三大剧场的歌剧院为首，在罗马这座城市中有着许多歌剧院，上演着歌剧、芭蕾、音乐会、演剧等各种演出。歌剧时期为 11 月到次年 6 月为止。冬天为歌剧，春天开始则为芭蕾的演出比较多。音乐会的话，冬天自然不用说，在歌剧期结束的夏天，有时也会邀请著名的音乐家前来演出。

如果想知道现在在上演什么的话，可以直接前去剧场，或者从新闻的演出信息栏、旅游局或者酒店中的演出信息（L'evento）中获取信息。有时在街角也会贴上海报，只要稍微注意一下的话就能根据自己的行程找到适合自己的演出。当然，询问留宿酒店的工作人员也是可以的。门票可以在剧场的窗口，根据座席的位置和价格进行购买。不过，现在与以前相比，门票可能比较难买到了。尽早在中国从网上订购可能会比较好。

座席一般价格较高的有，剧场中央位置的普拉提雅 Platea、将普拉提

记载着歌剧院演出表的宣传单页

歌剧场 　　　　　　　　　　　　　　　*column*

意大利语中的"歌剧"原本为"作品"的意思。除了音乐外，艺术、学问上的作品至今也会使用"歌剧"这个词。另外，"歌剧"如果不使用"opera lirica"这个单词的话，意大利人可能会反应不过来。歌剧的演出诞生于 16 世纪末的佛罗伦萨。之后以蒙特维尔迪为首，在罗西尼、威尔第、普契尼各地也相继建造出华丽的剧场，诞生出众多有名歌剧歌手的意大利可以说是歌剧大国。在罗马也以歌剧院为首拥有很多的剧场，近年

来，在卡拉卡拉浴场的野外歌剧场成为了夏天的一种风物诗，居住在罗马的人自不用说，从世界各地前来造访的旅客也非常喜爱。

歌剧的季节基本上由 11 月开始，一直持续到次年 6 月左右。其间，在街角的各处都能见到演出的海报。如果演出项目和日程并不冲突的话，请一定要前去欣赏一下。因为正宗的歌剧和"输出"的歌剧在本质上是完全不同的。

雅包围起来一样的包间，1 个包间中 4~8 席的帕尔克 Palco、略微上部的加勒里亚 Galleria、再上方的罗乔内 Loggione。普拉提雅除外，其他价格较高的座席不一定是欣赏舞台的最佳位置，所以在买票时一定要考虑好。

● 购买门票

各种门票可以在数周前在各剧场的售票口贩卖。歌剧的门票即使在中国也可以预约。另外，已经开始发售的门票的话，不管是音乐、体育还是意大利国内外的各种门票都可以购买的 Box Office 等演出指南会非常方便。

● 其他的剧场和门票

在歌剧院中，还售卖着卡拉卡拉浴场夏天的野外歌剧场、主要上演芭蕾的布兰卡奇剧场、以古典剧为主的阿尔杰提那剧场等的门票。除此之外，在这里也能购买歌剧场主办的教堂音乐会的门票。

另外，从秋天开始到初夏为止的音乐会为圣塞西利亚音乐院主办，在音乐公园奥蒂托里乌姆 Auditorium-Parco della Musica 举办。这是一座拥有着传统和实力的音乐院，意大利音乐家合奏团也在此诞生，同时也会举办由著名独奏者举行的演奏会。

除此之外，也会在罗马大学奥拉马尼亚 Aula Magna 等地举办由大学合奏团举行的音乐会。

在卡拉卡拉浴场夏天的歌剧会场中

如果想要得到更加详细的信息的话

从各新闻的罗马活动信息页面中，记载着当日的活动、音乐会、电影的信息。除此之外，在报刊亭等贩卖的罗马信息杂志 Roma Ce 和 Trova Roma 中，除了各种活动外，还记载着电影、音乐会、店铺信息。不过，这些杂志都为意大利语。

英语的信息杂志有 Wanted in Roma。除了出租房、工作、学校等信息外，还记载着以罗马为中心的意大利活动的信息。在报刊亭中有贩卖。

Box Office
La Feltrinelli
Boxoffice Italia
🏠 Largo di Torre Argentina 5
（书店拉费尔克利内利内部）
☎ 06-68308596
※加勒里亚科隆纳中也有。

Hello Ticket
🏠 Via Giolitti 34
（Agenzie 365 内）
特米尼车站内（24 号线路旁，❶ 附近）
☎ 06-47841536
🕙 10:00~18:00
🖥 www.helloticket.it

● **圣塞西里亚国立音乐院演奏会**
Accademia Nazionale di Santa Cecilia 的售票处
🏠 Botteghino Auditorium Parco della Musica Viale P. de Coubertin 34
🕙 11:00~20:00
☎ 06-8082058
🖥 www.santacecilia.it
Lottomatica Italia
☎ 892982（客服中心）
（能够通过电话使用信用卡购买）
🖥 www.listicket.it
（能够网上预约）
※在 Orbis 处有贩卖

● **大学团体音乐会**
Istituzione Universitaria dei Concerti
● **罗马大学大教室**
Aula Magna dell' Universita di Roma "La Sapienza"
🏠 Lungotevere Flaminio 50
☎ 06-3610051~2
🖥 www.concertiiuc.it

使用信用卡在网上预约
🖥 www.greenticket.it

野外歌剧院信息
以三大男高音最初进行公演而闻名的卡拉卡拉浴场夏天野外歌剧院。在罗马，夏天经常会上演歌剧。会场在卡拉卡拉浴场、西班牙阶梯、蒂沃利的阿多尼亚纳别墅以及奥斯提亚遗迹等，每年都会改，信息可以在 ❶ 处获得。

●奥蒂托里乌姆

📍 Via P.De Coubertin 15

☎ 06-80241281

🕐 11:00~20:00（周日、节
假日 10:00~）

💴 公园免费（根据举办的活
动有时也会收费），导游陪
同参观€9，（大概需要1小
时），仅限周六、周日、节假
日11:30~16:30中1小时

前去方法：在特米尼车站前
乘坐巴士 217 路、910 路。
在圣希尔维斯托广场乘坐巴
士 53 路（平时到 21:00）。
在弗拉米奥乘坐观光车 2
路。特米尼发车的巴士 M
路为公演日于特米尼发车，
17:00~，每 15 分钟一班车，
运营到演出结束。

●音乐会售票处

📍 Viale P.de Coubertin 30

☎ 06-80241281

🕐 11:00~20:00

420:00~20:30

🌐 www.auditorium.com

电话售票　☎ 06-0608

网络售票　🌐 www.listicket.it

✉ 音乐公演奥蒂托里乌姆
在人民广场背后的弗拉
米尼奥广场乘坐观光车 2 路，
或者乘坐前往 M.Auditorium
的巴士或者在特米尼乘坐
巴士 910 路在 Couvertin 下
车。除了图书馆外，还有演
奏会场，是罗马古典音乐的
殿堂。几乎每天都会举办演
奏会，意大利极具代表性的
"圣塞西利亚音乐学院管弦乐
团"也定期会在这里举办演
奏会。门票可以在网上购买。

■基本的电影院

巴尔贝里尼 Barberini

📍 piazza Barberini 24/26

☎ 06-86391361

如果要看英美原声电影的话

帕斯奎诺 Pasquino

📍 Piazza San Egidio 10/V.lo
dei Piede 19

☎ 06-5815208

●动物园

📍 BioParco,Piazzale de
Giardino Zoologico 1

☎ 06-3608211

🌐 www.bioparco.it

🕐 1/1~3/23　　9:30~17:00
　　3/24~10/28　9:30~18:00
　　10/29~12/31　9:30~17:00
　　4/1~9/30 的周六周日节假日
　　　　　　　　　　~19:00
　（入场时间为关门前1小时前）

💴 €13
　　身高 1m~12 岁　　€11
　　身高 1m 以下　　免费

休 12/25　Map p.36 A2

前往方法：乘坐观光车 9 路
在 Bioparco 下车。在文艺复
兴广场、地铁 A 线 Ottaviano、
Lepanto 等地乘车。

音乐的新名所 音乐公园奥蒂托里乌姆
Auditorlum-Parco della Musica

位于博盖塞公园西北方向约 3 公里处，由建筑家伦佐皮亚诺设计，于 2002 年 12 月诞生的广阔音乐公园奥蒂托里乌姆。在绿色的场地上，拥有 700~2700 座席的 3 座场馆以弧形排列着，其中央设置着 3000 座席的野外观众席与内部的两座屋顶庭院相连着。除了举办圣塞西利亚音乐学院主办的音乐会外，还作为展示和会议场使用。除了广阔的庭院外，还可在导游陪同下参观建筑途中发现的公元前 500 年左右的古代罗马贵族之馆、音乐会大堂、观众席、圣塞西利亚音乐院乐器博物馆。（🕐 11:00~18:00　休 周三免费）

电 影

意大利的电影自不用说，外国电影也全部采取了意大利配音，所以如果语言不通的话可能无法体会到其中的乐趣。电影院在科尔索大道、巴尔贝里尼广场、科拉迪恩佐大道中都有，立刻就能找到。现在能够观看到英国、美国原声电影的电影院也慢慢增多了。每天上映英语版电影的帕斯奎诺位于台伯河岸区中。

动物园

在美术馆休息的日子里，带着野餐的心情出门也不错。这里不像中国那么拥挤，可以好好放松。

动物园附近的"湖之庭院"，让人忘记了自己身在罗马

●动物园

位于博盖塞公园的一角。人很少，动物也都很有精神，非常适合带孩子前来。

游 船

●台伯河游览

从罗马城向南北方向蛇行，水流很缓慢的台伯河。附带语音向导，能够好好享受约 1 小时的观览船巡航和游船晚餐。

马车　Carrozzella

在古罗马斗兽场、西班牙广场等观光点中等待客人的马车

在罗马的石板路上响彻着马蹄声的马车。能够让人更好地享受旅行的气氛。在观光名所的古罗马斗兽场、西班牙阶梯附近、许愿池附近都有在等待客人的马车。基本为 5 人乘坐，根据目的地（线路）和时间议价。不过有时会遇到事前的价格为 1 人份，等到达目的地后却会要求"按照人数份支付"等情况。所以为了事后不起争执，请在一开始就询问清楚。不管怎么说，10 分钟大概需要支付 €50，比较适合钱包比较充裕的旅客。

体　育

每到 5 月，都会举办网球的世界杯 Campionati di tennis，在博盖塞公园的锡耶纳广场举办国际马术竞技会。在新阿皮亚沿边设有赛马场 Ippodrome delle Capannelle。

举行国际马术竞技会的锡耶纳广场

对于想活动一下身体的人，比较推荐 5~9 月开设的玫瑰园泳池（Riscina delle Rose，Viae Aerica 电话 06-5926717）。其他季节的话，在博盖塞公园散步也非常不错。但是，请避开人气很少的早晨和夜晚。

孩子喜欢的景点

● 欧亚希公园 Oasi Park
🏠 Via Tarquinio Collantino 56
地铁 A 线 Lucio Sestio 下车。孩子可以玩耍的小游乐园

● 儿童博物馆 EXPLORA Museo dei Bambini di Roma
🏠 Via Flaminia 82　休 周一　费 3~12 岁 € 7　1~3 岁 € 3
地铁 A 线 Flaminio 下车。距离人民广场很近。采取 1 小时 45 分钟交换制度，能够在市内游玩。是以儿童的尺寸建造的模拟小镇体验设施

● 拉斐尔之家 Casina di Raffaello
🏠 Piazza di Siena（博盖塞公园内）
🕐 周二～周五 10:00~18:00　周六、周日、节假日 10:00~19:00　费 € 5
绿荫中的游乐园

● 大型购物中心帕尔克雷欧纳尔多 Parco Leonardo
🏠 Via Bramante 31/65, FIUMICINO　☎ 06-45422448
🕐 10:00~20:00　休 一部分节假日

● 附带耳麦向导的台伯河游船
Crociera hop=on hop-off
🕐 10:00~18:30 每 1 小时起航
☎ 06-97745498
费 €16（大概需要 1 小时）
晚餐游船（费用 €58，需要时间 2 小时 10 分钟）
乘坐场所 圣天使堡下、台伯岛

预约可以通过电话或者网站或者前往圣天使桥下的事务所兼乘坐场所、售票处（从圣天使堡前方的楼梯走下）。附带耳麦向导。圣天使桥下的风景让人想起电影《罗马假日》中大乱斗的场景。

✉ **台伯河游船**
从圣天使桥下一直来到弗拉米尼奥附近的奈你 Nenni 桥，来到台伯岛后再返回圣天使桥的线路。没有时间限制，可以在台伯岛下船。附带耳麦向导。

✉ **前往绿色的公园**
在晴朗的日子里，前往博盖塞公园的平乔山附近租借自行车（4 人骑）也非常有趣。来到"湖之庭院"附近的话，还能乘坐手划式小船。

✉ **带着孩子前往帕尔克雷欧纳尔多**
这里虽然是购物中心，但是也有能够让孩子乘坐玩耍的玩具。推荐下雨天前来。从特米尼车站乘坐巴士 16 路在 Tuscolana 站下车后换乘铁路。在帕尔克雷欧纳尔多下车。

在罗马观看足球赛

意甲联赛劲旅拉齐奥和罗马都汇聚于罗马。和其他的城市相比，在这里能够观看到激烈的意甲联赛的可能性比较大。特别是，罗马德比可以称得上是狂热的比赛，在赛后城市的各处也都还是兴奋异常。罗马队的颜色为胭脂红和黄色 GIALLOROSSO 加上狼的标记。拉齐奥为白色和浅蓝色 BIANCOCELES 加上鹰的标记。

足球赛季

足球赛季一般从9月到次年5月为止，比赛基本为周日午后。不过根据欧洲冠军杯等其他比赛和天气的原因可能会更改到周三和周六。比赛开始时间为12:30、15:00、18:00，夜晚为20:30左右，根据季节会有所变更。详细情况请在售票处、体育报纸或者❶等进行确认。

比赛场地

比赛场地设于城市西北马里奥山上的意大利广场内的体育场奥林匹克（Stadio Ollimpico，🏠 Viale delle Olimpiad）

`前往方法`①在地铁A线奥塔维亚诺 Ottaviano 站下车，从巴雷塔大道 Via Baletta 或者文艺复兴广场（起点终点站）乘坐巴士32路到 Piazzale della Farnesina 下车。②从特米尼车站乘坐巴士910路。③在地铁A线 Flaminio 站乘坐观光车2路在终点 Piazza Marcini 下车。

罗马的两支球队的主场——奥林匹克运动场

座 席

整体被分为两端弯曲部分的库尔瓦 Curva、中心部的托里布纳 Tribuna、库尔瓦和托里布纳之间的迪斯汀提 Distinti。当地的狂热球迷都集中在库尔瓦。价格大约在 €15~100。

购买门票

门票的售卖场所根据各个队伍有所不同。本书调查时，奥林匹克（🏠 Viale delle Olimpiade 61）只售卖一部分比赛的门票。可以事先在网上购买，或者询问酒店最近的门票购买场所。门票一般在比赛前1周开始售卖。在购买门票和入场时需要出示护照。另外，一部分售卖场所可能有指定的比赛和座席。加盟店有很多，在酒店附近应该会很容易找到，也会贩卖其他队伍的门票。门票的价格会根据座席还有比赛对手在 €13~200 之间浮动。

AS 罗马主要的售票点
● AS 罗马斯托亚
（官方商店：罗马市内共13家）
🏠 Piazza Colonna 360（参考下页）
☎ 06-69200642
🕐（售票时间）10:00~18:00、周日10:00~13:00（仅限比赛当日）

SS 拉齐奥主要的售票点
● Lazio Style 1900
（官方商店、售票处：拉齐奥州内共5家）
① 🏠 Via Guglieimo Calde（距离运动场最近。位于运动场西北方向：往河川方向约走500m）
🕐 周一 16:00~20:00 周二~周六 10:00~13:30、14:30~20:00、售票时间 10:00~13:30、14:30~19:00、比赛当日为比赛开始前5小时
② 🏠 Parco Leonardo/Viale Bramante 19（Fiumicino）乘坐 FR1 线（菲乌米奇诺·奥尔特线）在 Parco Leonardo 下车
☎ 06-65499801
🕐 周二~周日 10:00~20:00，售票时间 10:00~13:30、14:30~19:00

两支队伍共通的售票处
●加盟店 Ricevitore lis Lottomatica（市内约80家）
●网络购票 🔲 www.listicket.it
○电话购票 🔲 892-982（仅限意大利国内 周一~周六 10:00~13:00、14:00~18:00）
意大利国外 ☎ 02-60060900vt

●罗马足球比赛信息●

✉ 我是如何前往的

按照上页的前往方法②在运动场东侧的曼苏尼广场 Piazza A.Manzini 终点下车后，穿过西侧的桥 Ponte Duca d'Aosta。距离运动场大概1公里。距离运动场最近的便是①。②如果在特米尼车站附近搭车的话，就需要花费大量时间。另外，比赛当天周围也会大堵车，所以请事先准备好充足的时间再出门。

线路①比较方便。可以乘坐文艺复兴广场始发的巴士32路，在左侧看到运动场后便可以在沿岸巴士车站下车，眼前便是体育馆了。回程可以从体育馆正面走入左侧大道，巴士32路便停留在那里。

✉ 罗马德比

我认为前往运动场的话，上页记载的②比较方便。地铁由于施工原因在21:00就结束了（23:30之前可以换乘巴士）。我当时观战的比赛是在21:15结束的。虽然巴士的终点站是奥林匹克，但是乘坐巴士的乘客基本上都是前来观看足球比赛的，所以下车后随着人流便能来到运动场。另外，虽然终点前一站距离运动场也并不远，有人也在这里下车，为了能够确认一下终点站，还是在终点站下车会比较好。

根据当地人的建议，由于在罗马德比时期①的交通会处于拥堵状态，所以还是尽早启程。

回程的话，如果在比赛结束前几分钟离开场馆的话，便能顺利返回。

✉ 如果要购买球赛门票的话

我前去奥尔皮斯购买2008年3月15日周六举办的罗马对 AC 米兰的比赛门票，但是由于安全方面等诸多问题，要求我前去罗马斯托亚购买。所以，直接前去罗马斯托亚购买能够省下不少时间。比赛虽然基本为周六和周日，但是也会出现临时更改为周一、三、五的情况，所以如果驻留日期比较短的话，请先在国内确认好比赛日程。我在比赛前一天在罗马斯托亚排了约1小时的队，花了€20购买了库尔瓦的座席。由于库尔瓦的座席也算是后援席，所以对女孩子来说稍稍有些危险，而男人便能亲身体验现场的感觉，非常便宜实惠。由于现场会突然燃烧喷火枪或者爆竹，所以稍微有点危险。

✉ 必须携带护照

在入场时一定会确认门票上记载的名字和身份证明（外国人为护照）上的名字是否吻合。出于安全上的理由，在当天是不贩卖门票的，所以需要提前购买门票。意大利的门票都需要现金购买。

在运动场周围虽然也有商店，但是从那里购买到的门票是绝对无法入场的，请注意。如果有取消的门票的话，会在运动场前按定价售卖。

官方商店

售票中心

"罗马"	"拉齐奥"	
罗马斯托亚 **ROMA STORE**	**拉齐奥普因特** **LAZIO POINT**	**奥尔皮斯** **Orbis**
住 Piazza Colonna 360	住 Via Farini 34	住 Piazza Esquilino 37
☎ 06-69921643	☎ 06-4826688	☎ 06-4744776
营 10:00~20:00	营 9:00~13:00、15:30~19:30	营 9:30~13:00、16:00~19:30
休 周日	休 周日	休 周日、节假日、6/15~8/31 的周六午后
交 纳沃纳广场、威尼斯广场徒步5分钟　Map p.35 A3	交 特米尼车站徒步3分钟 Map p.37 B3（不贩卖比赛门票）	Map p.37 B3
URL www.asroma.it	URL www.sslazio.it	

※都为现金售卖

379

旅行用意大利语

在意大利待几天，便可以自然掌握"您好（Buongiorno）"等简单的句子。我们在意大利语的会话书中找出了一些日常生活中经常用到的短句，可以试着写一写。在车站订票前，即使不会说也没关系，可以把订票的日期、车票数量等用意大利语写在纸上递给售票员，但不要忘记面带微笑说声"谢谢"。

特米尼车站的商店 Chef Express

基 础 篇

问 候

再见！以后见！	Ciao!
白天好！	Buongiorno!
晚上好！	Buonasera!
晚安！	Buonanotte!
再见！	Arrivederci!

打招呼

不好意思，打扰一下！　Scusi！
　　　　　　（打断别人，询问某事）

对不起！　Pardon！
　　　　　（对不起，抱歉）

对不起，借过！　Permesso！
　　　　　（车内很挤，需要借过时）

我想问一下……　Senta！

尊 称

对男性	Signore（复数 Signori）
对已婚女性	Signora（复数 Signore）
对未婚女性	Signorina（复数 Signorine）

※加在姓名、职称前的尊称，在称呼别人时也可以单独使用。

请求与感谢

不好意思！	Per favore！
谢谢！	Grazie！
非常感谢！	Grazie mille！
别客气！	Di niente！
请别客气！	Prego！

道歉与回答

实在对不起！	Mi scusi！
没关系，不要紧。	Non fa niente.

"是"与"不是"

是	Si
是，谢谢	Si，grazie
不是	No
不用了，可以了	No，grazie

想……

（我）想要~（想做~）　Vorrei~
相当于英语的"I would like~"。
后面加 biglietto（车票）、gelato（冰激凌）、camera（房间）等就表示"想要~"。
加 andare（去）、prenotare（预约）、cambiare（更换）等就表示"想做~"。

要一张车票	Vorrei un biglietto.
要一个冰激凌	Vorrei un gelato.

预约一个房间
Vorrei prenotare una camera.

能……吗？

（我）可以（能）~吗？ Posso~？
相当于英语的"Can I~？"
可以用信用卡付钱吗？
Posso pagare con la carta di credito？

在酒店

想要淋浴（带淋浴 / 不带淋浴）的（双人间 / 单人间）。

Vorrei una camera（doppia/singola）（con/senza）doccia.

一晚上多少钱?

Quanto costa per una notte ?

包括早饭吗?

Inclusa ia colazione ?

有（安静的 / 再便宜点的）房间吗?

Avete una camere（tranquilla/meno cara）?

能看看房间吗?

Posso vedere la camera ?

我想住（3 个晚上 / 一周）

Vorrei rimanere（3 notti/una settimana）.

好的。就这个房间吧。

Va bene.Prendo questa camera.

在信息咨询中心

想要一张街道的地图。

Scusi, vorrei una mappa della città.

想要预订住 5 天的双人间。

Scusi, vorrei una camera doppia per 5 notti.

太贵了。想预订更便宜点的房间。

É troppo cara.Vorrei una camera piu economica.

想知道活动的信息。

Vorrei delle infomazioni degli spettacoli.

有米兰美术馆的介绍吗?

Vorrei una lista dei musei di Milano.

观 光

售票处在哪里?

Dov'è la biglietteria ?

是在最后一排吗?

Lei è l'ultimo della fila ?

学生有优惠吗?

Ci sono riduzioni per studenti ?

有免费的小册子吗?

È possible avere un dépliant gratuito ?

有馆内的导游小册子吗?

C'è una piantina dell'intero edificio ?

请借我一台语音解说器。

Vorrei un'audioguida，per favore.

请教我这个的使用方法。

Come si usa ?

（指着旅游手册）这个在哪里?

Dove si trova questo ?

可以在这里照相吗?

È possibile fare una foto ?

用　餐

今天晚上预订 2 个人的位子。	Vorrei prenotare per 2 persone per stasera.
我们有 4 个人。有空桌吗?	Siamo in 4 avete una tavola libera ?
我今天晚上 8:00 预订了 2 个人的位子。	Abbiamo prenotato per 2 persone alle 8.

货币兑换、银行

您好。我想兑换 ~。	Buongiorno. Vorrei cambiare~.
您知道汇率是多少吗?	Posso sapere quanto fa lo yen ?
这里可以用信用卡支付吗?	Si Possono ritirare contanti con la carta di credito ?

※如果是兑换旅行支票，需要出示护照和意大利的暂住地（酒店地址）。

请出示您的护照。	Il passaporto，per favore.
在威尼斯，住在哪里?	Dove abita a Venezia ?
请您签字。	La sua firma，per favore.

邮局 / 电信局

我想要这个（信 / 贺卡）的邮票。	Vorrei francobolli per questa（lettera/cartolina）.
我想把这个包裹寄到 ××。	Vorrei spedire questo pacco in XX.
我想换 10 个 € 0.80 的硬币。	Vorrei 10 francobolli da € 0.80.
我想往 ×× 打个电话。	Vorrei telefonare in XX.
需要付多少钱?	Quanto pago ?

基 本 单 词

月

1 月	gennaio
2 月	febbraio
3 月	marzo
4 月	aprile
5 月	maggio
6 月	giugno
7 月	luglio
8 月	agosto
9 月	settembre
10 月	ottobre
11 月	novembre
12 月	dicembre

周日	domenica
周六	lunedi
周五	martedi
周四	mercoledi
周三	giovedi
周二	venerdi
周一	sabato

今天	oggi
明天	domani
昨天	ieri

健　康

最近的药店在哪里?	Dov'è la famacia piu vicina?
您需要什么感冒药吗?	Vorrei qualche medicina per il raffreddore?
我头 / 胃 / 牙 / 肚子疼。	Ho mal ditesta/stomaco/denti/pancia.
我发烧 / 感觉冷 / 拉肚子。	Ho febbre. /Ho freddo./Ho diarrea.
我身体不舒服。请找医生。	Sto male. Mi chiami un medico，per favore.
我想找懂英语的医生给我看病。	Vorrei un medico che parla inglese.

出　行

请给我两张到米兰的二等往返车票。	Vorrei un biglietto di seconda classe andata e ritomo per Milano.
我想预订两张 Intercity 的座位。	Vorrei prenotare due posti dell'Intercity.
有效期到什么时候?	Fino a quando è valido ?

※乘坐列车进入车厢的时候，如果已经有人坐在那里一定要打招呼。下车的时候也一样。另外，自己若没有预约车票，坐之前要确定此座位有没有被别人预约。

你好。这个座位有人吗?	Buongiorno. É libero questo posto ?
这趟列车开往米兰吗?	Questo treno va a Milano ?

麻烦 / 事故

帮帮忙! 抓小偷!	Aiuto！Ladro！
请马上叫警察来。	Mi chiami subito la polizia, per favore.
(钱包 / 护照) 被偷了。	Mi hanno rubato（il portafoglio/il passaporto）.
有懂英语的人吗?	C'è qualcuno che parla inglese?
发生了交通事故。请叫警察来。	Ho avuto un'incidente. Mi chiami la polizia，per favore.
请叫救护车。	Chiami un'ambulanza, per favore.

欧元的读法

欧元计算到小数点后两位。欧元以下的单位是欧分。（意大利语是 centesimo，一般使用复数式 centesimi。）€ 1=100¢。2013 年 9 月 € 1=RMB8.06 元左右。

例如，€ 20.18 可以读作€ =20.18 或€ =2018¢分，小数点一般不读出来。

购物时使用的 **意大利语** 很方便！ Quanto costa?

装饰着法拉利的法拉利商店

购物会话 ❶

我想试穿这件。	Vorrei provare questo.
你的号码是多少?	Che taglia ha ?
我正在寻找适合这件衣服的外套。	Cerco una giacca che vada bene con questo vestito.
这件我不喜欢。	Questo non mi piace.
太花哨（朴素）了。	É troppo vistosa（sobrio）.
请给我看看其他样式。	Me ne faccia vedere un'altra.
多少钱?	Quanto costa ?

基 本 单 词

鞋		鞋面	tomaia
男鞋	scarpe da uomo	鞋底	suola
女鞋	scarpe da donna	鞋跟	tacco（复数 tacchi）
凉鞋	sandali	鞋号	larghezza
与鞋有关的单词		松	larga
紧	stringe/stretta	高	tacchi alti
低	tacchi bassi	鞋拔子	fibbie per sandali

数字

0	zero	13	tredici
1	un、uno、una、un'	14	quattordici
2	due	15	quindici
3	tre	16	sedici
4	quattro	17	diciassette
5	cinque	18	diciotto
6	sei	19	diciannove
7	sette	20	venti
8	otto	100	cento
9	nove	1000	mille
10	dieci	2000	duemila
11	undici	1万	diecimila
12	dodici	10万	centomila

购物会话 ❷

请给我看看更便宜的。	Me ne faccia vedere uno meno caro.
太贵了。	É troppo caro.
让我再考虑一下。	Vorrei pensarci un po.
（裤子、裙子、袖子）太长（短）了。	Sono froppo lunghi（corti）.
能把这个地方改短吗？	Si potrebbe accorciare questa parte.
需要多长时间？	Quanto tempo ci vuole？
请拿这个。	Prendo questo.

在触摸商品前请先问一下店员

衣服的种类

上衣	giacca
裙子	gonna
裤子	pantaloni
衬衫	camicia
外套	camicetta
领带	cravatta
围巾	foulard/sciarpa
毛衣	maglia

衣服的质地

纯棉	cottóne
绢	seta
麻	lino
毛	lana
皮	pelle

皮革制品的种类

手套	guanti
公文包	portadocumenti
腰带	cintura
钱包	portafoglio
零钱包	portamonete

皮革制品的质地

山羊皮	capra
小山羊皮	capretto
羊皮	pecora
小牛皮	vitello

颜色的种类

白色	bianco		紫色	violetto
黑色	nero		红色	rosso
茶色	marrone		青色	blù
米黄色	beige		藏青	blù scuro
粉红色	rosa		灰色	grigio
绿色	verde		黄色	giallo

逛街时使用的 **意大利语**

很方便！

Vorrei andare a~

步行者天堂科尔索大道

问路

我要去～	Vorrei andare a~
请在地图上帮我指出来。	Mi indichi il percorso sulla piantina.
可以步行到达吗?	Ci si puo andare a piedi ?
步行需要多长时间?	Quanto tempo ci vuole a piedi ?

在公共汽车上

这辆车开往哪里?	Quest' autobus va a~ ?
我想去～，请告诉我在哪里下车。	Vorrei andare a~, mi dica, dove devo scendere.

在出租车中

请到××酒店。	Mi porti a Hotel~.
到××，大概要多少钱?	Quanto costa più o meno fino a~ ?

基 本 单 词

车站	stazione
列车	treno
旅行社	ufficio di informazioni turistiche
教堂	chiesa.
广场	piazza
公园	giardino/parco
桥	ponte
十字路口	crocevia/incroce
站点	fermata
始发站 / 终点站	capolinea
公共汽车	autobus/bus
长途汽车	pullman
长途汽车终点	autostazione
地铁	metropolitana
出租车	tassi/taxi
出租车乘坐点	posteggio dei tassi

a sinistra（向左）
diritto（向前）
a destra（向右）

远	*lontano*
近	*vicino*

旅行中的突发事件及对策

在意大利，偷盗和儿童盗窃集团的情况很严重，虽然使用枪械抢夺钱财的犯罪和其他欧美国家或地区相比要少许多，但是以旅客为目标进行盗窃的情况非常多。所以有必要事先把握住这些突发事件的情况并了解应对方法。下面就为大家介绍下在罗马会遇到的突发事件的情况和对策吧。

在拿出钱包前请千万要注意

偷包

当双手拿着很多行李在拍照、买票、确认地图上的场所时，即使只有一瞬间，就会从四面八方伸出贼手，等回过神来时行李就消失了。这种情况在观光景点还有特米尼车站发生得比较频繁。

实例1 在从特米尼车站开往菲乌米奇诺车站的列车中，便发生过放着贵重品的提包被偷的事件。整个事件是在从乘车到发车的 5 分钟之间发生的。在抵达座席，将随身携带的行李放在一边，准备移动行李箱，目光从提包上移开的一瞬间，提包就不见了。由于发生在回国期间，所以也没法下车，只好暂且先前往机场。虽然在机场和当地的警察说明情况，但是由于出发时间迫在眉睫，所以也没法详细说明。归国时，海关的警察提出了"遭偷窃证明书"。由于护照有分开放，所以还是回国了，但是钱包、手机还有记录着蜜月旅行的数码相机、钥匙都被偷了，非常受打击。回国后才知道，在列车中这样的盗窃情况非常严重。

在时间非常紧迫的归国前夕，无法追赶犯人的情况并在往返机场和特米尼车站之间，和通常列车相比车长较少的列车中，这些对小偷来说都是非常有利的情况，所以请一定要注意保管财物。

"遭偷窃证明书"在请求保险时是必要的。虽然物品回不来，但是请不要放弃，一定要报案。警官会很亲切地进行询问的。

由于对行李也有所留恋，所以在回国后联络了意大利驻中国大使馆。如果在海外发现了中国人的行李的话，警察就会联络大使馆。如果找到了行李的一部分的话，也会通过中国大使馆和我联络。另外，也会联络罗马的中央警察，如果找到的话会通知大使馆。虽然行李回不来，但我还是做了该做的事情。

实例2 21 点时，由于走得很累了，所以便在大城门前广场上的长椅上休息了一会儿，这时在旁边的长椅上坐着一名褐色的男子，过了一会儿，他主动说着 "Do you speak English？" 和我打招呼。但是，男人一边给我看卡片，一边开始用意大利语说起话来。当我觉得奇怪，看了一下脚边的包时，居然有另一名男子抱着我的包跑了。看到我一边怒吼着一边追赶后，他就扔下包跑了。所以在目光离开包时，请一定要用脚夹好，不要让其离开自己的身体。

对策

❶ 不要让行李离开自己的身体。如果需要将行李放在地上的话，要用脚夹住。在进入混杂的快餐店或咖啡店时不要将包放在椅子背后。如果要放在没人的椅子上的话，请一定要放在自己和友人之间的椅子上。

❷ 对于突然前来搭话或者有着奇怪举动的人一定要保持警惕。

❸ 在等候室或者车站的椅子上时，一定要将行李（不管有多少包和行李）放在自己手够得着的地方。如果有奇怪的人不经意地坐在旁边时，一定要将行李放在远离那名人物的位置，充分保持警惕。

找零、兑换时进行替换

在购物找零和兑换时，故意搞错的情况也不在少数。

钱币替换

在晚上从出租车上下车，用高额纸币支付时，可能会故意趁着黑暗找回少量的零钱。另外在混杂的店铺和摊位上也会遭到同样的事情。

兑换时浑水摸鱼

其一 面对对欧元不熟悉的外国人，可能会从兑换的金额（小票记载额）中偷取一部分，

只交给你少额的欧元。

其二 从给予的金额（人民币等）中先偷偷抽取几张。这样即使小票和拿到的兑换后的金额一样，而因为兑换前的金额不一样进行抗议时，也会说是你自己搞错了。

实例1 在圣天使堡附近的摊位上购买冰激凌时，少找给了我零钱。在找零时，将硬币叠在一起，让你搞不清到底找回多少钱的店员你要特别注意。如果是值得信赖的店员的话，即使在摊位等地方，也会将硬币一枚一枚排开，让你能够一目了然地知道找回多少钱。

实例2 我也在摊位上损失了差不多€10。由于语言不通，我也有苦难言，在这种时候请千万不要沉默，即使使用汉语也应该要大声地说出"你少找零钱了"。

实例3 一般在乘车前我都会先询问好大致的费用和从计价器中进行确认，但是这次由于太过于疲惫，所以中招了。地铁2站的距离居然被收取了€40。一开始价格谈好为€30，实际上我也给了3张€10的纸币，但对方却说"这里面只有2张哦"，所以只好再给了€10，一共花费了€40。太过分了！！

❶ 熟悉意大利式找零的习惯。如果买了€8.55的东西，而用€10支付的话，首先会找你€0.05，然后再找你€0.40，最后再找你€1，基本上都会按照从小到大的单位找回硬币或者纸币。如果一开始就在心里算出应该找回的金额的话，一旦被骗就立刻可以发觉。

❷ 等找零全部排列在柜台，确认金额后再放入钱包。如果一旦用手触碰或者放入钱包的话，即使找错，对方也不会承认了。

❸ 兑换时（即使后面排着长队）请一定要当场确认小票和金额。特别是有意少兑换给你的话，肯定会换给你小额的纸币和硬币。然后对于想要确认的旅客，他们就会催促说后面还有客人，请稍微快一点。这时，请千万不要焦急，一定要好好确认后再放入钱包。

❹ 在支付和兑换时，请在支付时先在对方面前确认一下给予的金额。

对策

- -

携带儿童的小偷

抱着婴儿的女性小偷。一般都会在身前抱着用布裹起来的婴儿。婴儿有时是真的，有时也可能只是个洋娃娃。她们的常用手段便是以婴儿吸引你的眼光，用藏在婴儿下的手进行偷窃，再将赃物藏在布下。在城市中有时会露出胸部，就像在喂奶一样地接近你。

实例 在靠近特米尼车站的酒店街，早上走出酒店后就遇上了。一名女子抱着两名婴儿（洋娃娃），一边发出很大的声音一边接近。我

虽然小跑逃掉了，但是我老公却被缠住了。幸好钱包放在了上衣中斜背的包包中，对方的手够不到才避免被盗。由于在他们眼中酒店街＝旅店，所以请一定要注意。

❶ 即使对方带着小孩子，也千万不要掉以轻心和同情。

❷ 如果对方前来搭话，千万不要让其靠近。

❸ 如果对方靠近你的话，千万要注意贵重物品。

对策

- -

儿童偷窃集团

以儿童为主进行偷窃的盗窃集团也非常有名。偷窃集团的儿童以前都会穿长裙，头发和手脚都很脏，一眼就能看出来，但是最近和普通的意大利儿童比起来只是稍微有点脏而已。一般都会手持报纸或者纸箱靠近，在您被什么事转移注意力的时候，就从口袋中将钱包偷走。

晚上也有卖花的情况。小孩子会拿着花束慢慢靠近。一束花的价格非常贵，但也并不是买不起的价格，他们的手段就是想

让人觉得小孩子这么晚还在外面太可怜了，这时如果因为同情心而拿出钱包的话就不好了，他们会趁你不注意时从钱包中偷走纸币。

白天他们一般潜伏在目标看不到的地方，像古罗马斗兽场附近、博盖塞公园、古罗马广场以及帝国广场大道等地出没。晚上卖花的孩子一般出没在台伯河岸区和纳沃纳广场等地。近年来在巴士和地铁车内也有出现。

实例 在特米尼车站附近，突然有小孩缠上了我老公，开始吵闹，接着手持纸箱的孩子的

母亲出现，和孩子一起开始吵闹，吸引这边的注意力。接着，孩子的手突然伸进老公牛仔裤的前口袋想要偷取钱包。由于老公穿的是非常合身的牛仔裤，比较难偷，才能及时发现。但由于孩子的手很小，有时会很难发现，所以请一定要小心。

对策

❶ 千万不要同情，不要认为偷窃集团只是"卖报纸的小孩子"。

❷ 如果看到偷窃集团的话，请一定要好好注意，千万不要靠近他们。进入附近的酒店、酒吧或者商店等待一段时间比较好。

❸ 如果不幸被包围的话，不要认为对方是小孩就小看他们，可以做着拳打脚踢的样子快速离开。如果逃跑的话不要去公园，而是要往人多的地方走。(不排除对方集团会将你逼入人少的地方，所以请一定要注意)

❹ 腰包、裤子的口袋最容易被偷。所以请一定不要放贵重物品。

小偷

小偷一般出没于拥挤时间段的地铁或者巴士内。特别是前往梵蒂冈有很多旅客的巴士 64 路和地铁 A 线从奥塔维亚诺到西班牙广场集体、特米尼车站之间一定要注意。小偷一般会行动，会一群人一起特意坐上车辆或者巴士（或者是故意造成混杂的样子），然后趁机从旅客身上盗取财物。

另外，也有装作很亲切的样子过来询问"现在几点了"等情况。趁对方看手表或者因为语言不通而犹豫时趁机偷走财物。

实例 1 20:00 左右，在地铁 A 线的巴尔贝里尼车站，遇到了和书上记载的一模一样的盗窃集团。和丈夫一起乘上满员电车后，一名年轻的女性上前询问时间。将手表给对方看后，对方突然抓住我的手开始大声读起时间来。在被这一举动吸引住注意力时，丈夫旁边的女性开始打算拉开丈夫皮包的拉链。明白对方是盗窃集团的丈夫便拉着我的手从还打开着的门中离开了电车，没有遭到损失。这一连串事情就发生在一瞬间。不过盗窃集团似乎会在站台等待打算乘坐满员电车，容易下手的目标。

实例 2 在普尔塔博尔特泽市遇到了以前在城市中认识的女性，于是便一边说着"好久不见~"，一边和她说起话来，这时一名黑人男性突然撞了上来。就在这一瞬间，包的带子就被割断，整个包被抢走了。包的里面只有一些化妆品，并没受到很大的损失。顺便一提，可能是那名女性拿着古驰的纸袋，所以才会被盯上的吧？我为了预防万一，在包的拉链上装上了链条。

实例 3 虽然这次已经是第五次前去罗马了，但是以前（3~8 年前）的小偷乘坐在地铁中，对裤子口袋和皮包中的财物进行下手。这次，在地铁发车前，在站台中有人将手伸进了我的口袋，也遇到数名孩子（女孩子较多）跑进车内大吵大闹，趁这机会偷取钱包并在开车前下车。所以在乘坐地铁时一定要随时注意周围的情况，保护好自己的包和口袋。

对策

❶ 尽量不要乘坐拥挤的列车。稍微等一会儿的话，就会有空闲的列车开来。坐下后将包放在手中是最好的。

❷ 尽量将贵重物品分散摆放，最好放在贴身的地方。包等物品的拉链也尽量朝着自己，让人不能简单地拉开。尽量不要在手提包、裤子口袋还有腰包中放贵重物品。

❸ 如果有人撞上自己的话请一定要小心。如果随便由于"碰到自己"而抗议的话，可能反过来会被对方缠上，请一定要注意。在城市中行走时，可以在商店还有酒吧中避难。

❹ 如果感到被盯上的话，可以远离对方，观察对方的行动。因为从一般犯罪者的心理来说，如果被怀疑的话，就会放弃。

冒牌便衣警察

在没有人气的小路或者路上人很少的周日早晨，会遇到"我们是便衣警察，由于最近发生了事件（有时会说为了搜查毒品等），所以希望检查你的携带物品，请配合"，然后会假装检查看你的钱包和护照，然后趁机夺取现金，拿着钱包逃走。

实例 1 当时正打算乘坐地铁从马西莫竞技场前往"真理之口"，所以走在马西莫竞技场旁的 Via del Cerchi。随后，先有手持地图旅

行者模样的人前来问路。在告诉对方该怎么走后，突然被 2 名男子围住，他们出示了带有照片的类似证件的物品，先是询问旅客模样的男子将现金和护照给对方看后，说了"没关系哦"并眨了下眼，这时直觉告诉我他们是一伙的。丈夫说"现金无法给你们看"，但对方的手已经伸进了口袋，还一边试探地问着"你们没有现金吗"。我们说着"我们没有现金"并进行了抵抗，但是最后还是被他们找到了钱包。二人组调查了钱包几遍，这段时间我们的视线都没有离开钱包，但是等他们走后我们发现还是被偷走了一张纸钞。由于马西莫竞技场周围都是草坪，在某些时间段中路人很少，所以没有可以逃跑躲藏的地方。反过来说，这里的视野非常良好，对他们来说是个非常好的场所。

实例 2　这是在特米尼车站西侧，靠近歌剧院附近的酒店街发生的事情。一名男子 A 一边说着"China？ Japen？"一边过来搭讪。我没有搭理他，接着从正面走来了男子 B 一边喊着"Police！ Police！"一边拿出了身份证件一般的东西说着"Passport, Please"。接着男子 A 出示了身份证件后，要求我也出示证件。在当我极不情愿地给他看了护照后，他说着"No Problem, Passport Control"打算强抢我的护照。由于护照管理属于入境事务所的管辖，所以我觉得奇怪就坚决不肯交出护照，随后两名男子便离开了。A 和 B 一看就是一伙的。

实例 3　我也像本文中所写的一样，遇到了装作旅客的女性和自称警察的男子 2 人组，虽然对方要求"请出示护照"，但我装作什么都不知道，逃走了。就在真理之口附近的小路中。

对策

　　首先请记住，除非特殊情况，不然在意大利一般是不会在路上进行询问的。如果遇到自称便衣警察的人的话，可以先让对方出示带照片的证件，然后可以说"我们去警署吧"，不过大多数时候，对方会说"你不信任我们吗？"。这种时候你可以说"证件我留在酒店中了，我们一起去酒店吧"。如果是可疑人物的话，在明白你身上没有携带现金的话立刻就会离开。如果要前去警署或者酒店的话，也千万不要乘坐对方的车子。等抵达酒店后，可以和前台商量，让对方绝对不能进入自己的房间。另外，对方也可能假借身体检查，触摸你的身体确认财物等的位置，所以请一定要分散保管自己的财物。当然，绝对不要随身携带大量现金。

　　根据从 2010 年开始的读者来稿，发现这些人都会固执于没有实际危害的护照。所以护照一定要慎重管理。另外，如果对真正的警察口吐暴言的话是要受到惩罚的，所以可以向周围的意大利人求助，让其帮忙确认身份。

飞车党

　　大概有很多人记得以前，在罗马发生了一起带领团体客人的导游被害，导致死亡的事情吧。他们的手段就是开着两人乘坐的摩托车靠近旅客，坐在后面的人从身后抢夺旅客的项链或者皮包。这时，很有可能被拉倒或者被拖行，因此受到很大的伤害。

对策

❶ 行走在夜间或者路人很少的道路，特别是不区分行车道和人行道的路上时一定要小心。在人行道上不要靠近行车道行走。

❷ 将包背在行车道的反对侧。

❸ 分散贵重物品，直接贴身携带。不要穿戴高价的饰品或钟表等。如果为了前往歌剧院或餐厅需要打扮的话，可以乘坐出租车。

❹ 来利用推车从机场或车站移动至出租车乘坐处时，不要随便在推车上放手提包。

信用卡被盗用

　　有时会遇到信用卡的小票被篡改、二重账单、盗用等，从信用卡公司要求支付巨大金额的情况。或者在提现时，骗取你的信用卡。这些都是犯人在暗处偷看到你的密码后，再趁机骗取你的信用卡。另外，也有犯人事先在 ATM 机上动了手脚，放入信用卡后信用卡会被机械吞掉，密码也会显示出来。在你吃惊离开现场的空隙，犯人就会取出磁卡，短时间内提取大量的现金。被盗的额度非常大，请一定要注意。

対策
① 不要在露天商店或者可疑的店中使用信用卡。
② 在收到自己没有印象的支付请求时，请立刻和信用卡公司联系。因为购物的支付而遭受的损失一般都有保险赔偿。所以请迅速联络。
③ 提现时一定要注意周围有没有可疑的人物。尽量在白天，进入有保安的银行或者需要刷卡进入的ATM 小房。
④ 在使用 ATM 机时如果有可疑的人前来搭话的话，请立刻停止手续。不要让对方看到你的密码。
⑤ 将提现的额度设小一些。如果是银行卡的话，可以在账户中少留一些钱。

恶质的餐厅、摊位

在以罗马为首的大城市中，也会有在餐厅受到蒙骗的案例。大多数问题都是由于不看餐单或者葡萄酒的单子，只是按照店员所说的进行点单，或者点单时价的鱼等时发生的问题。

实 例 事情发生在威尼斯广场附近的咖啡厅中。虽然随着开朗的服务员走进了店内，但是没有餐单，只有口头说明。在没有确认价格的情况下点单后，发现葡萄酒 1 杯加上比萨 1 枚居然要收取 €25。所以事前请一定要确认下价格。

対策
下列店一定要注意：
① 在店门口和收银台旁没有贴上价格表的店。
② 在车站和有名观光场所周围，不经常旅行的旅客较多的店。
③ 在坐下后，除了英语的菜单外，同时也要看下意大利语的菜单。有时候也会有给外国人的价格特别高的情况。
④ 要好好确认点的料理的价格。
⑤ 不要根据店员的推荐点菜。委托点单请在值得信赖的店中进行！
⑥ 在点鱼类的时候，一般餐单上写的是 100g=etto 或者 1kg 的价格，如果担心的话，可以确认下 1 盘有多少量。

暴力酒吧

请注意装扮亲切，或者博取同情心或者假装问路而靠近你的意大利人或者外国人。

他们会花言巧语地和你说"附近有一家很不错的餐厅"或者"介绍一位漂亮的女性给你"等，靠近你要你一起前去餐厅或者夜总会等，要你支付高额的费用，即使通过暴力也会要你支付。暴力酒吧拉客的舞台在西班牙广场～许愿池～共和国广场的三角地带和韦内托大道附近。

对女性他们可能会说"一起喝杯茶，然后吃顿晚饭吧"等。他们的目的则是一夜情，之后，他们就会抢光你身上的钱财，将你扔在人烟稀少的小路上。

対策
很可惜，在这里我们忠告大家"不要轻易相信别人"。对方可能就是看穿你想要别人帮助你或者带有邪念。所以请随时保持坚决的态度。即使对他们说要介绍给你的餐厅有兴趣，但是当时请问个地址就好，随后你可以询问酒店的人该店的评价，再决定是否前去。

白出租车（无证出租车）等

他们会将车停靠在排着长队的出租车乘坐处的旁边，以等不来出租车而深感烦躁的旅客为目标，一边说着能用非常便宜的价格送你前往目的地，一边靠近你。当你坐上车出发后，他会改口说便宜的价格只是 1 个人的费用，然后会在暗处停车，要求你支付高额的费用。机场和特米尼车站便是白出租车的出没场所，请一定要注意。

实 例 走出机场后，听到了"出租车在这里乘坐"的喊声，而车内也设置着出租车计价器，所以便毫不犹豫地上车了。当时心里想到酒店大约 40 分钟行程，€50~80 就足够了吧。但是抵达目的地后，对方要求我支付 €280。由于金额实在太过分，所以我表示了抗议，但是对方却反过来发怒了，由于害怕所以就按对方报的价

格支付了。回国时从酒店到机场就花费了 €40。顺便一提的是，那位没有道德的司机在行程中提到了当天的其他中国乘客，感觉似乎以中国人为目标。听当地人说，正规的出租车司机是不会说"出租车在这里乘坐"的。所以大家还是在正规的出租车乘坐处坐车比较好。

> **对策**
>
> ❶出租车请在站前或者街角的出租车乘坐处乘坐，或者请酒店或餐厅的人帮忙呼叫，不要乘没有标识的无证出租车（无证出租车没有计价器）。
>
> ❷坐上出租车后请一定要确认计价器 S 正常运作。但是，如果要求支付比计价器显示的金额略高的费用时，很可能是包含了行李费、夜间还有节日等追加费用，可以要求对方说明明细。
>
> ❸如果感到疑问的话，可以直接询问司机，或者在支付前向酒店的人询问普遍的价格。

· ·

贩卖手工串珠 出没于西班牙广场、纳沃纳广场、古罗马斗兽场等观光名所。

实例 1 在西班牙阶梯附近，友人遇到了前来搭话的当地人，我正觉得这是贩卖手工串珠想要上前制止，结果自己也被卷了进去，被偷了 €330。由于盗窃不在海外保险的范围内，所以只好向当地警察报案后回国。

实例 2 手工串珠最开始确认价格时为 1 根 €1 左右。但是，被卷入后如果拒绝支付，就会有很多的同伴围上来要挟你进行支付。然后，在取出钱包的瞬间钱包内的钱就会被掏空，或者连钱包都被抢去。我们就接到过因为这种手法被抢 5 万元的稿件。

> **对策**
>
> ❶注意特别热情地靠近你的人
>
> ❷不要搭理那些说着"请拿着这根线"等的人。
>
> ❸一开始就坚决拒绝。

罗马市内 24 小时开设的免费诊所

✉ 由市保险局经营的诊所，外国旅客也能利用。值班医生会随着时间段变更，而且并不是所有医生都懂英语，不过年轻医生值班的场合比较多，某种程度上还是能够沟通的。这里基本上只进行诊断和开处方（药的费用需要自己负担），无法进行血液检查和 X 光摄影。会收留症状较轻的患者，重病患者将会通过救护车送到公立医院的急救部门。

● Poliambulatorio Canova

🏠 Via Canova 18

（夜晚 20:00~8:00 为 Via Canova 19）

☎ 06-77306108/9

🚇 从人民广场徒步 3 分钟。最近的地铁为 A 线弗拉米尼奥站或者西班牙站。

● Amblatorio di Guardia Turistica

🏠 Via Emilio Morosini 30

（Ospedale Nuovo Regina Margherita 病院内）

☎ 06-58446650

🚇 从台伯岛的加里波第桥进入 Viale Trastevere 后徒步 5 分钟。

●如果遭遇纠纷的话●

即使非常小心，但还是会有万一不幸被卷入纠纷中。这种时候，请尽快地调节自己的心情，采取积极的行动。另外，为了预防盗窃等，请事先记下自己的护照号码、发行日期、信用卡卡号以及紧急联络方式等，和电子客票和旅行支票一起保管好。

开具"被盗证明书"

当你的旅行支票、护照、飞机票、行李等被盗时，立刻向警察局申请开具"被盗证明书"，不仅是要求警察为您寻找丢失物品的手续，也是申请重新办理保险、护照、旅行支票的一种手续。办理"被盗证明书"要去中央警察局（Questura Centrale）对外国人开放的窗口。如果是在车站遭遇被盗事件，也可以直接要求车站的警察为您办理证明。在其他地方被盗时，可以向周围的警察询问离你最近的警察局，可能要花一些时间，也有懂英语的警察。

护照丢失或被盗

如果护照丢失想继续旅行，需要去大使馆重新领取护照。如果来不及办理补发护照而急于回国，可申请办理旅行证。

补办护照时应该：1. 事先填妥《中华人民共和国护照／旅行证／回国证明申请表》；2.3 张白色或淡蓝色背景的 2 寸证件照，要求为免冠、露双耳近照；3.丢失护照的资料页复印件；4.事先填妥《身份情况核查表》。其他所需资料，可以咨询中国驻意大利大使馆。另外，大使馆的办公时间也要事先确认好再出行。

物品遗失

虽然在交通工具中丢失的物品很难找到，但是可以去询问一下遗失物品招领所 Ufficio oggetti smarriti。

遗失物品联络处
- 市内 ☎ 06-67693214 铁路
- 铁道 fs（特米尼车站行李寄放处内）
  ☎ 06-4744777
- 地铁　A 线 ☎ 06-46957068
  　　　　B 线 ☎ 06-46958164

机票丢失或被盗

机票丢失要尽快联络航空公司进行补办。如果是电子机票就不用担心丢失或者被盗。在入境审查时需要出示电子机票的存根，如果丢失，只能要求航空公司补办新的存根。最好多复印几张电子机票的存根，分开保存。

信用卡丢失或被盗

信用卡被盗后小偷会马上使用，所以尽快到最近的相关事务所办理手续。事务所一般都是全天 24 小时办公。在旅行前最好事先记住自己的信用卡号和有效期限。

信用卡公司紧急联络方式

- ● 美国运通公司　☎ 800-871-981
- ● JCB 卡　☎ 800-7-80285
- ● VISA　☎ 800-12121212
- ● MasterCard　☎ 800-870866

☎ 800~ 为意大利国内免费通话号码
　　紧急联络方式各个信用卡公司都有所不同。请在出发前确认清楚。

旅行机票丢失或被盗

将警察局开具的"被盗证明书"拿到银行，然后出示购买旅行机票时的存根，办理该支票无效手续。手续办完就可以马上办理新支票。

生病、受伤

→ p.392

紧急电话	警察113	消防115	急救118

旅行留言板

在此介绍前往旅行的《走遍全球》读者之声，给大家作为参考。

愉快的旅行

关于罗马的历史和雕像的小故事

4 世纪末，在帝政罗马中刮起了一阵由基督教徒引发的风暴。希腊、罗马的众神都受到了赤裸裸的伤害，其中受害最严重的阿波罗雕像和奇迹般没有受损的维纳斯雕像都可以在罗马欣赏到。

自从君士坦丁大帝将基督教定为国教之后，多神教的罗马帝国的众神就被冠以邪教肮脏的产物而遭到了破坏和遗弃。如今我们能够看到的雕像基本上都是于 14~15 世纪时挖掘修复的物品。话说回来，马西莫官中的阿波罗雕像（左）在 19 世纪前的 2000 年间都沉在台伯河底的泥沙之中。为此，如今它身上还残留着利用现代技术也无法去除的黑色部分。奇迹般毫发无损的维纳斯（右）可以在卡皮托利尼美术馆中鉴赏到。推测是当时的主人冒着被没收财产和刑罚的危险，为了将其流传到后世的美术爱好者手中而将其埋在了自家庭院的地下。

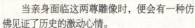

当亲身面临这两尊雕像时，便会有一种仿佛见证了历史的激动心情。

奇热无比的 2011 年夏天

2011 年的夏天真的是非常炎热。8 月 24 日的最高气温为 38℃，最低为 30℃。虽然在进入梵蒂冈博物馆时只是从 10 点左右开始排了 25 分钟左右的队伍，但是喉咙已经干到不行了。虽然馆内开着空调，但是像雅典娜学堂还有西斯廷礼拜堂等极具人气的礼拜堂中会有着非常多的人，更加让人感到闷热。为了防止中暑，随时需要补充水分，可以在馆内餐厅中购买。

在梵蒂冈博物馆前排队时，有很多"黄牛"前来贩卖梵蒂冈博物馆的门票。他们开价 €25，略微有点贵。届时他们会装成博物馆的义工一般，千万不要被他们的花言巧语所迷惑而上当受骗。

比中国的 8 月份还要炎热，每天炎热的阳光实在让人受不了。虽然我的罗马之旅已经接近尾声，但是每天在火辣的太阳下行走还是会消耗很多体力的。有时我也会在中午回到酒店休息，到了傍晚才出门。如果要前往古罗马广场等遗迹的话，请事先一定要准备水分补给和预防中暑的对策。

冬天的罗马

游客很少的冬天的罗马也非常不错哦。2 月，一直排着长队的梵蒂冈博物馆前空荡荡的，进入圣彼得大教堂也不需要等待，能够仔细地进行参观。但是，雨量会很多。推荐在 1~2 月时，多进行一些比如美术鉴赏等即使下雨也没有关系的活动。

另一件让人吃惊的事情便是冬天的蚊子！也可能是因为当时我没有住在酒店而是住在民宿的关系吧，蚊子的数量差不多是中国的 2 倍，在药店购买的防蚊药也没什么作用。事先从中国携带过来会比较好。

年前年后的罗马

除夕在广场将会举办音乐会，迎来一个热闹的新年。然后在元旦，美术馆等需要入馆的设施都会休息。但是，罗马很多建筑物只要欣赏它的外观便足够了。当时我们便徒步前去了古罗马广场、古罗马斗兽场、万神殿、纳沃纳广场、许愿池、西班牙广场、圣彼得大教堂。不过大家的想法和我们一样，所以路上非常拥挤，意大利人很多。不过和大家沿着同样的线路热闹地一路参观过去的感觉也非常有趣。圣彼得大教堂中各礼拜堂都会进行弥撒，气氛非常庄严。听着美丽的赞美歌，给人一种非常满足的感觉。

我的罗马攻略

当时我是随团前往罗马的，为在最后一天的自由活动时间做准备，我熟读了《走遍全球》。让我最苦恼的便是如何最有效率地前去预约博盖塞美术馆。我当时是这么做的。

① 在网上获得巴士线路图
　　URL www.atac.roma.it

② 通过 google earth 查询巴士车站在哪儿并制订了以下路程计划

去时以弗拉米尼奥广场乘坐巴士 95 路在布拉基广场下车，徒步 10 分钟。

返程时从平恰纳大道旁的巴士车站乘坐巴士 53 路到巴尔贝里尼车站下车。

由于充分理解了巴士的线路图，所以才能让已经 60 岁的我也能在 7:00~19:00 间走遍罗马。线路由于全都通过 google earth 调查过，所以能够顺利进行。这种方法非常推荐大家试试。

前往昆蒂利尼别墅

在巴士 118 路的终点站 Lagonegro 乘坐巴士 654 路在住宅区内绕来绕去，和路程相比花费了较多的时间。途中和巴士 664 路、118 路在同一条线路上行驶，在司机告诉我"就在这里哦!!"后便在交通繁忙的阿皮亚大道下了车。右侧有一扇门。在小博物馆的背后有一片广阔的遗迹，在美丽的田园中残留着古代罗曼蒂克的痕迹。从昆蒂利尼别墅前往塞西利亚梅特拉之墓的途中花费了比想象中要多的时间，大概用了 1 小时 30 分钟。途中的石板路由于在施工，所以鞋子和裤子上都沾了很多的灰! 由于当时是在有着交通限制的周日，所以沿路遇到很多骑着自行车的家庭和步行的旅客。另外，由于道路只有 1 条，所以不用担心迷路，15:00 过后，人一下子就变少了，只剩下巴士车站旁的游客。地下墓地在午后将会比较拥挤，所以可以先前去参观昆蒂利尼别墅。从旧街道（如果通往旧街道的出口关着的话，可以乘坐巴士 654、118 路前往圣塞巴斯提亚诺），从圣塞巴斯提亚诺徒步前往塞西利亚梅特拉之墓只需一会儿。在这附近也看到了很多空出租车，有很多等巴士等累了的人乘坐。我们虽然中午前很早便出发了，但是由于巴士很少，所以还是花费了一整天，最后还剩下卡拉卡拉浴场只好改天再前去了。

旅行时请注意

在游玩罗马之前

一直在石板路上行走，脚会累得受不了。所以推荐携带舒适的鞋子和事先制订好计划。我当时由于只逗留 3 天，所以行程排得很满，身体差点受不了。罗马真的有很多很多的景点，比想象中要大许多。

不管买不买都请说 Buongiorno

在商店、餐厅还有机场中，即使你不想购物，但是万一视线和商店的店员对上的话，请一定要说"Buongiorno"。打招呼是一种礼貌，如此一来店员的表情也会柔和很多，有时还会给你一些优惠，中国人有时会一言不发地走入店内，如果什么不买的话就会感到很抱歉一走了之，这给别人留下的印象非常不好。意大利人便教我说，在进入店内的同时一定不能忘记打招呼。即使你什么也不买，也别忘了说"Buongiorno"或者"Ciao"。

购物信息

市内退税

在购入免税商品后，除了在机场外也可以在市内进行现金返还。在科隆纳广场右拐，沿着科尔索大道向威尼斯广场行走，在卡拉维塔大道向右走便能在货币兑换处进行美元的现金返还。零钱将会返还欧元硬币。

📍 Via del Caravita 6

🕐 周一～周日 11:00~19:00

在当地能够办理手续的万神殿前的事务所（货币兑换处）中工作人员告诉我，如果没有护照证件的话便无法办理手续。第二天再去时又被告知如果信用卡（VISA 或者 Master）的有效期限若没有 4 个月以上的话也无法办理。如果在机场办理手续的话，便不用考虑信用卡的有效期限了。

在市内办理免税现金返还时，需要提供免税书面材料、护照和信用卡。在办理手续时需要填写记载信用卡信息的单子，之后便能当场返还现金。在机场的话请一定要在海关盖章，然后在有效期限内将书面材料寄给相关公司。如果忘记的话，将会从返还到信用卡上的金额中，扣除约 €10。由于相关公司和返还场所会发生变动，所以请一定要在书面材料中好好确认。

安全愉快的旅行

手工串珠贩卖的信息（→ p.392）

如果拒绝的话，对方就会说着"再见，穷鬼"或者"中国人真穷啊~"之类过分的话。一般中国人即使被这么说也会一言不发地离开的，但是我当时就火大地说了"你别太过分了"。虽然吵架是不好的，但是有时也需要摆出毅然的态度。

当时 4 名男女中的其中一人一边说着"你好，请问是中国人吗? 我正在学习汉语"，一边靠近了过来。我以为对方对中国有兴趣，所以很高兴地和他说话，对方便说着"我会变魔术，请看好了""请将这个指环戴上"，一边拿出红白绿的绳子说着"没关系的"靠近我。我当场便拒绝他们离开了，男女团队中的每个人好像都拿着绳子。

策　　划：高　瑞　谷口俊博
统　　筹：北京走遍全球文化传播有限公司　http://www.zbqq.com
责任编辑：王欣艳　王佳慧
封面设计：中文天地
责任印制：冯冬青

图书在版编目（CIP）数据

罗马/日本大宝石出版社编著；盛涛译. --北京:
中国旅游出版社，2014.7
（走遍全球城市系列）
ISBN 978-7-5032-4977-8

Ⅰ.①罗… Ⅱ.①日…②盛… Ⅲ.①旅游指南-罗
马 Ⅳ.①K954.69

中国版本图书馆CIP数据核字（2014）第094754号

北京市版权局著作权合同登记号　图字：01-2013-1223
审图号：GS（2013）2713号　本书插图系原文原图

本书中文简体字版由北京走遍全球文化传播有限公司独家授权，全
书文、图局部或全部，未经同意不得转载或翻印。
GLOBE-TROTTER TRAVEL GUIDEBOOK
Roma 2012 ~ 2013 EDITION by Diamond-Big Co., Ltd.
Copyright © 2012 ~ 2013 by Diamond-Big Co., Ltd.
Original Japanese edition published by with Diamond-Big Co., Ltd.
Chinese translation rights arranged with Diamond-Big Co., Ltd.
Through BEIJING TROTTER CULTURE AND MEDIA CO., LTD.

书　　名：罗马

原　　著：大宝石出版社（日本）
译　　者：盛涛
出版发行：中国旅游出版社
　　　　　（北京市建国门内大街甲9号　邮编：100005）
　　　　　http://www.cttp.net.cn　E-mail: cttp@cnta.gov.cn
　　　　　营销中心电话：010-85166503
制　　版：北京中文天地文化艺术有限公司
经　　销：全国各地新华书店
印　　刷：北京金吉士印刷有限责任公司
版　　次：2014年7月第1版　2014年7月第1次印刷
开　　本：889毫米×1194毫米　1/32
印　　张：12.625
印　　数：1-8000册
字　　数：485千
定　　价：78.00元
I S B N　978-7-5032-4977-8